租税法重要判例解説（1）

山田二郎著作集 III

租税法重要判例解説（1）

山田二郎著作集 III

〔学術選書〕

信 山 社

はしがき

本著作集全四冊『租税法の解釈と展開(1)、(2)』『租税法重要判例解説(1)、(2)』は、今日まで五〇年の間に書いてきた論文、判例評釈および資料などをまとめたものである。

裁判官から東海大学法学部に転職し租税法を講義することになり、『税法講義』(初版一九九六年、信山社)を公刊したときには、同社が刊行を始められた「法律学の森」シリーズに取り上げたいということで、その刷新を強く勧めていただいていた。また、私の古稀記念論文集『税法の課題と超克』(二〇〇〇年、信山社)が刊行された際には、著作集の刊行を勧めていただき、ゲラ刷りが早々に届けられた。

租税法の勉強を今日まで休まずに続けられていることに感謝しているが、大学を定年退官してから、弁護士事務所で特化して受任している税法事件が複雑・大型化して弁護士業務に追われ、心ならずも、信山社からのお勧めも実現できず、またゲラ刷りが六年以上も私の机の上に積み上げられたままの状態が続くことになってしまった。

このような状態が続いて今日に至ってしまったが、このたび私の喜寿記念論文集『納税者保護と法の支配』も刊行していただけることになったので、この機会に決断して著作集を刊行することにした。著作集に収録している論文は、当時としては四苦八苦をして取りまとめたものであるが、今読み返してみると、どれも意に満たないものである。著作集のゲラ刷りが長い間積み上げられたままになっていたのも、何とか手を加えせめて税法改正等を注記して、アップ・ツウ・デートのものにしたいと考えていたからである。しかし、このような補正作業を完成させることにすると、著作集の刊行がさらに遅れ、出版社に迷惑をかけてしまうことになるので断念することにし、ほとんどの論文を初出のままとすることにした。まことに忸怩たる気持ちである。

今年四月に公刊された租税訴訟学会編『租税訴訟』一号(財経詳報社)に「租税法における法の支配」を寄稿し、

現在までの私の研究成果をまとめたので、この論文も本書に収載することとして勝手なことであるが、これで若干でも著作集の補正作業に代えさせていただきたい（著作集Ⅱ *63*）。

私の微力では、租税法の解釈に新しい展開を実現し、租税訴訟を活性化させることは簡単にできることではない。租税法の基本原理である租税法律主義を形式的なものにとどめず租税法の全領域に浸透させることは、納税者の権利を擁護し、課税の公正さを確保し透明性の向上をはかるために必要不可欠であり、わが国ではまだまだ租税法律主義を浸透させる努力が必要であるのが現状である。特に、最近の移転価格課税など国際課税の面では、租税法律主義、適正手続の保障が納税者の権利を守る盾として改めて重要な機能を果たしている。著作集の刊行で気分を一新し、さらに私の生涯をかけた租税法の研究に一層の精進をしてゆきたい。ヘーゲルは、ミネルバのふくろうは夕暮れ時に飛び立つといったが、漸く深く徴税権力の制約原理としての租税法律主義の重要性が理解できてきたように思える。

本書の刊行にあたっては、原稿の整理・校正等のすべてについて、信山社編集部の稲葉文子さんに周到なご尽力をいただいた。ここに厚くお礼を申し上げたい。

二〇〇七年七月

山田二郎

目　次　租税法重要判例解説(1)（山田二郎著作集 III）

はしがき

第一　所得税をめぐる判例研究

1　源泉徴収における法律関係と納税の告知 …… *3*
（最判昭四五・一二・二四民集二四・一三・二二四三）

2　高額の権利金の所得の分類 …… *15*
（東京地判昭三九・五・二八行集一五・五・七八三）

3　一〇年定年制により支給される給与と所得の分類 …… *27*
（大阪地判昭五二・二・二五訟月二三・三・五八一）

4　譲渡所得に対する所得税の課税時期 …… *37*
（最判昭四〇・九・二四判時四二二・二九）

5　確定申告における概算経費控除の選択とその拘束力 …… *47*
（最判平二・六・五民集四四・四・六一二）

6　譲渡担保と譲渡所得の発生の有無 …… *61*
（東京地判昭五〇・一二・二五税資八三・七八六）

7　所得税法六〇条一項にいう「贈与」と負担付贈与 …… *69*
（最判昭六三・七・一九判時一二九〇・五六）

8　サラリーマンの通勤自動車の損失と損益通算の可否……75
（大阪高判昭六三・九・二七判時一三〇〇・四七）

9　売買契約の合意解除と交換特例の適用の可否……81
（東京高判平元・一一・三〇行集四〇・一一―一二・一七一二）

10　夫婦財産契約と所得の分割の可否……87
（東京地判昭六三・五・一六判時一二八一・八七）

11　離婚に伴う財産分与として取得した資産の取得費の算定方法……99
（東京地判平三・二・二八判時一三八一・三二）

12　手付金の損失と所得計算……111
（名古屋地判昭四一・四・二三訟月一二・八・一二〇四）

13　事業用資産の買換特例の選択と更正の制限……121
（名古屋地判平四・五・二九判時一四七四・五三）

14　原価率に基づく推計課税……133
（広島地判昭四一・八・三〇訟月一二・一一・一五七一）

15　株式の譲渡による所得と非課税の範囲……147
（大分地判昭五七・五・一七判時一〇五五・四〇）

16　(1)　更正後に修正申告がされた場合の更正の取消を求める訴えの利益（消極）
(2)　譲渡所得の特例（所得税法六四条二項）の適用を一部肯定して過少申告加算税賦課決定の一部を取り消した事例 …… 155
（札幌高判平六・一・二七判タ八六一・二二九）
17　駐留米軍用地として一〇年間の強制使用裁決がされたことに伴い国から受領した損失補償金の所得計上時期 …… 167
（那覇地判平六・一二・一四判時一五四一・七二）
18　政党への遺贈について「みなし譲渡所得」が発生したとされた事例 …… 181
（東京地判平一〇・六・二六判時一六六八・四九）
19　特許紛争の和解金と源泉所得税の徴収義務 …… 189
（東京地判平四・一〇・二七行集四三・一・一三三六）

第二　法人税をめぐる判例研究

20　隠れたる利益処分 …… 207
（東京地判昭四〇・一二・一五行集一六・一二・一九一六）
21　相場変動による売買損失と寄付金 …… 213
（東京地判平三・一一・七判時一四〇九・五二）
22　土地の賃借にあたって預った保証金とその計上時期 …… 221
（東京地判昭五七・四・六訟月二八・八・一六五三）

23 低価販売と行為計算の否認規定の適用の可否……229
（福岡高宮崎支判昭五五・九・二九行集三一・九・一九二八）
24 非上場株式の評価減と損金計上の可否……239
（東京地判平元・九・二五判時一三二八・二二）
25 破産会社の予納法人税と破産管財人の予納申告等の義務……245
（最判平四・一〇・二〇判時一四三九・一二〇）
26 詐欺による被害の損金計上の時期……257
（東京高判昭五四・一〇・三〇シュトイエル二一六・一二）
27 土地使用貸借の合意解除と立退料の認定……265
（名古屋地判昭四四・九・一二シュトイエル九〇・三二）
28 使途不明金と賞与の認定……273
（東京地判昭五二・三・二四税資九一・四一六）
29 法人税の青色更正の理由附記の程度……283
（最判昭五一・三・八民集三〇・二・六四）
（再論）……291
30 青色承認取消しの理由附記の程度……297
（秋田地判昭四六・四・五行集二二・四・四二一）

31 宗教法人が借地権の譲渡にあたり収受した承諾料が収益事業に係る収入に該当するとされた事例 …… 305
（東京高判平七・一〇・一九行集四六・一〇─一一・九六七）

32 住専母体行の貸倒損失と損金計上の時期 …… 315
（東京地判平一三・三・二判時一七四二・二五）

第三　相続税・贈与税をめぐる判例研究

33 農地の売却後その所有権移転前に相続が開始した場合の相続財産の評価 …… 331
（最判昭六一・一二・五訟月三三・八・二一四九）

34 買受けた農地について知事の許可前に相続が開始した場合の相続財産の評価 …… 339
（東京高判昭五五・五・二一訟月二六・八・一四四四）

35 特別縁故者に対する財産分与と相続税の課税 …… 347
（大阪高判昭五九・七・六行集三五・七・八四二）

36 相続財産の範囲と買主の取得した土地 …… 359
（名古屋高判昭五六・一〇・二八税資一二一・一〇四）

37 財産分与としての資産の譲渡と譲渡所得課税 …… 369
（最判昭五三・二・一六判タ三六三・一八三）

38 協議離婚に伴う財産分与契約において分与者側に譲渡所得税の負担がないという錯誤と財産分与契約の効力……377
（最判平元・九・一四判時一三三六・九三）
（再論）……386
39 協議離婚に伴う財産分与契約において分与者側に譲渡所得税の負担がないと信じたことに錯誤があったが重過失はなかったとした事例……391
（東京高判平三・三・一四判時一三八七・六二）
40 法人への遺贈に対する遺留分減殺請求について価額弁償が行われた場合と遺贈に対する譲渡所得課税への影響……397
（最判平四・一一・一六判時一四四一・六六）
41 贈与税と贈与による所有権移転の時期……405
（京都地判昭五二・一二・一六判時八八四・四四）
42 新株プレミアムの取得とみなし贈与……415
（最判昭三八・一二・二四訟月一〇・二・三八一）
43 医療財団法人の設立と贈与税の課税……421
（東京地判昭三七・五・二三行集一三・五・八五六）

第四　固定資産税をめぐる判例研究

44　固定資産税の評価と居住用宅地……429
（千葉地判昭五七・六・四判時一〇五〇・三七）

45　所有権留保の割賦販売資産と固定資産税の納税義務者……437
（長崎地判昭四二・二・一四行集一八・一―二・一一一）

（再論）（福岡高判昭四二・一〇・二四行集一八・一〇・一三七〇）……445

46　所有権移転登記の抹消と固定資産税の納税義務……457
（大阪地判昭五一・八・一〇行集二七・八・一四六一）

47　固定資産税を納付した所有名義人の真実の所有者に対する不当利得返還請求権の成否……465
（最判昭四七・一・二五民集二六・一・一）

（再論）……475

48　固定資産税を負担した登記名義人の課税主体に対する不当利得返還請求の成否……479
（東京地判昭六三・一二・二〇判時一三〇二・九〇）

49　周辺の固定資産の評価額の開示と公務員の守秘義務等……491
（札幌高判昭六〇・三・二七判例地方自治一二・二八）

50 固定資産評価基準の法的基準等……499
（千葉地判昭五七・六・四判時一〇五〇・三七）
51 固定資産評価審査委員会の審査事項……509
（東京地判昭四八・一二・二〇判時七二六・三八）
52 市街化調整区域内にある土地に対する固定資金税の評価額が過大であるとして取り消された事例……517
（神戸地判平九・二・二四判例自治一六四・六三）
53 小作地に対する固定資産税等の増額と小作料の増額請求の可否……527
（最大判平一三・三・二八民集五五・二・六一一）

第五　不動産取得税をめぐる判例研究

54 借地権者が土地を取得した場合における不動産取得税の課税の可否……539
（東京地判平二・一二・二〇判時一三七五・五九）
55 賃借権者が土地を取得した場合における不動産取得税の課税標準……551
（東京高判昭五二・一・二六行集二八・一―二・二〇）
56 譲渡担保契約の解除と不動産取得税の成否……559
（松山地判昭四八・三・三一行集二四・三・三〇五）
57 根抵当権設定登記の登録免許税の課税価額の算定等……567
（仙台地判昭三九・一二・二三訟月一一・三・三七四）

58 登録免許税と抗告訴訟の対象となる処分 …… 579
（大阪地判昭四八・一二・三行集二四・一一—一二・一二九七）

第六　その他の税目をめぐる判例研究

59 消費税の簡易課税制度の事業区分等が争われた事例 …… 591
（大阪地判平一二・六・一五訟月四七・一〇・三一五五）
60 事業所税と非課税施設の範囲 …… 599
（大阪高判昭五七・三・一〇行集三三・三・三八九）
61 料飲税の納入期限経過後の更正処分と不納入罪の成立等 …… 609
（最決昭五九・一〇・一五刑集三八・一〇・二八二九）

第七　徴収手続（滞納処分）をめぐる判例研究

62 国税滞納処分と民法一七七条の適用の有無 …… 621
（名古屋高判昭二八・一二・二五行集四・一二・三一二七）
63 銀行預金の差押と相殺 …… 629
（最大判昭四五・六・二四判時五九五・二九）
64 滞納処分による債権差押と相殺予約の効力 …… 641
（大阪高判平三・一・三一判時一三八九・六五）

65 会社更生手続の開始と第二次納税義務者に対する滞納処分 …… 649
（最判昭四五・七・一六民集二四・七・一〇四七）

66 漁業権の無償譲渡と譲受人の第二次納税義務 …… 655
（山口地下関支判昭四四・一二・一六訟月一六・三・二四八）

67 国税徴収法二二条五項による交付要求と配当要求の終期との関係 …… 667
（千葉地判昭六二・一・二二判タ六三一・二三〇）

68 更生担保権の被担保債権のうち担保権の価額を超える更生債権の更生手続廃止後の取り扱い等 …… 679
（横浜地判昭五五・七・三〇金融法務九三八・四二）

69 会社更生法三九条による弁済禁止の保全処分と契約解除の効力等 …… 693
（最判昭五七・三・三〇民集三六・三・四八四）

70 破産法七〇条一項による仮差押の効力の失効と民事執行法八七条二項の関係等 …… 707
（名古屋高決昭五六・一一・三〇金融法務一〇〇七・五四）

71 譲渡担保権者と第三者異議の訴えの可否 …… 719
（最判昭五八・二・二四金融法務一〇三七・四二）

72 手形の取立禁止・支払禁止の仮処分の効力と支払呈示を受けた銀行の責任 …… 729
（東京地判昭五九・九・一九金融法務一〇七五・三六）

73 抵当権の物上代位の目的となっている清算金債権に対し差押・転付命令を得た者と抵当権者との優劣……743
（最判昭五八・一二・八金融法務一〇五六・四二）
74 指名債権の二重譲渡が同時に債務者に到達した場合と譲受人の一人からした弁済請求の可否……757
（最判昭五五・一・一一金融法務九一四・一二六）
75 制限超過利息が元本に充当された後に支払われた金員と不当利得の成否……769
（東京地判昭四一・一・二七判時四四九・六一）
76 一括支払システム契約の代物弁済条項が国税徴収法二四条に違反するとして租税債権との関係で効力が否定された事例……779
（東京地判平九・三・一二行集四八・三・一四一）
初出一覧……795

第一　所得税をめぐる判例研究

1 源泉徴収における法律関係と納税の告知

★最高裁第一小法廷昭和四五年一二月二四日判決、昭和四三年(オ)二五八号
金員支払請求事件――一部破棄自判、一部上告棄却
民集二四巻一三号二二四三頁、判例時報六一六号二八頁
名古屋地判昭和四一年一二月二二日税務訴訟資料六二号一頁
名古屋高判昭和四二年一二月一八日税務訴訟資料六二号一一頁

一 事実

上告人（被告、控訴人）Y_1は元被上告人（原告、被控訴人）X会社の代表取締役、上告人（被告、控訴人）Y_2は元X会社の取締役であったが、いずれも、その在任中に、Y_1はX会社がA名義およびB名義で預け入れた簿外定期預金元利合計二一一万余の払出しを受け、また、Y_2はX会社所有の宅地建物の譲渡を受けた。$Y_1$$Y_2$の退任後、X会社の過年度の所得調査が行なわれ、所轄税務署長は、前記簿外定期預金は払出しによってY_1個人の所有に帰し、また、Y_2への物件の売却は低廉譲渡で、これによる売却損一二五万余円を生じたものとして、いずれも、$Y_1$$Y_2$に対する役員賞与であると認め、X会社に対し、旧所得税法（昭和二二年法律第二七号）四三条一項に基づき、X会社が$Y_1$$Y_2$より徴収すべきであった所得税及び不納付加算税、利子税の支払いを請求した。X会社は、これに対し、ひとまず指定納期限内に税金を納付したうえ、異議申立てをし、さらに審査請求をしたが、いずれも棄却された。X会社は、出訴することは諦め、その後三ヶ月余を経て、$Y_1$$Y_2$に対し、旧所得税法四三条二項に基づき、右所得税等に相当する金額の支払を求める訴訟を提起した。これが、本訴である。

X会社の主張に対し、Y_1Y_2は、次のように抗争した。すなわち、簿外定期預金はX会社が訴外Cから預った保証金で、その返還のため定期預金の払出しをしたにすぎず、また、X会社からY_2への物件の譲渡は適正価額によるもので、低廉譲渡ではなく、したがって、Y_1Y_2ともに、税務署長の認定するような役員賞与は受けておらず、X会社がY_1Y_2より徴収すべきであった所得税等は存在しない。しかるに、X会社が、Y_1Y_2になんらの連絡することなく、不十分な理由によって行政上の不服申立てをし、これが排斥されるや出訴もせずに放置し、本来いわれのない納税をしたものについて求償を求めようとするのであるから、X会社の本訴請求は失当である、というのである。

一、二審判決は、係争の簿外定期預金の払出しによりY_1の所得に帰したものであり、Y_2への物件の売却はいわゆる低廉譲渡であったと認めたうえ、Y_1Y_2は、X会社に対する税務署長の所得税の決定のあったことを知った時から、これに対する行政上の不服申立て又は出訴を自らなしえたのであるから、X会社からの連絡が遅れたとしても、X会社の本訴請求を失当とするY_1Y_2の主張は理由がないとし、X会社の主張を全部認容した（一審・名古屋地裁昭和四〇年(ワ)一八五四号、昭和四一年一二月二二日判決、二審・名古屋高裁昭四一(ネ)六九号、昭和四二年一二月二八日判決）。

二　判　旨

一部破棄自判、一部上告棄却。

上告理由のうち、税務署長の認定した役員賞与があったか否かの点に関し原判決を攻撃する論旨については、単なる事実認定の非難にすぎないとして排斥したうえ、その他の上告理由の判断にあたって、源泉徴収の法律関係について、つぎのようにきわめて詳細な説示をしている。

1　国税についての税額確定の方式には、三つの態様がある。申告納税方式、賦課課税方式及び自働確定方式の三者がそれであるが、源泉徴収による所得税は、最後の自働確定方式に属し、支払者の納税義務（徴収、納付義務）は、当該所得の支払の時に成立し、成立と同時に特別の手続を要しないで納付すべき税額が確定する（国税通則法一五条）。支払者が右の納税義務を履行せず、またはその履行に欠けるところがあるときは、税務署長は、徴収義務者たる支払者に納税告知をすべきものとされる（同法三六条）のであって、一見、申告納税方式における決定又は更正に類似するかのごとくであるが、この納税告知は、徴収処分であって課税処分ではない。支払者の徴収義務と受給者の源泉納税義務は、表裏をなす関係にあり、したがって、もし右の納税告知が課税処分であるとすると、支払者に対してのみなされる処分（納税告知）によって、受給者が源泉納税義務を負うこと、また、その税額が確定されることになるが、かかる結果は不合理であって、とうてい法の予定するところとはいえない。

2　前記のように、源泉徴収による所得税についての納税告知は、課税処分ではないが、法令の定めるところにより自働的に確定した税額がいくらであるかについての税務署長の意見が初めて公にされるものであるから、これと意見を異にする支払者は、当該税額による所得税の徴収を防止するため、右の納税告知（徴収処分）に対する抗告訴訟を提起することができ、納税告知の前提問題たる納税義務の存否又は範囲を争って、処分の違法を主張することができる。しかし、支払者の納税義務（また従って受給者の源泉納税義務）の存否、範囲は、右の抗告訴訟によっては確定されえない。そこで、支払者は、納税告知を受けた納税義務の存否、範囲を争って、右の抗告訴訟にあわせて（またはこれと別個に）租税債務不存在確認の訴えを提起することができる。この場合、支払者は、受給者に訴訟告知をすることによって、後に予想される受給者との間の訴訟の結果との矛盾を避けることができる。

3　受給者は、納税告知を受けて源泉所得税を納付し又は強制徴収された支払者から、その税額に相当する金額の支払いを請求されたときは、源泉納税義務（また従って支払者の納税義務）の存否、範囲を争って、支払者の請求の全部又は一部を拒むことができる。

4　納税告知を受けて源泉所得税を納付し又は強制徴収された支払者が受給者に対して行使しうる求償権の範囲は、右所得税の本税相当額にとどまり、附帯税相当額には及ばない。また、その請求金額に対する遅延損害金の利率は、年五分の民事法定利率によるべきである。

5　よって、一、二審判決中、源泉徴収による所得税の本税相当額およびこれに対する民事法定利率の範囲を超えて、本訴請求を認容した部分は、違法として破棄取消を免れない。しかし、その余の部分に関するY_1 Y_2の上告については、納税の告知の確定と無関係に源泉納税義務の不存在を主張して本訴請求を争うことができるのであり、現に、Y_1 Y_2は原審においてこれを主張して排斥されているのであるから、Y_1 Y_2の主張はそれ自体失当というべきであって、これを排斥した原判決の判断は結論において正当たるに帰し、上告は理由がない。

三　評　釈

本件は、行政訴訟事件ではなく、私人間の旧所得税法四三条二項（現行所得税法二二二条）に基づく源泉所得税の求償請求事件であるが、はからずも、源泉徴収における法律関係について言及されたものである。

わが国の税制では、所得税の体系のなかに、給与に限らず、利子、配当、報酬、料金等について源泉徴収制度が広く導入されており、また、地方税の体系のなかにも、源泉徴収制度と全く類似する特別徴収制度が導入されているのであるが、従来、源泉徴収制度あるいは特別徴収制度が憲法一四条、一八条、二九条に違反しない制度であることについては最高裁の判決が出ているものの（前者につき、最高裁大法廷昭和三七年二月二八日判決・刑集一六・二・二一二、後者につき、最高裁大法廷昭和三七年二月二一日判決・刑集一六・二・一〇七）、源泉徴収の法律関係そのものについて、詰めて議論している学説や判例は非常に乏しかった（従来の学説、裁判例については、判時六一六・二八以下のコメント、日浦人司「源泉所得税の納税の告知」税弘四七・六を参照）。

この意味からいって、源泉徴収の法律関係についてはじめて詳細な判断を示した本判決はまことに画期的なものであり、影響するところが大きいものといえる。この判決を一言で批判すると、支払者（源泉徴収義務者）、受給者の権利救済についてはゆき届いた配慮をめぐらしている判決ではあるが、理論的には検討の余地を残しているものといえる。

本判決が言及している給与の源泉徴収における法律関係について、各論点ごとに検討を加えてゆくことにしたい。

1　源泉徴収における納税告知の性質

㈠　源泉徴収における法律関係において登場する当事者は国（税務署長）と支払者と受給者の三者であるが、その法律関係の基本は、支払者だけが納税者とされていて（国税通則法二条五号。厳格にいうと、支払者は源泉徴収義務とその納付義務を負っているのであるが、他と混同しないようにここではその義務を単に徴収義務と呼ぶ）、受給者は国となんらの法律関係をもたないことである。この点、本判決が、「支払者において徴収義務を負担することは、すなわち、受給者において源泉納税義務を負うことにほかならず、両者は表裏をなす関係にある」と述べ、受給者において源泉納税義務を負担するものと説いているが、これは必ずしも正確な表現といえない。支払者の源泉徴収は受給者の所得税納税義務の確定（国税通則法一六条一項一号）に先行し、確定申告によって確定する所得税納税義務の前納たる性格をもっているのであり、支払者たる源泉徴収義務者が負担する徴収義務と受給者の確定申告による納税義務とは制度上においてそれぞれ独立して位置づけられていると解すべきものである。支払者が給料等を支払いその源泉徴収義務が確定する度毎にその裏に受給者の源泉納税義務が暦年中を通じて積み重なって確定してゆくのではなく、その裏には源泉徴収に関する受給者の受忍義務がただ想定されうるにすぎないというべきである。そして、現行所得税に即していえば、給与等の金額が五百万円以下であるか又は給与以外の所得が一〇万円を超えない場合等は、源泉徴収（年末調整）されたものが受給者のその年分の納税所得税（納税義務に基づき納付した所得税）として処理され、確定申告の手数がはぶかれているのである（旧所得税法二六条、現行所得税法一二一条。林大造『所得税の基本問題』一三六頁、志場喜徳郎他『国税通則法精解』一二七頁、浦谷清「源泉納税義務者の租税債務」甲法四・三・四三三以下参照）。ここに源泉徴収に関する法律関係を解く原点がひそんでいるといえよう。

㈡　源泉徴収による所得税に関する支払者の徴収義務は、税額確定の態様として、本判決が触れているように、特別の手続（申告、決定等）を要しないで、当該所得の支払いの時に成立し、成立と同時に自働的に税額が確定することになっているが（国税通則法一五条）、それは支払者の源泉徴収義務であって、受給者の所得税納税義務とは別個に理解されるべきものである。

そして、支払者が右の徴収義務を履行せず、またはその履行に欠けるところがあるときは、税務署長は、徴収義務者たる支払者に納税告知をすべきものと定められているのである（同法三六条）。

この納税告知の性質について検討してみるに、本判決は、それは徴収処分であって、課税処分でないと判示している。

源泉徴収による所得税の納税告知（納税告知といっても、賦課課税方式による納税告知とはその性質が異なっているので区別して考えるべきである。ここでは、源泉徴収による所得税の納税告知だけを取り上げる。各種の納税告知の性質について、租税法研究会編『租税徴収法研究（上）』一七五頁参照）は、申告納税方式による決定又は更正のように納税義務の存否・範囲を確定させる効力を有するものではなく、その徴収義務の存否・範囲は源泉徴収にかかる所得の支払の時に特別の手続を要しないで法律上自働的に成立し確定するものであるので、納税告知が課税処分でないことは明らかである。本判決が指摘しているように、原判決において納税告知を「課税決定」また「所得税の決定」といっているのは、その法律的性質を誤解しているものというほかない。

㈢　この納税告知は、徴収義務を確定させる効果を生じさせるものではなく、すでに確定している徴収義務について源泉徴収義務者に対し納期限を指定して履行を請求する行為にすぎない。つまり、納税告知はすでに確定している徴収義務が法定納期限までに履行されなかった場合に、国税徴収手続の第一段階として要求されている履行の請求にすぎないものである。

2　納税告知の抗告訴訟における対象性（納税告知は抗告訴訟の対象となりうるかの問題）

(一)　納税告知の性質からいって、それが行政争訟の対象となることについては、最近は異論がない（行政不服審査法四条、行政事件訴訟法三条。納税告知の対象性を肯定しているもの、東京地裁昭和三六年四月六日判決・行集一二・四・七六〇、東京地裁昭和四四・一二・二五判決・訟月一六・三・三〇二、東京地裁昭和四五年一〇月二〇日判決・訟月一七・三・四九二。反旨、佐賀地裁昭和三五年四月一二日判決・行集一一・四・一〇〇〇）。しかし、納税告知に対する争訟において、納税告知それ自体の瑕疵だけでなく、納税告知の前提となっている徴収義務の存否または範囲についても争うことができるかについては見解が分かれている。納税告知を法形式のうえから見るかぎり、前叙のとおり、徴収手続上の行為で催告と同じ性質にすぎないが（第二次納税義務の納付通知書による告知の性質については、拙稿・ジュリスト四六二・一四二以下参照）、申告や課税処分を介さないで自働的に税額が確定することになっているものについて税務官庁の意見（判断）が初めて公になるものであるということに着眼すると、それは重要な法的意義をもっているといえる。

(二)　納税告知は法形式のうえでは徴収上の行為にすぎないが、はじめて徴収義務の存否・範囲について税務官庁の意見が公になるものであることに着眼すると、課税処分そのものではないが、課税処分に準じて考える余地がありうるのではなかろうか。

このように解した場合には、納税告知に対する抗告訴訟において、源泉徴収義務の存否・範囲を争うことができ、またこれに既判力の生じるのは当然の帰結といえよう。しかし、本判決のように、納税告知を徴収処分と解すると、一般には、徴収手続と課税手続（租税債権と確定する手続）とはその目的を異にし、後者の手続の違法は前者の手続には承継されず、徴収処分の取消訴訟においては取消事由として課税手続の違法を主張することは許されていないので（最高裁事務総局編『行政事件訴訟十年史』二三一頁参照）、これを前提とするかぎり、納税告知を一般の徴収処分とは別異に理解することが必要になる。そうすると、本判決は納税告知を徴収処分と呼びながらもその特殊な性質から特別扱いをしているといえる（つまり、課税処分に準じて考え、そのうえでその効力を受給者に及ぼさせない説明も後述のとおり不可能ではない）。

3　納税告知に対する抗告訴訟の判決の効力

本判決は、納税告知は徴収義務の存否・範囲を確定させるものではなく、徴収義務の存否・範囲いかんは納税告知の前提問題たるにすぎないから、支払者が納税告知に対する抗告訴訟において敗訴しても、その義務の存否・範囲を訴訟上確定させるわけでないという。

そして、本判決は、右論旨につづけて、支払者の徴収義務と表裏の関係にある受給者の源泉納税義務の存否・範囲は、支払者の提起する右抗告訴訟の結果によっても、なんら影響を受けないので、受給者は、支払者から源泉所得税相当額について求償権の行使を受けた際は、支払者に徴収義務がなかったこと（自己が源泉納税義務を負わなかったこと）を主張して、支払者の請求を拒むことができるという。

この思考は、つまり、受給者又は支払者は、自働確定方式を採る納税義務について、そこには公定力をもつ行政処分が介在しないから、いつでもその存否・範囲について確認訴訟の形式で争いうるという見解に立っているものとうかがえる。

納税告知の性質について、前述のとおり本判決と違った解釈も十分に可能であり、また、本判決のような解釈を採り入れた場合にも、納税告知に対する抗告訴訟において徴収義務の存否・範囲を適法な取消理由として構成できるかどうか検討の余地を残しているのであるが、それはさておき、右見解のように、徴収義務の存否・範囲は納税告知の前提問題にすぎないという理論構成を採れば、この場合には、支払者が納税告知に対する抗告訴訟において敗訴しても、それは徴収義務の存否・範囲を確定させるものでないと考えられよう（所有権に基づく登記請求を認容した確定判決があっても、所有権の存否について既判力が生じないことについて、最高裁昭和三〇年一二月一日判決・民集九・一三・一九〇三）。

本判決は、右見解を採り入れる発想として、支払者において徴収義務を負担することは、すなわち、受給者において源泉納税義務を負うことにほかならず、両者は表裏をなす関係にあり、したがって、もし納税の告知が課税処分であるとすれば、そこにおいて確定された税額およびその前提となる徴収義務の存在は、右処分が取り消されないかぎり支払者はもとより受給者においてもこれを否定しえないこととなるのであるが、現行法上かかる見地は許容されえない、ということから議論を進めているようである。しかし、前述のとおり、支払者の徴収義務と受給者の納税義務とは表裏の関係に立っているものでなく、現行法上においては両者はそれぞれ独立に位置づけられているものであると解すると、支払者の徴収義務が不可争の状態になったとしても、このために受給者の納税義務が当然に確定することになるものではないといえる。そして、右徴収義務のサイドの問題としては、旧所得税法四三条二項に基づく支払者の請求に対して、受給者は徴収義務について無効の瑕疵があるような場合を除きそれが確定していないことを理由に請求を拒否することはできないが（例えば、給料等の支払い自体がないような場合は無効な瑕疵といえよう）、受給者は別途に自己の納税義務のサイドの問題として、その存否・範囲について不服のある場合には、国に対して納税義務の存否・範囲を争う争訟を提起できると解しうるのではなかろうか。この点は全く試論の域をでていないので、これから更に検討を加えてみることにしたい。

なお、納税告知に対する抗告訴訟に関して、徴収義務者が原告適格を有することはいうまでもないとして、受給者は前述のとおり納税告知によって直接に法律関係の変動を受けるものではなく、別途に自己の納税義務について争うべきものと解するので、受給者は右抗告訴訟の原告適格を有しないものと考える。

4　支払者と受給者との間の責任の分担

本判決は、支払者が納税告知を争って敗訴し、また求償権を行使して敗訴することもありうるので、このジレンマをどのようにして防いだらよいかということについても周到に配慮し、このジレンマを防ぐには国に対して徴収・納付義務の不存在確認の訴えを提起し、受給者に訴訟告知をすればよい、と判旨している。

訴訟被告知人（参加人）に対する判決の効力に関して、大審院昭和一五年七月二六日判決・民集一九・一七・一三九五は、既判力の主観的範囲の拡張を定めたものと解していたのであるが、最高裁一小廷昭和四五年一〇月二二日判決（昭和四五年(オ)第一六六号家賃金等本訴並びに反訴請求事件）は、最近の有力な学説に従い、右大審院判決を変更し、「その効力は、既判力を第三者に及ぼさせるものではなく、判決の確定後に補助参加人が被参加人に対してその判決が不当であると主張することを禁ずる効力であって、判決の主文に包含された訴訟物たる権利関係の存否についての判断だけではなく、その前提として判決の理由中でなされた事実の認定や先決的権利関係の存否についての判断にも及ぶものと解すべきである」と判示している（学説の詳細について、奥村長生「時の判例」ジュリスト四七一・一三九参照）。

この最高裁判決の見解は現在の通説でもあるので、これを是認するかぎり、本判決が納税告知に対する抗告訴訟と別途に徴収・納付義務の不存在確認の訴えを提起し、そして受給者に訴訟告知をするように述べているのは正当でないといえる。納税告知に対する抗告訴訟について受給者に訴訟告知（行訴法七条、民訴法七六条以下）をすれば、十分に右ジレンマを防止できるのではないかと考える。

5　支払者が求償権を行使できる範囲、遅延損害金の利率

本判決は、支払者が旧所得税法四三条二項に基づき求償権を行使できるのは、所得税の本税に限られ、附帯税は含まれないとし、また、本税についても遅延損害金は商事法定利率ではなく、民事法定利率によるべきであるとし、一、二審判決が本税のほか附帯税も含まれるものとし、遅延損害金について商事法定利率によるとしていたのを破棄している。

源泉徴収による所得税の納税者は、支払者であるので、その納付を遅怠した場合に生ずる附帯税（不納付加算税、利子税）を負担すべき者も納税者たる支払者自身と解すべきであり、附帯税相当額を受給者に求償することは、もとよりできない（同旨、岐阜地裁昭和三一年五月八日判決・下民集七・五・一一五四。なお、連帯債務についても、免責の

あった日以後の法定利息についてのみ求償できることになっている、民法四四二条二項参照)。本判決の判示は正当である。
また、旧所得税四三条二項に基づく求償債権は、会社の役員賞与の支給(商事債権)に起因するものであっても、源泉所得税を納付したことにより発生したものであるから、商事債権ではない。商事債権でないとして、公法上の債権(租税債権の徴収の一環)と解すべきかそれとも民事上の債権と解すべきか、本判決はその解明を避けてしまっているが、それは民事上の債権であり、不当利得の返還請求権にほかならないものと解すべきであろう。従って、その遅延損害金は、民事法定利率によるべきものと考える。

〈本判決の評釈〉
山田二郎・判例評論一四八号(判例時報六二七号)一一頁
清永敬次・シュトイエル一一八号一頁
可部恒雄・法曹時報二三巻一〇号三九一頁
北野弘久・民商法雑誌六五巻五号八三八頁
堺澤良・税務事例三巻三号二七頁
村上義弘・租税判例百選(第二版)一七二頁

(判例時報六二七号〔判例評論一四八号〕、一九七一年)

2　高額の権利金の所得の分類
――不動産所得か譲渡所得か――

★東京地判昭和三九年五月二八日行集一五巻五号七八三頁
東京高判昭和四一年三月一五日行集一七巻三号二七九頁
最高二小判昭和四五年一〇月二三日民集二四巻一一号一六一七頁
東京高判昭和四六年一二月二一日訟務月報一八巻四号六〇七頁

一　事　実

X（原告・被控訴人・被上告人）は、昭和三三年三月八日甲株式会社を設立して、その代表取締役となり、同社に対し、工場の敷地として、X所有の土地一一〇坪のうち五〇坪を、普通建物の所有を目的とし、期間二〇年、地代一坪当たり一ヵ月金二〇円の約束で賃貸し、右借地権設定の対価（いわゆる権利金）として、一坪当たり金二万円の割合による合計一〇〇万円を同社より受領したが、当時右土地の更地価額は、一坪当たり約三万円であった。

Xは、右一〇〇万円は、借地権設定の対価として取得したものであるから、譲渡所得に当たるものとして、所定の所得計算をした上、昭和三四年一二月一一日所轄の税務署長に対し、右借地権設定に係る昭和三三年分譲渡所得四二万五、〇〇〇円の修正申告書を提出したところ、同署長は、これを不動産所得一〇〇万円と更正し、同月二一日Xにその旨を通知した。Xはこれに対し再調査請求をしたが、同請求は所得税法第四九条第四項により審査請求とみなされ、昭和三五年六月二三日Y国税局長（被告・控訴人・上告人）よりこれを棄却する旨の裁決がXに送達された。そこで、Xは、この棄却判決の取消しを求めて出訴した。

ところで、昭和三四年法律第七九号による所得税法の改正及びこれに伴う施行規則の制定により、更地価額の五割を超える権利金の取得は譲渡所得と扱われるようになったが、本件はこの改正前のケースであり、おそらくこの法律改正は本件の問題提起が引き金となって行われたものと考えられる。

二　税務署の判断

所得税法（昭和三四年法律第七九号による改正前の所得税法。以下「所得税法」という）九条一項八号の改正規定は創設的規定であって、同法施行前において、いわゆる権利金を譲渡所得として扱う余地はない。

右改正規定の有無にかかわらず、権利金を譲渡所得として取り扱うべきものとすれば、右改正前において、改正規定及び所得税法施行規則一一条の二の規定があったのと同様に解釈することは技術的に不可能なことであり、譲渡所得か不動産所得かを分別する基準が不明確となって、結局係官の恣意的判断に委ねる外ないことになり、その不当なことは明らかである。したがって、かかる規定の存しなかった係争年度においては、不動産の使用収益権の設定に伴う権利金の取得は、不動産所得であって、資産の譲渡による所得ということはできない。

Xは、係争収入を譲渡所得に属すると解し得ないとすれば、一時所得又は雑所得に包含されるべきであると主張するが、前者は、所得税法九条一項一号ないし八号以外の所得で、営利を目的とする継続的行為から生じた所得以外の一時の所得のうち、労務その他の役務の対価たる性質のものをいい、不規則的、偶発的所得を主たる内容とするものであり、また後者は、同条一項一号から九号までに規定する所得に属さないすべての所得をいうものであるところ、不動産を他人に使用させることによって得た所得は、すべて同条一項三号の不動産所得に該当し、いわゆる権利金も借地権の設定に当たり授受されるものであって、右所得に該当することは疑いを容れないところであるから、右の所得が一時所得又は雑所得に該当することはありえない。

三　裁判所の判断

「所得税法が所得類型としての不動産所得の対象として予想していたところのものは、昭和一五年に初めてこの所得類型が定められて以来終始変らず、地代、家賃等のような不動産賃貸の対価として授受される継続的、営利的性質の所得であり、仮りに権利金名義で授受された金員がこのうちに含まれるとしても、それは比較的少額の地代、家賃の前払として不動産所得に包摂させることがさして不自然、不公正と認められない程度のものであったと認めざるを得ない。

……土地所有権の更地価格の極めて大きな割合に当たる近時の権利金なるものの実態は、所得税法の不動産所得の対象として予想する地代、家賃（もしくはその前払）のような継続的、営利的性質の所得とは、その実質を異にするものであることは明らかである。従ってかような権利金がいずれの所得類型に当たるかの判断は、上述のような権利金の実態に強いて目をおおい、所得税法第九条第一項第三号の文理解釈を唯一の手掛りとしてこれを判定すべきものではなく、かえって、権利金の実質は法が不動産所得の対象として予想するところのものとは実質を異にするものであるとの認識を前提として、各種所得類型のうち、いずれの類型にもっとも近い性質をもつものであるかという見地からこれを判断すべきものである。この見地から考えてみると、前認定のような権利金の実態によれば、土地所有権の更地価格の極めて大きな割合に当たる近時の権利金は、経済的、実質的観点においては、所有権の権能の一部（利用権）の譲渡（原告のいう利用権の創設的譲渡）の対価としての性質をもつものと認められ、そのかぎりにおいて、所得税法第九条第一項第八号の『資産の譲渡に因る所得』にもっとも近い性質のものと認めざるをえず、法が不動産所得においては元本から生ずる営利的所得を眼中においているのに対し、譲渡所得においては、資産の譲渡の際における元本資産の値上り利得を眼中においていることから考えても、権利金を譲渡所得の類型に包摂せしめることが、法の精神にも合致し、課税の公正の要請にもそうものといわねばならない。従って、土地所有権更地価格の三分の二にも当たる本件の権利金は、譲渡所得に当たるものと類推解釈するのが相当である。

ただ、純法律的、形式的見地からすれば、借地権の譲渡代金と借地権設定の対価としての権利金とを、まったく同一性質のものということのできないことは否定し得ないところであり、従って、権利金を譲渡所得として取り扱うについては、立法が望ましいことはいうまでもないところである。しかし、所得税法は、所得を類型化するに当たって、『賃貸に因る所得』、『譲渡に因る所得』というような民法的用語を使用しているが、これらの法律的行為の民法上の性質のみを重視しているものとは思われず、むしろ、これらの行為、従ってこれから生ずる所得の経済的実質に着目し、それぞれの経済的実質に応ずる担税力を考慮して課税所得額を算定せしめる趣旨において所得の種類を分類したものと解すべきであるから、或る所得がいずれの類型に該当するかを判断するに当たっては、純法律的、形式的観点よりも、むしろ、経済的実質的観点が重視さるべきものであり、従って経済的実質が類似するとの認識を根拠として類推解釈を行うことが許されないと解すべき根本的な理由はないものといわねばならない。

もっとも、税法の解釈適用に当たっては、法の予想を超えて実質的に新たな課税対象を創設し、もしくは課税対象を拡張しまたは納税者に不利益を来たすような方向において類推ないし拡張解釈を行うことは慎しむべきものであるが、権利金を譲渡所得と解するときは、これを不動産所得と解する場合に比して、納税者にとって著しく有利となることは、所定の所得金額算出方法に照らして明らかであり、近時における権利金なるものの実態についてさきに認定したところと、昭和三四年法律第七九号による所得税法の改正及びこれに伴う施行規則の制定により更地価格の五割を超える権利金の取得が譲渡所得として取り扱われることとなった事実とを考え合わせると、本件課税年度当時、すでに、更地価格の大きな割合に当たる権利金を一律に不動産所得として取り扱うことの不公平、不公正が顕著となり、これを是正するために早晩立法が要請される状況にあったことがうかがわれるので、かように、立法の遅延による不公平不公正を是正し、納税者の利益を図る方向において税法の類推解釈を行うことを禁ずべき理由はないものといわねばならない。そればかりでなく、《証拠》によれば、法人または個人の企業が、土地の賃借に当たり、権利金を支払った場合について、地代の支払いは、所得計算上損金または必要経費として収入より控除することが認められているのに、権利金の支払いは、いわゆる資本的支出として、収入より控除することを認めない取扱いとなっており、地代と権利金とは、これを支払う側については、全く性質の異なる支出とされていること、相続税の賦課に当っては、土地賃借権の価格を、例えば東京都においては、更地価格の五ないし九割と定めて、これを評価する取扱いとなっていること、しかも、かような取扱いが、すべて法律の規定に基づかず権利金ないし土地賃借権の経済的実態の評価、認識に基づき行なわれていることがうかがわれるのであるが、一方でこのような税務の取扱いを行ないながら、ひとり権利金の取得者についてのみは、経済的実態の認識に基づく類推解釈をどこまでも拒否し、明文の規定がないかぎりこれを譲渡所得として取扱うことは不可能であるとすることは、誠実、公正な税務行政の遂行ということのできないことは明らかである。」

四　研　究

1　税法の予想していない新しい現象と税法の解釈適用

本件は、土地賃借権（借地権）の設定にあたって貸主が取得した権利金の所得分類について争われたケースであるが、判決は、税法の解釈方法について、重要な問題を提起し、非常に説得力のある詳しい議論を展開している。この意味で、この判決は、上告判決と共に税務判決のリーディングケースとして、しばしば引用されている重要な判決の一つである。

法律の判定当時に全く想定をしていなかった新しい事実（経済現象、取引）が発生した場合に、既存の法律をどこまで新しい事実に適用できるかという「法律適用の限界」の問題は、税法に限らず他の法律分野でも議論されていることであるが、税法では特に租税法律主義という厳格な原則が支配しているので、とりわけ重要な問題となっている。

新しい現象には遅滞なく新しい法律を作って対応することが望ましいことであるが、立法の遅延は不可避なことであるので、立法の遅延による不公正、不公平を、法律の解釈によってカバーすることがしばしば行われる。しかし、さきに述べたように税法の分野では、租税法律主義が働くので、法律の解釈は条文の文言がまず重視され、文言を重視しながら法条の趣旨・目的に沿って解釈がされることになる。

この種の問題は、物品税法や関税定率法のもとで、新商品が課税物品に該当するかどうかに関してしばしば問題となる（例えば、反射光紙「スコッチライト」が課税物品に当たるか否かが争われた事例、神戸地裁昭和四一年一一月二八日判決・訟月一三・二・二五六）。

税法の解釈において、「疑わしい場合は納税者の利益に」という解釈原理を主張する見解があるが、税法の許される解釈を行っても税法の意味内容を確定できない場合あるいは新しい現象をカバーしえない場合は、課税することがそもそも許されないのであるから、特に「疑わしい場合は納税者の利益」という解釈原理をもち出す実益はないということができる。

税法の全く予想していなかった現象が発生した場合、直ちに税法の適用の余地がないというのでなく、その許される厳格な解釈でカバーできるかどうかが検討されるのであり、カバーの限界を超えている場合は課税が見送られ、立法措置が待たれることになる。最近の傾向は、税法の解釈にやや厳格さが欠如し、それがかえって立法措置の対応を緩慢にしてしまっているといえよう（例えば、家屋の附帯設備を固定資産の課税客体である「家屋」に包含させて運用している）。

2　税法と類推解釈の是非

本件判決は、納税者の利益を図る方向で税法の類推解釈を行うことは禁止されるべき理由はないと述べており、あとで紹介するように最高裁判決も本件について税法の類推解釈を肯定している。

そもそも、類推解釈とは、「ある事項を直接に規定した法規がない場合に、それに最も類似した事項を規定する法規を適用すること、すなわち、類似した甲乙二つの事実のうち、甲についてだけ規定のある場合に、乙についてもできるだけ甲に近似する結果を認めることをいう。たとえば、権利能力のない社団の法律関係について民法になんら規定がないので、法人の規定を類推適用すべきものと解されている。類推を認めうる実質的理由は、同じように法的理由の存する事項は同じような法的取扱いを受けるのが妥当であるという点にある。類似した甲乙二つの事実のうち、甲についてだけ規定がある場合に、乙についても甲と同様の結果を認めるのが類推であるのに対し、これとは逆に、この場合に、乙について甲と反対の結果を認めるのが反対解釈である。反対解釈をすべきか、類推が許されるかは、場合によっては決定が困難なことがある。なお、類推と似たものに『準用』がある。類似の事項について法規を制定すべき場合に、立法技術上、別個の規定を重複的に規定する煩を避け、法律を簡潔にするために、他の類似の規定を適用すべきことを『規定の準用』という。類推が法解釈の一方法であるのに対し、準用は立法技術の一方法である。」(『民事法学辞典下巻』(奥田昌道)二二〇三頁)。そして、類推解釈の方法としては、ある法文に潜在する規範を一般化してその法文が直接規律していない事案に対して適用する法律類推(Gesetzesanalogie)と、複数の法文に共通して潜在する規範を一般化してそれらの法文が直接規律していない事案に適用する法類推(Rechtsanalogie)の二つの方法が認められている。(1)

しかし、一般には、厳格な法律解釈が要請されている刑法や税法の分野では、類推解釈は許されないもの、法規の文言を厳格に解釈すべきものと説かれている。

このような伝統的な考え方に立つと、本件判決が納税者に有利な方向であっても、税法の類推解釈を認めていることは非常に異常なものといえよう。

税法の分野といえども、法律の文言の解釈が全く許されないものではなく、そこでは法規の文言が重視されて解釈が行われる。しかし、税法の許される解釈をしても税法が直接の対象としていない事項に、税法を類推適用することはやはり疑問というべきであるが、ここで問題となっているのは、所得分類であることを注目しなければならない。

所得分類は、担税力の観点から規定されているものであるので、規定を欠いていても、最も近いものに分類するということはかえって合理的なことであり、許されなければならないことである。

直接の規定を欠いているということで、単純に雑所得に分類するということではなく、最も近いものに分類することが、所得分類の立法趣旨に沿うものといえる。

このような意味で、本件判決は、税法一般に類推解釈を認めたものでなく、所得分類についてのみ類推解釈を認めたものとして位置づけるべきものである。(2)

3　権利金の所得分類

所得税法は不動産所得を「不動産の賃貸に因る」としているが、（所得税法九条一項三号、現行所得税法二六条一項）、それは明らかに地代、家賃（その前払を含む）のように不動産の賃貸の対価として授受される継続的、営利的性質の所得をいうのであり、本件の権利金のように、土地所有権の更地価額の五割を超えるような高額な権利金（本件は六七％）は予定されていない。このように土地所有権の更地価額の極めて大きな割合を占めるものを権利金として授受する取引は従来は東京の銀座等に限られていたが、都市における土地の需給のアンバランス、土地借地権の強度の保護、地代の統制、相続財産評価において借地権割合をきめている税務の取扱い等の諸要因が重なって、更地価額の大きな割合を占める権利金が授受される事例が多くなっている。土地所有権の更地価額の五割以上の割合を占める権利金は、上土権の売買とも呼ばれているように、不動産賃貸の対価ではなく、所有権の機能の一部の譲渡の性質（いわゆるキャピタル・ゲイン）をもつものというのが適切な認識であるといえよう。

本判決が、土地所有権の更地価格の極めて大きい割合を占めている本件権利金の取得を、譲渡所得すなわち「資産の譲渡に因る所得」（所得税法九条一項八号、現行所得税法三三条一項）の規定を類推解釈して、譲渡所得に当たるものとしているのは、権利金の実態を正しく観察して、それに適合した法律適用をしているものということができる。

冒頭で紹介したように、昭和三四年法律第七九号による所得税法の改正及びこれに伴う施行規則の制定により、更地価格の五割を超える権利金は、譲渡所得と分類するよう実定規定がおかれ、今日ではこの問題は立法的に解決されている。

所得分類が訴訟上争われた参考事例として、オーケストラの楽団員の受ける報酬が事業所得でなく給与所得とされた事例（東京地裁昭和四三年四月二五日判決・行集一九・四・七六三、東京高裁昭和四七年九月一四日判決・訟月一九・三・七三、最高裁昭和五三年八月二九日判決・訟月二四・一一・二四三〇）、弁護士の取得する顧問料収入が給与所得でなく事業所得に当たるとされた事例（横浜地裁昭和五〇年四月一日判決・行集二六・四・四八三、東京高裁昭和五一年一〇月一八日判決・行集二七・一〇・一六三九）、勤続満五年ごとに打切支給される金員を退職給与ではなく給与所得とされた事例（東京地裁昭和五一年一〇月六日判決・訟月二二・一一・二六四八、東京高裁昭和五三年三月二八日判決・行集二九・三・三六四、最高裁昭和五八年九月九日判決・民集三七・七・九六二訟月三〇・三・五七三）等がある。

五　参　考

本件について、Y税務署長は控訴したが、控訴が棄却されたので、更に上告をした。控訴審、上告審は、おおむね一審判決と同じ理由で、所得税法の改正前においても高額の権利金は譲渡所得と類推解釈するのが相当であると判示したが、上告審は、本件権利金についてその性質を確定する必要があるものとして、東京高裁に差し戻し、権利金の性質等について再審理を命じた。

その結果、差戻し後の東京高裁昭和四六年一二月二一日判決は、次のように本件権利金の性質について認定し、結局不動産所得として課税すべきものとして裁決を是認し、改めて一審判決を取り消している。

「本件権利金は本件土地の更地価格の約三分の二という高い割合によるものであるところ、Xは、賃料の一部の一括前払の意思はなかったと主張するが、……本件地代は、本件土地の更地価格が一坪当り約三万円であるのに、一坪当り一ヵ月二〇円（一ヵ年二四〇円）で、一ヵ年につき更地価格の約〇・八パーセントという極端に低廉なものであるし、……Xと甲会社との緊密な関係を考慮しても、裁判所に顕著なとおり適正地代が通常は一ヵ年につき更地価格の数パーセントであることからすれば、客観的にみて、経済上、本件権利金の中に地代前払の趣旨の包含されていると考え得る余地が十分に存するのであって、その可能性を否定し去るに足る証拠はない。

しかるところ、借地権設定に際して土地所有者に支払われるいわゆる権利金の中でも、右借地権設定契約が長期の存続期間を定めるものであり、かつ借地権の譲渡性を承認するものである等、所有者が当該土地の使用収益権を半永久的に手離す結果となる場合に、その対価として更地価格のきわめて高い割合に当たる金額が支払われるというようなものは、経済的、実質的には、所有権の機能の一部を譲渡した対価としての性質をもつものと認めることができるのであり、このような権利金は、旧所得税法の下においても、なお、譲渡所得に当たるものと類推解釈するのが相当である。

……右のような類推解釈は、明らかに資産の譲渡の対価としての経済的実質を有するものと認められる権利金についてのみ許されると解すべきであって、必ずしもそのような経済的実質を有するとはいいきれない、性質のあいまいな権利金については、法律の用語の自然な解釈に従い、不動産所得としての課税すべきものと解するのが相当である。したがって、本件権利金は、本件土地所有者たるXが本件土地の使用収益権を半永久的に手離す結果となる場合に、明らかに所有権の機能の一部を譲渡した対価としての経済的実質を有するものとはいえず、結局、本件権利金は、右にいう性質のあいまいな権利金というほかはないから、旧所得税法の下においては、不動産所得として課税すべきである。」

本件権利金は現行法の下では譲渡所得に当たるのであるが、差戻し後の控訴審判決は、本件権利金はその中に地代前払の趣旨のものが含まれているということで、性質のあいまいな権利金と認定し、改正前の所得税法のもとでは不動産所得と分類しているのである。しかし、たとえ性質のあいまいな要素を含んでいるとしても、どちらの性質がより強いかということで、所得分類をすべきではなかったかと考える。

（1）　Larenz, Methodenlehre der Rechtswissenschaft 4 Aufl, S. 384. 岩崎政明「経済的観察法をめぐる最近の論争」租税法研究一一・一四七

（2）　山田二郎「所得税法における所得の分類」（末川先生追悼論集）民商法雑誌七八巻臨時増刊号(4)二九七

〈本判決の評釈〉

金子宏・判例評論七五号一八頁

須貝脩一・シュトイエル三〇号一頁

〈控訴審判決の評釈〉

高島良一・租税判例百選（第一版）八〇頁

竹下重人・シュトイエル五九号七頁

真鍋薫・税務弘報一九巻四号八四頁

横山茂晴・税理一四巻一二号一一三頁

白崎浅吉・税務大学校論叢七号・八号

〈上告審判決の評釈〉

清永敬次・民商法雑誌六五巻三号四三七頁

村井正・租税判例百選（第二版）六二頁

新井隆一・ジュリスト四八二号三六頁

富沢達・最高裁判例解説民事篇（下）昭和四五年度一〇四一頁

森川正晴・シュトイエル一一〇号二二頁

荻野豊・国税速報二三七一号一頁

堺澤良・税経通信二六巻三号一八四頁
松沢智・法律のひろば二四巻六号四七頁
菊池幸久・税経通信三三巻一四号六六頁

（『税務署の判断と裁判所の判断』六法出版社、一九八六年）

3　一〇年定年制により支給される給与と所得の分類
――給与所得か退職所得か――

★大阪地判昭和五二年二月二五日訟務月報二三巻三号五八一頁
大阪高判昭和五三年一二月二五日訟務月報二五巻五号一四三九頁
最高三小判昭和五八年一二月六日訟務月報三〇巻六号一〇六五頁
大阪高判昭和五九年五月三一日シュトイエル二七三号一一頁

一　事　実

X（原告・被控訴人・被上告人）は、電気製品販売を目的とする株式会社であり、従来、従業員の定年につき満五五歳定年制を実施してきた。そして定年時に支給する退職金については、その額を退職時の基本給に勤続年数を乗じた額とするとともに、勤続年数が一〇年を超える場合には一律に一〇年分として計算することとしていたため、従業員の間では、かねてから不満が多く、退職金規程を改正して勤続年数に応じた退職金を支給することを要求する声が高まっていた。

ところが、Xは、昭和四〇年ころから経営が行き詰まり、多額の負債をかかえ、同年九月会社更生法の適用を申請するに至り、その後更正計画が認可されて会社再建が進められることになった。このような状況のもとで、従業員側は、会社がいつ倒産するかわからないのでは、要望どおりに退職金規程が改正されても画餅に等しいものであるから、それよりもむしろ勤続満一〇年をもって定年とし、その時点で退職金を支給し、その後引き続き勤務する場合は再雇用という形にするようにしてほしいとの要望をするに至った。他方、X側も右の勤続満一〇年定年制を実施すれば、高齢者に対する多額の給与負担を免れることになるうえ、さほど熟練を要しない職種であるから永年勤続者が退職しても会社運営に支障を来すおそれも少なく、更に、Xのような中小企業では、満五五歳の定年まで働いてもらうよりも四〇歳前後で独立させてやるように指導していく方が本人のためにもよく、その意味で一つの区切りとして、また一つの目標として、勤続満一〇年定年制を実施する方が望ましいとの判断に到達した。

このようにして労使双方の意向が合致したので、Xは、勤続満一〇年定年制を実施することとし、まず昭和四三年一〇月二一日実施の退職金規程にこれが盛り込まれ、次いで昭和四五年一一月一六日就業規則が改正され、その二八条において、「従業員の定年は満五五歳とする。又は、勤続満一〇年に達したもの。ただし定年に達した者でも業務上の必要がある場合、会社は本人の能力、成績、および健康状態などを勘案して選考のうえ、あらたに採用することがある。」と規定されるに至った。

その結果、Xは、昭和四四年三月に一〇名、同四五年三月に一名、同四六年四月に一名、同年五月に二名そして同年一月に一名、それぞれいずれも右退職金規程により勤続満一〇年に達したものとして退職金を支給した。

退職金の支給を受けた者のうち二名は支給後ほどなく退職したが、その余の従業員はXに引き続き勤務し、これらの者の役職、給与、有給休暇の日数の算定等には変化がなく、また社会保険の切替えもされなかったが、右の者のうちその後に退職した五名についての退職金の算定には、前記一〇年間の勤続年数は加味されていなかった。

二　税務署の判断

Y税務署長（被告・控訴人・上告人）は、Xの勤続満一〇年定年制は雇傭契約の一応の継続期間を示したものにすぎず、一〇年後も引き続き勤務を続ける従業員がほとんどであるから、右期間経過後に支給される退職金なる金員は、所得税法上退職所得と認められず、給与所得であるとして、所定の源泉徴収に係る所得税額につき、源泉徴収納税義務の告知処分及びこれに対応する不納付加算税賦課決定処分（以下、「本件処分」という。）をした。

三 裁判所の判断

所得税法三〇条一項は、「退職所得とは、退職手当、一時恩給その他の退職により一時に受ける給与及びこれらの性質を有する給与等に係る所得をいう。」と規定し、給与所得の金額がその年中の給与等の収入金額から給与所得控除額を控除した残額とされている（同法二八条二項）のに対し、退職所得の金額はその年中の退職手当等の収入金額から退職所得控除額を控除した残額の二分の一に相当する金額とされており（同法三〇条二項）、右の退職所得控除額は勤務年数に応じて逓増する（同条三項）とともに、退職所得は総所得金額とは分離して課税される（同法二二条一項）。

このように退職所得を給与所得と区別して特に優遇する措置が認められているのは、退職手当が、通常退職の時に一時に支給されるものであり、その支給内容も通常在職年数に比例し、かつこれが失業手当ないし退職後の生活資金及び在職期間の勤務に対する謝礼金的性質とともにその間の労働力提供の対価としての給与の一部後払い的性質を有するものであることから、このような退職時に一時に実現した長期間の累積所得たる退職所得に対して累進税率を適用し、あるいは他の年間所得と総合して累進税率を適用することは、一般の給与として支給した場合に比して重い課税をすることになり、課税負担の公平を害するだけでなく、退職者の退職後の生活のための資金を圧迫することにもなり、社会政策的に妥当でないからである。

したがって使用者から被傭者に対して支給された金員が所得税法上の退職手当（退職金）に該当するためには、原則としてそれが被傭者の退職、すなわち雇傭契約の終了に伴い、退職者に支給されるものであることを要する。しかし、この場合、被傭者が常に事業主体から完全に離脱しこれと絶縁することを要するものと解すべきではなく、例えば被傭者がいったん退職金名義の金員の支給を受けたのち引き続き雇傭関係を継続している場合であっても、当該退職金が支給されるに至った経緯など特段の事情があるときは、前記退職所得の制度趣旨に照らしこれを税法上の退職所得と認めるべき場合が存するのであって、現に所得税基本通達（昭和四五年七月一日直審〈所〉三〇）三〇―二によれば、いわゆる定年に達した後引き続き勤務する使用人に対し、その定年に達する前の勤続期間に係る退職手当として支払われる給与で、その給与が支払われた後に支払われる退職手当の計算上その給与の計算の基礎となった勤続期間を一切加味しない条件の下に支払われるものもまた退職手当として取り扱うことになっているのである。

これを本件についてみると、前記認定のように、Xの勤続満一〇年定年制は、一般にみられる定年制と比較して特異なものであり、また一〇年に達したとして退職金の支給を受けた従業員の大半が、改めて明示の雇傭契約を締結することなく引き続きXに勤務しており、給与、役職等について何らの変化もない。しかしながら他方、右の定年制が就業規則に明記されている以上、従業員には一〇年に達した後引き続き雇傭されることを会社に要求する当然の権利はなく、再雇傭については原則として会社に選択権があるといわざるをえない。もっとも前記のように定年者の大半が引き続きXに勤務しているが、これは《証拠略》によれば、労働市場において退職者にかわるべき若い労働力を確保できなかったこと、会社の主力となって働くべき者が多く含まれていたことによるものであることが認められ、新たに雇用者間に黙示の再雇傭契約が締結されたものと解することができ、更に勤務条件等が変化していないことについても、《証拠略》によれば、一〇年定年制採用当初の事務的な不慣れが原因であったものであり、現在では明確に区切りをつけていることが認められる。これらの点、そして特にXの定年制が、租税回避の目的で設定されたものではなく、前記認定のようにXの倒産状態から再建過程にあって労使双方の一致した意見により採用されたという特殊事情を総合すると、Xの従業員の勤続満一〇年定年制に基づく退職は、その後の再雇傭のいかんにかかわらず社会一般通念上も退職の性格を有するものと認めるのが相当である。そしてXが……支給した「退職金」は、まさに右の満一〇年の定年に達した者に支給されたものであること、また、引き続き再雇傭された右の者のうち、その後実際に退職するに至った者に対する新たな退職金の計算については、再雇傭前の一〇年の勤続期間が一切加味されていないこと、及び前記の所得税法上の退職所得の制度趣旨、前記通達に鑑みると、本件「退職金」は所得税法上給与所得とすべきものではなく、退職所得に該当するものと認むべきである。

四　研　究

1　所得税と所得の分類

所得を課税物件としている所得税の課税方法には、所得をその源泉ないし性質に従っていくつかの種類に分類し、各種類の所得ごとに別々に課税する方法と、課税の対象とされる所得をすべて合算したうえでこれに対して一本の累進税率表を適用する方法とがある。前者を分類所得税、後者を総合所得税と呼んでいる。

ところで、現行の所得税制では、利子所得、配当所得、不動産所得、事業所得、給与所得、退職所得、山林所得、譲渡所得、一時所得、雑所得の一〇種類に分類しているが、現行所得税法の基調は、各種所得の金額を合算しそれに一本の税率を適用することとしているから、基本的には総合所得税の課税方式に立っているものである。もっとも、税額算出の仕組みは、まず所得を一〇種類に分類することから始まり、各種所得ごとに課税所得を計算することにしているので、ある所得が何取得に該当するかは、課税の対象の存否、税率等の問題と同様に、納税者の利害に大きな関係をもつ事項である。この一〇種類の分類の目的は、担税力の相違を考慮して所得を区分しているもので、租税の実質的な公平負担をはかろうとしているのである。このように、この類別は担税力の相違にモチーフがあるから、立法趣旨に沿い担税力＝経済的実質に着目して所得の分類をすることが合理的な法律の適用・解釈ということができよう。

2　短期定年制による退職金とその所得分類

所得税法二八条は、給与所得について、「棒給、給料、賃金、歳費、年金（過去の勤務に基づき使用者であった者から支給されるものに限る）、恩給（一時恩給を除く）及び賞与並びにこれらの性質を有する給与に係る所得をいう。」と規定し、他方、同法三〇条は、退職所得について、「退職手当、一時恩給その他の退職により一時に受ける給与及びこれらの性質を有する給与に係る所得をいう。」と定めている。そして、退職所得について特別に租税負担の軽減の方途（その年中の退職手当等の収入金額から退職所得控除額を控除した残額の二分の一だけを課税の対象とし、しかも分離課税される）が講じられているのは、退職金が退職を機会に一時に支給される点や、その性格が老後の生活保障的な色彩を有すること等による担税力の弱さを考慮しているものと解されている。

ところで、税法の解釈適用は、まず私法上の取引の効力ないしその経済的成果を確定し、次にこれに税法を適用するのであるが、このことは所得の分類に関しても異なるところはない。

本件判決は、「勤続一〇年定年制」に基づく退職は、再雇用のいかんにかかわらず退職と認めるのが相当であるとし、本件の退職者に支給した金員は給与所得とすべきものではなく、退職所得に当たると判示している。

ところが、ほぼ同時期にだされた東京地裁昭和五一年一〇月六日判決・訟月二二・一一・二六四八(1)は、いわゆる勤続満五年定年制を規定する退職給与規定に基づき、満五年目ごとにその従業員に対し退職金という名目で支給した金員について、「退職」の事実が認められないとして、退職所得に該当しないと判断している。すなわち、「規定を設けたのは、会社の倒産による退職金不支給に対する従業員の不安を解消するためであるが、同項の規定は、退職金名義の金員の支給を勤続年数が会社設立後又は本人の就職後満五カ年に達した時期若しくは爾後満五カ年を加算した時期の到来にかからしめているだけであって……給与規定……は、『退職』の事実に基因して金員を支給するものではないというべきである。……同項に基づき支給する金員は、いずれにせよ退職の事実に基因するものではなく、実質的には満五年目ごとに従業員に対し退職金名義で五年間の勤務に対する功労金を支給するに等しいものであるから、臨時的に支給される給与、すなわち賞与に該当するというべきである。」というのである。

本件判決と東京地判とは、定年の期間が一方が一〇年、他方が五年と違っているほかは全く同種の事例であるのに、反対の結論を出している。

これらの事例で論じられている短期定年制は、会社が多額の負債をかかえて倒産状態となり、会社側では、人件費の節減をはかり、従業員の高齢化を防ぐなどのために、一方、従業員側では、会社の先行き不安から退職金を早期に確保するなどの理由により、労使双方で支持された結果採用されたものであり、租税負担を不当に回避し又は軽減することを意図して設定されたものではないことが重要なことである。おそらく、このような短期定年制は、立法者は予定していなかったものであり、労使間の利益調整の結果引き出された退職金支給の知恵であったということができよう。

それで、この短期定年制に基づき支給された給与の所得分類が問題となるのである。つまり、退職所得にいう退職手当等とは、「退職の事実」に起因していなければならないのか。それとも、退職所得について特別に租税負担の軽減の方途が講じられている趣旨からいって、「退職の事実」に起因していなくても、退職と同様に評価される一定期間の継続勤務を計算の基礎として一時に支払われるもので、生活保障的な色彩を有し、担税力の弱さの認められるもの（通常の退職金とその法律的性質ないし経済的実質を同じくするが、ただ勤務会社の先行きに不安があるため低額に計算されることを犠牲にして、既得の退職金を一定期間ごとに何回かに分けて前払を受けるもの）も、退職所得の中に含めることができるか。これが、ここで、まさに議論されなければならない問題ではないかと考える。所得の分類は、経済的実質が同じで担税力に違いのないものは同じ類型に分類するのが相当である。短期定年制に基づく退職金は、仮にいまだ「退職の事実」が生じていないとしても、その経済的実質はまぎれもない「退職金の性質を有する給与」（退職金の分割支払）というべきであり、それを分割して既得分ずつ支払を受けた場合には、これは、賞与というよりも、やはり「退職金の性質を有する給与」というべきであろう。生涯雇用の退職者の退職金と比較してみて、労働条件の恵まれていない短期定年制のもとにある者に、退職給与としての租税負担軽減の特典を与えるようにする取扱いは、立法論でなく、解釈論としてもカバーできるのではないだろうか。

3　退職手当等の性質を有する所得と退職所得

本判決後、Y税務署長は控訴及び上告をしている。控訴審では本判決の判断を不当とするY税務署長の主張をすべて排斥し、本件判決を正当と認めた。しかし、最高裁では、横井裁判官が一、二審判決を支持されたほかは、多数意見により控訴審の判断に法令違背、審理不尽があるとして以下のように判示し、大阪高裁に差し戻し、裁判のやり直しを命じた。

「原審の確定した事実関係からは、直ちに、本件係争の退職金名義の金員の支給を受けた従業員らが勤続満一〇年に達した時点で退職しその勤務関係が終了したものとみることはできないといわなければならない。そうすると、右金員は、名称はともかく、その実質は、勤務の継続中に受ける金員の性質を有するものというほかないのであって、前記所得税法三〇条一項にいう『退職手当、一時恩給その他の退職により一時に受ける給与』に当たるための三つの要件のうち『退職すなわち勤務関係の終了という事実によって初めて給付されること』という要件を欠くものといわなければならない。

次に、右のように継続的な勤務の中途で支給される退職金名義の金員が、実質的にみて右の三つの要点の要求するところに適合し、課税上、右『退職により一時受ける給与』と同一に取り扱うことを相当とするものとして、右の規定にいう『これらの性質を有する給与』にあたるというためには、当該金員が定年延長又は退職年金制度の採用等の合理的な理由による退職金支給制度の実質的改変により精算の必要があって支給されるものであるとか、あるいは、当該勤務関係の性質、内容、労働条件等において重大な変動があって、形式的には継続している勤務関係が実質的には単なる従前の勤務関係の延長とはみられないなどの特別の事実関係があることを要するものと解すべきところ、原審の確定した前記事実関係のもとにおいては、いまだ、右のように本件係争の金員が『退職により一時に受ける給与』の性質を有する給与に該当することを肯認させる実質的な事実関係があるということはできない。」

差戻しを受けた大阪高裁では、「勤続満一〇年の時点で退職金名義で前記従業員一二名の受給した本件金員は、勤務関係の継続中における給与であって、退職すなわち勤務関係の終了という事実によって初めて給付されるものではなく、実質的にみて課税上『退職により一時に受ける給与』と同一に取り扱うことを相当とするものでもないといわなければならないから、Y税務署長において右金員を給与所得であるとしてなした本件各処分は、適法であり、その取消しを求めるXの請求はいずれも失当として排斥を免れない。」という判断を示している。

（1） この事案の第二審東京高判昭和五三年三月二八日訟月二四・一〇・二一一六、上告審最高二小判昭和五八年九月九日判時一〇九三・六五、〔評釈〕一審につき、高梨克彦・シュトイエル一八三・一、村瀬次郎・税通三三・一四・九〇、二審につき、品川芳宣・税通二六・一二・七九、島村芳見・税理二二・九・一三七、山田二郎・税通三四・一五・三〇

〈本判決の評釈〉
広木重喜・税理二一巻一号二〇九頁
中野昌治・税務弘報二五巻一二号一四六頁
村山文彦・税経通信三三巻四号一七九頁
〈控訴審判決の評釈〉
高梨克彦・シュトイエル一八三号一頁
豊住政一・税経通信三四巻一五号一七四頁

（『税務署の判断と裁判所の判断』六法出版社、一九八六年）

4　譲渡所得に対する所得税の課税時期

最高裁第三小法廷昭和四〇年九月二四日判決
判例時報四二二号二九頁

一　事実の概要

最高裁判決に関連している事実だけに整理すると、つぎのとおりである。

X（原告、控訴人、上告人）は、所有する不動産について、代表取締役をしているA会社の債務を担保するために抵当権を設定していたところ、昭和三四年一一月一二日右不動産が抵当権の実行によって競売（いわゆる任意競売）に付せられた。そこで、Y税務署長（被告、被控訴人、被上告人）は、昭和三五年一二月五日Xに譲渡所得（昭和四〇年法律第三三号による改正前の所得税法九条一項八号。以下、右所得税法を単に所得税法という）が生じたとして、昭和三四年度分所得税の更正処分を行なった。

ところで、Xは、競売代金はA会社の債務の弁済に充てられてしまっていてXの収入になっておらず、また、A会社は多額の債務を負担していてXのA会社に対する求償権は事実上取立不能であるから、右競売代金は課税の対象になりえないものであると主張して、更正処分の取消しを求めた。

第一審[1]、控訴審とも、更正処分は適法でありXの主張は理由がないとして排斥したので、Xは上告した。

二　判決理由

最高裁は、つぎのような判決理由で、Xの上告を棄却した。

「(上告) 論旨は、要するに、求償権が事実上取立不能であるというような事情は譲渡所得の成否に何らの影響をも及ぼすものでないとした原審の判断に、法令の解釈適用を誤った違法がある、という。

抵当権実行のためのいわゆる任意競売は、担保権の内容を実現する換価行為であって、競落人は目的不動産の所有権を承継取得するものであるから、所得税法九条一項八号にいう資産の「譲渡」に該当するというべきである。しかして、資産の譲渡によって発生する譲渡所得についての収入金額の権利確定の時期は、当該資産の所有権その他の権利が相手方に移転する時であるが、任意競売における所有権移転の時期は競落代金納付の時と解するのが相当である(大審院昭和七年二月二九日判決・民集一一・六九六参照)から、競売による譲渡所得については、代金納付の時に権利が確定する、というべきである。

ところが、所論代位弁済による求償権は、代金納付後、担保権者に代金交付がなされることにより、その代位弁済的効果として発生する権利であって、所論の如く、競売の対価たる性質を有するものではない。それ故、譲渡所得の対象は競落代金そのものであって、求償権の取立が事実上不能であるとしても、かかる事情は、譲渡所得の成否に何等の消長をもきたすものでないといわなければならない。」

(1) 第一審判決について、訟月一〇・四・六五九。

三　研　究

1　資産の譲渡

(1)　所得税法九条一項八号(現行所得税法三三条)に定められている資産の「譲渡」とは、「資産の所有権その他の権利について譲渡(承継取得)が行なわれることをいうのであり、譲渡人の意思に基づく譲渡(例えば、売買、代物弁済、贈与、交換等。もっとも、同法六条一二号によると、贈与によって取得するものは所得税を課税せず、贈与税を課税する建前になっている)のほか、譲渡人の意思に基づかない譲渡(担保物権の実行による任意競売、強制競売、国税徴収法による公売、収用。右交換および収用については、租税特別措置法三一条以下が適用される）も、資産の譲渡に該当すること、

(2)　資産の譲渡によって発生する譲渡所得について、その収入金額の権利確定の時期は、当該資産の所有権その他の権利が移職する時であること[2]、

(3)　譲渡所得の対象は、譲渡による代金そのものであり、物上保証による代位弁済の結果発生する求償権は譲渡（競売）の対価たる性質を有するものでないから、求償権の取立が事実上不能であるとしても、かような事情は、譲渡所得の成否に何等の消長もないこと[3]、

以上の三つのことを、説示しているものである。

しかし、このうち、注目されるのは、(2)の判示事項である。ここでは、この(2)の判示事項を取り上げて検討してみることにしたい。

（2）　任意競売による所有権移転の時期は、競落代金納付の時と解されているが（大審院昭和七年二月二九日判決・民集一一・六九六参照）、国税徴収法に基づく公売による所有権移転の時期は、買受代金納付の時と定められており（同法一一六条一項）、そして、不動産の強制競売による所有権移転の時期は、競落許可決定の時、また、動産の強制競売による所有権移転の時期は、代金と引替に物の引渡を受けた時と定められている（民事訴訟法六八六条、五七七条二項）。

（3）　昭和三七年法律第四四号による改正以後（現行法六四条）は、保証債務を履行するために資産の譲渡があった場合において、その履行に伴う求償権を行使できないとき、行使できない部分の金額を収入金額から控除することに変わっている。

2　資産の譲渡によって発生する譲渡所得に対する所得税の課税時期について

(一)　最高裁判決の判断の内容について

この最高裁判決は、「資産の譲渡によって発生する譲渡所得の収入金額の権利確定の時期は、当該資産の所有権そ

の他の権利（所有権その他の権利とは所有権、賃借権、営業権等の経済的価値のある権利をいうのであるが、以下、これらの権利を所有権と略称する）が移転する時である」と説示している。この説示は、要するに、資産の譲渡によって発生する譲渡所得に対する所得税の課税時期について述べているのであるが、その表現は論理的に粗雑というほかない。この最高裁判決の粗雑な説示内容を補充して表現し直すと、「資産の譲渡によって発生する譲渡所得に対する所得税の課税時期は、譲渡による収入金額（収入すべき金額）の権利確定の時期によって決めるのであり、そして、その権利確定の時期は、当該資産の所有権が移転の時によって決めるのである」ということになろう。つまり、この最高裁判決は、「譲渡所得に対する所得税の課税時期は、当該資産の所有権が移転する時である」と結論しているのであるが、この結論を導き出す判断の過程として、収入金額の「権利確定の時期」という言葉（概念）を持ち出し、この言葉の適用を経由して結論を示しているのである。この考え方は、従来の国税庁の見解（所得税法関係通達二二七五、二二八五）[4]と、大体、軌を一にするものということができよう。

そこで、この判断の過程として経由している「権利確定の時期」という言葉の意義と、このような判断の過程を経由することが果たして必要であるのか（意味があるのか）を中心に考察し、この最高裁判決の判例としての位置づけをしてみることにしたい。

（4）所得税法関係通達二二七五（収入金額の意義）収入金額とは、収入すべき金額をいい、収入すべき金額とは、収入する権利の確定した金額をいうものとする（昭和二六年基本通達一九四）。
同通達二二八五（譲渡所得の収入金額の権利確定の時期）譲渡所得については、権利の確定する時期は、売買、競売、公売、交換、収用、出資等により、その所有権その他の財産権の移転する時による。但し、その移転の時が明らかでないものについては、「二二八四」の但書（譲渡契約の効力が生じた時）に準ずるものとする（昭和二六年基本通達二〇二）。

(二)　いわゆる権利確定主義について

「権利確定の時期」とは、所得に対する課税年度の帰属を決める法的基準（リーガルテスト）を権利の確定の時におこうとする権利確定主義において認識を必要としているものであるから、この最高裁判決は権利確定主義を課税時期に関する法的基準として前提としているものといえる。

そして、従来、所得税法は、譲渡所得に対する課税時期について、「権利確定主義」を法的基準としているとされ、その根拠として同法一〇条一項が挙げられてきているのであるが、(5)この理解は果たして正しいのであろうか。

所得税法は、譲渡所得について、その九条一項八号で「譲渡所得は当該年中の総収入金額から所得価額、設備費、改良費及び譲渡に関する経費を控除した金額の合計額をいう」と定めており（現行所得税法三三条三項）、また、その一〇条一項で、「右総収入金額は、その収入すべき金額の合計額による」（現行所得税法三六条一項）と定めており、前掲の所得税法関係通達二二七五や大阪地裁昭和三六年一二月二〇日判決及び大阪高裁昭和三七年一二月二一日判決(4)(5)は、「収入すべき金額」とは「（金銭や経済的利益を）収入する権利の確定した金額」をいうのであり、「譲渡所得に対する課税時期」は「収入する権利の確定した時」であると解しているのであるが、条文の文離解釈からはどうしてもかような解釈はでてこない。つまり、右条文自体の上において権利の確定を法的基準とすること（権利確定主義）が明確に規定されているとはどうしてもいえない。(6)譲渡所得に対する課税時期の法的基準について、その実定法上の拠り所とその法的基準の内容を検討しなおしてみる必要があるように考えられる。

権利確定主義という課税時期の法的基準が税法の解釈において広く使われているのであるが、この基準の内容は明瞭でない（この基準は、前述したとおり所得税法上において採用されているのかどうか条文自体に照して不明確であり、また、その基準の内容も明瞭でない）ので、ここで、従来その内容について説明されてきていることを一覧しておくことにしよう。

権利確定主義は権利発生主義と同意義に使用されており、これは、税法上において収入金額をどの年度に課税するかを判定する法的基準として、現実収入主義と対立する基準として、従来表現されている。そして、権利確定主義とは、収入金額について、実際に現金で受取った金額による（現金収入主義）のでなく、収入すべき金額（収入すべき権利の確定した金額）によるのであり、従って、実際に現金を受取った年度でなく、収入すべき金額をその確定した年度に課税を行なう考え方である、と説明されてきているのである。(7)

権利確定主義また現実収入主義という言葉は、もともと会計の領域における発生主義（accrual basis）また現金主義（cash basis）に対応してこれらを税法上で表現しようとしたものであるが、会計の領域では収益の計上をなるべく確実なものに限り損益計算を確実にするために発生主義の内容に実現基準（realization basis）をとり入れて発展変化しているので、今日では、権利確定主義の内容は発生主義の内容の発展変化に追従し対応しておらず、この両者の内容は相当に違ったものになっているといえよう。すなわち、公正妥当な会計慣行を要約している企業会計原則では、「すべての費用及び収益は、その支出及び収入に基づいて計上し、その発生した期間に正しく割り当てるように処理しなければならない」（同原則第二の一A）とし、発生主義による損益の計上を原則としながらも、「売上高は、実現主義の原則に従い、商品の販売又は役務の給付によって実現したものに限る」（同原則第二の三B）とし、更に、税法と企業会計原則との調整に関する意見書には、「正規の会計原則においては、費用又は収益の会計的認識のために、まず発生主義の基準が適用されるが、専ら発生主義のみによって純利益を確定するのではない。毎期の純利益を決定する条件として、一会計期間において発生した費用及び収益が、その期間において実現したものであることを要する」（同意見書「実現主義の原則の適用」）としている。

それに、法律解釈において、権利の発生と権利の認定（権利の目的の確定）とは同じ内容のものでなく、権利の発生とは法律要件を充足して法律行為が成立し権利（法律効果）の効力が生ずることをいうのに対し、権利の確定とは発生した権利について権利の目的が具体的に確定すること（例えば、土地の売買においてどの土地何坪と定めること）をいうのであり、その内容を異にしているから、従来、「権利確定」主義と「権利発生」主義とを同じ内容のものであるとしているのは正確でなく、そして、権利確定主義の内容を、権利の発生とも権利とも確定ともまちまちに理解しているのは合理的でないということができよう。また、権利の確定を権利の発生と区別している場合でも、法律解釈上において一般に通用しているように右「権利の目的の確定」の意味に解しないで、会計上の実現基準をここに導入し、権利の実現の可能性が増大したときとする考え方、また、権利の確定の時の意味を、資産の所有権の移転の時と解する考え方もあり、「権利の確定」の意味は多義であり、しかもこの言葉で表現されている中味も多様であるので、「権利の確定」とは何をいっているのか全く明瞭でないというほかない。(8)

従来、所得に対する課税時期の法的基準として権利確定主義という言葉が広く使用されてきているのであるが、この基準は実定法の条文自体の上から認識しうるものでなく、また、この基準の内容は多義で明らかでなく、また、この基準を適用している結果も多様であるから、権利確定主義は課税時期を決める法的基準として適切なものでないということができよう。(9)(10)

（5）　志場喜重郎『所得税法』八〇頁、大阪地裁昭和三六年一二月二〇日判決・例集民一二・一二・二四五三、大阪高裁昭和三七年一二月二一日判決・判時三二七・三一、熊本地裁昭和三八年二月一日判決・例集民一四・二・二五七。

（6）　昭和三八年一二月「所得税法及び法人税法の整備に関する答申」一五頁で、「税法上期間損益決定についての基本的な法的基準は、これを設けておく必要があると認められる」とし、「その法的な基本的基準としては所有権の移動のあったときとすることが適当と認められる」としている。しかし、この法的な基本的基準については、昭和四〇年法律第三三号による所得税法の改正においても、実現していない。

（7）　神戸大学会計学研究室編『増補会計学辞典』二七〇頁。

（8）　判例上で、権利確定主義もしくは権利発生主義という言葉で表現されている中味を検討しているもの、清永敬次「権利確定主義の内容」税通二〇・一一・八八。

（9）　権利確定主義という概念を否定しようとしているもの、忠佐市『新版租税法入門』二四九頁、黒沢清＝湊良之助『企業会計と法人税』一二八頁。

（10）　清永教授は前掲書で、権利確定主義という言葉の内容を明確にするため、契約が成立し代金債権が発生したときを基準とするものを権利発生主義と呼び、発生以後一定の事情が生じて権利の実現の可能性が増大したときを基準とするのを権利確定主義と呼ぶことを提案されているが、権利の確定の意味が明確でないのでこのような概念を設定することは意味がないというべく、課税時期の基準、なかんずく、譲渡所得の課税時期の基準については、本文のとおり、所得の種類ごとに個別に法的基準を設定して資産の所有権移転の時と解すべきである。

(三)　譲渡所得に対する所得税の課税時期について

資産の譲渡によって発生する譲渡所得に対する課税時期について、従来、所得税法一〇条一項の「収入すべき金額」を「収入すべき権利の確定した金額」と解し、そして「収入すべき権利の確定した時」をその課税時期と解しているのであるが、そもそも課税時期とは、法律の定めている課税要件を充足した時に適期に達すると解すべきである。そして、譲渡所得は譲渡にかかる資産の増加価値を譲渡の時を捉えて増加額を計算して課税しようとするものであるから[11]、譲渡所得の場合（所得税法五条二所定の時価によるみなす譲渡の場合も含めて）には、資産の譲渡のあった時（資産の所有権その他の権利が移転した時[12]）に課税要件（所得税法九条一項八号、現行法三三条一項）を充足し課税時期に到達するものというべきである。

税金はもとより国民が財産の取得、利用、取引等によって取得する経済力（担税力）に応じて課することを建前としているのであるが、譲渡所得については資産の譲渡があったときに通常担税力を有しているとして一般的な課税時期を定めているものと解すべきである。

そして、所得税法九条一項八号及び一〇条一項の収入金額に関する規定は、譲渡所得の課税標準について、収入金額を実際に現金で受取った金額によるのでなく収入すべき金額（収入すべき権利の金額、例えば、代金債権の債権金額。商法二八五条の四参照）によって算出すべきことを定めているのであり、課税時期とは関係のない規定というべきである。

また、権利確定主義という従来の法的基準は、課税時期の基準として所得税法のうえで明らかに規定されていないものであるだけでなく、この基準によらなければ課税時期を決められないものでもなく、ましてや、権利確定主義という基準自体が何を内容としているのか明らかでなく、不明確な基準であるから（権利の確定を基準とするとしても、なぜ所有権の移転をもって権利の確定といえるのか論理上において明瞭でないから）、このような基準に基づいて課税時期を判断することは正当でないということができよう。

この最高裁判決が、譲渡所得に対する課税時期につき、収入金額の権利確定の時期によることとし、そしてその権利確定の時期を当該資産の所有権が移転する時であると、権利確定主義の適用を経由したうえで回り道をして判断を進めているのは正当といえないけれども、結論において、譲渡所得に対する課税時期を当該資産の所有権の移転する時としているのは正当である。この最高裁判決が従来明確でなかった譲渡所得の課税時期の法的基準について、資産の所有権が移転する時であることを明瞭にしたことは非常に注目されることであり、税法学上また実務上に道標を与えたものということができよう。

なお、この最高裁判決よりすこし前に、最高裁第二小法廷で事業所得の課税時期について判例があり[(13)]、「所得税法一〇条一項にいう収入すべき金額とは収入すべき権利の確定した金額をいい、その確定の時期は事業所得にかかる売買代金債権については、法律上これを行使するようになったときと解する」との解釈が示されたが、この場合でも、事業所得の課税時期を判断するについて、権利確定主義に基づく「確定の時期」を問題としこのような判断を経由する必要はなく、また、なぜ売買代金債権を法律上行使するようになったときが権利の確定といえるのか論理的に明確でないといえよう。事業所得の課税時期は事業にかかる経済的成果が生じた時と解すべきであり、事業にかかる売買代金債権についてはいつその経済的成果が生じたといえるかが、問題となるのである。その時期は、この判決の結論と同様に、売買代金債権について、法律上これを行使することができるようになった時（売買代金債権が発生し、そして、商品を引渡し、売買代金を請求しうるようになった時）と解すべきであろう。

（11）　拙稿「低額譲渡と寄付金」税通二〇・三・一五。

（12）　所有権の移動が生ずる時期について、通説は、原則として、所有権の変動を生じさせる法律行為（例えば、売買契約）をしたときに所有権の移転の効果を生じるとしているが、わが国の取引慣行や取引社会の法意識から見て、代金の

支払、引渡、登記などのときに所有権の移動を生ずるものと解すべきである（船橋淳一『物権法』八六頁）

(13)　最高裁第二小法廷昭和四〇年九月八日判決・ジュリスト三三五・判例カード五四三。

（法律のひろば一九巻一号、一九六一年）

5　確定申告における概算経費控除の選択とその拘束力

——確定申告で社会保険診療報酬に関する措置法二六条の概算経費を選択したのち修正申告で実額経費に変更することができることとされた事例——

最高裁第三小法廷平成二年六月五日判決、昭和六三年(行ツ)一五二号
更正処分等取消請求事件、民集四四巻四号六一二頁他
一審・福岡地判昭和六〇年九月二四日訟務月報三二巻六号一二九五頁
二審・福岡高判昭和六三年六月二九日訟務月報三五巻三号五三五頁

一　はじめに

租税特別措置法二六条一項は、医師又は歯科医師の社会保険診療報酬に関する必要経費について、実際に要した経費（以下「実額経費」という）によることなく、一定の標準率による経費（以下「概算経費」という）によることを認めている。概算経費を選択した場合は、実額経費が概算経費の金額を上回っているかそれとも下回っているかということは適用の可否を左右するものではなく、仮に実額経費の金額が概算経費の金額を上回っている場合でも、概算経費が社会保険診療報酬の必要経費となる。最高裁昭和六二年一一月一〇日判決・裁判集民事一五二・一五五（判時一二六一・五四、訟月三四・四・八六一。以下「六二年最高裁判決」という）は、このような社会保険診療報酬の必要経費に関する概算経費の制度をふまえて、「確定申告の際に概算経費の適用を受けることを選択した以上は、たとえ実額経費が概算経費を超えることが分かっても、納税者としてはこのことを理由として更正の請求（通則法二三条一項一号）をすることはできない。」と判示した。この六二年最高裁判決は、本件のような社会保険診療報酬の必要経費のほか、

課税標準の計算に特例が設けられていて納税者の選択に委せられる場合にも、影響を及ぼすものであった。現に、本件の第二審判決や課税庁側の主張にもみられるように、多くは、確定申告にあたって概算経費の適用を受けることを選択した以上は、後日実額経費が概算経費を超えていることが判明しても、選択した概算経費が必要経費として固定するのであって、修正申告をすることになっても概算経費の選択の意思表示の撤回はできないものと解してきていた。

ところが、本件最高裁判決は、最近の多数説を修正し、概算経費の選択によってどこまで拘束力が生じるのかについてその限界を示したものであり、注目される。修正申告をするときには、概算経費の選択の意思表示の撤回を認めたものであるが、さきの最高裁の六二年判決との理論面での整合性には種々検討の余地を残しているように思われる。

本件の一審判決については、堺澤良・ジュリスト八八〇・一五一、二審判決については、大渕博義・税通五九八・一八七の解説がある。

二　事案の概要

X（原告、被控訴人、上告人）は、歯科医を業とする者であるが、昭和五四年分の所得税につき、昭和五五年三月一五日付で、Y税務署長（被告、控訴人、被上告人）に対し、総所得金額を九四〇万六、八五五円、税額を一三二万六、九〇〇円とする確定申告をした。右確定申告において、Xは、歯科医業に係る事業所得金額を算定するに当たり、社会保険診療報酬を二、五〇三万六、二四一円、その必要経費を租税特別措置法（昭和六三年法律第一〇九号による改正前のもの。以下「措置法」という）二六条一項の規定を適用して一、八〇二万五、五四九円、自由診療収入を一、〇〇六万一、〇〇〇円、その必要経費を七五一万五、五五二円として計算していた。

Xが社会保険診療報酬の必要経費につき措置法二六条一項の規定を適用して確定申告をしたのは、次のような事情によるものであった。Xは、同項を適用して確定申告をするかどうかを判断するに当たり、社会保険診療報酬を得るための実額経費を算定し、これと同項に基づいて算出した概算経費とを比較したのであるが、まず実額経費を算出するため、診療経費総額を自由診療収入分と社会保険診療報酬分に振り分ける計算過程において、診療収入に対する自由診療収入の割合を出し、これを診療経費総額に乗じて自由診療収入分の必要経費を算出し、これを診療経費総額から差し引いて実額経費を算出すべきところ、誤って社会保険診療報酬に対する自由診療収入の割合を出し、これを診療経費総額に乗じて自由診療収入分の必要経費を算出し、これを診療経費総額から差し引いて実額経費を算出したため、自由診療収入分の必要経費を正しく計算した場合よりも多額に（すなわち、五三七万七、七八二円となるべきところを七五一万五、五五二円と）、実額経費を正しく計算した場合よりも少額に（すなわち、一、九四八万八、五〇八円となるべきところを一、七三五万七三八円と）算出した。そして、右一、七三五万七三八円と概算経費一、八〇二万五、五四九円とを比較し、後者を有利であると判断したため、社会保険診療報酬の必要経費として措置法二六条の規定を適用して確定申告をした。

その後、Xは、右確定申告には自由診療収入の計上洩れがあったこともあって、昭和五六年七月二五日付でY税務署長に対し、総所得金額を一、〇六四万六、一九六円、税額を一四一万六、七〇〇円とする修正申告をした。この修正申告において、Xは、確定申告に係る自由診療収入に七三万一、〇〇〇円を加えるとともに、自由診療収入分の必要経費についての計算の誤りを正してこれを五六〇万一、五〇二円に減額し、他方、社会保険診療報酬の必要経費として実額経費一、九二六万四、七八八円を計上した。したがって、事業所得の必要経費の合計は、確定申告においては二、五四四万一、一〇一円であったが、修正申告においては二、四八六万六、二九〇円とされた。

これに対し、Y税務署長は、昭和五七年一月二〇日付で、Xに対し、総所得金額を一、一八八万五、四三五円、税額を一九〇万一、四〇〇円とする更正処分及び税額を二万四、二〇〇円とする過少申告加算税の賦課決定（以下「本件課税処分」という）をした。本件課税処分は、Xの修正申告のうち、社会保険診療報酬の必要経費を実額経費（一、九二六万四、七八八円）から概算経費（一、八〇二万五、五四九円）に改めたものである。したがって、事業所得の必要経費の合計は、二、三六二万七、〇五一円とされた。

Xが、本件課税処分を不服として取消しを求めたのが本訴である。

一審判決（福岡地判昭和六〇年九月二四日訟月三二・六・一二九五）は、次のとおり修正申告での選択の変更を認めて、Xの請求を認容し、課税処分を取り消した。

「確定申告で措置法二六条一項の規定の適用を選択した場合、逆に、その後の修正申告で、右選択を変更し、収支計算の方法によることはできない旨の明文の定めがないことや、右規定が本来社会保険診療報酬に対する課税軽減のための特例であって、同三項の趣旨も、納税者が右特例措置をうけるための要件として、確定申告書に選択の記載を求めていると解されること等を考慮するならば、右措置法の規定が、その特別措置の内容及び適用のための要件を定めたものである以上に、確定申告後いかなる場合も右選択の変更を認めない趣旨を含むとするには疑問の余地がある。

……修正申告は、申告納税制度の本旨に則り、先の申告税額等に不足があることを認め、税額等の増加を申告する意思がある納税者に対し、修正申告書の提出を認めて、変更処分と異なる取扱いをする制度であるが、修正申告の機会に、経費算定方法でも経費を増加させる方向への変更を伴っていても、先の申告時に不正があるとか、修正申告段階での計算方法の変更に不当な動機があるとかの事情がない場合、税額等が増加されるという要件を充足する限り、修正申告として是認しても、制度の趣旨に反するものではないと考えることができる。

……修正申告という法定手続の機会に、右経費概算方法の選択を改めたからといって、法律行為の取消、撤回等と同一に論ずる必要はないと考える。

……措置法二六条が納税者のための特別措置であるとしても、具体的に個々の選択に誤りがあって納税者に不利な場合、その変更を許さないことが、実際の所得以上の課税という不利益を及ぼすことは否めないところであり、租税債権債務の確定をめぐる法的安定性の問題についても、それが租税法律関係の要請の一つであることはいうまでもないが、右選択の変更は、修正申告という法定された手続内のことであって、直ちに右法的安定性を損うともいえず、通則法二〇条によれば、修正申告の場合、税額を増加させる内容の申告は、既に確定した税額に係る部分の納税義務に影響を及ぼさない旨定められているところでもある。」

Y税務署長からの控訴に対して、二審・福岡高判昭和六三年六月二九日訟月三五・三・五三五は、次のとおり修正申告で選択の変更をすることは許されないと一審判決と異なる見解を示し、原判決を取り消し、Xの請求を棄却した。

「措置法二六一条一項は、医師の社会保険診療に係る必要経費の計算について、実際に要した個々の経費の積上げに基づく実額経費の方法によることなく、一定の標準率に基づく概算による経費控除の方法を認めたものであるが、右規定は、確定申告書に同条項の規定により事業所得の金額を計算した旨の記載がない場合には適用しないとされているから（同条三項）、同条項の規定を適用して概算による経費控除の方法によって所得を計算するか、あるいは同条項の規定を適用せずに実額経費の方法によるかは、専ら確定申告時における納税者の自由な選択に委ねられているということができる。

そして、納税者が確定申告において措置法二六条一項の規定により事業所得の金額を計算した場合には、所得税法の規定にかかわらず、同項所定の率により計算された金額をもって所得計算上控除されるべき必要経費とみなされ、同条一項の規定が適用される限りは、もはや実際に要した経費の額がどうであるかを問題にする余地はないし、納税者が措置法の右規定に従って計算に誤りなく申告している以上、仮に実際に要した経費の額が右概算による控除額を上回っているとしても、そのことを理由として一旦確定された概算による控除額をその後の修正申告（同申告の要件の範囲内においてであれ）、実額経費の方法による額に変更することを許容すべき根拠はない。

……Xは、確定申告における選択の誤りを修正申告で変更できないとすれば、所得金額が実際より約一三二万円多くなる結果、所得のないところに課税することになると主張する。

しかしながら、措置法二六条一項は、経費について実額経費の方法と並んで概算による控除の方法を定めたものであって、両者の間に優劣があるわけではなく、いずれの方法によって算出された所得も等しく法律上の課税標準たるべきものであるから、所得のないところに課税することにはならないというべきである。

……措置法二六条一項が社会保険医に対する税負担の軽減という目的を有することは否定できないが、必ずしもそればかりではなく、所得計算の簡便化、記帳義務からの解放に資する一面もあり、同条項の規定を選択した結果実際に税負担上有利になったかどうかは同規定の適用を左右するものではなく、納税者が制度の利用を誤ったからといって、その是正を認めなければ制度の目的に反するということにもならないというべきである。

……納税者が法定の申告期限までに収支決算を正しく終了していれば、経費について、実額経費の方法による控除の方法と措置法二六条一項の規定を適用した概算による控除の方法とのいずれを選択するのが税負担の面で有利であるかは容易に判断でき、選択の誤りによる不利益を避けることができるし、右のように所得計算の方法について納税者の選択で認められている場合において、その選択の誤りを修正申告の機会に是正できるとすれば、いわば納税者の意見によって税の確定が左右されることになって妥当でないというべきである。

してみれば、本件の場合、社会保険診療に係る必要経費の計算について、Xが確定申告の際に選択した措置法二六条一項所定の概算による経費控除の方法を修正申告において実額経費の方法に変更することは許されないというべきであり、これと同一の見解に立ってY税務署長がした本件更正処分等は適法である。」

三　最高裁判決の要旨

Xからの上告に対し、最高裁は修正申告で選択の変更が認められるものとし、再逆転の判決を下し、本件課税処分を取り消した。

「措置法二六条一項は、医師又は歯科医師が社会保険診療報酬を有する場合において、事業所得金額の計算上、右報酬に係る必要経費としては、所得税法三七条一項に基づく実額経費算によることなく、右報酬に一定の標準率を乗じて算出する概算経費とする旨を規定し、措置法二六条三項は、同条一項の規定は、確定申告書に同項の規定により事業所得金額を計算した旨の記載がない場合には、適用しないと規定している。したがって納税者である医師又は歯科医師が確定申告書において同項の規定により事業所得金額を計算した旨の記載をしていない場合でないかぎり、換言すれば、納税者である医師又は歯科医師が確定申告書において同項の規定により事業所得金額を計算した旨の記載をしている場合（すなわち、概算経費選択の意思表示をしている場合）には、同項が適用され、概算経費が事業所得金額の計算上控除されるべき社会保険診療報酬の必要経費となるのである。この場合、実額経費の金額が概算経費の金額を上回っているかそれとも下回っているかということは、同項の適用を左右するものではなく、仮に実額経費の金額が概算経費の金額を上回っている場合でも、右概算経費が国税に関する法律の規定に基づく社会保険診療報酬の必要経費となるのである（最判昭和六二年一一月一〇日裁判集民事一五二・一五五）。

しかしながら、歯科医師の事業所得金額の計算上その診療総収入から控除されるべき必要経費は、自由診療収入の必要経費と社会保険診療報酬の必要経費との合計額であるところ、本件においては、診療経費総額を自由診療収入分と社会保険診療報酬分に振り分ける計算過程において、診療総収入に対する自由診療収入の割合を出し、これを診療経費総額に乗じて自由診療収入分の必要経費を算出し、これを診療経費総額から差し引いて社会保険診療報酬の実際の必要経費（実額経費）を算出すべきところ、誤って社会保険診療報酬に対する自由診療収入の割合を出し、これを診療経費総額に乗じて自由診療収入分の必要経費を算出し、これを診療経費総額から差し引いて実額経費を算出したため、自由診療収入分の必要経費を正しく計算した場合よりも多額に、実額経費を正しく計算した場合よりも少額に算出してしまい、そのため右実額経費よりも概算経費の方が有利であると判断して概算経費選択の意思表示をしたというのであるから、右概算経費選択の意思表示は錯誤に基づくものであり、Xの事業所得金額の計算上その診療総収入から控除されるべき必要経費の計算に誤りがあったというべきである。

ところで、通則法一九条一項一号によれば、確定申告に係る税額に不足額があるときは修正申告をすることができるところ、本件においては、確定申告に係る自由診療収入の必要経費の計算の誤りを正せば、必然的に事業所得金額が増加し、確定申告に係る税額に不足額が生ずることになるため、修正申告をすることができる場合に当たることになる。そして、右修正申告をするに当たり、修正申告の要件を満たす限りにおいては（すなわち、確定申告に係る税額を増加させる限りにおいては）、確定申告における必要経費の計算の誤りを是正する一環として、錯誤に基づく概算経費選択の意思表示を撤回し、所得税法三七条一項等に基づき実額経費を社会保険診療報酬の必要経費として計上することができると解するのが相当である。本件修正申告において、Xは、自由診療収入の必要経費を確定申告に係る七五一万五、五五二円から五六〇万一、五〇二円に減額し、社会保険診療報酬の必要経費を実額経費である一、九二九万四、七八八円に改め、確定申告に係る必要経費の総額二、五五四万一、一〇一円を二、四八六万六、二九〇円に減額したものであるから、税額を増加させるものであり、修正申告の要件を充たし、概算経費選択の意思表示の撤回が有効にされたものとして、本件修正申告は適法というべきである。

したがって、本件修正申告における概算経費選択のの意思表示の撤回を認めず、自由診療収入の必要経費については修正申告による金額としながら、社会保険診療報酬の必要経費については確定申告における概算経費の金額とすべきであるとした本件課税処分は違法であるところ、これを適法とした原判決には、法律の解釈適用を誤った違法があり、右違法は原判決の結論に影響を及ぼすことが明らかであるから、論旨は理由があり、原判決は破棄を免れない。」

四　解　説

1　措置法二六条で概算経費の控除を認めている趣旨

社会保険診療報酬に対する特例として、概算経費の控除を認める制度（いわゆる医師優遇制度）は、昭和二九年に導入された。この制度の導入は、昭和二六年の社会保険診療報酬の改訂の際に、社会保険医の生計費を一般の勤労者の平均水準の何割増程度とするかが議論の焦点となり、保険単価の引上げに制約があることから、社会保険診療報酬の所得率を課税の取扱い上三〇％から二五％程度とし社会保険医の所得を保証することとされた経緯から、昭和二九年の制度導入にあたって必要経費率を一律に七二％とする形で立法化されたものである。このように概算経費の制度の導入と必要経費率は、税制により社会保険医の所得水準について配慮を行ったものであった。その後診療報酬が引上げになったことから、昭和三三年一二月の臨時税制委員懇談会では、この特例を廃止すべきであるという意見が出ている。昭和三八年頃からは、この医師優遇制度は不公平税制の主役とみられ、一般的な批判が出るようになり、昭和三九年、昭和五〇年、昭和五一年、昭和五二年の税制調査会答申でも、社会保険診療報酬の特例を、負担の公平の見地から適当でないということで廃止を繰り返し強く提言している。

そして、漸く昭和五四年の改正で、社会保険診療報酬の金額を五段階に区分し、経費率を七二%から五二%までの段階別にする是正が実現し、さらに昭和六三年の改正で年間の社会保険診療報酬が五、〇〇〇万円を超える者については、特例を適用しないとされ、従って必要経費率は、七二%、七〇%、六二%、五七%の四段階区分に改められた(平成元年分の所得税から適用)。

このような改正の経緯に照らして、現在の措置法二六条の特例は、社会保険医の所得保障という創設当初の租税軽減目的が後退し、社会保険医の公益性という特殊性から記帳の簡便化の特典を付与していることに現代的な意義を求めるべきであるという説明がされている。それで、右特例は、単に課税を軽減するために、実額経費に代えて実態よりも有利な例外的概算的経費を設定したものではなく、そこにはもはや実額経費が概算経費を下回るかどうかということは、納税者の選択の動機として存在することはあっても、法的には特に意味はないという説明がされている(大渕・前掲書一九一頁)。

措置法二六条で概算経費を認めている現代的な意義について、社会保険医に記帳の簡便化の特典を与えているのはいわれているとおりであるが、社会保険医に対する所得優遇措置(医師優遇税制)がなお残っていることは否めないところであり、この是正のための過渡的な後始末として記帳の簡便化が考慮されているにすぎない。租税負担の公平を推進する観点からは、累次の税制調査会の答申が強く提案しているように、措置法二六条は廃止すべきものであるといえる。

2　昭和六二年最高裁判決の意義とその射程範囲

本件の最高裁判決は、昭和六二年判決と同じ第三小法廷の判決であるが、裁判官の構成が一部変更している（前者は、坂上寿夫、安岡満彦、貞家克巳、園部逸夫。後者は、長島敦、伊藤正己、安岡満彦、坂上寿夫）。

昭和六二年最高裁判決は、判例集には登載されていないが、実務にかなり強い影響を及ぼしているものであり、本件最高裁判決の位置づけをするには避けて通れない判決であるので、この判決の内容をまず紹介する。

耳鼻咽喉科医であるX′は、昭和五四年分の社会保険診療報酬にかかる事業所得の計算に当たり措置法二六条一項を適用し、概算経費により事業所得を計算して所得税の確定申告をしたが、その後実額経費を算定したところ、実額経費が概算経費を上回ることが判明したため、Y′署長に対し通則法二三条一項一号により更正の請求をした。しかし、Y′署長は、更正の請求ができる場合に当たらないとして、「更正すべき理由がない」旨の通知処分をしたので、X′は、この通知処分の取消しを求めて出訴した。

つまり、右事件の争点は、措置法二六条一項の規定を適用した概算経費が実額経費よりも過大であったことを理由として、通則法二三条一項一号による更正の請求ができるか否かであった。

一審判決（福島地裁昭和五八年一二月一二日判決・訟月三〇・六・一〇八七）は、本件通知処分が違法でないとしてX′の請求を棄却したが、二審判決（仙台高裁昭和五九年一一月一二日判決・訟月三一・七・一六八六）は、右更正の請求は、通則法二三条一項一号にいう「当該計算に誤りがあったこと」に該当し、更正の請求が許されるとして一審判決を取り消し、X′の請求を認容した。

これに対し、昭和六二年最高裁判決は、「納税者が措置法二六条一項の適用を選択して事業所得の金額を計算し確定申告をした場合には、たとえ実額経費の金額が概算経費の金額を超えるため、右規定を選択しなかった場合に比して納付すべき税額が多くなったとしても、そのことを理由として通則法二三条一項一号による更正の請求をすることはできない。」と判示して原判決を破棄し、X′の請求を棄却した。

昭和六二年最高裁判決は、確定申告時に概算控除の方法を選択した以上、後日概算経費が実額経費に比較して不利なことが判明しても、そのことを理由に通則法二三条一項一号による更正の請求をすることはできないとしたものであるが、その理由として、措置法二六条一項を選択した旨を記載して申告をしている場合は、概算経費をもって所得計算上控除されるべき必要経費となるとしている。つまり、概算経費を選択した以上、概算経費で所得が確定するとしているのであり、この確定申告時の選択の意味をどう理解するかが、この判決の射程範囲を決めることとなる。

所得税法三七条の実額経費の計算の方法と、措置法二六条一項の概算経費の計算の方法とは、所謂一般法と特別法という関係に立っているものではなく、納税者の選択を認めているものである。もとより、実額計算が原則であり、措置法に定める概算計算は特例ではあるが、必要経費の計算方法について、二つの計算方法の選択が認められているのである。措置法の特例制度は、税負担の軽減と併せて記帳義務の簡素化という趣旨から設けられているが、確定申告時にこの選択権を行使することが要求されている。確定申告に際し実額経費による計算方法を選択した者が更正の請求において概算経費の計算方法に変更することは、措置法二六条三項に確定申告に概算経費を選択して計算した旨を記載して申告することが要求されていることに照らして許されないことが明らかであるが、この逆の場合については直接の明文がない。下級審の判例の解釈は分かれていたが、右昭和六二年最高裁判決によって解釈の統一が示されたことになる。

措置法二六条に定める特例と類似の規定として、①山林所得の概算経費を定める措置法三〇条があり、その他、②居住用財産の譲渡所得について、特別控除と課税の繰延べとを選択させる制度（措置法三五条、三六条の二、三六条の五等）、③不動産所得または事業所得を生ずべき事業を営むものについて、所得税法の規定により計算した所得税の額とみなし法人課税による所得税の額とを選択させるもの（所得税法は二編二章から四章まで、措置法二五条の二第二項、第三項）、④法人の土地譲渡益重課税制度のもとにおいて、譲渡利益金額の計算上、経費の額は、措置法施行令に定める額を原則とし、実額によって計算することを認めているもの（措置法六三条、措置法施行令三八条の四第六項、第八項）等があり、昭和六二年最高裁判決は、これらの場合にも影響を与えるものと考えられている。

3　本件最高裁判決と昭和六二年最高裁判決との整合性

本件最高裁判決は、確定申告で概算経費を選択していても、修正申告で実額経費に変更することができると、選択の拘束力を否定している。

第一審判決は、昭和六二年最高裁判決の出る前であったので、選択の変更を許さないという明文規定がないこと、措置法二六条が本来課税軽減のための特例であること等を理由に、選択の拘束力を否定した。

しかし、第二審判決は、昭和六二年最高裁判決後のものである。判決中に昭和六二年最高裁判決こそ引用していないが、明らかにこの最高裁判決の影響を受けたものであった。納税者の選択に拘束力を認め、確定申告の際に選択した概算控除の方法を修正申告において実額控除の方法に変更することは許されないとした。

しかし、本件最高裁判決は、修正申告をするときには選択の拘束力が及ばないと、選択の拘束力に限界を示したものである。

それで、問題は、確定申告における必要経費の計算方法の選択のもつ意義をどのように解すべきかということになる。社会保険診療報酬の必要経費について、確定申告で概算経費を選択した旨を記載して申告し、選択権を行使した以上は、右概算経費が社会保険診療報酬の必要経費として確定し、納税者に対してもまた課税庁に対しても拘束力をもつことになるのではないかと解される。昭和六二年最高裁判決は、このような統一解釈を示したものと解される。

ところで、本件最高裁判決は、修正申告をする場合には右選択の拘束力は及ばないとしているが、この趣旨が、一般に修正申告をする場合には全く拘束力を否定しているのかどうか明確ではない。本件判決は、一方で、「本件の概算経費選択の意思表示は錯誤に基づくものであり、必要経費の計算に誤りがあった」とし、他方で「修正申告の要件を充たす限りにおいては（すなわち、確定申告に係る税額を増加させる限りにおいては）、確定申告における必要経費の計算の誤りを是正する一環として、錯誤に基づく概算経費選択の意思表示を撤回できる。」と判示している。

確定申告書の記載内容についての錯誤の主張は、その錯誤が客観的に明白かつ重大であって、所得税法の定めた過誤是正方法（すなわち通則法二三条一項による更正の請求）以外の方法による是正を許さないとすれば納税者の利益を著しく害すると認められる特段の事情がなければ許されないと解されてきているが（最高裁昭和三九年一〇月二二日判決・民集一八・八・一七六二）、本件にはこのような特段の事情があるとは認められず、判決も、特別の事情の存在について認定をしていない。

本件判決が特別の事情の存在について認定をしていないことからいって、本件判決は、一般に修正申告の要件を充たす限りにおいては、錯誤の有無に関係なく（この点の認定は、全く意味がない）、概算経費選択の拘束力を否定し、選択の撤回ができることを判示しているものと解される。

私は、前述のとおり、確定申告において概算経費の選択がされると、概算経費が社会保険診療報酬の必要経費として確定し、納税者にも課税庁にも拘束力が及ぶものと考えているので、本件判決には疑問をもつ。そして、例外は、選択が錯誤に基づくものであって、撤回を許すべき特別の事情がある場合（拘束力が生じない特別の場合）に限定すべきであると考えている。選択の拘束力を認めた昭和六二年最高裁判決と本件判決との整合性について疑問を持つ。

4　総　括

本件最高裁判決は、修正申告の要件を充たす限りにおいては、些細な修正申告でも、概算経費の選択を有効に撤回できるように読めるのであるが、税務官庁が更正処分をする場合はどのように考えているのであろうか。概算経費の選択がされていても実額経費が下回っているときは、更正処分の要件（脱漏所得の発見、所得計算の誤り等）を充たしている限りにおいて、確定申告の失効と共に選択も失効し（いわゆる吸収一体説）、選択がなかったものとして更正処分ができるということになるのであろうか。本件は、自由診療分に計上洩れがあった場合であるが、社会保険診療報酬に計上洩れがあり修正申告をしたという場合も、修正申告の要件を充たす限り同様に、選択の撤回が許されるということになるのであろうか。また、選択に錯誤があったときは、通則法二三条一項の更正の請求を広く認める趣旨なのか。昭和六二年最高裁判決との整合性について、いろいろと疑問が生ずる。

私は、前述のとおり、納税者の選択は、一種の所得の擬制を導入しているものであり、確定申告時の選択により原則として概算経費が社会保険診療報酬の必要経費として確定するという解釈が明確であると考える（同旨、大渕・前掲書一九〇頁、猪狩俊郎・昭和六二年行政関係判例解説一九三頁）。選択の撤回を認めることは、税務調査に大きな負担をかけ、またかえって租税債権債務関係をいつまでも不安定にしてしまうという弊害が予想される。

（税経通信四五巻一二号、一九九〇年）

6　譲渡担保と譲渡所得の発生の有無

東京地裁昭和五〇年一二月二五日判決、税務訴訟資料八三号七八六頁

一　事　実

Xら（原告）は、亡X′（昭和四〇年四月五日死亡）の相続財産について限定承認をした相続人であるが、Y税務署長（被告）は、昭和三七年中にX′譲渡所得があったとして、Xらに対し昭和四三年三月八日付けで次のような決定及び無申告加算税の賦課決定（以下、決定及び賦課決定を併せて、「本件処分」という）をした（本件処分は裁決で一部取消しがされたので、次の金額は一部取消し後の金額である）。

総所得金額	九三九万一、一四四円
所得金額	三八〇万二、〇〇〇円
無申告加算税額	三八万　二〇〇円

Xらが本件処分を違法としている理由の骨子は、X′は昭和三七年中に甲、乙、丙の物件（土地、家屋）をAの債務の担保として譲渡担保に供したにすぎず、実質的に譲渡したものでないから、譲渡所得は発生していないというのである。

二　税務署の判断

(1)　甲及び丙物権についてX′とAは、乙物件上に貸ビルの建築を計画していたところ、Aはその資金獲得のためと

称し、甲及び丙物権を担保に昭和三六年八月ころ他から六七〇万円を借り受けそのほとんどを自分の事業資金に費消してしまったためにこの返済に困り、この返済をするために甲及び丙物件を売却せざるをえない状態となり、AはX′の承諾を得て、昭和三七年六月三〇日甲及び丙物件を再売買予約付でBに代金二、五〇〇万円で譲渡した。Bは自己の住宅用地として取得したのであるが、売買を再売買予約付きとしたのは、Aから強い要請があったので、その要請に応じて先買権を与えたにすぎない。したがって、AはBから受領した金員のうちから、借入金六七〇万円を返済し担保権の解除を受けてBに対し所有権移転登記手続をしているのであり、右二、五〇〇万円について債務としての利息の支払約定はなく、契約上右各物件引渡後の同物件に対する公租公課は買主Bにおいて負担することとされているのである。なお、譲渡代金二、五〇〇万円は、昭和三七年六月ころの時価相当と認められる金額である。

(2)　乙物件について、Aは、全く同様の事情で、三〇〇万円を借り受けこれを費消してしまったので、乙物件も売却せざるをえない状態となり、X′の承諾を得て、昭和三七年一一月九日乙物件を買戻特約付でC商事らに代金五〇〇万円で譲渡したのである。C商事らが乙物件の売買を買戻特約付としたのは、Aから強い要請があったので、その要請に応じて先買権を与えたにすぎない。したがって、Aは右金員からさきの借入金三〇〇万円を返済し、買主に所有権移転登記手続をしているのであり、また右五〇〇万円について債務としての利息の支払約定はなく、契約上売買契約日後の右物件に対する公租公課は買主において負担することとされているのである。なお、譲渡代金五〇〇万円は、右物件（同物件は借地権の存する貸地）の昭和三七年一月ころの時価相当額である。

三　裁判所の判断

本件物件の売買が実質的な売買かそれとも譲渡担保の設定かについて、要約すると次のとおり事実認定と判断を示している。

「……X′は、昭和三五年五月ころ、Aから乙物件を有利に利用するため、同物件上に貸ビルを建設する話をもちかけられてこれに同意し、その実行を同人に委ねた。そこで、Aは、貸ビル建設の事業を遂行するため同年一一月会社を設立し、乙物件の借地権者らと明渡交渉をする一方、その資金獲得のためX′から甲、乙、丙の物件を担保に供することの承諾を得、昭和三六年八月一一日から昭和三七年九月までの間に、丙物件を担保に一〇〇万円、甲物件を担保に五七〇万円、乙物件を担保に三〇〇万円を借り受けた。Aはこのようにして借り受けた金員をほとんど右事業計画の準備資金その他に費したが、右借入金の返済に窮し、かつ本件物件が代物弁済として債権者に移転するおそれが生じたため、後日再売買ないし買戻しをするからとX′を説得した結果、X′は、昭和三七年六月三〇日Bとの間で甲及び丙物件を代金二、五〇〇万円で売り渡す契約を締結した。そして右契約には、同年一一月一〇日までを予約完結期間、再売買代金二、九〇〇万円とする旨の再売買の予約が付せられ、かつ、右物件の引渡しについては、B申立ての即決和解にAが応ずると約定され、そのころBから二、五〇〇万円全額を受領した。その後、昭和三七年一一月一六日BとX′との間の約定により、同日X′がBに対し一五〇万円を支払うことを条件に、再売買の予約完結期間は同年一二月一五日までに、再売買代金は三、〇五〇万円にそれぞれ変更され、更に、同年一二月二九日右両当事者間の約定により、X′がBに対し昭和三八年一月二〇日までに一五〇万円を支払うこと及びX′は右債務を担保するために、同人がC商事らに対する後記買戻権をBに譲渡することを条件に、再売買の予約完結期間は同年一月二〇日にまでに変更された。また、右両当事者間で昭和三七年一〇月一日、X′が同年一一月一〇日までに再売買代金を提供して再売買の予約完結の意思表示をしないときは、X′は右物件をBに引渡すとの即決和解が成立しているが、右即決和解に基づく甲物件に対する強制執行は、右各約定により右変更後の予約完結期間満了まで猶予された。更に、Aは昭和三七年一一月一九日X′を代理して、C商事らに対し乙物件を代金五〇〇万円、ただし昭和三八年二月九日を買戻期限、買戻代金を右売買代金及び契約費用二〇万円の合計金額とする旨の買戻特約付で売り渡した。しかしX′は、甲及び丙物件については昭和三八年一月二〇日までに、乙物件については同年二月九日までに、再売買ないし買戻しをすることができなかった。

ところで、……Bが甲及び丙物件を居住用に購入したのであるから、右物件の売買契約に再売買の予約を付するのは極めて不自然なことであるが、……再売買の予約完結期間の延長に応じて再売買代金が増額され、また、一五〇万円を支払うことを条件に再売買の予約完結期間が二度延長されていること、契約当初から右物件の引渡しについて即決和解の手続をとることが約され、現にその手続がとられていること等からみると、売買という形式はとられているが、X′は債権担保のため右各物件を譲渡したとみるべきであり、売買代金二、五〇〇万円と再売買代金との差額及び右一五〇万円は、債務の利息に相当すると推認することができる。そうだとすると、X′はBより借り受けた二、五〇〇万円の債務のため、譲渡担保として右各物件をBに譲渡したものと認めるのが相当である。

次に乙物件についても、X′はB商事らから五〇〇万円を借り受けるに際し、乙物件を買戻特約付代金五〇〇万円でC商事らに譲渡し、右五〇〇万円から既往の借入金返済分三〇〇万円及び右五〇〇万円の借入金の利息を差し引いた残額約一六二万円を受領したことが認められるから、乙物件の売買もその実質は譲渡担保と認めるのが相当である。……乙物件が占有改定の方法でC商事らに引き渡されたこと、売買契約日の翌日からの乙物件に対する公租公課は買主において負担することとされている事実も、右の認定を覆すに足るものではない。」

以上の認定によれば、甲、乙、丙物件の売買は、各債務を担保する目的でされたものであり、いわゆる譲渡担保の設定に当たるというべきである。

しかして、譲渡担保の場合は、法形式上所有権は譲渡担保権者に移転するけれども、それは債務の担保を目的とする限度にとどまり、その契約時において、その資産が所有者の支配を離れ、その所有者のもとでその資産の値上りによる増加益が確定的に具体化したものということはできず、所得税法上これをもって資産の譲渡と解することはできないのであって、右譲渡があったというためは、もとの所有者において資産の受戻しが不可能となったことが必要であると解すべきである。本件の場合、甲及び丙物件については、昭和三八年一月二〇日までが再売買の予約完結期間、乙物件については、同年二月九日までが買戻し期間とされているから、右各物件が昭和三七年中に受戻し不可能となったものということはできない。
そうすると、X′が昭和三七年度中に本件各物件を譲渡し、その譲渡に係る所得を得たものとしてされた本件処分は違法である。

四 研究

1 譲渡担保と譲渡所得の発生の有無

我が国の所得税法はすべての所得を課税所得の中に包括する制度を採っているが、未実現の利得（アン・リアライズト・ゲイン）や帰属所得（インピュティ・ド・インカム）は課税の対象から除外している。

譲渡所得は、「資産の譲渡」により発生する所得であるが（所得税法三三条一項）、それは資産を保有する権利（一般に、所有権）が他へ移転するときに発生（実現）し、その課税時期が到来するものと解されている（例えば、土地の譲渡について、最高裁昭和四七年一二月二六日判決・民集二六・一〇・二〇八三）。

それで、本件の場合も、譲渡担保の設定により、所得税法にいう「資産の譲渡」があったかどうかが争われたわけである。

所得税法の適用上、譲渡担保の設定により資産の譲渡すなわち資産の所有権の移転があったか否かは、私法上でどのような法律効果が発生しているかをフォローして決まることであり、所得税法の適用上において私法の解釈と違ったものが持ちこまれるものではない（いわゆる「税法における私法の借用概念」）。

それで、譲渡担保の設定に当たって資産の所有権の移転があったか否かは、専ら私法上どのように解されるかにかかっている。

譲渡担保については実定法に規定を欠いているので、判例・学説上いろいろな説明がされてきている。通説は、譲渡担保とは、債権担保のために、債務者ないし第三者の財産権を債権者に移転させ、後日一定の金銭を支払うことによりその財産権を債務者ないし第三者に戻すが、期限までに支払わなかったときは、この財産権が弁済に充てられる制度のことをいうと説明しているが、それには、財産権の移転に際し取戻権能を留保しつつ債権者に売却し債権債務関係を残さない場合と、被担保債権の存在を前提として、これを担保するために財産権を譲渡する場合とに大別し、前者を売渡担保、後者を狭義の譲渡担保と呼んでいる。

しかし、現実に、権利移転形式の債権担保契約が行われた場合、いずれとみるべきかは困難な場合が多いといえる。従来の判例・学説は、権利帰属の側面を重視していたが、最近の判例・学説は、担保面を重視する傾向にあるといえる。特に、最高裁昭和四三年三月七日判決・民集二二・三・五〇九が、「物件の価格と弁済期までの元利金額とが合理的均衡を失するときは、特別の事情のないかぎり譲渡担保権者に清算義務がある」旨の判断を示した以後は、譲渡担保を二つに区別する実益がなくなり、譲渡担保の法律関係を担保権の設定として構成する解釈が有力になってきているといえる（この問題は、本書の「第二次納税義務の納付通知の取消訴訟と本来の納税義務者に対する課税処分の適否」でも取り上げている）。この最近の傾向によると、譲渡担保の設定があっても、所有権の移転があったとはみていないので、これを受けて、所得税法上も譲渡所得の発生があったとみることはできないことになっている。本件判決は、最近の私法上の譲渡担保に関する判例・学説発展を踏まえて判断を下しているものといえる（同趣旨のもの、東京地裁昭和五四年五月一四日判決・行集三〇・五・一〇一〇）。

2　譲渡担保と事実認定

本件は、まず、本件物件の売買が実質的な売買かそれとも譲渡担保の設定であるのかという事実認定が争われ、本件判決は詳しい証拠判断をしたうえで、譲渡担保の設定であると認定している。

実務では、法律解釈よりも事実認定で争われる事例の方がはるかに多いが、事実認定において、どのような証拠がどのような評価を下されたのか、またどのような情況証拠が重視されて事実認定がされたのかについて、あまり実証的な研究はされていない。

このような意味で、本件は、売買か譲渡担保かその事実認定が非常に微妙なケースであったと思われるが、裁判所がどのような情況証拠を重視したのかを説明できるように、裁判所の判断を詳しく紹介することにした。

本件判決がいうように、本件物件のうち甲及び丙物件について、Bが居住用に購入しているのに再売買の予約を付したのは極めて不自然なことであったが、再売買の予約完結期間が二度も延長されていること、予約完結期間の延長に応じて再売買代金が決められ、増差額は債務野利息と推認されたこと等が、本件判決が譲渡担保と認定するのに傾いた大きな要素であったといえよう。

本件では、結局のところ、X′は甲及び丙物件については昭和三八年一月二〇日に、乙物件については同年二月九日に買戻し期間が経過し買戻しが不可能となり、このときに譲渡所得が発生したことになっているのであるが、課税時期の問題については、特に税務官庁側の硬直的でない対応が必要であると考えられる。本件が一審で確定しているのも、適切な対応であったということができる。

3　原処分の理由づけと訴訟上の主張

本件の売買は譲渡担保の設定であるという認定により本件処分（決定及び無申告加算税の賦課決定）が取り消されたので、本件判決の中に判断は示されていないが、Xは本件訴訟で次のような主張をしている。

「譲渡所得の課税に当っては、いかなる資産がいつ譲渡されたか、それによる所得がいくらであったかを特定しなければならず、その特定をすることなく、ただ抽象的にその年分における譲渡所得金額のみで所得税を課することは許されない。Y税務署長が本件処分をした時点においては、丙物件につき昭和三七年中に譲渡されたものであるとは全く認識しておらず、甲及び乙物件の譲渡による所得税として本件処分をしたのである。このように本件処分時においてY税務署長が丙物件の譲渡に係る所得を課税の対象としていなかったのに、本訴において右所得を課税根拠として主張することは許されない。」

これに対し、Y税務署長は、次のように反論している。

「所得税の決定がその内容において適法であるかどうかは、決定に係る課税標準等又は税額等が客観的に存在した課税標準等又は正当な税額等の範囲内でされたか否かによるのであり、当該決定の通知書には、いかなる種類の所得について決定したかを明示すればよいのである。本件処分に係る所得税についても、X′が昭和三七年中に譲渡した資産の合計によって所得金額を決定すべきものであり、丙物件も昭和三七年中にBに譲渡されているのであるから、本件処分は、客観的に存在した課税標準及び正当な税額を範囲内でされたものである。」

この問題は、従来、税務訴訟の審理の範囲に関して、原処分主義かそれとも総額主義によるべきかということで議論されている問題である。この詳細は、本書の「審査の範囲」の項目で検討されている。これまで、白色申告について、裁判例の大勢は、総額主義すなわち本件のY税務署長の見解と同じ考え方をとってきているか、これに対して、税務争訟の手続が救済手続であることを重視して再検討を求める見解も少なくない。

（税経通信三三巻一四号、一九七八年）

7　所得税法六〇条一項にいう「贈与」と負担付贈与

最高裁第三小法廷昭和六三年七月一九日判決、昭和六二年(行ツ)一四二号
課税処分取消請求事件——上告棄却
判例タイムズ六七八号七三頁、判例時報一二九〇号五六頁、
金融商事判例八〇五号三頁、ジュリスト九二三号六二頁

一　判　旨

所得税法六〇条一項一号にいう「贈与」には贈与者に経済的利益を生じさせる負担付贈与を含まない。

〔参照条文〕　所得税法六〇条一項一号、民法五五三条

二　解　説

1　事案の概要

Aの父は昭和二七年一二月三一日以前に本件土地を取得したが、Aはこれを昭和四〇年三月三一日相続によって取得した。Aは、昭和五二年一月$X_1X_2X_3$（妻と二人の子）との間で、(イ)本件土地の共有持分（X_1の持分の二分の一、X_2X_3の持分各四分の一）をX_1らに贈与する。(ロ)X_1らは、Aに代わって、AのB金庫に対する債務（X_1の負担は一、〇〇〇万円、X_2X_3の負担は各八〇〇万円）を支払う、という負担付贈与契約を締結した。そして、右負担付贈与契約に基づき、同年四月七日本件土地について贈与を原因とする所有権移転登記を経由した。その後同年八月、X_1らは、Hに対しAから譲り受けた右共有持分を合計一億五、六六七万七、〇四四円でHに売り渡す旨の契約を締結し、同年九月右代金の支払

を受けた。そして、AのB金庫に対する債務の弁済として、X_1らはその頃引き受けた合計二、六〇〇万円の債務を同金庫に支払った（X_1らの負担額は、本件土地の時価の一割六分程度であった）。

X_1らは、昭和五二年分の所得税に関し、本件土地の共有持分のHに対する譲渡は租税特別措置法（以下「措置法」という。）三一条所定の長期譲渡所得の特例が適用されるものとして納税申告書を所管のY税務署長らに提出した。右長期譲渡所得の計算は、収入金額から、(イ)当該収入の一〇〇分の五に相当する所得費（措置法三一条の三第一項本文）、(ロ)譲渡費用、(ハ)長期譲渡所得の特別控除額一〇〇万円（措置法三一条二項）を控除して算出したものであった。

ところが、所管のY税務署長らは、本件売買契約によって生じた譲渡所得には、措置法三一条所定の長期譲渡所得の課税の特例は適用されず、同法三二条所定の短期譲渡所得の特例が適用されるとして、昭和五五年一月二五日X_1らに対し更正と過少申告加算税賦課の処分をした。

X_1らは、本件売買契約による譲渡所得の計算については所得税法六〇条一項の適用があり、贈与者Aが本件土地を取得した時（昭和四四年一月一日より前）から引き続いて本件土地を所有していたとみなされるから、X_1らの譲渡所得について措置法三一条所定の長期譲渡所得の課税の特例が適用されるとして、本件各処分の取消しを求めた。

第一、二審とも、所得税法六〇条一項一号にいう「贈与」の範囲について、本判決と同旨の解釈を示し、負担付贈与について同条の適用を否定し、X_1らの請求を棄却した。

2　問題の所在

借用概念の解釈と所得税法六〇条一項一号にいう「贈与」の意義

税法は私人間の経済取引を課税の対象としているので、民事法などの用語（概念）をそのまま税法の中に用いていることが多い。このように、他の法領域、殊に民事上の用語を税法の中に用いているのを、税法における借用概念と呼んでいる。

この借用概念の解釈をめぐって、他の法領域ですでに与えられているのと同じ解釈を税法上でも用うべきか、それとも税法独自の解釈が許されるのかについて、見解が分かれている。

所得税法六〇条一項一号にいう「贈与」も、借用概念の一種である。この「贈与」は民法五四九条以下にいう「贈与」をいうのであり、単純贈与のほか負担付贈与も含むというのがX_1らの主張である。

3　判例・学説の動向

税法の借用概念の解釈をめぐって見解の対立が見られるが、わが国の判例・学説は、借用概念の解釈について、税法上に他の法領域で既に与えられている意味内容と異なる解釈を行うことを定める特別の定義規定（たとえば、所得税法二五条、法人税法二四条のようなみなし規定など）がおかれている以外は、他の法領域で既に与えられているのと同じように統一的に解すべきものとしている（代表的な学説、金子宏・租税法〔第二版〕一〇六頁、清水敬二・新版税法四二頁）。このような借用概念の解釈は、納税者の経済生活における安定性を阻害しないことを重視するものである。

代表的な判例として、所得税法の「利益の配当」に関する最判昭和三五年一〇月七日民集一四・一二・二四二〇があり、次のようにいう。「商法は、取引社会における利益配当の概念（すなわち、損金計算上の利益を株金額の出資に対し株主に支払う金額）を前提として、この配当が適正に行われるよう各種の法的規制を施しているものと解すべきである（たとえば、いわゆる蛸配当の禁止（商法二九〇条）、株主平等の原則に反する配当の禁止（同法二九三条等））。そして、所得税法中には、利益配当の概念として、とくに、商法の前提とする、取引社会における利益配当の観念と異なる観念を採用しているものと認むべき規定はないので、所得税法もまた、利益配当の概念として、商法の前提とする利益配当と同一観念を採用しているものと解するのが相当である。……本件の株主優待金なるものは、損金計算上の利益の有無にかかわらず支払われるものであり、株金額の出資に対する利益配当として支払われるものとのみは断定し難く、前記取引社会における利益配当と同一性質のものであるとはにわかに認め難いものである。」

この最判は、借用概念の解釈をめぐって統一的な解釈を示したものとして引用されている代表的判決であるが、具体的に検討すると、商法にいう利益配当（利益配当という法的形式（利益処分）によって支払われたもの）のうちで、蛸配当や株主平等の原則に反する配当など違法な配当を除外しているので、統一的解釈をしているものかどうか疑しい判示といえる。

4　本判決の位置づけ

借用概念は、前述のとおり原則として本来の法領域と同じように統一的に解釈すべきものであるが、所得税法六〇条一項一号にいう「贈与」に、単純贈与のほか負担付贈与を含めることになるかどうかは、更に検討を要する問題である。

民法五四九条以下にいう贈与には、確に、単純贈与のほか負担付贈与（同法五五三条）を含んでいる。しかし、負担付贈与は、負担付であるということから、双務契約に関する規定が適用され（同条）、有償契約と同義に解すべきものと扱われており、その態様も僅かの負担付から売買の代金（対価）に等しい負担付まで、各様である。税法には、租税法律主義が適用され厳格な法解釈が要求されており、また借用概念の解釈に統一的な解釈が求められているが、税法の解釈においても、当該法条の趣旨・目的を参酌して解釈をすることは許されており、また必要なことである。

ところで、所得税は、資産が所有者の支配を離れて他に移転する場合には、有償・無償を問わず、所得（保有期間中の資産の値上り益）を清算して課税する建前を採っているが（最判昭和五〇年五月二七日民集二九・五・六四一）、この課税原則を貫徹することは担税力から考えて実際的でないということで、現行法では、個人に対する贈与について課税の繰延べを認め、贈与の時期に譲渡所得の課税をしないことに改めている（昭和四八年法律第八号による改正後の所得税法六〇条一項）。それで、課税の繰延べが認められるときには、受贈者が贈与者の資産の取得時期および取得価額を引き継ぐことができるということになる。

このような譲渡所得に対する課税を整合的に解釈すると、贈与者に譲渡所得があったとして課税される場合は、受贈者について所得税法六〇条一項による取得価額、取得時期の引継ぎによる課税の繰延べは認められないということになる。負担付贈与があったときに、贈与者に経済的利益を生じ譲渡所得の課税がされるべきであるということになると、課税の操延べは認められないので、六〇条一項一号にいう贈与には負担付贈与は含まれないという解釈を採るべきことになる。これまで、この点に検討を加えた先例・学説はなく、通達もこのような場合の取扱いについて定めていない。

負担付贈与には負担の態様に種々のものがあるが、譲渡所得の課税体系や法改正の沿革などからいって、贈与者に何らかの経済的利益（担税力）が生じる負担付贈与は、所得税法五九条二項に該当しないかぎり、贈与のときに譲渡所得が発生したとして課税されるというのが相当であり、課税の繰延べはおこらないものと解される。本判決が、所得税法六〇条一項一号にいう「贈与」には、贈与者に経済的利益を生じさせる負担付贈与を含まないと解しているのは正当といえよう（しかし、六〇条一項二号は、五九条二項に該当する低額譲渡についても、課税の繰延べを認めているので、負担付贈与が六〇条一項一号の「贈与」に含まれないとしても、負担の内容が土地の時価の二分の一に満たないもので五九条二項に該当するものは、課税の繰延べが認められることになる。本判決は、立法趣旨が曖昧な六〇条一項二号に関する解釈と判断について、疑問を残している）。

本事例は、負担付贈与に対する譲渡所得の課税をめぐって争われた初めての事例であり、しかも借用概念の解釈が関連しているので、重要な先例といえる。

所得税法六〇条一項一号にいう「贈与」に負担付贈与は含まれず、また五九条二項にいう「低額譲渡」に該当せず、課税の繰延べが認められないということになると、X_1らはHに対する共有持分の譲渡について、贈与者Aの資産の取得時期および取得価額を引継ぐとして措置法三一条所定の長期譲渡所得の特例の適用を主張することは許されず、措置法三二条所定の短期譲渡所得として扱われざるをえないことになる（この場合の取得費は、履行引受にかかる債務の弁済額となる）。

なお、本件と表裏の関係に立つAの提起した更正処分等取消訴訟の控訴審判決（東京高判昭和六〇年一二月一七日判時一一九八・一〇二）に対する上告も、本判決と同時に棄却されたということである。

最近は、贈与者が老後の扶養を負担させて資産を贈与する事例が多く見られる。老後の扶養の負担もまぎれもなく法律上の義務であり、また贈与と老後の扶養の負担とが条件となっているので、これも負担付贈与の一種である。しかし、このような扶養負担付贈与について、贈与者に扶養の負担に相当する経済的利益が発生するとして譲渡所得の課税対象とすることは、いかにも不合理といえる。このような経済的利益は算定不能ということで、譲渡所得の対象から除外すると共に、他方受贈者についても、その贈与税あるいは譲渡所得の取得費の計算について、有利な取扱いが早期に確立されることが必要といえる。

《参考文献》

本文中に引用した以外に、次のものがある。

贈与に対する譲渡所得課税の立法の変遷について、藤田良一「譲渡所得」税通三三・一四・四五一。

本判決の判例評釈として、増井和男「時の判例」ジュリスト九二三号、波多野弘「最新判例批評」判時一三〇三・一七八があり、関連の多数の文献は、右波多野評釈に詳しく紹介されている。

（判例タイムズ七〇六号、一九八九年）

8　サラリーマンの通勤自動車の損失と損益通算の可否

大阪高裁昭和六三年九月二七日第一民事部判決、昭和六一年(行コ)四六号
所得税更正処分取消請求控訴事件――控訴棄却（上告）
高民集四一巻三号一一七頁、判例タイムズ六八五号一六八頁、
判例時報一三〇〇号四七頁、訟務月報三五巻四号七五四頁

一　判　旨

本件自動車が生活に通常必要なものと見られるのは、Xが通勤のため自宅・高砂駅間において使用した場合のみであり、それは本件自動車の使用全体のうち僅かな割合を占めるにすぎないから、本件自動車はその使用の態様よりみて生活に通常必要でない資産に該当するものと解するのが相当である。

そうだとすれば、仮にX主張の譲渡損失が生じたとしても、それは、所得税法六九条二項にいう生活に通常必要でない資産に係る所得の計算上生じた損失の金額に該当するから、同条一項による他の各種所得の金額との損益通算は認められないことになる。

〔参照条文〕所得税法九条一項九号・三三条・六九条一項・二項、同法施行令二五条・一七八条一項三号

二　解　説

1　事案の概要

本件は、サラリーマン・マイカー税金訴訟と呼ばれているもので、給与所得者の譲渡所得が非課税とされる範囲、

マイカーの譲渡損失の取扱いが争われたケースとして関心を呼んでいる。

会計事務所に勤務する給与所得者であるX（原告・控訴人）は、昭和四六年六月自家用乗用車（本件自動車）を六八万円で買受け、通勤用や勤務先における業務用のほか、レジャー等の私用に使用していたが、昭和五一年七月ころ自損事故を起こし、本件自動車を破損させた。Xは、本件自動車が修理可能であったにもかかわらず、スクラップ業者にスクラップとして三、〇〇〇円で売却した。

Xは、右売却により、本件自動車の帳簿価格（三〇万円）から売却価格を控除した二九万七、〇〇〇円の譲渡損失が生じており、これを給与所得金額と損益通算がされるべきであるとして、昭和五一年分所得税につき、給与所得金額一三〇万六、〇〇〇円、譲渡所得金額・損失二九万七、〇〇〇円、総所得金額一〇〇万九、〇〇〇円、還付金の額に相当する税額三万四、八〇〇円とする確定申告をした。

これに対し、Y税務署長（被告、被控訴人）は、右譲渡損失の金額は給与所得金額と損益通算することはできないとし、給与所得金額一三〇万六、〇〇〇円、譲渡所得金額〇円、総所得金額一三〇万六、〇〇〇円、納付すべき税額三万四、八〇〇円とする更正処分をした。

Xは、更正処分を不服として、異議申立て・審査請求を経たうえで、その取消しを求める本件訴訟を提起した。

Xの主位的主張は、家庭用資産は、①所得税法（以下「法」という。）九条一項一号、同法施行令（以下「令」という。）二五条に規定された「生活に通常必要な動産」、②法六二条、令一七八条一項三号に規定された「生活に通常必要でない資産」、③右のいずれにも属さない一般資産に大別できるところ、本件自動車は、③の一般資産に該当するので、法六九条一項によってその譲渡損失は損益通算できるというものである。そして、Xの予備的主張は、事業所得者と同様に、給与所得者の有する有形固定資産は、税法上、①「生活の用に供する資産」と、②「収入を得るために用いられる資産」とに大別できるところ、本件自動車を主として通勤・業務に使用していたから、②の「収入を得るために用いられる資産」に該当するので、法六九条一項によってその譲渡損失は損益通算できるというものである。

一審判決（神戸地判昭和六一年九月二四日判タ六三〇・一二五、判時一二一三・三四、訟月三三・五・一二五一）は、本件自動車が通勤・業務のために使用された走行距離・使用日数がレジャーのために使用されたそれを大幅に上回っていること、車種が大衆車であることや現在の自家用自動車の普及状況等から、本件自動車はXの日常生活に必要なものとして密接に関連しているので、「生活に通常必要な動産」に該当し、本件譲渡損失は法九条二項により損益通算がされる余地はないと判示し、Xの請求を棄却した。

2 問題の所在

(1) マイカーの譲渡損失に関する損益通算について

法六九条一項は、一般的な損益通算について定めているが、法九条一項九号では「生活に通常必要な資産」の譲渡による所得について非課税とし、このことの反面として同法九条二項では譲渡損失はないものとみなしており、また法六九条二項は、「生活に通常必要でない資産」については、他の各種所得との間の損益通算の対象から排除しているので、マイカーの譲渡損失が損益通算の対象となるかが争点となっている。

(2) 「生活に通常必要な資産」、「生活に通常必要でない資産」の範囲

非課税所得を列挙している法九条の中で、同条一項九号は、「自己又はその配偶者その他の親族が生活の用に供する家具、じゅう器、衣服その他の資産で政令で定めるものの譲渡による所得」を非課税と定めており、同号を受けて令二五条では、同資産の範囲を、生活に通常必要な動産のうち、貴石、書画、こっとう、美術工芸品等（一個又は一組の価格が三〇万円を超えるものに限る）以外のものと定めている。マイカーが、令二五条に規定する「生活に通常必要な動産」に該当するということになると、その譲渡益は非課税となり、その反面で譲渡損失はないものとされ（法九条二項）、損益通算の問題は生じない。

他方、「生活に通常必要でない資産の災害による損失」について、災害等による損失が生じたときは、雑損控除

（法七二条）の対象とせず、その年分又はその翌年分の譲渡所得の金額の計算上控除することとし、他の所得との損益通算を認めないこととしている（法六二条・六九条二項）。すなわち、このような資産の災害による損失については、資産の譲渡による譲渡益がある場合にのみその譲渡益の範囲内で損失を補塡することにしている。

それで、所得税法の解釈上、「生活に通常必要な資産」、また、「生活に通常必要でない資産」の両者に該当しない第三の資産（Xのいう「一般資産」）の存在を肯定できると、初めてマイカーの譲渡損失について損益通算の可否が問われることになる。

3　判例・学説の動向

これまで、給与所得者のマイカーの所得税法上の取扱いをめぐり争われた裁判例はなく、本件の一審判決を契機として、この問題について学説・実務の大きな関心を呼ぶことになった。

法九条一項九号は、昭和二五年改正で創設された規定で、「生活の用に供する資産」について譲渡所得を非課税所得とし、その反面で同条二項は損益通算を認めないことにしているが、その範囲を、「自己又はその配偶者その他の親族が生活の用に供する家具、じゅう器、衣服その他資産で政令で定めるもの」と定め、これを受けて、令二五条では、「生活に通常必要な動産のうち、(イ)貴石類、(ロ)美術工芸品類（一個又は一組の価額が三〇万円を超えるものに限る。）以外のもの」と定めている。これらの規定からみると、法九条一項九号にいう「生活の用に供する資産」とは、「いずれも家庭における消費生活用動産をいうもの」と解される（碓井光明「租税判例研究」税事一九・三・四）。もっとも、右資産の範囲について、X主張のように、家庭における消費生活に最低限必要なものと狭く解する見解もみられる（北野弘久「家庭用自動車の譲渡損失の税法上の処遇」税理二七・一五・九四）。

他方、法六二条は昭和三七年の改正で、従来は生活に必要でない資産の損失も雑損控除の対象としていたが、雑損控除の本来の趣旨からこれを除くこととし、他の所得との損益通算を認めないことにした。法六二条一項の委任を受けて、令一七八条一項では「生活に通常必要でない資産」を例挙している。その内容は、(イ)競走馬、その他射こう的行為の手段となる動産（同項一号）、(ロ)通常自己及び自己と生計を一にする親族が居住の用に供しない家屋で主として趣味、娯楽又は保養の用に供する目的で所有するものその他主として趣味、娯楽、保養又は鑑賞の目的で所有する不動産（同項二号）、(ハ)生活の用に供する動産で令二五条の規定に該当しないもの（同項三号）である。

給与所得者が所有する資産は、税法上、(イ)個人がその収入を得るために用いる資産（業務用資産）と、(ロ)収入の獲得に関係なく個人の日常の消費生活に用いられる資産（消費生活用資産）の二つに大別されるが、(ロ)の消費生活用資産は、法九条一項九号の「生活に通常必要な資産」に該当しないかぎり、法六二条の「生活に通常必要でない資産」となり、Xの主張するような一般資産を考えることはできないと解される。

給与所得者の保有する業務用資産の修理代金等については、法五七条の二により限定的な特定支出控除ができるほかは、給与所得控除という概算経費控除しかできないことになっている。

給与所得者のマイカーが消費生活用資産ということになると、損益通算は認められないことになる。マイカーが消費生活用と業務用（特定支出）に兼用されているときは、修理代金についてはその使用割合により処理することが考えられる。

4　本判決の位置づけ

本件の争点は、給与所得者のマイカーの譲渡損失について、法六九条一項に定める損益通算の適用があるかということであるが、その前提として、マイカーが法九条一項九号の「生活に通常必要な資産」に該当するか否かが検討の対象となっている。

第一審判決は、「本件自動車はXの日常生活と密接に関連しているので、『生活に通常必要な動産』に該当する」とし、損益通算を認めていない。これに対し、本件判決は、「本件自動車が生活に通常必要なものと見られるのは、使用全体のうち僅かな部分を占めるにすぎないから、『生活に通常必要でない資産』に該当するとし、仮にX主張の譲渡損失が生じたとしても、法六九条二項により各種所得との損益通算は認められない。」とし、Xの控除を棄却し、Xの主張を排斥している。

第一審判決と本件控訴審判決と、Xの主張を排斥した理由を異にしているが、Xの主張するような三分類により、一般資産を考えることは解釈上無理である。一審判決のように、サラリーマンのマイカーを家庭の消費生活用資産と分類するのが説得力があるように考えられる。そして、業務用にも使用されているときはその使用割合を明らかにできる範囲内で、特定支出控除の対象にすることができると考えたい。Y署長は、本件で、本件損失は自損事故によりスクラップ化したことによるもので、譲渡による損失ではなく、課税上考慮されない滅失による損失（資産損失）であると主張しているが、譲渡損失と扱うことも可能であると考える。

〈参考文献〉

文中に引用したほか、本件判決の研究として、

高野幸大・ジュリスト九四三・一二〇、石田浩二・昭六三行判解説一六六頁がある。

（判例タイムズ七三五号、一九九〇年）

9　売買契約の合意解除と交換特例の適用の可否

東京高裁平成元年一一月三〇日第七民事部判決、平成元年(行コ)四号
所得税の更正処分取消請求控訴事件――控訴棄却（確定）
行裁例集四〇巻一一―一二号一七一二頁、判例タイムズ七三〇号八七頁

一　判旨

本件の土地交換の経緯に関する事実に基づき検討するに、AとBが締結した売買契約は、買主が売買代金の支払いをするまで所有権を売主に留保する旨の特約がなされ、合意解約当時第三者に転売されていた土地部分を除き売買代金の支払いがされておらず（ただし、手付金の一部は支払われていた）、所得権移転登記手続も未了であったものであるが、反面売買の目的たる土地が買主に引き渡され、買主において地上家屋を撤去して宅地造成を行い、分筆手続も済ませたうえ、逐次建物を建築して土地付き建物分譲を行うことを予定していたことからすれば、売買代金の支払いを確保するためにその支払いと引き換えに所有権移転登記手続をすることを主眼として、所有権移転が留保されていたと見ることができ、買主は同土地を使用収益及び処分する権限を取得していたというべきであるから、その実質を着目すると、所得税法五八条一項との適用との関係では、右所有権留保の点は、交換取得土地がAからBに譲渡されていたものであると認定するのを妨げるものとはいえない。そして、Aは、マンション建設用地として交換譲渡土地を必要としたCの要請を受け、交換の対象とするため、右交換取得土地を売買契約の合意解約によって取り戻して取得したものであり、右取戻しが、本件土地交換の実現を目的としたものであることに加え、その方法自体売買契約締結時に存した原因に基づく無効・取消しあるいはその後の債務不履行に基づく解除によってなされたものでなく、合意

解約というもっぱら当事者の任意に委ねられた方法によってなされたものであることからすれば、Aが有していた交換取得土地は、同条項の適用対象から除かれる「交換のために取得したと認められるもの」に該当することは明らかというべきである。

〔参照条文〕民法五八六条、所得税法三三条・五八条

二　解　説

1　事案の概要

Xは、昭和五六年、Aとの間でXの所有土地（「交換譲渡土地」という）とA所有の土地（「交換取得土地」という。）とを等価で交換したが、所得税法五八条所定の交換特例の規定より譲渡所得の課税はないものとして所得税の確定申告をした。ところがY税務署長から、Xの取得した交換取得土地は、Aにおいて昭和五五年七月にB会社に対し売却した土地の一部を、Xとの交換のために昭和五六年一月売買契約を一部合意解約して取り戻したものであるから、同条の適用は受けられず、Xには、Aが交換の直後に交換譲渡土地をC（マンションのデベロッパー）に売却した代金一億一六五〇万円と同額の譲渡所得があったものとして、更正処分及び過少申告加算税の賦課決定処分がされたため、Xは更正処分等の取消しを求めて本訴を提起した。

XとAとの間の交換に至る経緯は、次のとおりである。Aは、昭和五五年七月に交換取得土地をBに売却し、その譲渡所得税を納付しており、Bはこれを造成して一部を転売していたところ、交換譲渡土地の隣地を所有するCがマンションの敷地として同土地を譲るようXに働きかけ、Xが税負担のない方法を望んだので、Cの斡旋により、A・B間の売買契約が合意解約され、直ちにA・X間で本件交換契約がされたというものである。

一審判決・浦和地判昭和六三年一二月一九日行集四〇・一一―一二・一七二一、金判八一七・一三は、A・B間の土地交換の合意解約は、A・X間の土地交換の手筈を整えるために、Aが一旦売却譲渡した交換取得土地を取り戻す

ための手段としてなされたことが明確であり、Aは交換取得土地を交換のために取得したものであるとし、所得税法五八条の交換特例の適用を否定し、Xの請求を棄却した。本件はその控訴審で控訴判決は、原判決の理由を大半引用して、Xの控訴を棄却している。

2 問題の所在

(一) 交換と譲渡取得に対する課税

所得税法は、資産の譲渡によって所得が発生した場合には、これを譲渡所得と分類し課税の対象としている（所得税法三三条一項）。そして、譲渡の原因は、売買、交換、代物弁済、離婚に伴う財産分与のいずれであるかを問わない。もっとも、個人に対する贈与については、所得税は非課税としている（同法五九条一項）。譲渡所得は、資産の保有中に増加した値上り益をその資産を他へ処分する際にまとめて課税の対象とするものであると解されている（最判昭和四七年一二月二六日民集二六・一〇・二〇八三）。

交換により資産を譲渡する場合も、譲渡所得の原因となるが、交換の場合の譲渡所得の計算の特徴は、売買のように対価（売買代金）を受けとり、その対価が収入金額を構成するのでなく、交換取得資産の時価が交換の収入金額に当たるということである（大阪高判昭和五四年五月二九日税資一〇五・四九五、東京高判昭和五九年七月一八日行集三五・七・九二七など）。

ところで、所得税法五八条は、一定の等価交換について特例を定めている。

(二) 所得税法五八条の課税特例と一定の要件

所得税法五八条は一定の等価交換について非課税（正確にいうと、課税延期）の特例を定めている。その特例の適用を受けるための要件は、(イ)交換譲渡資産も交換取得資産も共に固定資産（土地・建物など）で一年以上所有していたこと、(ロ)交換取得資産は交換のために取得したものでないこと、(ハ)交換取得資産を交換譲渡資産と同一の用途に供すること、(ニ)交換取得資産の価額と交換譲渡資産との価額との差額がいずれか高い方の金額の二〇％を超えないこと、である。

本件では、これらの要件のうち、交換取得資産を交換のために取得したかどうかが争点となった。Y税務署長は交換のために取得したものと認定し、特例の適用を否定した。

(三)　交換のためにする取得と土地の取戻し

所得税法五八条により非課税の取扱いを受けるには、交換取得資産を交換のために取得したものでないことが要件の一つとなっている。

交換のために取得したかどうかは、相手がその資産を取得してから交換までの期間の長短、使用収益の目的、期間、その資産の規模、構造、所在位置などのほか、相手方の業種、業態、経営規模又は生活状態などとの関係を総合して判定するものとされているが（国税庁直税部資産税課・最新不動産税務要覧六五頁）、本件の一、二審判決は、A・B間の売買契約の合意解約は、A・X間の土地交換の手筈を整えるために、Aが一旦売却した交換取得土地を取り戻すための手段としてされたことが明確であり、Aは交換取得土地を交換のために取得したものであると認定している。

これに対し、Xは、A・B間の売買契約は、合意解約により契約当初から存在しなかったことになるのであるから、A・B間にどのような経過があったにせよ、交換のために取得したものでないと主張している。第二審判決が、この点について、本件の交換取得土地の取り戻しが売買契約当時において存在した原因に基づく無効・取消しあるいはその後の債務不履行に基づく解除によってなされたものではなく、合意解約というもっぱら当事者の任意に委ねられた方法によったことを挙げて、交換のために取得したものと認定を下していることが注目される。

交換に関する課税特例は、本件のような固定資産の等価交換の場合のほかに、租税特別措置法の中に、収用交換等の場合（同法三三条、三三条の二、三三条の三、三条の四）、居住用財産の買換え・交換の場合（同法三六条の二、三六条の五）、特定の事業用資産を買換えた場合（同法三七条）、特定の事業用資産の交換の場合（同法三七条の四）、既成市街地等内にある土地等の中高層耐火住宅等との交換（買換え）の場合（同法三七条の五）、特定の交換分合により土地等を取得した場合（同法三七条の六）などが定められている。

3　判例・学説の動向

売買契約を合意解除して取戻したことが交換のため取得に該当するかについて、学説・判例で触れているものは見当らない。

これまで、所得税法五八条の適用をめぐって争われた主な事例は、保有期間の計算や用途の同一性についてであった。贈与、相続又は遺贈によって取得した資産については、その実際の取得の時期ではなく、従前から引き続き所有していた資産として扱われるが（所得税法六〇条一項、所得税基本通達五八の一の2）、負担付贈与については取得時期および取得価額の引継ぎが認められていない（最判昭和六三年七月一九日判タ六七八・七三、判時一二九〇・五六）。

特例の適用を否定した事例として、名古屋地判昭和五五年七月七日判時九九四・三五は、仮換地の交換が仮換地指定変更処分を停止条件としたもので保有期間が一年未満であったことを理由としている。大津地判昭和五四年一一月二八日シュト二一四・四一は、交換取得が相手方の固定資産でなく、棚卸資産であったことを理由としている。

4　本判決の位置づけ

本件の一・二審判決は、売買契約を合意解約して取り戻したことが交換のための取得に該当すると認定し、所得税法五八条の特例の適用を否定したもので、注目すべき事例判決であるといえる。

本件の合意解約は、A・X間の土地の手筈を整えるために、Aが一旦売却した交換取得土地を取り戻すために合意解約したものであり、合意解約により契約の効力が遡って失われることになっても、合意解約によって交換取得土地を取得したものといえるので、本件判決の認定は相当といえる。

しかし、二審判決が指摘しているように、売買契約時に存した原因により取消した場合、契約後の債務不履行により解除した場合、あるいは約定解除権を行使して解除した場合は、交換を実現するためのものであっても、特例の適用は認められることになるのか、今後の宿題となって残っている。私は、特例が制限しているのは、もっぱら交換のために条件を揃える場合であり、売買契約時に原因がある場合は、たとえ交換を実現するために取消しなどがされたときでも、特例の適用を受けることができるものと考えたい。

〈**参考文献**〉

神蔵勉「資産交換の税務」現代税務全集一一巻一頁以下（昭和六一年）

（判例タイムズ七六二号、一九九一年）

10 夫婦財産契約と所得の分割の可否

東京地裁昭和六三年五月一六日民事二部判決、昭和六一年(行ウ)八〇号
同六二年(行ウ)一〇六号
所得税更正処分等取消請求事件——棄却(控訴)
判例時報一二八一号八七頁

一 事実

Xは、昭和五八年ないし昭和六〇年にかけて、弁護士としての業務による報酬(事業所得)のほかに、使用者との間の雇用契約に基づく給与等(給与所得)と原稿料(雑所得)を取得したが、昭和五八年六月三〇日訴外Aと婚姻する前の同月二七日に夫婦財産契約を締結し、同月二九日その登記を経ていた。

右夫婦財産契約第二条ないし第四条には、次のことが約定されていた。

第二条　夫及び妻がその婚姻届出の日の前から有する財産は、各自の特有財産とする。

第三条　夫及び妻がその婚姻届出の日以後に得る財産は、第四条に定めるものを除き、夫及び妻の共有持分を二分の一宛とする共有財産とする。

第四条　夫及び妻がその婚姻届出の日以後に得る財産のうち、前条の例外として、それを得た者の特有財産になるものは本条各号に定めるものとする。

一　第二条に規定する特有財産の果実

二　いかなる名目であれ、身体・精神へ侵害・打撃を受けたことにより支払いを受ける金員及びその果実

三　死因贈与、遺贈、相続によって得た財産及びその果実

四　特有財産あるいはその果実について、売買、交換、譲渡その他の処分をしたことによって得た財産

Xは、夫婦間において民法の定めに従って登記された夫婦財産契約は、国を含む第三者に対抗できるということで、右契約に従い、Xが取得した前記収入の二分の一だけがXの所得となるとして、昭和五八年分ないし昭和六〇年分の所得税について確定申告をした。

これに対して、所轄のY税務署長は、Xの取得した前記収入は全部Xが稼得した所得であり、夫婦財産契約は一旦夫婦のうちの一方が取得した財産の帰属に関するものであり、所得税の納税義務者が稼得者とされていることと別の次元に関することで、前記収入の全部がXの所得であるとして、更正及び過少申告加算税賦課決定をした。

本件は、異議申立て及び審査請求を経たうえで、これらの更正・賦課決定の取消しを求めたものである。

二　判旨

請求棄却。

「ある収入が誰に帰属するかという問題は、単に夫及び妻の合意のみによって決定されるものではなく、例えば雇用契約に基づく給料収入であれば、その雇用契約の相手方との関係において決定されるものである。雇用契約において、労務を提供するのは被用者たる夫婦の一方であって、夫婦の双方でなく、したがって、労務の対価である給料等を受け取る権利を有する者も被用者たる夫婦の一方であって、夫婦の双方ではないのであり、仮に夫婦間において夫婦の双方が右給料等を受け取る権利を有するものと合意したとしても、それだけでは、その合意は、雇用契約の相手方たる使用者に対しては何らの効力を生ずるものではないといわなければならない。けだし、右給料等を受け取る権利を夫婦双方の共有とすることは、雇用契約の内容を変更することにほかならないのであるから、雇用契約の相手方たる使用者との合意によるのでなければ、同人に対してその効力を生ずるによしないものといわなければならないか

らである。そして、ある収入が所得税法上誰の所得に属するかは、このように、当該収入に係る権利が発生した段階において、その権利が相手方との関係において誰に帰属するかということによって決定されるものというべきであるから、夫又は妻の一方が得る所得そのものを原始的に夫及び妻の共有とする夫婦間の合意はその意図した効果を生ずることができないものというべきである。なお、このように、夫婦間の右合意がその意図した効果を生じないものである以上、夫婦財産契約が登記されているかどうかによって右結論は左右されるものでないことは明らかである。」

三　評　釈

判旨に賛成。ただし、理論構成に疑問をもつ。

所得税法上の所得の帰属に関する税制を検討するに先立って、まず民法の夫婦財産制と夫婦財産契約の関係を明らかにしておきたい。そして、所得税法上の夫婦の所得の帰属の問題は、単に一般的な所得の帰属とは別に、課税単位（所得税の税額を算定する人的単位）の問題と深く関連している。

1　夫婦財産制と夫婦財産契約

(一)　現行民法の構成

現行の民法は、夫婦財産制について七五五条から七六二条にかけて定めているが、その内容は、旧民法（昭和二二年法律第二二二号による改正前の民法）時代と同様に、夫婦財産契約が締結されたときはそれによって夫婦の財産を決めることとし（七五五条）、夫婦財産契約が締結されていないときは、七六〇条以下の規定により夫婦の財産関係を規律することにしている。この補完的に民法が定めている夫婦の財産関係を、法定財産制と呼んでいる。

(二)　夫婦財産契約の要件と効力等

夫婦財産契約は、外国法の直輸入品で、わが国で夫婦財産契約が締結された例は極めて少なく、殆どの夫婦に法定

財産制が適用されている。(1)

民法の予定している夫婦財産契約は、婚姻の届出前にのみ締結できるものと限定している（七五五条）。夫婦財産契約の効力は、婚姻の時に発生し、婚姻が無効であったり、取り消されたりすると失効する（七四八条二項、三項）。夫婦財産契約の内容は、原則として当事者の自由に委ねられているが、夫婦財産契約を締結している場合のその内容は、本件契約にもみられるように、夫婦財産の共有制を定めるものが多い。夫婦の平等その他婚姻の本質に矛盾するような内容であるときは、その夫婦財産契約は無効と解されている。

夫婦財産契約をもって第三者に対抗するためには、夫婦財産契約登記簿に登記することが必要である（七五六条、七五七条。非訟事件訴訟法一一八条、一一九条、一二三条、一二五条）。

婚姻届出の後は、夫婦財産契約は原則として変更することはできない（七五八条一項）。ただ、夫婦財産契約に基づき一方配偶者が他方の財産を管理していて、管理が失当である結果、他方の財産を危くしたときは、他方は家庭裁判所に管理者の変更を請求することができ、また共有財産の分割請求をすることができる（七五八条二項、三項、七五九条）。

㈢　法定財産制の内容

夫婦財産契約が存在しない場合は、夫婦の財産関係は、補充的に民法の定めるところによって規律される。

旧民法の法定財産制は旧ドイツ流の管理共同制であったが、現行憲法になって妻の無能力・妻の財産に対する夫の管理権が廃止されたのに伴い、民法は夫婦別産制（純粋別産制）を採用した。夫婦それぞれが婚姻前から所有していた財産は、婚姻後も引き続きその者が単独で所有するだけでなく、婚姻継続中に夫婦の一方が取得・購入した財産はその者の所有（特有財産）に帰属する。それで、他方の内助の功は夫婦間の財産の帰属には全く反映されないことになっている（七六二条一項）。もっとも、例外として、夫婦のいずれに属するか明らかでない財産は共有に属するものと推定される（同条二項）。この法定財産制の内容である別産制は、諸外国の立法例と比較して世界の大勢に遅れて

おり、また夫婦共同生活の実情に合っていないという批判が強くなっている。(2)

㈣　財産共有（共同）制の内容と効果

民法の定めている法定財産制は前述のとおり別産制であるが、本件のような夫婦財産契約を締結し、婚姻中に取得した財産を共有財産とすることを約定し、財産共有制と同じことを定めた場合、夫婦の一方の稼得した財産は夫婦の間でどのような過程を経て共有財産として帰属することになるのかを、ここで検討しておくことにしたい。

夫婦財産共有制の伝統が最も強いのは、フランス法系の諸国（フランス、スペイン等）である。共有財産に入る主なものは、⑴夫婦が婚姻のときに有していた全動産、および婚姻中に夫婦に帰属した全動産、⑵婚姻中に夫婦の取得した不動産（無償取得したものを除く）、⑶婚姻中に夫婦の特有財産により生じたすべての収益および夫婦の労働収入であり、それ以外は夫婦各自の特有財産とされている。

夫婦財産契約で婚姻中に取得した財産を共有財産と定めた法律関係は、法定共有制と相違していないように解される（後述のとおり、アメリカの判例は、法定共有制と契約による共有財産とを、課税面では区別している）。

雇用契約に基づく給料収入が共有財産に入るものであっても、夫婦の一方の雇用契約に基づき給料等を受け取る権利を取得するのは、被用者たるその夫婦の一方である。共有財産となるからといって、夫婦の双方がその権利を取得することにはならない。また、夫婦財産契約で対外的に原始的に右給料等を受け取る権利を取得することを定めても、その合意は雇用契約の相手方である使用者には何ら効力も生じるものではない。夫婦財産の共有とは、夫婦の一方が一旦取得した財産を、取得後ただちに夫婦間で包括的に共有にするというのであり、対外的に原始的に夫婦の双方が権利を取得することではない。本判決が夫婦財産契約の共有財産に関する約定の効力について、雇用契約の相手方たる使用者に対しては何らの効力を生ずるものではないと判示しているのは正当である。

2　所得の帰属と実質所得者課税の原則

所得を課税客体とする租税は、原則として所得の帰属する者を納税義務者として課税するが、所得の帰属を判断する基準として「実質所得者課税の原則」が所得税法一二条、法人税法一一条等に定められている。

所得税法一二条は、「実質所得者課税の原則」について、「資産又は事業から生ずる収益の法律上帰属するとみられる者が単なる名義人であって、その収益を享受せず、その者以外の者がその収益を享受する場合には、その収益は、これを享受する者に帰属するものとして、この法律の規定を適用する。」と規定しており、法人税一一条等の規定も同趣旨のものである。この「実質所得者課税の原則」は、形式と実質とが一致しないような場合、たとえば預金の名義人と預金者（出捐者）が異なっている場合、その利子所得の帰属について実質（出捐者）によって所得の帰属を判定すべしとするものである。「実質所得者課税の原則」は所得の帰属を判定するにあたっての一般的な基準にすぎない。

所得の帰属の判定については多くの問題があり、法律が直接に規定しているのは前述の「実質所得者課税の原則」だけであるが、法律の解釈、適用にあたって多くの基準が挙げられている。たとえば、夫が他に勤務し、同居の妻が夫の所有する農地を耕作して稼得する農業収入や、親子・親族による農業収入や事業収入の帰属について、実務では、原則として経営主体（事業主）、経営主体が明らかでないときは生計の主宰者、事業や農業が小規模であって生計の主宰者が殆ど又は全く農業や事業に従事していない場合は稼得者（稼得者課税の原則。アーン・ベイシス）[3]によって所得の帰属をきめるべきものとしている（所得税基本通達一二―二「事業から生ずる収益を享受する者の判定」、一二―三「夫婦間における農業の事業主の判定」、一二―四「親子間における農業の事業主の判定」、一二―五「親族間における事業主の判定」等）。

最判昭和三二年四月三〇日民集一一・四・六六六も、夫が田畑二反余を所有し、主として日傭人夫を指図して農耕にあたらせる方法で農業を営み、妻は単に夫と同居して右傭人の茶くみ、食事の世話程度の仕事に従事しているに過ぎない場合には、農業経営による収入は、もっぱら夫の所得であるとしている。この最判の判断は、事業収入について通達にいう経営主体は誰であるかという基準で判断をしているものといえる。これらの従来の考え方に対して、二者択一的な考え方は実体に合わず、場合によってはむしろ夫と妻あるいは父と子の共同事業とみるべき場合があるのではないかという批判がある（金子宏『租税法第二版』（昭和六三年）一四六頁）。

以上のとおり、所得の帰属を判定する基準は、所得の種類や各種の事例に対応していろんな基準が示されており、決して一つの基準が妥当するものではない。ここで問題になっている婚姻中の夫婦の所得の帰属は、一般的な所得の帰属の問題というよりもむしろ、課税単位の問題と強く関連するものであり、後述のとおり本判決がこの点に立入った解釈をしていないのは説得力に欠けるといえよう。

3　所得税法が夫婦の所得を計算していないことと憲法二四条の適合性

かつて夫が自己名義で取得した給与所得と事業所得について、これらの収入は同居している妻の内助の結果であり、夫名義の収入も半額は妻の収入に帰すべきであり、所得税の納税にあたっても夫婦が半額ずつの収入があったものとして計算すべきであり、そのような計算をしないことは憲法二四条の趣旨に違反するという理由で、給与所得と事業所得を妻と折半し、夫婦が半額ずつについて確定申告をしたところ、全額を夫の所得であるとして更正を受けたので、争った有名なケースがある。

このケースで、最判大法廷昭和三六年九月六日民集一五・八・二〇四七は、「所得税法が生計を一にする夫婦の所得の計算について、民法七六二条一項によるいわゆる別産主義に依拠しているものであるとしても、同条項が憲法に違反するものではなく、所得税法もまた違憲ということはできない。」と判示し、原審（大阪地判昭和三四年一月一七日行集一〇・一・五三、大阪高判昭和三四年九月三日行集一〇・九・一七〇七）の「夫婦の所得の認定につき民法七六二条一項所定の別産主義に依拠する現行所得税法の下においては、夫名義で所得された給与、事業所得は、たとえその所得にあたり妻の協力があり、またその協力の度合が半額程度の評価をなしうる場合であっても、すべて夫の所得とみなされ、夫婦各自に二分して帰属するものではなく、またその共有として取り扱われるものではない。」との判断を是認している。前述のとおり、法定財産制である別産制は世界の潮流に照して改善を検討すべきであるが、ただちに憲法二四条に違反するとは考えられず、立法政策の範囲内の事柄である。そうすると、別産制に依拠して夫婦の一方が取得した所得をその者の所得であるとしている所得税の課税方法がただちに違憲でないことは異論がないといえよう。

4　夫婦財産制と諸国の税制の対応(4)

アメリカでは、一九四八年までは夫婦財産制について州の間に制度の違いがあり、共有制を採っていた州に、アリゾナ、カリフォルニア、アイダホ、ネバダ、ニューメキシコ、テキサス、ワシントン、ルイジアナの八州があり、別産制の州では、夫の収入については夫だけが全額について所得税を負担し、共有制の州では、夫の収入であっても夫婦が収入を折半してそれぞれ負担するものとしていた。このことは、連邦最高裁の判決でも支持されたので、累進税率がとられている所得税については、別産制の州の納税者は、共有制の納税者より著しく不利益を受けた。一九四五年から一九四七年にかけて、オクラホマ等の六州が別産制から共有制に変更している。

ルーカス対アール事件（Loucas v. Earl (1930)）は、共有制がとられていたカリフォルニア州（同州は、共同生活中は実質上別産制であったといわれていた）で、夫婦間の契約によってすべての収入を夫婦で折半する契約を締結したことに基づいて、夫がその給与及び弁護士報酬の所得を折半して申告した事例について、ホームズ裁判官は、この契約が有効なことを承認しながらも、内国歳入法は、給与等についてはこれを稼得した者に所得税を課するものであるとして、契約に基づく税負担の軽減を排訴している。

このような経過を経て一九四八年に内国歳入法に二分二乗制度及びジョイント・リターン（共同申告）が採用され、

現在では、夫婦の収入はいずれの名義の収入であっても合算したうえで折半し、各自の収入として納税することが許されている。

イギリス、フランスでは、夫婦の財産制とは別に、課税方法が決められている。イギリスでは、妻の収入は原則として夫の収入とみなされるが、一九七二年四月以降妻の勤労所得について分離課税の選択を認めている。フランスでは、生計を一にする家族の収入は合算して課税されるが、一九四五年以降家族除数制度（所得総額を家族数による一定の除数で除した額に累進税率を適用するもの）が適用されている。

西ドイツの法定財産制は、かつては夫が原則として妻の財産を管理・用益・処分できる管理共同制であったが、夫婦平等（基本法三条二項）が反するということで、一九五三年から別産制が採られ、さらに一九五八年から剰余共有制が採り入れられている（BGB一三六三条以下）。これによると、婚姻終了にあたって、婚姻中に他方よりも財産を増やした方が、自己の財産の増加分と他方のそれとの差額を分けることになる。もっとも、夫婦財産契約によって、共有制または別産制とすることも認めている。このような法定財産制の変遷と関連して、西ドイツでは、従来夫婦の収入について合算して課税することにしていたが（所得税法二六条）、一九五七年一月一七日憲法裁判所は、それぞれ収入のある独身の男女が結婚すれば合算課税と累進税率の結果、独身当時より高額の税を負担するのは、基本法の保障する「婚姻及び家族の保護」の規定（六条一項）に違反する違憲な課税方法で、立法裁量の限界を超えるものであると決定した。これにより、一九五七年一一月所得税法二六条が改正され、夫婦について分離して課税し、希望があるときは合算して課税することになり、一九五八年九月の改正で、さらに分離課税と合算課税の選択を認めながら、三二条a二項で、合算課税される夫婦については、アメリカにならって二分二乗方式が導入されるようになっている。

所得税法二六条b項は、「合算課税の場合、配偶者の獲得した所得は合算され、当該配偶者に均等に帰属し、別段の定めなき限り、配偶者は共通に納税義務者として取扱われる」（所得税法二六条b）と定めているので、夫婦は有利な合算課税を選択するのが通常であるといわれている。

5　夫婦の稼得した財産の帰属と課税単位

婚姻中の夫婦の稼得した財産について誰が納税義務を負担するかということは、一般的な所得の帰属だけできめられることではなく、課税単位についての税制度と深いかかわりをもっている。諸外国の例でもみられるように、それは夫婦の法定財産制に大きく依拠しているが、別の視点から夫婦・家族について個人とは別に課税単位を定めている。

わが国では、シャウプ勧告に基づく昭和二五年の所得税改正までは家族単位主義を採り入れていたが、改正後は個人単位主義に移行した。しかし、家族構成員の間に所得を分割することを防止するために、事業等所得者が家族構成員に支払った対価を必要経費に算入することを否定する制度（所得税法五六条）、家族構成員の資産所得を主たる所得者の所得に合算して税額を計算する資産合算制度(5)（同条九六条以下）を採用している。

そこで、ここで問題となるのは、夫婦財産契約で夫婦財産の共有制を取り決めた場合に、その契約の効力が所得税が採用している個人単位主義まで変更させることになるのかということである。

6　本判決の検討

これまで見てきたように、夫婦財産の共有制が採られているところでは、それが課税方法（課税単位）にも影響し、夫婦の一方が稼得した所得でもその持分に応じて帰属し、夫婦のそれぞれが持分について納税義務を負担することになると解している。つまり、そこでは、給与所得等について一般的な稼得者課税の原則を前提としながらも、それとはもう一つ別に、夫婦を一つの課税単位として考えている。

前掲のルーカス対アール事件のホームズ裁判官の判決で、夫婦財産契約で夫婦の一方の稼得した財産及び所得をすべて両者の共有にすることを約定しても、内国歳入法の趣旨は給与等についてはそれを稼得した者に所得税を課することであるとして納税者の主張を排斥しているのは、課税単位とのかかわりで結論を引き出しているものと理解できる。

民法レベルで見る限り、法定夫婦財産制による共有制と夫婦財産契約による共有財産との間に法律効果の違いがないようにみられるが、課税の領域では区別して考えている。

これは、どのような理由によるものであるのか。さきに見たように所得の帰属をきめる基準には各種のものがあるが、夫婦の所得については別に課税単位との関連から検討を必要とする。法定財産制による共有制と契約による共有制とは、私法の領域では効力に違いがないが、課税の領域では課税単位に与えるインパクトに違いがあるといえる。

稼得者課税の原則は所得の帰属を決める一般的な基準であるが、夫婦財産については、別に課税単位との関係を考えることが必要である。本判決は、「収入が所得税法上誰の所得に帰属するかは、当該収入に係る権利が発生した段階において、その権利が相手方との関係で誰に帰属するかということによって決定されるべきである……。」と、いかにも稼得者課税の原則が普遍的な原則であるかのようにいっているが、夫婦財産の納税義務については説明が不足している。これでは、法定財産制が共有制である場合の課税について説明ができない。このことからも分かるように、稼得者課税の原則は普遍的な原則ではない。夫婦に関して夫婦の稼得した所得を、どの段階で、夫婦の誰に納税義務を負担させるかということは、所得税法が採用している課税単位との関係から解釈を下すべき問題である。

夫婦財産契約によって夫婦の一方の稼得する財産を共有財産とする約定は、雇用契約の相手方等との関係で夫婦の双方が権利を取得するものとは解されないが、私法上では夫婦の一方の稼得した財産を包括的にただちに共有財産とする効果を生じさせるものである。しかし、夫婦の財産に対する課税の面で、夫婦財産契約を締結することによって、所得税法が課税単位を個人（夫または妻）としているのを、夫婦に変更させる効力まで生じさせるというのは無理といえよう。

前述したホームズ裁判官の見解は、そのままわが国の所得税法の解釈にも妥当すると考えられる。

夫婦財産契約による共有財産の約定は課税面にまで影響を及ぼすということにはならない。課税面では原則的な稼得者課税のほかに、もう一つ課税単位との関係を考えなければならない。現行所得税法が個人単位主義を採っている以上、夫婦財産契約はこの課税原則を変更するまでの効果はないというべきである。

(1) 夫婦財産制の比較法的な紹介として、五十嵐清『夫婦財産制』家族法体系II（昭和三六年）一九九頁以下。夫婦財産契約の変遷について、椿寿夫「夫婦財産契約論」法学論叢六一・一・（昭和三〇年）、佐藤良雄『夫婦財産契約論』（昭和五九年）。

(2) 民法改正案の審議にあたり一部の婦人委員から所得共有制が提案されたが、あっさり一蹴されたといわれている。しかし、別産制は、妻の家事労働を平等に評価しないため、実質的には男女同権に反するということで、今日では別産制はコモンロー法域以外には継受されず、またコモンローの内部でも緩和現象が生じている。五十嵐・前掲書二一九頁。

(3) 稼得者課税の原則について、碓井光明「租税法における課税物件の帰属についてII」税通二七・二・四九（昭和四七年）。

(4) 外国の税制については、田中真次「判例解説」最高裁判例解説民事篇昭和三六年度三一四頁、金子宏「租税法と私法」租税法研究第六（昭和五三年）二〇頁、村上淳一、ハンス・ペーター・マルチュケイプケ「所得税・法人税・消費税」（木村弘之亮ほか訳）（昭和六三年）八二頁等を参考にさせて頂いた。

(5) 最判昭和五五年一一月二〇日判時一〇〇一・三一は、資産合算課税制度を採用するか否かは、立法政策の問題であり、違憲の問題を生じないとしている。前掲の（旧西）ドイツの憲法裁判所一九五七年一月一七日判決と対照すると興味深い問題を提供している。

（判例評論三六一号、一九八九年）

11 離婚に伴う財産分与として取得した資産の取得費の算定方法

東京地裁平成三年二月二八日民事二部判決、昭和六二年(行ウ)一一三号
所得税の更正処分等取消請求事件――認容(確定)
判例時報一三八一号三二頁

一 事実

Xは、昭和五七年三月八日裁判上の和解により夫Aと協議離婚し、財産分与としてA所有の新宿区所在の土地(以下「本件土地」という)の譲渡を受け、その後間もない同年七月一日付で右土地を三億五、二五〇万円でXの長男Bが代表取締役を務めているC社に売却した。そこで、Xは、右売買による譲渡収入金額を売却代金額三億五、二五〇万円、財産分与による本件土地の取得費を右売却代金と同額の三億五、二五〇万円とし、分離課税の短期譲渡所得の金額は零円となるとして昭和五七年分の所得税の確定申告をした。ところが、Y税務署長は、本件土地の取得費は二億二、九二五万円であるとして譲渡収入金額との差額一億二、三二五万円を短期譲渡所得の金額とする更正及び過少申告加算税の賦課決定をした。

そこで、Xは、Y税務署を被告として右更正等の取消訴訟を提起した。

本件土地は、南西側の一・三九メートルの間口だけが公道に接する土地で、本件土地だけでは建築基準法上も建物の敷地として利用することが困難であるが、南西側に隣接するXの長男B所有土地(以下「北町の土地」という)と一体して利用した場合には、その公道に接する間口が大幅に広がり、利用価値が増大する。前記売買の代金額は、買主のC社が本件土地と北町の土地とを一体として買受けるという前提で決めたものであった。

本件土地は、夫AがXに対して財産分与として譲渡したものであったので、Aにも譲渡所得が生じたとして、Y税務署長は昭和五九年二月二九日付でAに対して譲渡収入金額を本件土地の売却価額三億五、二五〇万円と同額とする決定を行ったが、Aから審査請求をしたところ、右収入金額は本件土地だけを単独で取引する場合の価額である二億二、九二五万円とすべきであるとする裁決が出たため、Y税務署長は前記のとおり更正期間ぎりぎりの昭和六一年三月一五日付けでXに対し更正等を行ったものである。

本件の争点は、Xの本件土地の譲渡所得についてその取得費をいくらと算定するかという点であり、Y税務署長は、本件土地を独立して利用、処分することを前提として評価すべきであると主張したのに対し、Xは、長男B所有地と一体として利用、処分されることを前提として評価すべきであると主張した。

北町の土地は、もとは東京都の所有に属していたが、昭和三七年九月ころXが払下げを受けたものであり、昭和四八年三月ころに長男BがXとAとの間の離婚訴訟をX側に有利に展開させる目的をもって、Xから買受けその登記名義を自己に移し、Aに対し同土地の明渡訴訟を提起していた（Aは、本件土地、北町の土地を含む土地上に建物を所有して居住していた）。

また、Y税務署長は、予備的に、本件土地の価額は一体として利用されることを前提として評価すべきものとしても、この併合による値上り益は、XからC社への売買の代金額に基づいて算定するのではなく、これを本件土地と北町の土地の各寄与率に応じて配分して算定すべきであり、このような方法によって評価した昭和五七年三月二七日時点における本件土地の価額は、二億八、四三四円となると主張していた。

二　判　旨

請求認容。

「譲渡所得の金額の計算上控除する資産の取得費とは、その資産の取得に要した金額等をいうものと定めている

(所得税法三八条一項)が、離婚に伴う財産分与として資産を取得した場合には、取得者は、財産分与請求権という経済的利益を消滅される代償として当該資産を取得したことになるから、その資産の取得に要した金額は、原則として、右財産分与請求権の価額と同額になるものと考えるのが相当である。そして、財産分与請求権の金額が明示されているときは、その金額がそのままその金額となることは明らかであるし、また、財産分与として分与される資産の価値が明示されている場合も、その資産の価額がそのまま財産分与請求権の価値になるものと推認することができる。

しかしながら、本件のように和解によって分与される資産が決定されたものの、その価額や財産分与請求権の金額が和解調書上明示されていないときは、もともと離婚に伴う財産分与の価額等が第一次的に当事者がどの程度の金額の財産を分与することを合意し、あるいは当該資産をどのような価額を持つものと認識してこれを分与することと合意したかを、当該和解の手続において考慮されたと考えられる具体的な事情に基づいて推認することによって、右財産分与請求権の価額、更には分与される資産の価額を認定すべきものと考えられる。(中略)

AとXとの離婚に伴う財産分与として本件土地をAがXに譲渡するという内容の和解が、永年にわたる離婚訴訟の過程で双方の十分な検討を経た結果成立したものであり、しかも、前記のとおり、本件土地は単独に利用したのではは建物の敷地として利用することも困難な土地であり、現にもともとはXの所有に属しておりその後いわば訴訟対策のためともいえるような形でBに譲渡された北町の土地と一体として利用されていたこと等からすれば、右和解におけるAとXとの間での合意内容の合理的な意思解釈としても、特段の事情のない限りは、この和解によって分与された本件土地については、X側でこれを北町の土地と一体として利用あるいは処分することがその前提とされていたものと推認するのが相当である。

すなわち、本件財産分与の和解においては、XとAとの間で、北町の土地と併せて一体として利用ないし処分することを前提とした場合の本件土地の価額に相当する資産を財産分与する旨の合意が成立したものと認めることができ、したがって、本件和解においては、右のような前提による本件土地の評価額に相当する財産分与請求権が合意によっ

て確定されたものであり、このような評価額が本件土地の取得費になるものと解するのが相当である。（中略）

本件土地の取得費を、本件土地と北町の土地を一体として利用、処分することを前提とした場合の本件土地の評価額と考えた場合、まずその価額を二億八四三四万円と評価すべきものとする鑑定評価が存在する。

右の鑑定は、本件土地を北町の土地と一体として利用、処分することを前提としながらも、本件土地の評価額を求める方法としては、標準価格と考えられる価額（一平方メートル当たり七五万八、〇〇〇円）に間口狭少、間口に対する規模過大等の要因を減価要因として勘案した減価率（〇・六五）を乗じて得た価額をまず求め、これに北町の土地を併合することによって得られた増加額を加算するという方法を採用している。しかし、この点については、本件土地を北町の土地と併合した場合の価額を求めるのであれば、むしろ端的に、本件土地の標準価格と考えられる価額に右の間口狭少等の要因以外の減価要因（本件土地については、そのような原因としては、崖地及びのり地が含まれていることが挙げられる。）による減価率（右鑑定によれば〇・九）のみを乗ずることによってその価額を評価するという方法も考えられないではないところであり、そのような方法が許されるものとすると、本件土地の評価額が三億一、〇〇〇万円から三億二、〇〇〇万円程度となる余地もあるのである。

そもそも、ある時点における土地等の資産の客観的な価額というものは、鑑定等によって常に一義的に特定されるという性質をもつものではなく、ある程度の幅をもった範囲内の価額として観念されるべきものであることはいうまでもないところである。したがって、その評価の基準となる時点とさほど遠くない時期にその資産について現実に売買等が行われている場合には、その取引の価額が特に異常なものであることが認められるといった特段の事情のない限り、その売買価格をもってその価額とすることも十分に合理的な根拠を持つものと考えられる。」

三　評　釈

判旨の結論には賛成。

1　離婚に伴う財産分与として資産を譲渡した場合の分与者に対する譲渡所得の課税

離婚に伴う財産分与として資産を譲渡した場合も、資産の譲渡に外ならないので、分与者に譲渡所得の課税がされる（所得税法三三条。所得税法を以下「法」という。）。

譲渡所得の課税は、資産を所有しているあいだの増加益（キャピタル・ゲイン）について、その資産が譲渡されて所有者の手許を離れる機会にその増加益がまとめて実現したものと考え、これを清算して譲渡所得として課税をするものである（最判昭和四三年一〇月三一日訟月一四・一二・一四四三、最判昭和四七年一二月二六日民集二六・一〇・二〇八三）。

それで、譲渡の原因が、売買、代物弁済、交換、財産分与のいずれかであるかを問わない（交換については、法五八条に特例が定められている。）。

ところで、課税対象となる譲渡所得の計算は、収入金額から取得費と譲渡経費を控除して算出されるが（法三三条三項）、その収入金額は原則として譲渡により譲渡者の受領する対価（代金）がこれに当たる（法三六条一項）。対価として、金銭以外の物又は権利その他経済的利益（例えば、代物弁済による債務の消滅）を受けるときは、当該物もしくは権利、経済的利益の価額が収入金額を構成する（法三六条二項）。

離婚に伴う財産分与として資産を譲渡する場合は、財産分与請求権という債権の消滅と対価関係にあるので、消滅する財産分与請求権の価額（債権額）が収入金額を構成することになる。この点は、すでに最判昭和五〇年五月二七日民集二九・五・六四一、最判昭和五三年二月一六日判時八八五・一一三をはじめいくつかの判例により、裁判例は定着しているといえる。

離婚に伴う財産分与請求権の内容には、(1)慰謝料、(2)扶養料、(3)婚姻中に作った実質的な夫婦共有財産の分割の要素が複合しているおり、ケースごとに組合せが異っているので、その内容を詮索することは難しいことであるが、夫婦共有財産の分割という内容が含まれていると、それは収入金額に含めるべきでないことはいうまでもない。消滅する財産分与請求権が収入金額を構成するといっても、収入金額を構成するのは(イ)、(ロ)の二者に該当する部分である（同旨、金子宏「租税法第三版」一八八頁、山田二郎・私法判例リマークス一・一三五）。

離婚による財産分与により本件土地を譲渡した分与者夫Aに譲渡所得が課税されるが、譲渡所得の収入金額に当たるものは消滅する財産分与請求権という経済的利益の価額（夫婦共有財産の分割という部分があれば、これを除外したもの）ということになる。

本件では、この財産分与請求権の評価が問題となっているが、この点は、次の項で纏めて検討する。

2　離婚に伴う財産分与により取得した資産を譲渡した場合の譲渡所得の課税

離婚に伴う財産分与により取得した資産をさらに他へ譲渡した場合の譲渡所得は、譲渡による収入金額（代金）からその資産の取得費と譲渡経費を控除して算出する（法三三条三項）。ここで取得費というのは、その資産の取得に要した金額等であり（法三八条一項）、離婚に伴う財産分与として資産を取得した場合には、取得者は財産分与請求権を消滅させる代償として（一種の代物弁済）として資産を取得したことになるので、その資産の取得費は、原則として財産分与請求権と同額（厳密にいうと、実質的な夫婦共有財産の分割とみられる部分を控除したもの）ということになる。この取得費は、前述の分与者の収入金額と裏腹であり、同一金額である。

分与者の譲渡所得を構成する収入金額と、取得者の譲渡所得の控除項目である取得費は裏腹の関係にあるが、これまで、分与者の収入金額に関する判例はいくつも出ているが、取得者の譲渡所得に関する取得費が問題とされたのは初めての裁判例である。

3　財産分与請求権の価額の確定

離婚に伴う財産分与として資産の譲渡があった場合、分与者の譲渡所得を構成する収入金額の計算及び取得者の譲渡所得の控除項目である取得費の計算にあたって、財産分与請求権の価額の確定は重要な意味をもっている。

本判決は、

(1)　まず、財産分与を命ずる判決等において、当該財産分与請求権の金額が明示されているときは、その金額がそのままその価額になることは明らかであるとし、

(2)　次に財産分与として分与される資産の価額が明示されている場合は、その資産の価額をそのまま財産分与請求権の価額と推認することができるとし、

(3)　さらに、和解による離婚の場合、和解調書上において財産分与請求権の金額や資産の価額が明示されていないときは、当該和解において当事者がどの程度の金額の財産を分与することに合意し、あるいは当該資金をどのような価値を持つものと認識してこれを分与することに合意したのかを、当該和解の手続において考慮された具体的な事情に基づいて推認することによって、右財産分与請求権の価額、更には分与される資産の価額を認定すべきもの、と判示している。

本判決のいう財産分与請求権の価額の認定方法・順序はおおむね正当である。もっとも、厳密にいうと、財産分与の中に実質的な夫婦共有財産の分割と認められる部分が含まれている場合は、これを除外すべきである。

所得税基本通達三八―六には、離婚に伴う財産分与として取得した資産の取得費の算定方法について、「財産分与の請求（民法七六八条、七四九条、七七一条の場合を含む）の規定による財産の分与により取得した財産は、その取得した者がその分与を受けた時においてその時の価額により取得したこととなることを留意する。」と規定しているので、税務では、取得費の算定について、分与時の資産の価額であると画一的に処理されているようであるが、本判決がいうとおり、原則は、財産分与請求権の価額である。その金額が明示されていない場合には、段階ごとに推認方法が考えられるのであって、分与時の資産の価額をもって財産分与請求権の価額と認定するのは一

つの推認方法であることを明確にしておくことが必要である。

4　間口の狭い土地と独立評価、一体評価

本件では、和解により離婚し、離婚に伴う財産分与として本件土地の譲渡が決定されたのであるが、和解調書上において財産分与請求権の金額も本件土地の価額も明示されていなかったので、和解手続において考慮された具体的事情に基づいて、まず、本件土地の価額を認定し、そして財産分与請求権の価額を推認するという手法がとられている(本判決が、和解手続において考慮された事情に基づいて、「財産分与請求権の価額、更には分与される資産の価額を認定する。」と述べているのは、推論の順序を誤っている)。

ところで、本件土地は、南西側の一・三九メートルの間口のみが公道に接する土地で、本件土地だけでは建物の敷地として利用することが困難であるが、南西側に隣接するXの長男Bの土地(「北町の土地」)と一体して利用した場合には、その公道に接する間口が大幅に広がり、利用価値が増大する関係にあった。

「北町の土地」は、本判決の認定によると、Xが昭和三七年九月ごろ東京都から払下げを受けた土地であるが、Aに対する離婚訴訟を有利に展開するための訴訟対策として長男Bに譲渡し、本件土地と「北町の土地」とはもともと一体として利用されており、XからC社(Bが代表取締役)への本件土地の売買代金額は買主Cが本件土地と「北町の土地」とを一体として買受けるという前提で決められたものとされている(「北町の土地」は、昭和五七年七月一日付で、BからC社に対して代金四、二五〇万円で売り渡されている)。

本判決は、上記のような財産分与がされた和解の具体的事情に基づいて、AとXとの間で、本件土地は「北町の土地」と併せて一体として利用ないし処分することを前提とした場合の本件土地の価額に相当する資産を財産分与する旨の合意が成立したものと認め、この本件土地の評価額に相当する財産分与請求権が合意によって確定したものとし、この評価額(一体としての評価額)が本件土地の取得費となると解している。

本件財産分与における本件土地の譲渡については、極めて複雑な特殊事情があるので、私は更正処分を取消した本件判決の結論には賛成であるが、通常は、土地の価額の評価に当たって、それが譲渡後に取得者において周辺の近親者の土地や周辺の自分の所有地と一体として利用、処分することを予定していても、一体として評価すべきものではなく、独立して評価すべきものである。

和解において当該財産分与請求権の金額が明示されていた場合は勿論その金額がそのまま財産分与請求権の価額となることはいうまでもないが、資産の価額によって財産分与請求権の価額を推認する場合は、通常、分与財産が独立して利用、処分されることを前提として評価すべきものと考える。

しかし、前述したとおり、本件の場合は、本件土地はこれを単独に利用したのでは建物の敷地として利用することが困難な土地であるが、隣接の北町の土地と一体として利用されていたこと、北町の土地はもともとはXの所有地で訴訟対策のような形で長男Bに譲渡されていることなどを考え合わせると、特別に、一体として利用ないし処分することを前提として本件土地の価額に相当する資産を財産分与する合意が成立したものと認める方が相当であるといえる。

従来、税務訴訟で税務署長のこの種の事実認定を覆えして取り消すような事例は稀であったが、税務（更正処分）の段階では画一的な取扱いがやむを得ないとしても、税務訴訟の段階では事例の個別性を検討し、個別的な取扱いに踏み込んで権利救済をすることが裁判所に求められているのである。

Y税務署長は、本件土地を独立して利用、処分するとしてその鑑定価額は二億二、九二〇万円であると主張するほか、仮に本件土地を隣接する北町の土地と一体として利用することを前提として評価するとしても、一体利用による値上り益は、結果として生じたXからC社への売買の代金額に基づいて算定するのではなく、これを本件土地と北町の土地の各寄与率に応じて配分して算定すべきであり、このような方法によって算定した本件土地の価額は二億八、四三四万円であると主張している。

これに対して、本件判決は、本件土地の標準価額に間口狭少等の要因以外の減価要因（崖地、のり地）による減価率（〇・九）を乗ずることによって端的に本件土地の価額を評価するという方法も考えられるとし、この方法によると、本件土地の評価額は三億一、〇〇〇万円から三億二、〇〇〇万円程度となると、次に土地等の価額はある程度の幅をもって観念されるべきものであり、評価の基準となる時点（昭和五七年三月）とさほど遠くない時期（同年七月）に本件土地について現実に売買がされている場合は、その取引の価額が特に異常でない限り、その売買価額をもって本件土地の価額とすることも十分に合理的な根拠をもつという。

鑑定による評価方法に種々のアプローチがあり、土地の価額はある程度の幅をもった価額であることはいうまでもないが、独立して評価するか、一体として評価するかは基本的な問題である。前述のとおり、原則的な評価方法は独立評価であり、一体として評価するとしても寄与率で配分する方法が合理性が強いのではないかと考える。本件判決は、評価の基準時点と近い時期に現実に売買がされているので、その売買価額をもって土地の価額とすることも十分な合理性があるというが、一体として処分されているので、直ちに本件土地自体の評価について強い根拠とすることはできない。

前述のとおり、本件土地のような場合、原則は独立評価であるが、本件がもともと一体として利用されていた等の特殊性を考えると、特例として一体評価の方が具体的ケースに適合しているといえる。

5　本件判決の位置づけ

離婚に伴う財産分与として資産が譲渡された場合、分与者に課税される譲渡所得を構成する収入金額は、財産分与請求権という経済的利益を消滅させる代償であるので、その財産分与請求権の価額と同額となる。そして、この裏腹として、離婚に伴う財産分与として資産を取得した者がその資産を他へ譲渡した場合に、譲渡所得の計算において控除される取得費は、消滅した財産分与請求権の価額となる。前者については、いくつかの最高裁判決によってすでに明らかにされていることであり、後者については本件判決が初めての裁判例であるが、考え方は全く裏腹の関係にあるので、この点に本件判決の先例的価値があるわけではない。

本件判決の第一の特色は、財産分与請求権の金額が判決等に明示されていないときに、その価額の推認方法を判示していることである。すなわち、判決等に財産分与請求権の金額が明示されているときにはその金額がその価額となり、また財産分与される資産の価額が明示されている場合も、その資産の価額が財産分与請求権の価額と推認できるとし、次に財産分与請求権の金額や資産の価額が明示されていないときは、和解手続等の具体的な事情に基づいて資産の価額、更に財産分与請求権の価額を推認すべきものとしている。

本件判決の第二の特色は、間口の狭い土地の価額の評価について、隣地と独立の評価をすべきか、それとも隣地と一体の評価をすべきかという点について、取得者側で一体として利用することを前提としていた等の具体的事情に基づいて一体の評価をしていることである。

取得者が隣地を所有しているか、隣地を一体として利用として使用できるかは、土地の評価にあたって考慮に入れるべきでない。原則は、個別・独立の評価をすべきものであるといえるが、本件判決は本件独自の具体的事情に基づいて一体の評価をすべきものと判断を下したものといえる。この意味で、本件判決を一般化することはできない。しかし、特別事情があるときは、一体の評価ができることを示した点では貴重な先例である。

分与者に対する譲渡所得の課税における収入金額と、取得者に対する譲渡所得の課税における取得費とは本来裏腹の関係にあり、一致すべきものである。一致しない結果となっているのは不整合であるが、分与者に対する課税は国税不服審判所の裁決によって一部取消しがされて確定しているので、これをさらに納税者に不利益に増額再更正処分をすることは、裁決の拘束力により許されないことであるし（国税通則法一〇二条）、また三年の更正の制限期間をすでに経過してしまっているので（国税通則法七〇条一項）、この両者の不整合な結果はやむをえない。

（判例評論三九三号、一九九一年）

12　手付金の損失と所得計算

名古屋地裁昭和四一年四月二三日判決、昭和三九年(行ウ)三五号
所得税更正処分等取消請求事件――請求棄却
訟務月報一二巻八号一二〇四頁

一　判決要旨

1　審査庁が審査請求人に弁明書を送付せずに裁決をしても、処分庁から弁明書の提出がなかったのであれば、その裁決は違法ではない。

2　裁決（白色更正処分に対する裁決）の附記理由として、「雑損控除否認について審理すると、当該損失は所得税法一一条の四に規定する雑損失に該当せず、また、同法一〇条に規定する営業収入に対する必要経費とも認められないので、これを否認した原処分に誤りはない。重加算税及び過少申告加算税の賦課処分について、請求人の記帳には仕入過大及び売上をもらした架空借入金の計上があるなど仮装いんぺいの事実が認められるので、原処分に誤りはない」との程度の記載があれば、請求人の不服事由に対応してその結論に到達した過程を具体的に記載した適法なものといいうる。

3　店舗買受のための手附金が没収されたことによる損失は、所得税法一〇条二項、九条一項四号（事業所得。昭和四〇年法律三三号による改正前の所得税法）にいう必要経費にも、また、一一条の四の雑損にもあたらない。

4　法人税法上は手附金の損失が損金に算入され、個人の場合と法人の場合とで同一の支出につき取扱いを異にしても、憲法一四条の法の下の平等の原則に違反しない。

二　事　実

1　原告は、手芸材料商を営む個人商店で、昭和三一年頃青色申告書提出承認（青白承認）を受けていたので、昭和三七年度所得税も青色申告書により確定申告したところ、税務署長は、昭和三九年三月三日付で昭和三六年度以降の青色承認の取消処分と、同日付で更正処分および重加算税の賦課処分を行い、その頃各通知書を同時に原告に送付した。それで、原告は、前記の更正処分及び賦課処分に対して異議申立及び審査請求を行ったが（青色承認取消処分に対しては行政不服申立をしていない）、右申立はいずれも理由なしとして棄却された。

2　本訴は、原告が、前記の更正処分および重加算税賦課処分（以下、原処分という）ならびに棄却裁決の各取消を訴求したものである。そして、原告が、原処分ならびに裁決が違法であるとして裁判所に判断を求めている事項（処分および裁決の違法理由）はつぎの諸争点であり、多岐に及んでいる。

㈠　裁決が違法であるとする理由

⑴　審査庁が原告（審査請求人）に弁明書を送付することなく裁決したことは、行政不服審査法（審査法）二二条三項に違反する（判決要旨**1**の部分）。

⑵　審査請求に際して口頭で意見を述べたいと申立てたにもかかわらず、その機会を与えないで裁決したことは、審査法二五条一項に違反する。

⑶　裁決の附記理由は、具体性を欠いておりなんら理由を記載したものでなく、審査法四一条一項に違反する（判決要旨**2**の部分）。

㈡　原処分が違法であるとする理由

⑴　青色承認の取消通知書と更正処分の通知書とが同日付で同時に送達されているが、この場合には、更正処分は青色申告に対してなされたものと解すべきであり、同時送達のゆえに更正の理由を附記する必要がなくなる

わけではない。

(2)　原告は、事業拡張のために店舗及びその敷地を購入する契約をなし、売主に手附金二〇〇万円を交付したところ、原告において約定の期日までに残代金の支払ができなかったため、手附金を違約損害金として没収された。この手附金の損失は、(a)　事業経営のための支出であって、所得税法一〇条二項の必要経費に該当するか、(b)　所得税法一一条の四の雑損に該当するものである（判決要旨3の部分）。

(3)　手附金の損失について、原告の現実の損失額についても課税し、他方、この手附金を収受した売主について所得として課税することは、同一の金額について二重の課税をする結果を生じ違法である。

(4)　手附金の損失は、法人の場合と対比してみて、法人税法上では損金に算入されることは明らかであるから、同じ支出に対して法人の場合は損金として課税せず、個人の場合は必要経費にも雑損にもあたらないとすることは、憲法一四条に規定する法の下の平等に違反する（判決要旨4の部分）。

(5)　確定申告にあたり、税務署長に対して手附金の損失の処理について指導を請い、署長の指導に従い雑損として処理したものであるから、更正処分をしたことは信義誠実の原則に違反する。

三　評　釈

原告が取り上げている争点は多岐に及んでいるので、このうち判決要旨に掲げた主要なものについてだけ、逐一検討を進めることにし、その他は一括して考察することにしたい。

1　審査庁が弁明書の提出を求めるべき場合と提出のあった弁明書の取扱い

裁決に関する一の争点について、判決は、「処分庁から弁明書の提出がなかったのであれば、審査庁が審査請求人に弁明書を送付せずに裁決を行っても、その裁決は違法でない」という。審査庁が処分庁に対し弁明書の提出を求めておらず従って処分庁から弁明書の提出がなかったのであれば、審査庁が審査請求人に弁明書を送付する余地はないから、弁明書を送付せずに裁決を行っても、その裁決の違法ではないことは、一応、変哲もない当然のことといえる。しかし、この変哲もないように思える事柄の前提に、「審査庁が弁明書の提出を求めるべき場合」等の問題が伏在しているので、ここで検討を加えておきたい。

従前の訴願法のもとでは、訴願書につき処分庁を経由して提出させ、そして処分庁において弁明書および必要文書を添えて訴願庁（審査庁）に送付すべきものとしていたのであるが（訴願法二条一項、一一条）、この弁明書の提出のために多くの時間を要し権利救済を阻害していたので、審査法では必要な改善を行なっているのである。審査法では、審査請求書を直接に審査庁に提出してもまた処分庁を経由して提出してもどちらでも便利な方を選べばよいこととし、処分庁の弁明書の提出は審査庁から求められたときに提出すればよいことに改め、審査手続の迅速化をはかっている（同法五条、一七条、二二条）。すなわち、審査請求があった場合に、審査庁は機械的にいっても処分庁に弁明書の提出を求めなければならないのではなく、弁明書の提出を求めるかどうかは審査庁の裁量に委せられているのである。その裁量の内容を具体的に考えると、審査庁としては、審査請求について本案審理（実質的な内容審理）を進めるにあたり処分の理由が明確でないときは是非共に処分庁の意見を徴することが必要であり、その方法として、弁明書の提出を求めるか（審査法二二条）それとも口頭で意見を徴するかの二つの方法を選択できるのである（審査法二五条は書面審査を原則としているが、審査庁が職権で申立人あるいは処分庁を口頭で審問することを否定しているものではない）。処分書に記載されている附記理由や処分庁からの提出物件（審査法三三条）だけでは、処分の理由が明確でないのに、原処分庁の意見を徴さず、従って申立人に必要な反論ないし証拠書類を提出させないで裁決を行えば、その裁決は審理不尽の違法なものになるというべきである。また、審査法は書面審理を原則としているので、特に審理を口頭で簡易迅速に行うことが必要な場合以外は、弁明書を提出させる書面審理の方法を選ぶべきである。国税関係処分が、大量的かつ回帰的な処分であるといっても、現行法のもとでは、この書面審理の原則を無視することはできない（しかし、書面か口頭かの選択については、どちらであったからといって、裁決の違法事由にはならない）。口頭で意見を徴した場合も、弁明書を提出させた場合に準じて、審査請求人に処分庁の口頭意見の内容を伝えて、これについて反対陳述する機会を与えるべきである。国税庁協議団及び国税局協議団令（団令）五条において、協議団の調査について、「協議官は処分に関する事務に従事した職員及び不服申立人にその意見を述べる機会を与えなければならない」と定めていることから、国税関係処分の審査請求については審査法の原則を変更して口頭審理の原則を採用しているのだとの見解（山形地裁昭和四一年二月二一日判決）があるが、団令は通則法八三条二項に基づき協議団の内容的な運営に関する事項を定めたものにすぎず、審査法で定めている審理手続の原則を修正しているものとは到底解することができない。[(1)]

なお、弁明書という名称のつく書面が提出されていないことを口実に、実際には署面や口頭で処分庁から意見を徴していながら、これを審査請求人に告げないで裁決を行うことはもとより許さないことであり、違法である。本件において、争点として整理できていないが、原告の取り上げたかった事項は、処分庁から弁明書という名称のつく書類は提出されていないけれども、処分庁から書面等により処分の理由が審理庁に具申されており、審査庁がこれを審査請求人に告げないで裁決を行なったということではなかったのだろうか。

2　裁決の理由附記の程度

判決は、本件の白色更正処分等に対する裁決の理由附記の程度について、「（判決要旨**2**に記載している程度の）記載があれば、請求人の不服の事由に対応してその結論に到達した過程を具体的に記載した適法なものということができる」と判示している。裁決の理由附記の程度については、すでに最高裁二小廷昭和三七年一二月二六日判決・訟月九・一・一〇九（判例批評、平峯・民商法雑誌四九・三・三九四、清永・シュトイエル一一・八、金子・行政判例百選二四八）により、その消極的基準（これだけの記載がなければ違法であるという基準）が打ち出されている。この最高裁判決

による と裁決の理由附記の程度としては、原則として、審査請求人の不服の事由に対応してその結論に到達した過程を明らかにすべきであり、とくに、白色更正処分のように処分に理由附記がない場合には、審査請求書記載の不服の理由が簡単であっても、原処分の正当である理由を明らかにしなければならないものとされている（白色更正処分に対する裁決の理由附記が適法とされた事例、後掲東京地裁昭和三九年八月一五日判決）。

本件について考えてみると、白色更正処分に対する裁決であるが、理由附記の前段の部分は、手附金の損失が必要経費あるいは雑損にあたるかどうかという法律判断だけに関することであるので、判決のとおり、この程度の記載でも十分なものというべきである。しかし、後段の部分は、これだけの記載では審査請求人の記帳のどこに仕入過大あるいは架空借入金の計上の事実があるのか皆目明らかでないから、理由附記の不備なものといわねばならない。

審査請求を棄却する裁決の理由附記は、原処分ないし異議決定の理由附記と相俟って原処分を正当として維持する理由を明らかにしておれば足りるのであるが、審査請求人が棄却の理由を推知できるからといって附記理由を省略することは許されない。青色承認の取消処分において、その取消の基因となった事実がどの法条に該当するか（当時の法人税法二五条八項のいずれの号に該当するか）を抽象的に知らせていたとしても、本件のような理由附記で足りることにはならないであろう。

3　事業所得における雑損、必要経費の意義

㈠　所得税法における雑損について、判決は、「所得税法一一条の四の雑損とは、すべて納税義務者の意思に基かない災害または盗難による損失のみを意味することはその規定上明らかである。従って、手附金流れの如く、原告の意思に基づく損失は雑損にあたらない」という。この点については、すでに最高裁三小廷昭和三六年一〇月一三日判決・民集一五・九・二三三二の先例がある。現行所得税法七二条に規定する雑損についても、全く同様に理解することができよう。

(二)　つぎに、事業所得における必要経費について、判決は、「所得税法一〇条二項にいう必要経費とはその年中の総収入金額を得るために必要な経費であって、総収入金額に対応する支出に限定されるべきことは右所得税法の規定上明らかである。従って、原告の蒙った手附金の損失が必要経費の範囲に入らないことはいうまでもない」という。

所得税法は、所得金額の算出にあたり収入金額から控除する金額について、所得の種類ごとに区別して定めている。給与所得および退職所得については、控除金額を一律に定めており、譲渡所得については、特定の投下費用と譲渡に関する費用を控除額としており、利子所得については、その元本を取得するために要した負債の利子を控除額としており、一時所得については、その収入を得るために支出した金額を控除額としており、さらに、不動産所得、事業所得、山林所得および雑所得については、その収入を得るために要した必要な経費を控除額としている（所得税法九条一項）。この必要な経費（必要経費）の範囲については、条文上で例を挙げながらも概括的に、「その年中の総収入金額を得るための必要な経費であり、家事上の経費でないもの」と定めているので（所得税法一〇条以下）、必要経費の範囲の具体的確定は難しい課題となっている。

現行法人税法では、各事業年度の所得金額は益金の額から損金の額を控除し金額とし、損金の内容を分類して、(イ)企業会計における費用収益対応の原則に基づく費用（同法二二条三項一号。例えば、売上原価、製造原価等）、(ロ)期間対応の原則に基づく費用（同項二号。例えば、販売費、一般管理費、減価償却費等。ここで費用とは、収益と個別対応で認識することが困難であるが、利益追求の目的に貢献する有益な性質のもの）、(ハ)期間対応の原則に基づく損失（同項三号。例えば、災害に基づく資産の滅失、貸倒れによる売掛金の喪失、手附金の損失。ここでは損失とは、資本等取引以外のもので収益に貢献しない無益な性質のもの）と定めており、一般にこれらの費用は通常かつ必要なもの（ordinary and necessary expenses）でなければならないと解されてきている（この限定解釈を正当でないとするもの、東京地裁昭和四〇年一二月一五日判決・訟月一二・五・七三二）。必要な支出ということと、利益追求の目的に貢献した有益な支出ということとはもとより同義ではない。

所得税法と法人税法とは課税標準となる所得ないし控除項目について規定の建前を異にしており、また、所得税法上の必要経費の範囲は所得の種類や事業の種類によって違い一様にいうことはできないのであるが、事業所得については、一方において、法人税の所得概念と同じく純資産増加説と立脚していること（事業所得に所得税法五条の二が適用のないこと等がこの立論の根拠となる）、他方においては、事業上の支出は一般的に営利目的を追求するためのものであるということができ具体的個別的に特定の支出が収益に対応しているかまた利益追及の目的に貢献しているかを判定することは容易でないことから、一応、事業上の支出（家事上の経費でない支出）は通常かつ必要な費用で必要経費というべきであり、その内容は現行法人税法における損金と同じ内容のものと解すべきである（必要経費の帰属年度も、損金の三分類にならって考えるべきである）。しかし、一方、事業所得以外の不動産所得、山林所得および雑所得については、その取引が非継続的かつ単純であるので、具体的個別的に当該収益に対応するものまたは利益追及の目的に必要であったものだけが（個別的に有益であったかどうかは問わない）必要経費に該るのであり、その他は別途に所得計算の特例（現行所得税法六四条等）によって所得から控除されるべきものと解したい。

それで、本件判決が、手附金の損失について総収入金額に具体的に対応していないという理由で、事業所得の必要経費に該らないと解していることには、賛同できない（判決の同趣旨のもの、所得税法基本通達二一六）。[2]

4　所得税法、法人税法における所得概念の相違と憲法一四条

この争点について判決は、「所得税法上の所得概念が法人税法上のそれと異ることとは、右各税法の関係条文を対比して明らかであり、その相違は、結局、国の租税政策に由来するものと解されるから、個人の場合と法人の場合とで手附金の損失につき取扱を異にするとしても、直ちに法の下の平等の原則に違反するものということはできない」と判示している。

手附金の損失について、個人の事業所得者の場合と法人の場合を同様に解すべきことについては前述した。所得税

法と法人税法とでは、その納税義務者の経済的負担能力が同質でないばかりか、法人税は最近景気調整の機能が負わされているので、所得内容や税率等を異にして立法されている。両方の所得内容等に形式的に差異があるからといって、直ちに法の下の平等に違反する違憲の法律とはいえない。その差異が合理的でない場合にはじめて、違憲の問題が起こることになろう。

5　その他の問題

(一)　裁決に関する二の争点及び原処分に関する五の争点は、判決において、審査庁に対して口頭で意見を述べたい旨の申立や税務署員の間違った申告指導はなかったと事実認定がなされており、原告の主張がいずれも事実認定の段階で排斥されてしまっている。それで、判決では、必要がないので判断を示していないが、口頭で意見を述べたい旨の申立があったのにその機会を与えなかった裁決は、違法であり取消を免れない（同旨、田中、加藤「行政不服審査法解説」一三六頁）。また、申告指導を覆えして行った更正処分が直ちに違法となるかどうかについては、課税庁名義の公文書により非課税の取扱いをする旨の通知書を交付しておきながら、後日に言葉を覆えして賦課処分をした場合につき、「その課税処分は禁反言の原則（信義誠実の原則）に反するもので無効である」との判断を示した判決（東京地裁昭和四〇年五月二六日判決・判時四一一・二九、中川評釈・シュトイエル四四・五以下）が判断の手がかりになる。納税相談の具体的なやりとりを確認しなければならないが、一般的にいって、税務署長の口頭による申告指導（申告相談）があったからといって、具体的なケースを十分に理解したうえでの確定的な課税庁の意見の表明とはいえず、たんに参考程度の意見を伝えたものというべきであるから、申告指導に反したからといって直ちに禁反言の原則を適用して更正処分を違法ということはできないであろう。間違った納税指導によって損害を蒙ったときは、国家賠償を請求できる余地もあるが、その他の場合はその責任を行政上で追及できるにとどまる。

(二)　原処分に関する一の争点の、青色承認の取消通知書と更正通知書とが同日付で同時に送達された場合における更正通知書の性質については、判決は、「取消処分が更正処分に先行されるものと解すべきでなく、取消処分によって原告の提出した昭和三七年分の青色申告書は青色申告書以外の申告書とみなされるのであるから、この更正通知書には理由の附記を要しないものというべきである」と判断している。正当な認定であり、すでに同趣旨の先例（大分地判昭和三六年一二月一五日例集民一二・一二・二三六四等）がある（なお、白色申告者に対する更正処分に理由附記がなくても違法でない合理性について、東京地裁昭和三九年八月一五日判決・行集一五・八・一四八七、清永評釈・シュトイエル四六・八以下）。

㈢　原処分に関する三の争点の、二重の課税であるかどうかについて、判決は、「原告には手附金として支出した二〇〇万円に相当する所得があるのであるから、これが必要経費あるいは雑損として控除されない以上、右所得に対して課税されるのは当然であり、右手附金を取得した会社（売主）が更にこれを所得として課税されることがあるとしても、現行税法上何等違法ではない」と判示している。二重課税（Doppelbesteuerung）とは、同一の納税義務者が同一の課税物件に対して二重に課税されることをいう。二重課税は租税政策上において避けるべきことであるが、二重課税であるからといって、二重処罰禁止と異なり（憲法三九条）、違憲または違法となる性質のものではない。本件が二重課税に該らず違法でないことは、判決の見解のとおりである。

（1）　上記判決、訟月一二・五・七五六「審査請求における調査は、昭和三七年法律第六七号による改正前の法人税法三五条八項、団令五条に定める調査をすれば足り、税務署長に対する弁明書の提出要求、国税局職員による調査は必要でない」。

（2）　佐賀地裁昭和三九年一二月一七日判決・訟月一一・一・一二九は、不動産所得の必要経費の範囲について、甲不動産所得のための借入金の利子は、未だその不動産を賃貸せず賃貸収入を挙げていない以上、他の乙不動産による収入金額から控除できる必要経費にあたらない、つまり、その必要経費かどうかは、各物件毎に個別的にその不動産に因る収入が存在するかどうかを検討すべきであるとしている。

（シュトイエル五六号、一九六六年）

13　事業用資産の買換特例の選択と更正の制限

——事業用資産の買換えについて二つの特例の適用が可能である場合に、確定申告書の記載によらずに行った更正処分が、本来適用すべき特例による税額の範囲内であるとして取消請求を棄却した事例——

名古屋地裁平成四年五月二九日民事九部判決、昭和六〇年(行ウ)一七号
所得税更正処分取消請求事件——棄却（控訴）
判例時報一四七四号五三頁

一　事実

X（原告）は、土地を一一四四・七七m²所有していたが、七九七・〇一m²部分（以下「土地一」という）のうち、訴外Aに対して一三二・七一m²を、訴外Bに対して五六五・七〇m²を、また、三四七・七六m²部分（以下「土地二」という）を訴外Bに対してそれぞれ貸付け、事業として賃貸していた（この賃貸に係る底地部分及びその他の九八・六〇m²部分を合わせた部分を、以下「本来部分」という）。その後、Xは土地一及び二の上にマンションを建築して訴外Dに賃貸する計画を立て、昭和五四年三月九日、土地一に係る訴外Aの借地権を九〇〇万円で、また、土地一及び土地二に係る訴外Bの借地権と訴外B所有の土地（以下「土地三」という）及び建物（以下「建物四及び五」という）を九、三〇〇万円でそれぞれ買い受けた（訴外A及びBの借地権、土地三、建物四及び五を合わせて、以下「付加部分」という）。昭和五四年四月、マンション建築工事を開始したが、同年八月頃、右工事は中止となり、これに伴う工事支出金（基礎工事費用、設計料など）二、〇五五万二、〇六一円及び収入印紙代三万一、四一七円の費用（以下「工事支出金等」という）が発生した。その後、Xは、昭和五六年一〇月八日、本来部分と付加部分（以下「旧不動産」という）を

訴外Dに代金四億八、九五七万六、九六〇円で売却し、訴外Dが本件土地上に建築したマンション（敷地権付き）の一部（以下「新不動産」という）を代金二億九、〇四一万六、二四三円で買い受けて、その一部を不動産貸付けの事業として賃貸した。

そして、Xは昭和五六年分の所得税の確定申告（以下「本件申告」という）において、分離課税の長期譲渡所得について租税特別措置法（昭和五七年法律八による改正前のもの。以下「措置法」という）三七条の適用を求め、本件申告を税理士Eに依頼し、税理士Eは、本件申告書の二面の①所得金額欄の末尾の特例適用条文の記入欄に「措置三7」と記入して所定の添付書類と共に郵送で税務署長Y（被告）に提出し、税務署長Yはこれらを昭和五七年三月一五日に受領した。しかし、税務署長Yは、付属書面の記載内容等に照らすとXが措置法三七条と措置法三七条の五のいずれの適用を希望するのか判然としなかったので、これをXに問いただしたところ、同人が措置法三七条の五の適用を求める旨述べたので、本件申告書の「措置三七」の記載は「措置三七の五」の誤記であると認め、措置法三七条の五を適用した更正処分（以下「本件更正」という）を行ったため、Xはこれを不服として本件更正処分の取消訴訟を提起した。

また、本件取消訴訟では、分離課税の長期及び短期の各譲渡所得金額の算定において、工事支出金等は、買換資産の取得費を構成するものであるとするXと、譲渡資産の譲渡費用を構成するものであるとする税務署長Yと見解が対立している。

二　判旨

請求棄却。

「法三七条一項及び法三七条の五第一項は、いずれも、当該規定の適用を受けようとする者の確定申告書にその旨の記載があり、かつ、所定の書類の添付がある場合に限り適用すると定められ（法三七条六項、三七条の五第二項）、同条項の規定を適用して課税の特例を受けるか、あるいは同条項の規定を適用せずに譲渡所得の計算をするかは、専ら確定申告時における納税者の自由な選択に委ねられている。これは、右各法条が、一定の資産の買換えを円滑化して土地の有効利用の促進等を図るために、資産の譲渡をした者にとって一般的には有利な課税の特例を設けたものであるので、その適用を希望する者にだけ適用することが適当であるし、また、その適用要件の存否は当事者の申立てによって把握することが相当と考えられるものであることから納税者が当該規定の適用を受けようとする意思を明確に表示し、かつ、その適用要件の存在を裏付ける所定の資料を提出した場合に限ってこれを適用することとして、税額確定手続における画一的かつ的確な処理を図ったものと解することができる。なお、右のような画一的処理の例外として、法は、確定申告書の提出がなかった場合又は特例適用の希望の記載若しくは所定の書類の添付がない確定申告書の提出があった場合においても、その提出又は記載若しくは添付がなかったことについてやむを得ない事情があると認めるときは、当該記載をした書類及び所定の書類の提出があった場合に限り、税務署長が当該特例を適用することを認めている（法三七条七項、三七条の五第二項）が、その反面、右のような法の定める例外的な取扱いの要件を満たさない場合は、原則どおりの画一的処理をすべきものと解するのが相当である。そして、乙第一号証（筆者注、本件確定申告書）によれば、本件申告書においては、その二面の①所得金額欄の末尾に特例適用条文の記入欄が設けられており、この欄に適用を希望する法条を記入すれば足りることとなっていたことが認められるのであるから、税務署長は、このような用紙を用いてされる確定申告については、原則として、右の特例適用条文欄の記載内容によって納税者の特例適用希望の意思を確認すれば足り、また、右欄に記載されたのとは異なる特例条文を適用することはできないと解するのが相当である。」

三　評　釈

1　本件の争点

本件の主な争点は次の五つである。

(1)　措置法三七条一項及び措置法三七条の五第一項は、いずれも、当該規定の適用を受けようとする者の確定申告書にその旨の記載があり、かつ、所定の書類の添付がある場合に限り適用すると定められ（措置法三七条六項、三七条の五第二項）、同条項の規定を適用して課税の特例を受けるか、あるいは同条項の規定の適用を受けずに譲渡所得の計算をするかは、専ら確定申告時における納税者の自由な選択に委ねられている。このような場合において、税務署長Yは、納税者に記載内容を確かめる照会をした結果であったとしても、確定申告書の適用条文欄に記載した適用条文とは違った条文を適用することができるか。

(2)　Xが本件等価交換前に支出した工事金は、譲渡不動産の譲渡費用か、それとも買換不動産の取得費か。

(3)　所得税法三三条一項、同法施行令七九条、措置法三一条一項、三七条等の税法の規定は、借地権を底地とは区別された独立の資産としているが、土地の所有者が当該土地を事業として第三者に賃貸したことにより当該第三者が借地権を取得した場合には、土地の所有者が事業用資産として保有している土地は借地権を除く底地のみとなるのか、また、借地権は非事業用資産となるのか。

(4)　Xの譲渡資産及び取得資産にはそれぞれ事業用資産と非事業用資産が含まれているが、措置法三七条の適用対策となるのはどの部分か。

(5)　譲渡資産の事業用資産中に短期保有資産と長期保有資産がある場合に、対応する買換資産の取得価額をどのように計算するのか。

本稿では、(1)と(2)について検討する。

2　特例の適用に関する納税者の選択権の行使とその拘束力

措置法三七条一項は、個人が既成市街地等内にある土地等、建物又は構築物で、当該土地等又は当該建物若しくは構築物の敷地の用に供されている土地等の上に地上階数四以上の建物を建築するために事業用資産（譲渡資産）を譲渡し、かつ、一定の期間内に既成市街地等内にある右に規定する地上階数四以上の建物、当該建物の敷地の用に供されている土地等又はこれらの資産に係る構築物である事業用資産（買換資産）を取得した場合などに、いわゆる取得価額の引継ぎによる譲渡所得の課税の繰延べを認めている（措置法三七条一項表一一号）。他方、措置法三七条の五第一項は、個人が措置法三七条一項表一一号に規定された譲渡資産（事業用資産であるか否かを問わない。）を譲渡し、かつ、一定期間内に、当該譲渡をした土地の上に建築された地上階数四以上の耐火共同住宅の全部又は一部を取得して当該個人の事業又は居住の用に供した場合に、措置法三七条一項と同じ課税の繰延べを認めている。

従って、既成市街地等内の土地の所有者が当該土地を譲渡して当該土地上に建築される地上階数四以上の耐火共同住宅の全部又は一部を取得した場合に、右譲渡資産及び買換資産がいずれも事業用資産であるときは、措置法三七条一項表一一号又は措置法三七条の五第一項のいずれの規定の適用も可能となる。

本件の場合、Xは本件申告において措置法三七条の適用を求め、本件申告書の二面の①所得金額欄の末尾の特例適用条文の記入欄に「措置三七」と記入したが、税務署長Yは、付属書面の記載内容等に照らすとXが措置法三七条と措置法三七条の五のいずれの適用を希望するのか判然としなかったために、Yの職員である係官をしてこの点をXに問いただしたところ、Xが措置法三七条の五の適用を求める旨述べたと解して、本件申告書の「措置三七」の記載は「措置三七の五」の誤記であると認め、措置法三七条の五を適用した本件更正を行った。

ここで問題となるのは、第一に、ある事実に対して、措置法三七条と措置法三七条の五のように二つ以上の特例からいずれか一つを選択することができる場合において、課税庁は納税者の選択によって確定申告書に記載された法条とは異なる法条を適用することができるか、第二に、確定申告期限後にXが確定申告書に記載した特例適用条文を変更する意思を明らかにした場合に、Yは当該変更を認めることができるのか、言い換えれば、確定申告期限後に修正申告等の手続によらずして確定申告書の記載事項の変更を認めることができるのかである。

第一について、本判決では、特例の適用を受けるか否かを専ら確定申告時における納税者の自由な選択に委ねられているのは、資産の譲渡者にとって有利な課税の特例は、その適用を希望する者にだけ適用することが適当であり、また、その適用要件の存否は当事者の申立てによって把握することが相当であることから、納税者が当該規定の適用を受けようとする意思を明確に表示し、かつ、その適用要件の存在を裏付ける所定の資料を提出した場合に限ってこれを適用することとして、税額確定手続における「画一的」かつ「的確な処理」を必要としている。そして、このような場合、本件申告書のように、その二面の①所得金額欄の末尾に特例適用条文の記入欄が設けられており、この欄に適用を希望する法条を記入すれば足りるような用紙を用いている確定申告については、原則として、右欄に記載された特例適用条文欄の記載内容によって納税者の特例適用希望の意思を確認すれば足り、右欄に記載されたのとは異なる特例条文を適用することはできず、また、付属書面の記載中に不備があればその補正を求めるべきであると判示し、画一的・形式的な処理を強調している。疑義を残さないためには記載自体の補正を求める必要性があり、明かな誤記や疑わしい記載がされているときに、照会や補正をすべきでないということでは適切な取扱いとはいえない。本件では、同様の課税の繰延べを認める特例の選択に関するものであるが、選択の結果に差異があり、申告書の記載が曖昧なときは、照会を行い、記載の補正を求めるのが（口頭照会のままでは争いを残すことになる）、適切な取扱いであるといえよう。

第二について、本判決は、特例を適用するかどうかは、原則として、確定申告の時点における確定申告書の記載によって決すべきものであり、納税者が確定申告期限後にこれを変更することは許されないと判示している。このような判断を示した背景には、特例の適用について納税者の選択が認められている場合に、納税者が確定申告にあたり選択権を行使している以上、確定申告期限後に選択の誤りを主張することは許されないとした最判昭和六二年一一月一

○日判時一二六一・五四（以下「昭和六二年最判」という）があると考えられる。

昭和六二年最判は、納税者（耳鼻咽喉科医）が社会保険診療報酬の特例を適用して経費を概算額で計算して確定申告をしたが、その後収支計算を行った結果、実際の所得が右特例を適用した申告額を下回ることが判明したので更正の請求（国税通則法二三条一項一号）をしたという事案について、「措置法二六条一項は、医師の社会保険診療に係る必要経費の計算について、実際に要した個々の経費の積上げに基づく実額計算の方法によることなく、一定の標準率に基づく概算による経費控除の方法を認めたものであり、納税者にとっては、実際に要した経費の額が右概算による控除額に満たない場合には、その分だけ税負担軽減の恩恵を受けることになり有利であるが、反対に実際に要した経費の額が右概算による控除額を超える場合には、税負担の面から見る限り右規定の方法によることは不利であることになる（ただし、税負担の面以外では、記載事務からの解放などの利点があることはいうまでもない）。もっとも、措置法の右規定は、確定申告書に同条項の規定による事業所得の金額を計算した旨の記帳がない場合には、適用しないとされているから（措置法二六条三項）、同条項の規定を適用して概算による概算控除の方法によって所得計算をするか、あるいは同条項の規定を適用せず実額計算の方法によるかは、専ら確定申告時における納税者の自由な選択に委ねられているということができるものであって、納税者が措置法の右規定の適用を選択して確定申告をした場合には、たとえ実際に要した経費の額が右概算による控除額を超えるため、右規定を選択しなかった場合に比して納付すれば税額が多額になったとしても、納税者としては、そのことを理由に国税通則法二三条一項一号に基づく更正の請求をすることはできないと解すべきである。」と判示した。

この昭和六二年最判は、確定申告時に納税者の選択に任されている場合に納税者が一旦選択権を行使した以上は、確定申告後はその有利・不利を問わず補正（更正の請求・修正申告）をすることはできなくなること（選択により、経費について実体的確定力が生ずること）を判示したものである。合理的な見解であるということで、その後の判例や学説に大きな影響力を与えた。

ところが、最判平成二年六月五日民集四四・六・四一二（以下「平成二年最判」という）は、納税者（歯科医師）が所得税の確定申告において措置法二六条に基づく概算経費により事業所得金額を計算していた場合に、診療経費総額を自由診療収入分と社会保険診療報酬分に振り分ける計算を誤り、自由診療収入分の必要経費を正しく計算した場合よりも多額に、社会保険診療報酬分の実額経費を正しく計算した場合よりも少額に算出したため、右実額経費よりも概算経費の方が有利であると判断してこれにより事業所得金額を計算し、診療総収入から控除されるべき必要経費の計算に誤りがあったようなときは、「修正申告をするに当たり、確定申告における必要経費の誤りを是正する一環として、概算経費選択の意思表示を撤回し、実額経費を社会保険診療報酬の必要経費として計上することができる。」と判示し、原審が昭和六二年最判に従い納税者の選択権に拘束力を認めたのを破棄している。

この平成二年最判は、昭和六二年最判を引用しこれを前提としながらも、概算経費の選択に錯誤があった場合には、例外的に概算経費の選択の意思表示を有効に撤回できるものとし、修正申告を適法としている。

それで、ここで、改めて問題点を整理しておくと、(1)納税者の選択権の行使による拘束力の及ぶ範囲（昭和六二年最判の射程範囲）、(2)例外的に選択権の撤回が有効にできる場合（平成二年最判の射程範囲）である。

(1)　納税者の選択権の行使による拘束力の及ぶ範囲と税務官庁の対応

昭和六二年最判は、社会保険診療について概算経費と実額経費の納税者の選択に関する問題であり、一旦選択権を行使した以上、後から選択の撤回は認めないという見解であった。措置法には、このように所得金額（課税標準）の計算について特例を設け、納税者の選択に委ねている例が少なくない（本件の事業用資産の買換えもその一例である。）。勿論、規定の趣旨・目的・要件は同じではないが、確定申告書の提出にあたって納税者の選択に委ねている点では全く同じであり、昭和六二年最判の判断は広く同じように納税者の選択に委ねられている場合に適用になり、納税者側にもまた税務官庁側にも、選択権の拘束力が生じるものと考えられる。

本件判決は、昭和六二年最判に従い納税者の選択の拘束力を認めた上で、選択の内容は、確定申告書の記載内容によって納税者の意思を確認すれば足り、また、右記載と異なる特例条文を適用することはできないと画一的な処理を強調している。この点は、前述した通り、納税者のために適切な個別的な取扱いが認められてよいのではないかと考える。

(2)　例外的に選択権の撤回が有効にできる場合（平成二年最判の射程範囲）について

平成二年最判は、昭和六二年最判を引用し前提にしながら、例外的に確定申告において計算の誤り（錯誤）がある場合は、選択の拘束力が働かず、修正申告において是正することができると判示している。

この判決は、計算の誤りがない場合には触れていないと解されるが（『最高裁判例解説民事編（平成二年度）』二〇〇頁）、計算の誤り（錯誤）があったときは、修正申告の場合に限定せず、選択の無効を主張でき、法所定の是正方法（修正申告又は更正の請求。例えば、国税通則法二三条一項一号）によることを判示していると解することができる。この例外の射程範囲は、かなり広いといえよう。

ところで、確定申告に民法の錯誤の規定が適用ないし類推適用されるかどうかについて、かつて下級審の裁判例は分かれていたが、最判昭和三九年一〇月二二日民集一八・八・一七六二により、この問題に決着がつけられたと解されている。すなわち、民法の錯誤の規定は、確定申告（私人の公法行為）については、ストレートに適用されず、確定申告の記載内容の誤りについては、所得税法等の定める方法で是正を求めるべきであり、その錯誤が客観的に明白かつ重大であって、納税義務者の利益を著しく侵害すると認められるような特段の事情がある場合でなければ、法定の方法によらないで記載内容の錯誤を主張することは許されないと判示し、錯誤の主張を制限している。

前掲最高裁解説によると、平成二年最判は、確定申告の錯誤について、原則として法所定の是正方法（修正申告又は更正の請求）によるべきだとした昭和三九年最判の趣旨に沿っているものと説明されているが、計算の誤り（錯誤）を最高裁が確定申告書の添付書類から積極的に認定し、破棄自判している点が特に注目される。(注)

3　譲渡費用と取得費

Xが本件等価交換前に支出した工事支出金は、譲渡不動産の譲渡費用か、買換不動産の取得費かが争われた。この点について、本判決は、「譲渡所得の計算上控除される資産の取得費は、原則として、その資産の取得に要した金額並びに設備費及び改良費の額の合計額であると定められている（所得税法三八条）ところ、譲渡所得に対する課税は、資産の値上がりによりその資産の所有者に帰属する増加益を所得として、その資産が所有者の支配を離れて他に移転するのを機会に、これを清算して課税する趣旨のものであり、譲渡所得の計算上資産の取得費が控除されるのは、それが取得時における当該資産の客観的価値と捉えるべきものであるので、これを譲渡による収入金額から控除することにより当該資産保有中の増加益の純益に相当する部分を課税対象として算定する趣旨であると解することができる。そうであるとすると、右の『資産の取得に要した金額』として譲渡による収入金額から控除されるのは、資産の取得に関連して支出した費用のうち一般的に右取得時における当該資産の客観的価値を構成する費用に限られると解するのが相当である。」としている。

譲渡所得は、資産の値上がりによる増加益をその譲渡の際に課税の対象とするものであるが（最判昭和四三年一〇月三一日訟月一四・一二・一四四二など、金子宏『租税法（第四版）』一八九頁、山田二郎『税法講義』七九頁など）、譲渡所得の金額は、資産の譲渡による収入金額からその資産の取得費及びその資産の譲渡に要した費用の額の合計額を控除し、その残額から譲渡所得の特別控除額を控除した金額である（所得税法（以下「所」という）三三条三項）。

この取得費の範囲は、譲渡にかかる資産の取得に要した金額並びに設備費及び改良費の合計額であり（所三八条一項）、これらに限定しているのは、「譲渡所得が不動産所得、事業所得又は雑所得のごとく投下資本の生産力による収益ではなくして、資産の値上りにより毎年潜在的に発生している増加益であり、しかも、それが資産の譲渡によって顕在化したときに課税の対象とされる関係で、期間計算に親しまない者であるということに立脚するものである。」とする判決がある（東京地判昭和四六年九月三〇日行集二二・八—九・一三五六）。また、同判決は、「取得費たる資産の取得に要した費用とは、資産取得のために直接必要とした費用、換言すれば、当該資産の客観的価額の一部を構成する支出をいい、然らざる支出は、たとえ資産を取得するための借入金に対する支払利息であっても、これに含まれない」と解している。

資産の譲渡に要した費用（以下「譲渡費用」という）とは、資産の譲渡のため直接に必要な経費をいうものと解されている（金子・前掲一九七頁）。それで、自己（物上保証人）の譲渡資産上の抵当権を抹消するために行った第三者の債務の弁済（最判昭和三六年一〇月一三日民集一五・九・二三三二）、譲渡担保の目的となっている資産の受戻しに要した特別の経費（東京地判昭和三九年三月二六日下民集一五・三・六三九）、譲渡資産の所有権に関する争訟の解決のために支払った弁護士報酬費用（大阪地判昭和六〇年七月三〇日訟月三二・五・一〇九四）、譲渡資産の引渡しが履行期日より遅れたために支払った遅延損害金（東京地判昭和六三年四月二〇日行集三九・三―四・三〇二）などについては、資産の譲渡に要した費用には該当しないと解されている。

本件における工事支出金及び収入印紙代について考えるに、これらの支出は、当初、本件譲渡資産である土地一及び二の上にマンションを建築し、これを訴外Dに賃貸する計画を立て、このマンション建築工事によって生じた支出であり、買換（新）資産の設備費及び改良費の性格を有するものではないから、買換資産の取得費には該当せず、譲渡（旧）資産の譲渡費用に該当するものである。この点の判旨は、通説に従っている見解である。

4　総　括

納税者の選択が認められている場合に、選択による拘束力はどのように働くのか、昭和六二年最判及び平成二年最判の射程範囲について、議論が重ねられてきている。

平成二年最判は、計算の誤り（錯誤）があった場合は法所定の是正方法（修正申告又は更正の請求）によることを判示したものと解されるので、選択による拘束力の例外はかなり広いのではないかと考えられる。

本件判決は、これらの最判を前提としながら、納税者の選択の意思を確定申告書の記載内容によって確認すれば足りると判示しているものである。やや画一的すぎるように考えられる。

本件のその他の多岐な争点（重加算税の賦課を含めて）については、検討する余裕がなかったが、事業用資産の範囲について賃貸している土地全体（底地部分ではない）としている点と、譲渡資産の事業用資産中に短期保有資産と長期保有資産がある場合、対応する取得価額は、譲渡した短期保有及び長期保有の各事業用資産の譲渡時の価額の比により按分計算するとしている点は、いずれも正当な判断であり、先例として参考になるものである。

（注）本文中の最判に関する判例評釈は、『最高裁判所判例解説民事編（平成二年）』に詳しく紹介されているので参照されたい。

（判例時報一四九一号、一九九四年）

14　原価率に基づく推計課税

広島地裁昭和四一年八月三〇日判決、昭和三三年(行)一一号
法人税等審査決定取消請求事件――一部請求認容
訟務月報一二巻一一号一五七一頁

一　判決要旨

被告（国税局長）は、売上金額について売上原価を原価率で割って算出し、その原価率は売買差益率に基づいて算出しているのであるが、被告が売買差益率の決定について無作為抽出法により抽出した掛売は、小売全体のうち一割にも満たず、その九割以上を占める現金売は抽出の範囲から除外せられているから、右抽出方法は、原理的に背馳するものであるのみならず、原告の取扱う商品は品目によりその差益率および取扱数量に較差があり、また、現金売と掛金とにおいて商品別の取引比率が同一であるとも断じがたいから、右抽出方法の合理性は極めて難しい。しかも、現金売の中には値引きによる処分販売が相当量含まれているのに、抽出範囲の掛売には処分販売は含まれていないから、このことを小売中に占める現金売の前記割合と彼此総合勘案するときには、右抽出方法に基づく原価率ないし推計方法は不合理というほかない。

二　事　実

1　原告会社は、衣料品小間物の卸小売業を営む法人であり、青色申告書提出の承認を受けていた者であるが、法人税の確定申告として、昭和二八年一月一日から同年一二月三一日までの事業年度（昭和二八年度）は九七万五、二七

一円の欠損を、昭和二九年一月一日から同年一二月三一日までの事業年度（昭和二九年度）は一五七万一、二三一円の欠損を、また、昭和三〇年一月一日から同年一二月三一日までの事業年度（昭和三〇年度）は一三八万六、一〇〇円の欠損を生じた旨の青色申告をした。ところが、税務署長は、昭和三三年二月二五日に昭和二八年以後の青色申告承認を取消す旨の処分（青色取消処分）をするとともに、昭和二八年度の所得金額を二二万一、六九三円、法人税額を八万八、八七〇円とする更正処分、昭和二九年度の所得金額を三二万五、五九九円、法人税額を一三万二、五一〇円とする更正処分、昭和三〇年度の所得金額を五九万四、三九四円、法人税額を二一万二、七二〇円とする更正処分をした。

原告は、上記青色取消処分および各更正処分を不服として再調査を請求したが、当該請求は審査請求とみなされることとなった。被告は、これらの審査請求について、青色取消処分に対する審査請求を棄却する旨の決定、昭和二八年度分法人税の更正処分に対する審査請求は更正処分の全部を取消す旨の決定、昭和二九年度分法人税の更正処分に対する審査請求は更正処分の一部を取消し、所得金額を一九万六、四六七円、法人税額を八万二、四八〇円とする旨の決定、昭和三〇年度分法人税の更正処分に対する審査決定は更正処分の一部を取消し、所得金額を二九万三、三六七円、法人税額を一〇万二、六五〇円とする旨の決定を行なった。

それで、青色取消処分ならびに、昭和二九、三〇年度分の更正処分が違法であることを理由に、当該審査決定の取消を請求したのが本訴である。(1)

2　被告は、まず、青色取消処分を行なった理由として、(1)金銭出納簿について原告の昭和二八年度金銭出納簿は日々の取引日付順に整然と明瞭に記帳されておらず、帳簿残高も赤字となる部分があり措信しえないこと、(2)取引先関係について、原告の取引先を調査した結果原告の帳簿と合致せず、その帳簿の措信しえないこと、(3)銀行預金関係について、原告の取引銀行の記帳と原告の記帳が符合せず、原告の帳簿の措信しえないこと、(4)借入金について、原告の総勘定元帳借入金の口座と借入先の貸付金の記帳とが一致せず、また、借入金の利子の支払について法人と個人の経理が区分されておらず、借入金に関する記帳が措信しえないこと、(5)その他、総勘定元帳の預金の口座の記帳、同支払手形の口座の記帳、同買掛金の口座の記帳と実際の取引と記帳の順が甚しく前後していること、以上の諸理由を挙げ、原告は取引について整然かつ明瞭に記帳していないので、法人税法（昭和三二年改正前の法人税法という）二五条七項一号、同法施行細則（細則という）一二条により、青色取消処分は適法であると主張する。

被告は、つぎに、昭和二九年度分法人税の更正処分につき、所得金額を算出する前提としての売上金について、(1)原告は店頭において現金売をしているが、その経理は販売品目毎に販売価額を明細に記入するという方法をとっていなかったので、総売上の大半を占める現金小売部分についてその売上状態が全く不明であり、かつ、原告の備付帳簿（金銭出納簿、総勘定元帳の預金の口座）が粗漏杜撰で信憑性が乏しいので、原告の帳簿書類に基づき実額計算を行なうことができないので推計計算をしたこと、(2)売上金の推計計算方法は、

仕入金額＋期首棚卸額－期末棚卸額＝売上原価

売上原価÷原価率＝売上金額（原価率＝一－売買差益率）

という方法によったこと、(3)売買差益率は、原告が卸、委託、小売販売の販売形態をとっていることから、それぞれの売買差益率を調査したが、小売について、現金売は、品目別に数量および販売単価等を全く記載せず、単に販売金額の合計のみを記載しているにすぎず、他方、その掛売については、売掛帳に品目別に販売数量および販売単価を記載していたので、売掛帳を基礎とすることとし、それぞれの売掛差益率を、卸売〇・〇九六、委託〇・〇九五、小売〇・一五二としたこと、(4)原告の販売形態に最も適している原価率を求めるため、卸、委託、小売の各取引比率（八五・三％、七・九％、六六・八％）をそれぞれの原価率に乗じて平均原価率〇・八六六を算出したこと、(5)右取引比率の基礎となった売上額は原告の帳簿によったこと、(6)以上のとおり算出された平均原価率〇・八六六は、被告が所得金額を推計する際に通常適用する所得標準率（業況中庸と認められる業者の実額調査により算出されたもの）とか法人の効率表に定めた売買差益率（広島国税局管内の同業者のうち業況中庸でしかも単一事業を営む法人を選択して調査したものの算術的平均値）に比しても、また、岡山地区の同業種法人の売買差益率と比較しても原告に有利なもので

あること、を主張する。[2]

被告は、また、昭和三〇年度分法人税の更正処分につき、(1)　所得金額ないし売上金について、現金の管理状況および帳簿書類は前年度と同様に記載されていないので推計計算をしたこと、(2)　推計計算の方法、売買差益率ないし原価率の算出方法は前年度と同じであること、(3)　三〇年度の売買差益率は、卸売〇・〇六七、委託〇・〇七七、小売〇・一六二であること、(4)　取引比率は、卸売一五・五％、委託一五・二％、小売六九・三％であり、平均原価率は〇・八六一であること、を主張する。

三　評　釈

本件で取上げられている問題を、青色取消処分（青色申告の承認の取消処分）の適否と原価率による推計課税の適否に分け、それぞれ関連事項に触れながら、検討を加えてゆくことにしたい。

1　青色取消処分の適否

(一)　青色取消の理由とその理由附記

青色申告書を提出することについて税務署長の承認を受けている法人について、一定の事実（理由）がある場合には、その事実のあった事業年度までさかのぼって、その承認が取り消されることになっている（法人税法二五条八項）[3]。

青色取消については、かように法律上において取消原因が限定されているが、条文の文理上からも明らかなとおり、これらの一定の事実があれば必ず承認が取消されることになるというのではなく、現実に取消すかどうかは税務署長の合理的な裁量によって決めうる建前となっている。その裁量の内容は、これらの事実があっても、その程度、改善の可否等により真に青色申告書を提出するにふさわしくない法人のほかは、青色申告制度の趣旨から、承認を取消すのは正当でないものと考えるべきである。原則として取消すべき場合について、具体的な裁量の基準を、基本通達三三二[4]に掲げているが、これらの基準は合理的な基準を示しているものと解することができる。

青色取消処分の効果は、青色取消処分が取消原因に該当する事実のあった事業年度にさかのぼって行なわれるので、その事業年度開始の日以後に提出された青色申告書は青色申告書以外の申告（白色申告）とみなされることになる（同法二五条八項後段、現行法一二七条一項）。

青色取消処分は、「書面（取消通知書）」により法人に通知しなければならず、この場合、その取消通知書には、その取消の基因となった事実が所定の取消原因のうちのいずれに該当するのか（法二五条八項の何号に該当するものか）を附記しなければならないと定められている（法二五条九項）。取消処分の理由附記として、法二五条八項の何号に該当するかだけを記載すれば足りるのであり、それ以上に詳しく書くことは必要でない。理由附記について簡略な方法が定められている特例といえる（この理由附記は、昭和三四年法律第八〇号の改正で要求されることになったものである）。上記の理由附記を欠いている処分は、もとより、取り消されるべき違法な処分である。

取消原因は青色申告を取り消す理由を挙示しているのであるから、取消の基因となる事実がいくつもある場合は、重畳的に該当法律（複数の理由）を挙げることができ、重畳的に挙げたからといって取消処分が数個あることにはならない（反旨、取消事由ごとに別個独立の取消処分を構成すると解するものの、大阪高裁昭和三八年一二月二六日判決・高民集一六・九・八七八）。

しかし、行政不服審査ないし訴訟の段階で、青色取消の附記理由に掲げていない理由を新たに追加（転換）して適法化できるかについて、再処分的性質のある異議申立手続を除き（拙稿、シュトイエル五七・二四参照）、その他の手続では、判断をする際に処分時（判断基準時）に客観的に取消原因が存在しそのことが明確になれば処分を適法と法的評価できるというものではなく、取消処分は法定の理由に基づいて行なわれることが必要でありそして処分に理由附記が要請されていて税務行政手続の安定公正がはかられていることからいって、新たな理由を追加しても処分を適法なものに転化させることはできないと解すべきであろう（同旨、懲戒免職事件の処分説明書について、東京地裁昭和四一年八月一六日判決・訟月一二・一一・一五二四。また、取消理由の転換は、不服審査法四〇条五項の処分の変更にも該当しない、行政不服審査法関係通達四〇条関係の七参照）。

なお、青色法人について理由附記の不備な更正処分が行なわれた後になって、当該事業年度までさかのぼって青色取消処分がなされた場合は、当該更正は白色更正として適法なものとなる（瑕疵の治癒）。反対に、青色取消処分に伴って、白色更正がなされた後に、この青色取消処分が取消された場合には、当該更正は理由附記を欠く違法なものとなると解される（もっとも、更正に対する不服申立期間は、更正を知ったときから進行するのであり、青色取消のときから進行するのではない）。

㈡　本体青色取消処分の適否

本件青色取消の理由は、被告の主張によると、原告は取引について整然かつ明瞭に記帳していないので、法人税法二五条七項一号および同法施行細則一二条に該当するというのである。つまり、原告が、その取引を政令の定めるように複式簿記の記帳方法によっていなかったというのでなく、その記帳内容が整然かつ明瞭に記録していなかったというのである。

この点について、判決は、「(証拠によれば)、㈠　原告は、西大寺市中野に本店を持ち、営業所としては岡山市に岡山営業所、西大路市に本町営業所、本町営業所西店および新町営業所の四店を持っており、岡山営業所ではメリヤス布帛の卸売を、本町営業所、新町営業所では洋品雑貨布帛製品の小売を、本町営業所西店では毛糸パラソルの各小売販売を行っていたこと、本店では経理のみを行ない昭和二八年頃から実際上は新町営業所の二階に事務所を持っていたこと、岡山営業所では現金売、掛売はともに複写の仕切書を使っており、右仕切書は何日かためて一括して本店に送られていたこと、西大寺市の三店は現金売については金銭登録機を使って記入しており、掛売については複写の仕切書を使って販売しており、各営業所は営業に関する仕切書、レジスターテープ、売上メモ、入金伝票、振替伝票などをすべて本店にまわしてくることになっていたこと、本店では原告の社長が主になって事務員M子と二人で原告の経理にたずさわり、右送られてきた資料にもとづいてM子は売掛元帳と仕入元帳を、社長は金銭出納帳と総勘定元帳を作成していたこと、各営業所ではその他には何ら帳簿を作っていなかったことが、各認められる。㈡　原告の帳簿の内容についてみるに、金銭出納簿のうちに数ケ月前の現金取引の多数の追加記帳、総勘定元帳の支払手形の口座、同当座預金の口座、同買掛金の口座および仕入元帳の記帳もれ、取引銀行たる三菱銀行あるいは西大寺信用金庫の記帳と原告の記帳と一致しない事項が四個所にわたってあること、借入金利子の支払について昭和二八年度末において原告記帳の借入金総額と未経過利子を計算している元本の合計額に差額のあること、その他、総勘定元帳の当座預金の口座の記帳、同支払手形口座の記帳、同買掛金の口座の記帳がいずれも実際の取引と記帳の順が甚しく前後していること、以上のことについては、当事者間に争いがなく、つぎに、(証拠によれば)金銭出納簿上本店において………一二月三一日には九七、七五九円の赤字となり、さらに一〇月五日以後一二月三〇日迄全て赤字となることが認められる。㈢　ところで………青色申告制度の目的よりすれば、青色申告法人の備付帳簿書類の記載はそれのみによって企業の成績の真実を把握できる程度に内容が正確であり、形式において整然かつ明瞭でなければならない。原告の帳簿書類についてみるに、前後㈠㈡のとおり、………その帳簿書類は杜撰で、脱ろうが多く、現金出納簿に赤字が続出したりまた期末に銀行の作成した帳簿との照合の上多数の是正や追加をしたり、また当該年度の取引が帳簿上翌年にくりこして経理される様なことが行なわれていたことが認められる。

してみると、青色申告法人に要求される前記の如き帳簿書類に関する要件につき、原告会社の帳簿書類がこれを充足するものとは到底認めがたいというべきである。㈣　原告は是正ないしは追加記帳によるも最終的に正しい数字が出ればよいと主張するようであるが、是正追加も程度の問題であり、かつその是正追加は遅くとも当該事業年度内においてなされるべきで、これを翌年度においてなすことは許されない。本件青色取消処分は適法であり、右に対する審査請求を棄却した被告の決定に何ら違法はない」と判示する。

判決の認定によると、原告の帳簿書類は杜撰で脱ろうが多いのであるが、本件は、取消の原因（理由）として、法二五条七項一号および細則一二条が挙げられているものである。まず、その要件の充足について検討しよう。

法二五条七項一号は、細則一二条以下に定めるような一定の事項を一定の方式（複式簿記の原則）で記載する諸帳簿を備え付けないこと（一定の秩序だった記録のある帳簿備付の不備）を、取消の原因とするのに対し、同項三号は、かような帳簿は備え付けているが、その内容に不実の記載があり帳簿の全体について真実性を疑うに足りる場合を取消原因としているのである。本件を見てみると、細則一三条以下に定める帳簿は備えつけられておりそしてその記載方法は複式簿記の原則によって秩序だった記録はされているが、その記載内容に不実の記載があるというもののようであるから、むしろ、同項三号に該当するかどうかの場合であり、同項一号の該当性を問擬していることに、検討の余地がある。細則一二条には、整然かつ明瞭に記録すべきことが定められているのであるが、それは、簿記の記録方式を唱えているものであり、金銭出納簿や総勘定元帳の内容に、記帳洩れがあるからといって、法二五条七項一号または細則一二条に違反することにはならないのではなかろうか、そして、また、本件の取消処分の附記理由は、法二五条七項一号となっているから、訴訟の段階で同項三号に該当することが明らかとなっても、理由のすげかえ（転換）を行ないえないと解すべきことについては、前叙のとおりである。

なお、取消処分が裁量行為であるといっても、いわゆる自由裁量ではなく、制度の趣旨からいって、その程度、改善の可否等により真に青色申告書を提出するにふさわしくないかどうかについて判断して決すべきであるから、その裁量を誤っている取消処分は原則として違法となると解される。ある記録が秩序だっていないとかまたは不実の記載があるというだけでなく真に青色申告書を提出するにふさわしくないかどうかの観点から青色取消の可否を論ずべきであり、この点についても、本件において、検討の余地があると考えられる。

2　原価率による推計課税の適否

(一)　実額課税と推計課税

更正または決定は、所得の実額を調査したうえで行うので原則であるが（実額課税）、実額を調査できない場合には所得を推計すること（推計課税）が、許容されている。推計課税に関する規定（法三一条の四第二項。現行法一三一条）は、昭和二五年法律第七二号により追加されたものであるが、右規定はいわゆる確認的な意味のものであり、推計課税は規定がなくても当然に許容されるものと解されるが（同旨、最高裁二小廷昭和三九年一一月一三日判決・訟月一一・二・三一二）、青色法人については法律によって推計課税を行ないえないと定めている（法三一条の四第二項。反旨、松山地裁昭和三九年四月三〇日判決・訟月一〇・六・八七六、神戸地裁昭和三九年七月七日判決訟月一〇・八・一一九六等）

実額課税ないし推計課税という概念の内容ないし相違は、対象（目的）の違いでなく、計算方法の違いである。対象は、両方とも納税義務者の実際の所得であるが（推計課税の許される場合も平均的所得ではない）、その計算方法は、前者が直接資料（帳簿、伝票等）に基づくのに、後者が間接資料ないし間接事実によることである。もっとも、推計課税は、実際の所得を算出しようとするものであるが、間接資料によるものであるので、その結果は自ら蓋然的なものとならざるをえないといえる。

(二)　推計課税の要件

推計課税は、青色法人の場合には許されず、白色法人の場合にかぎって行ないうるものである。そして、白色法人の場合についても、実額課税をなしえないときに、次善の方法として許容されるものである。その実額課税をなしえないときとは、所得調査の資料となるべき帳簿や原始記録の不備のほかに、納税者の誠実な説明応答の得られない等納税者の非協力な場合をいうものと解されているが（最高裁三小廷昭和三九年一二月二二日判決・訟月一一・四・六五一、最高裁事務総局編「行政事件訴訟一〇年史」四八二頁）、法人の課税の場合は記帳等の直接証拠が不備であれば、納税者が協力的であっても実額課税はできえないから、後段の要件を加重することは適切でないと解される。

㈢　推計課税の方法

法人税法は、推計課税の方法として、⑴　財産の価額または債務の金額の増減を基礎とする方法、⑵　収入または支出の状況を基礎とする方法、⑶　事業の規模を基礎とする方法の三種を掲げているが（同法三一条の四第二項、現行法一三一条）、これは例示と解すべきでありこの三種に限定するものでなく、推計方法が合理的であるかぎり他の方法も許容されるものと解される。現在まで採用されている推計方法は多様であるがその主要なものを類別すると、(イ)　原材料の使用量または商品の売上原価と原価率による推計の方法、(ロ)　売上高と売買（販売）差益率による推計の方法、(ハ)　同業者の差益率、所得標準率による推計の方法、(ニ)　従業員数その他外形標準から効率を用いて推計する方法、(ホ)　資産増減法による推計の方法、(ヘ)　消費面（消費支出、生活費）から所得を推計する方法、等を挙げることができる。(5)

推計方法が是認されるには、採用されている方法が合理的なものでなければならないのであるが、その合理性とは、まず、その推計の基礎とした事実資料が正確なものであること、つぎに、その推計方法が具体的に適用されるケースの実情に最も即応しているものであること、をいうものである。一般的には、前述(イ)ないし(ヘ)の順序で、推計方法を適用した結果の蓋然性が高いということができよう。

推計方法が合理的であれば、その推計課税は一応適法と解されるのであるが、いくつかの推計方法の結果が喰違うことはそれらの推計方法が合理的でないことを表明することになるし、また、納税者側で推計方法の結果が実際の所得と喰違うことを明らかにすれば、その推計方法は合理的でないと反駁（反証）できることになる。

㈣　原価率による本件推計課税の適否

本件は、青色承認が取消されたうえ、その所得を直接証拠によって計算することができないとして、推計課税を行なっているものである。その帳簿が杜撰で脱漏が多く、従って信頼性が乏しく、帳簿や原始記録（伝票）等の直接証拠によることができない場合とうかがえるから、白色法人となった原告会社に対して、推計課税を行なうことは是認できよう。しかし、判決は、この点について判断を留保したままで、推計方法の合理性の有無について判断を進めている。

本件の推計方法をみるに、それは、原告会社の記帳および調査に基づき売上原価を算出し、売上原価を原価率（売上価額のうち原価の占める割合。反対に、売上価額のうち売買差益の占める割合を、売買差益率という。本件では、原価率＝一－売買差益率の方式で原価率を算出している）で割って売上金額を推計し、それから所得金額を算出しているものであり、この方法は売上原価を把握できた事業について最高の方法として広く利用されてきているものである。

しかし、判決は、売上金額の推計方法について、判決要旨に掲げたように、推計方法の基礎としている売買差益率ないし原価率が正確に抽出されたものでないとして、推計方法を合理的でないと排斥している。判示のように、原告会社の販売部門（卸売、委託、小売）のうち、小売の占める割合は約七割であり、その小売の中で現金売の占める割合が九割以上に達しており、現金売について年七回ぐらい処分販売（投売。平素の値引率が正札の一割位であるのに、投売の値引率は大体正札の二割ないし三割であり、時に五割）が行なわれているのに、掛売と現金売の売買差益率ないし商品別の取引比率の異同について調査を尽さず、また、現金売のうち処分販売の占める割合を調べず区別しないままで、掛売商品を調査対象として一律に売買差益率を算出しているのは、正確な資料に基づくものでなく、不合理であると判断を下されても致し方ないのではなかろうか。

現金売については、調査資料を得ることは非常に困難であるが、困難であるからといって、差益率の異なる売上形態の資料を用いてよいことにはならない。この困難性に対処するためには、類似の同業者から資料を求めるなり（もっとも、本件の場合は、その附近には規模、営業方法の類似する同業者はなかったといわれている）また原告会社の他の事業年度から資料を求めるなりして、少なくとも売上実態の大体同じもののなかから抽出して売買差益率を算出すべきであろう。

仕入金額（原価）と売買差益率または原価率によって売買差益率または売上金額を推計した事例として、つぎのものがある。

推計を合理的であるとした例

名古屋地裁昭和二八年八月一一日判決・行集四・八・一八一八（薬種商）

福岡地裁昭和二九年五月一二日判決・行集五・五・一〇六三（玩具、果物販売業）

徳島地裁昭和二九年一〇月三〇日判決・行集五・一〇・二三五〇（食料品、日用品、雑貨、薪炭等の販売業）

高松高裁昭和三〇年六月三〇日判決・行集六・六・一四七九（上記徳島地裁の控訴判決）

大阪地裁昭和三二年二月一九日判決・行集八・二・二五六（瀬戸物小売業）

名古屋地裁昭和三二年三月一四日判決・行集八・三・三九一（靴販売業）

大阪高裁昭和三六年七月七日判決・訟月一〇・八・一一〇八（青果物魚類の小売販売業）

仙台地裁昭和三七年二月六日判決・訟月八・三・九八（衣料品小売業）

（1）　現行の行訴法のもとでは、いわゆる原処分主義が採用されていて、原処分の違法を理由として裁決の取消を求めることはできないが（行訴法一〇条二項）、行訴法の施行前は、原処分の違法を理由として、原処分の取消を求めても、また、その原処分についての審査請求を棄却した裁決の取消を求めても、どちらでも差支えないことになっており（最高裁事務総局編『行政事件訴訟一〇年史』一〇三頁）、そして、行訴法の施行の際に現に係属している裁決の取消の訴えについては、行訴法一〇条二項は適用されないこととされている（行訴法附則五条）。本件は、行訴法の施行の際に係属していたので、原処分の違法を理由に裁決の取消を求めるものであるが、適法である。

（2）　所得標準率とは、所得率、差益率および経費率等を包含するものであるが、一般には、所得率を指している。

所得率は、収入金額一〇〇円当りの所得金額の割合を％で表示されている。同様に差益率または経費率は、差益金額または一般経費の収入金額一〇〇円当りの割合を％で表示されている。

効率とは、収入金額と密接な関係をもつ一定の外形標準（効率項目という。たとえば、パチンコ店の場合に機械台数、理髪店の場合にいす台数）の一単位当りの金額が表示されているもので、その金額に単位数を乗じて収入金額を算出している。

通常、売買（販売）差益率とは、売上金額と仕入原価との差額（差益）を売上金額で除した割合をいっている。

（3） 現行法人税法一二七条一項は、従前には取消原因を五つ挙げていたのを整理して四つとし（たな卸資産の評価方法あるいは減価償却の方法を政府の承認を受けないでよるべき方法を変更したこと、という条文を削除）、また、取消の効果のさかのぼる時期を各取消原因ごとに明記することにしている。

昭和二五年法律七二号で、法人税法に青色申告制度が導入され、当時から取消原因が条文上において五つ明記されていたのであり、現行法に至るまで、昭和二九年法律三八号で部分的な修正はあったが、趣旨の変更はない。

（4） 基本通達三三二　青色申告書の承認は、法二五条八項各号に該当する場合には取消すことができることとなっているが、次に該当する場合においては原則としてその承認を取消すものとする。

(一) 法人の記帳が複式簿記の方法によっていない場合
(二) 伝票、領収書、納品書その他の証ひょう書類の大部分を保存していない場合
(三) 二重帳簿を作成する等の方法により計画的に取引の一部を正規の帳簿に記載しなかった場合
(四) 期限後申告を常習とする場合
(五) 上に掲げる場合の外作為または不正の行為により取引について真実の記載をしなかった場合

（5） 推計課税に対する主なる文献

松岡登「所得の推計課税をめぐる若干の問題」司法研修所創立一〇周年記念論文集（上）八三頁以下。

大和勇美「税務訴訟における統計利用の問題点」同一五周年記念論文集（下）五三頁以下。

田中勝次郎「所得標準率の法律上の性質と挙証責任」税法学一二・九以下。

同　「消費面よりする所得の推計課税について」税法学一〇・一以下。

忠佐市「推計課税の理論」税法と会計原則四八五頁以下。

（6） ドイツにおける一九六四年改正の所得税法二九条四項は、納税義務者が標準率の正否ないし適用の結果を争うことを禁止し、ただ標準率を適用しえないことを争うことを認めているが、わが国の税法の解釈のうえでは、標準率による推計課税にかような法律上の効力を認めることはできない。

（シュトイエル五九号、一九六七年）

15　株式の譲渡による所得と非課税の範囲

大分地判昭和五七年五月一七日判例時報一〇五五号四〇頁

一　事　実

O観光株式会社は、ゴルフ場の建設及び経営を主たる目的として昭和四三年九月に設立された会社であり、本件ゴルフ場を所有し経営している。同社は、本件ゴルフ場の利用につき当初からいわゆる預託金会員制を採用しており、個人会員は一般の利用客よりも低廉な料金で本件ゴルフ場を継続的に利用できるなどの特典が与えられていた。ところで、O観光は設立当初から欠損が続いており、利益配当ができる見込みがたたなかった。そこで、株主の不満を押さえるために、利益配当ができるまでの暫定措置として、取締役会の決議に基づき昭和四六年五月頃から株主一名一枚宛の「特別会員券」と題するカードを交付し、株主に対し個人会員よりも更に低廉な株主特別優待料金を定め、また株主に対し持株一、〇〇〇株につき一枚の割合で「正会員券」と題するカードを交付し、その所持人の本件ゴルフ場の利用料金は、本件ゴルフ場の法人無記名会員料金を適用するなど、株主に対する優遇措置を実施した。その後、O観光は昭和四九年一二月前記優遇措置を更に拡大したが、昭和五一年一二月以降は全廃した。

X（原告）は、昭和四九年九月頃取得したO観光の株式一万五〇〇〇株（以下「本件株式」という）を、昭和五〇年六月譲渡したが、Xは株式の譲渡による所得について申告しなかった。

Y税務署長（被告）は、この譲渡代金額から株式の取得及び譲渡に要した費用などを控除した金額は、Xの譲渡所得に該当するとして更正処分をなした。Xは、異義申立て、審査請求を経て、本件更正処分等の取消しを求めて出訴したのが本件事案である。

二　税務署の判断

所得税法九条一項一一号のニの法意は、ゴルフ会員権の実質を有するものであれば、それが株式の形態であると預託金会員権の形態であると問わず、その譲渡による所得は等しく課税対象となるという趣旨である。これを受けて同法施行令二八条の二は、株式の形態によるゴルフ会員権を、ゴルフ場の所有又は経営にかかる法人の株式を取得することがそのゴルフ場を一般の利用者に比して有利な条件で継続的に利用する権利を有する者となるための要件とされている場合における株式と規定している。

右規定は、純粋の株主会員制（ゴルフ会社の株式を取得することがゴルフ会員権の取得の要件とされているゴルフクラブ）のみならず実質的に株主会員制と預託金会員制との混合形態ないし併用形態を採用しているゴルフ会社の株式についても、その譲渡所得を課税対象とする趣旨である。

O観光の株主は本件ゴルフ場を一般の利用者に比して有利な条件で利用しており、これは次のとおり権利性と継続性を有していたものである。すなわち、株主に対する優遇措置の具体的実施状況からすれば、少なくとも本件株式の譲渡当時には、前記優遇措置は既に制度として定着していたものであり、株主も当然の権利として認識していたものである。

本件ゴルフ場の経営者であるO観光は、設立当初から現在に至るまで欠損が続いており、利益配当ができる見込みは全くなく、増資につぐ増資によって資金を調達していたため、株主対策上から前記優遇措置を廃止しうる状態になかった。また、O観光が株主並びに本件各カードの記名者を会員名簿に登載しそのネームプレートを作製するなどの一連の措置をとっていることから見ても、O観光自身もこの株主優遇措置を経営の一環として将来に向かって継続的に採用していく意思を有していたといえる。本件各カードには期限が付されていたが、これは単に書替えのためのものであって有効期限ではなかった。

また、前記株主優遇措置が制度としてO観光の経営形態に組み込まれていたことは、O観光の総収入のうち本件各カードによる入場者からの収入が相当部分を占めていたことからも明らかである。すなわち、本件各カードの所持者と預託金会員の数の合計が本件ゴルフ場における実際の会員数なのであるが、本件各カードの発行総数は昭和四六年以降なべて会員総数の三分の一を優に超えており、本件カードによる入場者数の入場者総数に占める割合もこれと同程度であると推測されるのである。

なお、前記株主優遇措置が取締役会の決議により一方的に廃止されうるものであったとしても、本件各カード所持者は少なくとも取締役会において廃止の決議があるまではO観光に対して本件ゴルフ場の優遇的施設利用を主張できるのであるから、その限りにおいて右優遇措置を権利と称して差し支えない。右優遇措置は取締役会の決議により一方的に縮小廃止されうる点で預託金会員の有する施設利用権とは異なるが、所得税法施行令二八条の二にいう権利を右施設利用権と同程度の権利性を有するものに限ると解する必要はない。

そもそも公平な課税を原則として実質的・経済的意義が解釈原理として重視される租税法の分野においては、形式的・法律的意義に拘泥すべきではないのであるから、権利性の点についてもこれを厳格に解釈すべき必要はない。

三　裁判所の判断

O観光は本件ゴルフ場につき当初から預託金会員制を採用しており、規約においては、O観光の入会保証金を預託した預託金会員のみを正会員とする旨を規定しており、他に株主はすべて会員となる旨若しくは株主は一般人よりも低額の入会保証金を預託して会員となるうる旨の規定は創立当初から存在しなかったこと、またO観光の定款等にも同社の株式には本件ゴルフ場の利用に関する権利が付される旨の定めは存せず、会社設立時における株主募集若しくは数次にわたる新株発行に際してそのような説明や約束がなされたこともないこと、O観光は設立に当たり、株主会員制を意識的に排除したこと、本件各カードには期限が当初一年間と記入されていたが、昭和五〇年、五一年になされた書替えの際にはその後の書替えの手数を省くため終期を昭和五三年四月三〇日までと記入したこと、以上の事実が認められ、右認定を覆すに足りる証拠はない。

また、O観光が昭和五一年八月三〇日の取締役会決議により株主に本件各カードを交付する措置を全廃し、交付済の本件各カードを同年一二月三一日限りですべて失効させるに至ったことは当事者間に争いがなく、……O観光が株主に本件カードを交付する措置を実施した理由は、O観光は設立当初から欠損が続いており、昭和四六年当時には利益配当ができる見込みがなかったところから、株主の不満を押さえることにあったもので、利益配当ができるまでの暫定措置として右措置がとられたものであることが認められ、右認定を覆すに足りる証拠はない。

ところで、所得税法九条一項一一号ニ及び同法施行令二八条の二は、ゴルフ場の所有又は経営にかかる法人の株式を所有することが、そのゴルフ場を一般の利用者に比して有利な条件で継続的に利用する権利を有する者となるための要件とされている場合における当該株式の譲渡による所得を非課税所得から除外する旨を規定しているが、右の法令の制定の趣旨が預託金会員方式におけるゴルフ会員権の譲渡の場合の課税の均衡をはかることにあることに照らすと、右施行令二八条の二にいう株式とは、これを所有することによって、株式所有者と会社との間にゴルフ会員契約が成立し、株式を所有している限り右契約が存続し、株式所有者は会社に対しゴルフ会員権を有するとされる場合における株式、すなわち、株式所有者と会社との間にゴルフ会員契約約款が存在し、双方がこれに拘束される関係にある場合における株式をいうものと解するのが相当である。

O観光の様式についてこの点を検討すると、前記認定のとおり、昭和四六年頃から昭和五一年一二月までの間において、O観光の株式所有者は、右会社からOカントリークラブのゴルフ会員権を有する者と同等又はそれ以上の取扱いを受けていたことが認められるけれども、前記認定した事実、ことに右の取扱いを会社が株式所有者に対して一方的に始め、昭和五一年一二月には一方的にこれを廃止している事実に照らすと、O観光とその株式所有者との間に株式所有者をOカントリークラブ会員とする旨の明示又は黙示の約款が存在していたとみることには疑問があり、右の取扱いは、O観光が単に事実上行っていたにすぎないものであって、約款に基づいてなされたものではないとみるべき余地があるから、結局前記認定した事実から直ちに右株式が所得税法施行令第二八条の二にいう株式に該当するものとは認め難い。

四　研　究

1　株式の譲渡の非課税とゴルフ場等の施設利用権

所得税法は、その第九条第一項で非課税所得について定めているが、有価証券の譲渡による所得については、同項一一号イからハに明記された四種以外の所得を非課税としている。

イ　継続して有価証券を売買することによる所得として政令で定めるもの

ロ　相当数買い集めた同一銘柄の有価証券を、その所有者である地位を利用して、その発行法人若しくはその特殊関係者で政令で定めるものに対し、又はこれらの者若しくはその依頼する者のあっせんにより売却することによる所得として政令で定めるもの

ハ　事業又はその用に供する資産の譲渡に類するものとして政令で定める有価証券の譲渡による所得

ニ　ゴルフ場その他の施設の利用に関する権利の譲渡に類するものとして政令で定める有価証券の譲渡による所得

本件判決は、本件株式の譲渡が同項一一号ニに掲げたゴルフ場等の施設利用権の譲渡に類似する有価証券の譲渡に該当するかどうかが争われた事案である。

所得税法施行令第二八条の二は、ゴルフ場等の施設利用権の譲渡に類似する有価証券の譲渡の範囲について、「ゴルフ場の所有又は経営に係る法人の株式又は出資を所有することがそのゴルフ場を一般の利用者に比して有利な条件で継続的に利用する権利を有する者となるための要件とされている場合における当該株式又は出資の譲渡による所

得」と規定している。

一般にゴルフ場などの施設を利用するための権利、いわゆるゴルフ会員権には、株主でなければ会員になることができない会員権と、預託金による会員権とに大別される。この預託金による会員権の譲渡による所得は、事業所得又は雑所得とされる場合を除き譲渡所得として課税対象となるのであるが、株主会員権の譲渡による所得は、その法形式どおり株式とみる限り株式の譲渡として非課税となる。そのため、実質的にはゴルフ場などの施設利用権の譲渡と違いはないにもかかわらず、株主会員権と預託金会員権との間に、課税上の不公平が生じることになる。それで、ゴルフ場などの施設利用権が株式の形態をとっている場合でも、施設利用権と類似するものは、その株式の譲渡も譲渡所得として課税するという規定がおかれることになったのであり、当該規定は、課税の公平を期したものといえる。

2　ゴルフ場等の施設利用権と株主に対する優遇措置

本判決は、所得税法施行令二八条の二に規定する株式について、「これを所有することによって、株式所有者と会社との間にゴルフ会員契約が成立し、株式を所有している限り右契約が存続し、株式所有者は会社に対しゴルフ会員権を有するとされる場合における株式、すなわち、株式所有者と会社との間にゴルフ会員契約約款が存在し、双方がこれに拘束される関係にある場合における株式」と判示している。本件で争点となっている株主に対する優遇措置について、Y税務署長は、その優遇措置が取締役会の決議により一方的に廃止され得るものであっても、公平な課税を原則とし、実質的、経済的意義を重視する租税法の分野では、権利性の点について厳格に解釈する必要がない旨を主張したが、裁判所は、優遇措置が欠損続きで利益配当の見込みがないという事情から、株主の不満を押さえるための暫定措置であり、約款に基づいてなされたものでない点をあげ、その後に本件優遇措置が全廃されていることを認定している。

本件判決の解釈において、Y税務署長の主張につき、租税法律主義の観点から批判を加えている見解があり(1)、他方、本件優遇措置の廃止による株主側の抵抗などの事情を判決でも触れて欲しいという見解など[2]があり、興味ある議論が展開されているが、おおむね判旨を相当としている。つまり、所得税法施行令二八条の二が定めている権利に、本件優遇措置が該当しないということになれば、本件が非課税所得となるのは当然の帰結といえる。

3 株式の譲渡と非課税規定の適用例

有価証券の譲渡所得について非課税規定の適用が争われた事案で、本件判決のように、裁判所の事実認定による限り課税することができないとされているものに、松山地裁昭和四七年五月二九日判決・シュトイエル一二四・四三が[3]ある。

この事案は、現行所得税法九条一項一一号、同施行令二八条（持株比率が三〇％以上、その年の譲渡株数五％以上、三年内の譲渡株数が一五％以上）に引き継がれている旧所得税法施行規則四条の五の一項一号にいう五〇％の持株割合の要件を満たすかどうかが争われた事案である。税務署長の主張によれば、原告ら夫婦は、T漁業（発行済株式数五、〇〇〇株）の株主であり、夫は他の株主一三名から同社の株式三、三五〇株を買い取り、これに自己の持株一、四五〇株を合わせた四、八〇〇株を、一方、妻はその持株二〇〇株をK水産にそれぞれ一括譲渡しており、原告らの株式譲渡は、T漁業の全株の譲渡であり譲渡所得として課税対象となるとしている。

これに対して、原告らは、原告らとK水産との売買契約及び原告と他の株主との売買契約はそれぞれ合意解約された後に、原告らを含む各株主が直接K水産に売却したものであって、原告ら夫婦の占める株式保有割合は三三％にすぎず、五〇％に満たない株式の譲渡所得は非課税であると反論していた。

この事案の争点は、全株主の一括譲渡であったのか、それとも各株主による個別譲渡であったのかということであるが、裁判所は証拠に基づき個別譲渡と認定し、課税処分を取り消している。

（1）　斉藤明・後掲本件評釈一〇一頁
（2）　横山茂晴・後掲本件評釈五一頁
（3）　清永敬次・シュトイエル一二五・一三、荻野豊・税通昭和五九年一二月臨時増刊四二頁、山田康王・税事六・一・一四などの評釈がある。

〈本判決の評釈〉
斉藤明・ジュリスト八一一号一〇〇頁
横山茂晴・税経通信昭和五九年一二月臨時増刊五〇頁

（『税務署の判断と裁判所の判断』六法出版社、一九八六年）

16

(1) 更正後に修正申告がされた場合の更正の取消を求める訴えの利益（消極）
(2) 譲渡所得の特例（所得税法六四条二項）の適用を一部肯定して過少申告加算税賦課決定の一部を取り消した事例

札幌高裁平成六年一月二七日判決、平成四年（行コ）五号
所得税の更正処分取消請求控訴事件――原判決変更（上告）
判例タイムズ八六一号二二九頁
〔参照条文〕 (1)につき行訴法九条、国税通則法一九条二項、(2)につき所得税法六四条二項

一　事実

X（原告、被控訴人）は知人A（中学校の同級生）の経営するB社（実質はAの個人会社）の取締役となり、B社の資金繰りに協力するのが主な役割であったが、XとAは、B社の事業資金等に充てるために、X所有の土地を担保にして昭和五五年一二月から昭和五七年五月にかけて多数回にわたり金融業者Cから合計一億二、〇〇〇万円を借り受けた。これらの借入れの名義には、Xが債務者となったものの、Xが債務者となりAが保証人兼物上保証人となったものがあった。その後、D農協、E農協は、昭和五六年一二月から昭和五七年一二月にかけて五回（借入金1ないし5）にわたり、X所有の土地等を担保として合計一億二、〇〇〇万円を、（イ）債務者をA、保証人をXの名義で融資し、また、（ロ）一、二三〇万円をA名義で融資した。右農協からの融資金は直接ないし間接に右金融業者Cらに対する債務の弁済に充てられた。昭和五八年一〇月一四日になって、Xは自己所有の土地を売却し、その売却代金のうちからD農協、E農協に対して右融資債務の全部を弁済した。

Xは、右土地売却代金のうちD農協、E農協の債務の弁済に充てられた部分は、保証債務の履行であり、求償債権の回収が不能となったということで、所得税法六四条二項（保証人の求償債権が回収不能となった場合の譲渡所得の計算の特例。同法を以下「法」という）の適用があるものとして所得税の申告をした。しかし、Y税務署長（被告、控訴人）は、昭和六〇年一〇月五日付で右特例の適用を否定して更正処分（以下「本件更正」という）及び過少申告加算税の賦課決定（以下「本件賦課決定」という）をしたので、Xはこれらの処分を不服として異議申立て（棄却）、審査請求（不適法却下）を行った。ところで、右審査請求の手続中に、Xは租税特別措置法三七条の二第二項（特定の事業用資産の買換えの場合等の修正申告等。以下同法を「措置法」という）による修正申告（以下「本件修正申告」という）をしたが、右修正申告は、修正申告前の課税標準及び税額として本件更正の金額を記載し、修正申告後の課税標準及び税額として本件更正による額を上回る課税標準及び税額を記載したものであった。

一審判決（札幌地判平成四年三月二六日公刊物不登載）は、Y署長側で本件更正取消の訴えはXが修正申告をしたことによって訴えの利益を喪失したという本案前の主張を撤回したので、争点は、①本件借入金の債務者はAで、Xは保証人にすぎないか、②Xが保証人となったときにAが将来無資力となることを認識していたかどうかの二点であるとし、判決は、Xは保証人であり、保証時にAが将来無資力となることを認識していなかったと認定し、本件更正を全部取り消している。

本件判決は、Y署長からの控訴による第二審判決である。

二　判旨

原判決変更。

1　本件更正取消の訴えの適法性

「申告納税方式をとる所得税においては、納税申告は、納付すべき税額を確定する効果をもつものであるが、このことは修正申告においても同じであり、本件のような租税特別措置法三七条の二第二項所定の修正申告においても異なることはない。そうすると、本件修正申告により、本件更正よりも増額された課税標準及び納付すべき税額は、その額に確定し、本件更正は本件修正申告に吸収されて消滅したというべきである。……したがって本件更正の取消を求める訴えはその対象を欠くものであるから、不適法として却下すべきである。」

2　過少申告加算税

「Xの主張のとおり、本件各土地の売却による収入金額につき所得税法六四条二項を適用すべきであるのに、これを適用しないものとして違法に本件更正がなされ、本件更正の納付すべき税額を基礎として本件賦課決定がなされたのであれば、本件修正申告により納付すべき税額が前示のとおり確定しても、本件更正とは独立した処分である本件賦課決定に内在する右違法は、当然には治癒されないというべきであるから、さらに所得税法六四条二項の適用の可否について検討すべきである」。

「以上によれば、Xが本件譲渡代金の一部をもって本件借入金1、2についての保証債務の履行として弁済した合計六二二九万五九五一円については所得税法六四条二項が適用されるべきこととなる（注　借入金3ないし5については、Xは保証当時AまたはB会社が借入金を弁済することが不可能であることを認識していたものとし、法六四条二項の適用の余地がないとしている）。

そうすると、……過少申告加算税は一一四万一、〇〇〇円となる。……本件賦課決定のうち一一四万一、〇〇〇円を超える部分は違法というべきである」。

本件判決に対してXは上告したが、最三小判平成六年一二月六日は、ごく簡単に、原審の判断を正当であるとして上告を棄却している（公刊物に不登載）。

判示に反対。

三　評　釈

本件の主たる論点は、更正と修正申告との相互関係である。更正と修正申告の相互関係は、①更正と増額再更正、②申告と増額更正、と同じであるかが問われる。これまでは、主と更正と増額再更正について議論がされている。ところで、更正と更正申告の相互関係も、客観的に決まっている税額を確定させる段階的な増額手続であるという点で同じであり、また後に説明するとおり、その効力の点も、「更正等の効力に関する規定」（通則法二九条一項）と「修正申告の効力に関する規定」（通則法二〇条）が全く同じことからいって、更正と修正申告の相互関係は、基本的に更正と増額再更正、申告と増額更正と同様に考えてもよいといえる。ここで簡単に、これまでの議論を整理しておく。

1　更正と増額再更正の相互関係についての判例・学説の整理

園部論文（園部逸夫「更正・再更正覚書」矢野勝久教授還暦記念論集三五七頁以下）を参考にさせて頂いて、紹介をする。理論上次のような四説に分かれている。

㈠　併存説（つぎ木説、階段説）　増額再更正の効力は、その処分によって変更を生じた増差税額についてのみ生じるもので、再更正は、当初更正とは別個の行為として併存する。併存説では、当初更正と増額再更正の各効果が合わさって一個の納税義務が確定する。更正取消訴訟の係属中に増額再更正が行われると、右増額再更正についても取消を求める訴訟を提起することになり、両訴訟は、別件として審理（通常は併合審理）がされることになる。

㈡　消滅説（やり直し説）　増額再更正は当初更正による更正額をそのまま維持して、脱漏部分だけを追加するものではなく、脱漏部分を含めて新たに決定し直すものであるから、増額再更正が行われると、この処分により当初更正は当然に消滅する。消滅説によれば、当初更正取消訴訟の係属に増額再更正が行われると、増額再更正取消訴訟に訴えの交換的変更をしない限り当初更正取消訴訟の対象がなくなり、訴えは不適法となる。消滅税をとると、当初更正に基づく滞納処分はすべて消滅し、滞納処分をやり直さざるをえないことになり、少なくとも現行法は消滅説を採っていないことは、実定法上において明らかとなっている（通則法二九条一項）。

㈢　吸収説（吸収一体説）　増額再更正により、当初更正は増額再更正の内容としてこれに吸収されて一体として、その外形は消滅する。吸収説でも、増額再更正があると、当初更正の取消の訴えは不適法となり、訴えを増額再更正取消の訴えに交換的変更をすることが必要となる。昭和三六年七月五日「国税通則法の制定に関する答申の説明」の中で採用されていた見解（第四章第四節の四・二の二）で、判例・実務にも大きな影響を与えていたものである。

㈣　逆吸収説（投入説）　吸収説とは逆に増額再更正が当初更正の方に吸収され、増額再更正があると当初更正の方が増額再更正のところまで増大するという考え方である。この見解は、訴訟技術に走らず納税者の立場に立って更正処分取消訴訟の本質を考えようとするもので、最三小判昭和四二年九月一九日民集二一・七・一八二八のなかの田中二郎裁判官の反対意見に触発されたもので、南博方『租税争訟の理論と実際（増補版）』一二二頁で発展された見解である。ゲルフルト・リュケ、中野貞一郎訳「行政訴訟における訴訟物の判決の効力」民事訴訟雑誌一三号二〇頁以下の「落ち込み説」と関係があると受け取られている。

裁判例は、国税通則法（昭和三七年四月二日施行）の施行の前後を通じて、吸収説を採ってきており、増額再更正が行われると、当初更正の取消を求める訴えは利益を欠くことになり、不適法となると判示してきている（代表的な裁判例として、最一小判昭和三二年九月一九日民集一一・九・一六〇八、前掲最三小判昭和四二年九月一九日など）。

学説は、その殆どが併存説を採っている（代表的な見解として、金子宏『相税法（五訂版）』五二一頁、清永敬次『新版税法（全訂）』二〇八頁、塩野宏「判例評釈」自研四五・五・一五七）。国税通則法の関係規定は、二九条一項・三項、七三条一項一号、九〇条、一〇四条、一一五条二号であり、これらの実定規定によると、消滅説は成立せず、国税通則法九〇条、一〇四条、一一五条一項二号の諸規定を整合的に解釈するかぎり、通則法は併存説に立って立法されているように見られる。

このような裁判例・実務と学説との対立について、裁判例は、更正と増額再更正の一体的審理の必要に出ているものであり、学説は、通則法の関係規定をできるだけ矛盾なく統一的に理解しようとするものであると指摘されている。もっとも、塩野教授は、裁判例が通則法の制定後も一貫して吸収説を採っているのは通則法の理解を欠き、租税手続は専ら技術的観点から構成されてしかるべきものであるので問題があると厳しく批判されている（前掲塩野・判例評釈一五七）。

私は、更正と増額再更正の問題は、単に争訴手続上の擬性の問題ではなく、その背景に更正と増額再更正の相互関係をどう考えるかという租税手続上の効力（実体法の効力）の問題があり、これを争訟手続上にどう反映させるかということではないかと考えている。

2　その後の最判の動向とその先例性

このような学説と裁判例・実務の対立が見られる中で、最一小判昭和五五年一一月二〇判時一〇〇一・三一は、実務の大勢に沿い、「更正があったのちに増額再更正がされたことにより、当初更正の取消を求める訴えの利益はなくなる」旨の吸収説に立つ判断を下している。この判決に対し、園部裁判官は、「更正処分と増額再更正処分との関係に関する訴訟上の取扱いについては、諸説それぞれ長所と短所があり、実務上発生しうるすべての問題について的確に対応することはできない。いずれは、立法上行き届いた手当がされることを期待しなければならないが、それまでは、最高裁の判断は、実務上の指針となろう。最高裁は、この問題に関する争いに一応の休止符を打ったものである」とコメントされている。終止符とはいわず、休止符といっておられることが意味深長である。私も、国税通則法の関係規定を整合的に解釈できるのはやはり併存説であると考えるが、休止符であるとはいえ昭和五五年最高裁判決が出た現状では、理論的な当否はさておき、租税手続の運用面では当面この最判が交通整理をしたものと位置づけるできであると考える。しかし、吸収説は、所詮、増額再更正に対する訴訟を一体的審理をする要請に役立つための便宜的な見解に過ぎないものであるから、当初更正と増額再更正との関係についての訴訟上の取扱いを唯一のドグマとして実務上発生するすべての問題について画一的に処理をしようとすると破綻が生じることになる。この破綻が、本件の更正と義務的修正申告の相互関係にみられるのである。

3 更正と修正申告の相互関係

(一) 任意的修正申告と義務的修正申告

修正申告とは、申告や更正・決定を受けたのちに、申告や更正・決定にかかる税額が過少であることに気付いて、申告等の内容を自己に不利益に修正する内容の申告であるが（通則法一九条一項、二項）、修正申告には納税者が全く自主的に申告するもの（「任意的修正申告」という）と、本件で問題となっているように措置法で申告することを要求しているもの（「義務的修正申告」という）がある。義務的修正申告には、本件のように、特定の事業用資産の買換えの適用を受けた場合に、買換資産を一定期間内にその用に供さず、又は当該資産の取得価額が見積額に達しなかった場合に、その該当する事情が生じた日から四ヵ月以内に修正申告の提出を義額づけられているものであり（措置法三七条の二第一項、第二項）、このほかにも、所得税関係（措置法三三条の五第一項）、相続税関係（措置法三一条二項、七〇条一項、七〇条の三）にもみられる。義務的修正申告は、所定の期限内に修正申告が提出されたときに限って、通則法所定の期限内申告とみなされることになっている（措置法三七条の二第四項）。

(二) 先例の紹介

更正と修正申告の相互関係が取り上げられた先例として、次のものがある。

1 横浜地判昭和五八年四月二七日判時一〇九九・四二。更正は修正申告（任意的修正申告）に吸収されて消滅し、訴えの利益はないと判示している。

2　東京高判昭和六一年五月二八日判タ六三九・一四八。1の控訴審で、1の判示を引用しているが、当該修正申告が税務職員の誤った示唆ないし勧奨によってされた事情のもとでは、税務官庁側で訴えの利益の喪失を信義則上主張できないとして原判決を取り消して差し戻している。

3　東京地判平成三年四月二六日行集四二・四・六二二。この判決は、義務的修正申告に関する事案であり、吸収説に立ち訴えの利益を否定しているが、更正による増加分に対する延滞税の関係では、更正の取消を求める利益を肯定している（この判例評釈として、真柄久雄・判評四〇〇・二七、岩崎政明・自研六八・九・一〇九、小幡純子・ジュリスト一〇五六・一六六、青柳達朗・税通六四九・二七八などがある）。

㈢　本件判決の位置づけ

任意的修正申告については、増額再更正と同様に吸収説により統一的に考え、訴えの利益がなくなると考えて格別の支障はない。

しかし、義務的修正申告については、吸収説により統一的に考えることには疑問をもつ。

まず、義務的修正申告の場合、実務では、修正申告の記載事項である「その申告前の課税標準等又は税額等」の欄（通則法一九条四項一号）に、当該修正申告の直前の更正処分に係る額を記載することが求められ、更正処分に係る課税標準等、税額等に不服である場合でも、修正申告等のこの欄に当初の申告額（争いのない課税標準等）を記載することは許されないものとして運用されている。

私は、更正に不服のある場合は、修正申告のこの欄には、当初の申告額（争いのない課税標準等）を記載することを許すよう運用を改めるべきであり、本件のように更正を争っている場合は、更正取消訴訟はそのまま係属し、ただ修正申告をした範囲で更正の取消を求める範囲が縮減すると考えるのがオーソドックスな見解であると考える。

更正取消訴訟が係属しているときは、修正申告をしないで、更正取消訴訟の中で、更正申告すべき税額分だけ減額する方法を取るべきだという見解がみられるが（前掲横浜地判昭和五八年四月二七日、前掲東京高判昭和六一年五月二八日、水野勝『租税法』一四八頁)、この見解は前述した義務的修正申告の利益(期限内申告と扱われる利益)を奪うものであり、賛成できない。

前述したとおりオーソドックスな見解によると、修正申告の記載について実務の運用を改めることが必要になるが、改められるまでは、暫定的な処理として次のような解釈を提案したい。

本件事案のような義務的修正申告を行った場合に、納税者が更正を不服としているときには、修正申告書の提出によって更正を争う利益を喪失させる効果を一律に生じさせるのは不合理である。また更正に不服のある場合は、例外として吸収説ではなく、併存説を採り、判決が確定したときは修正申告に対する更正の請求(通則法二三条二項一号)を認めようという見解があるが(前掲真柄・評釈一七六)、審理の統一を混乱させ、納税者に負担を負わせることになるので、賛成できない。私の提案は、納税者が更正に不服がある場合は、同じように吸収説に立ちながら義務的修正申告を増額再更正と同視し、義務的修正申告の取消訴訟(争いのない課税標準等を上回る部分の取消訴訟)を認めるようにすべきではないかということである。

義務的修正申告は、法規によって申告を強制しているものであるので、これを増額再更正と同視しても格別の違和感はないのではないか。

義務的修正申告と増額再更正を同視することにより、吸収説に立って統一的に理解し、義務的修正申告の取消訴訟へ訴えの変更を認めることにより、納税者の救済の途を奪うことなく解決できるのではないかと考える。

本件判決や上告審判決が、義務的修正申告の特色を理解せず、義務的修正申告がされた場合も、更正の取消を求める利益を否定し、何ら救済策も示していないのは説得力を欠く判決と言わざるをえない。就中、最高裁が、これ迄見解が分れ難問題が投げかけられていた「更正後に義務的修正申告がされた場合の更正を争う訴えの利益」に関する争点について、折角最高裁の審理の俎上に上ったというのに、これを僅か一行の判断で上告棄却としているのは承服できない、残念なことである。

4　その他の論点

㈠　これまでの先例も、修正申告があると更正の取消を求める訴えの利益の方は否定するが、過少申告加算税賦課決定の取消を求める訴えの利益は肯定している。本件のように本税の課税を違法と判断しながら、本税を変更することをしないで加算税だけを取り消しているのは不合理なことである。

私見では、義務的修正申告取消訴訟と過少申告加算税賦課決定取消訴訟について訴えの利益を肯定し、本税が違法であるときは、本税と共に加算税賦課決定も取り消すということになる。

㈡　延滞税は、申告や処分がなく自動的に発生・確定するものであるので、延滞税の決定の取消を求める訴えの利益は肯定できない（同旨、新潟地判昭和五四年三月一二日訟月二五・七・一九六七）。本税が取り消されると直接延滞税の還付請求をすることになり、また延滞税の納税義務の存否について疑いがある場合には延滞税納税義務の不存在確認訴訟を提起することになる。

㈢　実体判断での争点は、所得税法六四条二項の適用の有無である。

第二審で、Y署長は、XのD・E農協からの借入金について、「Xは形式上は保証人となっているが、実質上は債務者であり、租税回避目的で法形式を濫用したものである。」と主張したが、二審判決も、本件借入金の全部についてはXは主債務者ではなく、保証人であると認定している。法形式の濫用という主張は、通謀虚偽表示であるというのか、無効行為の転換をいうのか趣旨不明であるが、Xが保証人かどうかは事実認定に帰する問題であり、法形式の濫用論を持ち出しているのは理解できない。本件判決（二審判決）は、Xを保証人であると認定したうえで、法六四条二項について「保証人が保証契約の締結時に主債務者に対して求償権を行使することが不可能であることを確実に認識していたときは、その実質は主債務者に対し一方的に利益を供与するものにほかならないので、法六四条二項を適用すべき場合に該当しない。」と適用要件を解釈上創造し、3ないし5の借入金については、一審判決と判断を異にして右認識があったということで、法六四条二項の適用を否定している（同旨、名古屋地判昭和五五年一〇月二七日

16 (1) 更正後に修正申告がされた場合の更正の取消を求める訴えの利益（消極）
(2) 譲渡所得の特例（所得税法 64 条 2 項）の適用を一部肯定して過少申告加算税賦課決定の一部を取り消した事例

訟月二七・二・三九八、大阪地判昭和五六年六月二六日行集三二・六・九七二など）。保証人が将来求償権の回収ができないことを予測していたとしても、結果として求償権が回収できないときは（債務免除とは異なる）、法六四条二項の適用を肯定すべきであり、本件判決が法六四条二項についてその適用を絞るような要件を創造している点も疑問をもつ。

（注） 更正と減額再更正についての紹介は、ここで割愛した。これについても同様に諸説に分れていたが、最二小判昭和五六年四月二四日民集三五・三・六七二は、減額再更正は当初更正とは別個独立の処分ではなく、その全部又は一部の取消処分であると解している。

（ジュリスト一〇七三号、一九九五年）

17　駐留米軍用地として一〇年間の強制使用裁決がされたことに伴い国から受領した損失補償金の所得計上時期

那覇地裁平成六年一二月一四日民事一部判決、平成三年(行ウ)三号
所得税不更正処分取消請求事件――認容（控訴）
判例時報一五四一号七二頁

一　事　実

X_1X_2夫婦の所有土地を駐留米軍用地として使用するため、「日本国とアメリカ合衆国との間の相互協力及び安全保障条約六条に基づく施設及び区域並びに日本国における合衆国軍隊の地位に関する協定の実施に伴う土地等の使用に関する特別措置法」（以下、同法を、米軍用地収用特措法」という）に基づいて、沖縄県収用委員会は昭和六二年二月二四日次の内容の強制使用裁決を行った。

(1)　土地の使用方法　駐留米軍用地として使用する。
(2)　土地の使用期間　権利を取得する時期から一〇年間
(3)　損失補償金　X_1に対し九、四五九万二、七二八円
X_2に対し二、二九〇万六、六九二円
(4)　権利の収得時期　昭和六二年五月一五日
(5)　明渡しの時期　昭和六二年五月一五日

このような強制使用裁決がされたことに伴い、X_1X_2は、昭和六二年三月二五日国から右損失補償金の全額を受領し

た。

X_1X_2は、本件損失補償金（以下「補償金」という）の全額を昭和六二年分の不動産所得としてそれぞれ所得税の確定申告をしたところ、Y税務署長は、本件補償金の全額が昭和六二年分の不動産所得となることを前提としたうえで、合算課税（所得税法九六条ないし一〇一条。昭和六三年法律第一〇九条により削除。所得税法を以下単に「法」という）[1]と平均課税（法九〇条）[2]の規定を適用して更正処分及び過少申告加算税の賦課決定を行った。これに対し、X_1X_2は、本件補償金は一〇年間の土地の使用に対する対価であるので、昭和六二年中の対価だけが昭和六二年分の所得であるとした更正の請求（国税通則法二三条一項）をしたのに対し、Y署長は、更正をすべき理由がない旨の通知（以下単に「通知処分」という）をした。それで、Xらは、所定の異議申立て及び審査請求を経たうえで、この通知処分の取消訴訟を提起した。本件は、通知処分の取消訴訟である。本件訴訟の事件名として、「所得税不更正処分取消請求事件」という事件名が付されているが、これは正確ではなく、正確にいうと、「所得税（更正の請求に対する棄却）通知処分取消請求事件」である。

二　判　旨

請求認容。

「本件補償金は、Xらがその所有する土地を一定期間国に使用させるという役務を提供することにより、その期間に対応する対価として支払われたものであり、すなわち土地使用の対価であると解すべきである。

したがって、本来Xらに対する補償金はXらの役務の提供をまってはじめて収益が発生し、使用期間が経過するにしたがって発生していくものであり、また、その時点で権利が確定していくと解すべきである。ところで、本件において、Xらが補償金を現実に受領した時点では、Xらの役務の提供（国に土地を使用させること）を全く行っておらず、Xらは、いまだ役務を提供していない段階で、その対価を先に受領したものである。……したがって、Xらの昭和六二年分の所得は、同年一二月三一日において、使用期間が経過し、実際に使用された同年五月一五日から同年一二月三一日までの期間に対応する金額が計上され、昭和六三年一月一日以降の期間に対応する補償金は、土地使用という役務の提供の対価の前受金たる性格を有するものと解すべきである。……継続的な役務の提供に対する収益については、役務の提供に応じて収益が発生するのであるから、本質的には、発生主義、実現主義の観点からみれば、合理的な企業会計基準としての時間基準が妥当するところである。……以上から明らかなように、本件補償金について、その全額を昭和六二年分の所得として計上することは、収入金額の計上時期を誤ったものであり、許されない。」

三　評　釈

判示の結論には賛成。ただし理論構成は整合性を欠き、整理する必要がある。

1　争点の整理

本件の主たる争点は、本件補償金をいつの年度分の所得として計上すべきか（収入金額の計上時期）であるが、このほかに、本件補償金の法的性質とその所得区分、合算課税の適用の可否、平均課税の適用の可否が争われている。しかし、判決は、後者の二つの論点については判断をしていないので、本稿も裁決所が判断している論点に絞って検討をすることにしたい。

2　本件補償金の法的性質とその所得区分

所得税は、原則として総合所得方式を採っているが、所得の担税力に違いがあることから、所得を一〇種類に区分し、所得ごとに所得の金額を計算することにしている（法二一条一項一号）。

Xらは、本件補償金は、強制使用裁決によって提供した使用権の対価に該当し、その対価がその土地の価格（更地の時価）の二分の一を超えているので譲渡所得に区分され（法三三条一項、法施行令七九条）、所有期間が一〇年を超えているので長期譲渡所得として課税されるべきであると主張している。

これに対し、Y税務署長は、本件補償金は使用の対価の性質を有するものでないが、不動産所得の補償として支払われたものであるので、不動産所得に類する所得であると主張している。

この点は、判決のいうとおり、本件補償金は、米軍用地収用特措法により所有権の承諾の有無を問わず国が強制的に一定期間（本件は、一〇年）にわたり使用権を設定し、右使用期間に対応する対価として支払われたものであり、補償金という名称が使われているが、土地使用の対価そのものであるといえる。この点で、Xら（Xらのように契約により軍用地を提供しない地主を反戦地主と呼んでいる）が受額した本件補償金は、他の地主（契約地主）が賃貸借契約に基づいて駐留米軍に軍用地を賃貸して受領している地代とその法的性質は全く同じである。それで、本件補償金は、不動産を他人に使用させることによる所得であり、不動産所得（法二六条）と区分されるものである。

ところで、他人に土地を長期間使用させ、建物若しくは構造物の所有を目的とする借地権の設定に当たるもので、対価の金額が土地の金額の二分の一を超えるときは譲渡所得と区分することにしているが、立法の経過からみても、この対価とは使用料以外の権利金（いわゆる上土権の譲渡の対価）をいうものであり、使用料を前受金として受領しているときはこれに該当せず、また本件土地は空対地射爆訓練場用地として使用に供されたものであり、一部に管制塔や建造物があっても「建物あるいは構築物の所有を目的」として使用に供されたものとはいえないので、譲渡所得に区分する余地はない。

3　収入金額の計上時期の基準

所得税の課税対象である所得は、原則として収入金額から必要経費を控除して算出され、不動産所得もこの原則によることになっている（法二六条二項）。

ところで、所得税の課税対象である所得は暦年ごとに区切って計算することにしているので、どの年度の所得に計上するかということは、所得計算では重要なことである。

所得の計算にあたって、収入金額、必要経費ごとにその計上時期が問題となるが、収入金額に関して、所得税法は、ただ「その年において収入すべき金額を計上する」と定めているだけで、計上時期に関して基準を定めていない。この規定から、所得税法は「収入した金額」を計上すると定めていないので、現金主義を採用していないことだけは明らかである。現金主義を採用していない主な理由は、今日の経済取引において信用取引が支配的であることによると解されている。しかし、「収入すべき金額」とは何をいっているのか不明確であり、計上時期の基準を定めていないのに等しく、計上時期についてはもっぱら法律解釈にまかされている。

判決は、古くから繰返し「収入すべき金額」とな「権利の確定した金額」をいうのだという解釈を示し（最決昭和四〇年九月八日刑集一九・六・六三〇、最判昭和四〇年九月二四日民集一九・六・一六八八、最判昭和四九年三月八日民集二八・二・一八六、最判昭和五三年二月二四日民集三二・一・四三、最判平成五年一一月二五日民集四七・九・五二七八など）、収入金額の計上時期の基準として「権利確定主義」を道具概念として使っている。

しかし、権利確定主義にいう「権利の確定」とはどの時点のことをいうのか明確ではない。農地の売買を例に挙げると、売買契約の日か、知事等の移転の許可を受けた日（所有権の移転の日）か、農地の引渡の日か、代金の決済の日か、所有権の移転登記の日か明確ではない。実務でも、昭和二五年のシャウプ勧告による所得税法の全文改正に伴い制定された所得税法基本通達（昭和二六年直所一―一）では、「収入金額とは、収入すべき金額をいい、収入すべき金額とは、収入する権利の確定した金額をいう。」として、収入金額の計上時期の基準として「権利確定主義」を示し、各種所得について具体的にその「権利確定時期」の解釈を示していた（同通達一九四―二〇四）。この通達の内容を詳しく紹介することは省略するが、不動産所得については、「原則としてその支払期」と定められていた。この通達で示された「権利確定主義」は、突然打ち出されたものではなく、戦前からの税務処理を継承し、その延長線上でその考え方を純化、明確化するとともに、各種所得にわたって体系化したものであるといわれている。そして、「権利確定主義」という形で割り切った理論的根拠としては、会計学でいう「発生主義」、「実現主義」の考え方と無縁のものではないが、「発生主義」、「実現主義」といってもその内容が明確でなく、税務執行上の要請として統一的な明確な基準を示す必要があったことから、法的な効果と結びつけること（リーガル・テスト）を適当とし、統一的基準として「権利確定主義」という法的基準が相当と考えられたことによるといわれている。そこでは、「権利確定主義」は、「発生主義」、「実現主義」と別個のものをいっているのではなく、その一形態であり、リーガル・テストの側面を捉えたものと説かれていた。(3) そして、右通達では、不動産所得については原則としてその支払期を「権利確定の時期」とし、会計学上の「発生主義」、「実現主義」の下で地代、家賃などの計上時期の基準としている「期間対応基準」（本判決でいう「時間基準」）を採用せず、この点で法人税の税務執行とも異なっていたことが注目されていた。

ところで、昭和四〇年に所得税法の全文改正があり、昭和四五年に所得税法基本通達も全面改訂され（同年直審（所）三〇）、この新通達は、収入金額の計上時期に関する項目に根本的な改訂を行い、旧通達で根幹として採用していた「権利確定主義」を改めたとみられている。新通達では、「権利確定主義」に代わる原則的基準を明示せず、各種所得ごとに収入金額の計上時期を個別的に詳細に示すことにしている（新通達三六―二～三六―一四）。

旧通達では、まずはじめに「権利確定主義」という統一的基準の設定があり、それに合せて各種所得ごとの具体的基準が定められていたのに対し、新通達は、統一的基準を設定せず、個別的に各種所得や取引態様に応じて基準を定めており、企業会計でいう「発生主義」、「実現主義」を柱として収入金額の計上時期の枠組みを作り、その枠組みの範囲内で納税者の選択を認めることに改めたといえる。つまり、新通達は、事業所得については、企業会計上の基準を大幅に取り入れ、「発生主義」、「実現主義」の基準となっている「引渡基準」、「役務完了基準」、「部分完成基準」、「期間対応基準」などを採用することを定め、それらと整合性をもたせるように、不動産所得についても、従来の「支払期基準」のほかに「期間対応基準」の選択を認めることにしている。不動産所得について正確にいうと、原則的な基準としては、旧通達どおり支払日が定められているものについては「支払期基準」によることにしているが（新通達三六—五）、個別通達（昭和四八年直所二—七八）で、一定の条件（一年を超える期間にかかる賃貸料収入については、その前受収益または未収収益についての明細書を確定申告に添付していることなど）の下で、「期間対応基準」の選択を認めているので、要するに、「支払期基準」と「期間対応基準」の選択を納税者に認めることにしているといえる。(4)

4 「権利確定主義」に対する批例

本判決を含めこれまでの裁判例は、収入金額の計上時期の基準として「権利確定主義」を踏襲しているが、判決が拠り処としていたと思われる旧通達が全面改訂され、通達から「権利確定主義」という基準が姿を消し、梯子が取り払われた形になっているので、裁判例が旧態のままであることが奇異な状況となっている。

所得税の基本通達が全面改訂されたのは、旧通達が考えていた「権利確定主義」が破綻したからというのが大方の見方であり、実際には旧通達の基準は新通達に先き立って廃止され、通達がブランクであった期間もあったといわれている。

本判決が、判断の前半の部分で、従来どおり「権利確定主義」を踏襲し、権利の確定した時期は、財貨の譲渡や役務の提供などによる債権が確定した時期であるとし、本件補償金の支払期は昭和六二年中であったと認定しながら、判断の後半の部分になって、本件補償金は、使用期間が経過するにしたがって発生していくものであり、その時点で権利が確定していくとし、昭和六三年一月一日以降の期間に対応する補償金は、土地使用という役務の提供の対価の前受金であると解している。しかし、「権利確定主義」を基準とすると、強制使用裁決により補償金債権が確定した日か、その支払期が計上時期となるものと考えられるが、判断の途中で「期間対応基準」の合理性・妥当性を認めこれにスイッチして結論を引き出しているのは論理的には整合していないもので、「権利確定主義」の破綻を示した形になっているといえる。また、本判決は、本件補償金について、敷金、保証金と同様に、使用期間が経過し返還を要しないことが確定したつど収入金額に計上することになるというが、強制使用裁決が確定しているのに補償金債権が確定していないというのは説得力を欠いている。

賃料増額請求が賃貸人・賃借人間で争われている事案で、増額賃料の計上時期が争われた重要な先例がある。この事件で前掲最判昭和五三年二月二四日は、収入金額の計上時期について「権利確定主義」が採用されているものとしながら、「収入の原因となる権利が確定する時期はそれぞれの権利の性質を考慮し決定されるべきであるが、賃料増額請求にかかる増額賃料債権については、それが賃借人により争われた場合には、原則として、右債権の存在を認める裁判が確定した時にその権利が確定するものと解するのが相当である。……また賃料増額の効力が争われている間に賃貸借契約が解除されたような場合における原状回復義務の不履行に基づく賃料相当の損害賠償請求権についても右と同様に解するのが相当である。……旧所得税法がいわゆる権利確定主義を採用したのは、課税にあたって常に現実収入のときまで課税することができないとしたのでは、納税者の恣意を許し、課税の公平を期しがたいので、徴税政策上の技術的見地から、収入の原因となる権利の確定した時期をとらえて課税することにしたものであることにかんがみれば、増額賃料債権又は契約解除後の賃料相当の損害賠償請求権についてなお係争中であっても、これに関しすでに金員を収受し、所得の実現があったとみることができる状態が生じたときは、その時期の属する年分の収入金額として所得を計算すべきは当然であり、この理は、仮執行宣言に基づく給付として金員を取得した場合についてもあてはまる……。」と判示している。

また、利息制限法超過の利息・損害金の計上時期について、最判昭和四六年一一月九日民集二五・八・一一二〇は、約定の履行期が到来しても未収であるかぎり法律の保護がなく、「収入金額の蓋然性」があるとはいえず、その時点では「収入すべき金額」には該当しないが、それが当事者間で約定の利息・損害金として収受され、しかも貸主が従前どおり元本が残存するものとして取り扱っている場合には、貸主の収入金額として計上すべきことになると判示している。

昭和四六年判決は違法所得についてであるが、「権利確定主義」とは異なる基準（「管理支配基準」）を掲げていることが注目される。

昭和五三年判決は、従来どおり「権利確定主義」という枠組みを立て、この枠組みの中で、権利の確定に先行して金員を受領しているときには、その受領の年分の収入金額として計上すべきであるということで、計上時期に時間的な幅を認めながらも納税者の選択の余地を認めず計上時期を決めることにしている。ここでも納税者の選択（裁判による債権の確定時期とするか、仮執行宣言による金員の受領時とするかの選択）が当然に許されてよいのではないかと考える。この判決では、権利の確定時よりも金員の受領時が先行している場合は、金員の受領時が収入金額の計上時期となることは当然のことであるとしているが、権利の存否が不確定であるのに受領時が当然に計上時期となるというのは背理である。本件に昭和五三年判決を当てはめると、補償金（使用料の対価）を受領している以上、当然に受領時の年分の収入金額に計上すべきであるということになってしまうが、前述のとおり「権利確定主義」が論理的に破綻してしまっていること、使用料の対価の法的性質をもつものについては「期間対応基準」を選択できる余地を認めるべきことから考えて、これ迄の裁判例の先例性については再検討が必要となっている。

5　本件補償金の計上時期

収入金額の計上時期について、前述したとおり、所得税法は、「その年において収入すべき金額を計上する。」と定めているだけで、基準を定めず、もっぱら解釈に委ねている。

旧通達や裁判例では、収入金額の計上時期の基準として「権利確定主義」を採用していたが、事業所得や不動産所得についても合理性・妥当性を欠き、この基準を硬直的に適用することに破綻を来たしている。この点で、参考となるのが、前述した新通達で採用している選択主義であり、不動産所得についていうと、「支払期基準」と「期間対応基準」との選択を納税者に認めようという枠組みである。

本件の経過は、昭和六二年二月二四日の強制使用裁決により、土地の使用期間を一〇年間、権利取得の時期を昭和六二年五月一五日などとし、Xらは昭和六二年三月二五日に一〇年間の損失補償金の全額を受領したというものであるが、本件補償金の法的性質は、前述のとおり一〇年間の土地の使用の対価であり、不動産所得に区分されるものである。

所得税法が定めている「収入すべき金額」の解釈適用をめぐって、本件のように強制使用裁決があり土地使用の対価とみられる補償金を受領しているとすると、その受領日（「支払期基準」）により計上するのが原則であり、また昭和六二年分以降の分を前受金とみることはできないという立論も成り立つと考えられるが、一方で、「収入すべき金額」の解釈として、継続的な役務の提供に対する対価である賃料などについては、期間計算の方法により収入金額を計上するという考え方、すなわち「期間対応基準」も合理的な解釈として可能であり、むしろこの基準を適用した方が妥当な場合が多いといえる。現行の税制の中に平均課税という制度があり、臨時所得を五年間にわたって平準化し、臨時所得について累進税率の適用を緩和する措置が設けられているが、賃料については本来「期間対応基準」の適用が許されてよいものであるので、平均課税の制度があるということは、不動産所得について「支払期基準」を硬直的に適用してよいという根拠とならない。

本件補償金については、納税者に「支払期基準」と「期間対応基準」の選択が認められるべきものであり、税務執行上も新通達のもとではこの選択を認めている。この点で、本件でのY税務署長の対応は通達と適合したものではなく、平等原則からいって疑義をもつ（もっとも、納税者が選択権を行使せず無申告であるときには、この選択権は税務署長側に移ると考えられる）。

6　本件判決の位置づけ

本件判決は長文のものであるので、ここでは要点だけを紹介し大部分を省略しているが、争点については丁寧に詳しい判断をしているもので、検討の素材を提供しているという点では貴重なものである。しかし法解釈の整合性、説得力という点では、特に先例として有意義なものとはいえない。

本判決は、反戦地主と契約地主との間の課税の公平を配慮していることが判決文の随所ににじんでおり、結論の妥当性を求めているということは十分に評価できるが、論理の整合性を欠き強引に結論を導いているという印象を与える判決となっている。

私も、この判決の結論は正当であると考えているが、収入金額の計上時期について、前述したとおり整合性のある解釈が可能であったといえる。

私のような立論をすると、本件で問題となるのは、Xらが確定申告では「支払期基準」を選択して本件補償金の全額を六二年分の所得として一旦申告をしておきながら、後日「収益対応基準」の適用を受ける方が有利であるということで、選択の変更を理由として更正の請求（国税通則法二三条一項）をしているが、このような選択の変更ができるかという難しい問題の壁にぶつかることになる。

この点について、医師の社会保険診療報酬について、重要な先例として最判昭和六二年一一月一〇日判時一二六一・五四がある。この判決は、医師の社会保険診療に係る必要経費の計算に関して、確定申告では租税特別措置法所定の概算控除額により申告したが、申告後になって個々の経費の積み上げに基づく実額計算の方が有利であることが判明したとして更正の請求を行い、更正すべき理由がない旨の通知処分を受けたので通知処分の取消を求めた事案について、「概算による経費控除の方法により所得を計算するか、あるいは実額計算の方法によるかは、専ら確定申告時における納税者の自由な選択に委ねられているということができるのであって、納税者が概算経費控除の方法を選択して確定申告をした場合には、たとえ実額計算をした場合に比較して不利となったとしても、納税者としてそのことを理由として更正の請求をすることはできない。」と解している。もっとも、その後に出た最判平成二年六月五日民集四四・四・六一二は、同じ医師の概算経費控除に関して、「概算経費の方法を選択した申告が錯誤に基づくものであり、修正申告をするに当たり修正申告の要件を充たす限りにおいては、確定申告における必要経費の計算の誤りを是正する一環として、錯誤に基づく概算経費選択の意思表示を撤回し、実額経費を必要経費として主張できる。」と判示し、確定申告の計算が錯誤による場合は選択の撤回の余地を認めている。計算を誤っている場合は、選択に錯誤があったといえる場合が多いのではないかと考えられる。

本件は、必要経費の問題ではなく、収入金額の計上時期の問題であるが、右六二年判決を厳格に適用すると、計上時期の選択の誤りを理由として更正の請求をすることはできないということになるが、執者は、国税通則法二三条一項所定の更正の請求は更正の理由を限定していない制度になっていることからいって、選択権の行使を余り厳格にいうべきではなく、計算の錯誤があったといえる場合には、選択権の錯誤を理由とする更正の請求を認めるのが正当ではないかと考えている。それに、本件のように、反戦地主と契約地主との課税の平等（公平）を考慮すべき事案では、この見地からいっても、選択の誤りを理由に更正の請求を認めるべき事案ではないかと考える。本件は、Y税務署長側から控訴されているが、この点が控訴審の争点として追加されることが予想される。

（1）　わが国の所得税制は、原則として個人を課税単位（稼得者単位課税制度）としているが、例外的に同一世帯に属する者の資産所得については、世帯単位で課税する方式を採用していた。これを、一般に「資産所得の合算課税制度」と呼んでいた。沿革的には、シャウプ勧告により、従来の家族単位の課税廃止して個人単位の課税が採用されたのであるが、この改正に伴う調整として資産制度の合算方式が取り入れられたものである（資産合算制度の合理性が争われたが、神戸地判昭和五一年三月三一日行集二七・三・四七二などの裁判例は、憲法違反ではないと判示している）。しかし、税務行政上の理由から昭和二六年に一旦廃止され、昭和三二年に復活して昭和六三年分まで存続したが、昭和六三年一二月に消費税の導入を含む税制改革にあたって、所得税の税率が一〇％から五〇％までの五段階の累進税率とされ累進度が大幅に緩和された際に廃止され、今日に至っている。

（2）　所得税法は、変動所得（法二条一項二三号）及び臨時所得（法二条一項二四号）について、累進税率による所得税及び住民税の負担の緩和を図る見地から、五年間にわたって平準化する方策として平均課税という制度を採用している

（法九〇条、地方税法三六条、三二四条の四）。本件で、Y税務署長は、本件補償金を右臨時所得に該当するとしたうえで平均課税の規定を適用して更正処分をしているが、Xらは平均課税の適用以前の問題として、一〇年分の本件補償金のうち昭和六二年分の対価相当だけが六二年分の収入金額に計上されるべきであるとして争っているものである。

（3） 収入金額の計上時期に関する詳細な研究として、植松守雄「収入金額（収益）の計上時期に関する問題――権利確定主義をめぐって」租税法研究八・三〇、田中治「税法における所得の帰属年度――権利確定主義の論理と機能」大阪府立大学経済研究三二・二・一六一、金子宏「権利確定主義は破綻したか」日税研論集二二・三。

（4） 山田二郎『税法講義1第二版』七〇頁、清永敬次『新版税法（全訂）』九七頁。

（判例評論一五五号、一九九六年）

［追記］ 本件について、福岡高判平成八年一〇月三一日行集四七・一〇・一〇六七、判タ九二九・一五一が出ている（上告）。同判決は一審判決を取り消し、$X_1$$X_2$原告ら、被控訴人らの請求を棄却して原処分を支持したものとなっている。しかし、私は、本件損失補償金の計上時期（帰属年度）について本件損失補償金は実質的に賃料であることからいって、期間対応基準によって計上時期を決めるべきであると考えている。

18 政党への遺贈について「みなし譲渡所得」が発生したとされる事例
――野呂栄太郎記念塩澤学習館事件

東京地裁平成一〇年六月二六日判決、平成八年(行ウ)一〇九号
課税処分取消請求事件――確定
判例時報一六六八号四九頁、訟務月報四五巻三号七四二頁
〔参照条文〕所得税法五九条一項、租税特別措置法四〇条、四一条の一六（現行法四一条の一七）、民法九六四条、九九〇条、国税通則法五条

一　事実

Aはマルクス経済学者で戦前の日本共産党の中央幹部でもあった野呂栄太郎（昭和九年二月一九日品川警察署で獄死）の妻であるが、平成二年一二月二四日、「1　A所有の土地のうち特定部分については妹Bに譲ります。2　第一項を除くA所有のすべての不動産及び野呂栄太郎（記念塩澤）学習館に納められている書籍や野呂栄太郎の手紙などは、すべてX（日本共産党）に寄付します。なお、Bが第一項の土地を実質的に取得できるようにXにおいて十分配慮されるようお願い申し上げます」旨の自筆証書遺言書を作成した（以下右遺言を「本件遺言」、本件遺言によるXに対する財産の遺贈を「本件遺贈」という）。そして、Aは平成三年三月二〇日死亡したので、本件遺贈の効力が発生した。Xは大正一一年に創立された政党であるが、政党法人格付与法に基づき平成七年四月一二日に登記し法人格を取得する以前は、法人格なき社団にあたるものであった。所得税法（以下同法を「法」という）では人格なき社団を法人とみなすことにしている（法四条）。

Y署長は、右事案につき、平成六年一〇月七日AからXへの遺贈についてAに法五九条により「みなし譲渡所得」が発生したとし、また本件遺贈は、Bへの特定遺贈をした残余財産について、Xへの包括遺贈をしたものであると認定し、包括受遺者であるXは国税通則法五条によりAの右租税債務を承継したとして、政治資金規正法三二条の二、租税特別措置法（以下同法を「措置法」という）四一条の一六（平成六年法律第四号による改正後は措置法四一条の一七）による寄付金控除をしたうえで、Xに対し納付すべき税額を一億三、〇〇三万余円とする平成三年分の無申告決定及び右税額に対する無申告加算税賦課決定をした（右無申告決定は、平成七年六月五日に一億二、二九九万余円に職権で減額になっている）。Xが異議申立て及び審査請求を経て、右課税処分の取消しを求めたのが本件訴訟である。

本件の争点は、①本件遺贈は措置法四一条の一六、四〇条などに規定している非課税事由に該当するか、②本件遺贈は特定遺贈か包括遺贈か、Xは包括受遺者としてAの租税債務を承継するか、である。

二　判　旨

請求棄却。

「政治資金規正法は……政治活動の公明と公正を確保し、もって民主政治の健全な発展に寄与することを目的とするものであり（同法一条）、Xが指摘する同法二条は、同法の運用が、政治資金の拠出に関する国民の自発的意思を抑制することのないように、適切になされなければならない旨を規定したにとどまり、政治資金への拠出について課税問題を生じさせない旨を規定するものではないから、本件土地等の遺贈につき、みなし譲渡所得課税を適用することが、政治資金規正法の趣旨に反するということはできず、Xが指摘する相続税法上の非課税措置は、受遺者、受贈者たる政党の取得した資産に係る相続税、贈与税課税の問題であって、遺贈者、贈与者のもとに存したキャピタル・ゲインに係るみなし譲渡所得課税とはその適用場面を異にするものというべきである。また、措置法四一条の一六の規定は、本件決定においても適用されるものであるが、政治資金への支出金を特定寄付金とみなして、その一定割合

（所得税法七八条、措置法三一条五項二号）に相当する額を総所得金額等の算出過程におけるみなし譲渡所得課税の適用を排除するものではないから、右規定の存在をもって、右規定が定めている寄付金控除を超えて、個人による政党に対する政治献金の性質を有する遺贈について、みなし譲渡所得課税が許されないとの結論を導くことはできないものというべきである。」

「措置法四〇条は、国等に対して財産を寄付した場合の譲渡所得等の非課税を規定するものであり、その場合の贈与等の相手は国、地方公共団体のほか公益法人等が含まれるが、公益法人等については、国税庁長官の承認が要件とされる。……措置法四〇条一項が規定する公益法人等は、同条項上、『法人』であることとされており、措置法には、所得税法四条のように、人格のない社団等を法人とみなして措置法を適用する旨の規定は存しないのであるから、措置法四〇条一項の文理に照らして、AからXに対する本件土地等の遺贈が効力を生じた平成三年三月二〇日当時、未だ、法人格なき社団であったXが、措置法四〇条一項に規定する公益法人等に該当するものとはいうことはできない。……なお、仮に、本件土地等の遺贈につき、措置法四〇条一項の適用の余地があるとしても、本件遺贈につき、措置法令二五条の一五第一項に規定する申請書が提出されていないことは当事者間に争いがないのであるから、いずれにしても、措置法四〇条一項の適用はないものというべきである。」

「遺言者がその財産の全部についての処分権に基づいて包括遺贈をすることができることに照らせば、その財産の一部を特定遺贈又は分割方法の指定により特定人に取得させることとした上、相続開始により権利の移転を生ずる右特定遺贈又は分割方法の指定に係る特定財産を除く相続財産につき、積極財産のみならず消極財産を包括して、遺贈の対象とすることも可能というべきであり、この場合には、『財産の一部』についての遺贈であるが、当該財産の範囲で、受遺者は被相続人の権利、義務を包括的に承継することになるから、『特定財産を除く相続財産（全部）』という形で範囲を示された財産の遺贈であっても、それが積極、消極財産を包括して承継させる趣旨のものであるときは、相続分に対応すべき割合が明示されていないとしても、包括遺贈に該当するものと解するのが相当である。……本件遺贈が、包括遺贈の趣旨でなされたものであるか否かを検討するに当たっては、本件遺言者の文言その他諸般の事情から、遺言者であるAの意思を解釈すべきところ……本件遺贈は、包括遺贈の趣旨でなされたものと認めるのが相当である。」

三　評　釈

結論は賛成であるが、判決理由には疑問がある。

1　「みなし譲渡課税」の立法経緯と規定の内容

譲渡所得（法三三条）の課税根拠は、資産の増加益の清算課税であると解されている（最判昭和四七年一二月二六日民集二六・一〇・二〇八三、最判昭和五〇年五月二七日民集二九・五・六四一）。

「みなし譲渡課税」は、シャウプ勧告の「生前中であると死亡によるとを問わず、資産が無償移転された場合、その時までにその財産につき生じた利得又は損失は、その年の所得税申告書に計上しなくてはならない」という課税理論（シャウプ使節団・日本税制報告書第一編第五章B節）を受けて、昭和二五年の改正所得税法で、相続・遺贈又は贈与により資産の移転があった場合には、その時の時価により譲渡があったものとして譲渡所得の課税を行うことにしたものであり、これを「みなし譲渡課税」と呼んでいる。しかし、相続時の「みなし譲渡課税」は、重い相続税の負担の上にさらに負担を加重することになり、また現実に金銭化されていないのに課税するということは理解が難しいということで、昭和二七年の改正所得税法では、相続及び相続人に対する遺贈による財産の移転については「みなし譲渡課税」を行わないことに改め、昭和三二年の改正所得税では、この除外措置（換言すると、取得価格の引継ぎの措置）は包括遺贈及び相続人に対する死因贈与についても拡張されることになっている。

昭和三七年の改正所得税法で、個人に対する遺贈、贈与、低額譲渡について、贈与等をした者が税務署長に対し、

「みなし譲渡課税」を受けない旨の届出をすることにより、その課税を受けないことができるようになっている。そして昭和四八年の改正所得税法では、届出を不要とし、原則的に「みなし譲渡課税」の適用を止め、法人に対する贈与のほか、限定承認に係る相続等のごく例外的な場合（取得価格の引継ぎがない場合）に限って「みなし譲渡課税」を残す制度となり、これが現行の法五九条に引き継がれている。シャウプ勧告で提唱された「みなし課税所得」の課税理論は痕跡をとどめるだけのものになっているといえよう。

本件で、Xが政党法人格付与法により平成七年四月一二日に法人格を取得する以前は人格なき社団であり、法四条で所得税法では法人格なき社団を法人とみなすとしていることを前提とすると、AからXに対する本件遺贈は一応「みなし譲渡課税」の適用を受けるということにならざるをえない。

2　政党に対する寄付（遺贈を含む）は、政治資金規正法、措置法四一条の一六による寄付金控除の制度趣旨からいって非課税か

政治資金規正法は、議会制民主政治の下における政党等の機能の重要性にかんがみ、民主政治の健全な発達に寄与することを目的とするものであり（同法一条）、政治資金の拠出に関する国民の自発的意思を抑制することがないように適切に運用されなければならないとしている（同法二条）。同法の目的、基本理念を受けて、同法三二条の二には、個人が政治活動に関する寄付をした場合について、措置法で課税の特例を定めることにしているのであり、それが措置法三九条（相続財産に対する課税の特例）、四〇条（国等に対して財産を寄附した場合の譲渡所得等の非課税）、三一条五項二号（特定寄附金の所得控除）、四一条の一六（税額の特別控除）等の諸規定である。本件判決の判示のとおり、これらの課税の特例を超えて、個人による政党に対する政治献金の性質をもつ遺贈について非課税と解することはできない。

3　政党に対する遺贈が措置法四〇条により非課税となるか

措置法四〇条は、国、地方公共団体のほか公共法人等に対して財産を寄付（遺贈を含む）した場合の譲渡所得（みなし譲渡所得」を含む）の非課税を定め、公益法人等に対する場合については国税庁長官の承認を要件としている。

本件判決は、本件遺贈の目的の公益性について実質的な判断に立ち入ることなく、措置法四〇条一項に規定する公益法人等は、「法人」であることとされており、措置法には法四条のように人格のない社団等を法人とみなして措置法を適用する規定は存しないから、措置法四〇条一項の文理に照らして、本件遺贈が効力を生じた当時未だ法人格なき社団であったXが、措置法四〇条一項に規定する公益法人に該当するということはできないとして、同条項の適用を否定している。

本件では、Xは措置法四〇条一項で必要とされている国税庁長官の承認をうけていないので、同条項の適用をうけることはできず、結論が変わるわけではないが、措置法は所得税や法人税等の特例を定めているものであるので（同法一条）、措置法に人格のない社団を法人とみなす規定がなくても、所得税法四条のみなす規定は措置法にも当然に適用になるものと解すべきであり、本件判決の判示は支持できない。

ところで、相続税法では、公益を目的とする事業に対する相続財産（同法一二条一項三号）、受贈財産（同法二一条の三第一項三号）について相続税、贈与税を非課税としている。相続税法では相続税、贈与税の非課税財産となる公益事業用財産を「宗教、慈善、学術その他公益を目的とする事業を行う者で政令で定めるもの」と定め、この規定を受けて、同法施行令二条、四条の五で右公益事業用財産の範囲を定めている。しかし、そこでは相続税、贈与税が課されない公益事業者の中に政党は入っていない。ところが、実務の取扱いでは、公益事業者の中に政党を挙げていることが注目される（昭和三九年六月九日付直審（資）二四、直資七七、昭和五七年五月一七日直資二―一七七ほか改正の個別通達第1の2(1)リ）。本件判決は、相続税法の非課税措置は受遺者、受遺者たる政党の取得した資産に係る相続税、贈与税の課税の問題であって、遺贈者、贈与者のもとに存したキャピタル・ゲインに係るみなし譲渡所得課税とはその適用場面を異にすると判示しているが、租税法の整合性のある解釈・運用の必要からいうと、措置法四〇条一項の公益本人の中に政党を含め、個人の政治献金のための遺贈は非課税財産に該当するということで、国税庁長官の承認を求めることは可能であったと考える。

4　所得遺贈は特定遺贈か包括遺贈か

所得税法、相続税法は、遺贈を一括して「みなし譲渡所得税」相続税の課税原因としているが、特定遺贈と包括遺贈とは、民法のほか、税金の徴収手続上でも適用規定が違っている。

特定遺贈とは、対象財産を物又は種類で特定するもので、前者を特定物遺贈、後者を不特定物遺贈と呼ぶ。包括遺贈とは、遺産の全部又は割合的一部の遺贈である。本件では、Aがその財産の一部を特定遺贈しているので、特定遺贈をしたほかの残余財産の遺贈は特定遺贈となるのではないかと通常は考えられるが、本件遺贈は遺言書のとおり、ごく一部の特定財産を除いてすべての積極、消極財産をXにすべて遺贈する趣旨のものである。本件判決のとおり、その割合が明示されていないとしても、本件遺贈は包括遺贈に該当するものである。

5　包括遺贈と租税債務の承継の効果

包括受遺者は相続人と同一の権利義務を有すると定められているが（民法九九〇条）、国税通則法五条（同法を「通則法」という。同趣旨の規定、地方税法九条）は相続（包括遺贈を含む）があった場合には、相続人（包括受遺者を含む）は、その被相続人（包括遺贈を含む）に課されるべき国税を納める義務を承継すると規定している。相続人、包括受遺者は被相続人、包括遺贈者の債務を相続するのに、承継の規定が何故おかれているのか、承継の効力等について検討をしておきたい。

明治三五年の国税徴収法四条の三、昭和二六年の改正国税徴収法四条の二で被相続人の国税は相続人から徴収すると定めていた規定を、昭和三四年の国税徴収法の全文改正では相続による納税義務の承継という規定に改め、通則法五条はこれを引き継いでいるものである。

納税義務の承継の効果については、相続人は国税に関する規定により国税を納める義務がある者となり、法律上その国税債務に係る当事者（通則法二条五号に規定する納税者）の地位に立つものと説明されている（志場喜徳郎ほか共編・国税通則法精解一六五頁）。従って、承継者は、被相続人の国税に係る申告、不服申立て等の主体となり、また税務官庁による税額確定処分、滞納処分等の相手方（名宛人）となる。本件では、遺贈者Aの「みなし譲渡課税」による所得税の納税義務をXが包括遺贈者として承継することになるので、Xの固有債務としてXに対し課税処分をしているのは適正な手続きである。もっとも、実務では、受遺者に国税債務の承継が生じた場合でも、受遺者が遺贈者の準確定申告書（法一二四条）を提出することにしており、包括遺贈者の国税債務の申告等と包括受遺者の固有の国税債務の申告等とを納税手続きのうえで整理できていないようである（武田昌輔監修・DHCコンメンタール・所得税法六〇一一頁）。

（ジュリスト一一六九号、一九九九年）

19

特許紛争の和解金と源泉所得税の徴収義務

東京地裁平成四年一〇月二七日判決、昭和六三年(行ウ)一九一号
シルバー精工事件――一部請求認容（控訴）、行裁例集四三巻一号一三三六頁
〔キーワード〕　特許紛争、特許権の使用料、出願権、国内源泉所得、特許権の侵害、使用料の源泉地

一　判決要旨

特許紛争に係る和解契約に基づき米国法人に米国特許権に関して支払った金員が所得税法一六一条七号イ所定の国内源泉所得に該当するとした源泉所得税の納税告知は違法である。

二　事　実

X社（原告）はプリンターの製造業者で一九八〇年代よりアメリカに販売を拡大したところ、アメリカ合衆国に本社を置くプリンター製造業者であるA社からX社のプリンター製品の輸入・販売がA社の米国特許権を侵害しているとして、アメリカにおいてX社の製品の輸入の差止めを求めるUSITC訴訟（米国国際貿易委員会に輸入の差止めを求める訴訟。筆者注）が提起された。X社は、訴訟の負担と敗訴の危険を避けるため、A社との間で昭和五七年（一九八二年）一一月一七日和解契約を結び和解金七六万米国ドルを支払った。和解契約によると、A社が今後X社に対して米国特許権の過去及び将来の差止め及び損害賠償を求める訴訟を提起しないこと、X社がその対価として和解金を支払うというものであった。

A社は、わが国において本件米国特許権に係る対応特許について、昭和五〇年七月一日特許出願（特願昭五〇―八一三五八）をしており、右特許出願について昭和五一年三月三日出願公開（特開昭五一―二五九三一。これによって発生する権利を「本件出願権」という）が、昭和五九年九月一三日出願公告（特公昭五九―三八一一四）がされていた（特許権設定の登録（特許番号一四二〇一八九）がされたのは昭和六三年一月一四日であった）。

このことにつき、Y税務署長（被告）は、X社の支払った和解金は所得税法一六一条七号イ（同法を「所税」という）所定の国内源泉所得のうち特許権の使用料にあたるとして源泉所得税の納税告知処分（国税通則法三六条）を行った。

X社は、本件和解金はA社の米国特許権のアメリカにおける実施に対するライニング・ロイヤルティの前払と右特許権に対する過去の侵害に係る損害賠償の性質を有するものであるから、所税一六一条七号イ所定の特許権の使用料ではなく、わが国の国内源泉所得にあたらないと主張した。これに対し、Y税務署長はX社の特許権使用のうちもっとも重要なものは製造行為であるが、これについてわが国において対応特許である出願権が存在し、本件和解金はこの出願権の使用の対価であるから右国内源泉所得にあたると主張した。

三　判決理由

X社の主たる請求を認容

「(Y税務署の主張) 要するに、X社は、本件金員の支払により、米国内において本件米国特許権の許諾製品を使用し、リースしまたは販売するほか、全世界においてこれを製造する権利を取得し、更に、本件契約以前に発生したA社のすべての請求権から免責され、また、同社が各国に有する特許及び本件米国特許権の外国対応特許を主張されないなどの権利利益を取得したものであり、本件金員は、これらの権利利益のすべての対価である旨の主張をし、これを前提として、特許使用の各段階のうち最も重要視されるべき製造行為であるから、本件金員は結局右の対応特許である本件出願権の使用の対価であると認めるべきであるとの主張をするものと解される。」

「一般に、工業所有権の許諾契約のような法律行為等の私法上の行為は、民法、商法等の実体私法の規律に服するものであり、そこから生ずる所得も、その定める要件を充たすことにより発生するものであるから、右所得に対する課税のため租税法規をこれに適用するについても、実体私法が適用されることによる法律効果をそのまま承認するものというべきである。そうであるとすれば、右のような私法上の行為が課税の要件とされている場合においては、特段の事情のない限り、実体私法を適用すれば右行為の存在が認められるかどうかという見地から認定すべきであり、とりわけそれが契約等の法律行為であっても、これを行う私人の意見を要素とするときは、右契約等の具体的な内容に照らして、これを行う私人の合理的意見を探究して認定すべきである。」

「本件金員中五七万米国ドルについては、本件契約後X社が米国内で販売等する目的で米国に輸出かつ輸入するために販売する本件装置ロイヤルティの前払であることが明らかであり、その余の金員も、右五七万米国ドル程にはその趣旨が明らかでないものの、本件契約によるX社に関するUSITC訴訟の終結と、許諾特許に関する両当事者間の未解決のすべての紛争の解決に対する対価であることは、契約上疑問の余地がない。

「本件契約の趣旨は、X社のプリンター及びタイプライターの米国への輸入及び同国内における販売を巡り、X社・A社間において発生した本件米国特許権に関する紛争について、A社はX社に対し本件米国特許権の過去及び将来の侵害の差止め並びに右侵害による損害賠償を求める争訟を提起しないことを約し、X社がA社に対し本件米国特許権の過去及び将来の使用についての対価を支払うことを約し、もって右紛争を解決するというところにあるものと認められる。」

「Y税務署長は更に、X社は許諾製品を製造し、これを米国に輸出、販売することによって、本件出願権と本件米国特許権との双方を使用するのであるから、本件金員は観念的には右各権利の使用に係る部分に分かれるものであるが、その合理的な区分は困難であるところ、特許の使用の各段階のうちでは製造が最も重要視されるべきであるから、本件金員の全額を製造段階における本件出願権の対価であると認定することは合理的である旨の主張をする――。しかしながら、右主張が、本件金員のうち本件出願権の対価の部分が現実に存在するとの趣旨であるとすれば、これが専ら本件米国特許権の対価であることは――判示したとおりであるから、採用することはできない。」

本件について、平成一〇年一二月一五日東京高裁判決（東京高裁平成四年（行コ）一三三号、訟務月報四五・六）は、Y税務署長の控訴を棄却している（判決は公刊物に未登録）。控訴審では双方の主張が整理され議論が深められているが、それでも、東京高裁判決は、本件和解金の主要部分はアメリカにおける販売の対価であり、わが国の国内業務に係る国内源泉所得と認めることはできないとして、本件納税告知を違法としている。Y税務署長は同月二五日上告受理申立てをしている（最高裁平成一一年（行ヒ）第四四号）。

〔参照条文〕

所得税法七条一項五号、一六一条七号イ、二一二条、所得に関する課税に関する二重課税の回避及び脱税の防止のための日本国とアメリカ合衆国との間の条約（「日米租税条約」という）六条(3)、一四条(1)、(2)、(3)(a)、租税条約の実施に伴う所得税法、法人税法及び地方税法の特例等に関する法律（「特許法」）三条一項、施行に関する省令（特例法施行令」）二条一項。

四　批　評

判旨の判断枠組には疑問があり、論点の整理が十分にされていない。

1　非居住者に対する課税制度

本件は、アメリカで特許権を有しているA社（外国本人。法人税法二条二号。法人税法を「法税」という）に対し日本のX社が支払った特許紛争の和解金がわが国の国内源泉所得として源泉所得税の徴収義務を負うかということが主要な論点であるので、この論点について検討を進める。

非居住者（非居住者個人（所税二条五号）及び外国法人）に対する課税については、国内法と租税条約が規定しており、租税条約が規定する事項については租税条約が優先適用され、租税条約と国内法との橋渡しとして租税条約の実施に関する特例法・同法施行令が制定されているので、国内法による取扱いと、優先適用となる租税条約による取扱いに分けて検討する。

㈠　非居住者に対する国内法の取扱い

わが国の国内法は、非居住者に対しては、わが国の国内に源泉のある所得（これを「国内源泉所得」という。）に対してのみ所得税、法人税の課税をすることにしている。

国内法上の非居住者についての規定は、国内源泉所得の範囲を規定する部分（いわゆる「ソース・ルール source rule」）と非居住者のタイプごとに課税方法を規定する部分から構成されている。

わが国のソース・ルールはおおむね先進諸国及びOECDモデル租税条約草案に従っているといえるが、国際間の交流が活発化するに伴い、利子・配当や使用料の受払いが多額にのぼり、特に使用料については技術輸出国と技術導入国とで課税権をどのように配分するかで主張が対立し、OECDモデル租税条約草案一二条一項は技術輸出国たる先進国の主張を背景として使用料の受領者の居住地国のみで課税すること（免税）を定めているが、わが国は従来から技術導入国の立場を考慮し、居住地国課税と源泉地国課税の折衷方式を採ってきており、日米租税条約も基本的にこれに従っている。工業所有権等の使用料についてのわが国の課税制度は、わが国が技術後進国であった時代の名残といわれている。(1)

わが国の所得税法一六一条、法人税法一三八条は、次の一三種類（法人の場合は、⑨を除く一二種類）の所得を国内源泉所得としている。

①国内の事業または国内にある資産の運用・保育・譲渡から生ずる所得（②以下に該当するものを除く。）、②国内に

ある土地等の譲渡の対価、③国内における人的役務の提供により生ずる所得、④国内にある不動産等の貸付等から生ずる所得、⑤日本の公債および内国法人の社債の利子、国内にある営業所に預入された預貯金の利子等、⑥内国法人から受ける配当所得、⑦国内で業務を行う者に対する貸付金の利子、⑧国内で業務を行う者から受ける工業所有権等の使用料またはその譲渡の対価、⑨国内で行う人的役務の提供に起因する給与所得及び退職所得、⑩国内で行う事業の広告宣伝のための賞金、⑪郵便年金契約もしくは国内にある営業所または契約代理人を通じて締結した年金契約に基づいて受ける年金、⑫定期積金その他の一定の金融類似商品の収益、⑬国内で事業を行う者との間の匿名組合契約に基づいて受ける利益の分配

非居住者等／国内源泉所得	国内に支店、工場等を有する非居住者及び外国法人	国内に恒久的施設を有しない非居住者及び外国法人
事業所得（下記の所得以外）	総合課税	非課税
資産の譲渡取得	総合課税	不動産譲渡等限定列挙されたもののみ総合課税（その他は非課税）
人的役務提供事業の対価、不動産賃貸料等	20％源泉徴収のうえ総合課税	20％源泉徴収のうえ総合課税
貸付金利子、配当、使用料	20％源泉徴収のうえ総合課税	20％源泉分離課税
債券・預金利子、金融類似商品の収益等	15％源泉徴収のうえ総合課税	15％源泉分離課税
給与・報酬（個人のみ）	20％源泉徴収のうえ総合課税	20％源泉分離課税

非居住者の国内源泉所得の種類、非居住者のタイプごとの課税方法の概要は、次の表（出典、田中一穂編『図説・日本の税制平成一一年版』財経詳報社）のとおりである。非居住者の国内源泉所得については、課税の確保と簡明性の観点から、源泉分離課税、源泉徴収にウエイトを置いた課税方式が採用されている。(2)

(二)　非居住者に対する租税条約の取扱い

非居住者に対する課税について租税条約が締結されている国が多いので、租税条約が締結されている国の非居住者に対する課税については、租税条約が国内法より優先して適用になる。もっとも、実際には租税条約との橋渡しとして租税条約の実施に伴う特例法が制定されていて、租税条約が優先適用となる関係を明確にしている（特例法三条一項、同法施行令二条一項）。

わが国が締結している租税条約は、工業所有権等の使用料について、使用料の受領者の居住地で課税することを前提としながら、使用料の生じた国（所得の源泉地）でも課税できることにしている。それで使用料の源泉地に関する規定がどのように定めているかが重要なことになるが、わが国が締結している租税条約は三種類となっている。①債務者主義を採っているもの（イギリス、ドイツ、カナダ、タイ、フランスほか四五か国）、②使用地主義を採っているもの（アメリカ、韓国、パキスタン及びマレーシアの四か国）、③特に規定を置いていないもの（国内法により使用地主義となる。アイルランド、オーストリア、スリランカ及びニュージーランドの四か国）

日米租税条約が使用地（place of use）主義を採っているのは（同条約六条(3)アメリカ内国歳入法典八六一条(a)(4)が使用地主義を採っていることに対応するものであろう。

使用料の源泉地について国内法においては使用地主義を採っていると解されるが、わが国の締結している租税条約は多くの場合債務者主義を採用しているので国際課税のルールとして債務者主義が一般的であるといえる。

債務者主義の場合は、その使用料の支払者の居住地国が所得の源泉地（国）となるので判定が容易であるが、使用地主義の場合は、使用料の支払の起因となる財産又は権利の使用の場所の判定が必要となり、その判定に困難を伴うことになる。日本の企業が外国法人から実施許諾を受けた工業所有権を国外での業務についてのみ使用する場合には、その使用料は国内源泉所得には該当せず、わが国では課税を受けない。(3)

ところで、特許権についてはその実施（使用）といっても、物の製造から始まって販売（輸出販売）まで各段階があるので、使用料の所得源泉地をどのように判定するかは難しい問題とされている。税務当局は、具体的な実施場所や実施行為を定めていない場合には、一般的には、各使用段階のうち最も根源的なものでかつ重視すべきものは、その技術、方法を使って新たに付加価値を創出する製造であり、販売は製造の後に生ずる二次使用に過ぎないので、製造場所を使用料の源泉地と扱っており、(4) この税務当局の取扱いに追随してしまっている東京地裁昭和六〇年五月一三日判決判タ五七七・七九（ジョン・イー・ミッチェル・カンパニー事件）もある。

日米租税条約は前述のとおり数少ない使用地主義を採っているので、本件では特許紛争の和解金、ひいては特許権の使用料の源泉地をめぐって争われたものである。(5) 本件判決は傍論ではあるが、特許権の使用のうち製造行為が最も重要視されるということについては論証されていないとして、税務当局の一般的な取扱いを認めていないことが注目される。

㈢　非居住者の国内源泉所得と源泉徴収による納付

事業所得については、「恒久的施設でなければ課税なし」という原則が国内法上も採用されている（所税一六四条一項一号ないし四号、法税一四一条一号ないし四号）。

国内に恒久的施設や代理人等を置く非居住者・外国法人の国内源泉所得に対する課税方法は原則として居住者及び内国法人と同じであるが、その他の非居住者または外国法人の国内源泉所得や給与所得、工業所有権等の使用料等については、前述の表で示したとおり源泉徴収義務（源泉所得税の徴収義務）が課されており、それによってすべての課税関係を終了する仕組みとなっている（所税一六九条、一七〇条、一七八条、一七八条、二一二条一項、二項、二一三条一項）。つまり、国内源泉所得の受領者が個人か法人かを区別することが困難であり、特に受領者が非居住者の場合は徴収の確保のために一定の所得については一律に所得税の納税義務を負担させ、これを支払段階で源泉徴収の方法で徴税し、受領者は外国税額控除により二重課税を回避することにしている。

源泉所得税の税率は、原則として二〇％、⑤及び⑫の所得については一五％であるが、租税条約によって税率が軽減されている場合が多い。たとえば、日米租税条約では、配当に対する税率は一五％（法人の場合は一〇％）、利子に対する税率は一〇％である。「租税条約に関する届出書」（特例施行令二条一項）を提出することにより、軽減税率の適用をうけることができる。

源泉徴収義務を負担させられた使用料等の支払者が源泉所得税の課税に承服できないときはその納税告知（国税通則法三六条）について取消訴訟を提起し、源泉所得税の存否、範囲について争うことになる。納税告知は徴収手続の一環にすぎず更正処分のように税額を確定させる課税処分ではないが、課税処分と同じように取消訴訟の対象となると解されている（最高裁昭和四五年一二月二四日判決・民集二四・一三・二二四三）。使用料等の受領者は納税告知を争う原告適格がないというのが通説であるが、最も利害関係のあるのは受領者であるので、原告適格を否定する見解には強い疑問をもっている。

2 本件特許紛争の和解金の性質

㈠ 和解金の性質と使用料の範囲

本件和解金は、特許紛争の解決金として支払われたものである。和解金という名目で支払われたものであっても、その性質が特許権の使用料であれば課税上は使用料として取扱われることになる。

使用料の意義について、日米租税条約一四条(3)に定めているが、これを受けて所得税基本通達一六一―二三では、次のように定めている。

「所得税法一六一条七号イの『工業所有権その他の技術に関する権利、特別の技術による生産方式若しくはこれに準ずるもの』――使用料とは、技術の実施、使用、採用、提供若しくは伝授又は技術等に係る実施権若しくは使用権の設定、許諾若しくはその譲渡の承諾につき支払を受ける対価の一切を――というものであるから、これらの使用料には、契約を締結するに当たって支払を受けいわゆる頭金、権利金等のほか、これらのものを提供し、又は伝授するために要する費用に充てるものとして支払を受けるものも含まれることに留意する」。

特許権の使用許諾契約（いわゆる技術導入契約）により使用料として支払われる金員だけでなく、和解金、紛争解決金、損害賠償金という名義で支払われるものであっても、特許権使用料に代えて支払われるもので使用の対価の性質をもつものは、課税上は使用料として扱われる。遅延損害金も使用料の中に含まれるといえよう（所得税基本通達一六一―七）。

㈡　使用料と国内源泉所得の源泉地

非居住者の国内源泉所得として課税対象となる使用料は、非居住者が国内において業務を行う者から支払を受ける工業所有権等の使用料である。ここでは工業所有権のうち特許権について検討するが、特許権は各国の特許法により各国内で保護されているもので、日本と米国の両国において効力を有するような抽象的な権利ではない（特許権の属地主義と呼ばれている。）。日本特許権と米国特許権とは別個独立のものである。しかし日本特許権に対する使用料だけが課税対象となるのではなく、米国特許権など外国特許権に対する使用料も源泉地が日本国内にあれば課税対象となる。日米租税条約のように源泉地について使用地主義を採っている場合は、源泉地の判定で困難を伴うことになる。本件判決は、本件和解金は米国特許権の過去及び将来の使用についての対価（使用料）であるので国内源泉所得に当たらないと簡単に処理してしまっている。源泉地すなわち使用地の判断が重要であるのに、これをどのように考えているのか明らかではない。

㈢　外国特許権に係る出願権とその使用

本件では、A社がわが国において米国特許権に係る対応特許について特許出願を行い、出願公開と出願広告をうけていたということで、これを出願権と呼んでいる。出願広告があると、出願人はその出願に係る特許権を専有し、仮保護を受けることができることになっている（特許法五二条）。また出願公開になると、公開時に遡って実施料相当額の補償金の支払を請求することができることになっている（特許法六五条の三）。

それで、本件の場合も、出願権の発生が認められると、その和解金を米国特許権の使用（実施）の対価と日本における出願権の使用の対価とみる余地も十分にあるわけであるが、本件判決は、本件和解金は専ら米国特許権の使用の対価であると認定し、この認定は和解契約の約定から帰結されるとしている。

筆者は、本件判決と異なる和解契約の解釈も成り立つと考えているが、本件判決のように本件和解金を専ら米国特許権に対する使用料と認定しても、未だ源泉地をどう考えているかという難しい問題が残されている。

3　特許権の使用料の源泉地（使用地）

(一)　特許権の使用料と使用地の判定

特許権の使用料とは、特許権の使用の対価をいうが、特許権の使用には本件のような装置の場合には、製造（開発技術の利用）から製品の販売、さらに製品の消費まで、いくつかのプロセスがあるので、使用が国境を越えて行われている場合には、どのように考えたらよいのか。つまり、使用料を使用に対応して配分するのか、それとも主な使用は何かで使用地を決めるのか、使用のプロセスのうちで主なものは製造と販売であるが、製造と販売のいずれを重視するのかという問題に突き当たる。

所得税法基本通達一六一―二一は、「（所得税）法一六一条七号に掲げる『当該業務に係るもの』とは、国内において業務を行う者に対して提供された同号イ、ロ又はハに規定する資産の使用料又は対価で、当該資産のうち国内において行う業務の用に供されている部分に対応しているものをいう。」と定めており、基本的には部分対応で使用料を配分する考え方を採っているように解される。

しかし、前述したとおり税務当局の実際の取扱いは、本件でも見られるように、源泉地（使用地）の判定に際して製造と販売のうち製造を重視しており、これを支持している前掲東京地裁昭和六〇年五月一三日判決も出ている。この事例は、生産方法の特許に関する事件ではあるが、使用料の支払の態様が特許登録がされていない国への輸出も含めて販売実績により使用料を決めるというものであり、またいったん日本子会社に販売した上で輸出をしているケースであるので、この事例を一般化することはできないように考えられる。

㈡　使用地の判定と製造、販売の選択

特許権の使用が国境を越えて行われている場合に、使用料の配分について契約によって配分が決められている場合は、一応の判断基準となる。それで、国を越える場合は、契約で配分を決めておくことが税務紛争を回避できるプランニングといえる。

前述のとおり通達は基本的に部分対応の配分主義を採っているように解されるが、実際に部分対応で配分するということは困難で、現実的な取扱いとはいえない。

現実的な取扱いは、使用のうちの重要なプロセスのうちの製造と販売のいずれかを重視するということになると考えられる。

アメリカの学説、裁判例の動向が前掲中里論文に紹介されている。これによると、アメリカの学説では消費地（終局的な販売地）を重視しているもの、製造地を重視しているものに分かれており、有力な見解は、特許権使用料について製造地を重視しているとされており、製造地と消費地との間で配分を行うという発想はないといわれている。また特許権に関するアメリカの裁判例は、特許権使用料の源泉地は一応製造地であると解しているといわれている。

しかし、特許権の使用許諾を受けたものは製品を販売することによって経済的価値を取得するのであり、販売についても特許権者の許諾が必要であるから、製造と販売のどちらを重視するかは簡単にいえることではない。経済的には、経済的価値を取得する販売を重視しても不合理とはいえない。それに、特許権の使用といっても、特許登録のされていない国へ製品を輸出販売する場合や、実施権者が製造した物を特許権者の居住地国に輸出して販売する場合など、各種のケースがあり、ケース・バイ・ケースで検討するというのが妥当な判断方法ではないかと考える。ましてや、本件のようにアメリカにおける米国特許権の過去及び将来の販売に関する特許紛争について、和解金という名目でアメリカにおける販売に係る使用料に相当するものが支払われている場合は、販売地を重視して使用地とするのが相当であると考えられる。

源泉地を使用地で決めるという使用地主義は、判断の困難を伴う宿命を負っている。多くの租税条約のように早急に債務者主義に改正することが必要である。

4　本件判決の位置づけ

本判決は、和解契約の解釈から、本件和解金を米国特許権のアメリカにおける過去及び将来の使用に対する対価（使用料）であると解し、国内源泉所得には当たらないとして、X社に対する源泉所得税の納税告知を違法とし取り消している。

和解契約の解釈から、出願権に対する使用の対価あるいは米国特許権のアメリカにおける使用に対する対価と出願権に対する使用の対価の両方が含まれていると解する余地があることは前述したとおりであり、本件判決のような和解契約の解釈は誰が見ても明らかなものであるとはいえない。

本件で問題となるのは、日米租税条約で非居住者の国内源泉所得について多くの租税条約のように債務者主義ではなく、アメリカの国内法に引っ張られて使用地主義を採っているので、米国特許権の使用料であれ、日本特許権（本件の出願権を含めて）の使用であれ、使用料の源泉地であるその使用地をどのような基準で判定するかということである。

本件判決は、本件和解金を米国特許権のアメリカにおける使用の対価であると和解契約の解釈（私法的アプローチ）

から認定したことから、直ちに国内源泉所得に当たらないと判断をしているが、これでは肝心の国内源泉所得である使用料の使用地の認定（源泉地の認定）が欠落してしまっている。

米国特許権の使用料であってもその使用地が直ちに米国ということにはならない。使用地をめぐって、国内において業務の用に供される部分に対応して配分（主な使用のプロセスである製造地と販売地に配分）するという見解や、使用の主なプロセスのうちの製造地と販売地のいずれかを重視し選択して使用地を決めるという見解が対立している。米国特許権の使用の対価であっても、本件使用地をその製品の販売地（最終販売地、消費地）とする判断基準を立てることによりその使用地をアメリカとしないと、国内源泉所得には当たらないということにはならない。

米国特許権の使用料であっても、製造地がわが国内にあったり、製造地と販売地とで配分するということになると、使用地の認定が変わってくることになる。

部分対応で配分するという考え方は現実的ではないので、ケース・バイ・ケースで製造地と販売地のいずれかを重視して使用地を決めるというのが相当ではないかと考えている。しかし、これについては使用地主義を採る両国間で見解が統一されていないと、両国の税務当局の税金の奪い合いの中に納税者が巻き込まれてしまい、納税者が外国税額控除を受けられないという二重課税の不利益を負わされることになりかねない。使用地主義を採る両国の税務当面の意見統一が必要である。国内源泉所得の源泉地について使用地主義を採ると、どうしても使用地の認定について困難を伴うことは宿命ともいえるので、多くの租税条約のように日米租税条約も早く債務者主義に改めることが緊急の課題であるといえる。本件判決は、ジョン・イー・ミッチエル事件と共に特許使用料の源泉地が争われた数少ない先例であり、特に本件はシルバー精工事件としてしばしば引用されている有名な事件であるが、特許使用料、就中米国特許権の使用料の源泉地に関する先例としては肝心な源泉地の判断基準が欠落してしまっている。

本件は、特許権の許諾契約による使用料の源泉地が争われたものではない。特許紛争の和解金の性質を米国特許料の使用料と認定し、この使用料が国内源泉所得に当たらないとしたものであり、使用料の源泉地についての判断が欠落としているものの源泉所得税の納税告知を取り消した事例として注目されるものである。

特許権使用料の源泉地について使用地主義を採っている国との間では、特許料の許諾契約で使用料を製造地と販売地にどのように配分するかを約定しておくことが、税務当局を拘束する決定的なことではないとしても、税務上のトラブルを避けるための有力な方法であるということができる。

本件特許紛争の原因となったA社の米国特許権に対する侵害について、米国特許権を侵害したのはX社の関連会社（X社の販売子会社等）でありX社自身ではないので、X社の特許権に対する寄与侵害・間接侵害を米国特許権の使用と同視することに批判的な見解がみられるが、寄与侵害であれ、米国特許権の使用許諾を受けていないものが米国特許権に係る製品を販売した侵害に関して使用料と同視できるものを支払っているとすれば、やはり使用料として課税問題が起こるといえよう。

(1) 竹内洋「わが国の租税条約締結ポリシー」『国際課税の理論と課税』所収（一九九五年、税務経理協会）。
(2) 川田剛「非居住者の課税問題」『国際課税の理論と課題』所収（一九九五年、税務経理協会）、山内喜久夫編『非居住者の税務』（一九九五年、大蔵財務協会）資産の譲渡のうち、不動産の譲渡に限り原則として源泉徴収（税率）もあわせて行われる。一括登録国債の利子、TB—FBの償還差益について非課税の取扱いが定められている。
(3) 小松芳明『租税条約の研究（新版）』（一九八二年、有斐閣）、同『国際租税法講義（増補版）』（一九九八年、税務経理協会）、矢内一好『租税条約の論点』（一九九七年、中央経済社）、小松芳明編著『逐条解説日米租税条約』（一九八九年、税務経理協会）、中里実「日米租税条約における特許権使用料の源泉地」ジュリスト八四五・一〇三。
(4) 横尾貞昭編『平成一〇年版源泉国際課税の実務』（一九九八年、大蔵財務協会）一六五頁。
(5) 中里実「特許使用権の源泉地」国際取引と課税（一九九四年、有斐閣）一一〇頁。

本件判決について、水野忠恒・ジュリスト一〇五八・一二五、同・租税法研究二三・一五九の判例評釈、控訴審判決について、中里実・税経通信七五五・二八の解説がある。

本件訴訟で乙第七号証として、中里教授の国税庁直接部長の依頼による意見書が提出されており、右意見書がY税務署長の主張を概ね裏付けるものとなっているようである。これを入手することはできなかったが、その内容は右中里論文に収録されているようにうかがえる。

（『判例ライセンス法』小川和則先生還暦記念論集、一九九九年）

第二　法人税をめぐる判例研究

20　隠れたる利益処分

東京地裁昭和四〇年一二月一五日判決、昭和三四年(行)五八号、昭和三五年(行)五号・一〇七号、審査決定取消請求併合事件
行裁例集一六巻一二号一九一六頁

一　事実の概要

原告は、金融業等を目的とする株式会社であり、昭和二六年ごろより金融業の運営をいわゆる株主相互金融の方法で行なっていた。貸付金の資金調達の方法としては、新株式を発行し、これを原告の役員等の縁故者に引き受けさせ、このようにして縁故者が取得した株式を原告が譲渡を斡旋し、原告名義で買受希望者を募集したが、その際株式の買受代金は、日払い、月払い、一時払いの方法で支払われた。そして、株式買受人が買受代金を完済したときは、株式の額面金額の三倍の融資を受けることができ、また、株式買受人が融資を希望しないときは、原告は株主の希望により株式の転売を斡旋し、転売人が決まるまで、原告がその転売代金を立て替えて支払い、その際、日払いまたは月払いの期間に応じて、年九分ないし一割の奨励金名義の金員を支払い、さらに、株主が転売を希望しないで六カ月または一年間株主であることを持続するときは、原告は優待金等の名義で年一割ないし一割三分の金員（以下、株主優待金という）を支払い、これらの場合、譲渡価額は常に額面金額五〇〇円によるものと取り決めていた。

原告は、以上のような運営のもとに支払った株主優待金を損金計上して法人税の確定申告をしたところ、訴外税務署長は株主優待金の損金計上を否認して更正処分を行なった。そこで、原告は、被告国税局長に対し審査請求を行なったが、棄却の裁決がなされたので、さらに、被告国税局長に対し更正処分の違法を理由に裁決の取消しを訴求し

たのが本訴である。

二　判　旨

判決は、株主相互金融の方式によって支払われた株主優待金は法人所得の計算上損金に算入すべきであると判断し、裁決（更正処分）を取り消したのであるが、隠れたる利益処分として損金算入を否認しうる場合について、つぎのとおり述べている。

「〔法人税法上において〕損金とならない利益処分とは、法人が決算のうえ行なう形式的な利益処分に限られるものと解すべきではなく、形式的には利益処分の形をとっていなくとも事情により、実質上の利益処分として取り扱いうる場合のあること」と認めるべきであり、このような場合には、いわゆる「隠れたる利益処分」として損金算入を否認しうるものというべきである。

「問題は、いかなる場合に『隠れたる利益処分』として損金算入を否認しうるかであるが、元来、法人税法は、法人が純経済人として、経済的に合理的に行為計算を行なうべきことを前提として、かような……〔合理的〕行為計算に基づき生ずべき所得に対し課税し、租税収入を確保しようとするものであるから、法人が通常経済的に合理的に行動したとすればとるべきはずの行為計算をとらないで……不当に法人税を回避軽減した……場合には、税務当局は、かような行為計算を否認し」うるものというべきである。

三　解　説

1　利益処分と隠れたる利益処分

法人税法において、利益処分には、公然たる利益処分（Offene Gewinnausschüttung. 単に利益処分という）と隠れたる利益処分（verdeckte Gewinnausschüttung）とがあると考えられている。

利益処分とは、企業会計ないし商法上の概念をそのまま法人税法のなかに導入したもので、法人が決算上において当期の純利益を決めてからのちにその事業年度までに生じた利益（当期末処分利益剰余金）を利益剰余金計算書に基づき公然と処分するものであり、利益処分は利益（所得）を決めてからのちの問題であり利益（所得）を定める要素ではないので当然に損金にならないものと解されている。そして、利益処分の内容としては、利益準備金、税金（法人税、市町村民税）、配当金、役員賞与金、任意準備金が挙げられている。

隠れたる利益処分とは、法人税法における独自の概念で、法人が決算上において当期の純利益を決めるまえに、資本主に対し利益処分として支出すべき性質のものを損費（損金）として支出するものであり、隠れたる利益処分は利益処分として取り扱い、損金に算入すべきでないものと解されている。隠れたる利益処分という法概念は、租税回避を禁止するために合理性が認められているものである。隠れたる利益処分について、わが国では、実定法上において同族会社の行為計算の否認規定のほか一般的にこれに関する根拠規定がないので、一般的に実定規定なしに隠れたる利益処分を否認できるかどうか見解が分かれているのであるが、ドイツでは、法人税法第六条第一項に「所得および所得の計算は、所得税法の規定および本法第七条ないし第一六条の定めるところによる。ただし、隠れたる利益処分もまた考慮せらるべきである」と規定されており、また、同法施行令一九条に隠れたる利益処分が例示されている。そして、その内容については、租税調整法六条第一項「納税義務は、民法上の形式および形成可能性の濫用することによって、回避しまたは軽減することができない」に由来するものと解されており、その効果については、同条二項「濫用が存する場合においては、租税は経済上の行為、事実および諸関係に適合する法的形態に則して徴収されるべき額において徴収しなければならない」が適用されるものと解されている。アメリカでは、明文があるわけではないが解釈上において、隠れたる利益処分と同じ内容のものを解釈上の配当（Constructive dividend）として認められている。

2　隠れたる利益処分かどうかが訴訟上において争われたものとしては、本件の株主優待金のほかに、低額譲渡（福岡高判昭和二四年四月五日税法学二・五三、宮崎地判昭和三七年一〇月二日行集一三・一〇・一七五三）、過大報酬（福岡地判昭和三四年七月一〇日行集一〇・七・一二九〇、山形地判昭和四一年二月二一日訟月一二・五・七五六）、無利息貸付（東京地判昭和三五年一二月二一日行集一一・一二・三三一五、福島地判昭和三七年二月九日行集一三・二・一四四）、寄付金（大阪地判昭和三三年九月二五日行集九・九・一九七〇）、創立記念品代（大阪地判昭和二四年九月一二日刑資四〇・三六）等がある。しかし隠れたる利益処分という法概念について説示しているのは、本件判決が最初である。

3　隠れたる利益処分と否認規定の要否

法人税法は、元来、法人が純経済人として経済的かつ合理的に行為計算を行なうべきことを前提とし、かような行為計算に基づいて生ずる所得に対し課税しようとするものであるが、他面、租税負担の公平を期するために、法人が隠れたる利益処分等の方法でことさらに不自然・不合理な行為計算を行ない、不当に法人税を回避することを禁止する必要がある。しかし、法人税法の立法論としてはともかく、解釈論としては、法人が隠れたる利益処分を行なうことにより法人税を回避している場合に、同族法人であると非同族法人であるとを問わず、課税庁において当然にかような行為計算を否認して経済的かつ合理的に行動したとすれば通常とったであろうと認められる行為計算におき直して課税を行ないうるかについては、見解が分かれている。本件判旨は積極に解しているのであるが（同旨のもの、大阪高判昭和三九年九月二四日行集一五・九・一七一六）、多数説は、わが国の法人税法上において租税回避行為について一般的な行為計算の否認規定がなく、とくに同族会社についてだけ否認規定をおいていること（現行法人税法一三二条）から、反対解釈を行ない、隠れたる利益処分について否認を行ないうるのは実定規定の同族会社に限られるものと解している。

もっとも、隠れたる利益処分の否認を制限的に解釈すべしといっても、会社の経理の仕方に拘束されるというのではなく、法人税法上において損金算入を認めていないものについて損金に計上している場合（過大な役員報酬、役員賞与、一定限度以上の寄付金または交際費等）あるいは損金経理を条件として損金算入を認めているものについて損金経理をしないで損金に計上している場合（減価償却等）に否認できるのは当然のことであり、また、隠れたる利益処分が経済的成果の生じていない取引（架空の取引）である場合あるいは経済的成果と取引形式が齟齬している場合には、その経済的成果に依拠すべきであり（すなわち事実認定に基づくべきであり）これを否認できることも当然のことである。ここで、制限的に解すべきことは、課税庁が非同族会社の行為計算を通常の場合と比較して異常であるとして、通常の形態におきかえて所得計算をやり直すことである。本件は、原告は非同族会社であるから、株主優待金の支出が隠れたる利益処分であるとしても否認できないと解するが、積極説の立場では、株主優待金の支出が損金性を有するとしても、その株主優待金の支出が異常な行為計算（隠れたる利益処分）であるかどうかを論及することになろう。

本件判決が、初めて隠れたる利益処分という概念を取り上げその内容を判示している点に大きな意義があるが、一般的に隠れたる利益処分を否認できるとしていることには賛成できない。

4　株主優待金の性質

本件判決は、株主優待金について、株主相互金融の方法は会社の営業資金調達の便法であり、その株主は会社の営業の成果にあずかる趣旨から株主となったものではなく、融資を希望したり会社の約束する株主優待金が銀行預金等の利子に比較して高利であるところから形式的に株主となったものであり、このような実態からすれば、株主優待金は銀行等の金融機関の支払う預金の利子と異ならず、したがって、隠れたる利益処分（配当）でないとされる。しかし、新株式の発行が無効でなく、株式を取得したものが株主の地位を有効に取得していることを前提とするかぎり、株主優待金は株主に対して支払われた支出であることを否定することはできない。当該支出を決定しているのは法律関係であるから、経済的ないし実質的な観点だけを強調するのは失当であり、主としてその法律関係を検討して支出の性質内容を決定すべきであると考える。株主優待金は株主に対して支払われたものであるが、株主を確保するために投資株主に対して利益の有無にかかわらず一定割合の金員の支払いを約定している特殊なもので、配当とは異なり、むしろ預金の利子と類似するものであり、費用（損金）に該るものと考える。株主に対して無償で支払れたからといって当然にすべて配当ないし利益処分となるものでなく、預金の利子と類似するので、その損金性を認めるべきものと考える。

株主優待金について、隠れたる利益処分として損金計上算を否認した判例（名古屋高判昭和四〇年一二月二〇日国税庁税資四一・一二二三、東京高判昭和三六年四月一二日行集一二・四・八〇三）と本件判決と同様に隠れたる利益処分でないとして損金計上を肯定した判例（東京高判昭和四〇年一〇月二一日行集一六・一〇・一六五〇）とが対立しており、いずれも上告されているので、最高裁の判断を注目して待つことにしたい。

〈参考文献〉
田中勝次郎・法人税法の研究七七五頁
中川一郎・税法の解釈及び適用三二二頁
清永敬次「租税回避に関する諸問題」(1)ないし(9)税法学一八一号以下
竹下重人・シュトイエル五〇号五頁
横山茂晴・税務弘報昭和四一年五月号七五頁

（租税判例百選　別冊ジュリスト一七号、一九六八年）

21　相場変動による売買損失と寄付金

東京地裁平成三年一一月七日判決、昭和六三年(行ウ)二一三号
法人税更正処分取消請求事件――一部認容・一部棄却(控訴)
判例時報一四〇九号五二頁

一　事　実

主な争点だけを要約する。

X社は鉄鋼、機械等の取引を行う商社であるが、子会社であるA社(製鉄会社。発行済株式総数一九万五、〇〇〇株、発行済株式総数の四四%をX社が所有、五〇・三%をX社の代表者とその親族等が所有)が昭和六一年以降生産過剰から構造不況となり、さらに円高の影響を受けて経営上苦しい立場に追い込まれたので支援を行っていた。このような背景の下で、A社はB社(商社)に鉄鋼を売却し、売買価格はB社の転売先が確定してから決定することにした(いわゆる仮仕切り価格で売却)。しかしB社の買手が見つからないことから、B社はA社からその鉄鋼の購入後A社の親会社であるX社に対して買戻しを申し入れた。X社はこの申出を承諾し、当時の時価とほぼ等しい額である二億三、一五〇万円で買戻し、その後に新たな買手を探した結果、C社(商社)に対して二億一、〇〇〇万円で売却する取引を行った。そこで、X社は、この売買損失三、〇四九万余円を損金に計上(経理処理は、売買損失とせず、運輸費用として計上)して申告した。

これに対しY税務署長は、X社が買戻しを行えば売買損失を生ずることを知りながら買戻しを行ったのは、A社に損失が生ずることを避けるために肩代りをしたもので、これはA社に対する利益の無償の供与で寄付金に該当すると

いうことで更正処分を行った。

X社は、審査請求を経たうえで、本件更正処分および過少申告加算税の賦課決定の取消しを求めた。

二　判　旨

一部認容。

本件売買損失に係る三、〇四九万余円は、Y署長の主張するようにA社とB社との間での本件鉄鋼の売買に伴いA社が負担すべきこととなる市場価格の低落によるリスクを、X社がA社に代わって引き受けたことから生じたものであり、これがX社のA社に対する経済的な利益の無償の供与として、法人税法（以下「法」という）三七条所定の寄付金に該当するもののように考えられないでもない。

しかしながら、そもそも法三七条六項が寄付金として取り扱うものとしている経済的な利益の無償の供与は、その取引行為の時点でみて、自己の損失において専ら他の者に利益を供与するという性質を有する行為のみをいうものと解すべきであり、その取引行為の時点において自己の利益を生ずる可能性があるとみられていた行為が、その後結果として自己の不利益となり、専ら他の者に利益を供することとなったにすぎない場合にも、これをもってなお右経済的利益の無償の供与に当たるものとすることは相当でないものと考えられる。というのは、法人の行う取引行為にあっては、その行為が結果としては自己の不利益に帰するというリスクを伴うことは、ごく通常の事態とも考えられるからである。

ところで……X社がB社から本件鉄鋼の買受けを行った昭和六一年三月末の時点においては、右売買価格は当時の鉄鋼の相場価格にほぼ相当する価格となっており、しかも、当時の鉄鋼の相場価格の先行きの見通しとしては、更にその下落傾向が続くであろうとする見方がある一方で、そろそろ反発して上昇に向かうであろうとする見方もあったというのである。そうすると、確かにY署長の主張するとおり、本件において、X社は、B社からの要求に応じて本件鉄鋼の買受けを行う義務を負っているわけでもないのに、A社のためにこの買受けを行ったという面は認められるにしても、その行為自体としては、客観的な市場価格に相当する価格で、将来は更にその価格が上昇に向かう可能性もある商品の買入れという、ごく通常の取引行為の正確を持ったものであったとも考えられるところであり、これを前記のような意味での無償の利益供与に当たるとすることには疑問があるものといわなければならない。

更に、前記のとおりX社において本件鉄鋼の売買代金の支出について一種の仮装隠ぺい工作とも見られるような経理処理を行っていたという点についても……X社内での損失の計上の方法として、鉄鋼部門の取引による営業損失が発生したという形を出したくなかったことから、そのような形の経理処理が行われたに過ぎないというのであって、このような経理処理をとったこと自体からして、すでに右買受けの時点において、X社が本件のような売買損失が生ずることを確定的に予測していたものとまですることにも、疑問があるように考えられる。

以上のとおり本件売買損失に係る三、〇四九万余円については、これが寄付金に該当するものとすることには疑問がある。

三　評　釈

1　寄付金の種類（一般、指定ほか）と範囲

税法の用語には、私法等の他の法領域の用語を借りているもの（税法における借用概念。例、所有権、売買、配当と、税法の中で独自に用語を定義しているもの（税法における固有概念。例、老年者（所有税法二条一項三〇号）、扶養親族（同二条一項二六号）、収益事業（法人税法二条一項一三号）、損金経理（同二条一項二六号））がある。

寄付金は、法人税法の固有概念の一つである。寄付金の範囲は、寄付金、きょ出金、見舞金その他いずれの名義をもってするかを問わず、反対給付を受けない対価性のない資産の譲渡又は経済的利益の贈与を広く包含するものとしている。しかし、広告宣伝費及び見本品の費用、福利厚生費等の経費とされるもの並びに交際費、接待費を除外して

いる（法三七条六項）。そして、対価性のある資産又はその他の経済的利益の供与についても、その対価とその譲渡又は供与の時における資産等の価格との間に差額がある場合には、その差額のうち実質的に（客観的に）贈与又は無償の供与をしたと認められる金額も寄付金の中に含めることにしている（法三七条七項。昭和四〇年の法人税法の全文改正までは、右差額は旧法人税基本通達七七で、みなす寄付金と扱われていた）。要するに、法人税法のうえでは、寄付金の意味（範囲）はかなり広く、提供者側の動機を問うことなく、無償の経済的利益の供与（「無償供与」という）を広く寄付金の中に包含しているといえる。従って、政治団体に対する寄付金も、寄付金の中に含まれる。また、債務の免除、債務の引受け、金銭の無利息（低利）貸付、役務の無償提供も寄付金の中に含められる（法人税基本通達九―四―一以下参照）。

ところで、寄付金は、事業の収益に直接反応する支出ではなく、利益処分に近い性質を持っているということから、その損金算入を制限する制度（寄付金の限度計算制度）が採用されているのであるが（昭和一七年の臨時租税措置法により創設され、今日に引き継がれている。寄付金制度の沿革について、米山鈞一「交際費・寄付金の税務」現代税務全集一四（昭和五七年）一六二頁）、寄付金の損金算入を制限するのに二つの方法がある。一つは、法人の事業と寄付金との関連性をテストし、法人が支出したもののうち、事業の遂行と関係のないものを寄付金から除外する見解である（「質的規制」という）。他の一つは、無償行為について事業との関連性を問うことは非常に困難であるということで、事業との関連性を問わず、金額で損金算入できる範囲を制限しようという見解である（「量的規制」という。武田昌輔『立方趣旨法人税法の解釈』（昭和五九年）一八〇頁）。わが国の法人税法は、その立法の経緯及び文理からいって、量的規制の見解を採り入れていると解される。

2　寄付金の損金算入限度額

寄付金は、(イ)国、地方公共団体に対する寄付金（法三七条三項一号）、(ロ)大蔵大臣から指定を受けたものに対する寄付金（いわゆる指定寄付金、同項二号）、(ハ)特定の公益増進法人に対する寄付金（同項三号）、(ニ)一般の寄付金（同項四号）の四種類に区分されている。寄付金のうち、確定決算において利益処分として行った寄付金が損金算入できないことはいうまでもないことであるが（法三七条一項）、これ以外のものについて、(ニ)の一般の寄付金は、所得金額と資本等の金額等を基礎として損金算入限度額が定められていて、限度超過額は損金不算入となるが（法三七条二項、法施行令七三条一項一号）、例外として、(イ)、(ロ)の寄付金は、公共性の高い寄付金であるということで、寄付した事業年度においてその全額を損金算入することが認められている。(ハ)の寄付金については、一般の寄付金よりも高い枠で損金算入が認められている（なお、未払寄付金の損金不算入について、法施行令七八条）。

3　寄付金（無償供与）の具体的な判定基準

寄付金としての処理は、その前提として、経済的利益の無償供与に該当するかどうかという認定が先行する。

本件で、Y税務署長は、「取引当時、鉄鋼の需要が低調で相場自体が低下傾向にあったことから、X社が買戻しを行えば売買損失が生じることを知りながら当該買戻しを行ったのは、A社に損失が生ずることを避けるためにリスク肩代りをしたものであるとし、このリスクの肩代りは経済的利益の無償の供与であり、寄付金に該当する。」として、更正処分をしたものである。これに対し、本件判決は、次のような無償供与の二つの判定基準を示している。

(1)　まず、「経済的利益の無償供与」とは、その取引の時点において、自己の損失において他の者に利益を与える行為でなければならないとし、取引の時点において自らの損失となるか利益となるか「不確実な場合」はこれに該当しないとする。

(2)　次に、その取引の対価が「時価」である限り、損失（リスク）が予期できるとはいえ寄付金（無償供与）には該当しないとする。

このような二つの基準に照して、本件のような相場変動に伴い生じた売買損失三、〇四九万余円は、無償供与、ひいて寄付金に該当しないとして、更正処分を取り消している。それに、この判決の中で関心を持つのは、このような相場変動に伴うリスクの肩代りを寄付金（無償供与）と認定することは、X社がA社から直接本件鉄鋼を買受けた場合と較べて著しくバランスを欠くことになると指摘していることである。

従来の税務は、無償供与の範囲を広く解釈し、結果的に計算上無償供与となったものを、寄付金の中に取り込んでいた傾向にあったといえる。

これに対し、本件判決は、無償供与の範囲について、(イ)取引の時点で無償供与であること（取引の時点で、無償供与であるかどうか「不確定な場合」は該当しないこと。）、(ロ)取引の対価が「時価」である限り、損失が予期できたとはいえ無償供与には該当しないこと、という判断基準を示している。

4　本判決の位置づけ

本件判決の判断基準は、いずれも正当であり、税務のルーズな寄付金（無償供与）の認定に分り易い歯止めをかけたという点で、注目される判決である。

無償供与であるかどうかは、取引の時点で判定すべきであり、結果から判断を下すというのは、法定安定性の観点からいって許されないことである。また、取引の対価が取引当時の時価である限り、相場変動によるリスクの肩代りにより損失が予期されたとしても、それは無償供与ということにはならない。本件判決は、X社がA社から直接本件鉄鋼を買い受けた場合と比較しても、買戻しによる損失を無償供与と認定するのは、著しくバランスを失することになると判示しているが、客観的な市場価格で買取っているのに、無償供与とするのは不合理な認定である。X社の買戻しの経緯がA社の窮状を救うために頼まれたものであり、また相場が低下傾向にあり、結果的に相場変動によるリスクを肩代りしたことになるとしても、買戻し価格（売買価格）が時価であったとすると、無償供与ということにはならず、他方A社にも受贈益が生じたことにはならない。従って、X社の買戻しを寄付金と認定することは、不合理な認定といえる。

なお、通達では、親会社が子会社を整理する場合の貸付金等について生じた損失は、寄付金と取扱わないとしている（法人税基本通達九―四―一）。また、親会社が子会社に無利子で貸付けをした場合も、その貸付けが、例えば業務不振の子会社等の倒産を防止するために緊急に行う資産の貸付けで合理的な再建計画に基づくものである等、その無償又は低い利率で貸付けたことについて相当な理由があると認められるときは、その貸付けを正常な取引条件に従って行われたものとし、寄付金とはみないとしている（同通達九―四―二）。

本件買戻しは、まず、取引時点で低い価格の売買ではないので、無償供与ということはできない。売買損失を生ずるリスクの大きい取引を行ったということにはなるが、それは、買戻しの肩代りというA社の救済のためであって、X社とA社とが関連会社であることからいって相当な理由があったものといえるので、この点からいっても、右通達が認めている範囲内のものであり、これを寄付金と認定するのは従来の通達の取扱いからみてもオーバーランをしているのではないかと考える。

（シュトイエル三六九号、一九九二年）

22　土地の賃借にあたって預った保証金とその計上時期

東京地裁昭和五七年四月六日判決（確定）
訟務月報二八巻八号一六五三頁

一　事案の概要

X会社（原告）は、不動産の売買や賃貸借を目的とする青色申告法人であるが、訴外A所有の土地（本件借地）を賃借し、その土地上に木造二階建の建物（本件建物）を所有し、これを訴外B（借家人）に賃貸していたが、昭和四九年三月二七日X会社とAとの間において、本件借地をXに転貸し、Aから六〇年間無利息で保証金三億五、四一二万円を預かる旨の転貸借契約を締結し、同日五、四一二万円、同年四月三〇日、同年七月三一日及び同年一〇月三一日に各一億円を預かった。X会社は、無利息の預かり保証金は課税対象にならないと考えていたので、本件保証金に関して無申告であったが、Y税務署長（X会社が本店を移転したので、Y税務署長の事務をZ国税局長が承継）は、X会社は本件保証金を無利息で預かったことにより法人税法施行令一三八条二項に規定する経済的利益をうけ、その額は三億三、四九九万円と算定されるとして、右金額をX会社の昭和五〇年三月期（昭和四九年四月一日から昭和五〇年三月三一日まで）の益金に加算する旨の本件更正処分、過少申告加算税賦課処分（以下「本件更正処分等」という）をした。

そこで、X会社は、所定の審査請求を経たうえで、右更正処分等の取消しを求めて出訴したが、訴訟の過程では、X会社は、本件保証金を無利息で預かったことにより三億三、四九九万七、五二〇円の経済的利益が発生していることについては争わず、もっぱら右経済的利益の計上時期に関して、当時の法人税基本通達二―一―三に依拠して本件借地の引渡しがあった日の属する事業年度に計上されるべきであるとし、それは本件転貸借契約の締結日である昭和四九年三月二七日で、昭和四九年三月期に計上されるべきであるとし、本件更正処分等は右経済的利益の計上時期を誤っている違法があると主張した。

二　判決理由

請求棄却。

借地の転貸に伴い無利息で保証金を預かることにより生ずる経済的利益は借地転貸の対価にはほかならず、かかる対価を収受すべき権利は借地の引渡しにより確定すると解するのが相当であるから、右経済的利益は借地の引渡しのあった日の属する事業年度の益金に算入すべきである。したがって、本件借地の転貸に伴う経済的利益も本件借地の引渡しがあった日の属する事業年度の益金に算入すべきことになるが、この点については当事者間に争いがなく、当時の法人税基本通達二―一―三の定めにも合致するところである。

ところで、本件においては、転貸すべき本件借地上にX会社が所有しBに賃貸中の本件建物が存していたところ、Aはこれを取り壊して新建物を建築をすることを計画していたのであって、本件転貸借契約はAが本件建物を取り壊すことを前提に、本件借地を現状のまま引き渡すという内容であった。したがって、本件建物に対する支配権と本件借地に対する支配権が一体不可分の関係にあり、本件建物に対する支配権の移転があった日をもって本件借地の引渡しがあった日と解するのが相当である。

以上のように、本件建物の登記済権利証並びにその滅失登記手続に必要な委任状及び印鑑証明書が昭和四九年一〇月三一日にX会社からAへ交付され、本件建物の借家人Bからの家賃についても、昭和四九年一〇月分まではX会社が受領し、更に、AがBに対し本件建物に関する実質的な権原が同年一一月一日以降X会社からAへ移転した旨通知していることを総合すれば、本件建物に対する支配権は昭和四九年一〇月三一日にX会社からAへ移転したと解するのが相当である。その上、本件保証金の最終支払分一億円の支払日が右同日であることを併せ考えれば、本件借地の引渡しは右同日に行われたと認めるべきである。

なお、Xは、当時の法人税基本通達二―一―三但書をみると、収益帰属年度はできるだけ早い事業年度に繰り入れさせようとする趣旨が看取されると主張するが、但書の趣旨は、法人が固定資産の譲渡による収益を当該固定資産引渡前の事業年度の益金に算入する会計処理をしたときは、その処理を認めるというにすぎない。そして……X会社は本件保証金の収受による経済的利益を昭和四九年三月期に計上していないから、右但書が適用される余地はない。

以上のとおり、本件借地の引渡時期は昭和四九年一〇月一日であり、したがって本件借地の転貸に伴う本件保証金収受による経済的利益は右の日の属する事業年度である昭和五〇年三月期の益金に計上すべきであるから、本件処分にX会社主張の違法はない。

三　研　究

1　借地権の設定に伴う特別の経済的利益の発生と法人税法施行令一三八条二項

本件のケースは、借地人であるX会社がその借地を土地所有者であるAに転貸し、無利息の高額の保証金を預かったという非常に特殊な事案であるが、これは、借地権の設定に伴い、土地賃貸人が権利金を受領する代わりに無利息の高額の保証金を預かった場合に、どういう課税関係が生ずるのかという問題に一般化して考えることができる。それで、この研究でも、問題を一般化して検討してみることにした。

本件では、保証金として三億五、四一二万円を預かったことについて、昭和五〇年三月期に三億三、四九九万円余の経済的利益が発生したとして、ほとんど預かった保証金と等しい金額を徴税しているので、これを貸付金（借受金）と同じような視点から眺めると、非常に不合理な課税ではないかということになる。

しかし、本件で生ずる課税関係は、無利息の貸付金について利息相当の経済的利益が生じそれについて課税関係が生ずると考えるのは正しい捉え方ではなく、借地権を設定したことにより、土地の譲渡と同じく、譲渡益（いわゆる上土権の譲渡による譲渡益）が実現したのであり、高額保証金を預かったことにより発生する経済的利益は、権利金と全く同様に譲渡益にほかならないものという捉え方をすべきであり、このような捉え方をすれば、「経済的利益の計算」と「経済的利益の計上時期」については改めて検討を加えるとして、一応上記の疑問は払拭することができよう。

法人税法施行令一三八条二項（所得税については、所得税法施行令八〇条二項）は、法人税法二二条三項に基づき、借地権等の所得金額の計算の細目について規定をしているが、同施行令一三八条二項は、土地賃貸人が保証金を無利息又は低利息で受け取り経済的利益を享受する場合について、借地権の設定に伴い権利金を取得した場合と課税上の均衡をとるために定めているものであり、この規定は、上記経済的利益を資産の譲渡による収益とみる認識で規定しているものと考えられる。もっとも施行令一三八条が適用されるのは、借地権の設定により地価が五〇％（特定の場合は二五％）以上低落する場合であり、五〇％まで低落しなければ適用にはならない。本件では、根拠がはっきりしないが（当該地域の借地権割合を適用しているのか他の根拠があるのか不明である）、転貸により借地権の価額が九〇％低下したといわれている。

本件判決は、借地権の設定により無利息で保証金を預かったことにより生ずる経済的利益とその収益計上時期について判断を示した初めての裁判例であり、注目されるものである。

2　無利息の保証金と特別の経済的利益の計算

前述のとおり、本件では、利息の保証金を預かったことにより三億三、四九九万円余の経済的利益が発生したということについては争いがなく更正処分の期間制限とのかねあいから、もっぱらその計上時期が争われているが、経済的利益の計算自体についてもまず一瞥しておく必要がある。

法人税法施行令一三八条三項（所得税については、所得税法施行令八〇条三項）によると、無利息で保証金を預かった場合の経済的利益の特別の計算は、預かった保証金の額について、通常の利率の一〇分の五に相当する利率による複利の方法で現在価値に相当する金額を計算し、これを預かった保証金から控除して算出するとしている。

この計算は、現在価値でいくらの金員を用意しておけば、これを複利の方法で運用して将来の弁済期において預かった保証金を返済できるかを計算し、現在価値として用意すべき金額と預かった保証金との差額を特別の経済的利益としているものと理解できる。

この現在価値を計算するのに、利率を通常の利率によらずにその一〇分の五とした理由については、将来その保証金の運用により生ずる収益については法人税等の課税が行われるため、現在価値の計算利率を低くすることによって課税される経済的利益の額を小さくし、事実上税引後のネット利益のみに止めることにしたものと説明がされている(1)。そして、通常の利率は通達によると、年一割とされている（法人税基本通達一三—一—八、所得税基本通達三三—一四）。

本件更正処分の経済的利益の計算も、この施行令の規定によって通常の利率とされる年一割の一〇分の五の、すなわち年五分の複利原価率を乗じて計算されているが、通達で通常の利率を一律に年一割としたことが現在の低成長の時代にマッチしているかどうかは疑問であるが、この点は措ておくとして、複利の方法で現在価値を計算し、現在価値として用意すべき金額と預かった保証金との差額を経済的利益として捉えている発想は、机上の計算としては平仄が合っているものといえよう。しかし、この経済的利益がいつ実現するのかという問題は、計上時期との関連でさらに検討をすべき問題が残されている。

3　借地権の設定と特別の経済的利益の計上時期

収入金額（収益）の計上時期に関する問題については、植松守雄・租税法研究八・三〇以下に、これまでの税法、通達、論説等の動向が整理され、論争のレベルアップがされているので、この論稿を踏まえて議論を進めることにしたい。

所得税法、法人税法とも、収入金額の計上時期の原則的な基準についてはは正面からこれを定める規定を欠いているが、通達では、計上時期の基準について詳しい基準を示し、従来からこれが税務の指針となっている。

旧法人税基本通達（昭和二五年直法一―一〇〇）二四九は、「売買契約効力発生基準」を原則とし、「引渡基準」を例外として定めていたが、昭和四〇年の法人税法の全文改正に伴い法人税基本通達も全面改訂がされ（昭和四四年直審（法）二五）収益計上時期について旧通達の原則に抜本的な改訂を加え、たな卸資産の販売収益、固定資産の譲渡収益について、「引渡基準」を採用することにしている（二―一―一、二―一―三）。そして、昭和五五年五月には新法人税基本通達（同年直法二―八）が実施されることになり、各種収益について基準を多数追加しているが、収益計上時期の基準としては、「引渡基準」を明確に打ち出している。

このように通達に変遷はあったが、法人実務は、従来から、たな卸資産の販売、固定資産の譲渡については、「引渡基準」を原則的な基準とすることに固まっているといってよい状況にある。

さて、本件判決も、借地権の設定（借地の転貸）に伴い生ずる経済的利益は、借地の引渡の時に計上すべきものとし、これは法人税基本通達二―一―三（新通達二―一―一四）の定めにも合致するものとしている。

しかし、「引渡基準」が収益計上時期の基準として合理的（法人税法二二条四項にいう公正基準に適合していること）であり、すでにこの基準が法人実務に定着しているとしても、「引渡」とは何をいうのか、「引渡」の内容については必ずしも未だ明確になっていない。

「引渡」とは、観念的な所有権等の権利の引渡（移転）をいうのではなく、即物的な物件の引渡を指しているのであり、土地・建物の売買の場合は、対抗要件である登記の移転（あるいは登記の申請に必要な書類の交付。もっとも新通達二―一―一では、引渡の日が不明であるときは、(1)代金の相当分（おおむね五〇%以上）を収受するに至った日、(2)所有権移転登記の申請（登記の申請に必要な書類の交付）のいずれか早い日に引渡があったものとすることができると定めている）をいうことになろう。

しかしながら、「引渡」は、取引の流れの中での一つの過程であり、契約の効力の発生の時点から最終段階の物件の引渡（あるいは登記の移転）までの過程で、「引渡」を最終の計上時点としているものであり、その取引の流れの枠の中で、一定の事実が発生した日（例えば、契約の効力が発生した日、代金の授受をした日、登記申請をした日、移転登記の日等）をフレキシブルに選択を認めるのが合理的であると考える。原則が引渡、例外が効力発生時点であると考え、通達をこのように読む取扱いには賛成できない。(2)

本件判決は、借地の引渡がいつあったかについて、借地の上に存在する本件建物に対する支配権と本件借地に対する支配権とを一体不可分の関係にあるものとし、本件建物に対する支配権の移転のあった日をもって本件借地の引渡があった日とし、ここに「支配権の移転」という尺度を持ち出しているが、もっと即物的に、直截に、本件建物の移転（滅失）登記の日あるいは登記の申請手続に必要な書類が交付された日をもって物件の引渡があったといってよいのではないだろうか。私は、引渡とは、このような即物的な内容で、取引の過程の中の最後の段階の行為であり、収益計上時期は契約の効力の発生の時点から引渡に至る過程の中で、一定の事実が発生した日をフレキシブルに選択することが許されてよいものと考えている。(3)

計上時期については一定の枠内で、納税者に選択が許されてよいものと考えているが、納税者がその選択をせず、また納税申告をしない場合には、その選択権が課税庁に移り、この課税庁の選択に対しては、納税者は違法であることを主張できないものと考える。

それで、借地権の設定に伴い権利金の収受があった場合は、契約の効力の発生時から借地の引渡時の間において、権利金について収益の計上時期が到来することになるが、本件のような特別の経済的利益についても、権利金と全く同じように理解してよいのだろうか。借地権の設定にはいわゆる上土権の譲渡と考えてよい場合があり、このような借地権の設定に伴う譲渡所得（キャピタル・ゲイン）は最終的に借地の引渡のときに一応実現するものと解され、一方無利息の保証金を預かったことによる経済的利益は、現在価値を算出しこれを控除して計算し、数字の平仄があわされているのであるが、借地の引渡の時点では保証金は未だ運用されていないので（課税の契機は、無利息という有利な条件で保証金を預かったことにある）、預かった保証金と現在価値との差額を直ちに経済的利益として把握するのは、課税上の便宜はよく理解できるとしても、短絡的な計算倒れになってしまっているきらいがあり、また担税力からいっても酷なように受け取れるのである。この課税関係は、要するに、資産の譲渡をした場合、譲渡代金が延払条件付である場合と同視される関係（延払基準の適用がある資産の譲渡。法人税法六三条、法人税基本通達二―三―一一）にあるのではないだろうか。このように考えると、本件のような課税の正当性ひいて法人税法施行令一三八条三項の法律適合性については、なお検討の余地を残しているように考えられる。

（1）　高木文雄『借地権の税務（改訂版）』三五頁、西野襄一編『借地権課税の理論と実務』四四頁。
（2）　所得税基本通達三六―一二、新法人税基本通達二―一―一四では、固定資産の譲渡による収益計上時期について、引渡日のほかに、譲渡契約の効力発生日の選択だけを認めているように読めるが、昭和四四年法人税基本通達二―一―三では、当該譲渡契約の効力発生の日以後引渡の日までの間の一定日の選択を認めていた。しかし、本文で述べたように、私は、時間的な一定の枠の中で選択を認めてよいのではないかと考えている。
（3）　山田二郎『増補税務訴訟の理論と実際』四四頁以下。

（税務事例一六巻一号、一九八四年）

23 低価販売と行為計算の否認規定の適用の可否

福岡高裁宮崎支部昭和五五年九月二九日判決、昭和五一年(行コ)一号
法人税更正処分取消請求控訴事件――上告
行裁例集三一巻九号一九二八頁

一 事実

判決要旨に関係する部分だけを取上げる。

X（原告・被控訴人）は、ヒューム管、パイル、橋桁、矢板等の建設資材の製造、販売及びこれに附加する工事の請負施行を営業目的とする会社で、法人税法二条一〇号にいう同族会社であるが、昭和四〇年九月一日から昭和四一年八月三一日までの事業年度（以下「当期」という）分の法人税について、課税所得六、四九七万八、四七三円、税額二、三四八万六、四三〇円とする確定申告をしたところ、Y税務署長（被告・控訴人）は、昭和四一年七月一五日課税所得を八、七五四万三、三六七円、税額を三、〇四七万八、二〇〇円とする更正処分及び過少申告加算税三四万九、五〇〇円の賦課処分（以下「本件処分」という）をした。Xは、本件処分を不服として審査請求をしたが、棄却の裁決を受けたので、本件処分の取消訴訟を提起した。

Y税務署長の更正処分の内容は、Xが当期にA社に販売したプレストレストコンクリート板（以下「PC矢板」という）について、低額譲渡（トン当り六、四六四円）であるとし、法人税法一三二条一項を適用して売上計上洩れを認定したものである。

第一審判決（鹿児島地判昭和五〇年一二月二六日税資八三・一）は、要するに、Y税務署長の本件PC矢板の販売価

額が異常低価額であったとの立証は不十分であるとして、更正処分を違法として取り消した。(1)

二　判旨

原判決取消し。Xの請求棄却。

法人税法一三二条一項は、同族会社の行為、計算に関し「法人税の負担を不当に減少させる結果となると認められるものがあるとき」には、税務署長の認めるところにより、その法人の法人税の課税標準若しくは欠損金額又は法人税の額を計算することができるというものであるが、右規定は法人の選択した行為、計算が実在し私法上有効であっても、いわゆる実質課税の原則及び租税負担公平の原理の見地から、これを否認し、通常あるべき行為、計算を想定し、これに従い税法を適用しようとするものであることにかんがみれば、「法人税の負担を不当に減少させる結果になる」と認められるか否かは、専ら経済的実質的見地において、法人の行為、計算が経済人の行為として不合理、不自然なものと認められるかどうかを基準として判断すべきものである。これを法人の製品販売の行為、計算についてみれば、その販売価額が通常の販売価額（時価）に比し異常に低価であって、経済的取引としては不合理、不自然と認められるかどうかがその判断基準とされるべきである。

1　A社に対する従前の販売価額からの検討

本件PC矢板のうち、別表(二)の(2)、(4)の各PC矢板の販売価額は、それぞれ従前の販売価額である単価二万八、六〇〇円（トン当り九、八六二円）、二万四、五〇〇円（トン当り九、八〇〇円）の五六％の価額に値下げされていることが明らかである。他方その余のPC矢板についてみるに、昭和四一年三月三一日以降の右PC矢板のトン当り平均販売価額は、従前のトン当り平均販売価額九、八一二円の約五七％の価額に値下げされていることが明らかである。ところで、製品の販売価額をその従前の取引価額に比し値下げした場合において、それが製造原価の低下その他合理的な経済上の事由によるものと認められない限り、従前の取引価額をもって通常の販売価額と認めるのが相当である。

2　A社以外との各取引における販売価額からの検討

A社に対する当期のPC矢板のトン当り平均販売価額六、四六四円は、A社以外に対するそれのトン当り平均販売価額一万六、一四六円の四〇％に当る低価額である。Xの定価表におけるトン当り販売価額の最低額（一万七、五〇〇円）はその最高額（二万五、〇〇〇円）の七〇％であるから、これを考慮すれば、A社に対する本件PC矢板の通常のトン当り販売価額は、A社以外に対するトン当り平均販売価額一万六、一四六円の七〇％に当る一万一、三〇二円を下らないものと考える。

3　製造原価からの検討

XのPC矢板部門における当期の製品トン当り平均製造原価は七、四二三円であるのみならず、反証のないかぎり、PC矢板部門の製品については種類を問わず、そのトン当り製造原価は大差がなく、本件PC矢板の製造原価も七、四二三円（約七、四三〇円）程度と推認するのが相当である。そこで、製造原価から本件PC矢板の通常の販売価額を算定する。Xの当期における製造部門におけるPC矢板以外の販売価額の製造原価に対する割合は一八八％であり、PC矢板についても右割合により販売価額を求めると、そのトン当り販売価額は前記トン当り製造原価七、四三二円に一八八％を乗じた一万三、九五五円となる。

この点に関し、Xは、販売価額を製造原価の割合によって推定するのは、Xの当期における法人税の確定申告は青色申告によるものであるから、法人税法一三一条に反し許されない旨主張するが、前段のような検討が直ちに同条にいわゆる推計に当るか否かは問題であるのみならず、仮にこれが推計に当るとしても、本件は元来、法人税法一三二条一項の適用に関する問題であって、右法条の適用に関し、本件PC矢板の通常の販売価額を明らかにする必要上、

Xの帳簿等により確定される製造原価等の諸要素に基づきその通常の販売価額を算定せんとするものであるから、右推計は、たとえXの法人税の確定申告が青色申告による場合であっても、例外として許容され、法人税法一三一条違反にはならないものというべきである。

4　定価表からの検討

A社以外に対するPC矢板の販売価額は、少なくともX作成にかかる定価表の価額の六四・一％以上である。そこで、XのA社に対するPC矢板の通常の販売価額を、右の割合に比準して求めると、その通常の販売価額はトン当り価額一万一、二一七円ないし一万四、一〇二円であり、その加重平均価額は一万一、五一三円である。

5　県導流堤工事の設計額からの検討

右請負工事代金の設計額では、PC矢板のトン当り単価は一万七、三〇〇円ないし一万七、八〇〇円でありも右設計額は本件PC矢板の通常の販売価額を算定する参考になるものである。

6　建設物価誌からの検討

財団法人建設物価調査会発行「建設物価」誌によれば、長井式コンクリート矢板のトン当り単価の最低額のものは大阪・名古屋地域持込み価額で一万五、八三三円であり、圧力養生コンクリート矢板のトン当り単価の最低額のものは大阪地域工場渡し価額で一万四、八四三円であることが認められる。本件PC矢板の通常の販売価額は別表(二)の(2)、(4)の各PC矢板につき、それぞれ少なくとも、単価二万八、六〇〇円（トン当り九、八六二円）、二万四、五〇〇円（トン当り九、八〇〇円）であり、その余の各PC矢板につき、いずれも少なくともトン当り九、八一二円以上であると認めるのが相当である。しかるに、本件PC矢板の販売価額は右の通常の販売価額の五六％ないし五七％であって、しかも製造原価を下回る異常な低価であることは前述のとおりである。してみれば、他に特段の事情の認められない本件においては、右異常低価販売は経済的取引としてまことに不合理、不自然なものであるというの外ない。

以上のとおりであるから、Y税務署長が法人税法一三二条一項によりXのA社に対する本件PC矢板の販売価額をいずれも否認し、本件PC矢板のうち別表(二)の(2)、(4)の各PC矢板については、同表の(1)、(3)の各PC矢板と同一の単価二万八、六〇〇円、二万四、五〇〇円の販売価額をもって計算し、本件PC矢板のうち右(2)、(4)を除くその余の各PC矢板については、いずれもトン当り七、四三〇円に各規格の一本当り重量を乗じた単価（たな卸評価額）の一・三倍の販売価額で計算したことは相当であり、従ってX公表の売上金額とY税務署長認定の売上金額との差額合計二、〇二九万四、三七〇円をXのA社に対する当期の低価譲渡による売上計上洩れと認定したのは相当である。そして、右低価譲渡による売上計上洩れが認められる場合において、同金額がA社に対する寄付金と認定さるべきこと、及びその際における寄付金の損金不算入額が一、九二四万一、六六〇円となることは当事者間に争いがない。

ところで、Xは、法人税法一三二条一項について、法人税の負担を不当に減少させるかどうかは、XとA社のような系列会社間の行為、計算については、各会社を通じた法人税の合算額によって判断すべきであるとし、右見解を前提として、前記低価譲渡による売上計上洩れが認められるとしても、その場合、Xの売上金額が増加すると同時に同金額がA社の仕入金額の増加となるから、それを計算すると、XとA社の合計課税所得金額はかえって減少し、法人税の負担は一万二、一六〇円が減少する。従って、Xの右低価譲渡による売上計上洩れによって、法人税の負担を不当に減少させるものではない旨主張するが、法人税法は個々の法人を独立の課税客体としており（同法四条一項参照）、たとえ系列会社であっても法人格が別個である以上は、別個の課税単位として取扱うべきものであるから、Xの主張のごとく、法人税の負担を不当に減少させるかどうかは系列会社間の行為、計算については各会社を通じた法人税の合算額によって判断すべきであるという見解は到底採用することができない」。

判旨には疑問がある。

三　研　究

本件には、行為計算の否認規定（法人税法一三二条。以下法人税法を「法」という）をめぐるいくつかの重要な論点が提起されているが、そのすべてにわたって検討することはできないので、主要な論点だけを取上げる。

1　法一三二条一項と法二二条二項との関係

Y税務署長は、本件に、法一三二条一項のほかに、法二二条二項が並列的に適用があると主張している。

このような税務官庁の訴訟上の主張は、親子会社間の無利息融資の課税の適否が争われた訴訟事件（大阪高判昭和五三年三月三〇日高民集三一・一・六三）でも見られたものであり、税務官庁の従前の取扱いを見てみると、この二つの規定は同じ事実関係について並列適用が可能であり、その要件・効果も同じであると考えているように受け取れる。

ところで、わが国の法一三二条一項、法二二条二項に対応する規定として、アメリカ合衆国の内国歳入法典四八二条が引合いに出されている。右四八二条とは、「(法人格を有するかどうか、アメリカ合衆国において設立されたものであるかどうか、連絡申告をする要件をみたしているかどうかを問わず）同一利害関係者によって直接又は間接に所有され又は支配されている二以上の組織・営業又は事業のいずれに対しても、財務長官又はその代理人は、脱税を防止し、あるいはそれらの事業の所得を正確に算定するためにそれが必要であると認める場合には、それらの事業の間に総所得、経費控除、税額控除、その他の控除を配分し、割当て、又は振替えることができる」と規定し、いわゆる独立当事者間取引（アームズ・レングス・トランスアクション）の法理を導入しているものであり、この規定は、関連企業の間で、相互に特別関係のない独立当事者間の正常な取引と異なる条件で取引が行われた場合には、独立当事者間の正常な取引の基準に即して所得を計算しなおす権限を内国歳入庁に与え、これと合せて他方で、納税者に酷な結果をもたらさないように対応的調整を定めているものである。そして、右規定の運用の準則は、規則（レギュレーション）において相当に詳細に定められており、法的安定性と予測可能性がかなりの程度に保障されている。(2)

わが国の法一三二条一項、法二二条二項は、このようなアメリカ合衆国の税制と比較し、まことに規定が不備であるが、このような不備な実定規定のもとにおいて、当面どのような合理的解釈を下すべきかということが検討事項になるのである。

私は、法二二条二項は、資産の無償・低額譲渡が行われた場合に、税務官庁に対してそれを正常取引に計算しなおし所得を創出（クリエーション）する権限までも与えたものではないと考える。そして、この権限を与えているのは、まさに法一三二条一項であり、右内国歳入法典四八二条に対応するものであると考える。

法二二条二項は、益金の計算に関する基本規定であるが、たな卸資産の譲渡を例にとると、(3)その全部又は一部の無償譲渡（一部の無償譲渡とは、低額譲渡のことである）が行われたが、正常価額との差額が無償で社外に供与されたと認められるときには、その差額も収益に計上すべきことを定めているものであり、所得（収益）の創出まで定めているものではなく、現に取引によって発生している経済的成果（認識できる事実）の所得計算を定めているにすぎないのであると考える。そして、社外に流出した無償の供与分については、法三七条六項に従い寄附金として限度計算が行われるのであり、このことについては別に問題はなかろう。

しかし、法一三二条一項は、同族会社の行った低額譲渡等について、実際に認識できるのは低額譲渡等そのものだけであるが、その取引が正常でないと判定できるときに、税務署長の権限で正常取引にフィクションできることにし、この仮想の事実関係に基づいて所得計算をすることを認めているものであり、まさしくドラスティックな権限を税務署長に与えているものである。(4)この場合、正常価額との差額はフィクションによるものであり、現実に社外流出をしているわけではないが、反面社内留保がなされているものでもないので、計算の根拠は欠如しているが、寄附金と同じ取扱いがなされてきているのである（後述のとおり、私は、調整規定がなくても、全体について対応的調整をはかるべきであると考えるので、この寄附金の取扱いについて疑問を持っている)。

法二二条二項は、昭和四〇年法律第三四号による法人税法の改正によって新設された規定である。右改正まで、行為計算の否認規定(旧法人税法三〇条一項)が適用されていた多くの事例は、過大役員報酬の否認事例であり、これについては個別の否認規定(法三四条、三六条)が設けられ、また右法二二条二項が新設されたので、右改正以後、法一三二条一項の適用される事例にはどういうものがあるのかが検討問題とされていたのである。

私は、前述のとおり、法二二条二項と法一三二条一項とはその適用の前提となる事実関係を異にしているので、一応峻別し、法律を適用すべきであると考えている。

もっとも、法一三二条の適用が問題となるような事実関係には、紙一重の紛らわしい場合もあるが、一般に、非同族会社間の取引では、低額譲渡から差額の供与を推認することはできないが、同族会社間の取引、系列会社間の取引では低額譲渡から差額の供与を推認できる場合が多いといえよう。しかし、これは、あくまでも、法律の適用以前の事実の確定のフィルドの問題であり、その確定された事実に対して、前述のとおり法二二条二項あるいは法一三二条一項が一応峻別して適用されるべきである(ある事実を確定し難いときは、どらかを主位的あるいは予備的に構成することは差支えない)。

2　系列会社間の取引と法一三二条一項の適用

本判決は、取引の相手方が系列会社であっても、法人格が別個である以上は、別個の課税単位として取扱うべきであるから、法人税の負担を不当に減少させるかどうかは系列会社間の行為、計算については各会社を通じた法人税の合算額によって一体として判断すべきであるという見解は到底採用できない、としている。

しかし、課税単位の問題と、正常取引かどうかという評価の問題とは別の視点から検討されるべき事項であるので、課税単位が別個であるから右評価も全く別個にすべきであるということにはならない。むしろ、系列会社間の取引については、一体としての合計課税所得金額の増減が、租税回避か正常取引かを判定する上でかなり重要なファクターとなるのではなかろうか。また正常取引でないとして、甲会社について正常取引に引きなおして課税所得の計算をしなおすときは、実定規定の有無を問わず、職権で、取引先の乙会社（本件の場合でいうと、A社）の課税所得を調整しなおすことが必要であると考える（調整を予定しないで一方だけを更正することは、一体として納税者に酷な結果を与えるものであり、許されないことであると考える）。

3　行為計算の否認と正常価額の決定

本判決は、従前の販売価額等いろいろな手法を用いて通常の販売価額を認定し、差額（収益）の計算をしている。数種の手法を用いているが、PC矢板の製造原価に大差あることを考えると、本判決の認定はかなり荒っぽいという感じを受ける。有体動産が売却された場合、正常価額の決定について、前記アメリカ合衆国の規則では、(1)独立価格比準法、(2)再譲渡価格法、(3)原価加算法を原則的な方法として定めており、これらの三つの方法を右の順序で適用しなければならないとしていることが参考になろう[5]。本件の場合、さしずめ、右原価加算法によらざるを得ない場合に当るのではなかろうか。

なお、本判決は、右正常価額の認定が推計に当るとしても、右推計は青色法人にも例外として許容されるもので法一三一条の違反にならないと判示しているが、右正常価額の認定は、記帳されている異常な取引を正常取引にひきなおして税額計算をやりなおすものであって、法一三一条にいう記帳に欠落のある不明な課税所得の推計をするものではない。右判示は正しくないといえよう。

（1）　第一審判決については、真鍋薫・税務事例一二・一二・二〇以下ですでに取り上げられているので、詳しい紹介を省略する。

（2）　内国歳入法典四八二条について、金子宏「アメリカ合衆国の所得課税におけるアームズ・レングス・トランスアクションの法理」ジュリスト七二四号、七三四号、七三六号、水野忠恒「アームズ・レングス・トランス・アクションの法理」税理二二・一〇・二以下参照。

（3）固定資産の譲渡の場合は、譲渡の際に、対価の収受の有無を問わず、その固定資産の増加益が顕在化（実現）し、これが収益として課税対象となると考えるので（最判昭和四七年一二月二六日民集二六・一〇・二〇八三参照）、たな卸資産の譲渡とは区別して考えている。

（4）行為計算の否認規定について、山田二郎「行為計算の否認規定の適用をめぐる諸問題」杉村古稀記念論集三六頁以下、清永敬次「隠れた利益処分と租税回避」日本税法学会三〇周年記念税法論文集二〇一頁以下参照。

（5）金子・前掲ジュリスト七三六号九七頁参照。

（税務事例一四巻二号、一九八二年）

24　非上場株式の評価減と損金計上の可否

東京地裁平成元年九月二五日判決、昭和五九年(行ウ)一四五号
法人税更正処分等取消請求事件――控訴、上告
判例時報一三二八号二二頁

一　事件の概要

Xは、昭和五六年五月二一日から昭和五七年五月二〇日までの事業年度（以下「本件事業年度」という）末において、非上場有価証券で、気配相場のない株式である外国子会社（資本金二、〇一五万ドル）の株式一九万九、四〇〇株（額面一〇〇ドルの株式で、いずれも額面額で取得したもの。株式の保有割合は九八・九六％で、そのうち九万五、〇〇〇株は、債務超過の状態にあった外国子会社が本件事業年度当初に行った増資（九五〇万ドル）の全部を取得したもの。以下「本件株式」という）を所有し、その取得価額一、九九四万ドル（円換算で四五億円余）をもって帳簿価額としていたが、外国子会社の資産状態が著しく悪化し、かつそれによって本件株式の価額が著しく低下したとして（一株当たりの純資産価額が約マイナス一〇一ドルに達した）、本件事業の確定決算において、本件株式の帳簿価額を零円に減額し、その減額した金額を損金に算入する経理をして法人税の申告及び欠損金の繰戻しによる還付請求をしたが、Y税務署長は、右損金算入を否認し、更正処分及び還付請求の一部に理由がない旨の通知処分をした。

Xは右更正処分等の取消しを求めたのであるが、本件の主たる争点は、非上場有価証券である外国子会社の株式について、Xが法人税法（以下「法」という）三三条二項、同法施行令（以下「令」という）六八条二号ロに基づいてした評価損の損金算入が許されるか否かという点である。

二　判決要旨

「……事実関係に基づき考えると、外国子会社の赤字体質をもたらした最大かつ直接の原因は、本件合併前の円高、米国内の不景気等の諸原因に対処するために外国子会社が借り入れた借入金に対する高金利負担であったところ、外国子会社において昭和五四年から始まった経営陣の経営改善策により、外国子会社は遅くとも昭和五六年末ころには、累積損失及び借入金の金利負担を別にすればさほど大きな期間損失を計上しないですみ、さらに数期を経ずして期間利益が生ずることが相当の確実性をもって見込まれた状態にあったものと推認することができる。

……これまでに述べた諸点を考えると、少くとも第一次増資から一一カ月を経たにすぎない本件評価損計上の時点のころにおいては、単に数額のみに着目すると資産状態の悪化が著しいとの見方もあろうが、もともとその時点の状態は、Xにおいても十分に予想可能のいわば予定された状態ともいうべきであり、以後、第一次増資のころから相当の蓋然性をもって予定されていた第二次増資と相俟って、外国子会社の資産状態は、長期的な見通しに立つ限り、全体としてみると、改善される方向にあったといってよい。しかも、先に述べたように、Xが外国子会社に対し、第一次及び第二次あるいは第一次ないし第三次の各増資払込金を併せた額と同程度ないしはそれ以上の経済的価値を認めていたといってよいことから考えると、単に数額的に債務超過にあり又はその債務超過の額がある程度増加したからといって、その債務超過の状態がXにとって予測し難い新しい事態によって発生したなどの特段の事情が認められるのであれば格別、右事情が認められない本件にあっては評価損損金算入要件の資産状態の著しい悪化が生じたものと判断するわけにはいかない。

以上によれば、本件評価損計上の時点においては、外国子会社の資産状態が著しく悪化したこと（評価損損金算入要件の該当事実）が認められないから、その余の点につき判断するまでもなく、本件評価額損計上は、法人税法上、これを是認することができない。」

三 解 説

1 争点の整理

本件では、青色更正処分の理由附記の不備、理由の差換え、評価損の損金算入要件の主張・立証責任の負担者などの手続上の重要問題、いわゆるコロガシ計算による株式の評価の許否なども取り上げられているが、ここでは、非上場株式の評価損の損金算入の問題だけに絞って検討する。

2 非上場株式の評価損の損金算入と法人税法の規制

商法二八五条ノ六によると、上場株式については、子会社株式を除いて、取得原価主義を原則としながら低価法による評価を認めると共に、回復困難な著しい時価の定価があった場合には、評価減を強制している（同条二項。強制的時価主義）。上場株式のうち子会社株式については、低価法の選択は認めていないが、評価減については、一般の上場株式と同じ取扱いになっている。そして、非上場株式については、取得原価主義による評価をベースとしながら、発行会社の資産状態に著しい悪化があった場合には、評価減をしなければならないとしている（同条三項）。

企業会計原則はその第三の五に有価証券の評価について定めているが、株式の評価に関する考え方は、商法と基本的に同じであるといえる。

ところで、現行の法人税法は、法人税法の「別段の定め」（例外）の一つとして、三三条一項で株式を含む資産一般の評価損の損金不算入を定めているが、株式の評価損については、この例外のまた例外の規定をおいている。すなわち、株式について政令で定める事実（以下「特定事実」という）が生じたことにより、時価が帳簿価額を下回ることになった場合には、期末の時価までの範囲で帳簿価額を減額（評価減）し、これを損金算入することを認めている。

そして、これを受けた令六八条二号ロでは、上場株式については、企業支配株式（令三四条三項）に該当するものを除いて、著しい時価の低下があれば評価減を認め、また非上場株式と上場株式で企業支配株式に該当するものについては、①発行法人の資産状態の著しい悪化（以下「特定事実a」という）と、②これによる株式の価格の著しい低下（以下「特定事実b」という）の二つの特定事実が生じた場合には、評価損の損金算入が認められることになっている。

本件は、法人税法と同法施行令が例外のまた例外として認めている非上場株式の評価損算入要件（特定事実）のうち、発行法人の資産状態の著しい悪化（特定事実a）が認められるか否かをめぐって争われたものである。

3　非上場株式の評価損の損金算入と法人税基本通達の取扱い

法人税基本通達（以下「通達」という）九―一―九、九―一―一〇、九―一―一〇の二、九―一―一六では、実務上の運用の具体的基準を示している。

通達は、法令の枠内で解釈や取扱基準を示すべきものであるので、ここでも、通達の内容が法令を逸脱していないか（租税法律主義を空洞化させていないか）が、厳しく検証されなければならないことである。

まず、通達九―一―九では、特定事実aの判定について、形式基準と実質基準を定めている。形式基準は、発行法人が破産宣告などを受けた場合である（同項⑴）。実質基準は、評価減をしようとする期末の時点において発行法人の一株当たりの純資産価額がその株式を取得した時点における発行法人の一株当たりの純資産価額と比較しておおむね五〇％以上も下回る場合である（同項⑵）。

通達が定める右取扱基準は妥当なものと受け取られており、その中でも拠り所となっているのはこの実質基準である。

本判決も、数額のみに着目すると、資産の状態の悪化が著しい（特定事実aに該当すること）と認めながら、他の事情を追加して考慮の中に入れることにより、評価損の損金算入を否定している。本件の核心は、法令が定めている数額の要素以外に、他の事情を考慮に入れることが正当か否かということである。

通達九―一―一六では、企業支配のために株式を時価よりも高く買い集めた場合は、当該企業支配株式の価格は、通常の価額に企業支配にかかる対価（増資の払込額等）を加算すべきことを定めており、また通達九―一―一〇の二（昭和五四年一〇月新設）は、親会社が赤字の子会社に増資払込みを行い、その増資直後において子会社の債務超過の状態が解消していない場合は、一種の形式的処理として、増資払込直後の評価減を認めないというものである。

本判決は、右新設通達を引用こそしていないが、その影響を強く受けているといえる。

増資直後の子会社の株式について評価減をそのまま認めると課税面では不合理な結果が生じることは理解できないことではないが、これを通達で規制したり、また通達行政を裁判所が追認するということになると、租税法律主義の空洞化を招くという由々しい事態となってしまう。

4　本件非上場株式の評価損の損金算入の是非

本件は、Xが外国子会社の経済的破綻を救済するために行った増資払込み（第一次増資）から一一カ月を経たにすぎない事業年度末でのその外国子会社の非上場株式の評価損の損金算入をY税務署長が否認し、その損金算入の可否が争われたものである。

本判決は、前述のとおり、数額のみに着目すると資産状態の悪化が著しいこと（令六八条二号ロ所定の特定事実aに該当すること）を認定しながら、その債務超過の状態がXにとって予測し難い新しい事態によって発生したという「特別の事情」が認められないという理由で、右特定事実aに該当すると認めるわけにはいかないとして、損金算入を否認した更正処分を是認している。

特定事実aに該当するか否かは、現行の法令のもとでは、数額のみに着目して判定すべきことになっているのに、他の要素を加えて判断していること、また法令に規定のない特別事情についてXの主張立証が不十分という形で、Xの請求を排斥していることについては大きな疑問が残る。

5　本判決の位置づけ

非上場株式の評価減をめぐって税務上ではトラブルが絶えず、実務上でも最も厄介な問題といわれているのに、裁判例は藤崎事件（仙台地判昭和五一年九月一三日）と本件だけであり、いずれも非常に重要な事件であるのにどうしたことか判例評釈も少ない。(注)

藤崎事件で、判決は、株式会社藤崎が子会社の設立直後に子会社の株式一万四、八〇〇株を、その後子会社の増資に当たり六〇、〇〇〇株を、さらに個人から一、〇〇〇株を取得したのは（取得率は九四％）、いずれも企業支配のためになされたとし、企業支配株式の価額は、通常の価額に企業支配に係る対価の額を算入すべきであるとし、株式会社藤崎が非上場株式の評価損を損金算入したのを否定している。藤崎事件の判決で損金算入を否定している根拠が法三三条二項、令六八条二号ロから果たして引き出せるものか非常に疑問である。本件においても、法三三条二項、令六八条二号ロは数額の点から特定事実aの有無を判定すべきことを定めているのに、法令からは引き出せないような「予測し難い新しい事態の発生」などを必要要件とし、評価損の損金算入を否定しているのは、藤崎事件と同様に疑問である。本件は控除され、控訴審では、ほとんど実質審理がなされないまま、ほぼ一審判決を引用して控訴棄却となり（東京高判平成三年六月二六日）、現在上告中であるが、最高裁では、とくに最近批判の強い税務通達の法令適合性、租税法律主義の空洞化について突っ込んだ検討を進め、そして、株式の評価損の法人税法上の位置づけについて説得力に富む判断が示されることを期待したい。

（注）　本件一審判決の評釈として、武田昌輔・判評三七七・二〇。本件を素材として取り上げているもの、山田二郎「非上場株式の評価減と損金計上の可否について」日本税法学会創立四〇周年税法学論文集一八一頁、成道秀雄「株式の評価減」税務事例研究九号一頁。

（税務事例一四巻一号、一九八二年）

25　破産会社の予納法人税と破産管財人の予納申告等の義務

最高裁第三小法廷平成四年一〇月二〇日判決、平成二年(行ツ)九八号
法人税額決定等の処分取消請求事件――上告棄却
判例時報一四三九号一二〇頁
判例時報一三三九号一四四頁（第二審）

一　事実

昭和五四年一二月二六日、訴外株式会社Aは、横浜地方裁判所において破産宣告を受けて解散し、X（原告、控訴人、上告人）が破産管財人に選任された。Xは所管のY税務署長（被告・被控訴人・被上告人）に対して、昭和五五年二月二〇日付けで右解散の日の属する事業年度（昭和五四年一〇月一日から同年一二月二六日まで）の確定申告書をX名義で提出した。Xは、昭和五五年一〇月一日から昭和五六年九月三〇日までの年度（以下「本件事業年度」という）に、Aの土地建物を売却したことにより六億四、七〇〇万円、その他利息等により二九四万三、九六三円の収入を得たが、破産管財人としては法人税法（以下「法人」という。）一〇二条一項に基づく予納法人税額等の申告及び法人一〇五条に基づく法人税額の予納義務はないと解して、この申告及び納税を行わなかった。

これに対して、Y署長は、破産管財人も法人一〇二条一項及び一〇五条に基づく申告・予納義務があるものと解し、昭和六〇年四月三〇日付けで本件事業年度の清算所得について、法人税額を八、二六〇万六、二〇〇円とする決定処分及び無申告加算税八二六万円の賦課決定処分（以下まとめて「本件処分」という）をした。その内訳は、①前記解散の日の属する事業年度の確定申告書に添付されている昭和五四年一二月二六日の貸借対照表、預金通帳、現金出納帳、

その他の関係資料及びXの申立等に基づき、Aの本件事業年度における貸借対照表及び損益計算書を作成して、Aの本件事業年度における清算中の所得の金額を一億二、三四七万七、八〇〇円と算定し、右所得金額に一〇〇分の四〇を乗じ（昭和五六年法律一二号による改正前の法人六六条）、法人税額を四、九三九万八〇〇円と算出し、②土地の譲渡につき課税土地譲渡利益金額の計算明細表を作成して、課税土地譲渡利益金額を一億六、六〇七万七、〇〇〇円と算定し、右金額に一〇〇分の二〇を乗じ（租税特別措置法（以下「措置」という）六三条）、これに係る法人税額を三、三二一万五、四〇〇円と計算し、③八、二六〇万六、二〇〇円（①と②の合計額）を国税通則法六六条一項の規定に基づく無申告加算税の計算の基礎となる税額とし、これに一〇〇分の一〇を乗じ無申告加算税額を八二六万円と算出したものである。

そこでXは、本件処分を不服として、昭和六〇年六月一七日東京国税局長に異議申立てを行ったが同年九月一二日棄却され、同年一〇月九日国税不服審判所長に審査請求を行ったが、裁決が出ないので、横浜地裁に本件取消訴訟を提起した。

一審は、法人九二条が、解散事由のうちから特に「合併による場合を除く」としているのみで、その余の解散事由については特に除外することなく一般的にその精算所得に対する法人税の課税基準を定めており、合併については別途規定を設けている（法人税法第二編第三章第二節）こと、法人九二条以下の規定においても、特に除外規定を設けることなく解散をした場合の清算所得というように一般的に定めていることなどから判断すると、法人税法第二編第三章第一節の諸規定は、解散事由から破産を除外するものではなく、破産会社にも適用があると解さざるを得ないとし、さらに、法人一〇二条及び一〇五条は内国普通法人等が予納申告・納付を行うべき旨規定しているが、破産会社は破産により解散し、破産の目的の範囲内において存続し、破産会社は破産財団のみをその存立基盤としているものであるところ、破産宣告により法人の代表者は破産財団に対する管理処分権を失っており、右管理処分権は破産管財人に専属し（破産法（以下「破」という）七条）、租税の申告納付は破産財団の管理処分の一環とみることができるから、破産管財人に破産会社の法人税の予納申告・納付の義務があるというべきであると判示して、Xの請求を棄却した。原審は、最判昭和六二年四月二一日民集四一・三・三二九は破産法人についても予納法人税の各規定が適用されることを認めたものであり、本件の先例となるとしたほか、一審の理由を引用して、Xの控訴を棄却した。

Xがこれを不服として上告したのが、本件である。

二　判　旨

棄却。

「破産会社にも法人税法（昭和五六年法律第一二号による改正前のもの）一〇二条（清算中の所得に係る予納申告）及び一五〇条（清算中の所得に係る予納申告による納付）の規定の適用があるものと解すべきであるから、破産会社の破産管財人には、予納法人税が破産法四七条二号ただし書にいう『破産財団ニ関シテ生シタルモノ』に当たるか否かを問わず、その予納申告等の義務があるものというべきである。」

三　評　釈

これまで、破産法人の法人税の納税義務を扱った重要な先例として、本件の原審で引用している前掲最判昭和六二年四月二一日（「岡崎染工事件」）があり、本件（「創和設計事件」）と前後して、東京地判平成三年六月二六日判時一四〇〇・一八（「八重洲リハビリ事件」）が出ている。この評釈は、これらの先例とこれに関する研究を参考にしながら、総合判例研究という形をとることにしたい。

1　法人税の予納申告の制度（法人一〇二条、一〇五条）

内国法人に対して、各事業年度の所得については各事業年度の所得に対する法人税が、清算所得については清算所得に対する法人税が課されるのが原則であるが（法人五条）、内国法人である普通法人（法人二条九号）又は協同組合等（法人二条七号）（以下「内国普通法人等」という）の清算中に生じた各事業年度の所得については、当該内国普通法人等が継続し又は合併により消滅した場合を除き、各事業年度の所得に対する法人税は課されないこととなっている（法人六条）。すなわち、解散によって清算中の内国普通法人等については、原則として、清算手続中の各事業年度の所得について各事業年度の所得に対する法人税が課されることはなく、清算手続が終了し最終的に清算所得の存在することが確定した場合にその清算所得に対する法人税が課されるだけである。

しかし、清算事務が長引き残余財産の確定まで長期間を要するので、課税が著しく遅れることに対応するため、清算法人に法人税額の予納制度を導入している。すなわち、内国普通法人等は、清算中の各事業年度に所得がある場合にはこれを解散していない法人の所得とみなして法人税の額を計算し、当該金額に相当する法人税（予納法人税）を申告・納付すべきものとしている（法人一〇二条、一〇五条）。この法人税は、清算中の内国法人等が継続し又は合併により消滅する場合を除き、清算所得に対する法人税の予納として扱われ（法人一〇八条）、納付すべき清算所得に対する法人税の額がある場合にはその清算所得に対する法人税として納付したものとされ、この額を超えて納付された超過額は還付することになる（法人一一〇条）。

2　破産法人と予納法人税の申告・予納義務の存否

法人税法第一編第三章第一節中の解散の場合の清算所得に対する法人税に関する諸規定が破産法人にも適用があるか否かについて、見解が分かれている。

肯定説は、法人九二条が、解散事由のうちから特に「合併による場合を除く」としているのみで、その余の解散事由については特に除外することなく一般的にその清算所得に対する法人税の課税基準を定めており、合併については法人税法第一編第三章第二節で別途規定を設けていること、法人九二条以下の規定においても、特に除外規定を設けることなく、解散をした場合の清算所得というように一般的に定めていることなどから判断して、法人税法第一編第三章第一節の規定は、解散事由から破産を除外するものではなく破産法人にも適用があると解する見解である（伊藤「破産と租税」法学級室六一・一四八等）。

否定説は、前掲最判昭和六二年四月二一日の係属中に論争されたものであり、次の三説がある。

第一は、破産財団は破産者（破産法人）とは別個の法主体であり、清算中の予納法人税は破産財団に帰属し、法人税の納税義務者である破産法人に帰属しない。予納法人税等は破一五条の破産債権に該当せず、破四七条二号但書の財団債権にも該当しない。かりに一応徴収することとしても、その徴収の法的手段がないとする見解である（北野「会社破産と土地譲渡益重課税」税理二七・四・七五）。

第二は、通常の清算を眼中に置いて立法されていると思われる清算所得に対する法人税予納の制度を破産清算に適用するにおいては、破産手続の特質に対応した解釈論が行われて然るべきであるとしたうえで、会社更生法二六九条三項を類推適用できると解すべきであり、破産管財人による換価の場合はその譲渡益を予納税の算出の基礎に含めないことにして抜本的な解決を図るべきであるとする見解である（谷口「破産管財人による財団の換価と課税」法学論叢一一六・一―六・二六三以下）。

第三は、破産法人については、清算事業年度において所得を生じる例は十分ありうることであるが、清算所得を生じる例は極めて稀にしか存しないのであり、そのような破産法人に他の解散法人と同様に予納法人税の納税義務があるとする法解釈は不当であるとする見解である（水野武夫「破産手続における法人税の取扱い」税法学四一二・二一）。

本件最判は、前掲最判昭和六二年四月二一日を踏襲し、破産法人にも、予納法人税の申告・予納義務に関する法人一〇二条及び一〇五条の規定が適用になるものと解している。この判示は、最判昭和六二年四月二一日を引用している原審判決の判断を肯定しているところから明らかであるように、法人税法の規定の文理解釈から肯定説を導き出している。しかし、谷口説が指摘しているように、破産手続の特質を考えて合理的な立法を設ける必要があるといえる。

3　破産法人の予納法人税の申告・予納義務と一般部分、非清算部分の区別

前掲最判昭和六二年四月二一日は、予納法人税が財団債権（破四七条二号）に該当するか否かが争われた事例である。右判決は、「予納法人税のうち清算所得に対する一般部分」は、破産手続の終了後の残余財産の一部である清算所得を課税の対象とするものであり、その予納というのは、破産債権者の共同の満足に充てるため独立の管理機構のもとに統合されるところの破産者の総財産たる破産財団とは直接関係のない事柄であり、予納法人税は、破産債権者において共益的支出として共同負担すべき破産財団上の経費とはいえず、財団債権には当たらないと判示している。そして、「予納法人税の重課部分（土地重課税）」は、土地等の譲渡等に係る譲渡利益金額を分離してこれを課税の対象とし、本来の法人税額が存しないときであっても課せられるものであり、また、予納法人税の重課部分は、清算中の各事業年度の土地等の譲渡による譲渡利益金額を基礎として計算されるものであり、清算所得に対する法人税の予納として扱われるものの、清算所得に対する法人税の額を加算した金額とされるところから、原則として納め切りとなるものであり、破産債権者として共通的な支出として共同負担するのが相当な破産財団管理上の経費に属し、財団債権に当たるとしている。また、その「過小申告加算税」については、本税に附帯して生ずるものであるから、財団債権に当たるかどうかは、本税が財団債権性を有するかどうかにかかるとしている。この最判昭和六二年四月二一日は、破四七条二号但書の「破産財団ニ関シテ生シタルモノ」という抽象的な規定の解釈として、租税債権の種類ごとに財団債権に当たるかどうかを判示しているものであるが、何が破産債権者にとって共益的な支出であるかについて説得力のある基準を示しているものではなく、ただ「税金が納め切りになるのかどうか」という徴税上の問題で区分しているものとしか読み取れない。右最判は、説得力のある判決とはいえないものであるが、破産宣告後の原因に基づく租税債権のうち財団債権と扱われる範囲を示した重要なリーディング・ケースとなっている（右最判の検討については、山田「破産法人に対する財産債権とならない租税債権の破産手続上の優先順位」金法一二四六・六）。

財団債権と区分される租税債権は、予納法人税という取扱いを受けても、破産手続によらず随時納付することにな

るが（破四九条、五〇条）、財団債権とならない租税債権の一般部分は、破産手続を通じ破産財団に属する財産の中から配当として納付（予納）がされることになる（破一六条）。

4　破産管財人の予納法人税の申告・予納義務の存否

この予納法人税の申告・予納義務は誰が負担することになるのかを検討する。

破産法人は破産により解散し破産の目的の範囲内においてなおも存続するが（破四条）、破産宣告により破産法人の代表者は破産財団に対する管理処分権を失うことになる（破七条）。租税の申告・納付は、破産財団の管理処分権の一環とみることができ、破産財団の管理処分権は破産管財人に専属することになることから（破七条）、破産法人には予納法人税の申告・予納義務はなく、破産管財人が予納法人税の申告・予納義務を負担することになると解すべきである。

前掲水野説は、予納法人税の納税義務は破産法人に帰属するということから、予納法人税の申告・予納義務も破産法人に帰属すると立論しているが、予納法人税の申告・予納義務は破産財団の管理処分権の一環であるので、本判決のとおり、予納法人税の申告・予納義務は破産管財人が公の機関として（破産法人や破産債権者の代理人ということではなく）負担するものと解される。

5　本判決の位置づけと今後の課題

(1)　本判決の位置づけ

本件は、八重洲リハビリ事件と異なり、未だ破産手続が終了していない破産手続中の事件である。

本判決は、まず、法人一〇二条及び一〇五条の清算法人に関する規定が破産法人にも適用になることを明らかにし、また、予納法人税が破産法上の財団債権に当たる場合であるか否かを問うことなく、予納法人税の申告・予納義務に関する規定が全面的に破産法人に適用になることを明らかにしている。これらの点について最高裁の見解を初めて示したリーディング・ケースである。

前掲最判昭和六二年四月二一日は、予納法人税が財団債権に当たるかどうかが争われた事件（財団債務不存在確認事件）であり、前述のとおり、予納法人税の一般部分は財団債権に当たらないことを明らかにしたものであり、その前提に、破産法人も清算所得の予納義務（予納法人税の申告・予納義務）があることを判断していると読みとることも無理なことではないが（本件の原判決の見解）、この点を明確に判断を示したものではなかった。本判決は、この点について初めてはっきりと最高裁の判断を示したものである。

本判決は、次に、予納法人税の申告・予納義務の主体が、破産法人ではなく破産管財人であることを初めて明らかにしている。

破産法人にも予納法人税の申告・予納義務を肯定することになると、前述のとおり、租税の申告・納付は正に破産財団の管理処分権の一環に属する事項であり、破産財団の管理処分権は破産管財人に専属しているので（破七条）、破産管財人が予納法人税の申告・予納義務を負うとするのは破産法の解釈から当然に導き出せる帰結であり、特に新味のあることではないが（伊藤「破産管財人の納税義務」判時一三〇六・一五六は、最判昭和六二年四月二一日は一般の予納法人税に関する限り破産管財人がその申告・予納義務を負わないことを確定したものと解されているが、このようには読めない）この点も初めての最高裁の判決であるということで重要な意義をもっている。

(2)　本判決の残している問題

(一)　財団債権に当たらない一般部分の法人税の予納

本判決は、予納法人税が破産法上の財団債権に当たるか否かを問わず、破産法人は予納法人税申告・予納義務があると判示している。財団債権に当たる法人税の重課部分（措置六二条の三以下による法人土地重課税）は破産手続によらず納付することになるので（破四九条）、特に疑問は生じないが、財団債権に当たらない一般部分の法人税の予納というのは一体どのようにしてなされるのか明確でない。

財団債権に当たらない一般部分の破産法上の優先順位については従来から見解が分かれており、本判決でもこの点については明確な判断をしていない（判例・学説の詳しい紹介は、山田・前掲論文）。

名古屋地決平成元年六月一二日金法一二三八・二九、その抗告審である名古屋高決平成元年八月三〇日金法一二三八・二八は、租税債権であっても破産宣告前の原因に基づいて生じたものではない以上破産債権にも当たらないとして、破産財団から弁済を受けることはできないとしているが（同旨、横浜地判平成元年三月一五日税事二一・一一・二五）破四六条四号の罰金等に準じて劣後的破産債権と解するもの（谷口・前掲論文二八一頁注一一、青柳・最高裁判所判例解説民事編昭和六二年度一九六頁、田中「判例解説」判タ六七七・三〇五（昭和六二年度主要民事判例解説）、前掲東京地判平成三年六月二六日八重洲リハビリ事件）など）、少なくとも一般の破産債権と同列に扱うべきであるとするもの（杉本「破産宣告後の原因に基づく予納法人税、予納事業税・住民税の財団債権該当性」昭和六二年行政係判例解説一八〇頁）に分かれており、また国税当局はこれを優先的破産債権に当たるという見解を採っているが（前掲名古屋高決平成元年八月三〇日での国の主張）、破産宣告前の原因に基づいて生じたものではなく財団債権に当たらない租税債権について、実定法の規定はないが、罰金等に準じて劣後的破産債権と解するのが合理的な解釈ではないかと考える。

この財団債権に当たらない一般部分を、罰金等に準じて劣後的破産債権と位置づけるとしても、このような租税債権は破産裁判所に債権届出（破二二八条）を行い、破産手続に従い配当（予納）を受けることになる。

劣後的破産債権が配当を受ける可能性は一般的に極めて少なく、それにも増して支払不能又は債務超過があるという裁判所の決定（破産宣告）を受けて始まった破産手続において、最終的に清算所得が生じてこれに対する法人税が生ずるという可能性は極めて少ないといえる。従って、予納法人税の申告はされても、配当（予納）がされずに空振りとなる公算が高く、また仮に配当にのることができて予納を受けることができたとしても、清算確定申告の最終の段階で法人税の納付を受ける余地は殆どないといえるので、予納法人税の一般部分の申告・予納というのは無駄なことを要求している不合理な制度であり、是非とも規定の整理が必要である。

㈡　予納法人税の申告・予納義務と清算確定申告との関係

予納法人税の制度は、清算所得が生ずる場合に、そのもとになる利益は清算中に漸次実現してゆくのに対し、清算事務が長引くことによって清算所得に対する課税が著しく遅れることに対処しようとするものである。

ところで予納法人税の一般部分は、清算手続中に清算所得のもとになる利益が発生し、予納法人税の申告がされて予納義務が確定しても、前述のとおりその納付は、劣後的破産債権に当たると位置づけても、破産手続による配当として納付されるものであり、また最終配当（残余財産の確定）と清算確定申告（法人一〇四条）の期日は時間的に離れていないので、財団債権に当たらない一般部分の法人税については清算所得の清算確定申告によって申告・納付を行わせるとしても実際には違いがなく、無駄な手数を省略できると考えられる。

八重洲リハビリ事件では、昭和六〇年一一月二九日に破産宣告を受け、昭和六〇年一一月三〇日から昭和六一年八月三一日までの清算事業年度中に破産財団に属する土地を売却したことにより三億八、一九四万円余りの所得が発生したが（予納法人税の申告期限は昭和六一年一〇月三〇日であったが、予納法人税の申告はしていない）、昭和六三年九月七日に破産手続が終了し、平成元年一月一七日に残余財産が確定したことにより、管理処分権を回復した会社清算人から同年同月二七日に清算所得金額を六一六五万円余、法人税を九五三万円余とする清算確定申告をするとともに、同日清算手続中の予納法人税について所得金額を三億八、一九四万円余、予納法人税を一億六、〇二七万円余とする期限後申告をしている。そして、この予納法人税の期限後申告がなされた後に、所轄税務署長は、平成元年五月三一日付で国税通則法六六条一項（昭和六二年法律九六による改正前のもの）、同三項により納付すべき予納法人税の税額一億六、〇二七万円に一〇〇分の五を乗じた八〇一万三、五〇〇円の無申告加算税の賦課決定をしている。

破産手続が終了して残余財産が確定し、清算確定申告をしているのに、予納法人税の一般部分について期限後の申告・予納をし、また無申告加算税まで賦課したというのは、予納制度の趣旨からいって不合理であるといえる。

一般部分についても、さらに重課部分についても、清算確定申告を出せる段階になっているのに、清算手続進行中の予納法人税の申告・予納義務が依然として残っているというのは不合理である。破産手続が終了し残余財産が存在する場合は管理処分権を回復した清算会社（清算人）が清算所得に対する法人税の清算確定申告をすることになる。予納法人税の申告・予納義務が遅滞していたときはその理由のいかんを問わずこの清算確定申告の中に当然に吸収され、納付済みの予納法人税に不足があるときはさらに納付の必要が生じ、予納が超過しているときは超過額の還付がされることになるものと解される。

㈢ 無申告加算税、延滞税の基礎となる本税の金額

八重洲リハビリ事件では、清算確定申告と同日にされた清算人による予納法人税の期限後申告について、予納法人税の税額を基礎として無申告加算税を賦課しているが、これは不可解なことである。本件のような法律が不備な事項について、清算人が国税当局と見解を異にし予納法人税の申告をしなかったことが国税通則六六条一項にいう「正当な事由」に当たるといってよいと考えるが、この点は措いておくとして、無申告加算税の基礎とする税額は、予納法人税の一般部分については、清算確定申告により法人税の税額が確定した後では、予納法人税の税額ではなく、清算確定申告の法人税額であると考えないと、清算所得に対する法人税の課税システムと矛盾するといえる。八重洲リハビリ事件の前掲東京地判は、この点について、「予納法人税について期限後申告書を提出した場合について特別の規定は存在しないから、この場合においても、無申告加算税を当該期限後申告に係る予納法人税を納付すべき税額の基礎として賦課すべきものである。」、「仮に税務署長が本件予納法人税について延滞税を確定清算所得における法人税を基礎として算出していても、その当否は格別、そのことの故をもって本件予納法人税の無申告加算税を確定清算所得に対する法人税を基礎とすべきことにはならない。」と判示している。

この判示は、延滞税の取扱いと整合性を欠くだけでなく、予納法人税（中間申告のうちの予定申告、中間納付（法人七一条）のシステムと類似しているが、予定申告は一種の分割払いで、自動的な見積納付の方法が採られている）の制度の

趣旨から考えて不合理な解釈である。無申告加算税、延滞税のいずれの場合も、清算確定申告を済ませて清算所得と法人税が確定した段階になった以上、予納法人税について別枠で優先徴収権があるわけではないから、清算確定申告に吸収され、清算確定申告の法人税額が基礎となるものと考える。

6　総　括

本判決は、清算所得の予納法人税に関する法人一〇二条、一〇五条の規定が破産法人にも適用になること、また予納法人税の申告・予納義務は破産管財人が負担することを明らかにした最初の最高裁判決であるということで重要な意義をもっているが、破産法人に対して清算所得の諸規定を適用することの実質的な合理性については、所得税法の非課税規定（所得税法九条一項一〇号）会社更生法の評価益に関する規定（会社更生法二六九条三項、法人二五条）と対照して根本的に検討し直すことが必要であると考えられる。

また、予納法人税の重課部分を財団債権とする解釈の是非、財団債権に当たらない一般部分の破産手続内での順位、この一般部分の現実の予納の方法、予納法人税に関する無申告加算税、延滞税の基礎となる本税の金額など、破産法人の予納法人税については多くの問題が将来の研究課題として残されている。

（判例時報一四六一号〔判例評論四一五号〕、一九九三年）

26 詐欺による被害の損金計上の時期

東京地判昭和五二年三月九日シュトイエル一八二号三八頁
★東京高判昭和五四年一〇月三〇日シュトイエル二一六号一二頁
最高一小判昭和六〇年三月一四日税務事例一七巻五号二六頁

一 事実

X会社（原告・控訴人）は、宅地造成分譲等を業とする青色申告法人であるが、昭和四八年四月一日から昭和四九年三月三一日までの事業年度（以下、本件係争年度という）に係る法人税について、期限内に確定申告をした。これに対してY税務署長（被告・被控訴人）は、昭和四九年一二月付けで本件係争年度に係る法人税について、総所得金額及び法人税を増額する更正処分をし、併せて過少申告加算税及び重加算税の賦課決定処分を行った。

X会社は、Y税務署長の各処分を不服として昭和五〇年一月、国税不服審判所長に対して審査請求をしたが、三カ月を経過しても裁決がなかったため、各処分の取消しを求めて本件訴訟を提起した。その後、Y税務署長は、昭和五一年八月、各処分を取り消して改めて前記更正処分と同額の更正処分（以下、本件処分という）を行うとともに、重加算税の取消しに伴う過小申告税を増額する賦課決定処分（以下、本件決定という）をしたのである。

本件処分は、X会社が確定申告において訴外A会社の役員から受けた手付金詐欺による被害を損金算入していたのを否認したものであるが、X会社の主張による詐欺被害を受けた経緯は以下の通りである。

X会社は昭和四八年四月ごろ、新潟県上越市内の土地六万六、〇〇〇㎡を購入し、これに宅地造成工事をして、宅地として販売することを計画し、昭和四八年七月、売主をA会社、買主を訴外B会社とする土地の売買契約を締結し、その際X会社は手付金として四、〇〇〇万円をA会社に対し小切手で支払った。なお、売買契約の買主名義をB会社としたのは、X会社は同社と昵懇の間柄であり、X会社が土地の買収資金の一部を同社から融資を受けていた関係によるもので、土地の買収、宅地造成、分譲等の事業は、専らX会社が自己の計算と責任において企画し遂行していたのであり、売買契約の実質上の買主はX会社である。

そして、売買契約の特約として、A会社はX会社に対し、約一万九、八〇〇m²の一団の土地について直ちに所有権移転登記手続及び引渡しをすることになっていたが、X会社の度重なる要求にもかかわらず、A会社は七、二一二m²の土地について昭和四八年八月及び九月にX会社に対する所有権移転登記を経由したのみで、その後は売買契約を履行しなかった。

そこでX会社はB会社名義により、昭和四八年一一月にA会社の役員三名を詐欺で告訴し、更に昭和四九年二月にA会社の役員三名を被告とする売買契約解除に基づく違約金請求事件（以下、別件民事訴訟という）を東京地方裁判所に提起した。

以上により、X会社は、同社がA会社に支払った四、〇〇〇万円は本件係争年度中に詐欺被害による損金として確定していると主張した。

なお、前記刑事事件については、告訴後、間もなく詐欺罪として起訴され、昭和五一年三月に懲役二年六月、執行猶予三年の判決言渡しを受けており、別件民事訴訟については、昭和五一年四月に裁判上の和解が成立している。

二　税務署の判断

事業年度の損金の額に算入すべき費用の額は、法人税法上それが当該事業年度終了の日までに確定していなければならない（権利確定主義）ところ、X会社が詐欺と主張する事実については、本件係争年度中には警察署長に告訴が受理されたにとどまり、詐欺の事実があったか否かについては本件係争年度末までには確定していないし、他方、B

会社名義でX会社が提起した別件民事訴訟も本件係争年度中には何ら確定をみていない。したがって、X会社が主張する雑損失は、本件係争年度中にはいまだ確定していないから、右雑損失は本件係争年度に係る損金と認められない。

また仮に、前記四、〇〇〇万円がA会社らの詐欺による損害金で、本件係争年度に確定し損金の額に算入されるのであれば、その反面において、X会社はA会社らに対して同額の民事上の損害賠償債権を取得し、右債権は本件係争年度の益金に算入されることとなる結果、X会社の本件係争年度の所得金額は、詐欺による損害金を損金に算入しない場合と何ら差異がないのである。

ちなみに、X会社が提起した別件民事訴訟は、昭和五一年四月に裁判上の和解が成立している。その後、X会社は昭和五一年四月一日から昭和五二年三月三一日までの事業年度において、所得金額の計算上、前記の和解において確認された損害賠償請求権金四、六〇〇万円を益金に計上するとともに、当該事業年度末に放棄した前記賠償債権の一部一、八〇〇万円を損金に算入している。この債権放棄は、その当時、X会社がA会社及びその役員らの無資力を確認し、その回収の見込みがなくなったことを意味するから、その時点においてはじめて損失額が確定し、その時の属する事業年度の損失として損金算入が認められることになるのである。

三　裁判所の判断

第一審判決は、X会社が損金の額に算入した被害金額が損失額としていまだ確定していないことを理由に、損金に算入することができないと判示して、X会社の請求を棄却した。

第二審判決は、以下の理由により第一審判決を変更して、X会社の請求を認容している。

(1)　詐欺行為による被害の額は、盗難、横領による被害の場合と同じく、財産を不法に領得されたことによる損害として、法人税法二二条三項三号にいう損失の額に該当するものと解すべきである。不法行為の被害者として法人が損害賠償請求権の行使によって取得すべき金額は、法人税法二二条二項の資本等取引以外のものに係る収益の該当するものと解される。法人税法は、期間損益決定のための原則として、発生主義のうち権利確定主義をとり、益金についてはその収受すべき権利の確定の時、損金については履行すべき義務の確定した時を、それぞれの事業年度帰属の基準にしているものと解せられる。そして、その権利の発生ないし義務の確定については、権利、義務の発生からその満足ないし履行済に至るまで、種々の時点をもって考えることができ、そのいずれをもって妥当とすべきかについては、見解の分かれるところであるけれども、帰するところ、権利の発生、義務の確定が具体的となり、かつ、それが社会通念に照らして明確であるとされれば足り、これをもって十分であると解すべきである。したがって、当事者の刑事上の訴追、あるいは損害賠償等民事上の権利行使がなされたとしても、それは、権利の発生、義務の確定を認定する一資料とされるとしても、直接それとの関係を有するものではないし、またY税務署長の主張するように、刑事判決ないし民事判決が確定しなければならないものではないのである。

(2)　B会社は、手付金四、〇〇〇万円を詐取されたことを知って告訴したところ、捜査の結果A会社の役員らは昭和四九年一月ころ逮捕され、間もなく詐欺罪を犯したものとして公訴を提起されたばかりでなく、A会社及び役員らは、いずれも無資産、無資力であったというのであるから、詐欺被害の事実並びに被害額は、遅くとも本件係争年度の最終日までには具体的に確定し、会社通念に照らして明確になったということができるものである。

(3)　所得金額を計算するにあたり、同一原因により収益と損失が発生しその両者の額が互いに時を隔てることなく確定するような場合に、便宜上右両者の額を相殺勘定して残額につき単に収益若しくは損失として計上することは実務上許される。しかし、益金、損金のそれぞれの項目につき金額を明らかにして計上すべきものとしている制度本来の趣旨からすれば、収益及び損失はそれが同一原因によって生ずるものであっても、各個独立に確定すべきことを原則とし、したがって、両者互いに他方の確定を待たなければ当該事業年度における確定を妨げるという関係に立つものではないと解するのが相当である。すなわち、当該収益、損失のそれぞれにつき当該事業年度中の確定の有無が問われれば足りるのである。

(4)　本件において、詐欺の原因たる事実により、X会社がB会社役員らに対し取得するに至ったと認められる損害賠償請求権は、本件係争年度中に益金として確定を見なかったことをY税務署長においてさえ自陳するところである。そして、本件係争年度において、B会社及び役員らがいずれも無資産、無資力であるというのであって、当時同人らに対する損害賠償請求権の全部又は一部の実現が可能であり、又は可能であることを推測するに足りる事実の存在をうかがうことはできないし、Y税務署長の全立証をもってしても、そのような事実を認めることはできない。ちなみに、X会社が右和解の履行として受領した金員等は、その時の属する事業年度において、益金として計上すれば足りるものというべきである。

四　研　究

本件は、詐欺によって受けた被害金額を損金に算入する場合に、その計上時期が争われた事案である。詐欺、横領、盗難などの損害を受けた場合には、被害者は加害者に対して損害賠償請求権を取得する。そのため、法人税の所得計算において、この損害金額と損害賠償請求権との対応関係をどのように取り扱うか、つまり、これらの益金、損金の計上時期について法人税法二二条二項、三項をどのように適用するかという問題が議論されてきている。

従来は、損害の発生と損害賠償請求権の取得とは同時に発生していると認識し、損害の発生の事実があっても、その損害金額のみを当該事業年度の損金（損失）の額に計上するのではなく、損害と同額の損害賠償請求権の金額も同時に益金に計上する処理が実務で一般に行われてきていた。このことは、判例においても認められていた。

その代表的なものとして、会計担当役員が法人の金員を着服横領して法人に損害を与えた事例について、最高裁昭和四三年一〇月一七日第一小法廷判決[(1)]は、「横領行為によって法人の被った被害が、その法人の資産を減少せしめたものとして、右損害を生じた事業年度における損金を構成することは明らかであり、他面、横領者に対して法人がその被った損害に相当する金額の損害賠償請求権を取得するものである以上、それが法人の資産を増加させたものとして、同じ事業年度における益金を構成するものであることも疑ない。………犯罪行為のために被った損害の賠償請求権でもその法人の有する通常の金銭債権と特に異なる取扱いをなすべき理由はないから、横領行為のために被った損害額を損金に計上するとともに右損害賠償請求権を益金に計上したうえ、それが債務者の無資力その他の事由によってその実現不能が明白となつたときにおいて損金となすべき旨の原判決は、犯罪行為のために被った損害を損害賠償請求権の実現不能による損害に置き換えることになるものであるが、犯罪行為に基づき法人に損害賠償請求権の取得が認められる以上、その経理上の処理方法として十分首肯し得るものといわなければならない。論旨は、そのような請求権の実現性の薄弱なことをあげてその益金計上を不当とするが、そのようなことは一概にいえるものではなく、もし損害賠償請求権がその取得当初から明白に実現不能の状態にあったとすれば、上記の経理方法によっても、直ちにその事業年度の損金とするのを妨げないわけであるから、所論の非難はあたらない」と判示していた。

旧法人税基本通達二―一―五は、費用、損失を通じてその債務の確定の判定基準として、①当該事業年度終了の日までに当該費用（損失）に係る債務が成立していること、②当該事業年度終了の日までに当該債務に基づいて基本的な給付をすべき原因となる事実が発生していること、③当該事業年度の終了の日までにその金額を合理的に算定することができるものであることを要すると定めていたため、この三点を充足することが当該事業年度の損金と認められるための要件となっていたのである。そこで、詐欺等による損失が発生しても、対応する損害賠償請求権が確定するまでは計上できないとされる場合が生じ、また収益に計上される損害賠償請求権はその回収が不能であることが確定した場合に回収が不能である範囲内でようやく貸倒損が認められるものと解されていた。本件第一審判決は、まさしくこういう考え方が主流を占めていた時期のものであった。しかし、このような損失、損害賠償請求権の計上時期の取扱いについては、実態と遊離していると非難されていた。

第二審判決は、このような非難をふまえて、実態に沿う法律適用をしたもので、判例の進展過程を知るうえで重要な先例であり、しかも後述するように基本通達の改正にも少なからぬ影響を与えたものといえよう。

現行法人税基本通達二―一―三七（昭和五五年直法二―八より新設）は、「他の者から支払を受ける損害賠償金（債務の履行遅滞による損害金を含む）の額は、その支払を受けるべきことが確定した日の属する事業年度の益金の額に算入するのであるが、法人がその損害賠償金の額について実際に支払を受けた日の属する事業年度の益金の額に算入している場合には、これを認める……当該損害賠償金の請求の基因となった損害に係る損失の額は、保険金又は共済金により補てんされる部分の金額を除き、その損害の発生した日の属する事業年度の損金の額に算入することができる」と定めている。

この通達は、「損害の発生と同時に損害賠償請求権を収益計上させるというような考え方は著しく実態から遊離する場合が少なくなく、一般的にこの基準によることは相当でないというべき」であり[(2)]、「損害賠償金の確定ないしは実際の給付に極めて不安定な面があるので、その間の事情を考慮したもの」と解説されている[(3)]。

本判決後、Y税務署長は上告したが、最高裁昭和六〇年三月一四日第一小法廷判決は、上告棄却を言渡して、Y税務署長の主張を斥けている。

最高裁昭和四三年一〇月一七日判決は、判例変更の形式は踏んでいないが、本件の最高裁昭和六〇年三月一四日判決で実質的に変更されたものと理解できる。そして、新通達の解説でも触れられているように、損失とこれに対する損害賠償請求権の計上時期は、詐欺、横領、窃盗等の不法行為による損害だけでなく、債務不履行に基づく損害（遅延損害金も含む）にも広く妥当させてよいのではないかと考えられる。計上時期の判定について、形式的思考にふりまわされて実態から遊離した取扱いがされてきていたが、常識的に理解できない処理はやはり改善されるという過程を示した事例としても意義深いものである。

（1）訟月一四・一二・一四三七、シュトイエル二一六・一二
（2）渡部＝戸島＝堀之内＝成松『コンメンタール法人税基本通達』（改訂二版）六九頁、税務研究出版局（昭六〇年）
（3）前掲書七〇頁

〈第一審判決の評釈〉
近江亮吉・シュトイエル一八六号一頁
吉良実・シュトイエル一八六号九頁
〈本判決の評釈〉
高梨克彦・シュトイエル二二四号一頁

（『税務署の判断と裁判所の判断』六法出版社、一九八六年）

27　土地使用貸借の合意解除と立退料の認定

★名古屋地判昭和四四年九月一二日シュトイエル九〇号三二頁
名古屋高判昭和四七年一二月二一日訟務月報一九巻一号七八頁

一　事　実

X（原告・被控訴人）は木材業を営む旧法人税法七条の二に該当する同族会社である。Xは昭和四〇年三月一五日に解散し、同年五月一六日清算結了した会社であるが、Xの三八年度の法人税につきY税務署長（被告・控訴人）に対し、欠損金額を一〇八万四、二四七円、法人税額を零として確定申告をしたところ、Y署長は四一年三月二六日所得金額を七九〇万二、〇五四円、法人税額を二九〇万二、七六〇円とする更正処分をし、その旨Xに通知した。Xは右更正処分につき、昭和四一年三月三〇日、Y署長に対し異議申立てをしたが、同年六月二三日付けで棄却の決定がなされ、その旨Xに通知された。よってXは更に昭和四一年七月一六日N国税局長に対し審査請求をしたが、昭和四二年一二月一九日付けで棄却の裁決がなされ、その旨Xに通知された。

更正処分は次の理由によりなされた。

Xは代表者A外七名の共有にかかる名古屋市内の宅地約一九二坪を借り受け、Xの建物敷地及び木材保管場所として使用していたが、営業不振のため、昭和三八年三月三一日限り営業を廃止することとなったため、同日右土地の使用契約を合意解除した。そして同地上の建物を取り壊す約束で売却処分することとし、その処分まで右土地の明渡しの猶予を受けたが、Xは同年四月一日以降の使用損害金を支払っていないし、この契約の解除にあたって立退料等の支払を受けていない。Xは同年七月末ごろ事業を廃止し、建物は同年一一月末ごろ取り壊された。

Y税務署長は、この土地の返還は昭和三八年一〇月ごろなされたものと認定し、右土地返還に際し、Xは土地所有者から立退料として借地権価格相当額の支払を受けるべきであったのに、これを受け取らなかったのは、借地権価格相当額を所有者に贈与したものと認定した。そしてY署長の認定によれば、昭和三八年一〇月ごろにおけるこの土地の借地権価格は九〇八万七、五九二円であり、これがA外七名の共有者に贈与されたものであるが、A、Bの両名はX会社の役員であるから、これに贈与したと認定された二二七万一、八九八円は役員賞与であり、その全額が損金に算入されないとし、共有者のうち前記両名を除く六名に贈与された六八一万五、六九四円は寄附金であるから、法定の限度額一〇万一、二九一円を差し引いた六七一万四、四〇三円は損金に算入されない。損金に算入されない額の合計八九八万六、三〇一円とXの確定申告に係る欠損金額一〇八万四、二四七円とを差し引き計算すれば、係争事業年度の所得金額は、七九〇万二、〇五四円となるというものである。

二　税務署の判断

Xは前記のとおり、この土地に対する賃貸借を合意解除したが、これについては土地共有者から何らの対価を受領していない。土地賃借人が賃貸人から相当の対価を受領するのが通常であるところ、Xはこの土地共有者らによって組織せられた同族会社であるため、自己の利害を無視して、無償で賃借権を消滅せしめた。したがってXは共有者に対して、借地権消滅のために通常当事者間に授受せられるべき金額（借地権価額）に相当する実質的利益を供与したものというべきである。よってXは実質的に借地権価額相当の経済的利益を実現しているものというべきであるから、実質課税の原則からいっても、また同族会社の行為計算否認の規定からいってもその経済的利益はXの益金に計上せられるべきである。

更にその借地権価格相当額は、本件土地の更地の坪当たり単価にXが建物敷地及び木材保管場所として現実に使用している面積と借地権割合を乗じて算出すると、金九〇八万七、五九二円である。借地権割合は、本件土地の近傍類

似の実例に基づき一〇〇分の五〇が相当である。(1)

三　裁判所の判断

本件土地の共有者は、Xの代表者Aとその兄弟姉妹及び母であり、Xは同一族が経営する同族会社で、その取締役三名はいずれもこの土地共有者たる三名で占められていることより、本件土地の使用関係は、経済的にはあたかも自己の所有地を自ら使用するのと同様の関係にあったので、Xは土地共有者と賃貸借契約を締結することなく本件土地を使用していたと認められる。

また、賃料の支払に係る経理については、昭和三六年度から昭和三八年度までの法人税確定申告書には、本件土地賃料として毎年八万円ずつ地主に支払ったように記載されているものの、現実には土地共有者に支払われた事実はなく、ただ租税対策上帳簿に賃料を支払ったように記載し、また税務署へもそのように申告したにとどまると認められ、本件土地の賃借関係は賃貸借と認定することは困難であり、この賃借関係は使用貸借であると解するを相当とする。

そして、使用貸借の合意解除と経済的利益については、地主が使用借人に使用借権消滅の対価を支払うことは通常ないことであるから、Xがこの使用貸借を合意解除するに当たり、何ら対価を受領しなかったとしても、それによって本件土地共有者に経済的利益を供与したことにはならない。

四　研　究

1　本件土地の使用関係について

本件でとり上げられている問題は、次の二点である。

第一点は、本件土地の使用関係が、賃貸借なのか、それとも使用貸借なのか。第二点は、これを使用貸借とした場合、合意解除したときに、使用借権消滅の対価の授受があるのか、である。

Y税務署長の主張をみると、Xは、その代表取締役たるA外七名の共有にかかる本件土地を賃料八万円で賃借しており、共有者が更地として売り渡すにあたって、賃貸借契約を合意解除したと主張する。

Xの主張は、帳簿上は昭和三五、三六、三七年度に年額八万円を支払ったことになっているが、現実には交際費等にあてられていたとし、本件土地の使用関係は使用貸借であると主張している。

ここでの議論の中心は、本件土地の使用関係が賃貸借か使用貸借かであるが、これを検討する前に、その両者がどのように区別されるかについて考えると、他人の所有物を使用する点においては異なる点はないのであるが、全く異なるのは、賃貸借が有償であるのに対し、使用貸借は無償である点である。

判決は、まず、Xと本件土地共有者との特殊な関係を示し、この土地の使用関係は、「経済的には恰も自己の所有地を自ら使用すると同様の関係にあった」とし「賃借関係を締結することなく、本件土地を使用していた」ことを認定している。そして、Y税務署長の帳簿上において八万円の賃料を支払ったことになっているという主張に対して、裁判所は、帳簿上の記載という形式にこだわることなく実質面に着目し、事実は無償と認定し、使用貸借であるとしたのである。

この点に関して第二審たる名古屋高裁は、「Xは本件土地の共有者Aら一族が本件土地を使用して木材業を営むため三一年三月設立された会社であるが、右のような特殊な事情からXは本件土地の共有者から無償かつ使用期間を定めず本件土地を借受けXの建物敷地及び木材保管場所として使用していたものであることが認められるから、本件土地の使用関係を使用貸借と解した原審の認定は相当である」とし、原審の事実認定を支持している。

議論を整理すると、土地共有者と使用者とが別人であるので、自己の土地を自ら使用しているとは言えないが、確定申告書や損益計算書等の記載を重視して形式的に事実認定を行おうとしたのが税務署長側の主張であり、逆に、こうした形式にとらわれることなく、実際の状況をとらえてそれに沿った事実認定をしたのが裁判所の判断ということになる。他人間の土地使用にもいろいろの形態のものがあるが、就中近親者間、同族関係者と同族会社間の土地使用は、特殊な法律関係のものがあるので、判決は、その実態に即して対応すべきことを教えているものといえる。

2 使用貸借の合意解除と経済的利益の授受の有無

第二の問題点は、本件土地の使用関係を使用貸借とみた場合、その合意解除に当たり経済的利益の授受の有無が問題となっている。

この点に関し、Y税務署長は、「本件土地の賃貸借の合意解除に当たり、土地共有者から何等対価を受領していないのであるが、賃貸人から相当の対価を受領するのが通常であり、共有者らに対して借地権消滅のために通常当事者間に授受されるべき金額（借地権価額）に相当する実質的利益を供与したものというべきである。」としている。Y税務署長は、本件土地の使用関係を賃貸借とみ、使用関係の解除において、土地共有者らが使用者たるXに対して借地権相当額の対価を支払わなかったことで、実質的利益供与をしたもの、と主張しているのである。

これに対し、Xの主張は、「土地使用契約の合意解除は、営業継続の見込がなく土地使用の必要がなくなったからなされたものであって、貸主の都合によるものではない。従って土地に対する借地権価格相当額がXの益金に計上されるべきであるとのY税務署長の主張は理由がない。」としている。

この点について、判決は、「土地の使用貸借を合意解除する場合に、地主が使用借人に使用借権消滅の対価を支払うことは通常ないことであるから、原告が右使用貸借を合意解除するに当り、何等対価を受領しなかったとしても、それによって右土地共有者に経済的利益を供与したことにはならない」としている。

また、控訴審判決は、この点につき、「本件のように土地の使用貸借を合意解除した土地を共有者に無償で返還したような場合には、何等借地権価格相当の経済的利益を収受したことにはならない」とし、原審の判断を支持した。

本件では、まず、土地の使用関係が有償であるのか無償であるのかという点から、賃貸借と使用貸借の区別が問題となり、それから、使用権消滅の対価の授受の有無が問題となり、判決はこれを否定している。

3　立退料の認定に関する判例と実務のズレ

Y税務署長は、控訴審においても、次のとおり、本件土地の使用関係を賃貸借とする主張を維持し、本件判決の事実認定を厳しく非難している。

「本件土地の使用関係がもし原判決認定のような使用貸借であるならば、税法上通常のものと考えられている賃貸借という取引形態を採用せず、これと異なる取引行為を選択することにより、通常の取引形式を選択した場合と同一の経済的効果を達成しながら租税上の負担を軽減することになるから、かかる行為は否認されるべきである。」

この点に関して、判決は、「土地の使用貸借の場合にも借地権価格が存在するとしても、借地人が土地所有者の承諾を得て地上建物と共に使用貸借上の権利を他に譲渡したような場合には、その価格相当の経済的利益を収受したものとしてその利益を課税の対象にすることは考えられるけれども、本件の場合、第一審の判断と同じく経済的利益の供与の存在はない。」としてY税務署長の主張を斥けている。

本件における問題点は、結局のところ、金銭の収受の有無であるが、Y税務署長は、あくまで通常の使用形態と同じように本件も考えて、「経済的利益の収受」を肯定する立場を採っている。

しかし、課税は、個々の実際の事実関係に基づいてなされるべきものであるから、判決が本件土地の使用関係を使用貸借と判断し、その解除に当たって経済的利益の供与はなかったと認定したことは、取引を観念的でなく個別的にフォローすべきことを示しているものである。

妻が夫の土地を無償貸借しても借地権の贈与があったとはいえないとした事例（大阪地裁昭和四三年一一月二五日判決行集一九・一二・一八七七）、親族間で無償使用している土地及び地上建物を一括譲渡した場合の譲渡対価が一括土地所有者に帰属するとした事例（最高裁昭和四八年二月二〇日判決税資六九・五〇一）も参考となろう。

（1）　（坪当り価格）×（使用面積）×（借地権割合）＝（借地権価格相当額）
一八万九、〇〇〇円×九六・一六五坪×五〇／一〇〇＝九〇八万七、五九二円

〈本判決の評釈〉
中川一郎・シュトイエル九五号一頁
堺澤良・税経通信二五巻二号二〇〇頁

（『税務署の判断と裁判所の判断』六法出版社、一九八六年）

28　使途不明金と賞与の認定

★東京地判昭和五二年三月二四日税務訴訟資料九一号四一六頁
東京高判昭和五六年六月一九日訟務月報二七巻一〇号一九四九頁
最高一小判昭和五七年七月一日シュトイエル二四八号八頁

一　事　実

X（原告・被控訴人・被上告人）は電気器具の販売等を営む同族会社である。Y税務署長（被告・控訴人・上告人）がX法人税の調査を行ったところ、S信用金庫にXに帰属すると認められる多数の日掛預金やXの代表者Zの家族名義の預金（以下、本件仮名預金）を発見した。そのため、Y税務署長は本件仮名預金の一部から払い戻された預金、合計一七一余万円をZに対する賞与（以下、本件賞与）と認定し、昭和三九年一二月源泉所得税の納税告知及び不納付加算税の賦課決定（以下、本件処分）をした。

これに対して、Xは、本件仮名預金はXに帰属するものではない。仮に本件仮名預金がXに帰属するものとしても、その払い戻された現金は、他の仮名預金に預け入れられているので、Zに対する賞与と認定されるいわれはないとして、本件処分の取消しを求めた。

二　税務署の判断

Zには、Xから支払われる給与及び不動産所得を合わせて年間約六〇万円程度の所得があるのみであり、Zの家族にはZの扶養親族であるため各預金をする資力はないので、家族名義の各預金がZの家族に帰属するものとは認められない。

一方、本件仮名預金は預金の種別、預金の名義は異なっていてもこれらの預金の入出金状況、仮名預金間の振替の状況等からして相互密接な関連性をもって、一つのグループを組成している典型的な営業型の預金であるから、すべてXに帰属する預金であることが認められ、本件仮名預金はXの帳簿書類に記載されない簿外預金である。

また、本件仮名預金のうち、O及びI名義の通知預金の資金源となった日掛預金は、Xの日々の現金売上額の一部からされたものと認められる。Xは同族会社であって、ZがXの資本金の七〇％を出資し、かつ実質的経営者であったから、多数の仮名預金等を任意に設定解約し、また預金相互間の振替を行うなど当該預金を自己専一の管理下において操作し、容易に自己の恣意によって処分できる地位にあった。Zは前記通知預金の払戻しによる現金の使途について、Y税務署長の調査に際しても何ら明らかにせず、また右現金はXの資産を増加させる支出あるいは負債を減少させる支出に充てられた事実はなく、またXの簿外費用の支払に充てられたと認められる事実も、あるいはXに返還した事実も存在しなかったから、Zが当該払い戻した現金の合計額二七二余万円を消費したものと認められる。したがって、Y税務署長が当該合計額を下回る一七一余万円をZに対する賞与と認定した本件処分は適法である。

Xが主張するような貸付金の回収及び借入金を有していた事実は認められないのみならず、仮にそうだとしても多額の現金を手元に保管しながら一方で日掛預金をするということは極めて不自然である。もしS信用金庫の信用を得る必要があるなら、当該金員をもって固定性預金としたはずである。Xは日々不特定多数の顧客から現金売上げを得ていたこと、日掛預金は日銭収入がある者が行うのが通例であることなど、本件日掛預金はXの毎日における現金収入から積み立てられたことが明らかである。

Xの主張によるとO名義の通知預金は何らの目的もなく漫然と払い戻された金利の低い普通預金に振り替えられたことになり、しかも右振替は右通知預金が払い戻されてからO名義の普通預金に入金されるまで三日ないし一〇日の期間があり、その間に右O名義通知預金から払い戻された現金がどのように管理されていたのか判明していないのであるから、右普通預金に入金された三〇万円及び一〇万円は上記の払戻金とは無関係な資金によってなされたものとみるべきである。

三　裁判所の判断

O名義の通知預金の払戻金の使途は結局不明であるといわざるを得ない。

会社の簿外預金の払戻金を会社役員の認定賞与と認めるには、会社役員がこれを何らかの形で取得したことが積極的に立証されるか、少なくともそれを推認するに足る事実が立証されることが必要であるというべきであり、このことは会社役員が簿外預金を自己の管理下において自己の意志により処分できる地位にある場合においても同様である。しかるに本件においては、払戻金の使途は不明であるというだけで、合計二〇〇余万円という当時としてはかなりの大金であるのにもかかわらず、その一部についてすら、Zがこれを取得した事実についてのみならず、取得を推認するに足る事実についての証拠も全く存在しない。そうすると、XがZに賞与を支給したものと認定していたY税務署長の本件処分は、その余の点を判断するまでもなく違法であるといわなければならない。

四　研　究

1　使途不明金と認定賞与

企業の支出の中でその使途が不明なものを、包括的に使途不明金と呼んでいる。この使途不明金は、税法上の用語ではないが、税務の取扱いでは日常的に用いられている。もっとも、使途不明とは、第三者からみてその支出が業務に関連があるかどうか不明なことをいうのであるが、支出した法人自体としては、使途が不明ということは本来あり得ないから、使途不明という語は正確ではなく、使途秘匿金というべき性格のものという説明もみられる(1)。過不足現金のように事務処理の不手際等から本当に使途が不明なものもありうるが、一般には使途不明金と使途秘匿金を同義に使用している。

ところで、企業がその使途の秘匿を望む支出には、事業の性質、企業の規模、取引の方法、そして企業の立場によりそれぞれ異なると思われるが、次のような区分がされている。(2)

(1)　経営取引に関してのもの

①　リベート、②　手数料、③　関係者個人に対する支出金、④　政治献金、⑤　株主工作資金、⑥　債権者に対する謝金、⑦　総会対策費、⑧　組合対策費、⑨　情報提供謝礼金

(2)　新規の権利等の取得に関してのもの

①　許認可を受けるため、又は巨額の受注工事等を獲得するための工作資金

②　権利の取得等のために協力、仲介等を依頼した関係者の供応費用

③　マンション等の建設をするに当たり反対者に対する工作資金、又は建設に協力を求めるための地元のボス等に対する支出金

④　店舗の新設又は拡張、工場の新増設等について協力を求めるため、関係者に対する支出金品

⑤　用地の買収等のための地元の自治体の関係者又は地方議会の議員等に対する支出金品

(3)　不詳事件等を隠蔽するためのもの

①　事実をかぎつけたブラック・ジャーナリスト又は暴力団に対する支出金又は供応等の費用

②　事件のもみ消しに協力した総会屋に対する金品及び供応費用

③　事件の解決について仲介等を依頼した第三者に対する謝礼金、供応費用

④　被害を与えた取引先その他の者に対する損害賠償金、和解金

⑤　苦情を申し込んできた消費者、需要者に対する口止料、物品等の贈呈費用又は供応費用

⑥　非公式に事件の解決を依頼した公職の地位にある者等に対する報酬、謝礼金又は供応費用

⑦　事実を察知した労組幹部等に対する協力依頼金又は供応費用
⑧　事実を知った株主、債権者等に対する工作資金又は供応費用
⑨　関係行政庁等に対する陳情等のために要した費用

(4)　役員個人の負担に係るもの

①　役員個人が負担すべき交際費の負担額
②　役員個人の家庭における日常用品の購入費の負担額
③　役員個人の私的旅行費用の負担額
④　役員の子弟の教育費の負担額
⑤　役員が個人的資格において会員等となっているものに係る入会費、通常会費等の費用の負担額
⑥　役員個人の趣味、嗜好のための費用の負担額
⑦　法人の業務の遂行に関係のない役員個人の行為に係る弁償金、和解金、謝礼金等の負担額
⑧　役員個人が負担すべき寄付金等の負担額
⑨　役員個人が雇用する使用人に係る費用の負担額
⑩　役員個人が営む事業等のための費用の負担額

このように、使途不明金は広範囲にわたっているが、この使途不明金に関して税法上の明文規文は存在しない。しかし、税務の取扱いでは、最終的に使途が解明できない場合は損金計上を否認するが、支出の態様により、寄付金、交際費、役員賞与として認定する場合が多い。また交際費として支出したものについても、「法人が交際費、機密費、接待費等の名義をもって支出した金銭でその費途が明らかでないものは、損金の額に算入しない」（法人税基本通達九―七―二〇）とされている。

したがって、企業がその使途を秘匿した支出を課税庁から使途不明金と認められると、所得の計算上、損金算入が

否認されることになるが、その使途不明金が社外に流出していると認められ、役員に対する賞与と認定される場合は、その課税関係は大きく異なってくる（いわゆる認定役員賞与）。つまり、役員賞与は、法人所得の計算において損金不算入となるが、同時のその金額が役員個人の所得に加算されたうえで所得税が計算され、さらに法人に源泉所得税の納税告知処分が行われることになる（現実に賞与等の支払がない場合にも、源泉徴収義務が発生するかについて、実務に批判的な学説がみられる）。

認定役員賞与の形態としては、賞与として役員に支給すべき金銭を粉飾して他の経費の科目を使って支出した場合のほか、経済的利益の供与をした場合、すなわち、(イ)役員に対する物品その他の資産の贈与、(ロ)役員に対しての所有資産の低価譲渡、(ハ)役員からの資産の高価買入れ、(ニ)役員に対する債権の放棄又は免除、(ホ)役員からの債務の無償引受け、(ヘ)役員に対す役務の無償又は低価提供、(ト)役員に対する渡切交際費で費途不明なもの、(チ)役員の個人的費用の振り替えなどがこれに当たり、資産の譲渡の場合は、無償であればその資産の価額、低額であればその資産の価額と実際に収受した金額との差額について経済的利益の供与が認められることになる(3)。

そこで、役員賞与と認定するといっても、経済的供与を受けた役員、供与の時期、供与の方法そして供与金額が明確に特定できるような事例の場合は問題が少ないが、他方、経済的供与が最終的に役員に帰属したものと推定することで役員賞与と認定するような事例の場合は、争訟が提起される場合が多い。

従来、間接的、客観的な事実から推認する方法がとられてきているが、具体例としては次のような推認要因が挙げられている(4)。

① いわゆる簿外資金から払い出された使途秘匿支出金
② 代表者を中心とする個人類似会社又はその他の同族会社であること。つまり非同族会社ではないこと。
③ 代表者が法人の経理、営業等経営の一切について実権を握っていること。すなわちワンマンの経営者であること。

④　秘匿する支出金が簿外の資産となっている事実、また費用として支出された事実が認められないこと。
⑤　使途を秘匿する支出金について、納得し得る説明をしないこと。
⑥　簿外資金の出し入れについて、仮に補助者がいたとしても首脳者の意志により行動する者であるにすぎないこと。

2　簿外預金の払戻しと使途不明金の認定

認定賞与に関する推認要因の有無を本件事案に当てはめてみよう。

本件事案で問題となっている仮名預金は簿外預金であり、XはZが資本金七〇％を出資している典型的な同族会社であり、同時にZは法人の設立当初からの実質的な経営者でもある。しかもZは簿外預金である本件仮名預金の出し入れについて自己の管理下で行われているのにもかかわらず、その払出しの経緯についてY税務署係官の質問に対して納得し得る説明をしていないのである。また本件仮名預金からの払戻金の使途について、Xの主張を認めるに足りる証拠がないとともに、その使途がZのために消費したと断定できないが、同時にXのために使用したとも確認できないのである。

以上のことを考慮してみると、形式的には本件事案はまさしく認定賞与といえそうである。そのため、本判決を批判する立場から、[5]「このような事実関係の下で、同族法人の実質的経営者が法人の簿外預金を支配管理している場合に、その預金が払い戻され、かつ、それが法人のために使用されたことが明らかでないときは、他に特段の事情がない限り、実質的経営者がその払戻金を取得したものと推認するのが経験則に合致するというべきではなかろうか。」と論じられるのも、当然のことかもしれない。

本件事案では、このような状況の下で、裁判所は、会社の簿外預金の払戻金を代表者に対する賞与の支給があったと認めるためには、その払戻金を代表者が取得した事実、少なくとも取得したと合理的に推認できる事実について課税庁は主張・立証しなければならないと判示するのである。

後述するように、本件第二審の判断でも本判決を引用しているが、これらの裁判所の判断に対して、簿外預金からの払戻金の使途の証明について、会社側は容易になし得るのに比べて、課税庁側において具体的な使途を明らかにすることは極めて困難なことであるという反論がある。(6)ともかく、単なる使途不明金というのでなく、役員賞与と認定を下すについて、課税庁側に厳しい立証責任を課した判断として、注目に値する事例といえよう。

なお、本件事案と同様な事例として、佐賀地裁昭和五〇年四月二五日判決・行集二六・四・六二五がある。この事案では、売上除外金を入金したと認められる簿外預金のうち使途不明の金額を法人代表者に対する賞与と認定したのに対して、裁判所は、「賞与として支給されたことを認めるに足りる証拠はない」と判示している。(7)

3　本判決の位置づけ

すでに述べたように、第二審東京高裁昭和五六年六月一九日判決は、Y税務署長の控訴にもかかわらず、本判決を引用して本件処分を違法なものとしている。しかも、本件仮名預金からの払戻金の一部をZが取得したことを推認するための補強する事情として、Y税務署長が主張したZ個人所有のビルの建築資金借入れの担保であるZ個人名義の定期預金の出所について、次のように判示している。すなわち、二口の定期預金はいずれも本件通知預金の払戻しがなされた昭和三七年一〇月又は同三八年四月からとすると、八カ月ないし一年以上も後に設定されたものであり、同定期預金の原資が何であったか明らかでないといえ、その間の本件通知預金の払戻金の管理が明確にされない限り、たやすく右払戻金をもって上記定期預金を設定したものと推認することはできない。

二審判決も、一審判決と同様に、認定賞与については、安易な推認が否定されることを判示しているものである。

本件事案についてY税務署長は経験則違背等を理由に上告したが、最高裁第一小法廷は昭和五七年七月一日上告を棄却している。

（1）松沢智『租税実体法（増補版）』三〇一頁
（2）海野安美『使途不明金』二〇―二六頁
（3）堺澤良・二審判決批評一一五頁
（4）海野・前掲書一七二頁
（5）堺澤・前掲批評一一六頁
（6）二審判決批評は、いずれも判旨に反対している。
（7）なお、本件事案では、控訴審（福岡高裁昭五二年九月二九日判決・行集二八・九・一〇二九）は、課税庁の控訴を全面的に受け入れ、一審判決を取り消している。評釈に、斉藤稔・租税判例百選（第二版）九八頁がある。

〈控訴審判決の評釈〉
小川英明・昭和五六年行政判例解説二九九頁
堺澤良・ジュリスト七八八号一一四頁
〈上告審判決の評釈〉
田部志朗・税経通信三八巻一五号一九六号

（『税務署の判断と裁判所の判断』六法出版社、一九八六年）

29　法人税の青色更正の理由附記の程度

最高裁第二小法廷昭和五一年三月八日判決、昭和四七年(行ツ)八八号
更正処分取消請求事件、民集三〇巻二号六四頁
〔参照条文〕　旧法人税法（昭和三二年法律第二八号）三二条

一　事　実

X会社（原告・控訴人・上告人）は、木材等の製造加工販売業を営み、青色申告の承認を受けていた法人であるが、昭和三七年七月二六日から同年一二月三一日までの事業年度の法人税の確定申告において、A社から譲り受けた土地について譲受価額を帳簿価額として、所得金額を金一四万六、三二二円、法人税額を金四万五、五五〇円と申告したところ、Y税務署長（被告・被控訴人・被上告人）は、昭和三九年六月二四日右譲渡価額は時価に比し著しく低額にすぎるから、その差額は贈与を受けたものとして益金に加算すべきであるとして、Xの右事業年度の所得金額を金一四三万四、八二四円、法人税額を金四八万八四円とする更正処分をし通知し、その通知書の附記理由には「加算」「一、土地評価減一、三〇八、五一二円」と記載した（右更正処分を、以下「第一次更正」という）。X会社は昭和三九年七月二三日右更正処分について異議の申立てをしたが同年一〇月二一日棄却され、さらに同年一一月一九日広島国税局長に対して審査の請求をしたけれども、昭和四〇年五月二九日棄却されたので、同年八月二五日右更正処分に対する取消訴訟を提起したところ、同年一一月二五日同国税局長が右裁決を取消し、同年一二月一三日Y税務署長も右更正処分を取消し、その後、更に、Y税務署長は昭和四〇年一二月一三日X会社の右事業年度の所得金額を金一四五万四、八二四円、法人税額を金四七万七、三五〇円とする更正処分（第二次更正処分。以下、本件更正処分という）をなして通知し、

その通知書の附記理由に、「一、土地評価減一、三〇八、五一二円、A会社より譲り受けた下関市幸町八の三宅地六七、八九坪の譲り受け価額が時価に比し著しく低い価額であり、時価との差額は贈与を受けたものと認められるから評価減をなしたものとして益金に加算する。時価二、二四三、四一五円。譲り受け価額九三四、九〇三円、差引一、三〇八、五一二円。」と記載した。X会社は、昭和四一年一月一三日Y税務署長の本件更正処分について異議の申立をしたが、同年四月九日棄却された。それで、同年五月九日広島国税局長に審査の請求をしたが、昭和四二年六月二三日棄却されたので、本件更正処分の取消を求めて本訴を提起した。

X会社が本件更正処分を違法とする点は、㈠その理由附記が不備で、違法である、㈡本件土地の時価の算定には誤りがあり、譲受価額は時価に比し著しく低額にすぎることはない、㈢仮に譲受価額が時価に比し著しく低額にすぎるとしても、その差額に対する課税の法的根拠を欠く、以上の三点である。

第一審の山口地裁昭和四五年一月一九日判決・行集二一・一・二八は、㈠の争点について、更正処分の理由附記は不備で違法であるが、その違法は、異議申立に対する決定の理由附記において治癒されていると判示し、争点㈡、㈢についても、本件低廉譲渡は、売買契約の形式をとりながら、その実、本件土地の時価と譲渡価額の差額部分についてはA会社がX会社に贈与する旨の黙示の合意を推認することができるとして、X会社の請求を棄却した。

X会社は控訴したが、第二審の広島高裁昭和四七年七月一〇日判決・シュトイエル一〇四・一〇は、「右更正の基礎事実たる特定の土地の取引に関するその程度の記載をもってすれば、その申告者たるX会社には、その備付の帳簿、書類中のいかなる点にどのような誤りがあってその申告にしたがい得ないとされるのか、また、更正された数額が申告額のうちのどの部分をどのように訂正した結果算出されたものであるかが理解できないことはないと思われるから、その上、Y税務署長が本件土地の譲受価額と時価との差額を益金に加算したり、譲受価額が時価に比して著しく低い価額であると認定し、或いは時価を算定した根拠について逐一詳細な記載をすることは必ずしも必要でなく、右の程度の記載をもって、本件更正処分の具体的根拠を明らかにしたものとして、適法な理由附記があったものといわなければならない。」とし、争点(二)、(三)については、原審の判断を相当として、これを引用した。

X会社は、右控訴審判決に対して上告をした。

二　判　旨

原判決破棄自判（第一審判決取消、X会社の請求を認容）。

「本件をみるに、原審の適法に確定するところによれば、X会社は、青色申告の承認を受けた法人であり、昭和三七年七月二六日から同年一二月三一日までの事業年度分法人税について確定申告をしたところ、Y税務署長はこれを更正したが、その更正通知書……の記載によれば、本件更正処分は、X会社がA会社から譲り受けた本件土地の譲受価額が時価に比し著しく低額であるから、その差額は贈与を受けたものとして益金に加算すべきであるとしてなされたものであることがうかがえるのであるか右更正の基礎となった本件土地の時価がいかなる根拠、基準に基づいて算出されたものであるのかを知ることは全く不可能であるから、右の程度の記載では、理由としてはなお不十分であって、法の要求する理由は附記があったものということはできない。それゆえ、本件更正処分に右違法のあることを理由としてその取消しを求めるX会社の本訴請求は、正当として認容すべきものである。」

三　評　釈

判旨に疑問をもつ。

本件は、青色申告にかかる更正通知書の理由附記の程度という手続上の問題と、低廉譲渡がされた場合に時価と譲受価額との差額を譲受人の所得（益金）に計上することの是非という実態上の問題が争われているのであるが、ここでは、主に、最高裁判決が触れている右手続上の問題に限定して、検討を加える。

1　最高裁判決の射程範囲

青色更正の理由附記については、最高裁判所判決が一応の基準（消極的基準）を示しているのであるが、（最判昭和三八年五月三一日民集一七・四・六一七、最判昭和三八年一二月二七日民集一七・一二・一八七一、最判昭和四七年三月三一日民集二六・二・三一九、最判昭和四七年一二月五日民集二六・一〇・一七九五等。これらの裁判例の内容の分析については、山田・税務訴訟の理論と実際（改訂版）二〇頁以下参照）、これらの最高裁判所判定の射程範囲については、検討の余地が残っている。

同じ青色更正といっても、大別して、帳簿書類の記載を信用できないとして更正する場合（第一の系列）と、帳簿書類の記載を信用できないとするものではなく、帳簿書類の記載について、納税者と法的な評価を異にして更正する場合（第二の系列。たとえば、費用にあたらないとする場合、または同族会社等の行為計算の否認規定を適用する場合）とがあり、制度の趣旨からいって、前者（第一の系列のもの）について、右最高裁判所判決が妥当することはいうまでもないが、後者（第二の系列のもの）についてまで妥当するかどうかは、疑問である。

2　本件判決の位置づけ

本件ケースは、X会社がA会社から譲り受けた本件土地の譲受価額が時価に比し著しく低額であるから、その差額は贈与を受けたものとして（贈与を受けたものと推認して）、その受贈益を益金に加算して更正したものである。つまり、受贈益が帳簿書類ひいて申告に脱漏していたとして更正したものであり、第一の系列に属する更正処分である。

判決は、右受贈益が更正の理由となっている本件ケースについて、「右更正の基礎となった本件土地の時価がいかなる根拠、基準に基づいて算出されたものであるのかを知ることは全く不可能であるから、右の程度の記載では、理由としてはなお不十分である。」としている。

本件を、従前の最高裁判所判決が示している消極的基準に照してみると、右基準は「帳簿書類の不信個所について、その記載以上に信憑力のある資料を摘示することによって、不信の理由を具体的に明示することを要する。」というのであるが、それを本件に当てはめた場合（本判決も、右基準を前提として引用している）、本判決のいうように、「土地の時価がいかなる根拠、基準に基づいて算出されたものであるか。」まで知らせることを必要とすることになるのか、疑問である。

他方、土地譲受価額が時価に比して低額であっても、当然に、その差額が贈与を受けたことにはならないので（相続税法七条のような「みなす規定」はない）、どういうわけでその差額が贈与を受けたものと認定されるのか、その理由こそ、本件で理由附記がなされるべきシリアスな問題といえる。しかし、本件判決では、この点については、全く言及していない。

ところで、時価の認定に関して理由附記が必要であるとしても、それは、「時価はいくら」と端的に金額を記載すれば十分ではないか。時価は客観的なものであり、時価の算出が不合理な場合は、国税局が公表される路線価額、あるいは、売買実例、固定資産税評価額、全国市街地価格推移指数の収集、不動産鑑定士の鑑定等により、比較的容易に時価の不合理性は追及できるのであり、またこれを争う場合は、所詮、新たに時価の鑑定を求めるのが殆ど唯一の効果的な手段であるから、時価の算出根拠、算出基準について記載まで必要とするのは相当といえない。それに、判決は、理由附記の程度として、時価の算出根拠、算出基準につてい、一体どの程度の記載を求めているのであろうか。時価の算出根拠、算出基準として、売買実例を根拠としている本件のような場合、「取得時における隣接地の売買実例および精通者の意見をもとに評価すると（「裁決書では、取得時における隣接地某の所有地をもとに評価すると」と具体的に記載）更地の時価は三、三平方米当り四〇、〇〇〇円が相当と認められる。」（異議決定書の附記理由）と記載すれば足りるとするのか、第一審におけるY税務署長の「本件更正処分の理由」の主張あるいは第一審判決の認定のごとく、隣接土地の売買実例価額、隣接土地と本件土地との修正比率、隣接土地の売買時と本件土地の売買時の価額の修正の経過まで、詳細に記載することを必要とするのか、判決文からは論旨が不明である。判決は、理由附記として、時価の算出根拠、算出基準が記載されていなければ不備であると抽象的に述べているが、本件では、審理過程において繁間いろんな理由附記が裁判所に示されているのであるから、具体的に、少なくとも異議決定、裁決書あるいは一審判決のいずれかの記載程度の理由附記は必要であるとの判示ができた事案である。従前の理由附記に関する最高裁判所判決は、前述のとおり、いずれも、理由附記を不備とする消極的基準を示すにとどまり、理由附記として必要な程度を具体的に示す積極的基準を明らかにしているものはない。そして、累次の最高裁判所判決が消極的基準の判示にとどまっていることが、裁判例や実務の上で、相変らず疑問と紛争を残して今日に至っているといえる。このことを考えるならば、本件で、積極的基準の判示が望ましいことであった。

私は、更正処分の理由附記としては、仮に本件判決の見解を採るとしても、本件の裁決書程度の記載があれば足りると考える。

3　本件判決の先例的価値

前述のとおり、本件更正通知書の理由附記としては、時価についての算出根拠、算出基準よりも、時価との差額が、どういうわけで贈与を受けたものと推認されたのかが重要で、記載の必要な事項であったと考える。相続税法では、資産の低額譲渡による利益を贈与とみなす旨の規定がおかれているが（同法七条）、かかるみなし規定のない場合は、認定した根拠（差額を当然に贈与と推定したのなら、そのことを明らかにすること）が明らかにされねばならない。本件は、青色申告者の帳簿書類の記載を信用しないで、脱漏している受贈益を推認しているのであり、脱漏所得を認定した根拠を明らかにすることに理由附記の要請の本旨があるのであるから、時価認定の問題よりも、むしろ、差額がいくらで、それを「何故に」脱漏（受贈益）と認めたのかが、理由附記の求められているポイントではないのか。

現に、X会社は、上告理由書で、まず、「本件更正処分は、……何故、時価との差額を贈与を受けたものと認めるのか、何故、評価減をなすのか、また、これを益金に加算するのか法的根拠を……明らかにすべきであった。」と述べている。

本件判決は、理由附記制度の本旨からいっても、また、事案の争点に対する解明の点からいっても、疑問の残る判断であるといえる。

なお、本件更正通知書には「土地評価減一、三〇八、五一二円」と記載されており、このような記載は、低額譲受の場合に実務でしばしば見られるものである（旧法人税法基本通達一三四）。

旧法人税法基本通達一三四　法人が贈与により減価償却資産以外の資産を取得した場合、又は時価に比し著しく低い価額で減価償却資産以外の資産を取得した場合のその価額のうち贈与を受けたと認められる部分がある場合において、当然取得した減価償却資産以外の資産の記帳価額に贈与又は贈与を受けたと認められる部分が含まれていないときは、その含まれていない価額については、評価減をなしたものとして「前号」に準ずる（この通達は、昭和四四年の既往通達の整理の際、廃止されている）。

しかし、土地の低額譲渡を受けた場合、必ずしも時価に評価替して取得価額（帳簿価額）に計上しなければならないものではないので（固定資産の評価について、商法は、同法三四条一号で取得価額（原価）主義を採っている。同号の取得価額とは、実際に取得に要した価額をいう。味村「商法の一部を改正する法律の解説」㈥法曹時報二七・七・八六）、評価減（否認）いくらという記載は相当でなく、贈与を受けたというのなら、正確に受贈益（法人税法二二条二項「無償による借地権（資産）の譲受」）いくらと記載すべきであり、実務で行われている右記載は、首尾一貫しない明確性を欠くもので、相当でない。

（ジュリスト六二五号、一九七六年）

（再論）

山口地判昭和四五年一月一九日税務訴訟資料五九号一頁
広島高判昭和四七年七月一〇日税務訴訟資料六六号八頁
★最高二小判昭五一年三月八日民集三〇巻二号六四頁

一　事　実（略）

二　税務署の判断

Y税務署長は、本件更正処分の理由附記は、記載されたとおりで十分であり、仮にそれが不備であると認められるとしても、本件更正処分に対するX会社の異議申立てを棄却する決定書や、審査請求に対する広島国税局長の棄却裁決書には、本件更正処分を行う際に用いられた土地の時価の算定方法が記載されているので、本件更正処分通知書の理由附記の不備は上記異議申立棄却決定書及び審査請求棄却裁決書の各附記理由によって治癒されたものである、と主張した。また、土地の時価の算定にあたっては、本件土地の隣接地でその面積、地形等の諸条件が類似する土地の具体的価額を基準として、時価の上昇率や精通者の意見を加味しているので正当な価額であり、X会社における取得原価と上記時価との差額は贈与を受けた場合と同視すべきであるから、差額を益金に加算し、取得原価も同様に増額しなければならない。したがってX会社は上記差額につき評価減をなしたものとみなされるが、このような評価減による損失は法人所得の計算上損金と認められず、否認されるべきである、と主張した。

三　裁判所の判断

第一審判決は、(1)の争点について、更正処分の理由附記は不備であり違法であるが、それは異議申立てに対する決定の理由附記によって治癒されていると判示し、争点(2)、(3)についても、本件低廉譲渡は売買契約の形をとっているものの、実際は時価と譲渡価額との差額部分については、A会社がX会社に対して贈与する旨の黙示の合意を推認できるとしてX会社の請求を棄却した。

X会社は控訴したが、第二審判決も、「右更正の基礎事実たる特定の土地の取引に関するその程度の記載をもってすれば、その申告者たるX会社には、その備付の帳簿、書類中のいかなる点にどのような誤りがあってその申告にしたがい得ないとされるのか、また、更正された数額が申告額のうちのどの部分をどのように訂正した結果算出されたものであるかが理解できないことはないと思われるから、そのうえ、Y税務署長が本件土地の譲受価額と時価との差額を益金に加算したり、譲受価額が時価に比して著しく低い価額であると認定し、或は時価を算定した根拠についての逐一詳細な記載をすることは必ずしも必要でなく、右の程度の記載をもって、本件更正処分の具体的根拠を明らかにしたものとして、適法な理由附記があったものといわなければならない。」とし、争点(2)、(3)については第一審の判断を引用して控訴を棄却した。

上記控訴審判決を不服としたX会社が上告したところ、最高裁判所は、原判決を破棄してX会社の請求を認容した。

「そこで、本件をみるに、原審の適法に確定するところによれば、X会社は、青色申告の承認を受けた法人であり、昭和三七年七月二六日から同年一二月三一日までの事業年度分法人税について確定申告をしたところ、Y税務署長はこれを更正したが、その更正通知書……の記載によれば、本件更正処分は、X会社がA会社から譲り受けた本件土地の譲受価額が時価に比して著しく低額であるから、その差額は贈与を受けたものとして益金に加算すべきであるとしてなされたものであることがうかがえるのであるが、右更正の基礎となった本件土地の時価がいかなる根拠、基準に基づいて算出されたものであるかを知ることは全く不可能であるから、右の程度の記載では、理由としてはなお不十分であって、法の要求する理由附記があったものということはできない。それゆえ、本件更正処分に右違法のあることを理由としてその取消しを求める上告会社の本訴請求は、正当として認容すべきものである。」

四　研　究

1　青色更正の理由附記の程度と裁判例

青色申告制度は、法定の帳簿によって正確な記帳を行い、これを基礎として申告するものであるから、青色申告を尊重する意味で、法律は青色申告にかかわる課税標準、所得金額等について税務当局が更正をする場合は、帳簿を調査し誤りのある場合に限ることにしており（法人税法一三〇条一項、所得税法一五五条一項）、更に、実際に更正をする場合には、その更正通知書に更正の理由を附記しなければならないことを定めている（法人税法一三〇条二項、所得税法一五五条二項）。

本件は旧法人税法（昭和二二年法律第二八号・昭和四〇年法律第三四号による改正前のもの）当時のケースであり、旧法三二条も青色更正の理由附記について定めていたが、その内容は現行法とほぼ同じ内容のものであった。

青色更正に理由附記を必要としている規定について、税務当局ははじめこれを単なる訓示規定（できるだけ記載するのが好ましいという趣旨の効力の弱い規定）と理解して運用をしていたが、この規定の解釈をめぐって数多くの訴訟が提起され、判例は、昭和三八年以降相次いで、この規定を効力規定（法律に違反した場合は法律効果に影響を及ぼす趣旨の効力の強い規定）であり、理由附記を欠いている処分あるいは理由附記の不十分な処分は、その内容に立ち入って適否を問うまでもなく、そのことだけで当該処分を違法と解することになり（最高裁昭和三八年五月三一日判決民集一七・四・六一七等）、この判例の流れが税務当局の取扱いを改めさせることになった。これは、最近の裁判例に見られる憲法三一条に由来する「適正手続の保障」（適正な処分は適正な手続により行われることによってはじめて保障されるという考え方）の一つの現れとみることができる。

今日では、理由附記に関する規定が効力規定であるという解釈については定着しているが、青色更正の理由附記の程度に関しては、法律が全く触れていないので、もっぱら処分の性質と理由附記を命じている法律の規定の趣旨、目的に照らして解釈でその基準がきめられるものと解している。

前掲最高裁昭和三八年五月三一日判決及び最高裁昭和三八年一二月二七日判決・民集一七・一二・一八七一等は、法律解釈により、一応の基準を示しており、これがリーディング・ケースとなって、その後の裁判例及び実務に大きな影響を与えている。最高裁判決によると、⑴帳簿書類のどの個所の記載を信用できないのかという信用できない個所の特定と、⑵どういうわけで、その帳簿書類の記載よりも税務当局の集めた手許資料の方が信用できるのかということを、その手許資料を摘示して説明しなければならないとしている。

2　理由附記の程度についての個別的検討

本判決も、上記の裁判例の流れに沿い、理由附記を不十分として処分を取り消しているが、他の事例と比べて非常に特色がある。すなわち、本判決は、帳簿の記載を信用しない理由について理由附記が不十分であったというのではなく、土地の譲渡価額が時価に比して著しく低額であったとしたその時価の算出根拠が記載されていないということで理由附記が不備であるというのである。

青色更正について特に理由附記が要求されているのは、納税者の青色申告（帳簿の記載に基づく税額の自主確定方式）を承認し、その帳簿の記載を尊重する建前を採りながら、帳簿の記載を否定して更正をするので、理由附記が求められているものといえる。更正には、白色更正と青色更正とがあり、これらは共に更正ではあるが、青色更正に理由附記が要求されているのは、まさに尊重すべき建前の帳簿の記載を否定するからであるといえる。もとより、理由附記は丁寧であればあるほど、納税者の権利救済に役立つことはいうまでもないが、一方で行政の能率を阻害することにもなりかねない。法律が青色更正のみに理由附記を要求しているのは、右諸利益の調整をはかっているものといえよう。

このように青色更正に特に理由附記が要求されている理由を検討してくると、本判決が最高裁の樹立した理由附記の基準を画一的に適用していることに、疑問がもたれる。

同じ青色更正といっても帳簿の記載を信用できないとして更正する場合と、納税者と税法解釈あるいは事実に対する法的評価を異にして更正をする場合とがある。かって最高裁が樹立した理由附記の基準が適用になるのは、前者の場合というべきであろう。本判決が、時価の算定根拠、基準が明らかでないから理由附記が不備であるというのは、青色更正に理由附記が要求されている本来の趣旨から外れてしまっているように考えられる。それに、時価の算出根拠、基準が明らかでないというが、時価をいくらと認定したかという時価の金額が端的に示されていたら、時価の説明として足りているようにも考えられる。本判決は、青色更正の理由附記の程度について、改めて検討と整理を必要としたケースであった(1)。

3　その後の最高裁判決

本判決のあと、青色更正の理由附記に関して最高裁判例集に登載されたもので二つの注目すべき判決が出ている。

その一は、最高裁昭和五四年四月一九日判決・民集三三・三・三七九で、税務署長が家賃の損金計上を否認して行った青色更正の理由附記が争われたケースについて、「税務署長が損金計上を否認するに至った資料についてはそので摘示が全くないので、更正の理由附記として不十分である。」と判示している。資料の摘示がないということで、理由附記を不備としていることが注目される（この判決には、中村治朗判事の示唆に富む反対意見がついている）。

その二は、最高裁昭和六〇年四月二三日判決・民集三九・三・八五〇である。法人が確定申告において工場に設置した冷房機を特別償却の対象になる機械として損金計上したのを否認した青色更正通知書に、更正の理由として、「減価償却費の償却超過額三六万八、〇三六円。四八年六月取得の冷房設備について機械として特別償却していますが、内容を検討した結果、建物附属設備と認められ、特別償却の適用はありませんので、次の計算による償却超過額は損金の額に算入されません。（種類）冷暖房設備（償却限度額）一七万三、三一九円（貴社計算の償却費用）五四万一、三五九円（差引償却超過額）三六万八、〇三六円」と記載していた。第一審は理由附記に不備はないとし、第二審は不備なものとしたが、最高裁判決は、「本件更正は、……本件冷暖房機の存在、その取得時期及び取得価額についての帳簿記載を覆すことなくそのまま肯定してうえで、X会社の確定申告における本件冷房機の属性に関する評価を修正するものにすぎないから、右更正をもって帳簿書類の記載自体を否認するものではないというべきであり、したがって、本件通知書記載の更正の理由が右のような更正をした根拠についての資料を摘示するものではないとしても、前期の理由附記制度の趣旨目的を充足するものである限り、法の要求する更正理由の附記として欠けるところはないというべきである。」と判示している。

従来の最高裁判決は、理由附記の程度について基準をやや画一的に適用し、判例が実務に容易に浸透しなかったが、昭和六〇年の上記最高裁判決は、もう一度理由附記制度の趣旨目的に遡って検討をし直している。それは、青色更正である以上いずれも理由附記自体は必要であるが、青色更正を帳簿の記載を否認して更正する場合と、帳簿の記載を否認することなしに更正する場合と二つに区分して、繁簡の差を設け、後者の場合は更正した根拠についての資料を摘示する必要がないことを明らかにしている。理由附記の程度についての基準が一層合理的になったので、これによって実務が処理されることが期待されている。

4　青色更正の理由附記と低廉譲渡

本件は、理由附記の程度という手続上の問題と、低廉譲渡がされた場合に時価と譲受価額との差額を益金に計上することの是非という実体上の問題が争われていたものであるが、後者については、判決は全く言及していない。本件更正通知書の理由附記としては、時価についての算出根拠・基準よりも、何故時価との差額が贈与を受けたものと推認されたのかが重要であり、記載すべき事項であったのではないかと考える。相続税法には資産の低額譲渡による利益を贈与とみなす旨の規定が置かれているが（同法七条）、このようなみなし規定のない場合は、そのように推認した根拠が明らかにされなければならない。本件は、青色申告者の帳簿書類の記載を信用しないで受贈益が脱漏しているものと推認しているのであり、脱漏所得を認定した根拠を明らかにすることこそ理由附記が要請される点であるから、時価認定の問題よりも、むしろ、その差額を何故脱漏受贈益と認めたかが、本件で理由附記がなされるべき問題であったといえる。

5　理由附記の不備と追完の可否

更正処分の附記理由の不備による瑕疵が、のちに税務当局が行った異議申立て・審査請求に対する決定・裁決に附された理由によって治癒されるかどうかという点である。本判決では全く触れていないが、本件第一審判決はこれを肯定し、税務署長が附記した理由は不備であるが、更正処分に対する異議申立ての棄却決定の中で、棄却の理由が詳細に示されているので、更正処分の理由附記の不備による瑕疵は治癒されたと判断している。この点については、上記第一審判決後に最高裁の判決がでており（昭和四七年一二月五日の第三小法廷判決・民集二六・一〇・一七九五等）、否定的な見解が示されている。上記判決は、「処分庁と異なる機関の行為により附記理由不備の瑕疵が治癒されるとすることは、処分そのものの慎重、合理性を確保する目的にそぐわないばかりでなく、処分の相手方としても、審査裁決によってはじめて具体的な処分根拠を知らされたのでは、それ以前の審査手続において十分な不服理由を主張することができないという不利益を免れない。」と判示した。この判決は、処分庁とは異なる上級行政庁の裁決について判示したものであるが、同じ処分庁による決定についてもあてはまる。その後の判例も、概ねこの方向で固まっている。

（1）　山田二郎「青色更正の理由附記とその程度について」吉川博士追悼論集上巻五二三頁

〈本判決の評釈〉

林修三・時の法令九四七号五八頁、高梨克彦・シュトイエル一七〇号一頁、山田二郎・ジュリスト六二五号一三九頁

30 青色承認取消しの理由附記の程度

★秋田地判昭和四六年四月五日行裁例集二二巻四号四二一頁
仙台高秋田支判昭和四七年五月一七日判例時報六七三号二八頁
最高三小判昭和四九年六月一一日判例時報七四五号四六頁

一　事実

X社（原告・被控訴人・被上告人）は、自転車の卸売を業とする株式会社であり、Y税務署長（被告・控訴人・上告人）から青色申告書提出の承認を受けていた法人である。ところがY税務署長は、昭和三八年六月二七日付けでX社に対し「法人税法第二五条第八項第三号に掲げる事実に該当する。」旨附記した通知書により、同社の昭和三三年一月一日より同年一二月三一日に至る事業年度以降の青色申告書提出の承認を取り消す旨の処分（以下、「本件取消処分」という）を行った。X社は、昭和三八年七月二七日付けでY税務署長に対し異議申立てをしたが、同年一〇月二六日付けで棄却され、更に同年一一月二五日付けでS国税局長に対し審査請求をしたが、これも昭和四一年四月二二日付けで棄却せられたので提訴したのが本件である。X社の主張するところは、本件取消処分の通知書における上記のような理由附記は、その処分の基因となった具体的事実の摘示がないので、附記すべき理由としては不備であり、したがって本件取消処分は取り消されるべきものであるということであり、また、そもそもX社には、昭和四〇年法律第三四号による改正前の法人税法（以下、旧法人税法という）第二五条第八項第三号に該当する事実はないとして、Y税務署長の主張に対して次のような反論をした。

X社が設立以来自転車のタイヤ等を仕入れていた東京都千代田区に所在するT社との取引における景品代、歩戻金などの割戻しは、販売品種、数量、価額、特約店との緊密度、特約店の将来性、売上代金の回収状況等の諸要素を総合勘案してT社の一方的な算定基準によってその額が決定されるものであり、しかも、その支払時期は特約店が現実に得意先を招待したとき、また現実に得意先に景品を交付したときである。X社は、その設立当初から経営内容がかんばしくなく、T社に対して買掛金の決済が遅滞し常に多額の債務を負担していたので、T社から景品代及び歩戻金の割戻しがなされるものとは全然予想しておらず、またT社からも割戻金の支払通知がなかったため、X社としては割戻額を会計帳簿に計上のしようがなかったものである。

二　税務署の判断

本件取消処分は、理由附記について何ら違法はない。すなわち、旧法人税法第二五条第九項後段には「前項の規定による承認の取消の通知をするときは、当該通知の書面にその取消の基因となった事実が同項各号のいずれに該当するかを附記しなければならない」と規定されており、同項各号に該当する事実を附記しなければならないとは定めておらず、取消しの基因となった具体的事実の摘示を要求していない。

Y税務署長が、X社の昭和三六年一月一日より同年一二月三一日に至る事業年度分法人税につき、X社所持の帳簿書類を調査したところ、T社からの買掛金残高とT社のX社に対する請求金額との間に著しい差異があるなどの事実が認められたため、T社の所轄税務署にT社とX社との取引につき調査を嘱託するとともに、T社に対してもX社との取引内容について照会した。

その結果、T社においては、傘下特約店の販売活動を促進し、販路拡張をはかる目的で、特約店に対し得意先に贈与する景品を購入する費用、得意先を招待する費用に充てるため、景品代、歩戻金などの割戻しを行っていたが、その割戻額の算定基準については、T社において購入商品の種類、数量に応じて定めた算定基準表を作成し、これをあらかじめ特約店であるX社に配付していただけでなく、T社が毎月X社に送付する売上代金の請求書にも割戻金額を明示し、これを前月残高から差し引いて当月残高を算出し請求する方法をとっていた事実が判明した。

また、T社では、X社に対する販売品種、数量に応じ算定基準に従って計算した割戻金額を支出年月日の属する事業年度における損金として計上している。

ところで、購入した商品等の仕入割戻金額の税務上の取扱いとしては、仕入割戻額の算定基準が購入額又は購入数量によっており、かつ、その算定基準が契約その他の方法により明示されているため、仕入割戻しを受けるべき金額を確認できるものについては、当該商品を購入した日の属する事業年度の総仕入高から控除するか、又は総仕入高から控除しないで益金の額に算入するかいずれかの方法によることとされている。

しかるに、X社は、T社からあらかじめ明示されていた割戻しに関する算定基準表又はX社に送付のあったT社の売上代金請求書によって、仕入割戻額を計算し確認することができたにもかかわらず、本件事業年度以降の各事業年度においてT社の前記売上割戻額に対応してX社の総仕入高から控除すべき仕入割戻額を当該各事業年度の会計帳簿に益金として計上していない。したがって、X社が景品代及び歩戻金の割戻額を除外して取引の一部を隠ぺいしたことは明瞭であり、旧法人税法第二五条第八項第三号に該当する。

三　裁判所の判断

「旧法人税法第二五条第九項後段……の文言だけからみると、青色申告承認取消処分の通知書には、該当条項を附記するのみで足り、取消の基因となった具体的事実を摘示することまでは要求していないようにもみえる。しかしながら、法が同条項において、承認の取消通知書に右のごとき附記をしなければならないとしたのは、青色申告承認取消は納税者に対するいわば制裁処分として、青色申告制度の特典を剝奪するものであるから、処分庁の判断の慎重、合理性を担保してその恣意を抑制するとともに、取消の理由を相手方に知らせることによって、その処分に不服のある者が提起する争訟における攻撃の対象を明確に特定し、不服申立に便宜を与える趣旨であると解される。したがって、この目的からすれば、取消処分の通知書には取消理由として単に該当の条項を記載するだけでなく、承認取消の基因となった具体的事実をも摘示することを要するものというべく、前記規定は右具体的事実が附記されることを当然の前提としているものと解するのが相当である。とくに同条第八項第三号該当の場合には、その取消事由がきわめて概括的で具体性にとぼしいから、条項の附記だけでは、納税者に対し、どのような帳簿書類にどのような取引に関して如何なる不実の記載があると認定したのかを知らしめることはほとんど不可能であろう。これは前記法の趣旨に反することである。そして、右の意味における取消の理由は、通知書の記載自体において明らかにされていることを必要とし、他の事情から納税者がその理由を推知しうると否とにはかかわりがなく、また、後日当該処分についての異議決定書もしくは審査裁決書に記載することによってこれを補完することも許されないと解すべきである。

ところで、本件取消処分の通知書には……単に該当条項を記載するのみで、その基因たる具体的事実が全く摘示されていない。したがって、右通知書は法の要求する理由の附記が不備であり、本件取消処分は違法であるといわねばならない。

よって、本件取消処分の取消を求める原告の請求は、その余の点を判断するまでもなく理由があるから、これを認容する」。

四　研　究

1　青色承認取消しの理由附記の程度

本件は、青色申告承認取消処分の通知書に附記すべき記載の程度、つまり、どの程度の記載をすれば足りるかが争われたものである。これは、旧法人税法二五条九項後段（現行法人税法一二七条二項後段と全く同じ内容）の規定をいかに解釈するかという問題に他ならない（所得税法一五〇条一項にも同趣旨の規定がおかれている）。この点については、判例上二つの説が対立していた。

第一説は、Y税務署長の主張のごとく「附記しなければならない」のは「同項各号のいずれに該当するか」であって、事実を附記しなければならないとは規定されていないから、取消しの基因となった具体的事実の摘示までは必要ないと限定的に解釈する見解である。実務は、この見解を採って運用されていた。この説を支持する判決としては、富山地裁昭和四三年二月一六日判決・行集一九・一―二・二六一、名古屋高裁金沢支部昭和四三年一〇月三〇日判決・行集一九・一〇・一六九五がある。

第二説は、本件判決のごとく、「単に該当の条項を記載するだけでなく、承認取消の基因となった具体的事実をも摘示することを要する」とする見解であり、この説の立場を採る判決としては、大阪地裁昭和三七年六月二九日判決・訟月八・八・一三五四、大阪地裁昭和四二年六月二四日判決・行集一八・五―六・七八六、大阪高裁昭和四四年一二月一六日判決・訟月一六・三・二九六がある。

2 青色申告制度の目的と青色申告承認取消処分

青色申告制度は、申告納税制度を定着させるために、シャウプ勧告に基づいて導入された制度である。すなわち、申告納税が円滑公正に実施されるためには、納税義務者が、その取引関係を正確に記帳した帳簿を備え、それによって脱漏のない正しい所得金額の把握が可能になるような体制が必要であるところから、このような記帳の慣行を普及させるために設けられたものであって、所得の基因となる取引を複式簿記の原理により、網羅的、組織的そして継続的に記録した帳簿を完備し、これを基礎として税額を確定しようとするものである。

したがって、青色申告制度を実施するためには、帳簿に信頼性があることが最も肝要であるが、備え付けの帳簿が不完全であったり、信頼のおけないものである場合には、公正な納税の実現が不可能になってしまう。このため、納税者の誠実かつ信頼性のある帳簿記録の完備を担保する目的から、旧法人税法は、その第二五条八項の一号から五号までにおいて、帳簿書類の誠実性、信頼性を欠くと認められる具体的な場合を類型的に明示し、青色申告承認取消しの実体的要件を規定したのである。青色申告承認取消処分は、信頼性を具備した帳簿書類を記録・完備していない納税者に対し、青色申告の承認を取り消すものであり、そこでは、課税標準など個々の具体的な数値や金額が直接に問題となるのではなく、その取消しは、二五条八項一号から五号までに定められた取消事由に該当する場合に限定している。

五つの類型の取消事由は、青色申告を継続させるのが適当でない場合を類型化して定めているのであるが、それは、取消権を制限し取消しが濫用されないように規制しているものといえる。

青色承認取消しは、青色申告制度を普及しようという意図から、実際には余り厳格に運用されていないといえるが、その中でも最も多く適用されているのが、帳簿書類に取引の隠ぺい・仮装があったとして取り消される場合である（法人税法一二七条一項三号、所得税法一五〇条一項三号）。ほかに、帳簿を作成していても税務調査にあたって調査に応じないのは、帳簿の備え付けがないのと同視されるということで、法人税法一二七条一項一号、所得税法一五〇条一項一号の取消事由に当たるとされている（東京高裁昭和五九年一一月二〇日判決・行集三五・一一・一八二一等）。

3　本判決の内容と射程範囲

旧法人税法第二五条九項後段には「取消の基因となった事実が同項各号のいずれに該当するかを附記しなければならない」と規定されている。この規定の形式は、青色申告書に係る更正をする場合の「その理由を附記しなければならない」（旧法人税法三二条）という規定形式とは明らかに異なり、文理解釈上は、承認取消通知に附記すべき理由の程度は、承認取消しの基因となった事実の該当する条項を明治するをもって足りるとの解釈も成り立ちうる。

にもかかわらず、本判決が、処分庁の判断の慎重・合理性を担保してその恣意を抑制するとともに、不服申立てに便宜を与えるという理由附記一般の趣旨を掲げて、承認取消しの基因となった具体的事実を記載しなければならないとした根拠は、取消処分が青色申告資格の剥奪という不利益を与えるということと、取消しをうけた納税者の不利益を重視したことによるものと考えられる。

もっとも、ここで注意をしておくべきことは、最高裁判決が取消しの基因となった具体的事実を摘示しなければならないとしたのは、いずれも帳簿書類に仮装又は隠ぺいがあったという三号事案であるということである。この場合は、具体的事実が摘示されていないと取消原因を理解できない場合が多いといえるが、他の取消原因の場合はそうではない。筆者は、最高裁判決が妥当するのは、三号事案ということになるのではないかと考えている。

理由附記の不備が、その後の裁決の理由附記等によって治癒されないことは、繰り返し最高裁判決がでて既に判例上定着をみており、このことについては、青色更正の理由附記の項目で説明した。

【参　考】

本判決を不服としてY税務署長は控訴したが、仙台高裁秋田支部は昭和四七年五月一七日にこれを棄却し、上告審においても、昭和四九年六月一一日最高裁第三小法廷は上告棄却の判決を下し、確定している。同種事案の最高裁判決としては、昭和四九年四月二五日の第一小法廷判決があるが、これも本件判決と同旨のものであり、判例はこの方向で固まっていると考えられる。

〈本判決の評釈〉

宮谷俊胤・シュトイエル一一三号一六頁

堺澤良・税経通信二六巻一三号二〇〇頁

須藤哲郎・税務事例三巻六号二二頁

（『税務署の判断と裁判所の判断』六法出版社、一九八六年）

31 宗教法人が借地権の譲渡にあたり収受した承諾料が収益事業に係る収入に該当するとされた事例

東京高裁平成七年一〇月一九日判決、平成七年(行コ)一三号
法人税更正処分取消請求控訴事件
行裁例集四六巻一〇・一一号九六七頁〔三三〕

一 事実

1 事実の経過

宗教法人X寺は、Aら（旧借地権者）に対して土地を賃貸していた。Aらは、借地権をBら（新借地権者）に譲渡した。X寺は、この借地権の譲渡を承諾するについて、昭和六三年三月期、平成元年三月期、平成二年三月期の三事業年度にわたって、各一億五、六四〇万円、八、〇〇〇万円、二億一、三六八万円余の譲渡承諾料（以下「本件譲渡承諾料」という。譲渡承諾料は名義書換料とも呼ばれている）を収受した（Aら、Bらの人数、各借地権から収受した譲渡承諾料の金額は判決文からは不明）。X寺のAらに対する土地の貸付け（以下「本件旧貸付」という）は法人税法施行令（以下「施行令」という）五条一項五号へ、法人税法施行規則（以下「施行規則」という）四条の二に定める低廉住宅用地貸付業に係る貸付け（貸付期間に係る賃料（収入金額）の合計額が貸付けに係る土地に課される固定資産税及び都市計画税の合計額の三倍以下の金額の低廉貸付け）として非収益事業に該当するのに対し、X寺のBらに対する土地の貸付けは賃料の合計額が右公課の三倍以上であるので収益事業としての不動産貸付業に係る貸付けに該当するものである。

X寺は、本件譲渡承諾料を非収益事業に係る収入として益金の額に算入せずに各事業年度の所得金額の申告をした。

これに対しY税務署長は、これを収益事業に係る収入として益金の額に算入すべきであるとして更正処分をした。X寺がこの更正処分の取消を求めたのが本件である。

2　争　点

本件の主たる争点は、本件譲渡承諾料が非収益事業に係る収入か、それとも収益事業に係る収入かということである。ほかに、本件更正処分が信義則、租税法律主義に違反する違法な処分かどうかも争点となっているが割愛する。

(一)　Y税務署長の主張の要旨

譲渡承諾料は、賃貸人が旧借地人との間の賃貸借関係を終了させて、新借地権者との間で賃貸借関係を設定し、又は旧借地権者との間の賃貸借関係を新借地権者に承継させることを承諾することとの対価である。この性質に照らすと、譲渡承諾料は、賃貸人が新借地権者に対する貸付けを承諾することで取得できるものであるから、この所得の源泉は賃貸人が新借地権者に対する新たな貸付けを承諾することにある。したがって本件譲渡承諾料は新貸付けから生じた収入として収益事業に係る収入にあたる。

(二)　X寺の主張の要旨

譲渡承諾料は、賃貸人が賃貸借関係を承継的に移転することを承諾する対価である。その経済的実質は、旧借地権者が過去に支払った低い地代の差額を後払いする側面を有している。しかも、譲渡承諾料は、旧借地権者において借地権を譲渡して投下資本の回収を図り、賃貸人から無断譲渡に基づき賃貸借契約を解除されることを避けるために負担するものであるから、その法的経済的負担者は旧借地権者である。これらの点にかんがみると、本件承諾料は、本件旧貸付けに係る付随収入として非収益事業にかかる収入にあたる。

(三)　一審判決の要旨

請求棄却。

「施行令五条一項五号へは、低廉住宅用地貸付業を収益事業とされる不動産貸付業から除外し、右貸付業から生じた所得を非課税としているところ、右規定の趣旨は、公益法人等が低廉な対価によって住宅の用に供する土地の貸付けを行っている場合には、他の営利法人との間で競合関係が生じることが少ないので、右貸付業から生じた所得をあえて収益事業から生じた所得として課税しなくても、課税上の不均衡等の弊害が生じないことを顧慮したものであると解される。

右規定の趣旨に照らすと、公益法人等の土地の貸付けから生じた収入が、低廉住宅用地貸付業に係る収入に該当するかどうかについては、右収入の基因となった貸付けが、右収入を収受した時点における当該土地の利用状況に照らして、低廉住宅用地貸付業に係る貸付けとしての要件を満たすものであり、他の営利法人との間で競合関係が生じないといえるものであるかどうかによって判断するのが相当である。そして、たとえば、賃貸人が、借地権の設定、更新、条件変更等のために権利金、更新料、更改料その他の一時金等を収受した場合においては、右収入は、借地権の設定、更新、条件変更等によって新たに設定された賃貸借関係に基因するものということができるから、新たに設定された賃貸借関係が低廉住宅用地貸付業に係る貸付けとしての要件を満たしているときには、非収益事業とされる低廉住宅用地貸付業に係る収入に該当することになる。

ところで、借地権の譲渡は、旧借地権者から新借地権者に対して借地権が承継的に移転するという法的効果をもたらすものではあるが、これを実質的にみれば、賃貸人と旧借地権者との間の賃貸借関係を終了させ、新借地権者に当該土地を将来に向かって利用させるものであるから、賃貸人と新借地権者との間に新たな賃貸借関係を設定することにほかならない。

したがって、賃貸人が借地権の譲渡を承諾した際に収受する譲渡承諾料は、賃貸人と新借地権者との間に新たな賃貸借関係を設定するための対価としての実質を有するものであり、前記の権利金、更新料、更改料等と同様、賃貸人の新借地権者に対する新たな貸付けに基因するものというべきである。

しかも、前記施行令五条一項五号への趣旨に照らすと、公益法人である賃貸人の旧借地権者に対する貸付けが、低廉住宅用地貸付業に係る貸付けとしての要件を満たしていたとしても、借地権の譲渡により、当該賃貸人の新借地権者に対する新たな貸付けが、一般の用に供される貸付けになった場合には、当該賃貸人が借地権の譲渡を承諾することによって、他の営利企業との間で競合関係が生じ得る状態になったものというべきであるから、右承諾の対価である譲渡承諾料を非収益事業に係る収入としての益金の額に算入しなければ、課税上の不均衡が生じることになる。

右のような譲渡承諾料の性質及び施行令五条一項五号への趣旨になんがみると、譲渡承諾料が非収益事業とされる低廉住宅用地貸付業に係る収入に該当するかどうかについては、賃貸人の新借地権者に対する新たな貸付けが低廉住宅用地貸付業に係る貸付けとしての要件を満たしているかどうかという観点から判断するのが相当である。

そこで、本件について検討すると、本件新貸付けが収益事業とされる不動産貸付業に該当することについては当事者間に争いがないから、本件譲渡承諾料は、非収益事業とされる低廉住宅用地貸付業に係る収入に該当するとは認められず、収益事業に係る収入に該当するというべきである。」

二　判　　釈

控訴棄却。

控訴審判決は一審判決の引用判決となっており、一審判決は行政判例研究会で取り上げられなかったので、一審判決を必要な限り紹介することにした。

1　X寺の追加主張1に対する判断

「不動産貸付業から生じた所得については、主として住宅の用に供される土地の貸付けに基因し、かつ、大蔵省令で定める要件を満たすものだけが非課税とされる（法人税法施行令五条一項五号へ）のであり、ある時点における貸付けが非課税の要件を満たし、その貸付けから生ずる地代が非課税とされる場合であっても、地代以外に収入する……借地権の設定、更新、条件変更等のために権利金、更新料、更改料その他の一時金等を収受した場合においては、右収入は、借地権の設定、更新、条件変更等によって新たに設定された賃貸借関係に基因するものということができるから、新たに設定された賃貸借関係が低廉住宅用地貸付業に係る貸付けとしての要件を満たしているときには、非収益事業とされる低廉住宅用地貸付業に係る収入に該当することになる……。」

2　X寺の追加主張2に対する判断

「借地権の譲渡は、旧借地権者から新借地権者に対して借地権が承継的に移転するという法的効果をもたらすものであるが、実質的には、賃貸人と旧借地権者との間の賃貸借関係を終了させ、新借地権者に当該土地を将来に向かって利用させるものであるから、賃貸人と新借地権者との間に新たな賃貸借関係を設定することにほかならないものであり、賃貸人が借地権の譲渡を承諾した際に収受する譲渡承諾料は、賃貸人と新借地権者との間に新たな賃貸借関係を設定するための対価としての実質を有するものであり、権利金、更新料、更改料等と同様、賃貸人の新借地権者に対する新たな貸付けに基因するものというべきである……。」

3　X寺の主張3に対する判断

「本件譲渡承諾料が、非収益事業としての低廉住宅用地貸付業から生じた所得に該当せず、収益事業としての不動産貸付業から生じた所得に該当し、課税の対象となるものであることは、……法人税法四条、五条、七条、二条一三号、施行令五条一項五号への解釈に基づくものであり、また、X寺の主張は、結局、譲渡承諾料の負担者が旧借地権者であるとの解釈を前提とするものであるが、前記設示のとおり、譲渡承諾料が賃貸人と新借地権者との間に新たな賃貸借関係を設定するための対価としての実質を有するものであって、右のような解釈を採ることが租税法律主義に反するとはいえない……。」

4　X寺の主張4㈠、㈡に対する判断

「譲渡承諾料は、実質的には、賃貸人と旧借地権者との賃貸借関係を終了させ、新借地権者に当該土地を将来に向かって利用させるための対価として支払われるものであり、賃貸人の旧借地権者に対する貸付けをそのまま継続する限りにおいては取得できず、新借地権者に貸付けを行うことを承諾するからこそ取得できるものであるから、譲渡承諾料が賃貸人の旧借地権者に対する貸付けに基因するものということはできない。……譲渡承諾料が低廉住宅用地貸付業から生じた所得であるか否かは、当該譲渡承諾料を収受すべき時点において、新借地権者に対する貸付けの内容によって、判断されるべきであり、譲渡承諾料の授受が事前になされているからといって、当然に旧借地権者に対する低廉住宅用地貸付業に係る貸付けに基因する所得として非課税とされるわけではなく、譲渡承諾料が事前に収受されている場合であっても、譲渡承諾料を収受すべき時において、新借地権者の新貸付けの内容が決まっていないときは、右収入は、『主として住宅の用に供される土地の貸付け』から生ずる取得とはいえず、法人税法施行令五条一項五号へ所定の非課税要件を満たさないというべきである……。」

判旨に疑問がある。

三　評　釈

1　法人税と公益法人等に対する課税システム

法人税の課税対象（課税標準）は、法人の各事業年度の所得である（法人税法（以下「法」という）五条、二一条）。各事業年度の所得は、当該事業年度の益金の額から損金の額を控除して計算される（法二二条一項）。

公益法人等（法二条六号。法別表第二に掲げる法人。公益法人等の範囲は、民法三四条所定の公益法人よりかなり広い。公益法人等の七八％は宗教法人であるといわれている）は、公益を目的として設立された法人であるということで、原則として納税義務を負わないのであるが（非課税扱い。法七条）、昭和二五年のシャウプ税制以来公益法人等が収益事業を営む場合は収益事業について法人税が課税されることになっている（法四条一項、七条）。

2　公益法人等の収益事業の範囲

収益事業とされる範囲については、三三の事業が列挙（限定列挙）されている（法二条一三号、施行令五条）。不動産貸付業（施行令五条一項五号、法人税基本通達一五—一—一七、二一）は、昭和三二年の改正で追加されたものである。

収益事業の範囲は、課税上の不均衡が生じるものを、社会経済事情の変化や公益法人等の行う事業内容に応じて再三にわたる改正で追加し、現在では物品販売業を始め三三の事業が列挙されている。

3　低廉住宅用地貸付業を非収益事業としている立法趣旨

不動産貸付業は収益事業の中の一つに挙げられているが（施行令五条一項五号）、収入金額（地代）が低廉であるもの、すなわち固定資産税、都市計画税の合計額の三倍以下であるものは（施行令五条一項一号へ、施行規則四条の二）、他の営利企業との間の競合関係の有無ということよりも、むしろ単純に費用（実費）を取っているだけで収益事業とはいえないことから、収益事業から除外しているものである（武田昌輔「詳解公益法人課税」六一頁）。

4　借地権の譲渡承諾料の性質

借地権の譲渡承諾料の法人税法上の取扱いを検討するにあたっては、法人税法上に特段の定義規定がおかれていないから、法人税法上においても、借地権の譲渡承諾料はいわゆる借用概念として使用されているのであり、民法・借地借家法上の解釈（判例、民法学説）を前提とすべきであり、法人税法上の独自の解釈論を行うべきではない。

民法六一二条一項は、借地権の譲渡について賃貸人の承諾を要すると定めており、また賃貸人が承諾をしないときは、旧借地権者の申立てにより裁判所は必要があるときは旧借地権者が地主に対して一定の金額を支払うことを条件として、賃貸人の承諾に代わる許可（代替許可の裁判）を与えることができるということを定めている（借地借家法一九条）。

民法学説では、譲渡承諾料の法的性格はあまり明らかでないとされている。星野英一『借地借家法』二九三頁は、「法律的には、本来する必要のない譲渡の承諾をした対価の性質をもつ」と説明されており、鈴木祿弥『借地法下（改訂版）』一一九頁は、「譲渡承諾料は、譲渡の承諾をしたことの対価である。」と説明されている（学説の紹介について、太田武聖「更新料・移転料・名義書換料」現代民事裁判の課題⑥所収二三四頁）。民法学説では譲渡承諾料の法的性格について未だ定説はないが、はっきりしていることは、賃貸人の承諾又は裁判所の代替許可が、本来譲渡性のない借地権について譲渡性を付与するものであり、賃貸人が承諾をする対価として譲渡承諾料をとっているということである（一般の譲渡承諾料、代替許可にあたって裁判所が旧借地権者に支払いを命じている付随費用は、借地権の価格の一〇％位が相場であるといわれている）。このような譲渡承諾料の法的性格からいうと、譲渡承諾料は旧借地権に譲渡性を付与するものであり、旧貸付に基因するものというべきであろう。本件のY税務署長の見解、第一審、第二審の判決は、いずれも、譲渡承諾料は、権利金、更新料と同様に、賃貸人と新借地権者との間に新たな賃貸借関係を設定するための対価としての実質を有するものであり、新貸付けに基因するものとしているが、判決には賛成できない。次に、譲渡承諾料が旧貸付に基因するものであるとしても、非課税と取り扱ってよいかは別途に検討を必要とする課題である。

5　本件譲渡承諾料は、非収益事業に係る収入か、それとも収益事業に係る収入か

Y税務署長の見解も、本件の第一審、第二審の判決も、譲渡承諾料を旧貸付けに基因するものか、それとも新貸付けに基因するものかとカテゴリカルに分類し、判定している。このように、カテゴリカルに新旧の貸付けのいずれに基因するかということで、課税・非課税の区分をすることが正しい税法の適用なのかが問題となる。第一審判決に対する増井良啓・判例評釈ジュリスト一〇九七号一八一頁は、カテゴリカルに新旧のどちらかの貸付けに基因するかということで所得分類を行うことは硬直的な結果を生むとし、按分説をとり、原則としては、譲渡承諾料の半分だけは新貸付けの収益事業に係る収入とし、そのうえでもし（あるいは新貸付けの賃料先払いである）はっきり認定できるならば、その認定に応じて別の按分基準をとることができるものと考えたいという興味のある見解を示されている。

しかし、私は、譲渡承諾料は、その支払時期、支払者が新旧借地権者のいずれであるかを問わず、旧借地権に譲渡性を付与するものであり、賃貸人の承諾の対価であるから、旧貸付けに基因するものであると考える。新貸付けに基因すると考えることはできない。もっとも、この借地借家法や民法の解釈から、課税の可否が単純に決まるものとは考えない。

ここで考えられるのは、旧貸付基準説に立ち旧貸付けを非課税扱いとしたのを遡って見直すという見解と、施行規則四条の二は、年間の地代収入、すなわち当該事業年度の貸付期間中に経常的に収受する地代の合計額のみを低廉貸付けかどうかの判定基準としているのであり、権利金、更新料、譲渡承諾料のような一時金を含めないと割り切って考えるかである。法人税基本通達一五—一—二一によると、権利金、更新料についてはこれを判定の中に含めないという割り切った取扱いを定めている。

私は、低廉貸付けの判定について、施行規則四条の二は、経常的な収入（地代）だけをいっていると解されるので、右通達は規則に沿った妥当な解釈を示しているものであり、年間の経常的な地代のみで判定すべきであり、譲渡承諾料、更新料などの一時金を含めないという見解を採りたい。右通達は譲渡承諾料については定めていないが、更新料

などの一時金は含めないと定めているので、この通達の趣旨や平等原則にも整合するものと考える。

6　本件判決の位置づけ

これまで、公益法人等の収益事業の範囲が争点となった裁判例は殆どなく、また施行令五条一項五号への立法趣旨、譲渡承諾料が低廉住宅用地貸付業に係る収入に含まれるか、譲渡承諾料が新旧のいずれの貸付けの中に区分されるかを論じたものは、本件がはじめての裁判例である。

本件の第一、第二審判決は、本件譲渡承諾料を新貸付けによる収入であると判断し課税の対象としているが、譲渡承諾料が新貸付けを設定するための対価としての実質をもつという判断には疑問がある。民法・借地借家法の解釈と法人税法の枠組から考えると、本件のような譲渡承諾料は旧貸付けに基因するものであり、低廉貸付けの判定には一時金を含めるべきでないと解すると、本件譲渡承諾料は旧貸付けに基因するもので非課税と扱うべきことになる。

多額の譲渡承諾料が非課税となるということは一見しておかしいように考えられるかも知れないが、法人税法等の関係法令の解釈からでてくる結論である。このように税法をリジットに解釈することが租税法律主義である。最近は租税法律主義や財産権の保障という税法の基本原則が観念的なものになってしまっているように思われる。租税法律主義は税法をリジットに解釈・適用することを要請しているのであり、租税法律主義を結果論から軽視するようなことがあってはならない。結果の不合理さは税法の改正により是正するという民主的な手段をとるべきである。

（自治研究七三巻六号、一九九七年）

32　住専母体行の貸倒損失と損金計上の時期

東京地判平成一三年三月二日判例時報一七四二号二五頁

本事案は、旧住専である日本ハウジングローン株式会社（以下、「ＪＨＬ社」という）の母体行であった株式会社日本興業銀行（以下、「興銀」という）が二度にわたるＪＨＬ社再建計画を経て、平成七年一二月一九日付閣議決定で母体行債権の全額放棄を要請されるに至った後、平成八年三月二九日付でＪＨＬ社向け債権三、七六一億円（以下、「本件債権」という）帳簿上で貸倒れとして償却し、さらに民法上も債権放棄を行い、本件債権相当額を平成八年三月期の損金の額に算入した処理につき、課税庁において全額否認し更正処分ならびに過少申告加算税賦課決定処分等をしたので、その適否が争われたものである。

第一審においては、本件債権は全額が平成八年三月期に回収不能で貸倒損失にあたり損金に算入されるとの理由で興銀の請求を全面的に認容する旨の判決が下された（東京地判平成一三年三月二日判例時報一七四二・二五）。

この第一審判決に関しては、森厚治「住専母体行の貸倒損失に関する東京地判平成一三年三月二日について」金融法務事情一六〇七・一一、河本一郎＝渡邊幸則「住専向け債権の『貸出金償却』をめぐる東京地裁判決」商事法務一五九三号七六頁、武藤佳昭「住専向け債権の貸倒れに関する東京地裁平成一三年三月二日判決の焦点」税経通信五六巻一〇号四一頁、品川芳宣「条件付債権放棄と貸倒損失の計上時期」税経通信五六巻一一号二五頁、武田昌輔「興銀訴訟事件に対する判決（平成一三年三月二日）の評釈」税務事例三三巻八号四頁、横内龍三「課税要件の事実認定と社会通念」税務弘報四九巻一〇号一四八頁、木村弘之亮「子会社に対する破綻債権相当額を法人税の計算上損金の額に算入することができるとした事例」判例評論五一四号一四頁（判例時報一七六一号一六八頁）等々、多数の評釈が公表されている。

第一審判決の詳細な分析は他の評釈に譲り、本稿においては右評釈を総合的に検討したうえで、筆者の所見を述べることとする。

1　本事案の争点と主要な問題点

本事案における争点は、要するに、興銀の有するＪＨＬ社に対する本件債権を平成八年三月期の貸倒損失として処理したことが法人税法に適合した処理であったかどうかに尽きるのであるが、東京地裁判決は、回収不能の事実認定と貸倒損失の計上の可否を最優先的なものとし（争点1）、付随的に債権放棄の効力（争点2）、過少申告加算税の賦課決定の適否（争点3）を取り扱っている。この結果、判決においては争点1の事実について克明に審理して、貸倒れに該当するものと判断した。

そこで、本稿においては、**まず①回収不能の事実認定とこの事実認定に関して適用される法人税法二二条四項（公正処理基準）との関係、②貸倒損失の計上時期、③貸倒れをめぐる商法と税法との関係**を明らかにし、次いで、**④解除条件付債権放棄の計上時期**ならびに**⑤金銭債権の貸倒損失の会計処理**について述べることとする。

2　法人税二二条四項（公正処理基準）と貸倒損失について

(1)　まず、武田評釈では、適正な会計処理と法人税法に基づく所得計算を行うためには、貸倒損失は、事実認定（会計上の事実の認識）を前提として、いわゆる公正処理基準に基づく処理が行われるべき旨が述べられている。

この法人税法二二条四項所定の公正処理基準について、清永敬次名誉教授は、「その中心をなすものは企業会計原則や商法・証券取引法の計算規定であるが、それにとどまらず確立した会計慣行を広く含む」旨を（『税法〔第五版〕』

一一七頁)、また金子宏名誉教授は「米国会計原則と共通する観念で、一般社会通念に照らして公正で妥当であると評価されうる会計処理の基準を意味する」旨を(『租税法〔第八版〕』二五五頁)述べている。

結局、会計処理が法人税法に適合しているか否かは「別段の定め」があるもののほか、企業で定着した会計慣行や企業関係者の社会通念が尊重されることになる。

法人税法二二条四項は、貸倒損失の計上時期についても、公正処理基準に依拠する判断枠組みをとり入れているので、公正処理基準の内容の認識にあたって、法人税法に「別段の定め」がないのに、「公平な所得計算の要請」や「年度帰属を人為的に操作するおそれ」といった見解を持ち込んで、「公正処理基準」の認識を歪めることは許されていない。

(2)　木村評釈は、公正処理基準を前提に貸倒損失を認定すべきとしたうえで、「法人税法二二条四項所定の公正処理基準には、資産の増減変動をいつどのような事実に基づいて認識するかに関する認定基準と、認識されたものをどのような価額をもって測定するかに関する測定基準とがある」とし、「回収不能の金銭債権の貸倒損失について述べると、債権という資産が損失となるまでのプロセスは、段階的に逓減していく質的劣化の連続体である」とされている(一六九頁)。

しかし、同論文が引用する嶌村剛雄『体系会計諸精説〔第五版〕』三〇頁には、「認識・測定は会計の実質面に関する行為」である旨の説示はあるが、これからは公正処理基準を事実認定の基準と説示しているとすることはできず、また、やはり同論文が引用する武田隆二『法人法精説〔平成一二年版〕』五六二頁以下には引用の記載はなく、これらの文献から「本件債権が全額回収不能になったかを……公正処理基準を用いずに直接事実認定によって判断することは許されない」(一六九頁)との見解を導き出すことはできないように思われる。

(3)　この点、武田評釈では、債権が回収不能かどうかの基礎となる事実は、その置かれている状況が千差万別であるので、それら事実認定を前提として、貸倒れかどうかを個別具体的に合理的な評価を加えるべきもので、一般抽象的な基準で判断できないものとされている（六頁）が、これが正論であり、筆者もこれに賛同する。

そもそも公正処理基準のなかに事実の認識基準があるのではなく、事実は公正処理基準を適用する前提として、自由心証主義（たとえば、新堂幸司『新民事訴訟法〔第二版〕』四七五〜四八三頁参照）に従って認定されるものであり、この事実認定を前提として公正処理基準のもとで個別的に評価されることになるのである。

(4)　さらに、木村評釈は、最一小判平成五年一一月二五日（民集二五・三・一一二〇）を引用し、公正処理基準に税法固有の要請の介在が許されるかのごとく主張する。その論拠として同判決に関する解説を引用しているが、綿引万里子最高裁調査官の解説（法曹時報四七巻一二号二〇四頁以下）には、「船積日基準が輸出取引の収益計上基準の鉄則であるかのような感がするくらい実務上は広く採用されている」から「取引の経済的実態からみて合理的なものとみられる収益計上の基準であって、一般に公正妥当と認められる会計処理の基準に適合する」とし（二二四頁）、「本判決は、為替取組日基準が収益計上時期を人為的に操作する余地を生じさせるものであることを指摘しているにとどまる」（二二五〜二二六頁）と説示されている。

(5)　この最判について、武田評釈は、「公正処理基準に適合しない企業の利益計算は、結果として法人税法上の不公平な所得計算となることを述べているだけのことであって、極めて当然のことである。このことは公正処理基準に課税上の要請を介入せしめるべきであるなどということは全く意味していない。この点からいえば（法人税法の企図する公平な所得計算の要請という）文言は不要なものである」（五頁）旨を論述している。[1]そして、多数説が支持する船積日基準は、国際的にも適正な会計慣行として定着していることにも言及している（同旨・清永敬次「船積日基準による会計処理に基づく課税の合法性」民商法雑誌一一一巻一号一五六〜一五七頁）。

右判決は、収益の計上時期に関する判示で、しかも批判の多い権利確定主義（その実質は、実現主義をいっているものである）の枠組みのなかで判断しているものである。右判決から金融機関で定着している会計慣行を無視してまで課税上の要請を持ち込んで貸倒れによる「損失」の判定を行うことは、法人税法二二四条四項がとり入れている「公正処理基準」に依拠するという枠組みと適合しないと考えられる。[2]

(6) また、品川評釈は、「貸倒損失の計上について、公正処理基準に従うにしても、……当該基準を厳格に解し、当該事業年度に損失が生じたことが確実と認められるものに限定して損失計上が認められる」旨を説示し、その論拠として大阪地判（昭和四四年五月二四日行集二〇・五＝六・六七五）を引用している。

しかし、この判決は、そもそも公正処理基準が制定される以前の部分貸倒れに関する事案であり、しかもその貸倒処理は、その後制定された法人税法二二条四項に適合するとは到底いえないものであるから（吉牟田勲「債権の評価に関する会計原則と商法・税法との関係」税経通信四三三号五七頁）、この判示をもって全部貸倒れの基準を論ずることは妥当ではない。[3]

3 貸倒損失の計上時期（年度帰属）について

(1) 河本＝渡邊評釈や木村評釈では、欠損金の繰戻制度（法人税法八一条）に言及し、本件債権に係る損失の年度帰属の問題をとり上げているので、これについて論述する。

(2) まず木村評釈は、「欠損金繰戻制度（同条）が、租税特別措置法六六条の一四によりその適用を停止されている」（二六八頁）ことを理由として、興銀がタックスプランニングにより、税負担を軽減したかのごとく論述する（一七七頁）。

しかし、これはたんなる憶測にすぎない。この点については、河本＝渡邊評釈において指摘されているように、租特法六六条の一四の適用停止は、平成四年からの時限立法であり、平成八年三月末にその期限が到来し、これが「期限切れ」となるか「再延長」されるかは、当時の日切れ法案と一括して平成八年三月末の国会審議で決定された状況からみても、興銀が事態の推移を見極めることなくタックスプランニングを立案したとすることには無理がある。

(3) また、同評釈では、興銀が権利を濫用し不当な租税回避を行ったかのごとく論述する（一七〇頁・一七四頁・

一七七頁)。しかし、興銀は、平成八年三月末の時点で政府の住専処理策の実現が確実であると認識し、それに係る関係者の「協議決定」によって本件債権の全額が無価値であると測定して、法人税法七四条に則し適正な会計監査に基づく確定決算手続を経ていたと認められる。

一般的に**欠損金は、その発生事業年度の前後の事業年度にわたって通算されるべきである**。これがシャウプ勧告に由来する法人税法八一条の立法趣旨であり、課税の原則である。それで、すでに損失を認識している以上、あえて当該事業年度に自己否認して翌事業年度に損金算入すべきいわれはない。そうしなくても、租税回避などにならないことは明白である。河本＝渡邊評釈にみられるとおり、課税庁も平成九年三月期には本件損金算入を認めているのであるから、平成八年三月期に本件損金算入を強いて否認すべき理由はなかったとの見解(河本＝渡邊評釈七八頁)は説得力のあるものと考える。

この点については、本件の確定申告日(平成八年六月末)までの現実の事象の流れをみれば、決算日における経営判断の合理性が確認されるのである(岩崎政明「納税義務の成立後の事情変更と確定申告」山田古稀記念論文集『税法の課題と超克』所収二三八頁参照)。

4　貸倒れをめぐる商法と税法との関係について

(1)　河本＝渡邊評釈、武藤評釈などには、商法の一般的通説から、貸倒れは「法的に可能な手段をすべて尽すことを前提とせず、企業の合理的な活動の範囲内で取立不能と認められる場合を含む」旨を説示し、法人税法に「別段の定め」が存しない以上、これに従うべき旨を言及している。

これに対し、木村評釈一七三頁は、「回収不能の金銭債権の貸倒損失が認められるためには……回収不能の事実が不可逆的で、客観的に明白な場合に限定される」とし、これを裏付ける裁判例として、福井地判昭和五九年一一月三〇日(税訟一四〇・四二二)、新潟地判昭和六二年一月二二日(税訟一六一・二二二)を挙げている。しかし、いずれの判決にも「回収不能の事実が不可逆的」などという要件は見当たらないから、この判例引用には疑問があり、商法上の通説を否定するものとは考えられない[4]。

(2)　また、木村評釈は、最判昭和四三年一〇月一七日（金法五三四・三一）を引用し、「同判決は損失の認識基準として『債権の実現不能明白基準』を定立」（二七一頁）したもので、同基準は「経済的実態に応じて金銭債権に係る資産損失の『実現』をとらえる合理的な具体的基準」（二七四頁）であるとされている。

しかし、右最判は、不法行為による損害額を損金に計上すると同時に同額の損害賠償請求権を益金に計上するのが相当としたうえで、この損害賠償額について「債務者の無資力その他の事由によってその実現不能が明白になったときにおいて損金となすべき」旨の原判決を支持し、当該事案における個別具体的な事情（横領者が示談を拒否し服役）を考慮しても、その事実だけでは当該債権の実現不能が明白になったとはいえないとした事例判決にすぎない。

そもそも、いかなる事実があれば実現不能が「明白」になったといえるかは、個々の具体的事案ごとに客観的事実に基づいて判断されるべきことであり、本最判をもって、損失の認識基準について「実現不能明白基準」が定立されたと立論していることには飛躍があり、公正なる会計慣行に依拠している法人税法の枠組みとも相反しているものである。

(3)　現に、森評釈が引用する東京高判昭和五四年一〇月三〇日（判タ四〇七・一一四）には、詐欺被害の事案について、「同一原因によって生ずる収益・損失であっても各個独立に確定すべきことを原則とする」旨判示したうえで、当該詐欺被害の額を詐欺行為のあった事業年度における損失の額と認め、損害賠償請求権は加害者の資力等からして当該事業年度に益金として確定していないとし、さらに、「後日、和解の履行により取得した対価はその時の属する事業年度において益金として計上すれば足りる」旨判示しているのである（これは最判昭和六〇年三月一四日で支持されている）。それゆえに損害を被った場合に損害賠償請求権を直ちに全額収益（資産）に計上することは妥当ではない。

また、当該損害賠償請求権がかりに資産に計上されても、法人税法五二条所定の「貸金」を構成することはなく、いずれにせよ本最判からは「貸金」の貸倒れによる損失に関する計上時期の基準を導き出すことはできないと考える。

5　解除条件付債権放棄の計上時期について

(1)　まず品川評釈は、「解除条件付債権放棄は、その私法上の契約効力の発生はともかくとして、税務上は、そのような不確実な債権放棄を貸倒損失と認めるわけにはいかない」旨を説示する（三二頁）が、銀行実務に詳しい横内弁護士の評釈では、「法律行為に解除条件を付すことは、金融取引において実務上広く行われており、決して異例のものではない」とし、むしろ「不測の事態に備える意味で解除条件を付すことは、金融界では定着した慣行となっている」と述べたうえで、本件債権放棄の効力の発生を認め損金と評価すべきであるとした原判決の認定を、「事柄の実体に則した適切な判断」と評価している（一五二頁）。法人税法二二条四項が依拠している公正処理基準は定着した会計慣行を尊重するものであるから、法人税法に「別段の定め」がないのに私法上有効な法律行為を税法上否認すべき理由がないと考える。(5)

(2)　これに対し、木村評釈では、「貸倒損金計上を認識しうる基準は、……債権者が債権回収のため真摯な努力を払ったにもかかわらず、客観的にみて回収見込みのないことが確実となったことを要する」とした裁判例（東京地判昭和四九年九月二四日税資七六・七七九）を挙げ、これを「回収真摯努力基準」として本件にあてはめ（一七三頁）、「母体行Xの経営者は……不良債権市場における商品化証券を販売……すべき」であり、「母体行Xの経営努力の欠如を示す」（一七四頁）などとしたうえで、「解除条件付債権放棄が事業年度の所得の金額の計算上ただちに損失をもたらし、法人税法上損失を実現する、と即断できない理由は、『債権の回収真摯努力基準』および『回収不能明白基準』に求められる」（一七六頁）と論じている。

(3)　しかしながら、債権者が合理的に割断し可能な回収努力を払うのは当然のことであって、右東京地判は「小口債権者に全額弁済し、大口債権者は債権残高の七％の弁済を受け残額九三％分を放棄した債権について貸倒れと認めるのが相当」とし、「債権者に歎きを強いる」（東京高判昭和四二年一二月二六日判時五一六・五〇）ことを許してはいない[6]。

本事案の場合、興銀のＪＨＬ社向け債権総額は、平成七年六月末時点（大蔵省第二次立入調査の基準日）で四〇六一億円であり、このうち母体ニューマネー三〇〇億円（七％）は全額回収され（原判決一七三頁）、閣議決定に従い金利全免債権三七六一億円（九三％）は期末に全額放棄されている（原判決二二〇頁）のであるから、興銀が回収努力を怠ったとの評価は妥当とはいえないであろう。

6　金銭債権の貸倒損失の会計処理について

(1)　貸倒損失は、河本＝渡邊評釈も言及するとおり、対象債権の全額が回収不能に陥った場合、商法上帳簿から引き落す（貸出金の直接償却）のが公正妥当である。対象債権の全額が回収不能と認識され、その会計処理が公正妥当であれば、確定決算に示された「法人の意思に従う」のが法人税法七四条（確定決算主義）の立法趣旨であり、課税庁も確定決算の拘束を受けることになる（清永敬次『税法（第五版）』一一六頁）。

(2)　これに対し、木村評釈一七三頁は、「直接償却」と「間接償即」（貸倒引当金の繰入れ）とに言及し、両者の相違等について論述している。すなわち、「その引当の対象となった債権そのものは、当該事業年度においては債権額をもって資産勘定に計上されたままであり、その後に、現実に回収不能となった事業年度において、貸借対照表上の貸倒引当金を取り崩して貸倒引当金繰入損を計上することによって、回収不能となった債権と相殺される」とし、さらに「通達は、債務者について回収不能と見込まれる……金額について『債権償却特別勘定』……を設定し、その後、現実に回収不能となった事業年度において、貸借対照表上の貸倒引当金を取り崩して貸倒引当金繰入損を計上することによって、間接償却することを認めてきた」と記述されている。

しかし、①「貸倒引当金繰入損」が計上されるのは、「貸倒引当金」ないし「債権償却特別勘定」が設定された時点であり、また、②貸倒引当金を取り崩すと「戻入益」が計上され、これが直接償却による損失と相殺されるのである。[7] したがって、**「公正妥当な会計処理」か否かを論ずるには、直接償却や間接償却に係る企業会計および税務会計の基本的処理を正当に解釈することが必要である。**また、興銀が平成七年一二月一九日「閣議決定」に先立つ関係者の合意に基づき、本件債権の全額が無価値に帰したと判断し、これについて内外の権威ある大手監査法人（中央監査法人、米クーパース&ライブランド）の公的な見解に沿って直接償却を行ったと認められ、この会計処理が「公正妥当」でないとすべき論拠はないと考えられる。[8]

(3)　また、品川評釈二六頁・三一頁（同旨・木村評釈一六八頁）には、債務者であるＪＨＬ社に全債務に対して約四〇%の弁済資力（約一兆八一七億円）があったとするが、平成八年三月末のＪＨＬ社債務は、興銀向けの債務（三七六一億円）が免除された後の数値であり（原判決二一四頁）、また右資産価額は「政府案の実現を前提」とする（河本＝渡邊評釈七八頁、武藤評釈四三頁）ものであるから、同時に両立しえない二つの前提（政府案の実現による資産価額と政府案の頓挫による按分弁済）によって回収可能と認定することは妥当ではない。

7　総　括

(1)　右評釈の全体を見渡すと、まず**第一審判決を肯定するものは、本件債権の置かれた実体面を勘案したうえで、詳細かつ具体的な事実認定に基づき全額貸倒れを認めた同判決の判断を正当と評価する**ものである。これに対し、**第一審判決を批判するものは、商法・企業会計に依拠する公正処理基準とは別に税法独自の厳格な貸倒損失の認定基準を定立し、同判決の判断基準は曖昧であり、貸倒れの認定が厳格さを欠くと論難する**ようである。

(2)　第一審判決を肯定する評釈は、①住専七社の膨大な担保物件を換価するには、政府案以外になく、法的手段では費用倒れとなり非現実的であるとの見地に立ち、また、②最大の母体行債権を有する興銀の固有の立場からも、本件債権は全額回収不能であり貸倒損失の計上が公正処理基準および法人税法に適合しているものと判断し、同判決の正当性を検証している。

(3)　これに対し、第一審判決を批判する評釈は、税法固有の貸倒損失の認定基準を定立し、本件債権は平成八年三月末の時点で全額貸倒れではないと評価している。しかし、法人税法には貸倒損失を律する「別段の定め」はなく、また貸倒れに係る最高裁判決も存在しない（判時一七四二・二七のコメント記事）から、下級審の諸判例を要約して貸倒れの認定基準の定立を試みても、諸判例それ自体、千差万別の事実を背景としており一般的基準を導き出すことには無理があると考えられる。

しかも、貸倒れに関する諸判例は、法人税法八一条の「二ヶ年」の所得通算が有効に作動していた時期のもので、これらの諸判例から貸倒損失の年度帰属を規律する基準を定立することは困難であり、まして本事案が置かれている状況に適合する一般的基準を導き出すことは不能と思われる。

(4)　権利確定主義が妥当するとされてきたのは収益（益金）についてであり、原価・費用・損失（損金）についてはは発生主義が原則とされてきている。そして、原価については収益との個別対応の原則が適合し、費用については収益との期間対応の原則が適合するなかで未払費用については債務確定の基準が働くとされているのであり、益金・損金の全部について権利確定主義が妥当するとはされていない。これが最判や「公正処理基準」のこれまでの理解であるといえる。

債権放棄が私法上有効にされているのであるから、解除条件がついているからといって、法人税法に「別段の定め」がないのに、課税庁が「確実性」から債権放棄の効力を否定したり、解除条件を停止条件と読み替えることが許されていないことはいうまでもないことであるが、課税庁は解除条件が成就した場合にどのような経済的価値のある金銭債権が復活すると考えているのであろうか。この点も、課税庁や木村評釈の見解はあまりにも観念的であり、第一審判決が認定している事実と遊離してしまっているのである。

(5)　このような観点からすると、第一審判決を批評する評釈にみられるような**「公正処理基準を用いずに、直接事**

実認定によって判断することは許されない」などという立論は、法人税法や公正処理基準を逸脱している議論といわざるをえない。この点、同判決は、正に個別事案としての特質を自由心証主義に基づいて事実認定を行い、この事実認定を前提として貸倒損失の計上時期を判定しているものであって、筆者も、同判決の公正処理基準の理解ならびに貸倒損失の判断枠組みは正当なものと考える。

（1）　公正処理基準は、昭和四一年一二月「税制簡素化に係る税調答申」により昭和四二年に法人税法二二条四項として制定されたものであり、その立法趣旨から「企業の会計処理に用いている基準ないしは慣行のうち、一般に公正妥当であると認められないものだけを税務上も認められないこととする基本方針を明らかにしたもの」と解されている（武田昌輔『立法趣旨法人税法の解釈（平成一〇年度版）』六二頁）。

（2）　統一経理基準（昭和四二年九月三〇日蔵銀一五〇七号）では、貸出金償却は「期末時点において、回収不能と判定される貸付金及び最終の回収に重大な懸念があり損失の発生が見込まれる貸付金については、相当額を償却する」と定められ、銀行実務では直接償却の基準は長年の会計慣行として定着している。

（3）　前掲大阪地判昭和四四年五月二四日は、特定の債権者（親会社）が合理的な再建計画の策定や他の債権者との協議決定に依拠することもなく単独で五年間元利棚上げした債権を、直ちに部分貸倒れ（債権償却特別勘定の設定）として処理することが公正妥当か否かをめぐって争われた事案を対象とし、裁判所が債権者の主張を斥けたものである。

この点、本件債権は、大蔵省が関与し、母体行・一般行・農協系統の三者が格差を設けた金融支援に合意して策定されたＪＨＬ社第二次再建計画に基づき、平成五年度より以降一〇年間無利息・無弁済と約定されていた。森評釈では、法人税基本通達九―六―六の取扱いからして、本件債権は平成五年度の時点で貸倒れ処理がすでに認められていてしかるべきであったと説示されている。

（4）　渡辺伸平「税法上の所得をでぐる諸問題」司法研究報告書第一九輯一号七九～八〇頁には要旨次のとおり述べられている。すなわち「回収不能とは、債務者の無資力ということであろうが、それをあまり厳格に解釈すると、長期にわたり課税を継続するような結果にもなり、納税者に過酷な事態をも招来する。貸倒れは、将来資力が回復したような場合の課税が納税者の経理組織その他の面で適切に確保されていれば、あまり厳格な詮索は妥当でなくある程度緩和した解釈がなされるべきである」。その点、金融機関の場合には、直接償却された債権から、後日何がしか回収が行われた場合には「償却債権取立益」として益金計上する処理が長年の慣行として確保されている。

(5)　森評釈一六頁では、前掲東京高判昭和五四年一〇月三〇日を引用し、「債権放棄と解除条件成就のように、そもそも別個の事象にかかる損失と収益とは、それぞれが発生した事業年度に計上する」旨が述べられ、また本件訴訟に先立つ国税不服審判所の裁決は「本件解除条件をそのまま解すれば、本件債権放棄はその放棄のときに効力が生じ、本件債権は法的に消滅してしまうから、その放棄のときに損金に算入されることになる。かりにその後、解除条件が成就して債権が復活したときには、そのときに『償却債権取立益』として益金に算入すれば足りる」旨を説示している。

なお、本件裁決は本件解除条件を実質停止条件と読み替えて請求を棄却した（武田昌輔「母体行の解除条件付債権放棄と貸倒損失に関する裁決について」金融法務事情一五一〇号二五頁以下）が、第一審判決は、事実関係からすると民法一二七条二項の解除条件にあたり、その債権放棄の効力は訴訟においても本件債権の不存在が確認されると判示している。

(6)　この東京高判昭和四二年一二月二六日は、最二判昭和四九年三月八日金融法務事情七二一・三一で支持されている。

(7)　金融機関では、すでに間接償却（貸倒引当金の繰入れ）がなされた債権が、後に直接償却に振り替えられた場合、貸倒引当金取崩額が「貸出金償却」額と相殺されて損益計算書に表示される（銀行法施行規則一八条二項）。ちなみに住専母体行の大多数は、平成八年三月期に母体行債権の全額を損失に計上しているから、この場合、償却方法にかかわらず、平成八年三月期に母体行債権の全額が回収不能に陥ったと認識していたものと推測される。

(8)　本件「閣議決定」は、政府が斡旋し大蔵・農水両省が調停して関係者が協議決定した損失分担の合意内容を文書にて公表したものである。本件債権は関係者の合意の結果、その全額が切り捨られることになったのであり、このことは会社更生法や特別清算の認可決定による債権切り捨ても裁判所の監督・後見のもとで関係者が協議決定し、その結果として行われることになるのと同様である。そしてまた、武藤評釈には、「倒産処理の指導理念は、当該債務者が破綻に至った帰責事由を考慮し、『公正・衡平』を図る点にあるから……親会社に準ずる立場の者の保有する債権を『劣後的』に取り扱うことは、むしろ実質的公平原則に合致する」旨が説示されている。

なお木村評釈には、「閣議決定や当時の銀行局等の行政指導があったとはいえ、それらは国民の権利義務を直接拘束する『法規』に該当しない」とし「損失はたとえ実現したとしても、法人税法上の実現主義は『実現した損失を認識しない』こともあり得る」旨を論述しているが、これは閣議決定等の拘束力や実現主義の意義を正しく理解していない。すなわち①政府の斡旋により関係者が「協議決定」した内容を順守するのは当然のことと考えられ、また②公正処理基準のもとでは、費用・損失の認識・計上は「発生主義」を原則とするからである。

（銀行法務六〇二号、二〇〇二年）

第三　相続税・贈与税をめぐる判例研究

33　農地の売却後その所有権移転前に相続が開始した場合の相続財産の評価

最高裁第二小法廷昭和六一年一二月五日判決、昭和五六年(行ツ)八九号
相続税課税処分取消請求事件
訟務月報三三巻八号二一四九頁
〔参照条文〕　相続税法二条一項・二二条、民法八九六条

一　事　実

Xら五名（以下「Xら」という。原告、被控訴人、上告人）の父Aは、市街化区域にある農地（以下「本件土地」という）を、昭和四七年七月七日Bとの間で、代金四、五三九万七、〇〇〇円、同日手付金六〇〇万円を、同年九月三〇日内金一、〇〇〇万円を、残代金は同年一一月三〇日限り所有権移転登記申請をすると同時に支払う、本件土地の引渡しは代金全額が支払われた時とする旨の売買契約を締結した。Bは右手付金及び内金を支払い、同年九月三〇日本件土地をC（建設会社）に転売し、一方同年一〇年七日A及びCは、本件土地につき東京都知事に対し譲渡人をA、譲受人をB、転用目的を住宅用地として農地法五条一項三号による届出をなして、同月二〇日受理されている。

ところで、同年一一月二五日にAが死亡し、Xら及びAの妻が相続人となったが、その相続時には、残代金の支払は完了しておらず、残代金が支払われたのは、相続後の同年一二月一五日であった。

Xらは、相続財産は本件土地であるということで、「相続税財産評価に関する基本通達」（以下「評価通達」という）に従って課税財産の評価を行い、また手付金及び内金の合計額一、六〇〇万円は預り金で相続債務に属するという申告をしたが、Y税務署長（被告、控訴人、被上告人）は、本件土地は知事に対する農地法五条一項三号による届出が受

理された昭和四七年一一月二〇日にAからCへ移転しているということで、相続財産は残代金であり、残代金の額が課税財産の価額であるとし、未払仲介料、未払所得税を債務控除し、手付金、内金は相続債務ではないとして、更正をした。

Xらは、この更正を不服として異議申立を経由したうえで、取消訴訟を提起した。

第一審判決（東京地判昭和五三年九月二七日訟月二五・二・五一三）は、残代金の支払を所有権移転登記申請及び本件土地の引渡しの時とする特約は、本件農地の所有権移転の時期を残代金が支払われた時とする特約が存したものと推認し、代金完済の時はAの死亡後であるから、本件土地が相続財産であり、また手付金及び内金は単なる預り金であり、また残代金は相続財産には属しないと判示し、Xらの主張を全面的に認容した。

これに対し、控訴審判決（東京高判昭和五六年一月二八日訟月二七・五・九八五、判時一〇〇〇・六九）は、相続財産が本件農地であることについては一審と同じ判断を示したが、相続開始時における土地の評価額が取引価額によって具体的に明らかになっており、しかも、被相続人若しくは相続人が相続に近接した時期に取引代金を全額取得しているような場合において、その取引価額が客観的にも相当であると認められ、しかも、それが評価通達による路線価額との間に著しい格差が生じているときは、評価通達の基準により評価することは相続税法二二条の法意に照して合理的とはいえず、本件土地の評価に当たっては、取引価額による特別の事情があるということで、その時価については売買代金と同額と評価すべきものとして、原判決を取り消し、Xらの請求を棄却した。

二　判旨

上告棄却。

「原審の適法に確定した事実関係のもとにおいては、たとえ本件土地の所有権が売主に残っているとしても、もはやその実質は売買代金債権を確保するための機能を有するにすぎないものであり、Xらの相続した本件土地の所有権は、独立して相続税の課税財産を構成しないというべきであって、本件において相続税の課税財産となるのは、売買残代金債権二、九三九万七、〇〇〇円（手付金、中間金として受領済みの代金が、現金、預金等の相続財産に混入していることは、原審の確定するところである）であると解するのが相当である。

したがって、Xらの課税価格の算定にあたり、本件土地の価額をその売買残代金債権と同額である二、九三九万七、〇〇〇円とし、その各相続分である一五分の二に相当する三九一万九、六〇〇円をXらの取得財産価額に加算すべきであるとした原審の判断は、結論において正当として是認することができる」

三　評　釈

判旨に反対。

本判決と同日に、同じ最高裁第二小法廷で、農地の売却後その所有権移転前に買主に相続が開始した場合の相続財産とその評価について判決が言い渡されており、「相続税の課税財産は、農地の売買契約に基づき買主たる被相続人が売主に対して取得した当該農地の所有権移転請求権等の債権的権利であり、その価額は売買契約による当該農地の取得価額と評価すべきである。」という判断が示されている。この判決については、本研究会ですでに取り上げられ、高橋助教授が判旨に賛成の評釈を発表されている（ジュリ八九九・一一一以下）。関連の判決の評釈等の紹介と検討は、右ジュリストの報告に網羅されているので、ここでは重複を避け、若干の問題について検討を加えることにしたい。

1　判決の射程範囲

このたびの二つの最高裁判決の事案は、いずれも農地の売買に関するもので、その所有権移転について知事の許可（農地法三条）あるいは届出（同法五条）を必要とするものであったが、土地の売買契約の成立時と所有権移転時が異なる場合（所有権移転の時期について、後日、代金の全額の支払いをうけるのと引換に所有権を移転するという特約のある場合がこれに該当する）に、その所有権移転前に買主あるいは売主に相続が開始したときにも全く同じ問題が発生するのであり、農地の売買に限定される問題ではない。評価通達による農地の評価は取引価額と比較して極端に低いので、この極端な事例をもって一般の売買を議論するのは適切でないということも一応考えられ（碓井光明・判評二八〇・一五七は、土地を評価通達によって評価すべしという見解は、農地の事案では妥当するとしても、一般的に拡張してゆくと、際限のない負担公平論になってしまう（土地の買受代金を準備して、売買契約の交渉が殆ど完了している状態で死亡した場合を考えよ）と指摘している）、またこのたびの二つの最高裁判決はいわゆる事例判決の体裁をとっているものではあるが、一般の売買で所有権移転前に買主あるいは売主に相続が開始したときも、この考え方が波及する影響力をもっていると考える。しかし、本判決には、後で述べるとおり、いくつかの疑問を指摘することができる。

2　高裁判決と原審との判断の相違点

原審（評釈、岩崎政明「資産税重要判例紹介」税通三九・一五・一四〇、同・税事一四・一・二六、樋口哲夫・租税判例百選〈第二版〉一一〇頁）は、相続税の課税財産はあくまでも土地であることを前提として、相続開始時に土地の評価額が取引価額によって具体的に明らかになっており、その取引価額が客観的にも相当であり、しかも評価通達による評価額との間に著しい格差が生じているときは、特別の事情があるということで、取引価額（売買代金）と同額と評価すべきであるという。

これに対して、最高裁判決は、相続税の課税財産は土地の所有権でなく、売買残代金債権であり、課税価格は売買残代金債権と同額であるという。

最高裁判決が、本件のような事実関係のもとにおいては、本件土地の所有権が売主に残っていたとしても、もはや実質は売買代金債権を確保するための機能を有しているにすぎず、本件土地は独立して相続税の課税財産を構成しないとする判断部分は、他の売買と比較して、本件取引の流れのうちのどの部分を重視しているのか不明であるが（本件の特徴を挙げておくと、相続の開始前に、代金の約三分の一が支払われている一方で、買主が他に転売し、農地法五条一項三号所定の届出が受理されていること等である)、財産の機能の観点から課税財産の種類を類別しているのは、基準が不明確であり、何よりも公平な取扱いを必要とする税法の領域で適切な見解とはいえない。就中、広く実務に定着している評価通達では、財産をまずその保有している権利(評価単位)ごとに類別して評価方法を定めているので、この通達の採っている方針に沿っていないようにも解される。

私は、先に発表しているように、相続税の課税財産の評価は、評価通達によって評価すべきものと考えているが、この点はあとで触れることにして、原審の見解の方が論理的に優れており、より説得力があるように考える。

3　二つの最高裁判決の論理的整合性

最高裁は、所有権移転前に買主に相続が開始した場合について、相続税の課税財産は土地ではなく、土地の所有権移転請求権等の債権であると法律的に厳格に判断を下しながら、一方で所有権移転前に売主に相続が開始した場合について、その機能の視点から、土地の所有権は相続税の課税財産を構成せず、相続税の課税財産となるのは売買残代金債権であると、法律的に厳格でない判断を示している。売主に相続が開始した場合、法律的には、一方で土地所有権を保有(留保)しながら、他方で売買代金債権(期限付・同時履行の抗弁付売買代金債権)を取得しているのであり、このような場合には、両者は内容が全く同じもので重複しているので、課税財産としてどちらを対象とすべきかということになるのではないかと考える。

樋口・前掲書一一一頁は、「売買契約成立後、所有権移転未済の状態で、買主側の相続財産を債権的な所有権移転請求権とすれば、売主側の相続財産は、所有権移転請求権の対価である売買代金債権と解するのが整合的な考え方のようにみえる」としている(私は、これは、債権的な側面からみたもので、他の物権的な側面からの考察もありうると考えている)。また、岩崎・前掲税経通信五四四頁では、「代金請求権は履行期前のものであるうえ、対価関係にある土地所有権移転債務と同時履行の関係にあるから、課税すべき権利として未だ確定しているとはいいがたい。」（同趣旨のことを一審判決も説示している）と述べており（私は、期限付、同時履行の抗弁付の債権であっても、債権としては成立・確定しているのであり、評価をどうするかという問題を残しているに過ぎないものと考える）、控訴審におけるY側の主張では、所有権留保によって担保されている売買代金債権と捉えている。

しかし、私は、前述のとおり、法律的には両者が併存しており、選択の問題であり、どちらを選択しても内容は同じであるので、結論は同じでなければならないと考えている。

本判決が、本件土地は課税財産を構成しないというのは非法律的な判断であり、また本件土地でなく売買残代金債権が課税財産となるというのは、論理的な説明が不足しているように考えられる。両者が、課税財産として一応顕在化している場合に、どのような選択と認識をするのかという説明が必要である。売買契約済の土地については、売買代金債権の方を課税財産に含めるというのなら、これも一つの考え方であるが、残念ながら最高裁の説明は法律的な説示がされているものとはいえない。

最近の東京地判昭和六二年一〇月二六日判時一二五八・三八は、農地の売買契約から相続まで一三年を経過し、代金全額を支払っている買主に相続が開始した事案について、相続財産は農地法上の許可を条件とする農地売買契約上の権利であるとしたうえで、その評価について、代金額でなく当該農地の価額をもって評価すべきであるとして、更正処分を支持している。本件とは、売買契約から相続までの期間の点で非常な相違があるが、一連の判決をみると、公平論よりも高い税金を徴税しようという論理の方が優先しているような感じをうける。

4　価通達の位置づけ

本判決は、本件において相続税の課税財産となるのは、売買残代金債権であるとし、これをその債権金額をもって評価すべきものとしている。

一方、買主に相続が開始した事例では、相続税の課税財産は、土地の所有権移転請求権等の債権的権利であるとし、この債権的権利は売買契約によりその時価が顕在化しているので取得価額（代金額）をもって評価すべきであり、また評価通達により農地自体と同様に取扱うことはできないとしている。

最高裁は、相続財産の評価にあたって広く実務に定着している評価通達をどのように位置付けようとしているのか明らかでないが、評価通達は、評価の基本原則である時価主義（相続税法二二条）をうけて、税務の執行上において時価の不公平な取扱いを避けるために、「財産の価額は、時価によるものとし、……その価額は、この通達の定めによって評価した価額による」（同通達1(2)）とし、評価通達によって評価した価額を相続税の課税財産の評価額としているのであり、取引価額が明らかでない場合にのみ補充的に適用すべきものとはしていないように理解できる。また、「この通達に評価方法の定めのない財産の評価は、この通達に定める評価方法に準じて評価する」（同通達5）としているとおり、評価通達に評価方法を定めていない財産の評価は、所定の評価方法に準じて評価するとしているのであり、評価方法が定められていないからといって取引価額によるというのではなく、所定の評価方法に準じて評価するというのが評価通達の採っている建前である。

それで、相続税の課税財産の評価は、評価通達に従って評価すべきものと考えると、所有権移転請求権等の債権の評価も、評価通達に評価方法が定められていないからといって、当然にその取引価額によるということになるのではなく、通達に定めている土地の評価方法に準じて評価するというのが、通達に沿った取扱いではないかと考える。

本件の控訴審判決は、相続税の課税財産は土地であるとしながら、土地の評価額が取引価額によって具体的に明らかになり、また取引価額が評価通達による路線価額と著しい格差が生じたときは、特別に取引価額をもって評価すべきであると判示されている。この見解は、原則は取引価額であり、補充的に評価通達によるというのではなく（控訴審におけるY署長の主張。国税庁がこういう見解を採っているのかどうか必ずしも明らかでなく、むしろ評価通達をみる限り、このような見解ではないように解される）、原則的には評価通達によるべきであるが前述のような特別事情のあるときは取引価額によるべきものとしている。私は、評価通達はむしろ区々の取扱いを避けるために設けられたものであり、このような見解には疑問をもつ。このような見解は、できるだけ沢山税金を取り立てようとする不統一な取扱いを認めかねない便宜的な理屈であり、評価の公平をはかることはできないのではないかと考える。

5　残された問題

このたびの二つの最高裁判決は、単に農地法の規制をうける農地の売買だけではなく、一般の土地の売買契約でその所有権移転前に買主あるいは売主が死亡した場合にも判断が及ぶのではないかと考えるが、売主の死亡の場合の本判決は、その論理に不明確さを残している。すなわち、法律的には、所有権の留保されている土地所有権も、売買代金債権も、両方とも一応相続財産であると考えられるが、どのような基準でどちらを選択して相続税の課税財産とするのか、肝心な基準が示されていない。相続財産が何かということについては、本来、民法レベルでまずこの点が解明され、その解釈が相続税の領域にもそのまま投影するのが筋道であり、ここに相続税独自の解釈が働くものではないと考えるが、この点について判断基準が明確にされるべきであったといえる（私は民法レベルでは、相続財産を土地といっても、代金債権といっても、どちらでもよく、そして、その財産価値は全く同じものと認識されるべきであると考えている）。そして、相続税の独自の問題は、財産の評価（方法）であるが、広く定着している評価通達について早く明確な法的な位置づけがされることが必要である。この種の懸案の問題が最高裁の判断をうけるのは滅多にないチャンスであったが、最高裁がこの貴重な機会に丁寧な判決が示さなかったことは非常に惜しまれることである。

（ジュリスト九〇八号、一九八八年）

34　買受けた農地について知事の許可前に相続が開始した場合の相続財産の評価

東京高裁昭和五五年五月二一日判決――控訴棄却、確定
訟務月報二六巻八号一四四四頁

一　事実

Xら（原告、控訴人）の被相続人Aは、昭和四七年六月二〇日及び同月二三日にC及びD所有の農地（「本件土地」という）を総額二、七八九万六、〇〇〇円で買受ける契約を締結し、同年八月三一日までに代金の総額を支払った。また、Aは、本件土地及び他の土地の買受けの仲介をしたM商事に対し、同月三一日仲介手数料として九二万二、八〇〇円（本件土地に係る部分は六九万七、四〇〇円）を支払った。次いで、Aは、本件土地が農地であったため、所有権移転について農地法三条による知事の許可を申請したが、その許可を受けないまま、昭和四七年九月四日死亡した。本件土地について知事の許可が下りたのは昭和四八年六月一一日であった。

Xらは、本件土地は生前にAが所有権を取得したものであるとして、その時価を「相続財産評価に関する基本通達」（昭和三九年四月二五日直資五六、直審（資）一七。以下「評価通達」という）に定める農地として評価額二六八万八、一九七円と計算して昭和四八年三月五日相続税の申告をした。これに対しY税務署長は、本件土地に関して相続財産となるものは、本件土地ではなく、前渡金返還請求権であり、その価額は支払済の土地代金と本件仲介手数料の合計額二、八五九万三、四〇〇円であるとして、昭和四九年九月三〇日付で更正処分及び過少申告加算税の賦課決定処分（「本件課税処分」という）をした。Xらが、これを不服として提起したのが本件訴訟である。

二　原判決の要旨

浦和地裁昭和五四年三月二八日判決・訟月二五・七・一九七六。請求棄却。

農地法三条によれば農地の所有権を移転するには同条による許可を必要とするから、本件土地の所有権は昭和四七年九月四日の相続開始時点において被相続人Aに帰属していたとはいえず、本件土地の所有権は本件の相続財産に含まれないものといわざるを得ない。

Y税務署長は、本件の相続財産となるものは本件土地の代金及び本件仲介手数料の合計額に相当する前渡金返還請求権であると主張するが、本件土地の各売買契約が昭和四七年九月四日現在までにおいて解除された証拠はないから、これが解除を前提とする前渡金返還請求権の存在を認めることはできない。Aの相続人であるXは遺産分割の結果、相続開始の日である昭和四七年九月四日現在相続財産に帰属していた前記売買契約に基づく本件土地の所有権移転請求権を、相続開始のときにさかのぼって相続し、昭和四八年六月一一日には、所有権移転について農地法三条による知事の許可を得ていることが認められる。

相続税法二二条は、相続により取得した財産の価額は特別の定めのあるものを除く外、時価によるものとしているので、農地の所有権移転請求権（債権）については何ら特別の定めがないので相続開始時の時価によることとなるが、右請求権の時価とは、不特定多数の農地法三条の買収適格者の間で当該農地につき自由な取引が行われる場合に通常成立するものと認められる農地の取得価額に一致するものと解される。ところで、本件土地は相続開始の日である昭和四七年九月四日の約二カ月半前である同年六月二〇日、同月二三日に売買が行われたのであり、右売買契約における取得価額はその当時における通常の取引価額であったことが認められるから、本件土地の所有権移転請求権の時価は、昭和四七年九月四日当時における本件土地の取得価額金二、八五九万三、四〇〇円である。

三　本判決の要旨

控訴棄却。

農地法上の許可を要する農地の売買における許可のない間の買主の権利は、債権的な所有権移転請求権であるにすぎず、Xらがそれに準じて評価すべきであるとする「農地及び農地の上に存する権利」(評価通達四一ないし四三によれば、農地上の権利とは地上権、永小作権及び耕作権を指す)とは性質を異にするものであるうえ、相続税法の課税において、右両者を同一視することは、罰則まで設けて農地の無許可の権利変動を制限している農地法の法意に反することとして、許されないというべきである。従って、本件土地の所有権移転請求権は、農地としての土地所有権若しくはその上に存する物権的権利たる財産として評価すべきではなく、本件土地の所有権を取得する以前の状態における債権的権利たる財産として評価すべきものであると解するのが相当である。

本件においては、相続開始の日の約二カ月半前に本件土地の売買が行われ、右売買における経費を含めた価額二、八五九万三、四〇〇円は、右相続開始時における取引価額としても相当であったことが認められるから、右取引価額をもって本件土地の所有権移転請求権の右相続開始時における時価と評価することが合理的であり、右のような時価の評価が相続税法二二条の法意に反し、あるいは租税平等主義に反する不当な時価算定ということはできない。

四　研　究

1　問題の所在

本判決は、同種のケースでは初めての高裁判決であり、既に税務事例一二・一二・一二に紹介がされており、品川芳宣・税通三五・一二・二〇二以下にも詳細な解説がなされている。私も、さきに手形研究三〇三号五六頁に簡単なコメントをしたが、改めて、本判決の提起している「相続財産の評価に関する法令と通達との整合性」の問題について、若干検討を加えておくことにしたい。

2　相続財産の評価

相続税法は、相続財産の評価について、原則として、「相続又は遺贈により取得した財産の評価は、当該財産の取得の時における時価によるもの」（同法二二条）と定め、時価主義によることを明らかにしている。そして、課税の実務では、財産の評価がまちまちにならないように、「評価通達」が制定されていて、これに従って執行がされているのであるが、この評価通達によると、「財産の価額は、時価によるものとし、時価とは、課税時期（相続、遺贈に因り財産を取得した日をいう）において、それぞれの財産の現況に応じ、不特定多数の当事者間で自由な取引が行われる場合に通常成立すると認められる価額をいい、その価額は、この通達の定めによって評価した価額による」（同通達一(2)、また「この通達に評価方法の定めのない財産の評価は、この通達に定める評価方法に準じて評価する」（同通達五）と定められている。つまり、課税の実務では、要するに時価とは通達によって評価した価額によることにしているのである。

ところで、評価通達による土地に関する評価額（同通達一一ないし三二）は、通常の取引価額よりも低く、特に農地に関する評価額（同通達三七ないし四〇）は、政策的な配慮もあって、通常の取引価額を相当に下回っていることは周知の事実であるので、相続税法にいう時価と、評価通達に定める時価との相違が問題となり、果して相続税法上の時価とは何かが検討を要する問題となるのである。

3　本件の相続財産は何か

本件土地の売買契約は昭和四七年六月二〇日締結され、代金はすべて完済していたが、本件土地は農地であったので、その所有権の移転を受けるには農地法所定の知事の許可が必要であるところ（知事の許可は、所有権移転が効力を生ずるための法定条件である。最高裁昭和三六年五月二六日判決・民集一五・五・一四〇四）、相続の開始の日である昭和四七年九月四日現在においては右許可は下りていなかったので、本件土地の所有権は未だ被相続人に移転しておらず、本件土地の所有権は相続財産には含まれているとはいえないものである。

それで、相続財産となるのは、農地法上の許可のない状態における農地の所有権移転請求権という債権ということになり、この債権の財産としての評価をどのようにすべきかがここで問題となるのである。

4　農地の所有権移転請求権の評価

(1)　相続税法は、相続財産の評価について時価主義を採っているので、法律の定めているこの原則だけを考えるかぎり、本件判決の判断は正当なものといえる。

しかし、どうしてもこの判決には納得できないものが残る。それは何か。それは、相続開始の日までに許可が下りていて、本件土地（農地）が相続財産であれば、評価通達の適用を受け、農地として財産価額が低く評価されるのに、許可前であったということで、評価通達の適用が排除されて高く評価され、その価額は当該売買価額と経費の合計額であるとしているのがおかしいからではないだろうか。(1)

(2)　相続財産の評価については、相続税法は、時価主義を採用しているのであるが、具体的に時価をいくらと評価するかということになると簡単でないので、課税の実務では、評価がまちまちにならないように評価通達を制定し、時価は評価通達によって評価した価額によるとしているのであって、この評価通達の定める基準は、時価を上回るものでない限り、行政先例法として法的拘束力を持つものと位置づけることができる。もちろん、一般に、通達は租税の法源ではないが、通達が基本通達として体系化した形で示され、その公定解釈、運用が定着し、納税者にとって有利な内容である場合には、行政先例法としての効力を認めるべきである。金子教授も、「通達によって示された租税法規の解釈が長期間にわたって継続した場合に、そこに行政先例法の成立を認め得るかどうかの問題がある。租税法律主義の趣旨にかんがみると、納税者に不利益な行政先例法、すなわち新たに納税義務を課し、あるいは納税義務を加重するような行政先例法の成立は認める余地はない。しかし、納税者に有利な行政先例法、すなわち納税義務を免除あるいは軽減することを内容とする行政先例法の成立は、認める余地がある」（金子『租税法』九六頁）と述べておられるが、私は、評価通達は行政先例法として、その成立を認めるべき場合であると考えている。

本判決も、農地が相続財産である場合、その評価については、通常の取引価額によるべきであるとはおそらく考えておらず、評価通達による評価によるべきであると考えているのではなかろうか。[2] そうすると、農地であるときは評価通達の適用があり、許可前の所有権移転請求権であるときは評価通達の適用がないというのは、売買によって取得したその経済的価値が全く同じものであるのに、おかしいことである（むしろ、違いがあるというのなら、許可がおりたら評価が高くなるというのなら合理性があるが、許可前の方が高いというのは常識からいっても説得力を全く欠いている）。

このことは、敢て租税負担の公平という原則を持ち出すまでもなく、評価通達の性質から、その準用が考えられるべきことであるが、実体の同じ財産について評価が違うというのは、租税平等主義に照しても、もちろん許されないことである（評価通達について同趣旨のもの、清永『新版税法』三五頁）。

(3)　相続税法が、相続財産の評価について、時価主義を採っているのに、評価通達が時価より下回る評価額を基準として定めている場合、その法律適合性をどのように考えたらよいのか。これと同種の問題は、固定資産税、不動産取得税にも出現している。

すなわち、固定資産税については、一方で、固定資産税の課税標準は、当該土地又は家屋の基準年度に係る賦課期日における価額で土地課税台帳若しくは土地補充課税台帳又は家屋課税台帳若しくは家屋補充課税台帳に登録されたものとする（地方税法三四九条）と定めており、他方で、右価額とは、適正な時価をいうものと定めている（同法三四一条五号）。また、不動産取得税については、一方で、不動産取得税の課税標準は、不動産を取得した時における不動産の価格とすると定め（同法七三条の一三）、他方で、固定資産課税台帳に固定資産の価格が登録されている不動産については、当該価格により当該不動産に係る不動産取得税の課税標準となるべき価格を決定すると定めている（同法七三条の二一第一項）。

現実には、台帳価格（ないし台帳価格の基準とされている固定資産評価基準）は、時価を下回っており、この二つの価格は同じではないので、時価についての法律上の整合性をどう理解したらよいのかという問題に当面する。

時価という概念は、マーケット・プライス、すなわち不特定多数の当事者間で自由な取引が行われる場合に通常成立すると認められる価額をいうのであるが、この時価という概念は、税法のうえでは、画一的ではなく、各税法ごとに相対的に理解すべきものである。

固定資産税上の不動産の時価は、地方税法三八八条一項に基づき自治大臣が定める「固定資産評価基準」によってきめられ、これが不動産の時価となるのであり、相続税法上の不動産（農地、農地に準ずる所有権移転請求権を含めて）の時価は、評価通達が基準となり、これによってきめられる価額がその時価となるのである。金子教授は、固定資産税の課税標準について、「固定資産税の課税標準は……時価を意味するものと解されているが、固定資産のうち土地については、実際には極めて低く評価されているのが普通である。この場合に、特定の土地についてのみ、近隣の同一条件の土地に比して高く評価することが許されるかどうかが、問題となる。前述の合法性の原則をリヂッドに適用すれば、もともと固定資産は時価一杯に評価すべきであって、そもそも一般的に低く評価することが違法である、ということになるかもしれない。しかし、これはあまりにも形式的な解釈である、と思われる。実際問題として一般的に低く評価されている以上、特定の者に対してのみ高く評価することは、平等原則に反して違法であると解すべきであろう」（金子「相続法講座」二四六頁）と述べておられるが、時価という概念を各税法ごとに理解すべきことを示唆しておられるものといえる。固定資産税と相続税との間で、前述のとおりその基準の根拠について、片方は法律、他方は法律上の根拠に基づかない通達という違いはあるが、この違いは、通達が前述のとおり行政先例法となっているといえる場合には、法的性質に差異はないといえよう。

(4)　以上述べてきたとおり、相続財産の評価については、時価とは、評価通達によって評価した価額をいうのであり、評価通達に直接定められていない場合も、できるだけ定められているものに準じてきめるのが合理的であり（本件の場合は、その実体から見て、前渡金返還請求権に準拠するよりも、農地に準じて考えるのが近いといえよう）、そして租税負担の公平にも適うものである。

相続財産の評価は、評価通達によってなされるべきものであるので、これによらず取引価額によって評価するのはかえって違法となるといえよう。本件で、Y税務署長は、「評価通達上の評価額は、相続財産について想定される取引価額を意味するにすぎないのであって、課税物件が現に取引の対象となっている場合にまでその評価方法によることは合理的ではない。課税物件が現実に取引の対象となっている場合には、その取引価額によることが相続財産の評価方法として合理的であり、相続税法二二条の「時価」の解釈に合致する」という趣旨の主張をしているが（訟月二六・八・一六四）、これがこの訴訟事件に対応するためだけに打出された議論でないとすると、評価通達の位置づけについて、大いに考えさせられる見解である。(3)

（1）　名古屋地裁昭和五五年三月二四日判決・訟月二六・五・八八三は、同種のケースについて、相続財産となるのは、債権である所有権移転請求権、所有権移転登記手続請求権、所有権移転許可申請協力請求権であるとし、その所有権移転請求権等の価額は当該売買価額であると判断している。私はこの判決についても本件判決と全く同じ疑問をもっている。

（2）　品川前掲解説によると、農地について取引価額が成立している場合には、当該農地について評価通達によって評価することは妥当ではなく、積極的に当該売買価額によるべきであるとされているが、私は評価通達の性質、租税負担の公平から考えて、疑問である。

（3）　前掲名古屋地裁判決も、評価通達について、「評価通達の評価方法は一般的基準を示したもので絶対的なものではなく、他の方法で適格な時価を把握できる場合にはそれによるのが相当である」と判示しているが、固定資産税の課税標準についての理解と同様に、私はこの判示には賛同できない。

（税務事例一三巻三号、一九八一年）

35 特別縁故者に対する財産分与と相続税の課税

大阪高裁昭和五九年七月六日判決、昭和五八年(行コ)五八号
相続税更正処分等取消請求控訴事件
行裁例集三五巻七号八四一頁〔五三〕

一 事実

Xの被相続人Aは、昭和四三年一〇月二七日死亡したBの遺産について、神戸家庭裁判所に特別縁故者に対する財産分与(以下「財産分与」という)の審判の申立を行い、昭和五一年四月二四日同裁判所で五、〇〇〇万円の財産分与の審判(判時八二二・一七)を受けた。しかし、同審判に対し多数の者から大阪高等裁判所に抗告がされた。

ところで昭和五二年三月二三日Aが死亡したため、Xら五名がAの法定相続人として右財産分与申立手続を受継し、右審判は同年七月一一日確定した。

Aの相続人であるXらは、右審判確定後遺産分割の協議を行い、XはAの相続人として、Aが審判によって財産分与を受けるべき財産のうち一、二五〇万円をBの相続財産管理人から受領した。

そこで、Xは右財産分与による相続税について、財産分与に関する審判費用等を分与財産の価格から控除して課税価格を算定し、また課税価格から控除すべき基礎控除額及び税率については、審判確定時の相続税法を適用して確定申告を行った。

これに対して、Y税務署長は、昭和五四年五月三一日付で、右訴訟費用の控除を否認するとともに、相続開始時の相続税法を適用して相続税額を計算すべきものとして更正処分及び過少申告加算税賦課決定処分(以下「本件処分」

という）をした。

Xは、本件処分に対して異議申立てを経由したうえで、その取消しの訴えを提起した。

Xの主張の要旨は、次のとおりである。

(1)　相続税法（以下「法」という）三条の二は、民法九五八条の三第一項の特別縁故者への財産分与について、「遺贈により取得したもの」とみなして課税することを定めているが、右財産分与を受ける者及び分与財産の内容等はすべて家庭裁判所の審判により決定されるのであるから、課税に当たっては、審判確定時に納税義務が成立するものと解し、右時点の相続税法が適用されるべきである。

(2)　財産分与の審判に要する経費一切は、既に一定財産の取得が明らかな相続や遺贈の場合の経費とは異なり、いわば資産形成上要する費用であるから、法一三条一項各号所定の相続財産からの控除の対象となる債務に該当する。Aは Bの異母弟であるが、父である訴外Cの認知を受けていなかったため、その親族関係を明らかにするために調査が必要であり、審判の申立て及び調査等に分与額の一割を超える費用を要した。この費用は控除されるべきである。

一審の神戸地判昭和五八年一一月一四日行集三四・一一・一九四七は、次のとおり、おおむねY税務署長の主張を採り入れ、Xの請求をいずれも棄却した。

1　納税義務の成立時期について

財産分与による財産は法三条の二の擬制により相続税法上は遺贈と同一に取り扱われる……から、財産分与による財産の取得時期は、民法上の取得時期いかんにかかわらず、相続税法上は遺贈の場合と同様相続開始時であると解すべきであり、その課税については、この時に施行されていた相続税法が適用されるべきものである。……確かに、財産分与制度が遺言制度の補充として、特別縁故者に対し家庭裁判所の審判をまっていわば恩恵的に相続財産の分与を認めていることに照らすならば、特別縁故者に対する財産分与による財産の取得時期が家庭裁判所の審判確定時であることは明らかである。しかし、私法上の規定は、私的自治の原則を前提として承認し、その補充的、任意的な規定として、当事者間の利害を調整することを目的とするものであるのに対し、税法は、当事者間の利害調整という見地とは別個の課税対象事実又はその構成要件として、これらの文言又は概念を用いているものであるから、同じ文言又は概念を用いている場合であっても、常に私法上のそれと同一の意味内容を有するものと解すべきではなく、税法の目的に照し合目的的に解して、別個の観点からその意味内容を理解しなければならない場合が存在することも否定できず、更に、財産分与による財産の取得については、法三条の二に「遺贈に因り取得したものとみなす。」旨の特別の規定も存するのであるから、その取得時期について、民法上のそれと同一に解しなければならないものではない。

2　財産分与に関する審判費用等について

財産分与は、相続債権者又は受遺者に対する弁済を終え、相続財産の清算をしたあとの残存する相続財産の全部又は一部を家庭裁判所の審判によって恩恵的に特別縁故者に分与するものであり、右特別縁故者は、自ら申立てを行ってはじめて分与を受けることになるものであるから、Xの主張する訴訟費用等は、被相続人の債務ではなく、また、被相続人に係る葬式費用でないことはいうまでもない。

Xは、一審判決を不服として控訴した。

二　判　旨

控訴棄却。

一審判決を引用し、財産分与が恩恵的なものであるとしている部分を削除したほか、前述の二つの争点について、判断を補足している。

(1)　法三条の二によると、相続税法上、特別縁故者の分与財産の取得は当該財産（正確には当該財産分与時の時価相当の金額）を被相続人から遺贈に因り取得したものとみなされるのであり、一方、国税通則法一五条二項四号によると、相続税の納税義務は相続又は遺贈による財産取得の時（すなわち被相続人死亡の時）に生ずると定められているのであるから、いまこれらの規定を総合して適用すると、分与財産を取得した特別縁故者の納税義務は、被相続人死亡の時に成立したものとして扱われ、その税額もその当時施行の相続税法によって特別の手続を要せず当然算出確定されるものと解すべきである（国税通則法一五条一項）。

……なおまた、Xは第一の争点に関連して、基礎控除額の不合理性を主張している（分与財産の評価時点が分与審判確定の時であるのに基礎控除額が被相続人死亡時施行の法による点の不合理性）。いわゆる基礎控除制度の税額算定上の趣旨からすると、本来両者は一定の相関関係を有することが望ましいと解され、Xの主張は一応首肯できなくはないが、ひるがえって考えてみると、基礎控除制度は一連の税額算出過程の一要素にすぎず、これだけを取り出して不当性を云々することは必ずしも当を得ないのであり、他の算出過程ひいては法体系全体との関係を看過すべきではないのであって、以上のような観点を彼比検討すると、前記の点だけをとりあげて前示の解釈を左右することは困難である。

(2)　X主張の裁判費用が法一三条一項、一四条一項所定の控除債務（被相続人の債務及び被相続人に係る葬式費用）に該当しないことは、前記条項が相続人と包括受遺者にのみ適用されるものであること、及びその控除費目自体からみて明白である。

Xはさらに本件評価にさいしては相続税基本通達四一条の四を適用または類推適用して、あるいは同様の趣旨を汲んで、分与財産の時価から裁判費用等を差し引いた額自体を分与財産価額とすべきである旨主張している。そして、前記通達は前記法条のように分与財産価額から特定の控除費目を控除することを定めたものではなく、分与財産価額算定方法自体に一定の例外的修正を加える方法を採用し、該価額算出の段階で分与財産取得者の負担した被相続人にかかる葬式費用、入院費用等のうちの一定のものを差し引き、これを分与財産価額として取り扱うべきことを定めているものである。しかし、前記通達がこのような手法を採用したのは、そもそも法上は財産分与取得者には法一三条・一四条のような控除すべき費目の定めがなく、したがって原則どおり取得した財産の「全部」に課税されることとされているため（法二条一項参照）、このこととの論理整合性を保ちつつ、なお実質上は前記法条と似た趣旨を例外的に認め、もって前記特定費用控除との均衡をはかろうとしたものと解される。しかるところ、本件裁判費用等が前記特定控除費目におよそ該当しないこと明白であるから、これにつき前記通達を適用または類推適用し、あるいはその趣旨を汲み同様の解釈を施すことは困難である。のみならず、もともと資産税制の下では所得税制のように投下資本回収部分に対する課税を避ける趣旨の必要経費控除の観念はなじまないものといわなければならない。

三　評　釈

判示に賛成。

一審判決の判例評釈として、碓井光明・税事一六・一一・二、岩崎政明・判時一一二六・一七八（判評三〇九頁）、高田敏明・税弘三二・九・一四六、佐藤孝一・税通三九・三・二五七があり、ほかに岩崎政明「特別縁故者への相続財産の分与と課税」ジュリスト八二九・八七が発表されているので、この評釈にあたってもこれらを参考にさせて頂いた。

1　民法における特別縁故者への財産分与の制度

現在のわが国の相続制度は、法定相続制を原則とするが、遺言自由制も採り入れ、この間を遺留分制度をもって調整している。

ところで、旧民法（明治三一年法律第九号）の家督相続の制度のもとでは相続人不存在ということで、相続財産が国庫に帰属することは極めて稀であったが、現行の民法（昭和二二年法律第二二二号）の相続制度のもとでは、一方で、相続人の範囲を直系尊属、直系卑属、兄弟姉妹及び配偶者に限定し（民法八六六条以下）、他方で、遺言制度の活用によって相続人の範囲に含まれなかった血族又は縁故者にも相続財産を取得させようと考えたようであるが、現実には、生前贈与は行われても遺言はあまり利用されなかったため、相続人不存在の事例が増加し、この事態に対処するため、昭和三七年の民法改正（同年法律第四〇号）により、財産分与の制度（民法九五八条の三）が新設されることになった。財産分与の制度は、被相続人の死亡の時において相続人がなく、また他に死因贈与、遺贈等の処分もされていないため、相続財産法人（民法九五一条）に帰属した遺産について、被相続人と特別の縁故があった者、すなわち(1)被相続人と生計を同じくしていた者、(2)被相続人の療養看護に努めた者、(3)その他被相続人と特別の縁故があった者の請求により、家庭裁判所の審判によってその者に遺産の全部又は一部を取得させようとする制度であり、いわば遺言制度を補充しようとする制度といわれている。(1) 特別縁故者への財産分与の法的構成は、被相続人からの相続による承継取得ではなく、相続財産法人からの無償贈与ということになる。

2　相続税法三条の二の制定の経過と規定の内容

相続税法三条の二は、右財産分与の制度の創設に伴い、昭和三九年三月の相続税法の追加（同年法律第二三号）で新たに加えられた規定である。右制度の創設から昭和三九年までは、特別縁故者への財産分与は、相続財産法人に属していた財産を同法人から特別縁故者がその対価として役務の提供や資産の譲渡代金を支払うことなく取得するということから、所得税法の一時所得として所得税の課税がされていたが（旧所得税法取扱基本通達一五〇）(2)、法二一条の三第一項一号によると、法人からの贈与は、贈与税の課税対象とはならないこと、特別縁故者の範囲が前述のとおり一定の者に限られていること及び財産分与の制度の趣旨が遺言制度の補充であることから、特別縁故者が財産分与を受けた時は、その分与を受けた時における当該財産の時価に相当する金額を、被相続人から遺贈によって取得したものとみなして、相続税法の規定を適用するのが相当であるとして、前述のとおり相続税法三条の二が追加されることになったものである。(3)

3　特別縁故者への財産分与の手続と効果

特別縁故者への財産分与は、被相続人が死亡したが、相続人がなく、また他に死因贈与等の処分もなく、相続財産法人に遺産が帰属した場合に、特別縁故者から家庭裁判所に財産分与を請求し（家事審判法九条一項甲類三二の二）、同裁判所の審判をもって遺産の全部又は一部が特別縁故者へ与えられるもので、遺産は審判の確定によってはじめて相続財産法人から特別縁故者へ与えられるものである。

ところが、相続税法三条の二は、前述のとおり、遺産が移転する実体に着目し、遺産は被相続人から特別縁故者へ、その与えられた時の当該財産の時価で遺贈があったものとみなしている。つまり、相続税法三条の二は、民法上（実体法上）の効果と異なる二つの擬制をしているのである。その一は、被相続人から相続開始時に直接遺贈があったものとみなしていること、その二は、財産分与の審判の確定の時における当該財産の時価で相続開始の時に取得したものとみなしていることである。

4　特別縁故者の納税義務の成立と確定

相続又は遺贈（死因贈与を含む）に因り取得した財産は、相続財産として相続税の課税対象とされるが（法一条、二条）、このほかに、前述のとおり、特別縁故者への分与財産も、相続財産ではないが、遺贈により取得したものとみなされ、いわゆる「みなし相続財産」として、相続税の課税対象とされる。それで、特別縁故者は分与財産について相続税の納税義務を負うことになる。

ところで、相続税の納税義務は、一般に、相続又は遺贈に因り財産を取得した時に成立し（国税通則法一五条四項）、納税者の申告によって確定すると定められている（同法一六条）。それで、特別縁故者の相続税の納税義務も、法三条の二により特別縁故者は分与財産を遺贈に因り取得したものとみなされるので、このことにより、本判決の判示しているとおり、民法上（実体法上）は特別縁故者は審判の確定によってはじめて遺産を取得するのであるが、その納税義務は被相続人の死亡の時（相続開始の時）に遡って成立するものと解される。そして、特別縁故者は、財産分与の審判の確定の日から六か月以内に相続税の申告をしなければならないことになっているので（法二九条）、この申告によって、相続税の納税義務が確定することになる。判決が、納税額は相続税法によって特別の手続を要せず当然に算出確定されるといっているのは正しい説明でなく、右申告によって確定されるものである。相続開始の時に遺贈を受けて相続税の申告をした者がその後において財産分与を受けたため、既に確定した相続税額に不足を生じた場合は、財産分与の審判の確定を知った日の翌日から六か月以内に、修正申告書を提出しなければならず（法三一条二項）、また反対に、相続税額が過大となった場合には、四か月以内に更正の請求をすることができる（法三二条五号）。

相続税の課税では、相続税の納税義務の成立時（相続の開始日）と課税財産の価額の評価時点とは一致するのが原則であるが（法二二条）、特別縁故者に対する財産分与の場合は、前述のとおり、民法上の法律関係と異なる擬制により、「審判確定時の時価に相当する金額を、相続開始時に遺贈により取得したものとみなしている」ので、財産分与の審判が相続開始の時から相当の日時を経過してから出た時（法定の手続をとった場合、最短でも一三か月が必要である）は、本件のXが主張しているように、一方で財産価額が値上りによって高く評価され、そして他方で物価の値上りに応じて適用される相続税法の基礎控除が引上げられ、また税率を引下げるような改正がされている現状では、確かに不合理なことになってしまう。しかし、現行法の解釈としては、遺贈とみなされている以上は、相続開始の時に相続税の納税義務が成立すると解さざるをえないのであり、相続開始の時の相続税法が適用されるものと考える。本件の場合、相続開始の時の基礎控除額は四〇〇万円、審判確定の時は二、〇〇〇万円であるが、相続開始の時の相続税法が適用されるので、相続開始の時の低い基礎控除額が適用されることになる。しかし、本判決の判示は正当であり、Xの主張する不合理は、財産分与の審判が遅れている実情をふまえて、立法論として検討されるべき事項といえる。

5　相続税の計算と審判費用等の控除の許否

相続税の課税価格の計算では、相続財産の価額から一定の債務控除が認められている（法一三条）。その一定の債務とは、(1)被相続人の債務で相続開始の際に現に存するもの（公租公課を含む）、(2)被相続人に係る葬式費用で、相続人及び包括受遺者の負担に属する部分である。被相続人の療養看護のための入院費用等で相続開始の際に未だ支払われていなかったものは、当然に右被相続人の債務に含まれる。

本件で、Xは、財産分与の審判は、国が自ら調査して財産分与をしてくれるものではなく、財産分与の申立人において被相続人との縁故関係の内容、程度等の具体的な事情をすべて明らかにする必要があり、本件ではそのために少くとも分与額の一割を超える審判費用及び調査費用をつかっているから、これを権利の取得のために要した経費として当然に控除すべきであると主張している。しかし、判決は、財産分与に関する審判費用等は、被相続人の債務ではなく、また被相続人に係る葬式費用でもないから、債務控除の対象とならないと判示している。Xの主張しているとおり、財産分与に関する審判費用等は、財産分与を受けるために必要な経費であるといえるが、相続財産から控除されるのは、法一三条の債務、すなわち被相続人の債務及び被相続人に係る葬式費用であって、相続人及び包括受遺者の負担に属する部分に限定されているので、本判決の判示するとおり、控除にはならないと解される。先例として、東京地判昭和四九年八月二九日税資七六・三七〇、東京高判昭和五二年九月二九日税資九五・六九三は、遺言執行費用について、相続財産の中から支弁すべき相続財産に関する費用であって、法一三条所定の控除の対象となる債務には該当しないとしている（同趣旨　相続税法基本通達一三―二）。

なお、判決は、相続税法基本通達三の二―三が（判決が通達四一条の四といっているのは誤り）「相続財産の分与を受けた者が、被相続人の葬式費用等を支払った場合において、……これらの金額を相続財産から別に受けていないときは、これらの費用を控除した価額をもって、当該分与された価額として取扱う。」と定めていることについて、法一三条一項の債務控除は相続人又は包括受遺者に限定しているが、財産分与者を包括受遺者に準ずるものとして取扱うことにしたもので、右通達は控除すべき費用について相続税法の例外を定めたものでなく、またこの通達の存在を理由に、財産分与に関する審判費用を分与財産から控除すべきものとすることはできないと判示しているが、この解釈も正しいといえる。

ところで、財産分与に関して、審判の確定時の時価で財産を評価したり、財産分与のための審判費用等の控除を認めないことは、一見して特別縁故者に酷なように受取られるが、相続税の課税では多くの基礎控除を受けられるので、一概に不利益なことではないと説明がされてきている。

6　残された問題

行政法のプロパーの問題ではないが、本件で、神戸家庭裁判所は、特別縁故者の財産分与の申立てについて、AからXらに申立手続の受継を認めているが、このような受継が認められるのかどうか、これまで深く掘り下げて議論しているものは見当らない（久貴忠彦『判例特別縁故者法』二六五頁参照）。財産分与は審判の確定によってはじめて権利が形成されるので、それ迄は実体法上において権利が存在しているとはいえない。仮に権利の承継（手続の受継）が認められるとしても、特別縁故者は誰になるのか（本件でいうと、Aなのか、Aの相続人であるXらか）。本件の審判では、死亡したAを特別縁故者と扱っているようであるが、はっきりとしていない。特別縁故者の法律上の地位は行使上の一身専属権であると解されているが、申立後に申立人が死亡した場合は、その申立人の地位は相続の対象となるものと解すべきであろう。名誉侵害を理由とする慰籍料の相続について判例が採っている見解を[4]、この場合に応用できるのではないかと考える。そして、申立後に相続が起ったときは、その相続人を特別縁故者（代襲相続に準じたもの）として扱ってよいのではないかと考える。

また、現行の相続税法三条の二は、特別縁故者に対する財産分与を遺贈とみなしているが、前述のとおり、この擬制は、民法上の制度にフィットしていないばかりか、かなり不合理な面があるので、昭和三九年以前の取扱いのように、これを分り易く一時所得（所得税法三四条）とした方がよいのではないかと考える。そうすると、審判費用等も経費として控除の対象となり、また相続税額の遡及計算や修正申告の必要も生ぜず、税額の計算・申告が簡単で分り易くなるといえよう。(5)(6)

(1) 立法趣旨について、加藤一郎「民法の一部改正の解説（三・完）」ジュリスト二五一・五二、阿川清道「民法の一部を改正する法律について」法曹時報一四・四・六四。

(2) 旧所得税取扱基本通達（昭和二六年直所一―一）一五〇
相続、遺贈又は贈与に因る財産の取得は一時所得となるが、相続、遺贈又は個人からの贈与に係るものは、法六条二〇号の規定により課税されないから、これらのもののうち一時所得として所得税が課せられるのは、法人からの贈与に係るものに限られるものとする。但し、法人からの贈与に因り取得したもので相続税法の規定により個人からの贈与により取得したものとみなされるものは法六条二〇号の規定に準じ、所得税を課さないものとする。

(3) 立法趣旨について、国税庁「昭和三九年版改正税法のすべて」八二頁。

(4) 最判昭和四二年一一月一日民集二一・九・二二四九は、不法行為による慰謝料請求権は被害者が生前に請求の意思を表示していなくても相続の対象となるとしたが、最判昭和五八年一〇月六日判時一〇九九・五一は、名誉侵害を理由とする慰謝料請求権は行使上の一身専属権であり被害者が請求権を行使せず死亡した場合は相続の対象とはならないとしたうえで、被害者が右請求権を行使する意思を表示しただけで未だその具体的な金額が当事者間において客観的に確定しない間は、一身専属性を有し、その者が破産宣告を受けても、それだけではこれが金銭債権として破産財団に帰属することにならないと判示している。

(5) 岩崎・前掲ジュリスト八二九・九一は、特別縁故者への財産分与について、立法論として、相続税課税方式よりも所得税（一時所得）課税方式が民法上の制度に適合した課税方式であるとされ、みなし相続財産と扱われている死亡退職金（法三条一項二号）の取扱いと同様に、死亡後五年内に財産分与の審判があったときは遺贈とみなして相続税を課し、右期間経過後は所得税を課するのが相当ではないかと提案されている。非常に示唆に富む見解といえる。

(6) 神戸地判昭和五八年一一月一四日訟月三〇・五・八九五は、同一裁判所で、他の特別縁故者への財産分与に関して、本件判決と同じ理由で請求を棄却しているものである。

（自治研究六二巻二号、一九八六年）

36　相続財産の範囲と買主の取得した土地

名古屋高裁昭和五六年一〇月二八日判決、昭和五五年(行コ)五号
相続税更正処分取消請求控訴事件（税務訴訟資料一二一号一〇四頁）
名古屋地裁昭和五五年三月二四日判決、訟務月報二六巻五号八八三頁、
判例時報九八〇号四三頁、税務訴訟資料一一〇号六六六頁（第一審）

一　事実の概要

X（原告・控訴人）は、父Aが昭和四九年二月二八日死亡し、Xにおいてその遺産を相続したため、同年八月二〇日に相続税の課税価格を七、一七四万九、〇〇〇円とする相続税の申告をした。Xは、その後昭和五〇年七月二八日に相続税の課税価格を七、八三七万円とする修正申告を行った。右修正申告に対しY税務署長（被告・被控訴人）は、昭和五〇年八月一一日付で、課税価格を九、五〇三万円（増差税額九八〇万四、五〇〇円）とする更正処分及び加算税額四九万円とする過少申告加算税賦課決定処分をした。

Xは、右各処分を不服として異議申立て及び審査請求を行ったが、いずれも棄却された。そこで、Xは、右各処分の取消しを求めて本訴を提起した。

本件は、二筆の土地（以下「本件土地」という）に関する相続税法上の取扱いが問題となったものである。

昭和四九年一月三〇日、AはB会社から本件土地を代金一、九一六万四、〇〇〇円で買受ける契約を締結し、同日手付金二〇〇万円をB会社に支払った。

同年二月一三日、Aは農業委員会に対し、本件土地につき農地の所有権移転に関する農地法三条による許可の申請

をし、同年三月七日付で、Aに対し右許可の通知があった。

しかし、Aは、右許可前の同年二月二八日に死亡していたので、同年三月一一日に、Xより農業委員会に対し右許可の取消願が出された。

同年三月一六日、Xは、右契約による残代金を全額B会社に支払い、同月一八日にB会社が本件土地について有していた所有権移転請求権を取得し、右仮登記の移転登記を経由した。

同年四月一一日、Xは、改めて本件土地について農地法三条による許可を申請し、同年五月八日付で、農業委員会より右許可の通知があった。

同年五月二〇日、Xは、本件土地の登記簿上の所有名義人であったCから所有権移転登記を経由した。

ところで、Xは、本件修正申告において、本件土地を相続税の課税価格に含め、「相続税財産評価に関する基本通達」（以下「評価通達」という）に従い、本件土地の価格を二九九万一、三六〇円と算定し、また本件土地に係る債務、すなわち本件土地の残代金支払債務一、七一六万四、〇〇〇円及び未払仲介手数料債務四八万七、四七〇円、合計一、七六五万一、四七〇円を債務として控除し、本訴では、仮に本件土地が相続財産に含まれないとしても、B会社に対する本件土地の所有権移転請求権が相続財産に含まれ、土地の評価に準じて評価すべきであるから、結局本件修正申告は正しいものであると主張した。これに対し、本件処分は、本件土地はXの相続財産に含まれないとの立場に立ち、本件土地の評価額二九九万一、三六〇円に相当する金額を減額するとともに、本件土地に関する債務一、七六五万一、四七〇円、手付金額二〇〇万円に相当する金額を加算した（この結果、課税価額は一、六六六万〇、一一〇円）。また、Y税務署長は、本訴において、仮に本件土地の所有権移転請求権等が相続財産に含まれるとしても、当該請求権等は本件土地の取得価額に一致するとみられるから、本件処分の課税価額と結局同額となり、本件処分に違法はないと主張した。

二　一審判決の判旨

Xの請求を棄却。

1　農地の所有権移転を目的とする法律行為については、当事者において農地法三条所定の許可を受けない限り、農地は所有権移転の効力が生じないのであるから（同法三条四項）、相続開始前に被相続人が農地の買受契約を締結していたとしても、その生存中に当該農地の所有権移転について右許可を受けていない限り、当該農地は被相続人の所有とはならず、従って、相続税の課税の対象となる財産とはなり得ないものというべきである。

2　農地所有権の移転には、農地法三条所定の許可を要するが、許可を得ていない段階においても、農地の売買契約自体はもとより契約として有効であり、売買契約の成立と同時に、買主は売主に対し、債権的請求権としての所有権移転請求権、所有権移転登記手続請求権、所有権移転許可申請協力請求権を取得し、一方特段の事由の存しない限り、右契約の成立と同時に代金支払義務を負担するに至るものと解するのが相当である。

……しかして、本件相続により原告が取得した債権的請求権としての前記所有権移転請求権等の価格については、何ら特別の定めがないので、右各請求権の価額は相続開始時の時価によることになるのであるが、右時価は、当該土地の取得価額が通常の取引価額に比して著しく高額であるとか、もしくは低額であるとかの特段の事情がない限り、右取得価額に一致すると解するのが相当である。

三　控訴審判決の判旨

控訴棄却。

控訴審判は、一審判決の理由説示の全部を引用しており、新しく判断を付加している点はない。

四　解　説

1　農地法三条所定の許可前に相続が開始した場合と相続財産

農地は、農地法三条所定の許可（同趣旨の規定、同法五条）を受けない限り、所有権移転の効力が生じないので、相続開始前に被相続人が農地の買受契約を締結していたとしても、その生存中に当該農地の所有権移転について右許可を受けていない限り、当該農地は被相続人の所有とならず、従って当該農地自体は相続税の課税財産とはならない。

ところで、農地法三条所定の許可前に相続が開始した場合も、農地の売買契約は契約として有効であり、契約の成立と同時に、買主は売主に対し、債権としての所有権移転請求権、所有権移転許可申請協力請求権等の債権（以上これらの債権を「所有権移転請求権等」という）を取得するので、この所有権移転請求権等の債権が相続税の課税財産ということになる。この点は、本判決でも判断が示されているところであり、同趣旨の判決として、東京高裁昭和五五年五月二一日判決・判時九九〇・一八五（確定。注）がある。

2　財産の評価と「評価通達」の位置づけ

相続税法は、相続財産の評価について、原則として、「相続又は遺贈により取得した財産の評価は、当該財産の取得の時における時価による」（同法二二）と定め、時価主義によることを明らかにしている。そして、課税の実務では、財産の評価がまちまちにならないように、「評価通達」が制定されていて、これに従って税務が行われているが、この評価通達によると、「財産の価額は、時価によるものとし、時価とは、課税時期（相続、遺贈に因り財産を取得した日をいう）において、それぞれの財産の現況に応じ、不特定多数の当事者間で自由な取引が行われる場合に通常成立すると認められる価額をいい、その価額は、この通達の定めによって評価した価額による」（同通達一(2)）、また「この通達に定めのない財産の評価は、この通達に定める評価方法に準じて評価する」（同通達五）と定めている。つまり、実務では、時価とは、通達によって評価した価額によるとしているのである。

今まで述べてきたように、相続財産の評価について、相続税法は、時価主義を採用しているのであるが、具体的に時価をいくらと評価するかということになると簡単ではなく、取引市場がない不動産の場合、仮に売買実例があっても個別的な特殊事情がからんでいることが多いので、課税の実務では、評価がまちまちにならないように評価通達を制定し、時価は評価通達によって評価した価額によるとしているものといえる。それで、この評価通達の定める基準は、時価を上回るものでない限り、行政先例法として法的拘束力をもっと位置づけることができると考えられる（山田・税事一三・三・一七）。もちろん、一般に、通達は納税義務に関する法源ではないが、通達が基本通達として体系化した形で示され、その公定解釈・運用が定着し、納税者にとって有利な内容である場合には、行政先例法としての効力を認めることができよう。

もっとも、この種の訴訟において、課税庁側は、「評価通達上の評価額は、相続財産について想定される取引価額を意味するにすぎないのであって、課税物件が現に取引の対象となっている場合にまでその評価方法によるのは合理的ではない。課税物件が取引の対象となっている場合には、その取引価額によることが相続財産の評価方法として合理的であり、相続税法二二条の時価の解釈に合致する。」という主張をしており、本件の一審判決も、「評価通達は一般的基準を示したものであって、それは絶対的なものではなく、他の方法により、より適確な時価を把握できる場合には、その方法によるのが相当である。」旨述べている（同趣旨、品川・税通三五・一二・二〇二）。売買実例があればこれを利用すべきであるとするもの、名古屋高判昭和五〇年一一月一七日税資八三・五二二、東京高判昭和四八年三月一二日税資六九・六三四）。しかし、私は、評価通達の位置づけ、租税負担の公平等から考えて、右課税庁の見解には疑問をもつ。

3　所有権移転請求権等という債権の評価

所有権移転請求権等という債権の評価基準については、相続税法にもまた評価通達にも何ら定めがない。

本判決は、何ら定めがないので、相続税法の定めている原則にかえって、右債権の価額は相続開始時における時価によるべきものとし、右時価は、特段の事情がない限り、右取得価額（買受代金と仲介手数料の合計額）に一致すると解している。また、同種のケースである前掲東京高裁昭和五五年五月二一日判決も、全く同じ評価方法を採っている。

しかし、前述したとおり、相続税法は、財産の評価について時価主義を採用しているが、課税の実務では時価の算定について評価通達が制定されており、評価通達の定める基準が行政先例法として法的拘束力を持つと位置づけることができるとすると、時価について評価の基準となるのは、相続税法にいう時価（個別の取引価額）ではなく、評価通達の示す基準であるというべきである。

しかも、評価通達では、「この通達に評価方法の定めのない財産の評価は、この通達に定める評価方法に準じて評価する」（同通達五）と定めているので、さしずめ農地の所有権移転請求権という債権の評価は、当該農地の評価方法に準じて評価するという手法をとるのが相当である。そして、農地の評価基準は、個別の時価ではなく、評価通達にいう時価であると考えると（同趣旨、清永「本件一審判決の判例批評」判評二六七・一五四）、本件農地の場合、通達による評価額は、時価（取得価額）の実に一五・六%にすぎないことになる。

4　余剰債務と債務控除の可否

前掲東京高裁昭和五五年五月二一日のケースは、相続開始前に被相続人が売買代金の全額を支払済であったが、本件のケースは、被相続人において相当多額の代金支払債務を残していたものである。

相続財産の計算は、被相続人の債務で相続開始の際に現に存在するものは、積極財産から債務控除をすることになっているので（相続税法一三）、本件の場合も、一応、残代金債務は債務控除の対象となるといえる。

しかし、一方で所有権移転請求権等の債権が評価通達に準じて安く評価されるのに、残代金債務が額面どおりの金額で債務控除となり、そこに余剰債務控除額が発生するというのは全く不合理なことである。

本判決のように、所有権移転請求権等を時価（取得価額）で評価するのであれば、時価と債務額とが対立するだけであって、余剰債務が生じることはない。

本件債権を評価通達によって安く評価すると、それと直接関連する代金等債務の評価をその額面金額によって行うことの可否が問題となる。

私は、このような不合理なことが起るとしても、やはり、本件土地を目的とする債権の評価は、評価通達により、土地の評価に準じて算定すべきであり、他方、代金債務はこれに応じて（残代金を比率計算して）低く評価をすべきであり、余剰債務の債務控除は認めるべきものではないと考える。そうすると、結局、結論としては本判決と同じことになるが、評価通達の位置づけについて、私は本判決と異なる見解をとるものである。

なお、本件で問題となったのは、残代金債務の債務控除であるが、借金をして土地を取得し借入金債務が債務控除の対象となった場合も、安く評価された特定の積極財産と直接関連する債務については、さきに述べた代金債務と同様に、その積極財産に応じて低く評価すべきものと考える（同趣旨、清永・前掲批評一五五頁）。

5　売渡農地につき農地法三条の許可前に相続が開始した場合の相続財産とその評価

本件と逆に、農地の売渡契約が締結された後、許可前に売主が死亡した場合に、相続税の課税財産は農地の所有権か、それとも売買代金債権かが争われた事例（第一審・東京地判昭和五三年九月二七日訟月二五・二・五一三、控訴審・東京高判昭和五六年一月二八日訟月二七・五・九八五――最判昭和六一年一二月五日訟月三三・八・二一四九）がある。

一審判決は、所有農地を売却して代金の相当部分を受領し、農地法五条一項三号所定の届出が受理されている等の事実があった後、右代金が完済される前に売主が死亡して相続が開始した場合について、売買当事者間で所有権の移転時期を代金完済の時とする旨の特約があったものと推認し、代金完済の時が右売主の死亡後にあたっていたことから、当該農地は相続財産に含まれ、受け取った代金は単なる預り金であり、受け取った代金は相続財産に属しないと判示し、更正処分を取り消している。

これに対し、控訴審判決は、当該農地が相続財産に含まれることについては一審と同様の判断を示したが、相続開始時における土地の評価額が取引価額によって具体的に明らかになっており、しかも被相続人もしくは相続人が相続に近接した時期に取引代金の全額を取得しているような場合においては、その取引価額が客観的にも相当であり、しかもそれが評価通達による路線価額との間に著しい格差が生じているときには、右通達の基準により評価することは相続税法二二条の注意に照らし合理的ではなく、その時価については売買代金と同額と評価すべきであるとし、原判決を取消し更正処分を正当として支持している。

本件と逆の場合についても、本件と同様に、まず相続財産は何かが問題となり、農地法三条、五条の解釈、所有権の移転時期に照して、農地自体を相続財産と考えることになるが、この場合、相続に近接した時期に代金を受領しているような事情があっても、農地が相続財産である以上、評価通達によって農地としての評価をするのが正しいのではないかと考える。そして、受領している代金は単に預り金として課税財産に含めるべきではないと考える。

私は、本件と逆の場合についても、前記一審判決を支持したいと考えているが、見解の相違点は、要するに、評価通達をどのように位置づけるか、どちらの考え方が課税の公平に適わしいかということに由来している。

（注）この事件で、課税庁側は、第一審で、被相続人の前渡金返還請求権が相続財産であると主張し、その理由として、物の所有権が移転する前に手付金あるいは売買代金を支払うと、簿記会計上は前渡金として資産勘定に計上されるので、この簿記会計上の原理に立脚して前渡金返還請求権即相続財産であると主張したが、判決は、相続開始前に契約が解除された事実がないので前渡金返還請求権の存在は認められないと、右主張を排斥している。

本文に掲げたほか、参考文献として、
佐藤・税務弘報二九巻三号一五八頁（本件の一審判決の批評）
高橋・昭和五五年行政関係判例解説（行政判例研究会編）二九三頁
碓井・判例評論二八〇号一一頁
岩崎・ジュリスト七五一号一二〇頁

（税経通信三九巻一五号、一九八四年）

37　財産分与としての資産の譲渡と譲渡所得課税

最高裁第一小法廷昭和五三年二月一六日判決、昭和五一年(行ツ)二七号
所得税更正決定取消等請求事件
判例タイムズ三六三号一八三頁

【参照条文】
所得税法三三条一項・三六条一、二項、所得税法（昭和四四年法律第一四号による改正前のもの）三三条三項
【参照判例・評釈】
最高三小判昭和五〇年五月二七日民集二九・五・六四一――浅沼・民商七七・二・一一四、佐藤・判評二〇二・二八、大塚・税理一九・四・一七〇、伊藤・税弘二三・一〇・一二六、一杉・税事九・四・二三、石井・ジュリ五九五・七五、横山ほか・税事七・一二・一一、一杉・税通三三・一四・一二七
一審判決に対する評釈として――樋口・税理一七・四・一三五、広瀬・税事五・三・二四、脇田・法民八九・四〇、堺沢・税通二八・八・一九七
二審判決に対する評釈として――河合・税理一九・一四・一一七
【参考文献】
金子「所得税とキャピタル・ゲイン」租税法研究三号四〇頁―同・租税法一七一頁、吉良「財産分与の課税問題(1)〜(3)」税法学三二九号、三三一号、三三二号、三三三号、石島「財産分与の譲渡所得課税について」税法学三二八号一四頁

一　事案の概要

X女とA男は夫婦であったが、昭和三七年四月六日調停離婚し、財産分与は別途に審判によることにしていたが、

昭和四〇年一二月二五日財産分与について次の内容の調停が成立した。
1　Xは甲建物が当初からAの所有であることを確認する。
2　AはXに対し慰謝料として金六〇〇万円の支払義務を認める。
3　財産分与としてXはAに対して不動産（本件土地建物）を譲渡する。
XはAに対し右財産分与に関する調停の履行として、X所有名義の本件不動産にAを譲渡したが、本件不動産の譲渡については申告の対象としないで昭和四二年三月一五日確定申告をしたところ、Y税務署長は、昭和四二年一〇月三〇日付で本件不動産の譲渡は所得税法三三条一項にいう「資産の譲渡」にあたりXに譲渡所得が発生しているとして、Xの所得税について更正処分及び過少申告加算税賦課決定をした。

本件は、Xが右更正処分及び過少申告加算税賦課決定の取消しを求めた訴訟であり、Xは右更正処分等の取消事由として、(イ)本件不動産はXとAとの共有財産であったものであり、右財産分与は共有財産の分割にほかならないから、右「資産の譲渡」にあたらない。(ロ)財産分与としてされた資産の譲渡を譲渡所得課税の対象とすることは、租税負担公平の原則に反し、また、憲法二四条二項（両性の平等原則）に違反する等と主張した。

第一、二審とも、(イ)本件不動産は名実ともにXの特有財産であると認められるから、財産分与としてされた本件不動産の譲渡は右「資産の譲渡」にあたる、(ロ)財産分与としてされた資産の譲渡を譲渡所得課税の対象としても、租税負担公平の原則に反しないし、憲法二四条二項にも違反しない、としてXの請求の棄却した。

二　判旨

上告棄却。
1　夫婦の一方が婚姻中自己の名で得た財産はその特有財産とすると定める民法七六二条一項が憲法二四条に違反するものでないことは、当裁判所の判例（最高裁昭和三四年(オ)第一一九三号同三六年九月六日大法廷判決・民集一五・

八・二〇四七）とするところである。そうして、本件不動産が名実ともに上告人の所有に属するもので、その特有財産であったとする原審の認定判断は、原判決の挙示する証拠関係及びその説示に照らし、正当として是認することができる。

2　所得税法三三条一項にいう「資産の譲渡」とは有償無償を問わず資産を移転させるいっさいの行為をいうものであり、夫婦の一方の特有財産である資産を財産分与として他方に譲渡することが右「資産の譲渡」にあたり、譲渡所得を生ずるものであることは、当裁判所の判例（最高裁昭和四七年(行ツ)四号、同五〇年五月二七日第三小法廷判決・民集二九・五・六四一）とするところである。

三　解　説

1　従来の判例と本判決の位置づけ

離婚に伴う財産分与として不動産が譲渡された場合に譲渡所得が生ずることについては、この判決にも引用されているように、さきに最高裁昭和五〇年五月二七日第三小法廷判決（以下、昭和五〇年事件という）が出ている。本判決は、第一小法廷が右三小法廷判決を踏襲したものであり、新判例ではないのであるが、この種の問題について最高裁判決として定着するに至ったものとみることができる。

判示には賛成であるが、この種の事案には掘り下げて検討を加えておくべきことが含まれているので、あらためて問題点を整理しながら本件判決の解説を進めることにしたい。

2　民法上の夫婦財産関係と税法上の夫婦財産関係

民法は、夫婦財産関係について、夫婦財産契約を結んだ場合を除き、法定財産制として共有制を採用せず、別産制を採り入れ、同法七六二条一項は、「夫婦の一方が婚姻中に自己の名で取得したものはすべてその特有財産とする。」

と定めている。それで、わが国では、婚姻中に夫婦の一方が財産を取得するのに、他方がどのように蔭で貢献（内助）をしたとしても、原則として共有となるものでなく、民法上においては持分ということを考えることはできないといえよう。

夫婦財産にかかる課税問題についても、税法の中に特別の規定がない限り、民法上の夫婦財産関係に基づいて税法上の課税要件の充足の有無を判定するのが建前とされている（このことを、講学上、税法における私法の借用概念と呼んでいる）。

もっとも、民法が別産制をとっていても、税法上では実質主義から妻の持分を認めるべきだという意見がある、[1]このことが本件を通じて判例として明確に解明されることが望ましかったのであるが、上告理由の構成が十分でなかったため、問題点がボケてしまったのは惜しまれることである。しかし、税法に特に規定が設けられていない現状では、いかに内助の功が認められても、民法の別産制に従って夫婦財産の課税関係を考えるべきであるというのが通説である。

3　夫婦間の内助と憲法二四条二項

夫婦間に内助があるとき、所得を分割して課税すべきことを主張したケースについて、最高裁大法廷昭和三六年九月六日判決・民集一五・八・二〇四七は、「所得税法が生計を一にする夫婦の所得の計算について、民法七六二条一項によるいわゆる別産主義に依拠しているものであるとしても、同条項は憲法に違反するものでない。」と判示し、また、その下級審が「夫婦の所得の認定について民法七六二条一項所定の別産主義に依拠する現行所得税法の下においては、夫名義で取得された給与、事業所得は、たとえその取得にあたり妻の協力があり、またその協力の度合が半額程度の評価をなしうる場合であっても、すべて夫の所得とみなされ、夫婦各自に二分して帰属するものではなく、またその共有として取り扱われるものではない。」と判断したのを是認している。

夫婦財産制として別産制をとり、婚姻中に取得した財産の帰属について内助の功を課税上で考慮しなくても、憲法二四条二項にいう夫婦の平等原則に違反しないことは、右最高裁判決にいうとおりであろう。租税制度として、夫婦の協力によって取得した財産をどのように課税するのが適当であるかは、課税単位の問題として扱われていることであり、(2)特に我が国のように累進課税が採り入れられている場合には、二分二乗方式の導入の是非を含めて、かねてから議論が展開されていることである。

4　財産分与と譲渡所得の発生

離婚に伴う財産分与は、慰謝料、離婚後の扶養、夫婦財産の清算等の単一目的、あるいは複合目的で支払われるのであって、その性質はケースごとに異なるものである。離婚継続中に取得した財産が夫婦の共有財産であり、離婚に伴い共有財産の分割が行われるときは、そこに譲渡所得課税のモメントとなる「資産の譲渡」(所得税法三三条一項)は存在しないから、右の課税問題は生じない。また、慰藉料、扶養料の支払い目的で、金銭の支払いを代えて(代物弁済として)資産が譲渡される場合、それが有償あるいは無償の譲渡であるかどうかはしばらく措くとして(この点は次項で検討する)、資産の所有権の移転があるので、譲渡所得課税の対象となることに別に問題はない。問題となるのは、財産分与が夫婦財産の清算の意味でなされる場合である。つまり、さきに述べたように、民法は夫婦の法定財産制度として別産制を導入しているので、婚姻中に夫または妻が自己の名で得た財産は夫または妻の特有財産となるのであるが(民法七六二条一項)、名義は一方に属していても、婚姻中に夫婦の協力によって取得された財産で、実質的共有財産(あるいは対内的共有財産といってもよい)とみられるものが離婚に伴い清算された場合、そこに譲渡所得課税の対象となる「資産の譲渡」が存するか否かというのが、まさに財産分与の課税をめぐる難問題である(後にふれるように、相続税に関しても、実質的共有財産とみられるものを相続財産に含めるべきかという同じ問題がある)。

本件及びさきの最判昭和五〇年五月二七日の事例で、判決は係争資産が夫婦の一方の特有財産であることを議論の出発点としているが、実は、特有財産であるのか、特有財産であるとしても実質的共有財産（ないしその清算）とみる余地はないのかということが、本件のようなケースではまさに検討を要する問題である。そういう意味で、本件の難しさは、税法レベルの問題というよりも、税法の定める課税要件事実である民法上の法律効果の有無の問題、すなわち、夫婦別産制のもとで、実質的共有財産を認めうるか否かの問題といえる。

5　財産分与に供される資産の種類・態様と課税の異同

本件で、上告人は、上告理由の中で、金銭その他の動産で財産分与をした場合には課税されないのに、不動産の場合に課税されるというのは誠に不可解なことであると主張している。

この点、判決では応答をしていないが、所得税法は「資産の譲渡による所得」を譲渡所得課税の対象として捉え（同法三三条一項）、資産の種類を問わないのであるが、譲渡所得課税の本質について、最高裁判決はつとに増加益清算説を採り(3)、譲渡所得課税は、所有期間中の資産の値上り益を、譲渡に際し清算して課税するものであるとの解釈を示しているので、不動産や値上り益を生ずる動産（但し、株式については一定の範囲で非課税所得とする特例がおかれている。同法九条一一号）以外は、課税の対象とはならない。資産の種類によって課税に異同が生ずるのは、譲渡所得課税の本質論に基因することである。また、譲渡所得課税の本質を、値上がり益を清算して課税するものであると解すると、譲渡の際の有償無償を問わないことになる。もっとも、昭和四八年法律第八号による所得税法の改正で、個人に対する資産の無償譲渡の場合は、譲渡所得課税の対象から外すことに改められたので（同法五九条一項二号）、財産分与の場合も、有償譲渡の場合だけが譲渡所得課税の対象となる。

6　財産分与による資産の移転とその有償性

さきの最判昭和五〇年七月二七日は、財産分与の有償性について、「財産分与の権利義務は、離婚の成立によって発生し、その内容は当事者の協議等によって具体的に確定され、これに従い金銭の支払い、不動産の譲渡等の分与の義務が完了すれば、右財産分与の義務は消滅するが、この分与義務の消滅は、それ自体一つの経済的利益ということができる。したがって、財産分与として不動産等の資産を譲渡した場合、分与者は、これによって、分与義務の消滅という経済的利益を享受したものというべきである。」とする。

財産分与が、さきに触れたように慰謝料あるいは扶養料の支払いであるとき、資産の譲渡による分与義務の消滅が有償性を有することは明白であるが、この場合のほか、夫婦財産の清算である場合も、同じように分与者が分与義務の消滅という経済的利益を享受し、分与が有償性を有するものと解することができるか。見解の分かれるところであろう。本件は、昭和四八年の所得税法の改正前のケースで、有償無償を問わず資産の譲渡が認められるかぎり譲渡所得課税の対象とした時期のものであるが、現行法のもとでは、有償による財産分与のみが対象となるので、財産分与の有償性があらためて問われることになる。私は、財産分与が夫婦財産の清算の性質をもっているときは、その範囲内において、そこにはなんら経済的利益の享受を伴っているとはいえないから、有償であるとは解しえず、現行法のもとでは譲渡所得課税の対象外になるものと考えている。

7　ま　と　め

財産分与に関する譲渡所得課税の問題の複雑さは、税法の解釈適用にあるのではなく、むしろ、民法上における夫婦財産の帰属の認定等にあるといえる。すなわち、夫婦が婚姻中にその協力によって取得した財産が特有財産かそれとも共有財産か、離婚に伴う財産分与が特有財産の譲渡（所有権の移転）か、それとも共有財産の分割であるのか。また、財産分与としての資産の譲渡が有償か無償かが問題とされるのである。

昭和五〇年事件は、医師である夫が婚姻中に夫の名で取得した分譲住宅を、調停離婚（婚姻期間約一〇年）に伴う慰謝料ならびに将来の扶養を目的とする財産分与として夫から妻へ譲渡したもので、判決はこれを夫の特有財産の財産分与（慰謝料、扶養料の支払いに代える代物弁済で、有償の財産分与）と認定しているケースである。

また、本件は、妻が高級麻雀クラブを主宰し、夫は遊び人で、調停離婚にあたり財産分与として婚姻中に妻名義で取得した土地建物を財産分与（その性質は、判決分から明確でないが、上告理由では、上告人である妻は、潜在的持分の顕在化であり、法的には共有財産の分割であると主張している）として妻から夫へ譲渡したもので、判決は、妻の特有財産の譲渡と認定している。いずれも判決の認定は相当であるといえるケースであるが、財産分与のなかに夫婦財産の清算という意味が含まれているとき、これを譲渡所得課税にあたってどうキャッチすればよいか、類似の最高裁判決にもかかわらずなお問題は今後に残されているように考えられる。

夫婦財産の課税問題は、離婚に伴う財産分与のみでなく、相続税、贈与税についても生ずる。相続税、贈与税の規定等からみると、離婚中に夫婦の協力によって得た財産であっても原則として特有財産あるいは相続財産であるという理解に立って、種々の軽減措置が設けられているようで、財産分与に伴う譲渡所得課税にあたって夫婦の実質的共有財産を余り広く認めることは、税法全体の解釈に整合性を欠くことにもなりかねない。このことは留意しなければならないことであろう。

（1）　昭和四六年三月二〇日の参議院予算委員会で、参考人として出席された我妻栄東大名誉教授は、妻の座の法的評価に関して、「……民法が別産制をとっているから、税制も実質主義をとれないというのはおかしい。民法はこれを禁止していない。民法が改められないと税もかえられないというのは、民法の立場からすると迷惑な話だ。」と述べておられる（昭和四六年三月二一日朝日新聞）。

（2）　金子＝肥後「課税単位を中心とする欧米税制調査報告書」大蔵省主税局「欧米税制調査報告書集」（昭和五〇年三月）、金子「所得税の課税単位の研究」田中二郎先生古稀記念論文集「公法の理論」中七〇五頁。

（3）　最高一小判昭和四三年一〇月三一日税資五三・七九九、最高三小判昭和四七年一二月二六日民集二六・一〇・二〇八三。

（判例タイムズ三七〇号、一九七九年）

38　協議離婚に伴う財産分与契約において分与者側に譲渡所得税の負担がないという錯誤と財産分与契約の効力

最高裁第一小法廷平成元年九月一四日判決、昭和六三年(オ)三八五号
建物所有権移転登記抹消登記手続請求事件――破棄差戻
判例時報一三三六号九三頁
東京地裁昭和六二年七月二七日判決（第一審）
東京高裁昭和六二年一二月二三日判決、判例時報一二六五号八三頁（第二審）

一　事実の概要

Xは、昭和三六年六月一五日Yと結婚し、二男一女ができ、東京都新宿区市谷砂土原町所在の建物（以下「本件建物」という）に居住していたが、勤務先銀行の部下職員と親しくなったことなどから、Yが離婚を決意し、昭和五九年一一月Xに離婚の申入れをした。

Xは職業上の身分を失うことを懸念して離婚に応ずることにしたが、Yは、本件建物に残って子供を育てたいと離婚条件を提示した。

そこで、Xは、右女子職員と結婚して裸一貫から出直すことを決意し、Yの意向にそう趣旨で、いずれも自己の特有財産に属する本件建物、その敷地（約七〇〇平方米）及び右地上の賃貸建物（以下「本件不動産」という。時価八億円相当）の全部を財産分与としてYに譲渡する旨約束し（以下「本件財産分与契約」という）、その旨を記載した離婚協議書及び離婚届に署名捺印して、その届出手続及び財産分与に伴う登記手続をYに委任した。

Yは、右委任に基づき、昭和五九年一一月二四日離婚の届出をするとともに、同月二九日本件不動産について財産分与を原因とする所有権移転登記を経由し、Xは、その後本件不動産から退去して右女子職員と結婚し一男をもった。

本件財産分与契約の際、Xは、財産分与を受けるYに課税されることを心配してこれを気遣う発言をしたが、Xに課税されることは話題にならなかったところ、離婚後、Xが自己に課税されることを上司の指摘によって初めて知り、税理士の試算によりその額が二億二、二二四万円であることが判明した。

Xは、本件財産分与契約の際、これにより自己に譲渡所得が課されないことを合意の動機として表示したものであり、二億円を超える課税がされることを知っていたならば右意思表示はしなかったから、右契約は要素の錯誤により無効である旨を主張して、Yに対し、本件不動産のうち、本件建物につき所有権移転登記の抹消登記手続を求めた。

Yは、これを争い、仮に要素の錯誤があったとしても、Xの職業、経験、右契約後の経緯等からすれば重大な錯誤がある旨の主張をした。

一審・東京地裁昭和六二年七月二七日判決は、錯誤の主張を認めず、二審東京高裁昭和六二年一二月二三日判決も、同様に次のような理由で錯誤の主張を認めず、Xの主張を退けた。

「離婚に伴う財産分与として夫婦の一方が他方に対してする不動産の譲渡が譲渡所得税の対象となることは判例上確定した解釈であるところ、分与者が、分与に伴い自己に課税されることを知らなかったため、財産分与契約において課税につき特段の配慮をせず、その負担においての条項を設けなかったからといって、かかる法律上の負担を予期しえなかったことを理由に要素の錯誤を肯定することはできない。

本件において、Xが本件不動産を分与した場合に前記のように高額の租税債務の負担があることをあらかじめ知っていたならば、本件財産分与契約とは異なる内容の財産分与契約をしたこともあり得たと推測されるが、右課税の点については、Xの動機に錯誤があるに過ぎず、Xに対する課税の有無は当事者間においては全く話題にならなかったのであって、右課税のないことが契約成立の前提とされ、Xにおいてこれを合意の動機として表示したものとはいえないから、Xの錯誤の主張は失当である」。
Xは、この二審判決を不服として上告した。

二　判決要旨

破棄差戻。

意思表示の動機の錯誤が法律行為の要素の錯誤としてその無効をきたすためには、その動機が相手方に表示されて法律行為の内容となり、もし錯誤がなかったならば表意者がその意思表示をしなかったであろうと認められる場合であることを要するところ、右動機が黙示的に表示されているときであっても、これが法律行為の内容となることを妨げるものではない。

本件についてこれをみると、所得税法三三条一項にいう「資産の譲渡」とは、有償無償を問わず資産を移転する一切の行為をいうものであり、……離婚に伴う財産分与として夫婦の一方がその特有財産である不動産を他方に譲渡した場合には、分与者に譲渡所得が生じたものと課税されることになる。したがって、前示事実関係からすると、本件財産分与の際、少なくともXにおいて右の点を誤解していたものというほかないが、Xは、その際、財産分与を受けるYに課税されることを心配してこれを気遣う発言をしたというのであり、記録によれば、Yも、自己に課税されるものと理解していたことが窺われる。そうすれば、Xにおいて、右財産分与に伴う課税の点を重視していたのみならず、他に特段の事情がない限り、自己に課税されないことを当然の前提とし、かつ、その旨を黙示的に表示していたものといわざるえない。そして、前示のとおり、本件財産分与契約の目的物はXらが居住していた本件建物を含む本件不動産の全部であり、これに伴う課税も極めて高額にのぼるから、Xとすれば、前示の錯誤がなければ本件財産分与契約の意思表示をしなかったものと認める余地が十分にあるというべきである。Xに課税されることが両者間で話題にならなかったとの事実も、Xに課税されないことが明示的に表示されなかったとの主旨に解されるにとどまり、直ちに右判断の妨げとなるものではない。

以上によれば、右の点についての認定判断をすることなく、Xの錯誤の主張を失当であるとして本訴請求を棄却すべきものとした原判決は、民法九五条の解釈適用を誤り、ひいて審理不尽、理由不備の違法を犯すものというべく、右違法が判決に影響を及ぼすことは明らかであるから、この点をいう論旨は理由があり、原判決は破棄を免れない。そして、本件について、要素の錯誤の成否、Xの重大な過失の有無等について更に審理を尽くさせる必要があるから、本件を原審に差し戻すこととする」。

判示に賛成。

三　研　究

1　税法の錯誤と契約の無効

民法九五条は、法律行為の要素に錯誤があったときは、無効としている。財産分与契約も、もちろん法律行為の一種であるから、要素に錯誤があったときは無効となる。錯誤とは、表示の内容と内心とが一致しないことを表意者（行為者）自身が知らないことであり、錯誤が無効となるのは要素に錯誤があった場合に限定されている。要素とは、意思表示の内容の中で重要な部分のことであり、単に表意者自身にとって重要であるだけでなく、一般人にとっても重要であることを要すると解釈されている（大判大正三年一二月一五日民録二〇・一一〇一など）。何が重要な部分に関する錯誤となるかについてこれまで沢山の判例が集積されているが、法律の錯誤は、一般には、要素の錯誤にはならないと考えられてきている。例えば、所有者でない者を所有者と誤信して、売買・賃貸借などをする場合（大判昭和三年七月一一日民集七・五五九）、ある者が相続放棄をした結果、他の相続人の相続税が予期に反して多額に上ったという場合（最判昭和三〇年九月三〇日民集九・一〇・一四九一など）、要素の錯誤に当らないと解されている。

本件最判は特にこの点に触れていないが、原審は、財産分与による不動産の譲渡について、分与者が自己に課税されることを予期しなかったとしても要素の錯誤とならないと解している。これは従来の判例、学説の通説を踏襲しているものといえる。

2 動機の錯誤と契約の無効

動機の錯誤（よく引用されている例は、駄馬を受胎している良馬と誤信して買う）にすぎないものは、内心の形成にあたって錯誤を生じたもので、表示と内心との間に不一致がないので、錯誤とはいえないとしている。しかし、判例・通説とも、表示された動機は法律行為の内容となり、表示された動機の錯誤は、要素の錯誤となるとしている（最判昭和二九年一一月二六日民集八・一一・二〇八七、最判昭和四五年五月二九日裁判集民九九・二七三など）。そして、判例は、動機が明示されず、黙示的に表示されているときであっても、法律行為の内容となることを妨げないとしている。

動機が黙示的に表示されているかどうかは、明確でないことが多く、本件でも、この点がまさに原審と最高裁とで認定が分かれることになっている。認定の違いは、結論の妥当性が大きな原因となっているように思われる。

大判昭和一〇年一月二九日民集一四・一八三は、心中予期した品質と実際の品質とに甚しい差異があり、取引の目的物自体に関して内心と表示とが不一致を来した場合に、その意思表示を無効としているが、この先例も、動機の表示をかなり緩やかに認定しているものといえる。

3 本判決の位置づけ

夫婦の一方の特有財産である資産を財産分与として他方に譲渡することが、所得税法三三条一項にいう「資産の譲渡」に当たり、譲渡所得を生ずることは、既に最高裁の判決もいくつか出ており（最判昭和五〇年五月二七日民集二九・五・六四一、最判昭和五三年二月一六日裁判集民一二三・七一）、この点については、異論のないところである。

しかし、離婚に伴う財産分与として夫婦の一方が不動産を他に譲渡した場合、その財産分与は、(イ)結婚後に作った財産（一方の名で取得した財産でも、内助の功が寄与している物も含まれよう。また夫婦の協力があって減さずに維持できた財産も含む）の分割の意味の清算、(ロ)慰謝料、(ハ)離婚後の扶養料の諸要素が複合しており、そのウエイトもケース毎に異なっているので、簡単に夫婦の一方の特有財産の譲渡といえる場合は少ない（民法七六八条。最判昭和五三年一一月一四日民集三二・八・一五二九など）。

そして、前掲最判昭和五〇年五月二七日によると、財産分与として不動産等を譲渡した場合は、分与者は、分与義務の消滅という経済的利益を享受したことになり、消滅した経済的利益が譲渡所得の計算上収入金額となるとしている。結婚生活が長かった夫婦の財産分与では、夫婦財産の清算（分割）の要素を大なり小なり含まれているので、判決のいうように単純に夫婦の一方の特有財産の譲渡といえる場合はすくなく、従って消滅した分与義務を単純に収入金額とすることができる事例は少ないといえよう。(注)

このことはさておき、本件事例について、最判は、Xは、本件財産分与契約の際、少なくとも分与者に譲渡所得が生じたものとして課税されることを誤解していたものであり、その際に、財産分与を受けるYに課税されることを心配してこれを気遣う発言をしており、Yも自己に課税されるものと理解していたので、Xにおいて、財産分与に伴う課税の点を重視していたのみならず、自己に課税されないことを当然の前提とし、かつ、その旨を黙示的に表示していたものといわざるをえないという。本件財産分与契約の目的物はXらが居住していた本件建物を含む本件不動産の全部であり、課税も極めて高額にのぼるから、Xとすれば、錯誤がなければ本件財産分与契約をしなかったと認める余地が十分にあり、またXに課税されることが話題にならなかったとの事実も、Xに課税されないことが明示的には表示されなかったとの趣旨に解されるにとどまり、錯誤を肯定する判断の妨げになるものではないという。

前掲最判昭和三〇年九月三〇日は、甲の相続放棄の結果、乙の相続税が予期に反して多額にのぼったということは、相続放棄の申述の内容となるものでなく、単に動機にすぎないから、錯誤があったとはいえないとしている。

前述のとおり、動機が黙示的に表示されていると認められるかどうかの認定は紙一重の微妙なものであり、結論の妥当性に左右されるものといえよう。本件では、課税が二億円以上にのぼるということ、Xが気前よく居住していた本件建物を含む本件不動産の全部八億円を分与し、裸一貫から出直すことにしたものであり、右巨額の税金を納税できる見込みがないこと、他方Yは一般よりも相当に高額な財産分与を受け、また贈与税を受けることもないこと、そしてXは財産分与契約の全部無効を主張しているのではなく、おそらく納税に必要な限度で本件建物についてだけの無効（一部無効に基づく所有権移転登記の抹消登記手続）を求めているということが、本件最判が、原審判決を破棄して、錯誤を認めた要因となっているように思われる。このように認定が微妙な事例について、結果の妥当性を考え、妥当な結論を下された本件判決に賛同すると共に、同種の事案についても、法律家が形式論理に走るだけではなく、結論の妥当性を絶えず求めるという「法律の適用のあり方」について、本件最判が一つの強力な指針を与えることを期待したい。

4 残された問題

(1) 財産分与と贈与税

離婚に伴う財産分与には種々の要素が複合しているので、分与を受ける受贈者には贈与税は課税されない。相続税法基本通達九―八は、「離婚による財産の分与によって取得した財産については、贈与により取得した財産とはならないのであるから留意する。ただし、その分与に係る財産の額が婚姻中の夫婦の協力によって得た財産の額その他一切の事情を考慮してもなお過当であると認められる場合における当該過当である部分又は離婚を手段として贈与税若しくは相続税のほ脱を図ると認められる場合における当該離婚により取得した財産の価額は、贈与によって取得した財産となるのであるから留意する」と定めている。この通達の主旨は、前述のとおり、離婚に伴う財産分与には種々の要素が複合していることを配慮したものといえる。分与者に離婚の有責理由があるときなどは、かなり高額の慰謝料が認められることになるので、実際には分与財産が過当であるということで、分与を受ける者に贈与税が課税されることは稀有であるといえる。

(2)　分与者に対する譲渡所得の課税

前述したとおり、離婚に伴う財産分与として夫婦の一方がその特有財産を譲渡した場合には、分与者に譲渡所得の課税（所得税法三三条一項）がされる建前となっているが、結婚生活の長かった夫婦の財産分与の場合には、分与財産の所有名義が分与者になっていても、実質的な夫婦財産の清算（分割）と解すべき場合が多く、単純に所有名義だけで一方の特有財産の分与と断定してしまうことは正しくないといえる。一方の特有財産であり、分与者に譲渡所得が生じる場合も、前掲最判によると、収入金額となるのは、分与財産の分与時の時価ではなく、分与義務の消滅によって受ける経済的利益（つまり、分与義務の債務額）と解されているので、債務額の認定が課税面で必要となる。最判の判決理由を読むと、この点の理解が必ずしも十分にできていないように思われる。

(3)　財産分与契約の無効と離婚の効力

本件事例は、前述のとおり、分与契約の一部無効を求めているものであるが、分与契約が錯誤により無効となっても、離婚の効力には影響を及ぼさないものと解される（注釈民法(21)二一六頁（担当、島津一郎））。離婚に伴う財産分与は、離婚という身分関係の変動に伴って発生するもので、協議ないし審判などによって離婚が確定するまでは不確定であり、かつ分与契約の効力は離婚の効力に付随するが、逆のことはいえない。離婚が効力が生じた後は、分与契約の無効は離婚の効力を左右しないものと解される（改めて、別途、二年の制限期間（民法七六八条二項）の例外として、遅滞なく相手方から財産分与の調停もしくは審判を申し立てることになる）。

(4)　差戻審での審理

本件最判は、原判決が錯誤の規定（民法九五条）の解釈適用を誤っているとして、原判決を破棄するとともに、本件については、要素の錯誤の成否、上告人の重大な過失の有無について更に審理を尽くさせる必要があるということで、原審に差戻し再審理をさせることにしている。

分与者に対する課税が高額にのぼること、分与者が裸一貫となっていることなどから要素の錯誤に当ることは、最判でも判断が示されているので、審理が尽くされていないのは、例外として錯誤の無効を主張できないとされている分与者に重大な過失があったか否か（民法九五条但書）という点である。改めて原審で証拠調べをしなければ判断に熟していないのか、相当に疑問である。譲渡所得（収入金額）の算定については議論が分かれているとしても、離婚に伴う財産分与として不動産の譲渡がされる場合に譲渡所得税の課税がされることは判例上既に確定していることであるので、Xに重大な過失があるかどうかはボーダーラインであるといえよう。従来の判例は、課税に関する重大な過失の有無については、前掲昭和三〇年九月三〇日からもうかがえるように、かなり厳格に扱い重大な過失があったとしているが、厳格すぎるように考える。

もっとも、本件では、離婚後に税理士の資産によって譲渡所得の課税額が二億円以上にのぼることが判明したという事実が認定されているが、課税の決定処分を受けているという事実はうかがえない。決定処分を受けていないとすると、要素の錯誤にはならないといえよう。まさか、最判がこの重要な点を看過してしまって判決をされているとは考えられないが、この種の錯誤の該当性の有無を判断するについては、重要な事項であることを指摘しておきたい。

（注）山田二郎「財産分与としての資産の譲渡と譲渡所得税」判タ三七〇・三四、竹下重人「譲渡所得」租税判例百選（第二版）ジュリスト七九・七六、橋本守次「財産分与」税通三九・一五・六二。以上の文献中に、参考文献が詳しく紹介されている。

（税務事例二二巻一号、一九九〇年）

（再論）

最高裁第一小法廷平成元年九月一四日判決、昭和六三年(オ)三八五号
建物所有権移転登記抹消登記手続請求事件――破棄差戻
家裁月報四一巻一一号七五頁、判例タイムズ七一八号七五頁、
判例時報一三三六号九三頁、金融法務一二四九号二二頁

一　判　旨（略）

二　解　説

1　事案の概要

2　問題の所在

(1)　身分行為と錯誤の主張

学説・判例の多くは、契約に限定せず、単独行為にも、身分行為にも、民法九五条が適用になると解している。財産分与契約は、離婚に伴ってされる契約であるが、身分上の法律関係を生じさせるものではなく、財産移転の効果を生じさせるものであるから、身分行為の範疇に入れて限定的な解釈をするのは相当ではなく、財産法上の契約と同じように解し、民法九五条が適用になると解すべきである。

(2)　租税負担に関する錯誤

刑事法の領域では、「法の不知は弁解とならない。」という法格言が適用されている（刑法三八条三項）。しかし、民

事法の領域では、この法格言は適用されていない。そして、最近の学説は、法律の錯誤も事実の錯誤と同じように考慮することになっている（我妻「新訂民法総則」三〇六頁）。判例は、原判決にもみられるように、法律の錯誤ないし法律状態の錯誤を厳格に制限しているものが少なくない。

租税負担に関する錯誤が争われたものに、離婚に伴う財産分与として不動産を譲渡するとの離婚調停で、分与者に譲渡所得税が課せられるとは思っていなかったことが要素の錯誤には当たらないとされた事例（東京高判昭和六〇年九月一八日判時一一六七・三三）、土地の売買で、当事者間で譲渡所得税の減額に努力するとの了解があったが、売主の期待した程には減額されなかったという場合に、動機が表示された法律行為の内容にはなっていないので無効ではないとするもの（最判昭和三七年一二月二五日裁判集民六三・九五三）などがある。本判決は、法律の錯誤ないし租税負担の錯誤を、事実の錯誤と区別しているのか明確ではなく、特に区別していないように解される。これまでの判例は、租税負担の錯誤についてかなり厳格な態度をとり、要素の錯誤にあたらないとしてきた。

(3) 動機の錯誤と財産分与の無効

動機の錯誤にすぎないものは、内心の形成にあたって錯誤が生じたもので、内心と表示との間に不一致がないので、動機の錯誤は考慮されないものとされてきた。しかし、表示された動機は、法律行為の内容となり、錯誤として考慮されている（最判昭和二九年一一月二六日民集八・一一・二〇八七）。そして、判例は、動機が表示されず、黙示的であっても、法律行為の内容となるとしている（最判昭和三七年一二月二五日訟月九・一・三八）。本判決は、従来の確立した判例に従ったもので、理論的には目新しいものではない。しかし、個別のケースで、動機が黙示的に表示されたかどうかは明確でないことが多く、本件でもこの点が原審と最高裁とで認定が分れている。

後述のとおり、最近の学説は、動機の錯誤と他の錯誤を区別していない（錯誤の一元的構成）。動機が黙示的に表示されたという認定が容易にされるようになると、動機の錯誤と他の錯誤とを区別すべきでないとする最近の学説と差異が少なくなる。

3　判例・学説の動向

判例は、動機の錯誤が法律行為の要素の錯誤となって無効となるには、その動機が相手方に表示されて法律行為の内容となり、もし錯誤がなかったならば表意者がその意思表示をしなかったであろうと認められる場合であることを要するとしている（前掲最判昭和二九年一一月二六日）。そして、右動機が黙示的に表示されたときであっても、法律行為の内容となることを妨げないと解している（前掲最判昭和三七年一二月二五日）。

しかし、最近の学説は、動機の錯誤と他の錯誤との区別が明瞭でないこと、取引の安全を害する点では両者は異ならないこと、動機の錯誤を他の錯誤と同様に扱っても無効と認められるにはいろいろの要件を必要とするから錯誤無効を認めすぎることにはならないこと等の理由を挙げて、動機の錯誤と他の錯誤とを区別していない（船橋諄一「意思表示の錯誤」九大十周年記念論文集所収、川島武宜「意思欠缺と動機錯誤」民法解釈学の諸問題所収、野村豊弘「動機の錯誤」民法判例百選総則・物権（第三版）四九頁）。

離婚に伴う財産分与として夫婦の一方の特有不動産を他方に譲渡することは、所得税法三三条一項にいう「資産の譲渡」に当たり、分与者に譲渡所得が課税される（最判昭和五〇年五月二七日民集二九・五・六四一）。もっとも、通説は、所有名義が夫婦の一方になっていても、実質的に夫婦共有財産の清算と認められる財産分与の場合は、分与者に譲渡所得は生じないと解している（金子宏・租税法研究三・五一、南博方・家族法判例百選（四版）四八頁）。

4　本判決の位置づけ

本判決は、従来の確立した判例に従ったもので、目新しいものではないが、動機（分与者側には税金が課税されないということで本件不動産の全部を分与したという意図）が黙示的に表示されていたことを認定した事例として注目される。最近の学説は、動機の錯誤と他の錯誤とを区別することは合理的でないと指摘しているが、動機が黙示的に表示されていたという認定を緩やかにすることになると、最近の学説が説いている錯誤の一元的構成に近づくことになる。動機を黙示的に表示していると認めるかどうかの認定は紙一重の微妙なものであり、本判決は、結果の妥当性を考慮したといえる。

本件は、財産分与契約の一部無効を主張しているものであるが、分与契約が錯誤により無効となっても、離婚の効力自体には影響を及ぼさない。離婚に伴う財産分与契約の効力は離婚の効力に付随するが、逆のことはいえない。

《参考文献》

本件の評釈として、野村豊弘・ジュリスト九五二号六七頁、鹿野菜穂子・ジュリスト九五六号一一〇頁、高梨克彦・シュトイエル三三八号一頁、山田二郎・税務事例二三巻二号四頁、同・私法判例リマークス一号一三三頁。

（判例評論三九三号、一九九一年）

39 協議離婚に伴う財産分与契約において分与者側に譲渡所得税の負担がないと信じたことに錯誤があったが重過失はなかったとした事例

東京高裁平成三年三月一四日第二民事部判決、平成元(ネ)三二一七号
建物所有権移転登記抹消登記手続請求控訴事件――取消・認容(上告)
判例時報一三八七号六二頁

一 判旨

1 〈証拠略〉によれば、XもYも、離婚に伴う財産分与としてされる不動産の譲渡について、分与者に譲渡所得が生じたものとして課税されることは全く知らず、分与を受けるYに不動産所得による税金が課されることがあるにしても、分与者のXに課税されることはないと信じていたものであって、そのために、XはYの税負担を心配する発言をしたものと認められるのである。Xにおいて自己に課税されないと信じたればこそ本件土地建物全部をYに分与することを承諾したことは明らかであり、そのことは、Yにおいても理解し得たところであると認められる。そうであるとすれば、本件財産分与契約に当たっては、Xが自己に課税されないことを当然の前提とし、かつ、その旨を黙示的に表示していたものと認めるのが相当である。そして、(中略)本件財産分与契約によりXに約二億円の課税がされることになったが、本件土地建物全部を財産分与した後のXの収入は勤務先から受け取る給与のみであって、右高額の税金を支払うことはできないから、このような課税を受けるのであれば、本件財産分与契約をしなかったであろうと認められる。以上によると、Xの本件財産分与の意思表示には、これによりXが前記の課税を受けることに関して、要素の錯誤があったものといわざるを得ない。

2　〈証拠略〉によれば、Xは、昭和三五年Ｉ大学経済学部を卒業して丙銀行に入行し、都内の各支店で勤務し、昭和四四年支店長代理となり、昭和五一年から東京事務集中部に勤務していた者であって、その間特に法務や税務を専門とする仕事についた経験はなかったことが認められる。また、財産分与について分与者に譲渡所得税が課されることは課税実務の取扱いであり、昭和五〇年五月二七日の最高裁判所第三小法廷判決以来同裁判所の判例とするところであるが、法律専門家の間においても賛否の結論が分かれており、少なくとも通常の一般人にとっては、財産分与者に譲渡所得が発生するとの理解は必ずしも容易ではないといわざるを得ない。〈証拠略〉によると、銀行員を対象とした税務研修や検定等のために発行されている教材又は解説資料の中には、財産分与についての右課税実務の取扱いに触れているもののあることが認められるが、Xが本件離婚問題の発生前にこれらの教材又は資料等に接して、一般的知識として右の点を理解していたこと又は当然かつ容易にこれを理解し得たことを認めるべき証拠はない。これらのことを考慮すれば、Xが銀行員であったことの事実から、本件財産分与により自己に課税されないと信じたことについて重大な過失があったと認めることはできない。

［参照条文］　民法九五条・七六八条、所得税法三三条

二　解　説

《事案の概要》

本件は、協議離婚に伴う財産分与契約において分与者側に税金の負担がかからないという動機の錯誤が黙示的に表示されていたとする最判平元年九月一四日判時一三三六・九三に基づく差戻し後の控訴審判決である。

詳しい事案の概要は、右最判を平成二年度主要民事判例解説（判タ七六二・一四二）で紹介しているので省略することとし、骨子だけを掲げる。

Xは、昭和三六年六月一五日Yと結婚し、二男一女ができ、東京都新宿区所在の建物に居住していたが、勤務先銀

行の女子職員と親しくなったことなどから、Yが離婚を決意し、昭和五九年一一月Xに離婚の申し入れをした。

そこで、Xは離婚し右女子職員と裸一貫から出直すことに決め、いずれも自己所有の特有財産である居住していた建物及び賃貸建物とその敷地（約七〇〇平方米。以上の土地・建物の全部を、以下「本件不動産」という。時価約八億円）の全部を財産分与としてYに譲渡する旨の財産分与契約をした。

本件財産分与契約の際、Xは、財産分与を受けるYに課税されることを心配してこれを気遣う発言をしたが、Xに課税されることは話題にならなかったところ、離婚後、Xが自己に譲渡所得税の課税がされることを知り、税理士の試算によりその額が二億二二二四万円余であることが判明した。

Xは、本件財産分与契約の際、自己に譲渡所得税が課税されないことを契約の動機として表示したものであり、二億円を超える課税がされることを知っていたならば右契約をしなかったから、右契約は要素の錯誤により無効であると主張し、Yに対し、本件不動産のうち居住部分の土地・建物について所有権移転登記の抹消登記手続を求めた。Yは、これを争い、仮に要素の錯誤があったとしても、Xの職業、経験等からすれば、重大な過失があり、錯誤による無効とならない旨を主張した。

一審・東京地判昭六二年七月二三日は、錯誤の主張を認めず、二審・東京高判昭六二年一二月二三日判時一二六五・八三も、分与者であるXに譲渡所得税の課税がされるか否かは単にX側の契約の動機にすぎないところ、Xに対する課税がないことを契約の動機として表示したことは認められないとして、錯誤の主張を認めなかった。しかし、前掲最判は、本件事実関係からすると、Xにおいて財産分与に伴う課税の点を重視していたのみならず、自己に課税されないことを当然の前提とし、かつ、その旨を黙示的には表示していたとし、控訴審判決を破棄し、要素の錯誤の成否、Xの重過失の有無について更に審理を尽させるため原審に差し戻した。本判決は、差戻し後の控訴審判決であるので、最判を前提として特にXの重過失の有無（民法九五条但書）に関し改めて審理したものであり、控訴審の判断が注目されていたものであった。控訴審判決については、再度上告がされている。

《問題の所在》

1　動機の錯誤と裁判例の動向

最近の学説は、動機の錯誤と他の錯誤との区別が明瞭でないことなどを理由として、動機の錯誤と他の錯誤とを区別することは合理的でないとしている（錯誤の一元的構成）。しかし、裁判例は、これ迄、動機の錯誤にすぎないものは、内心の形成に際して生じたもので、内心と表示との間には不一致が存在しないということで、動機の錯誤は錯誤にはならないとしている。しかし、表示された動機は法律行為の内容となり、表示された動機の錯誤は法律行為の内容の錯誤となるとしている。そして、最近の裁判例は、この動機の表示は黙示的であってもよいとし、かなり広く動機の錯誤による無効を認めるようになっている。本件の差戻前の最判も、この裁判例の動向に沿うものであった。

最近の裁判例のように、動機が黙示的に表示されていたという認定を緩やかにすることになると、最近の学説が説いている錯誤の一元的構成と変らないことになる。

2　錯誤と重過失

本件の差戻前の最判が、協議離婚に伴う財産分与契約において分与者側が約二億円の譲渡所得税が課税されないと信じていたという動機の錯誤が黙示的に表示されていたという認定を下したので、差戻後の本判決は、右錯誤が要素の錯誤に当たるかどうか、分与者側の重過失の有無について審理を尽したものであった。

要素の錯誤の成否については、判旨のとおり、ごく簡単に要素の錯誤に当たることを認めており、本判決の審理の主題は重過失の有無であり、この判断は興味深い先例となっている。

民法は、錯誤者に重過失があったときには錯誤による無効を主張しえないとし、重過失を錯誤による無効を制限する要件としている。この立法趣旨は、錯誤者に重過失がある場合にまで相手方の犠牲の下に錯誤者を保護すべきでないという理由によると解されている。

重過失の立証責任は相手方が負うが（大判大正七年一二月三日民録二四・二二八四）、重過失の有無は、表意者の職業、行為の種類、対象等からみて、注意義務を欠く程度が著しいか否かで判断される。

これ迄の具体例として、株式の売買（大判大正六年一一月八日民録二三・二一九三又は二二一五）、取締役の就任（大判昭和一三年二月二日民集一七・二三三二）、代金支払債務の保証（大判昭和一五年一二月二四日法学一〇・五四二）、につ いて重過失を認めたもの、実用新案権の取引（大判大正一〇年六月七日民録二七・一〇七四）、不動産の競買の申出（大判昭和五年七月二一日民録三一五一・一一二）、銀行との間の保証契約（大判昭和一一年七月四日判決全集三・七・三）について重過失を否定した裁判例がある。

これらの具体例を通じていえることは、裁判例が結果の妥当性を考慮し、重過失の有無について判断を下しているということである。

本件は、表意者の学歴、職業歴、財産分与契約に至る経緯等から考えると、重過失があったといってもおかしくない事例であり、また本件で重過失を否定すればどのような場合に重過失があることになるのかとさえいえる事例であるが、やはり表意者が高額の税金を支払えないこと、財産分与した土地建物の一部のみの返還を求めていることなど、両者の保護を衡量して妥当な結論を下しているようにうかがえる。

3　錯誤による契約の無効と課税処分等

本件では右最判が出た後の平成二年二月二六日になって、Xは、本件財産分与を理由に、昭和五九年分所得税として、本税一億八、六三二万一、五〇〇円（本件土地建物の譲渡所得額を五億五、九五九万八、八〇〇円、その税額を一億八、五八七万六、四五〇円）、無申告加算額一、八六三万一、〇〇〇円とする所得税の決定処分を受け、右譲渡所得に対する住民税の課税も受けている。財産分与が錯誤で無効であることが判決で確定すると、決定処分に対して判決の確定した日から二月以内に「更正の請求」をして、減額更正（決定処分の取消し）を求めることができる（国税通則法二三条二項）。これは、後発的理由に基づく「更正の請求」という制度である。本件で、分与者が多額の税金を負担することはないと信じたことに錯誤があったとして分与契約が無効ということになると、課税処分が取り消されるということになり、分与者としては財産分与をしなかった元の状態に戻ることになる。

もっとも、分与契約が錯誤により無効となっても、離婚の効力自体には影響を及ぼさない。離婚に伴う財産分与契約の効力は離婚の効力には付随するが、逆のことはおこらない。

《本判決の位置づけ》

本判決は、差戻し後の控訴審判決である。本判決が特に先例として注目されるのは、分与者（表意者）の重過失を否定した判示部分である。離婚に伴う財産分与であるので純粋な経済取引ではないが、双方に慎重さと本人の離婚に至る判断過程が重視される処分行為について、重過失を否定したこと、そして分与者の学歴、職歴等からいってかなりハイレベルの者の税金負担の無知について重過失を否定したことで、重要な先例といえる。

［参考文献］

差戻し前の判決の評決について、判例タイムズ七六二号一四三頁を参照。

（判例タイムズ七九〇号、一九九二年）

40 法人への遺贈に対する遺留分減殺請求について価額弁償が行われた場合と遺贈に対する譲渡所得課税への影響

最高裁第一小法廷平成四年一一月一六日判決、平成三年(行ツ)八四号
所得税再更正処分等取消請求事件――上告棄却
判例時報一四四一号六六頁、税務事例二五巻三号二〇頁

一 事実の概要

〈事実の経過〉

被相続人A（昭和五八年五月二〇日死亡）は、公正証書によりその所有する本件土地をK会社（Aの同族会社）に遺贈した。そこでAの相続人であるX（原告・控訴人・上告人）らは、昭和五八年九月一九日右遺贈によりAに所得税法五九条一項一号に基づく譲渡所得（いわゆるみなし譲渡所得）が生じたとして収入金額を相続税の評価額により算定し、Aに係る昭和五八年分所得税の準確定申告をした。

ところが、その後Aの相続人のうちの四名が、民法一〇三一条に基づいて受遺者であるK会社に対し遺留分減殺請求をしたため、K会社は、昭和五八年から昭和五九年にかけて価額による弁償金を右四名に支払った。

そこで、Xらは、昭和五九年六月三〇日右価額弁償によりAの前記譲渡収入金額が変更したとして、Y税務署長（被告・被控訴人・被上告人）に対して昭和五八年分所得税についての更正の請求をした。これに対し、Y署長は、更正すべき理由がない旨の通知処分をするとともに、本件土地の価額を地価公示価額により算定し直した上で増額更正し、さらに過少申告加算税賦課決定（以下「本件更正処分等」という）をした。

Xらは、これを不服として、不服申立手続を経たうえで本件更正処分等の取消しを求めて本訴を提起した。

〈主な争点〉

本件の争点は、法人に対する遺贈により資産が移転した場合の「みなし譲渡所得課税」（所得税法五九条一項一号。以下同法を「所」という）について、受遺者である法人が遺留分権利者に支払った価額弁償金を、被相続人のみなし譲渡所得の金額の算定に当たって譲渡収入金額から控除すべきか否かということである。

この争点について、一審判決（東京地判平成二年二月二七日訟月三六・八・一五三二）は、本件遺贈に対する遺留分減殺請求については、受遺者が土地の一部を返還することによりこれに応じたわけではなく、価額弁償によってこれを免れたのであるから、遺留分減殺請求がされても本件遺贈により土地が被相続人から受遺者に譲渡された事実にはなんら変動がないので、本件遺贈による土地に係る被相続人の譲渡所得には影響がないとして、Xの請求を棄却した。

また、二審判決（東京高判平成三年二月五日行集四二・二・一九九、判時一三九七・六）も、Xの控訴を棄却した。本判決は、Xからの上告に対する判決である。

二　判決要旨

上告棄却。

「遺贈に対する遺留分減殺請求について、受遺者である法人が価額による弁償を行った場合、結局、遺贈の対象である土地が遺贈により被相続人から受遺者に譲渡されたという事実には何等変動がないことになるから、右遺留分減殺請求は、遺贈の対象である土地に係る被相続人の譲渡所得には何等影響を及ぼさない。」。

本判決は、課税実務の取扱いを是認し、遺留分減殺請求について価額弁償が行われた場合は、結局本件土地が遺贈によって被相続人から受遺者である法人に譲渡されたという事実になんら変動がなかったことになるから、本件土地の本件遺贈による譲渡について「みなし譲渡所得課税」を行ったことは正当であるとしている。

これに対し、本判決には味村裁判官の反対意見がついている。味村裁判官の反対意見は、本件のような場合は、遺留分減殺請求によって遺留分権利者（相続人）が取得した土地が、改めて価額弁償の時点において遺留分権利者から受遺者に移転するものと解すべきであるとしている。この考え方に立てば、被相続人に対して「みなし譲渡所得課税」を行うことは許されないことになる。

三　研　究

本件については、すでに、田川博・税通四六・七・二〇九、木下良平・税事二三・九・四、池田秀敏・シュトイエル三七七・一、首藤重幸・税事研究一八・五七、真柄久雄・判評一四五八・一六三、高木多喜男・ジュリスト一〇二四（平成四年度重要判例解説）・九八等で取り上げられており、特に池田前掲書では課税問題についても詳しく言及されているのであるが、議論が未だ尽くされていないところがあるので、再論することにしたい。

1　「みなし譲渡所得課税」の枠組と立法の経緯

現行の所得税法は、譲渡所得（キャピタル・ゲイン）も課税対象としている（所三三条一項。譲渡所得が課税対象のなかに取り込まれたのは、昭和二一年の税制改革以降であり、それまでは一時的偶発的な所得として課税対象外とされていた）。譲渡所得課税は、本来、資産の保有期間中の資産の値上がりによる価値の増加益を、その資産の移転の際に一時の所得として清算課税を行う趣旨のものである（最判昭和四七年一二月二六日民集二六・一〇・二〇八三）。しかし、納税者の担税力を考慮して、譲渡所得の収入金額に算入すべき金額は、譲渡によって現実に収入すべき売却代金等としており（所三六条）、譲渡所得課税は、現実に収受する対価を対象にして課税が行われたにすぎない。

ところで、シャウプ勧告（昭和二四年）では対価を収受しない場合にキャピタル・ゲイン課税が無制限に延期されることを防止する観点から、贈与、相続によって資産の移転があった場合も、右譲渡所得課税の趣旨を徹底し、これを「時価」により「譲渡」があったものとして、それまで生じている値上がり益を課税することを勧告し、これに基づいて昭和二五年の所得税法改正（昭和二五年法律第七一号）で、低額譲渡を含めて「時価」による「みなし譲渡所得課税」の制度が導入された。しかしその後、このような譲渡所得の清算課税は納税義務者の納税感覚にフィットせず、また重い負担を生じさせることから、累次の改正（昭和二七年、二九年、三三年、三七年、四〇年の改正。昭和三七年の改正では、納税者の選択により「みなし譲渡所得課税」適用することにしている）を経て、四八年改正で、みなし譲渡所得課税制度は、①法人に対する贈与、②限定承認に係る相続、③法人に対する遺贈、④個人に対する包括遺贈で限定承認に係るもの、⑤法人に対する低額譲渡の場合に限られることになり、現在に至っている。

2　遺留分減殺請求とその法的効果

相続制度は、遺産の処分については被相続人の意思を最優先に尊重する建前にしているが、一方で相続人に対して相続についての期待権を保護する見地から、相続人に対し遺産について一定の遺留分を認め（民法一〇二八条）、遺留分が侵害されたときには遺留分を回復するために遺留分減殺請求権を認めている（民法一〇三一条）。

さて、遺贈について遺留分の減殺請求がされた場合の法的効果について、判例・学説の多数説は、減殺請求によって遺贈が失効し、受遺者が遺贈によって取得した財産は当然に（遡及的に）遺留分権利者に帰属することになると解している（形成権による物件的効果。最判昭和五一年八月三〇日民集三〇・七・七六八）。

3　遺留分の減殺請求に対する価額弁償の法的効果

この遺留分の減殺請求に対して価額弁償がされた場合に遺贈の効果がどうなるのかについては判例はなく、また学説も必ずしも議論を尽くしていなかった。この点について、本判決は、価額弁償がされた場合は、減殺の結果生じた遺贈の消滅という法的効果が遡及的に生じなかったことになる。すなわち遺贈の効果が当初に遡って復活することになるという見解を示したものである（同旨の学説として、中川善之助監修・注解相続法四七〇頁、石田（文）・民法大要（相続）一四九頁）。本判決は、この点について判断を示した最初の最高裁判決である。

4　価額弁償による遺贈の復活と「みなし譲渡所得課税」への影響

多数意見（法廷意見）は、遺留分の減殺請求が行われて遺贈が失効しても、価額弁償がされると遺贈の効果が遡って復活することになるので、本件土地が遺贈により被相続人から受遺者に譲渡されたという事実にはなんら変動がないことになり、法人に対する遺贈についての「みなし譲渡所得課税」は正当であると判断している。

そして、大堀裁判官の補足意見によると、多数意見の考え方は、①民法一〇四一条一項の「遺贈の目的の価額を遺留分権利者に弁償して返還の義務を免れることができる。」という規定の文言に合致すること、②遺贈の遺言をした被相続人の意思にも合致すること、③法律関係を簡明に処理できるという点でも優れていること、これらの三点を挙げている。しかし、この三つの論拠は、いずれも説得力があるとはいえない。合理性を無視して、経済性・行政の便宜を優先させるようなことは許されない。

価額弁償をした場合の遺贈の効果について、遺贈の効果が遡って復活するという民法のレベルの解釈は是認することができるが、このような解釈をしたからといって、それは、取引の保護などの視点から民法の領域で簡単にさきの遺贈の効果に変動がないことにしようとするにすぎないものであり、遺留分についての実際の物権変動は、味村裁判官が指摘されているとおり、遺留分減殺請求権の行使により被相続人から遺留分権利者（相続人）へ、そして価額弁償により遺留分権利者から受遺者へと移転していることを見落とすことはできない。民法の解釈において簡単に遺贈の復活を考えるとしても、税法領域では、実際の物権変動をフォローすべきであり、実際の物権変動に従って税法を適用することが要求される。

そうすると、受遺者が本件土地を取得するのは、価額弁償をすることによって遺留分権利者から取得するのであり、遺贈によって取得するのではないから、この遺留分の移転について所五九条一項一号の「みなす譲渡所得課税」を行うのは正当ではないということになる。

5　遺留分権利者に対する課税問題

本件では、直接問題となっていないが、遺留分権利者（相続人）に対する課税問題を検討しておく必要がある。大堀裁判官の補足意見の中で、「遺留分減殺請求の効果が価額弁償によって遡及的に失われることとなる以上、遺留分権利者たる相続人も、その減殺請求の対象となった相続財産について相続税の納税義務を負うものではなく、受遺者から取得した価額弁償金についてのみ、これを相続によって取得したものとして、相続税の納税義務を負う。」と述べているのに対し、味村裁判官の反対意見は、遺留分権利者は遺留分について相続税を負担し、遺留分権利者が受遺者から価額弁償として受領した金額は譲渡所得税の課税対象となる（被相続人から引き継いだ取得価額との差額が課税対象となる。二段階の課税）と解されているようである。

私は、この点でも、味村裁判官の理解が正しいと考える。遺留分権利者（相続人）は遺留分減殺請求によって取り戻した遺留分について相続税を負担し、受遺者から価額弁償を受けるときは（民法上、価額弁償により遺贈が復活すると解されても）、受遺者との間での遺留分の売買と同視し、価額弁償金について遺留分権利者は譲渡所得税の課税を受けることになると考えられる（池田・前掲シュトイエル）。遺留分権利者が価額弁償金について相続税の納税義務を負うという多数意見（一段階の課税）は、論理性を欠いている。受遺者が個人で「みなし譲渡所得課税」の問題が生じない場合でも、遺留分減殺の事例は起こる（むしろ、この場合の方が多いといえる）。この場合も考え方は同様であり、二段階で考えることになる。また代償分割が行われ、共同相続人が代償金を受領した場合（相続税法基本通達一一の二―九）と差異が生じることになるが、代償金と価額弁償金との差異（いったん相続人に相続分が帰属するかどうかの差異）に由来するものである。

6　受遺者に対する課税問題

本件と別に、受遺者であるK会社が本件遺贈に関して法人税の課税を争った訴訟が提起されている。ここでは収益（受贈益）の計上時期と、価額弁償金に係る損金の計上時期が問題となっている。

第一審・東京地判平成二年二月二七日判時一三九七・八、第二審・東京高判平成三年二月五日判時一三九七・六は、まず受贈益の計上時期については、K会社は遺留分減殺請求に対し本件土地の一部を返還したわけではなく、価額弁償によってこれを免れたのであるから、遺贈による本件土地の取得自体になんら変動はないとし、受贈益は相続開始の時の事業年度の収益として計上すべきものとし、一方価額弁償金の損金計上時期については、価額弁償をした額は損失として損金に計上することになるが、遺留分減殺請求があっても、受贈者は目的物を返還するか価額弁償をするかを選択でき、価額弁償をする場合でも遺留分減殺の時点ではその額は未確定であることが通例であるから、その支払いが確定した時点の事業年度の損金に計上するのが相当である、と判示している。

収益の計上時期については、一般に、発生主義（引渡基準）により認識されているが、減殺請求を受けた場合の受贈益の計上時期については、民法上の遡及効と切り離して、価額弁償を選択し遺贈の効果の復活が確定した事業年度の収益に計上するのが正しいと考えられる。もっとも受贈者が遺留分を価額弁償金を支払って取得した場合は、有償取得であり、そもそも遺贈ではないので、受贈益を計上するのは不合理である。

次に、損金の計上時期については、一般に、原価については、収益との個別の対応関係が明らかにできるということで費用収益対応の原則が、費用・損失については、収益との対応関係が明らかにできないということで債務確定主義（法人税法二二条三項二号）が採用されている。

右判決は、価額弁償金についてその言葉に捉われて損失と解し、価額弁償を選択しその支払いが確定した年度の損金に計上すべきであると解しているが、価額弁償金は損失ではなく、原価（取得費）に当たるものである。仮に受贈益の発生を認めるときには、価額弁償について債務確定主義の適用を受けるのではなく、収益対応原則の適用を受け、受贈益を計上した年度に原価として価額弁償金を計上すべきである（仮に受贈益を遡って相続開始時に計上するというのであれば、価額弁償金もこれに対応して遡って計上することになる）。

7　本判決の位置づけ

本判決は、遺留分の減殺請求に対して価額弁償がされた場合は、遺贈の効果が遡って復活するという民法の解釈をそのまま税法の領域に持ち込み、「みなし譲渡所得課税」を正当視しているのであるが、遺留分減殺請求を受けた範囲で遺贈は失効しており、改めて価額弁償によって異なる物権変動が生じているので、遺留分減殺の対象となり失効した遺贈について「みなし譲渡所得課税」を行っているのは正しいとはいえない。

遺留分減殺請求があり、遺留分権利者に現物が返還された場合は、その分だけ遺贈の範囲が減縮するのであり（本件では一四分の四）、この関係は、受遺者により価額弁償金が支払われ、遺贈の効果が遡って民法上復活しても変わるものではない（首藤前掲書、池田前掲書は、選択権が受贈者側にあるのでその対応によって遺留分権利者の課税関係が変わるのは不合理であること、一部現物、一部価額弁償の場合に混乱が生じることを指摘している）。

被相続人の課税関係は、遺留分の減殺請求があった残余部分について「みなし譲渡所得課税」が行われることになる（本件「更正の請求」（所一五二条、所令二七四条二号）は、正当といえる）。一方で、遺留分権利者（相続人）は受遺者から取り戻した遺留分について相続税を負担し、価額弁償金については譲渡所得税を負担（二段階の課税）することになると考える。受遺者である法人は、遺贈による受贈益について法人税を負担するが、遺贈（受贈益）が認められるのは遺留分の減殺請求によって失効していない残存部分のみであり、遺留分については遺留分権利者から対価を支払って買い取ったのと等しいから、価額弁償金は取得価額に計上し、この資産を後日処分したときにその事業年度の所得計算に計上すべきものと考える。

（税務事例二六巻六号、一九九四年）

41 贈与税と贈与による所有権移転の時期

京都地判昭和五二年一二月一六日判例時報八八四号四四頁
大阪高判昭和五四年七月一九日税務訴訟資料一〇六号一〇三頁
最高二小判昭五六年六月二六日判例時報一〇一四号五三頁

一 事実

訴外A（原告Xの父の兄、Xの伯父）は、昭和九年頃、A所有の本件土地を宅地化し、本件建物を新築し、Xの家族を居住させていた。

ところが、Xの父は近所に不義理を重ね昭和二三年頃本件建物を出たため、AはXの父に対する期待をすて、Xに対し本件土地及び本件建物を与える旨告げるとともにその管理を委託し、Xがこれに応じて昭和四〇年頃まで管理を継続していた。

その間、Aが入院中であった昭和二六年、二七年頃Xが見舞った際にも、AはXに対し本件土地及び建物はXの所有であり、A自身の妻子に対しても本件土地及び本件建物をXに贈与した旨を伝えてあると述べており、昭和三六年に本件建物についてはXの名義に移転された。昭和三〇年にAが死亡した際に、Aの弟及びAの相続人の一人が、本件土地もX名義にするように勧めており、Xが本件土地の登記費用が捻出できればその登記に協力してくれるように述べた際も、Aの相続人らから異議は出ず、Aの遺産相続の対象となる不動産から本件土地及び本件建物は除外されていた。

本件土地の固定資産税は、昭和四四年一二月まではAの妻が負担していたが、その後はXが第三者納付の形式で納付していた。

Aの妻の死亡後間もなく昭和四六年六月八日に本件登記手続がなされたが、その登記原因は昭和四年六月一一日（Xの生年月日）付けの贈与とされていた。その後、Xは本件土地を分筆したうえ、転売している。

これに対し、Y税務署長は登記のなされた昭和四六年六月八日にAより本件土地の贈与を受けたとして、Xに対し昭和四六年分贈与税決定処分等を行った。そのためXは本件各処分についてY税務署長に意義申立て及び審査請求をそれぞれ行ったが、いずれも棄却されたので、本件各処分の取消しを求めて出訴に及んだ。

二　税務署の判断

(1)　贈与税の納税義務は「贈与による財産の取得の時」に成立する（国税通則法一五条二項五号）ところ、書面によらない贈与については、その履行終了前は取消しうるものとされ（民法五五〇条）、贈与の意思表示のみの段階においてはいまだ贈与税の課税原因たる「財産の取得」が確定したものとは認めがたく、しかも、特に本件のように親族間において不動産を無償で使用させる場合は、法律関係を使用貸借、贈与のいずれとみるか、贈与とみてもその履行が終了したものとみうるかが客観的に明確でない場合が多いから、その区別をつけ不当な租税回避を防止するためにも「贈与による財産の取得の時」とは贈与の履行が終わった時、すなわち、その所有権移転登記の時と解すべきである。

(2)　本件登記原因において贈与時期とされるXの出生した昭和四年六月一一日以降においても、Aは本件土地に対し自己の債務のために抵当権を設定しているから、右同日は本件贈与の時期とは認められない。

Aの遺産分割においては、いまだに相続登記がなされていない土地が本件土地以外にも存するのであり、また、XはAから本件土地についての権利証、印鑑証明書の交付を受けたものではないから、本件土地について相続登記がなされていないことは本件贈与時期を認定する根拠となりえず、更に、Xは固定資産税も長い間負担しておらず、ようやく昭和四四年以降負担するようになったものの第三者納付にすぎず、使用貸借人として負担したものともみうるから、右税負担も本件贈与の時期の認定根拠たりえず、したがって本件贈与の時期は相続開始時の昭和三〇年六月一五日とも右昭和四四年頃とも認め難い。

以上のように、本件贈与の時期は極めて不明確であるから「贈与による履行終了時」である本件登記がなされた昭和四六年六月八日と認めなければ租税の公平を期し難い。

三　裁判所の判断

第一審査京都地裁は、以下のように判示してY税務署長の行なった本件贈与税決定処分等を取消した。

(1)　相続税法一条の二及び国税通則法一五条二項五号にいう「取得」の概念について税法上格別に定義づけた規定も見当たらないので、右国税通則法にいう「贈与による財産の取得の時」についても、民法の一般理論と別異に解すべき根拠も特に見出しがたいところ、判例通説の一般理論によれば贈与は贈与者の贈与の意思表示を受贈者が受諾することにより成立し、他に特段の行為なくして財産権移転の効力を生ずる（民法五四九条）ものとされているから、右「取得の時」とは贈与契約（意思表示の合致）が成立した時をいうものであって、これは書面によらない贈与の場合においても変わりはないものと解するのが相当である。

(2)　Y税務署長は民法五五〇条により取消しうる間は課税原因たる「取得」が未確定というが、かかる取消しは手付けのように当初からの解除権歩留の場合のように頻繁に当然のこととしてなされるものではなく、むしろ例外的現象であるというべく、のみならず、国税通則法五八条五項、同七一条二号の主旨によれば、法は取消しうべき行為であっても当初の課税原因事実の発生により課税原因は確定し、納税義務は確定的に成立するものとし、取消し後は減額更正決定により処理しようとする主旨と解されるから、民法五五〇条のゆえに贈与契約時を前記「取得の時」と解しえないとはいえない。

(3)　Y税務署長は親族間の書面によらない贈与例では租税回避防止のためにも贈与登記の時と解すべきというが、

なるほど右例においては特殊な情誼関係を背景に法律行為として不明瞭な同義的情誼的関係を随伴してなされることが予想されるので、申告ないし登記等がなければ課税権者において了知が困難であることは否定しえないことも確かであるが、そのような困難さは贈与税のみに特有のこととはいえず、そのために税務職員に対し強力な質問検査権が与えられており、及び不申告に対する罰則が設けられているのであり、また、申告のない場合に了知が困難なことは書面による贈与の場合も同じであるのみならず、今日の公法、私法における法律行為の解釈における表示主義理論によれば、贈与の合意も両当事者間の内心的意思のみでは足らず、表示行為を必要とするのであるから、贈与のゆえに直ちに外部的に常に了知困難ともいえず、他方、登記するまでに至らなくとも、当事者の合理的平均的意思によれば、固定資産税における実質的納税負担者の変動、占有等使用収益関係の変動、ひいては民法五五〇条による取消し阻止のための受贈者自身の権益保全行為がいずれも外部的現象として生ずるのが通常といえなくもない。

そうだとすると、前示のように解しても贈与による「取得の時」の了知が書面によらない贈与の場合には常に了知が困難であるとはいいがたく、この了知困難回避又は租税回避防止のために、右「取得の時」を登記の時と解することは、根拠が薄弱という外なく、むしろ課税権者の権利の除斥機関を不申告のときにも法廷申告期限経過より起算して五年間として租税法律関係の早期確定を図る国税通則法の趣旨にもとるおそれもあり、採用しえないというほかない。

(4)　事実関係に照らせば、本件登記の存在から本件贈与がY税務署長主張の日であると推認することは到底できず、むしろ、XはAより昭和二三年頃、Xの父の出奔を機に従前Xが居住していた本件建物を本件土地とともに口頭により贈与されたものとうかがわれ、本件土地の贈与は遅くともAが死亡した昭和三〇年六月一五日頃には外部的に誰もが認識しうる程度に確定的なものとなっていたことがうかがわれる。

そうすると、本件土地の贈与について単なる登記手続の日を贈与日としてなされた本件処分は、結局課税原因なく違法というほかない。

四　研　究

1　問題の所在

本件は、書面によらない贈与が行われた場合に、贈与税の納税義務の成立時期がいつになるのか争われた事案である。

相続税法一条の二は、贈与税の課税原因は「贈与に因り財産を取得」することにより充足することを規定している。そして、国税通則法一五条二項五号は、この贈与税の納税義務の成立時期を、「贈与による財産の取得の時」と規定している。

一般に、贈与契約には口頭によるものと書面によるものとに大別される。そのため税務の取扱いにおいても、財産の取得の時期について区分している。すなわち、相続税基本通達一・一の二共―七(2)は、「贈与の場合、書面によるものについてはその契約の効力の発生した時、書面によらないものについてはその履行の時」と述べている。この通達は、民法五五〇条を背景としていると考えられる。[1] すなわち、民法五五〇条は、「書面ニ依ラサル贈与ハ各当事者之ヲ取消スコトヲ得但履行ノ終ハリタル部分ニ付テハ此限ニ在ラス」と規定しているので、このことから、口頭による贈与契約の場合には、その履行のあったときに、受贈者が財産権を取得したとする取扱いがでてきていると考えられる。

判例の中にも、例えば、大阪高裁昭和四一年一二月二六日判決[2]のように、「口頭（贈与）契約は履行前にはいつでも贈与者において取消すことのできるものであるから、いまだ課税原因事実として成熟確定せず、（贈与税の）納税義務の発生しないものであるというべきである。」としているものがあり（外に注8等）、また通達の取扱いを正当とした見解もみられる。[3]

そして、相続税基本通達一・一の二共―一〇は、所有権等の移転の登記又は登録の目的となる財産について、前記通達の取扱いにより贈与の時期を判定する場合には、「その贈与の時期が明確でないときは、特に反証のない限りその登記又は登録があった時に贈与があったものとして取り扱うものとする」と定めているのである。

所得を課税客体としている所得税、法人税のもとでは、所得の計上時期を定める原則規定を法令上欠いているので、計上時期の原則となる基準について従来から多くの議論がされてきているが[4]、「贈与税の課税時期」についてはこれとは全く違った観点から問題となるのである。つまり、贈与税はその課税時期を、「贈与により財産を取得したとき」と定めているので、その「財産の取得」の効力を発生時期がいつであるかをはっきりさせることが必要となるのである。

2　贈与と借用概念

本判決は、相続税法一条の二及び国税通則法一五条二項五号にいう「財産の取得」の概念について、税法上格別に定義づけた規定が見当たらないので、民法の一般理論と別異に解すべき根拠もないと説明している。すなわち、借用概念により判断すべきであるとしている。

もっとも、税法に私法の用語が利用されている場合に、税法の解釈をめぐって議論がないわけではない。一つの見解は、同一用語について全法領域での意味内容の違いを認めず、同一用語は原則として同じ意味を有するものと解すべきであるというものである[5]。他の一つは、法領域間における概念の相対性を承認する見解である[6]。

そこで、前者の見解によれば、民法上、贈与は、五四九条により、贈与者の贈与の意思表示を受贈者が受諾することにより成立し、民法一七六条により、物件の変動は当事者の意思表示によりその効力が生ずるので、贈与による所有権の移転は、原則として贈与契約の成立の時に生じると解するのである。したがって、贈与契約の成立の時を、「贈与による財産の取得の時」と考えるので、贈与契約が書面で行われたか、口頭で行われたかは、全く影響を及ぼさないということになる。いうまでもなく、この考え方と、本判決の論旨と一致するのである。

ところが、本判決の評釈において評者の多くは、本判決の判断に疑問を呈している[3]。それらを集約すると、贈与については民法上の概念として理解すべきであるが、「財産の取得」又は「贈与による財産の取得」という複合された用語は単なる民法上の概念ではないはずである。したがって、「贈与による財産の取得」の意義を単に民法上の「贈与による物権変動」と同様に解しようとするのは正当な解釈ではない税法固有の概念として法の趣旨、目的及び特に担税力との関連において解釈すべきであると解いている。つまり、借用概念の理解については、法領域間における概念の相対性を主張するのである。そのため、「贈与による財産の取得」の判断にあたっては、書面によるか否かといった基準ではなく、担税力をもつことになる外部的に明確な移転といった基準でとらえるべきではないかと考えている[4]。

このように判決に反対する評釈がみられるほか、本判決とほぼ同じ時期に反対の、横浜地裁昭和五二年四月一三日判決[8]がでている。同判決は以下のように判示している。

「書面によらない贈与は、その履行が終らないうちは、各当事者において何時でもこれを取消すことができる（民法五五〇条）のであるから、受贈者の地位は、履行の終るまでは不確実なものといわざるを得ない。右のような書面によらない贈与の性質に鑑みれば、贈与税の納税義務者について規定する相続税法一条の二にいう『贈与により財産を取得した時』とは、書面によらない贈与の場合においては『贈与の履行の終った時』を意味するものと解するのが相当である。

したがって、書面によらない贈与の受贈者は、贈与の履行の終った時に、法令の定めるところにより贈与税の納税義務を負担するに至る。」

3　本判決の位置づけ

Y税務署長が控訴したところ、第二審・大阪高裁昭和五四年七月一九日判決は、本件の事実関係について、第一審と異なった認定をしている。すなわち、Aは、内心ではゆくゆく本件土地をXの父に贈与するつもりでいたが、実行しないでいるうち、昭和二三年頃Xの父が当時経営していた不動産仲介業に失敗して借財をつくったため実行の機会を逸し、結局Aは本件土地を誰にも贈与しないまま昭和三〇年に死亡した。Xは、Aの死亡後Aの相続人らに対し本件土地について所有権を移転してもらうための格別の申出をすることもなく過ぎていたが、昭和四六年六月頃Xの商売上の失敗の穴埋めをする資金獲得のため本件土地の一部を分筆して売却する必要にせまられ、Aの相続人らに本件土地を贈与して所有権移転登記をすることを求め、その対価として金一〇〇万円（相続人一人二〇万円宛）を支払う旨を提案した。相続人らは、Xの窮状に同情し、本件土地はX所有の建物の敷地で従来無償使用を認めていたいきさつもあるので右提案を承諾することをきめ、登記の日に贈与することとしたものである。Xの支払うことを約した一〇〇万円は現在まだ支払われていないが、Xにおいて支払義務があるものである。以上の事実によれば、本件土地は登記の日に相続人らから贈与を受けたもので、Y税務署長のした課税処分は適法であるとして、一審判決を取り消した。

これに対し、Xは上告をしたが、贈与による財産取得の時については争点とせず、二審判決がXに一〇〇万円の支払義務があることを認定しながら、それが売買の対価であるのか、負担付贈与であるかを解明していないことは、判決の結果に影響を及ぼす法令の違背がある旨を主張した。

これに対して最高裁第二小法廷昭和五六年六月二六日判決は、Xは昭和四六年六月八日Aらの相続人らに合計一〇〇万円を支払うという債務の負担付きで右相続人らから時価三六〇万円相当の本件土地の贈与を受けたというのであるから、右贈与に係る贈与税の課税価格は本件土地の右時価から右債務負担額を控除した残額の二六〇万円であると解するのが相当であると判示している。

事実関係の認定が、一審と上訴審とで異なってしまったので、「贈与による財産取得の時期」に関する論点は、深く掘り下げられないままになってしまっている。しかし、税法で私法と同じ概念を使用し、税法の中に特に異なる定義を示していない以上は、私法と同じように解釈すべしというのが、今日の有力な見解といえよう。そうすると、贈与についても民法と同じ解釈を行うべきである。贈与契約が成立したときに財産移転が生じるものというべきであり、書面によるものと、書面によらないもの（口頭）により、財産取得の時期を機械的に区分しようとする通達の定めは民法と遊離してしまっているといえよう。この点で、一審判決の考え方は、今日の有力な見解にそっているものといえる。ただ、通達が書面によるものとよらないものに区分しているのは、財産取得の時期が明確でない場合について、税務執行上の取扱基準を定めているにすぎないものというべきである。納税者としては、このような通達が現にあることを頭の中に入れておいて、トラブルが生じないように財産取得の時期を明確にしておくように対処することが必要なことであるといえよう。

（1）例えば、高梨克彦「贈与に因る財産の取得の時期に関する通説判例等に対する疑問」シュトイエル一八七号一二頁
（2）税法学一九三号三三頁、税務訴訟資料四五号六七三頁
（3）和田正明「権利確定についての一考察――資産の譲渡・贈与を中心として――」税務大学校論叢九号三三頁
（4）中野昌治・本判決評釈一四九頁
（5）金子宏「租税法」一〇二頁
（6）田中二郎「租税法」一〇七－一一〇頁
（7）中村勲・本件上告審評釈一一三頁
（8）判例タイムズ三六五号三五二頁〔評釈〕、広田泰久・税務事例一〇巻四号二頁、藤村啓・税務弘報二五巻一〇号一二一頁

〈本判決の評釈〉
中野昌治・税務弘報二七巻一号一四四頁
西野敞雄・税理二二巻三号一五三頁

北野弘久・税理二二巻六号一四七頁

〈上告審判決の評釈〉

石島弘・民商法雑誌八六巻一号一四一頁

中村勲・租税判例百選（第二版）一一二頁

（『税務署の判断と裁判所の判断』六法出版社、一九八六年）

42 新株プレミアムの取得とみなし贈与

最高裁第三小法廷昭和三八年一二月二四日判決、昭和三七年(オ)一〇〇七号
贈与税不当課税処分取消等上告請求事件
訟務月報一〇巻二号三八一頁

一 事実の概要

原告$X_1X_2X_3$(控訴人・上告人)はいずれもA合資会社の社員であり、A合資会社は、社員A、その養子X_1X_2および孫X_3で構成されている同族会社(昭和四〇年法律第三四号による改正前の法人税法第七条の二第一項)であるが、昭和三二年四月二六日従来の出資額一五万四、四〇〇円を三〇〇万円に(第一回増資)、また、同年一一月三〇日にさらに出資額を六五〇万円に(第二回増資)増加した際、第一回増資につき、X_1は、九六万五、〇〇〇円、X_2は四八万二、〇〇〇円、X_3は一〇〇万円をそれぞれ追加出資し、また、第二回増資につき、X_1は一〇〇万円、X_2は一五〇万円、X_3は一〇〇万円をそれぞれ追加出資した。

ところが、被告Y_1税務署長(被控訴人・被上告人)は、$X_1X_2X_3$の右出資額の増加が昭和三七年法律第六七号による改正前の相続税法第九条(右改正前の相続税法を単に相続税法という)に該当するとして、$X_1X_2X_3$に贈与税決定(相続税法第三五条二項)を行うとともに無申告加算税決定(相続税法第五三条二項)を行った。

それで、$X_1X_2X_3$は、行政不服申立手続を経由したうえで、Y_1に対し、右贈与税決定と無申告加算税決定の取消しを訴求するとともに、被告Y_2国(被控訴人・被上告人)に対し、右決定に従い納付した税金の還付を訴求したのが、本訴の内容である。

Y_1が、$X_1X_2X_3$の右出資額の増加が相続税第九条に該当すると認定した理由は、つぎのとおりである。$X_1X_2X_3$は、増資に伴いそれぞれの出資額が増加したが、他方Ａ合資会社の資産内容および業績はきわめて良好で含み資産を有しているので、第一回増資前の出資一〇〇円あたりの評価額は一万七、八二二円であったのに、右第一、第二増資により出資に対応する評価額は増資額に応じてそのつど減少し、第一回増資後の出資一〇〇円あたりの評価額は一、〇一二円、第二回増資後の出資一〇〇円あたりの評価額は五二二円と減少しており、この際に、各社員が増資前の出資の割合に応じて出資の割当を受け新出資をしておれば、出資に対する評価額の減少は新出資の増加によって補われ、社員間に経済的利益の移動はみられないのであるが、Ａ合資会社の第一回増資においては$X_1X_2X_3$の三名が、第二回増資においてはX_2が、それぞれ増資前の出資の割合に応ずる額を超えて出資の割当を受け新出資をしたために、割合額に応ずる新出資の全部または一部をしなかった者（第一回増資においてはＡ、第二回増資においてはＡX_1X_3）の有する経済的利益は、旧出資の評価額（価値）の減少に伴い減少する一方、割合額以上の新出資をした$X_1X_2X_3$の有する経済的利益は、逆に超過出資によって増加したと認められる。すなわち、第一回増資において、X_1は三一万九、九一五〇円の超過出資をしたことにより三二三万七、八九四円、X_2は一六万一、九一八円の超過出資をしたことにより一六三万八、六一〇円、X_3は二八万一、〇九〇円の超過出資をしたことにより二八四万四、六三〇円の経済的利益を取得したと認められ、また、第二回増資において、X_2は九二万円の超過出資をしたことにより三八八万二、四〇〇円の経済的利益を取得したと認められ、この$X_1X_2X_3$の経済的利益の取得は、相続税法第九条に該当するというのである。

第一審の長崎地裁は、右贈与税決定を正当として$X_1X_2X_3$の請求を棄却した（長崎地判昭和三六年五月一九日行集一二・五・一〇一七）。$X_1X_2X_3$は右判決を不服として、控訴しさらに上告したが、控訴および上告は棄却された。

二　判　旨

控訴審判決および上告審判決は、いずれも$X_1X_2X_3$の得た利益は相続税法第九条所定の贈与により取得したとみなされるべきものであるとし、第一審判決の所論を正当とした。第一審判決の判示はつぎのとおりである。「〔認定事実によれば〕A合資会社の第一回増資において、X_1は三、二三七、八九四円に相当する出資を三一九、九五〇円で、X_2は一、六三八、六一〇円に相当する出資を一六一、九一八円で、X_3は二、八四四、六三〇円に相当する出資を二八一、〇九〇円でそれぞれ引き受け、その差額に相当する利益をAから取得し、第二回増資において、X_2は四、八〇二、四〇〇円に相当する出資を九二〇、〇〇〇円で引き受け、その差額に相当する利益をAX_1およびX_3から取得したことが明らかであり、また、右各出資の引受が著しく低い対価でなされたことを肯認できるので、以上のような$X_1X_2X_3$の利益は、いずれも相続税法九条により、当該利益を取得させた右の者らから贈与によって取得した者とみなされると解するを相当する」。

三　解　説

贈与税に関する基本的問題を考察したうえで、本件決定の適否について検討を進めることにしたい。

1　贈与税とその法体系

贈与税は、相続税といっしょに、二本建てで相続税法の中に規定されている。相続税は、人の死亡（相続の開始）により財産（経済的利益）を取得した者に対して課税されるものであるが、生前に財産を他人に贈与することにより相続税を回避することが考えられるので、贈与税は、相続税を補完するために、生前の贈与により財産を取得した者に対して課税しようとするものである。すなわち、贈与税は相続税を補完するための租税であるので、相続税法中に相続税といっしょに二本建てで規定されているのである。

2　贈与税の納税義務者

贈与税の納税義務者は、贈与（死因贈与を除く。死因贈与は相続、遺贈と同様に相続税の対象となる。相続税法第一条一号）によって財産を取得した者（受贈者）である（相続税法第一条の二）。贈与税の納税義務者は、相続税の場合と同様に、原則として個人であるが、例外として人格のない社団または財団が贈与を受けた場合および民法第三四条による公益法人その他の公益を目的とする事業を行う法人が贈与を受けたことによりその贈与者の親族等の相続税または贈与税を不当に減少する結果となると認められる場合は、これらのものもいずれも個人とみなされて贈与税の納税義務者となる（相続税法第六六条）。

3　贈与税の課税原因と課税財産

贈与税の課税原因は、贈与を原因とする財産の移動である。贈与とは、民法第五九四条以下に定める贈与のことである（税法のなかに私法の概念と同じ概念を使用している場合には、特別の規定のないかぎり私法と同じ意味に解すべきことを判示したもの、最高裁昭和三五年一〇月七日第二小法廷判決・民集一四・一二・二四二〇）。

もっとも、相続税法は、財産の移動の原因が贈与でないものでも、その実態が贈与による財産の取得と変わらないものについて負担の公平をはかるために、特別の規定を設けて、贈与により財産を取得したものとみなし（いわゆるみなし贈与）、贈与税の課税原因としている。みなし贈与は、つぎの六つの場合である。(1)　信託財産（相続税法第四条）、(2)　生命保険金（同法第五条）、(3)　定期金等（同法第六条）、(4)　低額譲受（同法第七条）、(5)　債務免除等（同法第八条）、(6)　その他の利益の享受（同法第九条）。

贈与税の課税財産（課税物件）は、贈与またはみなし贈与によって取得した財産であり（相続税法第二条の二、第四条ないし第九条）、また、相続税と同様に非課税財産が定められている（同法第二一条の三）。

本件は、みなし贈与の右(6)（相続税法第九条）の課税原因に該当するかどうか、また、その課税財産の範囲が争われたものである。

4　本件贈与税の課税の適否

相続税法第九条は、みなし贈与のうち、無償または著しく低い価額の対価で利益を受けた場合について、当該利益の価額に相当する金額を、当該利益を受けさせた者から贈与により取得したものとみなすことにしているのであるが、新株の取得について考えると、株主として新株引受権の割当を受けた者が当該新株引受権の全部または一部を引き受けなかったことにより他の株主に縁故割当（あるいは第三者指名権の行使）のあった場合（同通達一〇九三の場合で、有限会社および合資会社の出資引受権についても同様。右通達は、同族会社に限定しまた新株引受権の割当を受ける者を失権株主の親族に限っているが、限定する理由はない）は、失権株主から新株引受権の割当を受けた者に対して新株の割当に関する利益（新株プレミアム）の授受があったものということができ、右利益の授受が無償または著しく低い価額の対価でなされている場合には、相続税法第九条に該当するといえる。しかし、この場合、失権に基づく縁故割当でなく、公募の場合や当初から（失権を経由しないで）増資割当のなされた場合には、失権株主から利益の授受があったとはいえず（第三者指名権の行使による新株引受権の取得について、新株プレミアムの譲渡を認めるもの、最高裁昭和四一年六月二四日第二小法廷判決・民集二〇・五・一一四六）、相続税法第九条に該当するとはいえない。

本件の場合をみてみると、前述のように新株（出資）プレミアムを取得したこと自体を対象としているものではないが、これと類似しているものである。$X_1X_2X_3$は、同族会社であるA合資会社の増資に際し増資前の出資の割合に応ずる額を超えて縁故割当を受け、A等の失権と$X_1X_2X_3$の出資の超過割当との間には直接の因果関係が認められるものであり、また、$X_1X_2X_3$の出資の増加によりその出資評価額（株式の株価に相当するもの）の総額が従前と比較して増加しており、その増加した出資評価額は追加出資額と対比して著しく低い対価（約一割）により利益の享受を受けたものと認められるから、相続税法第九条のみなし贈与に該るものと考えられる。そして、課税財産の範囲は、現実の追加出資額とその増加評価額の差額であると考えられる。

本件判旨は、利益の取得について、私見のように、出資引受権（新株引受権）を社員（株主）が失権して新たに縁故割当（あるいは第三者指名権の行使）により取得したものと認め、この場合に限って相続税法第九条の適用を肯定する趣旨なのか、それとも、縁故割当に限らず広く公募の場合にもまた当初から（失権を経由しないで）増資前の割合に応じない出資の割当があった場合にも、つまり従来の出資割合と異なる割合の出資割当がなされた場合にも、低い割当を受けた者から高い割当を受けた者に対する関係で同条の適用を認める趣旨なのか、必ずしも明確でない。肝心な点が明確でないのであるが、後者の場合をも包含する趣旨であるならば、相続税法第九条は利益の授受のある場合（相続税の対象となる個人に帰属する利益について、その利益を受けさせる者とその利益を受ける者の対立承継関係のある場合）に限っていると解されるから、本件判旨は正当といえない。

《参考文献》

有川哲夫・シュトイエル四号四五頁

（租税判例百選　別冊ジュリスト、一七〇号、一九六八年）

43 医療財団法人の設立と贈与税の課税

東京地裁昭和三七年五月二三日判決、昭和三三年(行)四七号
課税処分取消等請求事件
行裁例集一三巻五号八五六頁

一 事実の概要

原告等四名はいずれも医療法三九条一項に基づき昭和二七年一月一日以降設立された医療財団法人である。原告等はいずれもその医療財団法人が相続税法（昭和二七年法律第五五号による改正後のもの。以下相続税法という）六六条四項にいう「公益を目的とする事業を行う法人」に該当しないと考えていたところ、被告税務署長は、原告等は右規定の「公益を目的とする事業を行う法人」に該当するとして、原告等に対し贈与税の決定を行った。そこで原告等は、これを不服として、行政不服申立を経由したうえでその決定の取消しを訴求したのが、本訴である。

原告等が本訴で贈与税の決定を違法と主張する点は、(1) 相続税法六六条四項の「公益を目的とする事業を行う法人」という規定および「相続税または贈与税の負担を不当に減少する結果となると認められる場合」という規定は、納税義務者が誰であるかが明白でなく、また、その適用につき行政官の裁量を介入させるもので、租税法律主義に違反し無効である、(2)「公益を目的とする事業を行う法人」がいかなるものであるにせよ、原告等は医療事業を営利事業または収益事業として行っており、原告等はこれに該当しない、(3) 一般的に理論上において医療財団法人に財産を贈与または遺贈することにより相続税等の負担を不当に減少する結果はおこりえない、(4) 原告等はそれぞれ相続税法六六条四項に該当しないから贈与税を負担しない、以上の諸点である。

二　判旨

裁判所は、原告等がそれぞれ個別的に相続税法六六条四項に該当するかどうかを判断する前に、まず原告等に共通する争点について中間判決を行い、原告等の主張を排斥した。本件判決はこの中間判決であり、租税法律主義に関する判旨は、つぎのとおりである。

「……租税法律主義は、課税要件を法定することにより行政庁の恣意的な徴税を排除し、国民の財産的利益が侵害されないようにするためのものであって、近代諸国の憲法の多くが重要な内容の一つに数えているものである。わが憲法第八四条も『あらたに租税を課し、又は現行の租税を変更するには、法律又は法律の定める条件によることを必要とする』と規定し、租税法律主義の原則を宣明している。すなわちこれにより法律に根拠のない慣習法や命令による租税の賦課は許されないし、租税の種類、課税の根拠、納税義務者、課税物件、課税標準、税率等の課税要件に関する規定その他租税債務の変更消滅に関する実体規定のみならず、納税の時期、方式等に関する手続的規定についても、正当な立法手続を経た法律の定めを要すると解するのが相当である。したがって、租税法律主義の原則から課税要件はできるだけ詳細かつ網羅的に規定せられると共に、その内容の明確化が要請されるわけである。……（この場合右目的に奉仕するため法律自体が合理的に限界づけられた範囲内においてその細目の表示を命令に委任し、これにより法律を補充することも許されるであろうが、事は立法技術の問題にすぎない。）。……〔税法〕の具体的適用にあたって規定のもつ意味内容を解釈、認識することは不可避であり、また当然に許さるべきものであって、租税に関する法律がその合理的な解釈により法律の定めるところの意味内容を客観的に認識し得る如く規定してあるかぎり、それによって具体的な租税の賦課徴収を行うことはなんら……租税法律主義に反するものではないのである。

そこで〔相続税〕法第六六条第四項の『公益を目的とする事業を行う法人』という規定の意味内容が解釈によって把握し得るものかどうかについて検討するに、なるほど実定法上『公益を目的とする事業を行う法人』という用語は必ずしも一般化されていないから、右概念の内容を類型的に把握することは困難であるが、『公益』及び『法人』の概念についてはすでに何人にも通ずる一応の解釈が確立されているから、この面から前記規定の内容はおのずから一定の限界を劃し得、他面同条が租税負担の公平をはかるために規定せられたものであることはその規定自体からみやすいところであるから、……ひっきょう『公益を目的とする事業を行う法人』の概念は同条の解釈によって、おのずから客観化されうるものというべく、右の確定が行政庁の自由裁量に委ねられているものとはとうてい解することができない。したがって、〔相続税〕法第六六条第四項の『公益を目的とする事業を行う法人』との規定は、課税要件法定の要請をみたしているものというべく、この規定自体が憲法第三〇条、第八四条に違反するという原告らの主張は理由がない。」

三　解　説

1　租税法律主義と憲法三〇条、八四条

憲法八四条は、国の財政の面から、租税法律主義を定めているが、このほかに、憲法三〇条は、国民の義務の面から、租税法律主義を定めている。

国民の義務を課しその権利を制限するのは法律によってのみ行うべきこと（法治主義）は、租税に限らず司法および行政の各般に通ずる自明のことであるのに、他の近代諸国の憲法と同様にわが国の憲法が、ことさらに租税法律主義について謳っているのは、「代表なければ課税なし」という言葉で表現されているとおり、租税法律主義が近代法治国家の成立過程の中核であったという歴史的沿革と、租税が刑罰（罪刑法定主義）とともに国民の権利義務に重大な影響を及ぼすものであることによると考えられる。

租税法律主義とは、納税義務者、課税物件、課税標準、税率等の実体関係のみならず、納税の時期、納税の方法等の徴収手続についても、実定法で定められていなければならないことをいうものである（最高裁大法廷判決・昭和三〇

年三月二三日民集九・三・三三六、最高裁大法廷判決・昭和三七年二月二一日刑集一六・二・一〇七）。

2　租税法律主義と課税要件明確の原則

租税法律主義の内容のうちでも、課税要件については、とくに、実定法のうえで明確に規定されていることが必要とされる。この建前を「課税要件明確の原則」（課税要件明確主義）と呼んでいる。この原則の由来は、租税は国民の経済生活の殆どすべての局面に関係をもっており、国民は税法が招来する納税義務（租税公課）を顧慮することなしにはいかなる経済的意思決定もなしえないので、国民の経済生活に法的安定性と予測可能性を保障しなければならないという要請によるものといえる。税法の対象とする経済生活上の現象が千差万別であり生成変動を免れないとしても、法律が課税要件につき不明確な一般概括条項、不確定概念を使用してもよいことにはならず、また、法律のうえで課税要件につき抽象的な不明確な規定をおいただけで政令委任の目的、内容および程度を明確にせず具体的な課税要件の設定を政令に委任したり（いわゆる包括委任規定）あるいは行政庁の自由な法律解釈ないし自由裁量に委せてしまうことはとうてい許されないことであり、これらの場合には、課税要件明確の原則ひいては租税法律主義に違反すると考えられる。

もっとも、税法のうえで明確に規定すべしといっても、税法の規定が合理的な法律解釈によってその規定の意味内容を客観的に認識できるかぎり法律は不明確でないから、租税法律主義に違反することにならない。しかし、税法の解釈方法として、文理解釈、論理解釈や反対解釈は許されても、拡張解釈や類推解釈はその解釈内容が明確でないので（法的安定性および予測可能性を欠くので）、刑法の解釈適用の場合と同様に、許されないと解すべきである。

以上述べた課税要件明確の原則の意味をふえんすると、税法の課税要件に関する規定は、法律の規定自体、あるいは、個別的・具体的な委任規定に基づく政令、または、少なくとも文理解釈、論理解釈または反対解釈によって明確でなければならないことを、いうものである。

3　租税法律主義と相続税法六六条四項

本件判決は、租税法律主義の要請から税法の課税要件に関する規定はできるだけ明確に規定されるべきであるが、その規定は合理的な法律解釈によって意味内容を客観的に認識しうるかぎり租税法律主義に違反しないと判断を示したうえで、相続税法六六条四項「公益を目的とする事業を行う法人」および「相続税または贈与税の負担を不当に減少する結果となると認められる場合」の規定の意味内容は、法律解釈によって客観的におのずから明らかであるから租税法律主義に違反しないという。

「公益を目的とする事業を行う法人」の範囲は類型的に把握できないが、「公益を目的とする事業」および「法人」の概念は民商法上の解釈をよりどころにしてその意味内容を客観的に認識できるものである（税法のなかに私法の概念と同じ概念を使用している場合には、特別の規定のないかぎり、私法と同じ意味に解すべきことについて、最高裁第二小法廷判決昭和三五年一〇月七日民集一四・一二・二四二〇）。なかんずく、公益の内容について、公益とは不特定多数人の利益をいうが公共性の分別が明確でないので、現在では、不特定多数人の利益に関係あるものについて、公益を営利と対置させて理解し、法人を構成する社員（資本主）の利益を目的とするか否か、つまり、社員に利益の配当または残余財産の分配をすることを目的とするか否かによって区別するのが通説となっており、交通、通信、報道、出版等の公共事業を目的とするものでも、社員の利益を目的とする法人は営利を目的とする法人とされ、また、公共事業とともに社員の利益をも目的とするものでも、社員への利益を配分することを目的としないかぎり公益を目的とする法人と解されている（於保・民法総則講義九二頁、民事法学辞典上巻五〇二頁。営利と法人税法に規定する収益事業とは異なる。営利目的と公益目的は両立しえないが、収益性と公益目的とは両立しうるものである）。それで、右相続税法六六条四項の規定は、法律解釈によってその意味内容を客観的に認識できるから、課税要件明確性の原則ないし租税法律主義に違反するものではないといえる。また、「相続税等の負担を不当に減少させる結果となると認められる場合」というのも、租税回避を防止しようとする同族会社の行為計算の否認規定（現行法人税法一三二条）と同趣旨の規定で、納税義務の発生基準について客観的な経験則に従うべきことを予定している覊束的規定であるから（田中・行政法総論二九〇頁参照）、課税要件明確性の原則ないし租税法律主義に違反するものでないといえる。判旨を正当と考える。

なお、本件判決は右判旨につづけて、医療財団法人は「公益を目的とする事業を行う法人」に該当すると判断している。医療事業は収益事業（昭和二五年政令第七〇号による改正後の法人税法施行規則一条の一一）であるが不特定多数人の利益に関係の深いものといえるところ、医療法人は、剰余金配当の禁止されているもの（医療法五四条）であり、また、残余財産の分配についても規制されている（同法五五条ないし五七条）ものであるから、判決のとおり、「公益を目的とする事業を行う法人」に該当するものであり、医療財団法人はそのうえにさらに出資持分の定めのないものであるから、よりいっそう、右法人に該当するものと考えられる。

〈参考文献〉

金子宏・市民と税法（講座現代法）三一四頁
同・税理（昭和四〇年一月号）二五頁
北野弘久・税法判例研究四四頁
吉良実・税法学一四〇号、一四一号、一四二号

（租税判例百選　別冊ジュリスト一七号、一九六八年）

第四　固定資産税をめぐる判例研究

44　固定資産税の評価と居住用宅地

千葉地裁昭和五七年六月四日判決、昭和五一年(行ウ)一四号
固定資産評価審査決定取消請求事件――確定
判例時報一〇五〇号三七頁

一　事実の概要

Xは居住用の土地建物(以下「本件土地建物」という)を所有しているが、Y市長は本件土地建物に対する昭和五一年度の固定資産税の評価額を地方税法(以下「法」という)三八八条一項により自治大臣が定めた固定資産評価基準により決定し、これを昭和五一年度固定資産課税台帳に登録し、同年四月三〇日まで縦覧に供した。Xは、右縦覧事項に不服があったので、法定の期間内である昭和五一年五月一〇日Y市固定資産評価審査委員会に対し法四三二条に基づき審査の申出をしたところ、Y委員会は同年六月一七日到達の文書で右申出を棄却する旨の決定を行った。Xが右棄却決定の取消しを求めて提起したのが本訴である。

Xが、本件土地建物の評価が違法であると主張している事項は多岐にわたっているが、その要旨は、「(1)現行の固定資産評価基準は、土地の評価にあたり、当該土地の所有目的や利用形態からみて生存権的土地利用(居住用)と非生存権的土地所有(非居住用)とを区別することなく一律に売買実例価額を基準とする点において甚だしく合理性を欠き、また、その結果応能負担を無視することにもなるので憲法二五条、一三条、一四条に違反する。(2)建物の評価においても、右基準は、再建築費を基準としているが、このような評価方法は、建物につき生存権的財産か否かを全く顧慮していない点においては不合理であり、土地の評価の場合と同様、憲法二五条、一三条、一四条に違反する。

⑶本件評価額の決定は、条例のなかに根拠はなく、自治大臣の定める固定資産評価基準そのものに基づいてされているが、固定資産評価基準は、立法形式の点からみて、租税法律主義、課税要件法定主義、租税条例主義に反し違憲である。⑷法が特に縦覧期間を設け不服申立制度とも密着させて規定しているところからすれば、他の固定資産の評価額も縦覧できなければならないのに、Y市長が基準地・標準地など他の固定資産の評価額の縦覧を制限したのは違法であり、このことは評価額自体の妥当性とは別個に評価額の決定を違法とするものであるというものである。」

右主張のうち、⑴、⑵の主張は立法政策に帰する問題であるので、末尾に挙げた他の評釈[(1)]を参照していただくことにして、ここでは専ら⑶、⑷について〔判旨〕を紹介し、解説をすることにしたい。

二　判　旨

Xの請求を棄却。

1　憲法は、地方自治を保障し、……地方公共団体に、その自治権の裏付けとして課税権が与えられるべきことを予想していることは当然といってよいが、憲法九四条の規定（その他の憲法の諸規定）から当然に地方公共団体に課税権が発生したものと解することは困難である。……法二条によれば、「地方公共団体は、この法律の定めるところによって、地方税を賦課徴収することができる」と規定し、地方税の賦課徴収の主体は地方公共団体であることを明らかにするとともにその課税権は既述のとおり地方公共団体に固有のものではなく、右地方税法二条により国から賦与されたものであり、地方公共団体は、この国から賦与された課税権に基づいて地方税が賦課できるものと解される。……（原告のいう租税法律主義が、憲法上当然に地方公共団体に課税権が賦与され、条例でこれを課税しているという趣旨であれば、その見解はとりがたいものである）そして、Y市はこれをうけてY市税条例（昭和三〇年五月二一日条例第一四号）を設けて……五四条以下で固定資産税の税目、課税客体、課税標準、税率その他賦課徴収について規定をおいているが、固定資産評価の基準に関し何ら定めをしていない。そこで、自治大臣の告示である前記固定資産評価基準が

Y市の固定資産評価について法的に基準たり得るのか、が問題となる。

……そこで、本件の固定資産評価基準について検討すると、前記のとおり本件固定資産評価基準は自治大臣の定めた告示であり、法三八八条に右基準は自治大臣が定めるべきことを法定しているものであるから……、法律の委任に基づく命令であることは明らかである。ところで、固定資産税の課税要件の内容の一つである課税基準については、法三四九条一項で明記し（法三四一条五号と相まって「適正な時価」とされている）、単に具体的、技術的な算定基準を自治大臣の告示に委ねているものであるから、立法形式の点からいっても、右固定資産評価基準は市町村の固定資産評価にあたって法的に基準たり得るものである（それゆえ、法四〇三条一項が右評価基準に遵うべきことを規定するのも理由が存する）。そして、右固定資産評価基準は、固定資産の評価の基準並びに評価の実施の方法及び手続を、土地、家屋、償却資産に分けて細目的、技術的見地から詳細に規定して全国的統一基準を定めていることはその内容から明らかであり、前記法令の適法な委任の範囲にとどまることもまた明らかである。

従って、条例自身が固定資産評価の基準との関連について何ら規定をおいていないからといって（もとより条例中に固定資産評価に当たっては自治大臣の固定資産評価基準に従う旨の条例を設けることは許されないわけではないだろう）、本件固定資産評価基準に従うことは当然適法であり（むしろ現行法は右基準に従わねばならない（法四〇三条一項参照））、右基準に従った評価が違法視されることはない。

2　次に固定資産課税台帳の縦覧制限による違法の点について判断する。

……Xは固定資産課税台帳の縦覧期間内に、自らの宅地建物の台帳の縦覧とともに、その計算根拠及び比較対照するため他の標準宅地等の縦覧をY市当局に請求したこと……が認められるか。

ところで、法四一五条は、毎年一定期間に固定資産課税台帳を納税者の縦覧に供しなければならないことを規定するが、右の趣旨は、納税者に自らの固定資産の評価を知る機会を与えるとともに、その評価額が公平妥当な額であるかを検討させることにあると解される……。

従って、納税者が縦覧できる範囲は、必ずしも自らの固定資産課税台帳に限られず、他の固定資産の評価額についても納税者がその資産について、他の評価額とのバランスの不均衡の是正その他の事実を主張立証して関係者としての地位が肯認されるかぎり、縦覧が認められるべきである。……従って、自らの固定資産の基礎となった基準宅地・標準宅地がどこで、いくらと評価されているのか、また自らの宅地等の状況類似の地区の路線価はいくらなのか等は当然知ることはできると解される。けだしこれを知らなければ、自らの固定資産の評価の妥当性を検討することはできないし、これができないということであれば実質的に納税者の不服申立権を奪う結果になるのであるから、右の要請は最少限必要な条件といわなければならないであろう。法が「閲覧」とせずに、あえて「縦覧」というのは右の趣旨を明らかにしたものということができよう。縦覧の趣旨が右のとおりである以上、Y市長の前記拒絶は法の趣旨に反した違法行為といわざるを得ない。

しかしながら、縦覧の点に違法があるからといってそれが直ちに評価自体を違法ならしめるかどうかは別個の問題である。固定資産評価審査委員会への審査の申出は終結的に当該固定資産評価額及び課税標準の当否にかかっているのであるから、当該評価額等に違法がなければ審査の申出は理由がないことに帰し、縦覧の点に違法があったからといって、それが直ちに評価等の内容に結びつくものではないからである。従って、本件請求においては、既述のとおり、本件評価が適法と認められる以上、縦覧の点について違法があっても、Xの請求は理由がないといわざるを得ない。

三　解　説

1　固定資産税の課税と固定資産評価審査委員会

本件は、法四三二条に基づく審査の申出に対するY市固定資産評価審査委員会の棄却の決定について、その取消しを求めて提訴されたものである。

固定資産評価審査委員会の構成、機能、審理方式については、制度の目的どおり運用されていないのではないかという厳しい批判がなされている（石島「固定資産評価審査委員会の機能と審理方式」税法学四〇〇・九七、同四〇三・一二（山田質問部分）、木村「評価審査委員会における救済制度の現状とあり方」ジュリスト増刊・日本の税金二三〇頁）。

2　地方税法と税条例

本判決は、「地方公共団体の課税権について、地方公共団体に固有のものではなく、地方税法二条により国より付与されたものであり、地方公共団体は、この国により付与された課税権に基づいて地方税を課税することができるのである。法三八八条に基づき自治大臣が定める固定資産評価基準は固定資産の評価にあたり法的に基準たりうるものである。条例自身に固定資産評価の基準との関連について何ら規定をおいていないからといって、現行法では右基準に従わなければならないのであって、右基準に従った評価が違法視されることはない」旨判示している。また、大牟田電気税事件で、福岡地裁昭和五五年六月五日判決判時九六六・三は、地方公共団体の課税権に関して、「憲法上地方公共団体に認められる課税権は、地方公共団体とされるもの一般に対し抽象的に認められる租税の賦課徴収の権能であって、憲法は特定の地方公共団体に具体的税目について課税権を認めたものではない。税源をどこに求めるか、ある税目を国税とするか地方税とするか、地方税にした場合に市町村税とするか都府県税とするか、課税客体、課税標準、税率等の内容をいかに定めるか等については、その具体化は法律（ないしそれ以下の法令）の規定に待たざるを得ない。……原告大牟田市は地方税法の規定が許容する限度においてのみ、条件を定めその住民に対し電気ガス税を賦課徴収しうるにすぎない……」と判示している。

ところで、地方税法と税条例との関係について、かつては、税条例を政令と同様に、地方税法という法律の委任に基づくものとして理解する考え方（伝来説）が有力であったが、最近では、地方税については憲法上において税条例によらなければ課税できないものとされているとする考え方（固有権説）が有力となってきている。そして、その憲法上の根拠を、八四条に求めるものと、地方自治に関する九二条、九四条に求めるものに分れている。地方税については、憲法上から条例主義が要請されているといえるので、法三条一項の規定は、単にこの憲法上の要請を確認しているにすぎないものと解すべきであろう。

本判決が税条例の中に明確にされていなければならない課税標準の算定根拠となる固定資産評価基準について、条例中に何ら規定がなくても条例主義に違反しないと解していること、また自治大臣の定める固定資産評価基準がY市長の行う固定資産の評価についても当然に法的に基準となる効力（拘束力）をもつと述べていることについて、疑問をもつ。法四〇三条で評価基準に従うべきことを定めているのは、その体裁から明らかなように、市町村の職員の任務を規定したものであり、課税権の根拠となるものではない。(2) 本件では、条例中に「自治大臣の定める評価基準による」との明文の規定を欠いているようであるが、ことさらこのような規定を欠いていても、条例の体裁・全体の構成等から条例中に準用（引用）規定があるのと同じような解釈ができるかどうかが重要な問題点である。一般の税条例には、「〇税の課税客体、課税標準、税率その他賦課徴収については、この条例に定めるもののほか、地方税法その他の法令を適用する」という規定の仕方をしているが、地方税法二条に掲げる課税要件に関しては、右のようないわゆるセービング・クローズによっては、条例主義を満たしていないという見解もみられる。(3)

3　固定資産課税台帳の縦覧とその範囲

地方税の定める固定資産課税台帳及び縦覧の制度は、台帳課税主義、前述の審査の申出の争訟制度と相まって、数の多い固定資産の課税事務を円滑・迅速に行い、台帳の登録事項を早期に確定させようとしているものである。

しかし、台帳に登録される評価額が公平適正な額であることをチェックするには、規定の表現が「閲覧」でなく「縦覧」となっていることに特別の意味があるかどうかは兎も角として、本判決も判示するように、評価基準に示している評価方法が土地についていうと、基準宅地、標準宅地の評価に依拠している以上、縦覧に当たって単に納税者に自分の土地の評価額を知る機会を与えるだけでなく、自分の固定資産の評価の基礎となっている基準宅地・標準宅地がどこで、いくらと評価されているかを縦覧させ、比較検討する機会を与えることが必要なことである。

本判決は、Y市長がXに対しX以外の台帳の縦覧を拒絶した措置を違法としている。本判決は、縦覧の意義とその範囲について判断を示した初めての判決であり、重要な先例である。しかし、従来の実務は、一般に、自分の所有する土地以外は見ることができないとしているようであり、この判決後も、実務は変わっていないようである。

4 縦覧拒絶の違法と評価額の決定に与える影響

本判決は、縦覧拒絶の点に違法があっても、それは直ちに評価額等の内容に結びつくものではなく、本件評価自体が適法と認められる以上、委員会の棄却の決定は違法とはならないと判示している。

本判決の採る見解は、一見して、公正手続の重視の思考と矛盾するものである。租税の分野で公正手続の履践が要求されている代表的な例は、青色更正処分の理由附記（所税一五五条二項、法一三〇条二項）であるが、そこでは、理由附記を欠く処分あるいは理由附記の不十分な処分は、その内容の適否を問うことなく、理由附記が不備であるということだけで、処分を取り消すべき違法なものと扱われている（リーディング・ケース、最高裁昭和三八年五月三一日判決・民集一七・四・六一七）

本件問題と類似するものに、国税通則法九六条二項による閲覧請求の拒否が違法であった場合に、当該裁決にどのような影響を与えるかという問題がある。

閲覧請求の拒否が違法であった場合に、それに基づく裁決にどのような影響を与えるかについて、裁判例は、(イ)裁決が違法となるのは、閲覧拒否にかかる書類その他の物件に対して適切な反証を提出することによって当該裁決の結論に影響が及ぶ場合に限られるとするもの（大阪高裁昭和五六年九月三〇日判決・行集三二・九・一七一八）と、(ロ)審査庁が正当な理由がなく閲覧請求を拒否することは審査手続における重大な瑕疵であるから、これに基づく裁決は違法となるとするもの（大阪地裁昭和五五年六月二七日判決・行集三一・六・一四二二）に分れている。

私は、手続の問題は、手続のサイドで検討を加えるべきであり、手続が間違っていても内容が正しければよいという考え方は、手続違反を軽視する考え方に傾斜するものであり、公正手続の履践こそが正義（公正課税）を担保するという考え方にそむくことになりかねないと考える。それで、本判決が、縦覧拒否の点に違法があっても、評価額や内容が適法であれば決定の取消事由とならないと判示している論旨には疑問をもっている。

もっとも、昭和五八年一一月に行政手続法研究会が「行政手続法案要綱」を発表されているが（ジュリスト八一〇・四二）、この要綱が参考とされている一九七六年西ドイツ行政手続法四六条には、「手続の違背は、無効原因に当たるものを除き、異なる決定がなされなかったであろうと思われる場合には取消原因にはならない」旨の規定がおかれているのであるが、公正手続の遵守が十分に徹底していないわが国に、ただちに右規定・解釈を持ち込むことは適切でないように考えられる。

（1）　清永敬次「固定資産税とその評価基準の合憲性」ジュリスト七八六・二二

（2）　多くの裁判例は、自治大臣の固定資産評価基準は市町村長に対する技術的援助にすぎず、法的拘束力を有するものでないと解している（東京地裁昭和三四年四月二二日判決・行集一〇・四・七四六）。反対、秋田周『条例と規則』一四六頁、丸山高満「課税自治権と地方税法」地方税三〇巻五号四頁

（3）　碓井光明「地方税の法律的検討」租税法研究七号三六頁

（税経通信三九巻一五号、一九八四年）

45　所有権留保の割賦販売資産と固定資産税の納税義務者

★長崎地判昭和四二年二月一四日行集一八巻一―二号一一一頁
福岡高判昭和四二年一〇月二四日行集一八巻一〇号一三七〇頁

一　事　実

X（原告・被控訴人）は、各種建設機械の販売を目的とする会社であるが、昭和三九年一月一日以前に、トラクターショベルをA及びB会社に所有権を留保する特約付で割賦販売したところ、佐世保市長Y（被告・控訴人）は、昭和四〇年六月一〇日付けで昭和三九年度固定資産税の過年度賦課処分を行った。

A社及びB社はいずれも右物件を自己の事業の用に供し、会計帳簿の処理上、資産として計上し、法人税の所得の計算上その物件の減価償却額を必要経費に算入していた。

Y市長は、右物件につきXに対し固定資産税を賦課したが、その理由として、地方税法三四三条一項に「固定資産税は、固定資産の所有者……に課する」と定められており、Xは所有権留保付売買の売主で所有権者であることは自ら主張するとおりであって、法人税とは体系と目的を異にし、更にXが固定資産税を納付したとしても、割賦販売契約には、売主が右のごとき税金を納付した場合、買主の方でその税額を負担する旨の約定が存するのが通例であり、Xが不利益をうけることはなく、自治省の行政指導も右のとおりであると主張した。

これに対し、Xは右課税処分の取消しを求めた。

Xの主張によれば、固定資産税は収益税であり、Xの所有権留保は単にその代金債権留保の手段であって、民法上の所有権はともかく、本物件はXにとっては商品であり、これに固定資産税を課することは、固定資産税の収益者負担の原則に反するとする。また、所得税、法人税は、実質課税の原則により、単なる名義人には課せられないのであり、固定資産税も同様に解すべきだとする。更に、法人税法では、割賦又は延払条件買入資産等について、買主が所有権をいまだ取得していないのに買主を所有者とみなして減価償却を認め、所得計算上それを必要経費として算入することを認めており、地方税法上では、右のごとき物件を償却資産であると定めて法人税法との結びつきを明示しているわけで、この点からして、固定資産税の課税については、法人税法と解釈運用を一にしなければならない。

仮にXが固定資産税の納付義務者であるとすれば、Xは本件物件の販売で得た利益については法人税を賦課されるのであるから、同一商品について、法人税と固定資産税との二重の賦課という不合理な結果となると主張した。

二　課税庁の判断

Xの固定資産税が収益税であるという主張については、「仮に……収益税であるとしても、償却資産の所有者は、その物を自ら使用し収益する場合はもとより、これを代人に使用せしめる場合でも、その使用料等を収受し、間接に収益を得ているものであり、使用料等を収受しなくとも、それは、そのような収受し得べき利益を自ら任意に抛棄しているにすぎないのであるから、その所有者を、固定資産税の関係において所有者として取扱っても少しもさしつかえはなく、収益税の性格に反するものではない。」としている。

また、実質課税の原則から、単なる形式上の所有名義人にすぎないものに対する本件課税が違法であるというXの主張に対しては、「地方税法は、償却資産に対する固定資産税の納税義務者は当該償却資産の所有者であることを明定している。このことは、その資産を使用し収益している者が所有者以外の第三者であろうと、その使用権限が所有権に基づくものか、賃借権か、あるいはその他の使用権によるものであるかの如何を問わず、またその物を法人税あるいは所得税法上の償却資産として、その減価償却額を損金又は必要経費に算入し、その所得から控除しているものが所有者以外の第三者であろうと、そうしたことにかかわりなく、専らその償却資産の所有者をして納税義務を負担させるということにほかならないものであるところ、Xが本件物件を各訴外会社に販売するに当り代金完済まで所有権を留保していたこと、したがって本件固定資産税の納税義務者をXであるとした本件課税処分には、なんらの違法はない。」と主張している。

更に、Xの主張する法人税法上所有者としての取扱いをうけているのは各訴外会社であるから、固定資産税の場合も同様の取扱いをすべきだとする点については、「法人税は国税であり、固定資産税は地方税であって、それぞれの体系と目的を異にし、前者は法人の所得に対し、後者は固定資産に対し、それぞれ賦課されるものであって、その性格が異なっているのであるから……右両税が結果において、同一利益の中から支払われることになっても、二重課税の問題を生ずる余地はないし、Xが本件物件についての固定資産税の納税義務者とされ、その税金を納付したとしても、割賦販売契約には、売主が右のような税金を負担する旨の約定が存するのが通例であるから、原告が同一商品について、法人税と固定資産税の納税義務者とされても、Xに不当な不利益をおよぼすということはない。」と主張する。

三　裁判所の判断

裁判所は、Y市長の課税処分を違法とし、取り消す旨の判決を下している。

「固定資産税の賦課が、台帳課税で表見主義を採用しているからといって……（職権により登録された台帳上の所有者であるXについて）……登録されていることの一事をもって、その実質にかかわりなく、Xをその所有者として固定資産税を課するという表見主義を貫くことは相当でない。すなわち、このような場合、誰を所有者として右台帳に登録すべきかの問題、換言すれば、誰に課税すべきかの前提問題であるから、表見主義というものが、前記のとおり、誰に課税すべきかを決するについて、右台帳の記載によるということに他ならない以上、本件の判断について、右表見主義を採用していることは、特段の意味をもつものでない。」と判断し、更にこれを踏まえて、「地方税法が、固定資産税の納税義務者を、その資産の所有者と定めている以上、……所有者以外の者にこれを賦課し得ないことは明らかである。しかし、同法は、……償却資産の所有者とは償却資産課税台帳に所有者として登録されている者をいうものであることのみを定めていて、本件のように、所有権留保の割賦販売の場合における右課税台帳に登録されるべき所有者とは誰であるかということについては直接には規定していない。」として、台帳上の所有者が本当にXであるのか否かについて検討をしている。

「法人税法、所得税法のように、実質課税の明文こそ存在しないけれども、地方税法においても、実質課税の原則は貫かれているものと解するのを相当とするところ、割賦販売において、売主が所有権を留保する理は、その代金債権の確保という経済的目的を確実に達成しようということにあるのであって、売主の所有権は単なる形式に過ぎず、その物件の所有権は実質的には買主に移転し、その使用収益の権能を排他的に取得するに至るのもこの故である。また、割賦販売法においても、売主の解約条件を一般の売買より厳格に解して制限を付し、売主の所有権取得を確実ならしめる規定を設けるなどして、実質的には買受人が所有者としての実体を取得したものとされているものとみるほかない。」として、本件の場合もこれと同じように考えるべきであると判断している。

そして、償却資産における減価償却費の計上を取り上げ、それを計上すべき者は「その資産の所有者でなければならないとともに、また所有者であったとしても、その資産、すなわち、物を生産手段に供する客体として所有していない以上、例えば販売すべき商品として所有しているが如き場合、その減損額は、企業収益の費用となるものでないことは自明の理であって、その所有者にとっては、それは減価償却をすべき償却資産ではなくして、単なる棚卸資産たるにすぎない。このように所有者でなければ本来認めるべきではない減価償却費の計上を、所有権者ではない割賦販売の買主に認めた……通達は、その買主の物件に対する支配の実体に着目し法人税法上、当該償却資産の所有者として取扱うことを認容したものにほかならないところ、固定資産税における課税客体としての償却資産は、地方税法

第三四一条第四号によれば『土地及び家屋以外の事業の用に供することができる資産で、その減価償却額は減価償却費が法人税法又は所得税法の規定による所得の計算上損金又は必要な経費に算入されるもの』とされていて、……償却資産台帳に登録されるべき者は、所有者とされているから、これらを総合すると、所有権留保の割賦販売にかかる物件について、それを固定資産賦課物件としての償却資産とするためには、買主においてまず自己の資産として会計帳簿に計上しなければならないものである。それ故、右買主においてこれを資産として計上していない以上、いかに買主の事業の用に供されている物件であったとしても、法人税法上、その所得の計算において、減価償却費を必要経費に算入することが認められないのであるから、固定資産税賦課対象の償却資産ともなり得ないことが明らかである。このように、法人税法の処理規定の上に構成された地方税の償却資産の規定の態様、さらには売主を償却資産の所有者と考えた場合、右のように全く自己の関与する余地のない買主の資産計上の如何によって、その資産に対する固定資産税の納税義務の存否が左右されるにいたるという、租税負担公平の要請から不当性、くわうるに、つぎの法解釈理論からする不合理性、すなわち、特定の法体系（本件の場合租税法体系）に属するある法律において、一つの概念が形成された場合、その法体系に属する他の法律において、同一用語のもとに相異なる意味内容が与えられると、その法体系の秩序は維持し得なくなり、混乱を招来するに至るものであるから、その概念は、その法体系においては一つに解され、定められ、通用されなければならないものである。」とし、この点から本件を考えれば、「法人税では、償却資産の主体を買主であるとし、地方税法では、それを売主であるとするならば、その減価償却費を必要経費に算入することを認められるのは買主であり、売主はそれが認められないのにかかわらず、すなわち所有者ではないのに、地方税法では所有者として固定資産税の納税義務者とされるという不合理な結果となる。これらの見地から、所有権留保の割賦販売にかかる償却資産について、法人税法上所有者を買主と定められた以上、地方税法においても同様に解釈され、かつ運用されなければならない。」とする。

そして、「租税法律主義と固定資産税の本質からして、償却資産である物件が所有権を売主に留保されて割賦販売された場合、これについて償却資産課税台帳に登録されるべき者は買主であると解するのが相当である。」と判断した。

四　研究

1　固定資産税の性格

第一審判決にそってみていくと、固定資産税は収益税としての性格を有するものであり、収益者負担の原則に立脚して課税されるべきであるとしている。だが、この点については、異論がある。つまり、固定資産税は、「土地、家屋及び償却資産価値の資産価値に着目して課せられる物税であり、財産課税的性格を有する。」(1)という見解であり、判例及び税法学者の中ではこちらの見解の方が多数説となっている。

2　固定資産税の課税客体

固定資産税の課税客体は、土地、家屋及び償却資産である（地方税法三四一条、以下法という）が、本件で問題となったのは、この中の償却資産である。償却資産とは、土地及び家屋以外の事業の用に供することができる資産で、減価償却額又は減価償却費が法人税法又は所得税法の規定による所得の計算上損金又は必要経費に算入できるものである。ただし、償却資産はそれが現に事業の用に供していたり、減価償却額を損金に算入していることは必要としない。そうした可能性を有していない単なる商品はそれに該当しない。

だが商品（棚卸資産）が所有権確保のまま割賦販売された場合、確かに売主からみれば、それは商品であるが、買主にとっては、それを事業の用に供し、減価償却額を法人税法上損金に計上できる以上、償却資産に該当するわけである。

3　固定資産税の納税義務者

固定資産税の納税義務者は固定資産の所有者である（法三四三条一項）が、地方税法は課税上の便宜から、その所有者は課税台帳上において所有者として登録されている者をいうものとしている（法三四三条二項、三項）。この台帳上に所有者として登録されている者を、課税上の便宜から所有者すなわち固定資産税の納税義務者と取り扱う制度を台帳課税主義と呼んでいる。所有者という概念は民法の借用概念であり、民法上の所有者のことをいうのであるが、固定資産税では課税上の便宜から台帳課税主義を採り入れている。

ところで、償却資産について、課税台帳に所有者として登録されるべき者は、償却資産の所有者であるが、償却資産については土地又は家屋の場合と異なり、その所有者に申告の義務が課されている（法三八三条）。

固定資産税の課税は、賦課期日（毎年一月一日）における台帳上の所有名義人を所有者として納税義務が課されるのであるが、台帳上の登録が償却資産の所有者でない者を所有名義人としている場合は、本件のごとく固定資産税の賦課処分に対して取消訴訟を提起して争うことができる（法四三四条二項）。

4　所有権留保の割賦販売と固定資産税の納税義務者

自動車税の場合は、こうした場合、買主を当該自動車の所有者とみなして課税するという特別規定を設けているが（法一四五条二項）、本件が起こった当時は、固定資産税にはこのような特別規定がおかれていなかった。

それで、判決は、本件のようにその使用収益の実態にウエイトをおいて買主を所有者と解するものと、民法上の所有権者が誰かということにウエイトをおいて所有権を留保している売主を所有者とするものに対立していた。本件の控訴審判決は、本件判決を取り消して売主を所有者と解している。

この点については、昭和四五年法律第二四号により立法的に解決されている。現行の地方税法三四二条三項によると、売主が償却資産の所有権を留保しているときは、当該償却資産について、売主と買主の共有物とみなされ、両者が連帯納税義務を負うことになっている（法一〇条の二第一項）。

（1）　田中二郎『租税法』法律学全集四六二頁、金子宏『租税法（補正版）』二六六頁、最高判昭四七年一月二五日民集二六・一・一

〈本判決の評釈〉
山田幸男・租税判例百選（第一版）一三六頁
須貝脩一・シュトイエル六四号一頁
森岡敞・ジュリスト三八二号八〇頁
〈控訴審判決の評釈〉
山田二郎・シュトイエル七四号六頁

（シュトイエル七四号、一九六九年）

（再論）

福岡高裁昭和四二年一〇月二四日判決、昭和四二年（行コ）二号
固定資産税課税処分取消請求控訴事件――原判決取消、自判して請求棄却
行集一八巻一〇号一三七〇頁

一　判示事項

固定資産税は、固定資産を所有しているという事実に担保力があるとして課せられる財産税であって、これを使用し現実に収益をえている者に課される収益税ではないから、所有権を留保して割賦販売された物件がその買主のために償却資産である場合でも、固定資産税は、その所有者であることに基づき償却資産課税台帳に所有者として登録されている売主に賦課されるべきものである。

二　事　実

1　X（原告、被控訴人）は各種建設機械の販売業を営む会社である。Xは昭和三九年一月一日以前にAにブルドーザー四台（本件資産という）を代金完済まで所有権を留保する特約で販売し、昭和三九年一月一日当時本件資産はAが佐世保市内において自己の事業の用に供し、かつ、会計処理のうえで資産に計上し、その減価償却額を法人税の所得計算上損金に計上していた。

ところで、本件資産について、Y（佐世保市長、被告、控訴人）は右資産について誰からも申告がなかったが、Xをその固定資産税の納税義務者であるとして、Xに対して昭和四〇年六月一〇日付で昭和三九年度固定資産税賦課処分（税額三〇万三、三二〇円）を行ない、さらに、昭和四一年五月一八日付で右固定資産税の税額を減額する更正処分

(税額二七万三、八四〇円)を行なった。それで、その賦課処分および減額更正処分の取り消しを請求したのが、本訴である。

2　本訴は、所有権留保の割賦販売資産[1]について、その固定資産税の納税義務者は売主であるかそれとも買主であるかが争われたものである。

第一審判決(長崎地裁昭和四二年二月一四日判決・行集一八・一〇・一三七五)は、所有権留保の割賦販売資産について、つぎのとおり、その固定資産税の納税義務者は売主ではなく買主であると判断し、本件課税処分を取り消した。

「(一)　本件資産については、申告期日の末日までの間に納税義務者から申告がなされず、佐世保市の償却資産課税台帳に登録されている者がなかったため、同市固定資産税係員においてこれの実態調査をなした結果、Xがこれに対する所有権を留保して割賦販売している事実を確認したので、Xを本件物件の所有者であると認め、職権で右台帳に登録し、本件課税処分のなされたことが認められる。

固定資産税の賦課は、台帳課税で表見主義を採用しているからといって、本件の如く申告がなく、Yが職権調査によってXを所有者とした上、職権で償却資産台帳に登録し、それに基づき、Xに本件課税処分をしたことの当否が争われている場合、台帳上の所有者がXとして登録されていることの一事をもって、その実質にかかわりなく、Xをその所有者として固定資産税を課するという表見主義を貫くことは相当でない。

(二)　地方税法は、本件のように、所有権留保の割賦販売の場合における右課税台帳に登録されるべき所有者とは誰であるかということについては直接には規定していない。したがって、右の登録されるべき所有者を、民法上の所有者、すなわち売主とするか、または、その所有の実質に着目して、現実に占有支配し収益している者、すなわち買主とするかは、なお解釈の余地のあるところである。その解釈の結果、そのいずれかを右の登録されるべき所有者であると決したとしても、これを目して所有者以外の者に右税の納税義務を負わせたとはとうていなしえず、租税法律主義に些さかも反するものではない。

㈢　償却資産に賦課される固定資産税は、その賦課制度の歴史的沿革、目的等に照らし、投下資本の生み出す収益を財産課税の形態によって補足したものと解すべきであり、固定資産税は本来いわゆる収益税の部類に属するものと解する。

㈣　租税は、すべての人から、その担税力に応じて公平に賦課徴収されなければならないことは当然であるから、所得税法一二条、法人税法一一条の如き実質課税の原則を明示した規定が地方税法に存しないからといって、地方税法が実質課税の支配する分野でないと解することは妥当ではない。

割賦販売において、売主が所有権を留保する理由は、その代金債権の確保という経済目的を確実に達成しようということにあるのであって、売主の所有権は単なる形式に過ぎず、その物件の所有権は実質的に買主に移転し、その使用収益の権能を排他的に取得するに至るものである。

㈤　所有者でなければ本来認めるべきでない減価償却費の計上を所有権者でない割賦販売の買主に認めた法人税基本通達一九一の三は、法人税上その買主の物件に対する支配の実体に着目し、当該償却資産の所有者として取扱うことを認容したものにほかならない。固定資産税における課税客体としての償却資産は地方税法三四一条四号によれば、「土地および家屋以外の事業の用に供することができる資産で、その減価償却額は減価償却費が法人税法または所得税法の規定による所得の計算上損金または必要な経費に算入されるもの」とされており、また、償却資産台帳に登録されるべき者はその所有者とされている。法人税法の処理規定の上に構成された地方税法の償却資産の規定の態様を考えた場合、これらの見地から、所有権留保の割賦販売にかかる物件について、法人税法上所有者を買主と定めている以上、地方税法においても同様に解釈されかつ運用されなければならないものである。

償却資産である物件が所有権を売主に留保されて割賦販売された場合、これについて償却資産課税台帳に登録されるべき者は買主であり、買主が固定資産税の納税義務者である。」[2]

3　第一審判決に対するYからの控訴につき、控訴裁判所は、つぎのような理由により、一審判決と反対に、固定資産税の納税義務者は売主であると判断し、一審判決を取消し、課税処分を違法でないとしてXの請求を棄却した。

「(一)　地方税法三四三条一項ないし三項、三八三条によると、固定資産税は、土地台帳、家屋台帳、あるいは償却資産台帳に所有者として登録されている以上、当該物件が果してその所有者に属するか否か、また、所有者として登録されている者が現実に収益を得ているか否かを問うことなく課される所謂台帳課税主義ないし表見主義が採られていることが窺われるので、この事実と、地方税法に所得税法三条の二、法人税法七条の三の如き所謂実質主義の原則が規定されていないことを考えると、固定資産税は、寧ろ土地、家屋および償却資産の価値に着目し、これを所有しているという事実に担税力があるとして課せられる財産税であると解するを相当とする。

(二)　固定資産税は物件を使用し現実に収益を得ている者に課すべきであるとすると、所有権留保つき割賦販売の物件に対し第三者がこれを差押えた場合に、売主は右第三者に対し執行異議の訴を提起することができるから、地方税法三四三条一項中の所有概念を私法上の所有概念と別異に定義しなければならなくなり、売主は地方税法上においては所有者でなく私法上においては所有者であるという、法体系上の混乱をきたす虞を生ずる結果となる。

(三)　地方税法三四三条一項カッコ内の規定、同条五項、八項の各規定によると、地方税法が固定資産の実質使用収益者を所有者とみなして固定資産税を課することを明定しているけれども、これはあくまで固定資産税は所有者負担の原則に対する例外規定であると解するので、本件の場合にこれらの例外規定を類推適用することは租税法律主義の原則に反する。

(四)　所有権留保付販売の物件所有者に固定資産税を課することは租税負担公平の原則に反するとのXの主張については、成程本件物件の使用者であるAが本件物件について現実収益を得ていて、売主であるXが使用収益を得ていないのにXに固定資産税を課することが一見租税負担公平の原則に反すると見られるかもしれない。しかし、一般に所有権留保付割賦販売の場合、売主は単純売買の場合に比し多額の代金を要求していることを考えると、売主に対し固定資産税を課することがあながち租税負担公平の原則に反するとはいいきれないのみならず、もし租税負担公平の原則に反するとしても前記の如く租税法律主義の原則を曲げてまで租税負担公平の原則を貫く解釈態度は当裁判所として採用し難い。」

三　評　釈

所有権留保の割賦販売資産につき固定資産税の納税義務者は売主であるかそれとも買主があるかについて、これまで裁判例は分れているが、私は、本件の控訴判決の判示事項のとおり、それを売主(3)（所有権者）であると解釈するのが正しいと考える。しかし、その理由づけについて控訴判決では十分でないので、ここで、固定資産税の基本問題に立ちかえって考察し、本判決について検討を進めることにしたい。

1　固定資産税の沿革と性格

固定資産税は、沿革的には、地租および家屋税に代るものとして、昭和二五年にシャウプ勧告に基づき創設されたものである。固定資産税は、地方税法（以下、法という）で、市町村税のなかの普通税の一つとして定められているものである。地方税法は、地方税を課するための全国的な基準を定めた法律であって、この法律の規定がそのままでただちに住民に適用されるものではない。地方税は、地方公共団体（都道府県や市町村）が地方税法に基づいて定めた条例に基づいて課されるものである（憲法九二条、九四条）。

地租および家屋税は、賃貸価格を課税標準とする収益税的性格を有するものであったが、固定資産税は土地、家屋および償却資産の資産価値自体に着目して課されるもので財産税的、物税的性格のものである（同旨、松隈秀雄『税務読本』三九頁、田中二郎『租税法』四六二頁、京都地裁昭和三一年五月一七日判決・行集七・五・一一一六）。

本件において、固定資産税を収益税であるとする第一審判決（同旨、岐阜地裁昭和二八年一二月七日判決・行集四・一二・三〇八二）は、正当なものといえない。

2　固定資産税の課税客体

固定資産税の課税客体は、土地、家屋および償却資産である（法三四一条）。

土地とは、田、畑、宅地、塩田、鉱泉地、池沼、山林、牧場、原野その他の土地である（同条二号）。

家屋とは、住家、店舗、工場（発電所および変電所を含む）、倉庫その他の建物である（同条三号）。

償却資産とは、土地および家屋以外の事業の用に供することのできる資産（鉱業権、漁業権、特許権、その他の無形減価償却資産を除く）で、その減価償却額または減価償却費が法人税法または所得税法の規定による所得の計算上損金または必要な経費に算入されうるもの（これに類する資産で法人税または所得税を課されない者が所有するものを含む）である。そして、法人税法では、減価償却資産について車輌および運搬具その他の資産で償却すべきものとして政令で定めるものをいうと定めている（法人税法二条二四号）。しかし、自動車税（道府県税）の課税客体である自動車ならびに軽自動車税（市町村税）の課税客体である原動機付自転車、軽自動車、小型特殊自動車および三輪の小型自動車は、償却資産から除外される（法三四一条四項）。

償却資産は、現実に事業の用に供していることや現実に減価償却額を損金に算入していることを必要とするものではないが、商品（棚卸資産）であるにすぎないものは償却資産に該当せず、事業の用に供しうる性質のもの（たとえば、一時的に遊休の状態にあるものを含む）でなければならず、また、その減価償却額を損金に算入できるものでなければならない。そして、償却資産を事業の用に供する者が譲渡担保として第三者にその所有権を移転しても、依然としてこれを自らの事業の用に供している場合はその資産が第三者（譲渡担保権者）にとっていかなる意味をもつかにかかわりなく、その資産は償却資産である。また、商品（棚卸資産）が所有権留保のまま割賦販売された場合、売主からみればその資産は商品（棚卸資産）であるが、買主においてその資産を事業の用に供しその減価償却額を法人税法上において損金に計上することが認められる以上、償却資産に該当するというべきである（同旨、福岡高裁昭和四二年一〇月二〇日判決・行集一八・一〇・一三五〇）。つまり、固定資産税の課税客体としての償却資産に該当するか否かは、所有者が誰であるかを問わず決まることであり、この場合所有者が誰であるかは固定資産税を誰に課税すべきか（納税義務者）に関して問題となってくることである。

3 固定資産税の納税義務者

固定資産税の納税義務者は、原則として、固定資産の所有者（質権または一〇〇年より長い存続期間の定めのある地上権の目的である土地については、その質権者または地上権者）であると定められている（法三四三条一項）。

そして、この例外として三つの場合につき、所有者でないものを所有者とみなすことが定められている。すなわち、(1) 固定資産の所有者の所在が震災、風水害、火災その他の事由によって不明である場合には、その使用者を所有者とみなして、これを固定資産税課税台帳（法三四一条九号）に登録し、その者を納税義務者となしうる（法三四三条四項）、(2) 農地法による買収農地、土地区画整理法による土地区画整理等の場合には、使用者あるいは売渡の相手方をもって所有者とみなして納税義務者とする（法三四三条五項ないし七項）、また、(3) 信託会社が製造会社等より償却資産となりうる資産の信託を受け、これを企業者に将来の譲渡を条件として賃貸している場合、借受人を所有者とみなして納税義務者とする（法三四三条八項）。

そして、その所有者の意味について、課税客体ごとに規定が設けられている。

(一) 土地、家屋について、その所有者とは、土地登記簿、建物登記簿（これに登記されていないものにかぎり、土地補充課税台帳または家屋補充課税台帳）に、賦課期日（一月一日）現在において、所有者として登記または登録されている者を所有者と定めている（法三四三条二項前段）。

そして、この場合、(イ) 所有者として登記または登録されている個人が賦課期日前に死亡しているとき、(ロ) 所有者として登記または登録されている法人が賦課期日前に消滅しているとき、(ハ) 所有者として登記されている法三四八条一項の者（非課税の国、地方団体等）が同日前に所有者でなくなっているときは、「賦課期日において当該土地または家屋を現に所有している者」を所有者としている（同条二項後段）。

つまり、土地、家屋の納税義務者としての所有者は、台帳課税主義（表見課税主義）が採用されていて、登記簿に所有者として登記されている者を所有者とするのであり、ただ、登記のないものおよび法三四一条二項後段の(イ)(ロ)(ハ)の場合には賦課期日において当該土地または家屋を現に所有している者を所有者として納税義務者と定めているのである。そして、この所有とは法律概念そのものであり、税法のなかに私法の概念と同じ概念を使用している場合には、特別の規定のないかぎり私法と同じ意味に解すべきであるから（最高裁二小廷昭和三五年一〇月七日判決・民集一四・一二・二四二〇）、この所有とは民法上の所有と同意義に理解すべきである。所有の意義の理解に関して、いわゆる実質所得者課税主義を持ち込んで解釈しようとするのは誤解というほかない。

実質所得者課税主義を唱っている規定に、所得税法一二条、法人税法一一条、地方税法二四条の二（道府県民税）、七二条の二（事業税）、二九四条の二（市町村民税）があるが、この解釈について二つの見解が対立している。第一の説は、課税物件の法律上の帰属について、その外観（形式）と実質とが相違している場合には、実質的な法律上の帰属に即して課税物件の帰属をきめるべきであるというものである（法的実質主義）。第二の説は、法律上の帰属と経済上の帰属とが相違する場合には、経済上の帰属に即して課税物件の帰属をきめるべきであるというものである（経済的実質主義）。所得税、法人税、道府県民税、事業税および市町村民税はいずれも所得ないし収益という経済概念を課税物件とし、収益の享受をもって課税物件の帰属を決する建前を採っているのであるから、第二の説が正しいといえる。しかし、右所得税等の課税物件やその帰属の問題と違い、固定資産税の納税義務者については償却資産の所有者という法律概念を導入してその納税義務者を定めているのであるから、固定資産税の納税義務者の問題について、いわゆる実質所得者課税の原則をもち込むのは筋違いというほかない。

(二)　償却資産について、その所有者とは、登記簿がないので、市町村の作成する償却資産課税台帳に、賦課期日（一月一日）現在において、所有者として登録されているものを所有者としている（同法三四三条三項）。

その償却資産課税台帳（法三八一条五項）は、償却資産の所有者の申告（法三八三条一項）または職権調査（法四〇八条）によって毎年調整されるべきものであり、そこに償却資産の所有者等を登録しなければならないことが定められている（法三八一条五項、四一〇条、四一一条）。この償却資産の所有者とは、前叙のとおり税法のなかに特別の規定がないから、民法上の所有者と同意義に理解すべきである。

ここで誤解を生み易いのは、申告または職権調査によって償却資産台帳に所有者として登録されてしまったからといって、台帳上に登録されていることの一事をもって、その登録に基づく課税処分が適法視されるものではないことである。所詮、台帳は所有者を登録すべきものであるから、登録の内容が所有者と違っている場合には、その誤った登録に基づく課税処分は違法であるというべきである。この点において、土地および家屋の納税義務者の確定が登記簿の登記内容に基づく表見主義が採られているのと、相違しているのである。

4　所有権留保の割賦販売資産についての固定資産税の納税義務者

所有権留保の割賦販売資産につきその固定資産税の納税義務者について、地方税法は特別の規定を設けていない。自動車税では、自動車について所有権留保の割賦販売が巷間数多いためか、自動車税は自動車の所有者に課するとしたうえで（法一四五条一項）、自動車の売買において売主が当該自動車の所有権を留保しているときは、当該自動車は売主および買主の共有物とみなして、自動車税を課税する特別の規定をおいているが（法一四五条二項）、固定資産税についてはかような特別の規定はない。

特別の規定がない以上、所有権留保の割賦販売にかかる償却資産についても、その所有者が償却資産課税台帳に所有者として登録されるべき者であり、その所有者が納税義務者となると解するほかない。

固定資産税を収益税とする立論の失当なことは前叙のとおりであるが、仮に収益税であると理解するとしても、特別の規定のない限り、償却資産の所有者でない者を納税義務者と解釈することは租税法律主義に違反することであり、到底許されないことといえよう。

固定資産税の納税義務者を償却資産の所有者と定めている建前のもとにおいて、所有権留保の割賦販売資産につき、現実に占有支配し収益を挙げている者が買主であるとしても、買主が法律上（民法上）その所有者でない限り、その納税義務者にあたらないというべきであり、所有者である売主が納税義務者にあたるというべきである。

また、法人税法上において、基本通達により、所有権留保の割賦販売にかかる償却資産につき買主が資産に計上して減価償却することが認められているとしても、地方税上においては別途に所有者を納税義務者と定めている以上、所有者である売主が納税義務者であるというべきである。法人税法においても、償却資産は原則として自己所有のものであることを必要としており、他人所有の資産については減価償却額を含んだ賃借料の支払いにより費用が認識されその資産の使用による減耗分はその資産の所有者が負担するものと考えられているのであるが、割賦販売による資産のように、賃借料を支払わずその資産の減耗分の負担者が買主であり、買主は単に形式上（債権担保のために）所有権を有しないと認められるような場合には、法人税法上の収益認識の観点から特別に、所有者でない買主に減価償却の計上を認めるのが合理的としているのである（法人税上において、買主をその償却資産の所有者と法的判断をしたうえで、減価償却額の損金算入を認めているのではない。特別に、他人所有の資産について資産の計上を認め、その減価償却額の損金計上ができるとしているのである）。この法人税上の取扱いと固定資産税の規制との間に自動車税（法一四五条二項）のような特別の調整規定のある方が立法上望ましいことであり、また、事業の用に供している者と所有者とが異なっている場合に調整規定のある方が合理的であり立法上望ましいことであるけれども、調整規定がない以上、法人税法の取扱いに準じた解釈をする余地はない。

5　本件固定資産税の納税義務者

本件の所有権留保の割賦販売資産についてその資産自体は、買主において事業の用に供しているものであり、その減価償却額は法人税法の規定による所得の計算上損金に算入されているものであるので、償却資産にあたるものである。そして、賦課期日（昭和三九年一月一日）において、その償却資産の所有権が売主Xにおいて留保されている以上、その償却資産課税台帳の登録名義のいかんを問わず、所有者である売主が固定資産税の納税義務者であると解すべきである。

本件判決の結論は正当であるが、その判断の過程で、土地および家屋に対する固定資産税と償却資産に対する固定資産税とを一括とし、前者に妥当する台帳課税主義が後者にも妥当するやに判断していることについては、前叙のとおり賛同できない。

6　租税負担公平の原則と租税法律主義

本件判決は、最後に、租税負担公平の原則と租税法律主義の相互関係について触れ、「所有権留保は販売の物件所有者に固定資産税を課することが租税負担公平の原則に反するとしても、租税法律主義を曲げてまで租税負担公平の原則を貫く解釈態度は採用し難い」と述べている。しかし、租税法律主義は「法律なければ課税なし」という法諺により的確に表現されているとおり税法の適用の場面において機能するものであるのに対して、租税負担公平の原則は立法の面と税法の適用の面の両面において機能するものである。税法の適用の場面において、抽象的にいえば、法の下の平等主義（憲法一四条）を個別化した租税負担公平の原則に反する税法は、憲法違反の無効なものとなることが十分に考えられる。租税法律主義を租税負担公平の原則よりも上位においている解釈態度には賛成できない。しかし、本件課税が課税負担公平の原則に違反するものといえないことは、本件の判旨のとおりである。

（1）　本訴は、当初の賦課処分と減額更正処分の双方について取消しを訴求しているものであるが、従来の裁判例によると、減額更正処分（一部取消処分）によって当初の賦課処分は減額変更しているので、その減額された範囲で当初の賦課処分自体の取消しを求めれば足りると解しており減額更正処分は納税者にとって有利な処分であり、その取消しを求める訴えは訴えの利益を有しないものと解している（東京地裁昭和四二年九月二七日判決・判時四九九・三五等）。

（2）法人税基本通達一九一の三「割賦販売にかかる資産で、その割賦金が完済するまで所有権が移転しないものであっても、法人が占有して事業の用に供する場合、これを資産に計上したときは減価償却資産とする」。

（3）買主であると解するもの

イ　長崎地裁昭和四二年二月一四日判決（本件の第一審判決）

ロ　長崎地裁昭和四二年二月一四日判決・行集一八・一―二・一一一

売主であると解するもの

ハ　長崎地裁昭和四一年七月二日判決・判時四九六・二七

ニ　福岡高裁昭和四二年一〇月二〇日判決・行集一八・一〇・一三五〇

買主が納税義務者であると解するイ、ロの第一審判決が、控訴の結果いずれも取り消され、控訴判決では売主を納税義務者であると解しているのが注目される。ハの控訴判決も、第一審判決と同様に売主を納税義務者であると解している。イ、ロの第一審判決は同一裁判所の判決であるが、ニの控訴判決と本件の控訴判決とは別の控訴裁判所の判決である

文献として、竹下重人・税法学一九八号、須貝脩一・シュトイエル六四号、真鍋薫・税弘一五一一号、同・税報一四五二号、鈴木再吉・税報一四五二号、北野弘久・税理士界四一九号、同・判評一一一号、山田幸男・ジュリスト租税判例百選、森岡敞・坂田暉男・ジュリスト三八二号

46　所有権移転登記の抹消と固定資産税の納税義務

大阪地裁昭和五一年八月一〇日判決、昭和五一年(行コ)一七号
固定資産税等返還請求事件、行集二七巻八号一四六一頁
〔参照条文〕　地方税法三四三条一項・二項

一　事　実

Xは、Y市所在の田一五五平方メートルについて昭和四三年六月二二日受付をもって同月二〇日付売買を原因とするAからXへの所有権移転登記を経由していたところ、Y市は右移転登記が存在するということで、Xに対し昭和四四年度から昭和五〇年度までの固定資産税・都市計画税（以下本件租税という）を合計四万七、七二六円徴収した。ところが、昭和五〇年二月七日大阪高等裁判所におけるAとXとの間の訴訟において、右土地の所有権は売買によりAからXに移転したことがないとの理由により、XはAに対し右所有権移転登記の抹消手続をせよという判決があり、右判決は確定し、昭和五〇年四月八日右所有権移転登記は錯誤を原因として抹消された。

それで、XはY市に対し右徴収の税金は法律上の原因なく不当に利得したことになるとして、これの返還を求めた。

二　判　旨

請求棄却。

「Xは、その後大阪高等裁判所の判決によってAからXへの右土地所有権の移転がなかったことに確定したので、Y市は本件租税を不当に利得したものである旨主張する。しかし、……地方税法三四三条一項では、固定資産税は固

定資産の所有者に課すると定められているところ、同条二項によれば、右固定資産の所有者とは、土地については土地登記簿に所有者として登記されている者をいうと定められている。すなわち、土地に対する固定資産税の賦課については、土地に関する権利関係の調査、確定の煩を避けるため課税技術上いわゆる台帳課税主義がとられているのであって、登記簿上所有者として公示されている者は、真実の権利関係の如何にかかわらずその年度の固定資産〔税〕の納税義務者として決定されているのである。また同法七〇二条、同条の五および七によれば、都市計画税についても前記固定資産税と同趣旨の定めがなされている。そうすると、Y市が昭和四四年度分から昭和五〇年度分までの本件租税につき、その間の登記簿上の所有名義人であるXに対しこれを賦課、徴収したことは適法であり、したがってY市は法律上の原因なくしてこれを利得した者には該当しないから、たとえXが右期間真実の所有者でなくまたその後右登記が抹消されたとしても、本件租税をXに返還すべき義務はない。」

三　評　釈

判示の結論には賛成であるが、理由づけが不足している。

本件は、売買を原因としてされた土地の所有権移転登記が賦課期日（賦課の基準日）後に登記原因を欠くとして抹消された場合に、賦課期日に所有名義人であるとして課せられた固定資産税の賦課処分が違法（あるいは無効）となるかどうかが争われたケースである。Xは、所有権移転登記が登記原因を欠くとして抹消された場合は、固定資産税の賦課処分は無効となり、不当利得となると主張しているものである。

右争点を検討するまえに、判決理由にしたがって、固定資産税の課税関係について検討を加えておこう。

1　固定資産税の賦課期日、納税義務者

本判決でも触れているように、固定資産税の賦課期日は、当該年度の初日の属する年の一月一日である。つまり、

毎年一月一日がその年の四月一日から始まる年度の分として課税される固定資産税の賦課期日である（地方税法三五九条）。そして、固定資産税の納税義務者は当該固定資産の所有者であるが（同法三四三条一項）、右固定資産の所有者とは土地についていうと土地登記簿もしくは土地補充課税台帳（同法三四一条一一号）に、賦課期日現在において所有者として登記又は登録されている者をいうと定められている（同法三四三条二項）。すなわち、固定資産税の納税義務者は、当該年度の一月一日現在の登記簿又は補充課税台帳に所有者として登記又は登録されている者ということになる。

このように、納税義務者が所有者とされている場合に、実体法上の所有権の有無を調査確定してこれに拠ることとせず、登記簿又は補充課税台帳に登記又は登録されている者を所有者として納税義務を負わせる建前を一般に台帳課税主義（あるいは形式主義）と呼んでいる。この立法趣旨は、もっぱら課税上の便宜のために、形式的・外観的な表象に着目したものと説明されている（山田・増補税務訴訟の理論と実際二六六頁、千種「判例解説」法時二四・四・一二〇、中西ほか「地方税」地方自治講座一〇巻六三八頁、河西・固定資産税解義三七頁）。以上の点はいずれも、判例、学説、実務の上で異論のないところである。

2　賦課期日後の登記名義の抹消と固定資産税の賦課処分の帰すう

前述のとおり固定資産税は賦課期日における登記簿又は補充課税台帳上の所有名義人を納税義務者とするものであるから、賦課期日において所有名義人が実体法上の所有権を有しなかったとしても、また賦課期日後において実体法上の所有権について変動が生じたとしても、これらのことは固定資産税の納税義務自体には消長を来すものではない（同旨、最判昭和三〇年三月二三日民集九・三・三三六）。もっとも、固定資産税の納税義務者を名義人とするのは、あくまで課税団体と納税義務者との間の課税上の技術的考慮、課税上の便宜的考慮から出ているものであり、固定資産税は本来固定資産の所有者が負担すべきものであるから、実体法上の所有関係と登記名義人が喰い違っていて、このために真の所有者が固定資産税の負担を免れている場合には、登記簿上の名義人は、真の所有者に対して納付した固定資産税相当額を不当利得して返還請求ができると解されている（同旨、最判昭和四七年一月二五日民集二六・一・一）。

ところで、ここで問題となったのは、単に賦課期日において実体法上の権利関係と登記名義が喰い違っていたとか又は賦課期日後に実体法上の権利関係に変動を生じたというものではなく（固定資産税の賦課処分は、前述のとおり登記名義によるから、実体法上の権利関係との相違は、課税上においては問題とはならない）、賦課期日後に登記名義が抹消（本件の場合、抹消登記の原因は、錯誤）された場合に、さきになされた賦課処分の効力に影響を与えるかという問題である。

固定資産税は賦課期日を基準日とし、その日における登記簿または補充課税台帳の所有名義人を納税義務者として課すものと定められているが、賦課処分のときまでに（基準日以後で賦課処分時までに）右所有名義が抹消されてしまっているときは、この所有名義人を納税義務者と認定できないというべきであろう（昭和三〇年一一月一二日自丙市発第一二八号自治庁税務部長回答は、この場合でも所有名義人であったものを納税義務者としているが、賛成できない）。すなわち、課税団体は「賦課処分時」において、基準日現在の納税義務者が誰であるかを右基準日の時点の所有名義人に基づいて認定をくだすのであるが、この場合、すでに所有名義が抹消されてしまっているときには、登記簿等の記載に依拠して納税義務者の認定をする余地がないからである。このことは、右基準日以後に所有権移転登記がなされた場合とは異なる。所有権移転登記がなされても、基準日現在の所有名義人には変動が生じていないから、基準日現在の所有名義人に基づいて納税義務者の認定をすることになる（抹消登記と移転登記とは、登記の経過が相違していることに留意すべきである）。賦課処分後に登記名義が抹消された場合（本件の場合、登記が抹消されたのは昭和五〇年四月八日であるから、少なくとも昭和四四年度分ないし昭和四九年度分は、賦課処分後であるとうかがえる）はどうか。賦課処分は処分時を基準としてその適否を考えるべきであるから、その処分が違法となることはない。

ここで想い起こされるのは、最高裁第二小法廷昭和四九年三月八日判決・民集二八・二・一八六である。この判決では、課税年度後に債権が貸倒れによって回収不能となった場合について、先の課税は結果的に所得なきところに課税したことになり課税の前提を失うことになり、これに対する何らかの是正が要求されるものであり、まず課税庁が先の課税処分を取り消すべきであり、徴収後であればその部分の税額相当額を返還する措置をとることが最も事理に即した是正の方法であり、貸倒れの発生と貸倒れ額が客観的に明白で課税庁に格別の認定判断権を留保する合理的必要性がないときは当該課税処分そのものが取消し又は変更されなくても、国は不当利得の法理に従い、徴収税額のうち貸倒額に対応する税額を納税者に返還する義務を負うと判示している。

しかし、登記名義が賦課期日後（正確にいうと、賦課処分後）に抹消されても、抹消という事実が遡ってされたことにはならないので（法律効果の遡及とは異なる）、登記名義に従った課税処分が課税の前提（要件事実）を欠いたことにはならず、従って後発的理由により違法となるものではなく、処分を取り消すべき関係は生じないものと考える。したがって、この場合、処分が当然無効となり不当利得の生じる余地はない。

本件判決が不当利得が生じないとして請求を棄却している点は正当であるが、賦課処分がいったん適法であれば当然に不当利得は生じないとし、所有名義の抹消という後発的事実がどういう効果を生じさせるのかについて検討を加えていない点は議論が不足しているといえよう。

3　賦課期日後の登記名義の抹消と更正の請求の許否

賦課期日後に権利関係が確定し、登記名義を抹消したような場合、前述のとおり、固定資産税を納付した登記名義人は真の所有者に対して不当利得としてその返還を求めることはできるとしても、課税団体との間で徴税の是正を求める方法は全くないのであろうか。

昭和四五年の地方税法の改正で、後発的理由による更正の請求の規定（同法二〇条の九の三、同法施行令六条の二〇の二）が設けられているので、ついでに検討をしてみることにしたい（国税についても、昭和四五年の国税通則法の一部改正で同趣旨の規定がおかれている）。

右地方税法の規定は、国税通則法の関係規定と全く同様に、後発的事由により更正の請求ができる場合を限定的に規定しているものと解される（同法二〇九条の九の三第二項）。そして、この更正の請求ができる者として、「申告書を提出した者」および「申告書を提出しなかったため決定を受けた者」と定めている。固定資産税は、賦課課税方式（普通徴収の方法）であり（同法三六四条一項）、申告納付方式ではないので（この例として、法人の道府県民税、法人事業税、法人の市町村民税、鉱産税、自動車取得税等）、右更正の請求の対象にはならないというほかない。

以上論じてきたように、賦課期日後（正確にいうと、賦課処分後）に権利関係が確定し、賦課期日当時の登記名義の抹消がなされた場合も、課税団体との間では賦課処分の違法ないし不当利得の問題は生ぜず、また更正の請求の手続にも乗らないので、課税団体との間では徴税の是正を求めることはできない。誤って登記名義人であったことにより固定資産税の徴収を受けた者は、救済方法としては、実体法上の真の所有者に対して納付済みの固定資産税相当額につき不当利得として返還を求めるほかない。

4　台帳課税主義と誤った登録事項との関係

固定資産税は、賦課期日現在における登記名義によって賦課されるのであるが、前述のとおり、賦課期日のあと賦課処分時までに登記名義が抹消されたときは、賦課期日における登記名義人の記載は存しないのであるから、その登記名義人を納税義務者と認定して固定資産税を賦課することはできないと考えられる。

ところで、固定資産税の納税義務者は、その真実の所有者が誰であるかということでなく、登記簿に所有者として登記されている者をもって納税義務者と認定し、手続的には、登記事項に基づき賦課台帳に登録することにより納税義務者が確定する。そして、最高裁第三小法廷昭和四四年三月一一日判決・集民九四・六〇五によると、納税義務者の是正も台帳の登録事項の是正の範囲に属し、台帳登録事項に関する不服申立てすなわち固定資産評価委員会に対する審査の申出（地方税法一九条の五・四三二条）によって救済を求めるべきものとしている（所有者も登録事項ではあるが、本来評価委員会の審査を相当とするのは評価に関する事項であるから、所有者に関する事項についても右審査の申出及び審査決定の取消しの訴えによってのみしか争えないとするのは相当でないように解される）ここで、問題として提起するのは、本件とは直接の関係はないが、賦課期日現在あるいは賦課期日以降賦課処分時までの間において、登記簿上の所有名義は抹消されていたが、課税台帳が抹消されずにそのままになっていたような場合は、どのように考えるべきか。課税台帳は本来登記簿に登記されているところに従い登録をなすべきものであるので、台帳の記載がどうであれ、登記簿の記載によって所有者が誰であるかを決すべきであり、賦課期日ないし賦課処分時現在において登記名義が抹消されているのに、台帳の記載に基づき登記簿と異なった認定をした処分は違法となるものと考える（この場合は、台帳上の登録名義が登記簿と喰い違っている一般の場合と全く同じように考えられよう）。上述の最高裁昭和四四年三月一一日判決によるとしても、この場合はまさに審査の申出により是正されるべき場合に当たる。私の理解では、審査の申出あるいは審査の決定の取消しの訴えという方法で是正を求めるというのではなく、台帳の登録事項の確定とは関係なく、賦課処分自体の取消しを求める争訟手続（地方税法一九条）により是正を求めるべきものと考える。

（ジュリスト六六〇号、一九七八年）

47 固定資産税を納付した所有名義人の真実の所有者に対する不当利得返還請求権の成否

最高裁第三小法廷昭和四七年一月二五日判決、昭和四六年(オ)七六六号
立替金請求事件
民集二六巻一号一頁、判例時報六五九号五三頁
〔参照条文〕地方税法三四三条・七〇二条、民法七〇三条

一 事実

本件建物はY_1(上告会社、控訴人、被告)、その敷地である本件土地はY_2(上告人ら四名、控訴人、被告)の先代Y'_2の各所有であったが、右物件は、所有者の不知の間に訴外二名の者を経てX(被上告人、被控訴人、原告)に順次所有権移転登記が経由されるに至ったため、Y_1 Y'_2はXに対しその各所有権に基づいて右所有権移転登記の抹消登記手続を求める訴えを提起し、その勝訴判決は確定した。

ところが、この判決による抹消登記がなされなかったため、右物件に対する固定資産税及び都市計画税が登記名義人であるXに課税され、Xはその一部を支払った。

それで、Xは、その後、右税金は、真の所有者であるY_1 Y'_2の両名が支払うべきものであるとして、Y_1 Y'_2を相手どり、不当利得として右納付税金相当額の金員の支払いを求めて本訴を提起した。

一、二審とも、その一部を除き、X勝訴の判決をした。すなわち、納付税額のうち、昭和二八年分は、Xが支払ったものではないとし、二九年分から三一年分は一〇年の時効によって消滅したとして、請求が棄却された。

二審の判断（全部一審引用）の要旨は、「Y_1は本件建物、Y'_2は本件土地の各所有者であったにかかわらず、Xが登記名義人として課税されたため納税義務を免れたものというべきであるから、Y_1 Y'_2は、課税額相当の利得を法律上の原因なく不当に得、一方Xは同額の損害を蒙ったものというべきである。Xは地方税法の規定により登記名義人として課税されたものではあるが、固定資産税、都市計画税は不動産の所有者に課せられるべきものであって、ただ徴税上の技術的考慮から一定の時点における登記簿上の所有名義人をもって納税義務者としたものにほかならないから、登記簿上の名義人の変動が無効な登記によるものである場合は、真の所有者と登記簿上の名義人との関係においては、課税を免れた真の所有者は不当に利得したものというべきである。そして、このように解することが衡平の原則に適う」というのである。

Y_1 Y'_2は上告し、二審の判断は不当利得に関する民法七〇三条の解釈を誤っていると主張した。

二　判旨

上告棄却。

「固定資産税は、土地、家屋および償却資産の資産価値に着目して課せられる物税であり、その負担者は、当該固定資産の所有者であることを原則とする。ただ、地方税法は、課税上の技術的考慮から、土地については、土地登記簿（昭和三五年法律第一四号附則一六号による改正前は土地台帳）または土地補充課税台帳に、家屋については建物登記簿（右改正前は家屋台帳）または家屋補充課税台帳に、一定の時点に、所有者として登記または登録されている者を所有者として、その者に課税する方式を採用しているのである。したがって、真実は土地、家屋の所有者でない者が、右登記簿または台帳に所有者として登記または登録されているために、同税の納税義務者として課税され、これを納付した場合においては、右土地、家屋の真の所有者は、これにより同税の課税を免れたことになり、所有者として登記または登録されている者に対する関係においては、不当に、右納付税額に相当する利得を得たものというべきである。そして、この理は、同種の性格を有する都市計画税についても同様である。それゆえ、これと同旨の見解のもとに、原判示の限度において、不当利得を原因とするXの本訴請求を認容した原審の判断は相当であって、原判決に所論の違法はない。」

三 評釈

判旨に賛成であるが、その射程範囲については、後で触れるように、税法の分野に限って考えてみても、問題が残されているといえる。

本件は、不当利得の返還請求権の存否について争われたものであるが、ここで、問題となったのは、(1)固定資産税は誰が負担すべきか(固定資産税の納税義務者は誰か)ということ、(2)不当利得の成立要件である「法律上の原因を欠く(原因欠如)」の意味(納税義務者がこれを納付したのに、不当利得の返還請求権の成立を肯定する余地があるのか)ということである。

これらの問題について、順次、検討を進める。

1 固定資産税の納税義務者に関する問題

(一) 固定資産税の課税客体

地方税法は、その三四一条一号で、固定資産税の課税客体である固定資産の範囲を、土地、家屋および償却資産の三種類と定めると共に、同条の二号ないし四号で土地、家屋、償却資産の内容について規定をおいている。

(二) 固定資産税の性質とその納税義務者

地方税法は、その三四三条一項で、固定資産税は固定資産の所有者(質権または一〇〇年より長い存続期間の定のある地上権の目的である土地については、その質権者又は地上権者)に課税すると定め、その課税標準については、三四九条以下で賦課期日（一月一日）における当該土地、家屋又は価額で固定資産税台帳に登録されたものとすると定めている。

これらの規定からいって、固定資産税の前身である地租及び家屋税が、賃貸価額を課税標準とする収益税的性格を有していたのに対し、固定資産税は、固定資産の資産価値に着目して課せられる物税的性格のものといえる。それで、地方税法三四三条一項が、固定資産税の納税義務者を該当固定資産の所有者と定めているのは、その当然の論理的な帰結であるといえる。

本判決が、固定資産税の性質について敢て論及し、物税であると述べている趣旨は必ずしも明確でないが、右論理的な結びつきを言っているものであろう。もっとも、収益税的性格を有していた地租あるいは家屋税でも、その納税義務者は原則として土地台帳あるいは家屋台帳に所有者として登録された者と定められていたのであるが（地租法一二条、家屋税法九条）、この場合は、収益の帰属者の観点から本来納税義務者がきめられるべき筋合であり、物の所有者という観点でなく、収益の帰属者という観点から使用収益権を有する所有者を納税義務者と定めたものと理解でき、質権者や一定の地上権者を納税義務者と定めていたのはその現れであるといえる。しかし、これがそのまま現行の物税である固定資産税に引き継がれているのには、異和感がもたれる。

ところで、地方税法は、納税義務者である固定資産の所有者について規定を設け、つぎのとおり、原則として登記簿または台帳上の所有者を所有者というものとし（いわゆる台帳課税主義）、また、特定の場合にはその使用者を所有者とみなすことにしている。

イ　台帳課税主義

固定資産の所有者は、登記簿または台帳上の所有者をいうものとする建前を、一般に台帳課税主義（形式主義）と呼んでいるが、この立法趣旨は、専ら課税上の便宜のために、形式的・外観的な表象に着目することにしたものと説明されている（千種秀夫「判例解説」法時二四・四・一二〇、中西博外二名「地方税」地方自治講座六三八頁、河西俊一

「固定資産税解義」三七頁等）。

台帳課税主義について、具体的に、つぎのように定められている。

(イ)　土地については、土地登記簿もしくは土地補充課税台帳に所有者として登記または登録されている者（地方税法三四三条二項前段）。

(ロ)　家屋については、家屋登記簿もしくは家屋補充課税台帳に所有者として登記または登録されている者（同項）。

(ハ)　償却資産については、償却資産課税台帳に所有者として登録されている者（地方税法三四三条三項）。

もっとも、例外として、土地または家屋について、所有者として登記または登録されている個人、法人が賦課期日前に死亡、消滅しているとき、または所有者として登記されている非課税団体（地方税法三四八条一項）が同日前に所有者でなくなったときは、同日において当該土地を現に所有している者を、固定資産の所有者と定めている（地方税法三四三条二項後段）。

ロ　みなす所有者

つぎに掲げる固定資産については、その固定資産の使用者を、固定資産税の納税義務者たる所有者とみなすことができると定めている（(ロ)ないし(ホ)の場合には、みなすことにしている。）。

(イ)　所有者の所在が震災、風水害、火災その他の事由によって不明である固定資産（地方税法三四三条四項）。

(ロ)　国が農地法の規定によって買収した土地および各種の税法の物納規定によって収納した農地（地方税法三四三条五項）。

(ハ)　土地区画整理事業または土地改良事業施行中の土地（地方税法三四三条六項）。

(ニ)　竣工認可前の公有水面の埋立地等で一般の土地と同様の状態で使用されているもの（地方税法三四三条七項）。

(ホ)　信託会社が信託の引受をした償却資産で、事業を行なう者に対し、譲渡することを条件として賃貸しているもの（地方税法三四三条八項）。

ハ　台帳課税主義の機能

固定資産税の納税義務者たる所有者は、前に述べたとおり、原則として、土地または家屋については、その登記簿または補充課税台帳に所有者として登記または登録されている者によりきまり、償却資産については償却資産課税台帳に所有者として登録されている者によってきまり、例外の場合は、現実の所有者あるいはみなす所有者が誰であるかということによってきまるのであるが、固定資産税の課税手続の過程において、固定資産税の納税義務者と取り扱われる者は、いずれも、固定資産税台帳に所有者ないし納税義務者として登録されることになっている（地方税法三八一条以下）。そして、固定資産課税台帳に登録された事項は、一定の期間、関係者の縦覧に供されて確定することになっており、固定資産評価審査委員会に対する審査の申出等の法定の一連の手続を踏まない限り、登録の内容について変更できないことになっている（最三小判昭和四四年三月一一日裁判集民九四・六〇五）。

かように課税手続に則していうと、固定資産税を課せられる所有者は、台帳の登録ないし縦覧手続を経て所有者として確定するものである。

それで、台帳課税主義のもとでは、固定資産について真実の所有者が誰であるかということや、さらに登記簿に所有者として登記されている者が誰かということではなく、賦課期日現在において固定資産課税台帳に所有者（納税義務者）として登録され、登録事項の確定した者が誰であるかということによって、納税義務者が確定することになる。賦課期日現在において、登記簿の所有名義人と真実の所有者が違っていても、また、賦課期日後に登記簿の所有名義人がかわっても、賦課期日現在の登記簿上の所有名義人ひいて課税台帳上の所有者がその年の四月一日に始まる年分の固定資産税の納税義務者となるのである（最大判昭和三〇年三月二三日民集九・三・三三六）。

そして、さきに言及したように、賦課期日現在における所有者として台帳上に登録され、その登録の確定した者と、真実の所有者あるいは登記簿の所有名義人が違っていても、また、賦課期日現在における登記簿の所有名義が後日になって抹消されたとしても、右台帳の登録によって納税義務者は確定すると解すべきである。登記簿から台帳への所有者の登録（所有名義人の移記）や未登記不動産、償却資産に関する所有者の認定に重大かつ明白な誤りがあって無効と解され、当該登録が無効と解されるような例外的な場合を除いて、登録事項の修正（地方税法四一七条）がないかぎり、台帳上の確定した登録により、納税義務者が定まるのであり、このような解釈が立法趣旨にも沿うものといえる。

ところで、本判決は、固定資産税は、賦課期日現在において所有者として登記または登録されている者を納税義務者として課税した場合、もとよりそれは適法な課税であるが、真実の所有者との関係で不当利得の問題が惹起すると、判断を下している。

不当利得の問題は項を改めて検討することとして、右判示は、決して、真実の所有者に対して課税が行なわれた場合に、これを正当視するものではなかろう。あくまで、固定資産税の納税義務者は、賦課期日現在における所有者として固定資産課税台帳に登録されているものである。前述のとおり、課税台帳に登録するについて、登記済の土地または家屋は賦課期日における登記簿上の所有者の記載（所有名義人）に基づき、また、未登記の土地または家屋、償却資産は賦課期日における所有者が誰であるかという認定に基づきそれぞれ登録されるのであるが、固定資産税の納税義務者は、右課税台帳に賦課期日における所有者として登録され、その登録の確定をみている者である。

都市計画税は、その納税義務者を、「当該土地または家屋の所有者」と定めているが（地方税法七〇二条一項）、その所有者とは、「当該土地又は家屋に係る固定資産税について（地方税法）第三百四十三条（第三項及び第八項を除く。）において所有者とされ、又は所有者とみなされる者をいう」（同法七〇二条二項）と定めているので、固定資産税の納税義務者と全く同様に解釈すべきであり、附加することはない。

2　不当利得の成否

本判決は、登記簿上の所有名義人が、固定資産税の納税義務者として課税され、これを納付した場合には、その真実の所有者はこれにより同税の課税を免れたことになり、所有名義人との関係で、不当利得を得ていることになると、判断を下している。

この判断の前提には、不当利得の制度を、「財産や価値の移動について、それが、形式的・一般的には正当視されても、実質的・相対的に正当視されない場合に、公平の理念に従ってその矛盾の調整を行なうための制度である」との理解の上に立ち（我妻・債権各論下巻一の九八五頁以下）、固定資産税の負担者は、真実の所有者であるべきであり、その納税義務者を登記または台帳上の所有名義人としているのは課税上の技術的考慮によるものであるので、矛盾の調整を行なうべきであるとしたものといえる。そして、形式的には正当視されるが、実質的には正当視できないとして、「法律上の原因を欠如している利得にあたり、不当利得が成立する」と判断を下しているものである。

「法律上の原因を欠く（原因欠如）」という要件は、不当利得の成立要件のなかで意味の確定が困難なものである。原因欠如とは、利得についてその直接の法律上の原因関係がないという意味ではないので、原因欠如の有無について、特に、利得が直接法律の規定によって生じた場合に最も難しい問題に当面する。

利得が直接法律の規定によって生じた場合、すなわち、添付（民法二四二条ないし二四六条）、取得時効（民法一六二条・一六三条）、または即時取得（民法一九二条）によって所有権その他の権利を取得して他人の権利を消滅させた場合、または善意の占有者が果実を収取する（民法一八九条）場合について、従来の学説や判例は、当該法律の「規定の趣旨」を検討し、法律の規定が形式的な権利の帰属を一般的立場において解決しようとしているにすぎないのか、それとも、実質的な価値の移動をも認めようとしているのかによって決すべきであるとし、この観点にたって、時効取得や善意の占有者においては不当利得を生じないが、添付や即時取得については、権利取得の効果が生ずるにとどまり、従前の権利者に対する不当利得の成否は、取得者側における他の事情（たとえば、弁済原因たる債権の存否）によって定まると説いている（鳩山・増訂日本債権法各論下巻八一二頁、我妻・前掲書一〇四八頁、我妻他・判例コンメンタール事務管理・不当利得・不法行為等）。

この最高裁判決も、利得が直接法律の規定によって生じた本件のような場合について、従来の見解と同様に、法律の「規定の趣旨」を検討し、不当利得の成立を肯定したものであり、原因欠如の有無の判断に関して注目すべき先例であるといえる。

税法の分野にかぎって考えても、どの程度の課税技術上の要請が立法のうえに反映しているときに、本件と同種の問題が起こるのか。本件判決の射程範囲については、検討すべき問題が残されているといえる。

先例としては、所有税法の昭和三六年法律三五号による改正前において、課税の対象となった債権について、あとで年度で貸倒れが発生した場合に、国に対する関係で不当利得の成立を肯定しているものがある。すなわち、東京地判昭和四一年六月三〇日（行集一七・六・七二五）は、「旧所得税は、所得の算定方法として、発生主義をとりながら、後に現実の収入が不可能となった場合の救済方法が定められておらず、徴税が正義・公平の基本原理に反すると認められるので、不当利得の法理によって救済が図られるべきである」と述べている（同旨、右控訴審である東京高判昭和四二年一二月二六日判タ二一六・一五八）。

また、固定資産税の課税に関し、暦年の途中で所有権の移動があった場合について、不当利得の成立を肯定している先例がある。すなわち、東京高判昭和四一年七月二八日高民集一九・四・三五四は、「土地所有権を譲渡したが、名義変更の手続をしなかったため台帳上の所有名義人と実質上の所有者とが異なるに至った場合、その土地に対する固定資産税及び都市計画税は、旧所有者（登記名義人）に課税されるが、私人相互の関係においては、特別の合意等別段の事情のないかぎり、実質上の所有者がその所有期間に応じ日割をもって、これを負担すべきである」と判示している。

本件の最高裁判決の論旨から検討すると、右東京高裁昭和四一年七月二八日判決のように、賦課期日後に所有権の移動があった場合には、固定資産税が暦年を通じて所有していることに担税力を認めているもの（いわゆる期間税）であると解されることから、その所有期間に応じて、新しい所有者に対して不当利得返還請求権の成立が認められよう。また、割賦販売にかかる償却資産に関して地方税法はこれを売主と買主の共有物とみなし（同法三四二条三項）、連帯納付責任を負わせているのであるが（同法一〇条の二）、この場合も、税金を納付した者から真実の所有者に対する不当利得返還請求が認められよう。しかし、所有者を誤認した譲渡所得にかかる所得税の課税については、国に対する関係で、その課税が無効なものでないかぎり不当利得の返還（その特則としての過誤納金の還付。国税通則法五六条）が認められず、また、所得税は総合累進課税主義を採り入れているので、真実の所有者に対する関係でも、因果関係を欠如しており、不当利得返還請求権の成立は認められないと考える。

（ジュリスト五一二号、一九七二年）

（再論）

一　事実の概要（略）

二　判　旨（略）

三　解　説

本件では、固定資産税と都市計画税の納付税額の不当利得が問題となっているが、都市計画税の納税義務者は固定資産税のそれと同じであるので（地方税法七〇二条一項・二項）、固定資産税についての説明は都市計画についても、そのまま妥当するものである。

1　固定資産税の納税義務者

固定資産税の納税義務者は、本来固定資産（土地、家屋、償却資産）の所有者であるが（地方税法三四三条一項）、固定資産税の徴税上の便宜から、その所有者とは賦課期日（毎年一月一日）現在において登記簿または課税台帳に所有者として登記又は登録されている名義人をいうと定められている（名義人が賦課期日に死亡しているときは、現実の所有者をいう。同条二項）。すなわち、固定資産税の徴税上では、いわゆる台帳課税主義（以下「台帳課税主義」という。）が採り入れられていて、所有者とは真実の所有権者（民法上の所有権者）ではなく、登記簿または課税台帳上の所有名義人をいうことになっていて、この所有者を固定資産税の納税義務者とする建前が採られている。それで、固定資産税の徴税にあたり、課税団体（市町村）において所有名義人が真実の所有者でないことを熟知していても、所有名義人に対する課税は違法でないとされている（福岡高判昭和五六年八月二四日行集三二・八・一四五五）。

台帳課税主義は、真実の所有者でない者に納税義務を負担させることにもなるので、憲法二九条等に違反しないかという疑問が投げかけられているが、最高裁は、所有者の変動が頻繁でない固定資産の性格を考慮し、主として徴税の便宜に着眼して台帳課税主義を採用していることは、立法裁量の範囲内の問題であり、直ちに違憲とはいえないとしている（最大判昭和三〇年三月二三日民集九・三・三三六）。

2　いわゆる台帳課税主義と民事上の調整

徴税上の便宜から台帳課税主義が採用されているのであるが、固定資産税を本来負担すべき者は固定資産に真実の所有者であるので、真実に所有者でない者がたまたま所有名義人となっていたために、固定資産税の納税義務者として課税され、これを納付した場合には、真実の所有者は、これにより同税の課税を免れたことになる。固定資産税の課税は台帳課税主義を採用しているので、所有名義人が真実の所有者でない場合あるいは年度の途中に所有者に変動があった場合でも、その所有名義人に対する課税自体は違法とはならない（納税義務に変動は生じない）が、固定資産税を負担した所有名義人と同税の負担を免れた真実の所有者の間では、公平の理念によりその負担の調整を行う必要が生じる。

(1)　所有名義人が真実の所有者でない場合

本件は、所有名義人が真実の所有者でなかったということで、真実の所有者に対し納付税金相当額の返還を不当利得として請求したものであるが、本判決は、所有名義人が固定資産税の納税義務者として課税されこれを納付した場合には、真実の所有者はこれにより同税の課税を免れたことになり、所有名義人との関係で、民法七〇三条により不当利得として返還義務を負うとしている。

台帳課税主義により、所有名義人は固定資産税の納税義務を負担することになっているので、真実の所有者が同税の課税を免れても、形式的には「法律上の原因を欠く利得」をえていないようにも解されるが、本判決は、形式的に

（租税法律関係において）正当視できても、実質的に（私人間ないし究極的な法律関係において）正当視できない場合には、不当利得が成立するとしている。

台帳課税主義は前述のとおり徴税上の便宜から採用されている取扱いであるので、このほかにも次のような法律問題が生じる。

(2)　年度の途中で所有者に変更が生じた場合

年度の途中に、売買、贈与等があり所有者に変動が生じた場合、一般には、当事者間の話合いにより所有期間に応じ当該年度の固定資産税の負担割合が決められている。しかし、このような話合いがない場合でも、台帳課税主義が採られている以上、同税の納税義務自体に変動は生じない（課税処分が違法となったり、市町村に対する関係で不当利得が成立することはない）が、所有期間に応じて旧所有者（所有名義人）は新所有者に対して不当利得の返還請求ができると解される。本判決の射程範囲内の問題として、この解釈を導き出すことができよう（同旨、東京高判昭和四一年七月二八日高民集一九・四・三五四）。

ところが、困難な問題は、新所有者が非課税（人的・物的非課税。地方税法三四八条）の適用を受ける場合である。大阪高判昭和二七年一月一六日（行集三・一・一四八）は、新所有者が非課税団体である場合について、非課税団体は何ら不当利得をえていないので、旧所有者（所有名義人）は不当利得の返還請求をすることはできないとしている。私は、この場合も、課税処分自体が違法となるものではないが（同旨、大阪地判昭和五二年八月四日行集二八・八・八一七）、例外として、課税団体に対して不当利得の返還請求ができると考えている。

(3)　所得名義の抹消があった場合

年度の途中に所有名義に変更（所有権移転登記）があっても、納税義務自体には変動は生せず、所有名義の変更は、前述のとおり真実の所有期間に応じて税金の究極的な負担割合をきめるべきであるが、賦課期日後に所有名義が錯誤等を理由に更正登記あるいは抹消登記された場合は、どのようになるのか見解が分かれている。

大阪地判昭和五一年八月一〇日（行集二七・八・一四六一）は、所有名義が賦課期日後に抹消されても、賦課期日現在の所有名義人に対する固定資産税の賦課・徴収は適法であり、課税団体は不当利得をしたことにならないと判示している。しかし、私は、課税処分後の名義抹消等は処分の効力には影響がないが、この場合でも、所有名義人であった者は、真実の所有者（例外的に非課税の適用を受ける場合には、課税団体）に対して不当利得の返還請求ができると考えている（山田・後掲ジュリスト六六〇号一五五頁参照）。

〈参考分献〉

山田二郎・税務訴訟の理論と実際〈増補〉（昭和五一年）二六二頁
山田二郎・ジュリスト六六〇号一五四頁、六六〇号一五一頁、五一二号一四一頁、別冊ジュリスト七九号一二〇頁（租税判例百選、第二版）
千種秀夫・最高裁判所判例解説民事篇昭和四七年度一頁
谷口知平・民商法雑誌六七巻三号四〇三頁
畠山武道・行政判例百選Ⅰ五二頁
中里実・行政判例百選Ⅰ〈第二版〉四八頁
新井隆一・税経通信三九巻一五号二八〇頁
宮崎俊行・法と民主主義七六号五〇頁

（租税判例百選［第二版］別冊ジュリスト七九号、同［第三版］別冊ジュリスト一二〇号、一九九二年）

48　固定資産税を負担した登記名義人の課税主体に対する不当利得返還請求の成否

東京地裁昭和六三年一二月二〇日判決、昭和六二年(ワ)一六一五一号
過誤納金返還請求事件、判例時報一三〇二号九〇頁
〔参照条文〕　地方税法三四三条・三四八条・七〇二条、民法七〇三条

一　事実

X（原告）の父訴外Aは、本件土地について国から昭和三五年九月一五日付をもって農地法三六条による売渡処分を原因とする所有権移転登記を受けたが、Aが昭和四九年四月五日死亡したので、Xが相続し昭和四九年一〇月三一日付をもって相続を原因とする所有権移転登記を受けた。

Aは、本件土地の所有名義人となった翌年の昭和三六年度から昭和四九年度まで、また、Xは本件土地の所有名義人となった翌年である昭和五〇年度から昭和六一年度まで、Y（被告東京都）から本件土地について固定資産税及び都市計画税（以下、併せて「固定資産税等」という）の賦課税分を受け、A及びXの両名は、昭和六一年度まで固定資産税計三一六万二、四五九円、都市計画税計七一万四三〇円、合計三八七万二、八八九円をYに納付した。

ところで、国は、昭和五七年五月、Xに対し、本件土地について、売渡処分の無効又はその取消を理由に真正名義の回復を原因とする所有権移転登記手続を求める訴訟を東京地裁に提起し、同裁判所は、昭和六〇年七月二六日右売渡処分が昭和三三年三月二二日ころ以前に取り消されていたことを理由に国の請求を認容する判決（以下「別件判決」という）を言渡した。同判決は昭和六一年二月一二日確定したので、本件土地について、同判決に基づき昭和六一年四月九日付をもって所有権移転が経由された。

Xらは、別件判決に従えば本件土地の所有者ではなかったのであるから、本件土地について右固定資産税等を納付する法律上の義務を負っていなかったとし、主に次のような理由で、課税主体であるYに対して右納付税額を不当利得として返還を求めた。

(一)　国有地についての名義人課税主義の不適用

地方税法（以下「法」という）三四三条二項・三五九条・七〇二条二項が、固定資産について真実の所有権の有無を問わず、毎年一月一日現在において所有者として登記簿等に登録されている者を固定資産税等の納税義務者としているとしても、この名義人課税主義が妥当するのは、当該固定資産が真実の所有者との関係で課税の対象となる場合に限られる。しかし、本件土地のようにその真実の所有者が国である場合には、国は非課税であるから、課税された所有者でない名義人は、国に対して納付税額を不当利得として返還を求めることはできず、他方、本来は課税できない土地について課税されたことになって、課税の便宜の優先は著しく不当な結果をもたらしている。したがって、真実の所有者との関係で課税の対象とならない場合は、所有者課税の原則に戻って名義人課税主義は適用されないと解すべきであり、そう解することができないとすれば名義人課税主義は憲法二九条に違反する。本件土地については、名義人課税主義の適用はなく、原告らは、本件土地については固定資産税等を納付する法律上の義務を負っていなかったものである。

(二)　本件賦課処分の重大な瑕疵と不当利得の法理の適用

本件賦課処分は課税の対象にすべきでない本件土地について課税したもので、課税要件の根幹について重大な過誤をおかしている瑕疵があり、Xに不利益を甘受させることは著しく不当であるから、不当利得の法理を適用すべきである。

請求棄却。

二　判旨

「法は、三四三条一項、七〇二条一項において固定資産税等は土地の所有者に課するとしているが、三四三条二項、七〇二条二項においてその所有者とは土地登記簿に所有者として登記されている者をいうとし、三五九条、七〇二条の五において賦課期日を当該年度の初日の属する年の一月一日としている。右各規定によると、固定資産税等は、土地の所有という事実に担税力を認めてその所有者に課するのを本来とするが、徴税技術上の要請から、徴税の簡便をはかる等のため、ある年の一月一日に所有者として登記された者（以下『名義人』という。）は、真実は所有者ではなくとも、その年に初日が属する年度の固定資産税等の納税義務を負うという建前がとられているものということができる（以下この建前を『名義人課税主義』という）。……名義人課税主義によれば、名義人に対する固定資産税等の賦課は、名義人が真実の所有者であると否とを問わず、適法であり、課税主体は、それにより収納した固定資産税等をそのまま保有し得ることになる。

……ところで、〔法〕三四八条一項、七〇二条の二第一項によると、国、地方公共団体（以下『国等』という。）には、固定資産税等を課することができないと規定されており、この趣旨とするところは、国等は、固定資産税を賦課されることがないことはもとより、実質的にも固定資産税等を負担しないというものであると解される。そして、真実の所有者が国等であって、名義人が国等ではない場合においても、地方税等は名義人課税主義を貫き、名義人に賦課することを認めている（ちなみに、右と逆の場合、すなわち名義人が国等であって、真実の所有者が国等でない場合については、同法三四三条、七〇二条二項において、その国等でない者に賦課することができる旨の名義人課税主義に対する例外規定がある。）。このことは、この場合も、同法は、名義人に対する賦課は適法であり、課税主体が、それにより収納した固定資産税等をそのまま保有することを認めていると解されるのである。

しかしながら、この場合に、固定資産税等を課税された名義人は、真実の所有者である国等が固定資産税等を負担しないこととの関係で、国等に対し、……不当利得返還請求をすることは許されないとせざるを得ない。そうすると、名義人は、右の固定資産税等を最終的にも負担しなければならないことになるが、右の場合においても、名義人は、一般には、遅滞なく国等の所有名義を変更すること等を通じて賦課を免れ、あるいは、国等との取引の際固定資産税等の負担を考慮にいれた対価の決定等の合意等を通じて固定資産税等の負担の実質的な転嫁を図る途があるのであるから、右の結果が直ちに名義人課税主義の適用を不当とするということはできない。しかし、土地の所有という事実に担税力を認めてその所有者に課することを本来とする固定資産税等の本質に鑑みると、名義人に落度がないのに名義人においてその賦課前に真実の所有者である国等に所有名義を変更するなど右に述べたような方策をとる機会がなかったというような例外的なときには、名義人にその賦課の結果をそのまま甘受させることは著しく不当であって、正義公平の原則にもとるということができるから、このような例外的なときに限っては、課税主体としては、条理上、右の賦課の効力を主張することができず、徴税前であればその部分の税額相当額を徴収し得なくなり、また既に徴収後であればそれを返還すべきものと解するのが相当である。

……本件についてみるに、……Xらが本件土地の名義人となったのは、自己の意思に基づくものであるといえること、Xらにおいてその賦課前に真実の所有者である国に所有名義を変更する機会は十分にあったこと、Xらにおいて課税の結果を自ら是認し、その上で納税していることが認められるのであって、〔右〕に述べた例外的なときに当たるとは到底いい難いから、Xらは本件賦課処分による賦課の結果をそのまま甘受しなければならないものというべきである。それゆえ、Xの請求は、その余の点につき判断するまでもなく、理由がない。」

三　評　釈

判旨の論旨には、疑問がある。

1 固定資産税と名義人課税主義

所得税、法人税、消費税では、課税要件としての帰属について、「実質所得者課税の原則」が定められており、名義人ではなく所得等の真実の権利者を納税義務者とすべきものとしている（所得税法一二条、法人税法一一条、消費税法一三条）。しかし、固定資産税は、固定資産の所有という事実に担税力を認めて納税義務者を固定資産の所有者としながら（法三四三条一項・七〇二条一項）、徴税の簡便をはかるために、賦課期日（毎年の一月一日）に登記簿等に所有者として登記又は登録されている名義人を所有者と扱うことにしている（法三四三条二項・七〇二条二項）。この課税方式を、名義人課税主義あるいは表見課税主義、台帳課税主義と呼んできている。この課税方式は、古く地租、家屋税の時代から採られていた制度を継承しているものである（例えば、地租法一一条一項）。[1]

2 名義人課税主義とその合理性の根拠（憲法二九条の適合性）

固定資産税は土地の所有という事実に担税力を認めその所有者に課税するものであるので、名義人課税主義は憲法二九条に違反しない合理的な制度（立法裁量を逸脱していない制度）といえなければならない。その根拠としては、(一)固定資産税は一時期に極めて多数の賦課を必要とするので、個々具体的に真実の所有者を判定することは課税権者にとって著しく困難であること、(二)所有者の変動は頻繁でなく、殆どの場合は、名義人が真実の所有者と一致することなどの理由が挙げられている（最判昭和三〇年三月二三日民集九・三・三三六）。[2] 私は、名義人課税主義が合理性を有する根拠としては、右(二)の理由に、大きなウエイトがあると考えている。[3]

3 名義人課税主義とその妥当範囲

名義人課税主義が合理性を有する制度であるといえるとして、名義人が真実の所有者でなかった場合に、名義人に対する固定資産税等の賦課はどこまで適法視できるのかが、次の検討課題となる。[4]

本判決は、名義人課税主義によれば、名義人に対する固定資産税等の賦課は、名義人が真実の所有者であると否とを問わず適法であり、課税主体は、それにより収納した固定資産税等をそのまま保有することができるものであるという。そして、真実の所有者と名義人とが異なる場合において、名義人に賦課された場合には、真実の所有者と名義人との関係では、両者の間において取引の際特段の合意があるなどの事情があるときは格別、そうでない限り、賦課された固定資産税等の負担は、真実の所有者に帰させることにするのが合理的かつ相当であり、名義人は、真実の所有者に対し納付税額相当額の固定資産税等を不当利得として返還請求できるとして、最判昭和四七年一月二五日民集二六・一・一を引用している。

そして、さらに、真実の所有者が非課税とされる国等であって、名義人が国等でない場合も、名義人課税主義が貫かれ、名義人に賦課することが認められるのであり、課税主体は名義人課税主義により収納した固定資産税等をそのまま保有することが認められるという。

名義人課税主義が課税の簡便をはかる等のために許されるのは、前述のとおり、真実の所有者を判定することが著しく困難であること、殆どの場合は真実の所有者と名義人が一致することなどによるのであり、それは、課税手続の面で合理性をサポートしていることであり、課税主体が名義人課税主義によって収納した固定資産税をそのまま保有できることまで容認しているものとはいえない。

賦課期日において、真実の所有者と名義人とが異なる場合、あるいは課税客体が人的非課税である場合、その是正措置の要否を検討すべきことになる。

最判昭和四九年三月八日民集二八・二・一八六は、発生主義により課税の対象とされた利息・損害金（債権）が後日貸倒れによって回収不能となった場合には、結果的に所得のないところに課税したことになるので、これに対するなんらかの是正が要求されるとし、この場合さきに適法有効に成立した課税処分が後発的貸倒れによって遡って当然に違法無効となるのではないが、右貸倒れによって課税の前提が失われているのに、なお課税庁が徴収税額をそのまま保有できるとすることは、所得税の本質に反するとして、徴収税額について納税者に返還義務を負わせている。

本件は、所得税のケースではなく、また後発的理由に基づくものではないが、参考となる先例であるといえる。

所得税等で採用している所得の年度帰属をきめる発生主義（利息・損害金債権について履行期の到来時期によって所得に計上する方法。所得税基本通達三六—八(七)、法人税基本通達二—一—二四）は、所得（企業利益）を技術的・画一的に計算する基準という性格をもっているものである。ところが、課税年度の経過後に回収不能が生じ、先の課税が前提を失い、結果的に所得のないところに課税したことが明らかになったときには、是正措置が要求されるのである。固定資産税について、課税の段階で名義人課税が許されるとしても、結果的に名義人と真実の所有者が異なることが判明したときには、是正措置がやはり必要となるといえる。固定資産税は、土地の所有という事実に担税力を認めるので、土地の所有の事実が否定されるのに固定資産税を課税することは、固定資産税の本質に反することになるといえる。

名義人課税主義は、課税技術上の要請から、名義人に課税するという便宜を認めているが、収納した固定資産税等をそのまま保有できることまで認めているものではない。

本判決が、名義人課税主義が認められていることは、課税主体が名義人課税主義により収納した固定資産税等をそのまま保有することを認めているものであると解していることには、疑問をもつ。

4　名義人課税主義と不合理な結果の是正

真実の所有者と名義人が異なる場合には、名義人に固定資産税等を最終的に負担させるべきではなく、その是正措置を考えることが必要である。

課税の対象となった固定資産が非課税でなく、固定資産税を賦課できる場合には、最判昭和四七年一月二五日民集二六・一・一が判示しているように、固定資産税は物税であるので、課税主体との関係では固定させて（課税主体に不当利得を認めないで）、真実の所有者と名義人との関係で調整させることとし、名義人は、真実の所有者に対し納付税額相当額の固定資産税等を不当利得として返還請求できるとするのが簡便で合理的であるといえる。これは、是正措置の一種の簡便（中間省略）方法といえるものである。(5)

しかし、課税の対象となった固定資産が非課税であるときは、課税主体は本来固定資産税を課税できないのであり、また実質的な所有者が非課税である国等であって、名義人が国等でない場合には、名義人は国等に対し納付済みの固定資産税等を不当利得として返還請求することができない。このような場合は、原則に返り、特に救済規定がおかれていなくても、一般の調整法理である不当利得の制度により、名義人は課税主体に対して納付済みの固定資産税等を当然に不当利得として返還請求できると解すべきである。前述のとおり、名義人課税主義は、課税手続の面で徴税の簡便をはかるために許されているものであり、収納した固定資産税等をそのまま保有できることまで容認しているものではない（そこまで、合理性をもつ制度ではない）。名義人に課税することが許されていても、真実の所有者が非課税である国等であって、名義人が国等でないことが判明したときは、本来課税できないものに課税したのであるから、固定資産税の本質に照して、課税主体は、納付済みの固定資産税等を名義人に不当利得として返還すべきものと考える。前掲の最判昭和四七年一月二五日が妥当するのは、課税の対象が非課税でない場合であり、一種の簡便な是正方法を示しているものということができる。法三四三条二項・七〇二条二項は、本件と逆に、賦課期日における名義人が国等であって、真実の所有者が国等でない場合、名義人課税主義の例外として真実の所有者に賦課することを定めているが、この規定との均衡からいっても、真実の所有者が非課税である国等の場合には、不当利得の成立を認めないのは不合理といえる。(6)

もっとも、本判決は、名義人の不当利得の返還請求を全く認めないというのではない。原則的には認めないが、例外として、名義人に落度がないのに名義人においてその賦課前に真実の所有者である国等に所有名義を変更する方策をとる機会や、国等との取引の際に固定資産税等の負担の転嫁を図る途がなかったというようなときには、名義人にその賦課の結果をそのまま甘受させることは著しく不当であって、正義公平の原則にもとるから、このような例外的なときに限って、課税主体としては、条理上、名義人課税主義による賦課の効力を主張することはできず、徴税前であれば徴税できなくなり、また既に徴収後であればそれを名義人に返還すべきであると判示している。

私は、前述のとおり、真実の所有者が非課税である国等の場合は、課税主体は、原則として（救済規定がおかれていなくても）、名義人課税主義による賦課の効力（公定力）を主張できないと解すべきであり、例外として、両者間の取引の際に特段の合意（転嫁などの合意）や非債弁済と認められるような特別の事情などがあるときは、名義人の不当利得の返還請求が否定されることになるのであり、原則と例外が転倒しているように考える。本判決は、名義人（登記義務者）に対して所有名義を早く変更すべきであったとか、固定資産税等の転嫁を図るべきであったとかいうことで、不当利得の返還請求の途を閉していることは、かえって正義公平の原則にもとるといえよう。

5　本件判決の位置づけ

本件判決は、名義人課税主義は、課税の面だけではなく、それにより収納した固定資産税等をそのまま保有できることを認めるものであり、真実の所有が非課税である国等であり、名義人が国等でない場合においても、課税主体は名義人課税主義により収納した固定資産税等をそのまま保有できるとしている。そして、本件では、Xらが本件土地の名義人となったのは自己の意思に基づくものであること、Xらにおいてその賦課前に真実の所有者である国等に所有名義を変更する機会が十分にあったこと、Xらにおいて賦課の結果を自ら是認し、その上で納税していることが認められることなどの諸事実を挙げて、名義人であるXらにその賦課の結果をそのまま甘受させることは著しく不当であるとは認められないとし、Xの請求を棄却している。

名義人課税主義は、徴税の簡便の要請から、課税の面で許されている建前であり、収納した固定資産税等をそのまま保有できることまで認めているものでない。真実の所有者が非課税である国等であって、名義人が国等でない場合には、賦課処分が形式的に確定していても、原則として、課税主体は収納した固定資産税等を名義人に対して不当利得として返還すべきであり、本判決の判示には疑問がある。

最後に、判決の認定をみても、事実関係が必ずしも明確ではないが、仮に、Aが自己の所有（買受資格）でないことを知りながら本件土地について農地法三六条による売渡処分を原因とする登記を受けたものであり、またXらにおいて違法・無効な課税を自ら是認しその上で納税していた（非債弁済）というのであれば（Xの主張によると、国からXに対し所有権移転登記手続を求める訴訟が昭和五七年に係属し、昭和六一年二月になって判決が確定しているのであり、売渡処分の効力について相当に争われていたようであり、昭和六一年四月になって漸く判決に基づき国に回復登記がされている経緯がうかがえる）、信義則、特に非債弁済の法理（民法七〇五条）からいって、Xの納付済みの固定資産税等についての不当利得の返還請求を否定するのが相当であると考えられる。名義人の返還請求が否定されるのは、このような例外的な事例でなければならないと考える。

（1）　地租法一二条一項。地租ハ納期開始ノ時ニ於テ土地台帳ニ所有者トシテ登録セラレタル者ヨリ之ヲ徴収ス。

（2）　本判決は、名義人課税主義が合理性を有する理由として、本文に挙げた外に、名義人であることそれ自体にも事実上の利益があることを列記しており、また、学説には、課税台帳の縦覧を通じて早めに確定させ、また関係者にチェックする機会を与える必要があること（金子宏・租税法〈第二版〉三三五頁）、固定資産税は所得税や法人税と異なり、租税の負担もさほど高くなくまた累進税率を採用していないため、誰に課税するかはそれほど重要な問題とならないこと（清永敬次・新版税法七四頁）を挙げているものがみられるが、私は、これらの理由は、名義人課税主義自体の合理性を強力にサポートするものではないと考えている。

（3）　所有権の移動の激しい自動車税については、実質所有者課税主義がとられ、税額の月割計算となっている（法一四五条一項・一五〇条一項、二項）。

（4）　田中眞次・最高裁判所判例解説民事篇昭和三〇年度二八頁は、前掲最判昭和三〇年三月二三日の解説の中で、名義人課税主義は直ちに違憲とはいえないが、この不合理性はどこまでゆるせるのか、という問題を提起されている。

（5） 山田二郎「固定資産税の納税義務者」増補税務訴訟の理論と実際（昭和五一年）二六二頁以下、同「真実の所有者に対する不当利得返還請求権」租税判例百選〈第二版〉（昭和五八年）一二〇頁。

（6） 大阪地判昭和五二年八月四日行集二八・八・八一七及びその控訴審・大阪高判昭和五三年一一月一七日行集二九・一一・一九五五は、大阪府と土地を交換した者に対し、一方では交換取得土地について法三四三条二項後段により現に所有している者として課税し、他方で従前の所有地（交換譲渡土地）については登記名義人として課税したのを適法とし、最判昭和五四年九月二〇日集民一二七・四六一も、これに対する上告を棄却している。この事例は、本件と同様の問題に関する唯一の先例であり、当該交換契約の際に負担の転嫁を図ることができたことを請求棄却の判断の根拠としているが、本稿で取り上げたように、右判決には賛同できない。賦課期日における名義人と真実の所有者が異なっている場合で非課税物件であるときは、名義人は、このことを理由に、審査の申出又はその審査の決定の取消訴訟（法四三二条・四三四条）を提起しても、取消理由に該当しないが、賦課決定に対する取消訴訟では、取消（違法）理由になるものと考えたい。

（ジュリスト九四五号、一九八九年）

49　周辺の固定資産の評価額の開示と公務員の守秘義務等

札幌高裁昭和六〇年三月二七日判決、昭和五八年(行コ)三号
固定資産審査決定取消請求公訴事件――確定
判例地方自治一二号二八頁

一　事　実

Xは、不動産鑑定士、公認会計士の資格を有しているものであるが、昭和五三年九月八日土地八〇三・三〇m²（本件土地）を相続により取得（持分三分の二）した。ところで、A市長は昭和五四年一月末日本件土地に対する昭和五四年度の固定資産税の評価額を五、一三〇万五、三二八円（固定資産税標準額二、六三〇万二、八〇七円、都市計画税課税標準額四、七〇八万三、六三七円）とする決定をし、これを昭和五四年度固定資産課税台帳に登録した。Xは、本件土地の評価額が周辺土地と比較して不当に高額になっているのではないかと疑問を抱き疑問点を調査するため課税台帳を縦覧しようとした。しかし、本件土地以外の縦覧を拒否されたので、Xは、本件土地の登録価額を不服とし、昭和五四年五月二日Y固定資産評価審査委員会（以下「委員会」という）に対し審査の申出（地方税法四三三条一項。以下地方税法「法」という）をした。Y委員会は同月二九日Xの申請により口頭審理をしたが、同年六月二日右審査の申出を棄却する決定（以下「審査決定」という）をした。本件は、右審査決定の取消しを求めた訴訟である。

Xが、本件審査決定を違法であるとした主な理由は、次の三点である。

①　本件土地の登録価額が周辺の土地に比較して過大であるとして、本件土地の評価額の具体的理由及びその計算根拠並びに周辺の土地の登録価額を明らかにすることを求めたにもかかわらず、Y委員会は、これを明らかにせず、

たった一回の審理で一方的に審理を打ち切った。

②　地方税法に基づいて定められたA市固定資産評価審査委員会規程（以下「規程」という）によれば、Y委員会はA市に対し答弁書の提出を求め、関係者相互の対質、証言を求め、口頭審理を終了するに先立って関係者に意見を述べ資料を提出する機会を与えるものとされているのに、右手続が履践されていない。

Y委員会は、次のように、審査決定の適法性について主張している。

Xは周辺の土地との比較においてのみ本件土地の評価額の高低を求めているが、課税台帳の評価額は納税者本人又は代理人に限って開示すべきもので、それを第三者に開示することは秘密漏えい罪（地方税二二条）及び公務員の守秘義務（地方公務員法三四条）に抵触する。Y委員会が審査することができる事項は本件土地の評価額それ自体の適否であり、本件土地の評価額と周辺の土地の評価額との比較において過大であるか否かの判断を下すことはY委員会の審査権限外である。

一審の旭川地判昭和五八年三月三一日は、Y委員会が本件口頭審理において、標準宅地の所在位置、その時価、算定根拠を開示せず、かつ本件土地の周辺の土地の評価額又は路線価を開示せず、Xに不服事由を明らかにして反論の主張、立証の機会を与えることなく本件審査申立てを棄却した点において、本件審査手続きは違法であるとして、審査決定を取り消した。

Y委員会は控訴した。

二　判　示

控訴棄却。

判決の論旨は、原判決とおおむね同じであり、本件審査決定を違法としている。

「①　Y委員会は、……特定土地の周辺の土地の評価額は、同土地の所有者本人またはこれと同等に扱われる代理人に限って公表すべきであり、右評価額を第三者に開示することは、地方税法二二条（秘密漏えいに関する罪）及び地方公務員法三四条（守秘義務）の規定に抵触することになる旨主張する。

しかし、課税台帳の縦覧制度（地方税法四一五条参照）の趣旨は、納税者に台帳の縦覧を通じて、その所有する固定資産の評価を知り、これが適正に行なわれているか否か及び右評価が他の納税者の場合と比較して公平に行なわれているか否かを検討させる機会を与えることにあり、右縦覧制度は、固定資産評価審査委員会制度と同様に納税者の権利補償制度と考えられ、このような縦覧制度の趣旨及び目的に照すと、納税者が縦覧することのできる課税台帳の範囲は、自己の所有する固定資産に関する部分のみならず、右の諸点を検討するうえで合理的に必要な範囲の他の固定資産に関する部分も含まれるものと解するのが相当である。

したがって、右の限度において、委員会が、前記のように周辺の土地の評価額を審査申出人に対して明らかにすることは許されるものというべきであるから、Y委員会の前記主張は、これを採用することができない。

②　Xは、基本的には、本件審査申出の不服事由として、昭和五四年度における本件土地の固定資産の評価が高すぎること及びその評価方法や計算根拠の明示がなされていないので、右評価が適正かつ公平になされたものであるか否かを疑問である旨主張しているところ、Y委員会は、本件口頭審理において、評価庁たるA市長に対し前認定のような抽象的な説明（筆者注、説明の骨子は、「固定資産の評価は、固定資産評価基準及び北海道の指示等に基づいて実施しており、これらの趣旨を十分に踏まえた路線価の決定及び画地計算法等による評価額や課税標準額の算出とその計算過程は、いずれも適切なものである」というものであった）をさせたのみで、本件土地の具体的な評価方法や計算根拠を明らかにする措置を何らとらず、また職権により提出を受けていた本件土地の評価に関する詳細な前記各資料（筆者注、本件土地及びその周辺の土地の昭和五四年度固定資産の路線価図、標準宅地価額調査表及び標準宅地路線価表の抜粋などの資料）を示してその内容をXに了知させたりする措置もとらず、結局右不服事由に関する実質的な主張及び立証の機会をXに対して与えることなく、本件審査決定をなしたものというべきである。

そうすると、本件口頭審理の手続には右の点において重大な瑕疵があるというべく、本件審査決定は、その余の点について判断するまでもなく、違法な行政処分として取消を免れない。」

三　研　究

本件は、固定資産税の課税物件である土地の評価が周辺の土地と比較して高額であるということで、土地所有者が固定資産評価審査委員会に審査の申出をなし、棄却の審査決定を受けたので審査決定の取消訴訟を起こしたものである。

1　固定資産課税台帳の縦覧制度の趣旨と争訟方法の限定

固定資産税の課税は、固定資産課税台帳の登録事項に基づいて行われるが（法三四九条）、その価額の登録は、固定資産評価基準（以下「基準」という）に基づいて決定されたものが登録されることになっており（法四一〇条、四一一条一項）、課税台帳に登録された事項について不服のある固定資産税の納税者は、委員会に審査の申出を行い（法四三二条）、委員会の棄却裁決になお不服のある場合は、その裁決の取消しの訴えを提起して争うことができるとされ、登録事項については固定資産税の賦課処分の取消しの訴えでは争うことができないもの（取消事由として主張できないもの）と定められ、争訟の方法が特に規制されている（法四三四条）。

課税台帳の縦覧制度（法四一五条）と争訟方法の限定は、納税者に台帳の縦覧を通じて、その所有する固定資産の評価を知らせ、これが適正・公平に登録されているかどうかを検討させる機会を与え、課税台帳の登録事項を早期に確定させることにあるといえる。

2　課税台帳の縦覧の範囲

課税台帳の縦覧の範囲について、従来の実務では、自治省の指導によるものか、納税者自身が所有する固定資産に関する部分以外は見せない取扱いをしている。(1) しかし、学説では、地方税法がわざわざ閲覧という用語を使用しないで縦覧といっていること、自分に関係のある部分以外を見せないのでは、他の納税者の場合と比較して評価が公平に行われているかどうかをチェックする機会を与えようとする縦覧の制度の趣旨が失われてしまうということから、自分に関係のある部分以外も自由に見ることができるようにすべきであるとしているものが多い（金子「租税法」補正版二六九頁、山田・税務事例一五巻三号六頁等）。

課税は公正（法律適合性）であるだけでは足りず、公平であることが要求されているのであり、固定資産税の場合はその特性、すなわち近隣の同一条件の物件について同一課税の要請と、評価にはどうしても恣意的要素がはいるのが避けられないということ等から、評価の公平が特に要請されているのであり、このことが縦覧制度を設けさせているともいえるのであり、縦覧制度の趣旨からいって、縦覧の範囲は、納税者自身の部分に限定すべきではないと考えられる。本件の一、二審判決も、従来の実務の取扱いを違法なものとし、納税者が縦覧できる課税台帳の範囲は、納税者が所有する固定資産に関する部分に限らず、他の周辺の固定資産に関する部分も縦覧できると判断を下している。同趣旨の先例として、千葉地判昭和五七年六月四日判時一〇五〇・三七がある。

3　課税台帳の第三者への開示と秘密漏えい罪、公務員の守秘義務

本件で、Y委員会は、課税台帳の評価額を第三者に開示することは、納税者の秘密に属する資産状況を公にする結果を生じ、秘密漏えい罪（法二二条）、公務員の守秘義務（地方公務員法三四条）に抵触すると主張している。しかし、本件の第一、二審判決は、右委員会の主張を採用せず、課税台帳の縦覧ないし委員会の審査手続で、周辺の土地の評価額を納税者に対して明らかにすることは許されるとしている。課税台帳の評価額はもとより地方税の調査事務に従

事する公務員が守秘義務を負い、漏えいしてはならない秘密事項にあたるが、課税台帳の縦覧制度は、その保護利益よりも課税の公平をより高いグレードのものと位置づけているというべきであり、縦覧期間ないし評価額の適否が争われる委員会の審理手続では、その開示を第三者に対して行うことを許容していると解される。この点を正面から判断した本件判決は大きな意義があるものといえる。

4　固定資産の評価の恣意性

固定資産の評価は、市町村間でまた市町村のなかで、区々にならないように、固定資産評価基準という基準に基づいて行われることになっている。(2) しかし、評価は一審判決も言っているように、その性質上主観的・恣意的要素が加わることは避けられないことである。市街地宅地の場合は、市街地宅地評価法（路線価方式）によって、①路線価（街路に沿接する標準的な画地の単位面積当たりの価額）の付設と、②画地計算法による各筆の評点数の付設の過程に分かれており、①の路線価の付設は、(イ)用途地区の区分、(ロ)状況類似地区の区分、(ハ)主要な街路の選定、(ニ)標準宅地の適正な時価の評定、(ホ)主要な街路の路線価の付設の順序で行われるが、このうち重要な①の(ニ)、(ホ)、②の作業は、特にその性質上、多分に主観的・恣意的要素の加わることが避けられないことであり、そのことをチェックし評価の適正・公平をはかるために、第三者機関である固定資産評価審査委員会が設けられているといえる。委員会が評価の公平を審理するには、納税者の部分だけでなく、周辺の土地の評価額を把握することが不可欠なことである。

本件訴訟で、Y委員会は、委員会が審査することができる事項は本件土地（納税者の土地）の評価額それ自体の適否であり、本件土地の評価額と周辺の土地の評価額との比較において過大であるか否かの判断を下すことはY委員会の審査権限外である旨の主張をしているが、本件第一、第二審の判決は、審査権限外であるどころか、委員会は評価の公正と併せて公平なことを審理することを使命としているのであり、当然に周辺の土地の評価額との比較をすることができると解している。従来の実務では、前述のとおり、課税台帳の縦覧制度の趣旨・目的、委員会の審理の範囲について誤った取扱いをしてきているが、早急に、本件判決に従い軌道修正の措置をとることが望まれる。

5　委員会の口頭審理の手続

委員会の委員は、当該市町村の住民で納税者のうちから市町村の議会の同意を得て選任されることになっており、委員会は、一般に第三者的な争訟裁断機関、準司法機関と位置づけられているが、従来、委員の人選と委員会の活動には強い批判が向けられている（木村弘之亮「日本の税金」ジュリ三三・一二三、石島弘「固定資産評価審査委員会の機能と審理方式」税法四〇〇・九七、石島弘報告に対する質問（山田発言）税法四〇三・一二）。

委員会の審理手続は公正であることが要請されているが、原則は書面審理であり、審査申出人（納税者）から申請があるときは口頭審理の手続をすることが必要とされている（法四三三条二項）。口頭審理の手続については、法には詳しい規定はなく、条例等にも詳細な規定がないのが一般のようであるが、通常は審査申出人と課税庁（市町村長）との対審的構造をとって審理を進めているようであり、本件でもそのような審理がなされている。

そして、委員会の審査手続では、審査申出人に十分な攻撃防御の機会を与えるために、固定資産の評価の根拠・方法等を明らかにする措置をとらなければならないと解されているが（同趣旨のもの、東京高判昭和四八年一〇月三一日行集二四・一〇・一一五〇、東京高判昭和四五年五月二〇日行集二一・五・八一三、和歌山地判昭和四九年一〇月二八日行集二五・一〇・一二九六、東京地判昭和四六年三月三〇日判時六三五・一〇三、東京地判昭和四一年一一月一七日行集一七・一一・一二六二。口頭審理外で職権収集した資料を審査決定の資料としても違法でないとしているもの、名古屋地判昭和五四年一〇月八日判時九五五・四二）、本件一審、二審判決は、右多数の見解の趣旨に沿い、具体的に、審査申出の不服事由として、固定資産の評価が高すぎること及び評価方法や計算根拠の明示がされないので評価に疑問があると主張されているときには、委員会は、「口頭審理において、評価庁（市町村長）に具体的な評価方法や計算根拠を明らかにする措置をとらせるべきであり、また職権により周辺の土地の路線価図、標準宅地価額調査表等の評価に関する詳細な資料の提出を受けていたときは、これらを示して審査申出人に了知させたりする措置をとるべきであり、これらの措置をとらなかった口頭審理の手続は重大な瑕疵がある」と判示している。

審査の申出にあたって口頭審理を要求した事例や委員会の口頭審理の手続が争われた事例は多くないので、本件は重要な先例となるものである。

（1）もっとも、昭和三三年一月三一日自庁市発第八号自治庁市町村税課長回答（伊丹市長照会）では、縦覧は台帳そのものを縦覧に供するのであるから、本人の分のみの縦覧を意味するものではないと解しており、この回答は最近の地方税通達実例集にも登載している。

（2）固定資産の評価について、後掲のような詳しい解説が公刊されているが、実際に基準を適用するのは、機械的な作業ではできないことである。

自治省固定資産税課編『固定資産評価基準解説（土地篇、家屋篇、償却資産篇）』（昭和五八年改訂、地方財務協会）、同『土地評価実務ハンドブック（昭和六〇年度改訂版）』、『家屋評価ハンドブック（昭和六〇年度改訂版）』（昭和六〇年、地方財務協会）

（税務事例一七巻一二号、一九八五年）

50　固定資産評価基準の法的基準等

千葉地裁昭和五七年六月四日判決、昭和五一年(行ウ)一四号
固定資産評価審査決定取消請求事件――確定
判例時報一〇五〇号三七頁

一　事　実

Xは居住用の土地建物（以下「本件土地建物」という）を所有しているが、Y市長は本件土地建物に対する昭和五一年度の固定資産税の評価額を地方税法（地方税法を以下単に「法」という）三八八条一項により自治大臣が定めた固定資産評価基準により決定し、これを昭和五一年度固定資産課税台帳に登録し、同年四月三〇日まで縦覧に供した。Xは、右登録事項に不服があったので、法定の期間内である昭和五一年五月一〇日Y市固定資産評価審査委員会に対し法四三二条に基づき審査の申出をしたところ、Y委員会は同年六月一七日到達の文書で右申出を棄却する旨の決定を行った。Xが右棄却決定の取消しを求めて提起したのが本訴である。

Xが、本件土地建物の評価が違法であると主張している事項は多岐にわたっているが、その要旨は、「(1)現行の固定資産評価基準は、土地の評価にあたり、当該土地の所有目的や利用形態からみて生存権的土地所有（居住用）と非生存権的土地所有（非居住用）とを区別することなく一律に売買実例価額を基準とする点において甚だしく合理性を欠き、また、その結果応能負担を無視することにもなるので憲法二五条、一三条、一四条に違反する。(2)建物の評価においても右基準は、再建築費を基準としているが、このような評価方法は、建物につき生存権的財産か否かを全く顧慮していない点において不合理であり、土地の評価の場合と同様、憲法二五条、一三条、一四条に違反する。(3)本

件評価額の決定は、条例のなかに根拠はなく、自治大臣の定める固定資産評価基準そのものに基づいてされているが、固定資産評価基準は、立法形式の点からみて、租税法律主義、課税要件法定主義、租税条例主義に反し違憲である。(4)法が特に縦覧期間を設け不服申立制度とも密着させて規定しているところからすれば、他の固定資産の評価額も縦覧できなければならないのに、Y市長が基準地・標準地など他の固定資産の評価額の縦覧を制限したのは違法であり、このことは評価額自体の妥当性とは別個に評価額の決定を違法とするものである」というものである。

右主張のうち、(1)、(2)は所詮立法政策に帰する問題であるので、ここでは紙幅の関係で割愛し、専ら(3)、(4)について〔判示〕を紹介して研究を進めることにしたい。

二　判　旨

Xの請求棄却。

1　憲法は、地方自治を保障し……地方公共団体に、その自治権の裏付けとして課税権が与えられるべきことを予想していることは当然といってよいが、憲法九四条の規定（その他の憲法の諸規定）から当然に地方公共団体に課税権が発生したものと解することは困難である。……法二条によれば、「地方団体は、この法律の定めるところによって、地方税を賦課徴収することができる」と規定し、地方税の賦課徴収の主体は地方公共団体であることを明らかにするとともにその課税権は既述のとおり地方公共団体に固有のものではなく、右地方税法二条により国から付与されたものであり、地方公共団体は、この国から賦与された課税権に基づいて地方税を賦課できるものと解される。……（原告のいう租税条例主義が、憲法上当然に地方公共団体に課税権が付与され、条例でこれを課税しているという趣旨であれば、その見解はとりがたいものである）そして、Y市はこれをうけてY市税条例（昭和三〇年五月二一日条例第一四号）を設け……五四条以下で固定資産税の税目、課税客体、課税標準、税率その他賦課徴収について規定をおいているが、固定資産評価の基準に関して何ら定めをしていない。そこで、自治大臣の告示である前記固定資産評価基準がY市の固定資産評価について法的に基準たり得るのか、が問題となる。

……そこで、本件の固定資産評価基準について検討すると、前記のとおり本件固定資産評価基準は自治大臣の定めた告示であり、法三八八条は右基準を自治大臣が定めるべきことを法定しているものであるから……、法律の委任に基づく命令であることは明らかである。ところで、固定資産税の課税要件の内容の一つである課税標準については、法三四九条一項で明記し（法三四一条五号と相まって「適正な時価」とされている）、単にその具体的・技術的な算定基準を自治大臣の告示に委ねたにすぎないものであるから、立法形式の点からいっても、右固定資産評価基準は市町村の固定資産評価基準にあたって法的に基準たり得るものである（それゆえ、法四〇三条一項が右評価基準に遵うべきことを規定するのも理由が存する）。そして、右固定資産評価基準は、固定資産の評価の基準並びに評価の実施の方法及び手続を、土地、家屋、償却資産に分けて細目的、技術的見地から詳細に規定して全国的統一基準を定めていることはその内容から明らかであり、前記法令の適法な委任の範囲にとどまることもまた明らかである。

従って、条例自身が固定資産評価の基準との関連について何ら規定をおいていないからといって（もとより条例中に固定資産評価に当たっては自治大臣の固定資産評価基準に遵う旨の条例を設けることは許されないわけではないだろう）、本件固定資産評価基準に遵うことは当然適法であり（むしろ現行法は右基準に遵わねばならない（法四〇三条一項参照））、右基準に遵った評価が違法視されることはない。

2　次に固定資産課税台帳の縦覧制限による違法の点について判断する。

……Xは固定資産課税台帳の縦覧期間内に、自らの宅地建物の台帳の縦覧とともに、その計算根拠及び比較対照するため他の標準宅地等の縦覧をY市当局に請求したこと……が認められる。

ところで、法四一五条は、毎年一定期間に固定資産課税台帳を納税者の縦覧に供しなければならないことを規定するが、右の趣旨は、納税者に自らの固定資産の評価を知る機会を与えるとともに、その評価額が公平妥当な額であるかを検討させることにあると解される（それゆえ、右評価額に不服がある場合に審査申出の制度が設けられているのである）。

従って、納税者が縦覧できる範囲は、必ずしも自らの固定資産課税台帳に限られず、他の固定資産の評価額についても納税者がその資産について、他の評価額とのバランスの不均衡の是正その他の事実を主張立証して関係者としての地位が肯認されるかぎり、縦覧を認められるべきものである。……従って、自らの固定資産の評価の基礎となった基準宅地・標準宅地がどこで、いくらと評価されているのか、また自らの宅地等と状況類似の地区の路線価はいくらなのか等は当然知ることはできると解される。けだしこれを知らなければ、自らの固定資産の評価の妥当性を検討することさえできないし、これができないということであれば実質的に納税者の不服申立権を奪う結果になるのであるから、右の要請は最少限必要な条件といわなければならないであろう。法が「閲覧」とせずに、あえて「縦覧」というのは右の趣旨を明らかにしたものということができよう。

縦覧の趣旨が右のとおりである以上、Y市長の前記拒絶は法の趣旨に反した違法行為といわざるを得ない。

しかしながら、縦覧の点に違法があるからといってそれが直ちに評価自体を違法ならしめるかどうかは別個の問題である。固定資産評価審査委員会への審査の申出は終局的には当該固定資産評価額及び課税標準の当否にかかっているのであるから、当該評価額等に違法がなければ審査の申出は理由がないことに帰し、縦覧の点に違法があったからといって、それが直ちに評価額等の内容に結びつくものではないからである。従って、本件請求においては、既述のとおり、本件評価が適法と認められる以上、縦覧の点について違法があっても、Xの請求は理由がないといわざるを得ない。

三　研　究

判旨には疑問がある。

1　原処分（中心）主義と法四三二条に基づく審査の申出

本件は、法四三二条に基づく審査の申出に対するY市固定資産評価審査委員会（以下「Y市委員会」という）の棄却の決定についてその取消しを求めて提訴されたものである。

固定資産課税台帳に登録された事項については、不服を申し立てる方式として、法四三二条に定める審査の申出の方法によるべきものとされており、また、この申出に対する固定資産評価審査委員会の決定にもなお不服があるときは、この決定の取消しの訴えを提起すべきものと限定されている（法四三四条一項、二項）。台帳に登録された事項とはどの範囲の事項をいうのかについては見解が分かれているが[(1)]、評価額つまり課税標準が右登録事項のメインのものであることについては異論がなく、従って、市町村長が台帳に登録した評価額について不服のあるときは、法四三二条に定める審査の申出、更に審査の申出に対する委員会の決定について取消しの訴えを提起し救済を求めることになる。

行政争訟一般には原処分主義という建前が導入されていて、採決の取消しの訴えにおいては原処分の違法を取消事由として主張できないことになっているが（行審法三条、四条、行訴法一〇条二項）、法四三二条に基づく審査の申出はその例外（裁決（中心）主義）の一つであり、原処分（課税標準）に不服のあるときも審査の申出に対する決定の取消しの訴えを提起し、その取消しの訴えにおいて取消事由として原処分の違法を主張することになっている。

法四三二条に定める審査の申出については上述のとおり裁決主義が採用されているので、本件において、Xが台帳に登録された評価額（課税標準）の違法を審査の申出に対する棄却決定の取消しの訴えにおいて主張しているのは、まさに争訟の方式に適った方法を措っているものといえる。

2　地方税法と税条例

本判決は、「地方公共団体の課税権について、地方公共団体に固有のものではなく、地方税法二条により国より付与されたものであり、地方公共団体は、この国より付与された課税権に基づいて地方税を課税することができるものである。法三八八条に基づき自治大臣が定める固定資産評価基準は固定資産の評価にあたり法的に基準たりうるものである。条例自身に固定資産評価の基準との関連について何ら規定をおいていないからといって、現行法では右基準に従わなければならないのであって、右基準に従った評価が違法視されることはない」旨判示している。また、大牟田電気税事件で、福岡地判昭和五五年六月五日判時九六六・三は、地方公共団体の課税権に関して、「憲法上地方公共団体に認められる課税権は、地方公共団体とされるもの一般に対し抽象的に認められる租税の賦課、徴収の権能であって、憲法は特定の地方公共団体に具体的税目についての課税権を認めたものではない。税源をどこに求めるか、ある税目を国税とするか地方税とするか、地方税にした場合に市町村税とするか道府県税とするか、課税客体、課税標準、税率等の内容をいかに定めるか等については、その具体化は法律（ないしそれ以下の法令）の規定は待たざるを得ない。……原告大牟田市は地方税法の規定が許容する限度においてのみ、条例を定めその住民に対し電気ガス税を賦課徴収しうるにすぎない……」と判示している。

ところで、税条例と地方税法との関係について、かつては、税条例を地方税法という国の法律の委任に基づくものとして理解する考え方（伝来説）が有力であったが[2]、最近では地方税については税条例によらなければならないことが憲法上において要請されているという考え方（固有権説）が有力となってきている[3]。そして、その憲法上の根拠を、八四条に求めるもの[4]と、地方自治に関する九二条、九四条に求めるものに分かれている[5]。地方税については、憲法上から条例主義が要請されているのであって、法三条一項の規定は、単にこの憲法上の要請を確認しているにすぎないものと解すべきである。

本判決が税条例の中に明確にされていなければならない課税標準の算定根拠となる固定資産評価基準について、条例中に何ら規定がなくても条例主義に違反しないと解していること、また、自治大臣の定める固定資産評価基準がY市長の行う固定資産の評価についても法的に基準となる効力（拘束力）をもつと述べていることについて[6]、疑問をもつ。法四〇三条で、評価基準に従うべきことを定めているのは、その体裁から明らかなように、市町村の職員の任務を規定したものであり、課税権の根拠となるものではない。本件では、条例中に「自治大臣の定める評価基準による」との明文の規定を欠いているようであるが、ことさらこのような規定を欠いていても、条例の体裁・全体の構成等から条例中に準用（引用）規定があるのと同じような解釈ができるかどうかが、本件のキーポイントとなるのではないだろうか。(7)

3 固定資産課税台帳の縦覧制限

地方税法の定める固定資産課税台帳及び縦覧の制度は、台帳課税主義、前述の審査の申出の争訟方式と相まち、数の多い固定資産の課税事務を円滑・迅速に行い、台帳の登録事項を早期に確定させようとしているものである。

しかし、台帳に登録される評価額が公平適正な額であることをチェックするには、規定の表現が「閲覧」でなく「縦覧」となっていることに意味があるかどうかは兎も角として、本判決も判示するように、評価基準に示している評価方法が土地についていうと基準宅地、標準宅地の評価に依拠している以上、縦覧に当たって単に納税者に自分の土地の評価額を知る機会を与えるだけではなく、自分の固定資産の評価の基礎となっている基準宅地・標準宅地がどこで、いくらと評価されているのか、また自分の土地と状況類似の土地の評価額がいくらとなっているのかを縦覧に供させ、比較検討する機会を与えることが必要であり、このことは家屋についても同じように必要なことであるといえる。(8)

本件において、Y市長がXに対しX以外の台帳の縦覧を拒絶した措置は、本判決のいうように違法というべきである。

本判決は、縦覧の意義とその範囲について判断を示した初めての判決であり、重要な先例といえる。

4　縦覧拒絶の違法と評価額の決定に与える影響

本判決は、縦覧の点に違法があってもそれは直ちに評価額等の内容に結びつくものではなく、本件評価が適法と認められる以上、縦覧の点に違法があっても、棄却の決定自体は違法とならないと判示している。

本判決の採る見解は、一見して、公正手続の重視の思考と矛盾するものである。租税の分野で公正手続の履践が要求されている代表的な例は、青色更正処分の理由附記であるが（所得税法一五五条二項、法人税法一三〇条二項）、そこでは、理由附記を欠く処分あるいは理由附記の不十分の処分は、その内容の適否を問うことなく、理由附記が不備であるということだけで、処分が取り消されるべき違法性を帯びるものと扱われている（リーディング・ケース、最判昭和三八年五月三一日民集一七・四・六一七）。(9)

そして、本件問題と類似するものに、国税通則法九六条二項による閲覧請求の拒否が違法であった場合に当該採決にどのような影響を与えるかという問題がある。

閲覧請求を拒否する行為は、それ自体独立に取消訴訟の対象となる行為ではなく、裁決の取消訴訟の中で裁決の取消事由としてその拒否の違法を主張すべきものと解されている（台帳の縦覧の拒否についても同様であり、審査の申出、その申出に対する棄却決定の取消訴訟の中で取消事由として縦覧の拒否の違法を取り上げることになる）。

閲覧請求の拒否が違法であった場合にそれに基づく裁決にどのような影響を与えるのかについて、裁判例は、(イ)採決が違法となるのは、閲覧拒否に係る書類その他の物件に対して適切な反証を提出することによって当該採決の結論に影響が及ぶ場合に限られるとするもの（大阪地判昭和四四年六月二六日行集二〇・五―六・七六九、大阪高判昭和五六年九月三〇日行集三二・九・一七一八）と、(ロ)審査庁が正当な理由なく閲覧請求を拒否することは審査手続における重大な瑕疵であるから、これに基づく裁決は違法となるとするもの（大阪地判昭和四五年一〇月二七日訟月一七・一・一〇九、大阪地判昭和五五年六月二七日行集三一・六・一四二二）に分かれている。(10)

閲覧請求の拒否が違法であった場合には、原則として、裁決の内容の当否を問わず、閲覧請求の拒否が違法であるということにより当然に裁決が違法となるものと解すべきであり、ただ例外的に当該裁決の結論に影響の及ぶ可能性が全くない場合には裁決の取消自由とはならないものというべきであろう。そしてこの例外の場合においても注意をすべきことは、内容の視点から適否をきめるのではなく、手続上の可能性の有無から検討をすべきことである。

それで、私は、本判決が、縦覧の点に違法があっても、評価額の内容が適法であれば決定の取消事由とはならないと判示している論旨には疑問を持つ。手続の問題は、手続のサイドで検討を加えるべきものであり、手続が間違っていても内容が正しければよいという考え方は、手続違反を軽視する考え方に傾斜するものであり、公正手続の履践こそが正義（公正課税）を担保するという思考にそむくことになりかねない。

（1）　最判昭和四四年三月一三日集民九四・六〇五は、「台帳に登録された事項」というのは、単に課税標準のみでなく、課税物件の帰属、すなわち、所有者として登録された者がその固定資産の真の所有者であるかどうかの問題をも含むと解し、金子宏『租税法』（補正版）二六九頁も同じ考え方を採っているが、私は、評価委員会の性質からいって争訟方法の限定は評価額の是非に関する争いに限るべきであると考えている。

（2）　最判昭和二八年四月三〇日刑集七・四・九〇九、清宮四郎『憲法Ⅰ』（三版）二六二頁、小林直樹『憲法講義』（改訂版）下七三五頁、佐藤功『日本国憲法』（全訂第二版）四〇六頁など。

（3）　清永敬次『税法』（新版）二九頁、金子・前掲書八三頁、新井隆一『改訂税務行政の法律知識』一三頁、北野弘久『新財政法学・自治体財政権』二四五頁、碓井光明『地方税条例』一四頁、同「地方税の法律的検討」租税七・三〇、荒井勇『税法解釈の常識』一〇頁、山田二郎「行政判例研究二三七」自研五七・七・一二四など。

（4）　註解日本国憲法下一二七一頁。

（5）　金子・前掲書八三頁、清永・前掲書三頁、成田頼明『法律と条例』（憲法講座4）二〇六頁、北野・前掲書七九頁、山田・前掲論文一二四頁など。

（6）　多くの裁判例は、自治大臣の固定資産評価基準は市町村長に対する技術的援助にすぎず、もとより法的拘束力を有するものでないと解している（名古屋地判昭和二九年四月三日行集五・四・八三八、京都地判昭和二九年五月二一日行集五・五・一〇七八、宇都宮地判昭和二九年一一月一五日行集五・一一・二六二九、奈良地判昭和三〇年七月一四日行

集六・七・一六五〇、東京地判昭和三四年四月二二日行集一〇・四・七四六、青森地判昭和三五年三月一七日行集一一・三・六一三、大分地判昭和三九年三月一三日行集一五・三・三六二、自治省税務局編『地方税法総則逐条解説』一九頁、浅野大二郎『地方税（総論）』七九頁など。

もっとも、秋田周『条例と規則』一四六頁、丸山高満「課税自主権と地方税法」地方税三〇・五・四は、地方税法を枠法ないし標準法とみる見解に疑問を提起し、「条例で規定しなければならない事項は、地方税法において地方公共団体に選択的判断が許容されている事項あるいは条例で定めなければならないとされている事項その他地方税の実施に必要な事項に限られ、その他の地方税法の規定は、地方税に関する租税法律関係に直接適用があると解するのが適当である」とされているが、私は本文に述べたとおり、この見解には賛成できない。

（7）一般の税条例には、「〇税の課税客体、課税標準、税率その他賦課徴収については、この条例に定めるもののほか、地方税法その他の法令を適用する」という規定をおいているが、碓井・前掲租税七・三六では、地方税法三条に掲げる課税要件に関しては、右のようないわゆるセービング・クローズによっては、条例主義を満たし得ないと解されている。

（8）従来の実務は、自分の所有する固定資産に関する部分以外は見ることができないとしているようであるが、金子・前掲書二六八頁など学説はこの実務の取扱いに批判的である。

（9）青色更正の理由附記について検討を加えているものとして、山田二郎「青色更正の理由附記とその程度について」吉川博士追悼論集上巻五二三頁。

（10）学説について、南博方編『注釈国税不服審査・訴訟法』一三七（担当、畠山武道）、大阪高判昭和五六年九月三〇日に関する判例評釈として、金子昇平・ジュリ七八二・一五六。

（税務事例一五巻三号、一九八三年）

51　固定資産評価審査委員会の審査事項

東京地裁昭和四八年一二月二〇日判決、昭和四五年(行ウ)九五号
審査決定取消請求事件――確定
判例時報七二六号三八頁
〔参考条文〕　地方税法四三二条

一　事　実

東京都中央税務事務所長は、昭和四四年九月三〇日付で、X(原告)に対し、X所有の本件建物について、東京都知事が昭和四三年度の価額を決定し、家屋課税台帳に登録した旨の通知をした。しかし、Xは、本件建物は、昭和四三年度の固定資産税の賦課期日である同年一月一日当時未完成であって、まだ課税客体となっていなかったから、本件建物を家屋課税台帳に家屋として登録したのは違法であるとし、昭和四四年一〇月二九日Y(被告、東京都固定資産評価審査委員会)に対して審査の申出をしたが、Yは、昭和四五年三月二日付でXの右審査の申出を棄却する旨の決定をした。

そこで、Xは、右決定の取消しを求めた(Xは、右固定資産税の賦課決定に対しても、別に取消訴訟を提起しており、東京地裁昭和四八年一二月二〇日判決は、原告の請求を棄却している。判時七二六・四〇参照)。

二　判　旨

訴え却下。

本件訴えの適否について検討する。

1　Xが本件訴えについて利益を有するとすれば、それは、……Yの再審査を受けることができる事項について不服があるのでなければ、本件訴えについて訴えの利益を有しないというべきである。……そこで、以下に、固定資産課税台帳に登録された物が固定資産税の課税客体に該当するか否かが固定資産評価審査委員会の審査すべき事項に含まれるかどうかについて検討する。

2　……固定資産税の課税客体となる土地、家屋及び償却資産は、固定資産課税台帳に登録される（地方税法三八一条。地方税法を以下「法」という。）が、法は、……固定資産税の課税要件のうち、形式主義を採用している納税義務者及び課税標準については、登記簿又は固定資産課税台帳に登記又は登録されたところに基づいてその存否又は内容を定める旨を明らかにしているのに対し、課税客体については、……登記簿又は固定資産課税台帳に登記又は登録された物を課税客体とするとは定めていないことに照らし、法が固定資産税の課税客体について形式主義を採用していないことは明らかである。したがって、固定資産税の課税客体であるか否かは、その実態によって定められるのであって、法三四一条二号から四号までに該当する土地、家屋及び償却資産は、登記簿又は固定資産課税台帳に登記又は登録されると否とを問わず、固定資産税の課税客体に当たり、これに該当しない物は、たとえ、登記簿又は固定資産課税台帳に登記又は登録されたとしても、それによって固定資産税の課税客体となるものではない。

……以上のように法の固定資産税に関する規定の構造をみれば、法が固定資産評価審査委員会の制度を設けたゆえんは、法が前述のとおり固定資産税について台帳課税主義を採用し、一定の課税要件の存否又は内容を固定資産課税台帳に登録されたところに基づいて定めるものとしたことに対応し、市町村長の誤認、評価の誤り等により固定資産課税台帳に登録された事項に誤りがある場合において、これに基づいて課税要件の存否又は内容が定められることにより固定資産税の納税義務者が受ける不利益を救済することにあると解するのが相当である。そうであるとすれば、固定資産税の納税義務者が固定資産評価審査委員会に審査を申し出ることができる事項は、固定資産課税台帳に登録された事項のうち、前示のとおり法四三二条一項において明文をもって除外されている……事項を除くその余のすべての事項にわたるものではなく、法が台帳課税主義を採用し、固定資産税の課税要件の存否又は内容を固定資産課税台帳に登録されたところに基づいて定めるものとしている事項に限られると解すべきである。

そして、固定資産税の課税客体について法が台帳課税主義を採用していないことは前述のとおりであるから、固定資産課税台帳に登録された物が固定資産税の課税客体に該当するか否かは、固定資産税の納税者が固定資産評価審査委員会に審査を申し出ることができる事項に当たらないというべきである。

三 評 釈

判旨に反対。

固定資産税の賦課決定に対する不服申立てについては、行政不服申立前置主義が採用されているのであるが（法一九条の一二）、その行政不服申立における不服の理由について、法四三二条三項はこれを制限し、法四三二条一項の規定により、固定資産税の特有の争訟手続である固定資産評価審査委員会（以下「委員会」という）に審査の申出をすることができる事項については、当該固定資産税の賦課決定についての不服の理由とすることができないものと定めており、また、法四三四条は、右委員会に審査の申出ができる事項について不服のある納税者は、委員会に対する審査の申出及び委員会の決定の取消しの訴えによってのみ争うことができるものと定めている。

本件は、固定資産税の特有の争訟手続である審査の申出に対する棄却決定の取消しが訴求されたものであるが、その訴えの適法性を判断するにあたって、右四三二条三項との関係で、委員会の審査事項の範囲について検討が加えられたものである。

1　固定資産税の採る台帳課税主義の内容

本判決は、まず、固定資産税に採り入れられている台帳課税主義について、「課税要件の存否又は内容を台帳に登録されたところに基づいて定める方式」と定義している。しかし、一般には、台帳課税主義とは、「課税要件を台帳に登録し、縦覧手続を経てその内容を確定し、台帳に登録されているところに基づいて課税する方式」と説明されている。

台帳課税主義は、その働く実体的な面を実体的課税主義と呼び、それの働く手続的な面を手続的課税主義と呼び、その機能を両者に分けて説明されているのであるが、本判決のように、実体的な面だけしか捉えていない定義は、適切なものといえない。しかし、それはさておき、本判決は、法文上の文言を厳密にチェックし、未登記の土地若しくは家屋又は償却資産の納税義務者及び課税標準については、固定資産課税台帳に登録されたところに基づいてその内容を定める旨が明らかにされていて、台帳課税主義が採用されているが、これに対し、既登記の土地又は家屋の納税義務者については、土地登記簿又は建物登記簿に所有者として登記されている者をいうと定め、土地課税台帳又は家屋課税台帳に所有者として登録されている者をいうとは定めていないので、形式主義を採りつつ、台帳課税主義を採用していないとし、更に、課税客体については、登記簿又は固定資産課税台帳に登記又は登録された物を課税客体とするとは定めていないので、形式主義も台帳課税主義も採用されていないことが明らかであるとする。それで、課税客体であるか否かは、その実態によって定められるべきであり、たとえ登記簿又は固定資産課税台帳に登記又は登録されていても、それによって課税客体となるものではないという。

なるほど、地方税法の関係条文だけを読むと、本判決のような論旨も一応うなずけるが、固定資産税の採り入れている賦課手続の構造、すなわち、課税台帳を設け、すべての課税要件を課税台帳に登録し、この台帳に基づいて課税する建前からいうと、すべての課税要件について台帳課税主義が採り入れられているものと解すべきである（台帳課税主義について、山田・税務訴訟の理論と実際二四四頁以下参照）。それで、既登記の土地又は建物については、登記簿の記載に従いその所有者、客観的状況を台帳に登録し、未登記の土地又は建物あるいは償却資産については市町村長（東京都の二三区の区域内に所在する固定資産については、東京都知事。法七三四条）の調査に基づきその所有者、客観的状況を認定し、これを台帳に登録し、これに基づいて課税すべきことになっているものである。

本判決のいういわゆる形式主義とは、課税要件の認定（認定方法）に関して採用されていることである。固定資産税についても、他の税の領域と同様に、原則として課税要件の認定について、その実態に基づいて行なうべきこと（いわゆる実質主義）が要請されているのであるが、特別に規定の設けられている既登記の土地又は建物の所有者の認定については、特にいわゆる形式主義が導入されていて、賦課期日現在における登記簿上の所有名義人をその所有者とすると定められているのである。

そうすると、課税客体について、特別の規定がない限り、その実態に基づいて認定すべきは当然のことであり、その認定の結果が台帳に登録され、所定の縦覧手続を経て、その内容が手続的に確定し、この登録に基づいて賦課決定が行なわれることになるのである。

本判決は、課税客体は、課税標準と異なり、その実態によって定めるのであり、台帳に登録されたとしても、それによって課税客体となるものではない（換言すると、台帳に登録されていなくてもその実態があれば課税できる。）と述べているが、そこでは課税要件の認定方法の問題と認定された結果の手続上の確定の問題が、錯綜してしまっているきらいがある。課税標準についても、それは「適正な時価」をいうものと定められており（法三四一条五号）、それは台帳に登録されたところによって定められるのではなく、その「実態」によって定められるのであり、その認定の結果が台帳に登録されることにより手続上確定をみるのである。これと同じことが、課税客体をはじめ課税要件の認定についていわゆる実質主義の適用されている他のものについてもいえるのである。

要するに、本判決が台帳課税主義の適用範囲について述べているのは、その適用範囲の問題ではなく、課税要件の認定の態様の問題というべきである。

2　固定資産評価審査委員会の審査事項と台帳課税主義との対応性

固定資産評価審査委員会という名称や機能からいって、その主たる審査事項が台帳に登録された課税客体の評価の適否であることは明らかであるが、それだけに限定されるものだろうか。地方税法が、委員会の審査事項として、二つの場合、すなわち、土地登記簿又は建物登記簿に登記された事項及び道府県知事又は自治大臣が決定し又は修正して市町村長に通知した価格等に関する事項を除いて審査事項として定めていること、そして、委員会は、課税の前提手続として課税台帳が設置されたことに対応して、課税台帳に登録された事項に関する紛争を早急に確定させるために、通常の不服申立て先とは別に設置されたものであることからいって、その審査事項は、評価の適否だけに限定されていないと解される。除外事項のうち後者は、別途一般の行政不服審査法の定めるところにより不服申立てができるとされている（法一九条八号）が、それは課税権者である市町村長の権限外に属する事項に関することであるので、右方法を採らせることにしたものとうかがえる。また、除外事項のうち前者についてみると、除外事項として挙げられている「土地登記簿又は建物登記簿に登記された事項」とは、ここで土地登記簿を例にとっていうと、それは、「当該土地の所在場所、地目、地積、所有権の登記名義人の住所、氏名、所有権の登記のない土地については所有者の氏名、住所、所有者が二名以上であるときはその持分」であるので（法三八一条）、台帳固有の登録事項である「その基準年度の価格と比準価格（現実の使用者やみなす所有者の場合は、その住所、氏名、名称）」だけが委員会の審査事項として残ることになるが（同じことは、既登記の家屋についてもいえる）、未登記の土地、建物についていえば、右価格のほか、所有者の氏名又は名称並びにその所在、地目、地積、家屋番号、構造、床面積も、委員会の審査事項となり、償却資産についていえば、同様、右価格のほか、所有者の住所、氏名、名称並びに所在、種類も、委員会の審査事項ということになる。

既登記の土地又は建物については、前に述べたとおり、登記簿の記載に従って登記簿上の所有名義人を所有者とし、これをそのまま課税台帳に所有者として登録するのであって、市町村の認定の介入する余地はないので、審査事項から除外しているものと了解することができるが、台帳の課税客体の客観的状況に関する登録も、登記簿に登記されている事項は、登記どおり登録する建前が採られており（法三八一条一項、三項）、登記内容が実態と符合しない場合は、登記所に対し必要な措置をとり登記されている事項の修正をえたうえで登録を正す建前が採られているので（法三八一条七項）、結局、課税権者である市町村長の認定の介入する余地のないもの、換言すると、市町村長の認定の権限外の事項については、審査事項から除外されているものと解することができる。

そうすると、委員会の審査事項であるかどうかも台帳課税主義に対応して考えるべきであり（本判決も、この点を原則的には肯定している）、ただ課税台帳を作成するにあたって市町村長の権限外とされている事項は、審査事項から除外しているものと解すべきである。課税客体に当たるかどうかは、課税台帳に登録されることになっている事項であるが、既登記の土地又は建物の場合は、登記されている事項がそのまま台帳に移記されるにすぎないので、審査事項には当たらないが、未登記の場合及び償却資産の場合は、市町村長の認定によって登録されるので、審査事項に当たると解すべきである。

本判決は、課税客体について、一律に、課税台帳主義の枠外にあるという理解のもとに、委員会の審査事項でないとしているが、承服できない。

なお、償却資産の所有者に関するものであるが、最高裁昭和四四年三月一一日判決民集九四・六〇が、「償却資産の所有者たることを争うのは、地方税法四三三条一項にいう『固定資産課税台帳に登録された事項』の不服を申立てるものであるから、固定資産評価審査委員会が審査の申出を棄却した決定に対し、取消しの訴えを提起すべきである。」旨述べているのは、論旨が必ずしも明らかでないが、私見と同趣旨の見解に立っているものと理解することができる。

委員会の審査事項から除外されている既登記の土地又は家屋の登記されている事項に関する不服は、それが課税要件の存否に関するものであるときには、不動産登記法上の争訟手続あるいは関係者間の登記事項の是正手続で正されるのに限定されるものでなく、賦課決定に対する不服申立の不服理由としても主張できるものと考える。また、課税台帳の登録については、法三九三条の場合を除いて通知の手続が定められていないので、登録が誤っていて登録について確定効（公定力と類似の効力）を認めることが関係者に非常に酷であるようなときには、法四三四条の制約に拘らず、登録事項についても賦課決定に対して通常の行政不服申立又は抗告訴訟を提起できるものと考えたい。

（ジュリスト五六二号、一九七四年）

52　市街化調整区域内にある土地に対する固定資産税の評価額が過大であるとして取り消された事例

神戸地裁平成九年二月二四日判決、平成七年(行ウ)六号
固定資産評価額決定取消請求事件――確定
判例自治一六四号六三頁
〔参考条文〕地方税法三四一条五号・三四九条・四三四条一項、行訴法一四条四項、旧民訴法一五九条（新民訴法九七条）

一　事実

Xは本件土地の共有者（持分四分の一）であるが、固定資産税の平成六年度の評価替えにあたりY市が本件土地の地目を原野から雑種地に認定を変更し、宅地に比準して評価替えを行ったため、評価額が平成五年度は一平方メートル当たり二〇円であったものが平成六年度には一平方メートル当たり一万八七〇円と平成五年度の五三九倍となったため、地方税法四三二条一項（以下同法を「法」という）によりY市固定資産評価審査委員会（以下同委員会を「Y委員会」という）に対し審査の申出を行い、右申出が棄却されたので、法四三四条一項により右審査決定の取消しを求めて本訴を提起したものである。

Y市が地目の認定を原野から雑種地に変更したのには、本件土地を含む地域が昭和六〇年頃から土地改良法に基づく圃場整備事業の地区内に編入され、平成四年三月二二日整備事業（換地処分）が完了し、登記簿上の地目が原野から雑種地に変更になったことによることが大きい。

本件の主な争点は、本件土地の評価額の適合であり、その内容は、①地目の認定の適否、②比準した近傍地（付近の土地）の適合とその価格差の適合の二点であるが、ほかに本案前の問題として、審査申出前置の適合、出訴期間の遵守の適合（民訴法に定める追完理由の存否）が争われている。

判決は、本件訴えは適法な訴えであるとし、本案の争点について判断をしている。

二　判　旨

請求認容。

「……本件土地の地目について、Y委員会は雑種地と評価したのに対し、Xは原野と評価すべきであると主張する。本件土地は、農村地帯にあり、田に介在していること、従前は畑として利用されたこともあったが、この一〇数年間は何も手入れのなされていない雑草地であったこと、近い将来に本件土地が利用又は譲渡される予定もないこと、都市計画法上の市街化調整区域にあり、宅地としての利用は極めて困難である……。

また、本件土地の周辺についても、圃場整備事業の際に、田が整形され、道路が舗装され、水路が新設されたことの他に、利用状況について変わったことを認めるに足りる証拠はない。……固定資産評価基準による本件土地の現況地目は、雑種地ではなく、原野に当たるとみるのが相当である。……（土地改良法に基づく）圃場整備事業により区画形質が変更されたからといって、本件土地の地目を雑種地ということはできない。……

Y委員会は、近傍地比準方式を採用し、宅地の価格に比準すべき土地であるとして、付近の土地として……甲宅地を選定し、右土地の価格から造成費を控除した上で、比準割合を七〇％としている。

固定資産評価基準第一章第一〇節一は、近傍地比準方式について、付近の土地の価格に比準してその価格を求める方式と定めている。

しかし、本件土地は、住宅が散在する農村地域にある手入れのなされていない雑草地であること、市街化調整区域にあることから宅地として転用するのは極めて困難であること、資材置場に適しているともいえない……から、本件土地を宅地に比準して評価すること自体不適切というべきである。……

そうすると、本件における付近の土地（宅地）の価格一平方メートル当たり二万七〇〇〇円から造成費五三〇〇円を控除したことを考慮しても、造成費控除後の価格の七〇％という比準割合は過大であり、したがって、本件審査決定における近傍地比準方式の適用方法は、不適切というべきである。

以上の事実を併せ考えると、本件登録価格は、本件土地の現況に照らして、平成六年一月一日時点における適正な時価（三四一条五号）を超える過大な評価であると認められるから、本件審査申出を棄却した本件審査決定は違法というべきである。」

三　評　釈

判旨に賛成。

1　固定資産税の評価額と評価額の是正を求める救済方法

固定資産税は毎年賦課される税目であることから、納税通知書による賦課処分に先立ち、固定資産課税台帳に登録された評価額を早期に確定させるために特別の救済手続を定め、評価額についてはこの特別の救済手続によらなければ是正を求められないことに限定している。特別の救済手続とは、各市町村に設置される固定資産評価審査委員会に対する審査の申出（法四三二条）と同委員会の審査決定の取消訴訟（法四三四条）であり、この取消訴訟については特例として裁決主義が採られている。本件は、右規定に従い、Y委員会に対し審査の申出を行い評価額の是正を求めたが棄却されたので、Y委員会を被告として審査決定の取消訴訟を提起したものである。

2　本案前の争点

詳しい紹介は割愛したが、本件では本案前の争点が二つ取り上げられている。

(1)　審査申出経由の適否

評価額の取消訴訟には審査の申出の経由（審査申出前置主義）が必要とされている（法四三四条）。本件審査の申出はXの先代A（被相続人で課税台帳の所有名義人）を申出人としてされているが、実際にはXがA名義を用いたものであること、Xが本件土地にかかる固定資産税を納税してきていることから、本件判決は、本件訴えを審査の申出を経由している適法な訴えと解している。

(2)　出訴帰還の遵守の適否（追完事由の存否）

行政事件訴訟の出訴期間も不変期間である（行訴法一四条二項）。処分について審査請求をすることができる場合の取消訴訟の出訴期間については行訴法一四条四項に規定があり、この場合の出訴期間の計算は、「……日から起算する。」と規定されている立法例から、初日算入と解されている（最判昭和五二年二月一七日民集三一・一・五〇）。本件審査決定取消訴訟についても、行訴法一四条四項が準用されると解される。

本件訴えの提起は法定の出訴期間を一日経過してしまっていたので、旧民訴法一五九条一項（新民訴法九七条）所定の訴訟行為の追完事由の存否が争われている。本件判決は、Xが阪神淡路大震災の被災者であったこと、出訴期間当時においても交通機関等が回復していなかった状況が認められるとして、訴訟行為の追完を認め、本件訴えを出訴期間の適法な訴えと解している。本件訴訟が本人訴訟であり、出訴期間の計算を初日算入と解したことも、滞在的には考慮されていると考えられる。

3　固定資産税の評価方法と固定資産評価基準の法的拘束力

地方税法は、自治大臣が固定資産の評価の基準並びに評価の実施の方法及び手続きについて、告示で固定資産評価基準（同基準を以下「評価基準」という）を定めることとし、各市町村長はこの評価基準に従って土地の評価を行ってきている。

本件訴訟でも、本件土地の評価が評価基準に従った適法なものかという、評価基準の適用の適否という枠組で争われている。しかし、適用の適否を問う前に、評価基準の法的拘束力（法的性質）について検討を加えておく必要がある。

評価基準について、千葉地裁昭和五七年六月四日判決（判時一〇五〇・三七）は、告示で定めている評価基準を委任命令と判示しているが、評価基準は告示（国家行政組織法一四条一項）であって、命令（省令、規則。内閣法一一条、国家行政組織法一二条）ではない。告示は、公示を行うための法形式に過ぎないから、それ自体法規範としての法的拘束力をもつものではないが、例外的に法令の内容を補充するために告示という法形式が用いられることがある（代表的な例として、健康保険法四三条ノ九第二項に基づく医療費の決定。なおこれは、平成一四年法一〇二号により改訂された）。このような場合に限って、例外的に告示は委任命令と同様に一般処分又は補充立法として法的拘束力をもつと解される。告示が法的拘束力をもつのは、このように行政機関への授権が具体的で明らかな場合でなければならない。

確かに、評価基準の内容は、評価の手続と評価の方法の技術的見地からの全国的な統一基準を定めているものであり、補充立法的な性質のあることは一概に否定できないが、地方税法の中に補充立法的性質を否定している実定規定がおかれていることや（法四〇三条など）、地方税法自体が基準法（枠法）にすぎないことからいって、評価基準は、自治大臣又は都道府県知事の市町村長に対する関係においても、自治大臣の都道府県知事に対する通達ないし市町村長に対する指導というべきもので、技術的援助にすぎないと解され、各市町村において評価基準に依拠して固定資産評価事務取扱要領を制定することを予定しているものである。現に多くの市町村ではこの取扱要領を制定している。評価基準は法形式としては告示の形をとっているが、その性質は通達（国家行政組織法一四条二項）に近いもので、相続税の財産評価基本通達と同じ位置づけをすべきものと考える（詳細は、山田二郎「固定資産税の課税構造を改革するための考察」東海法学一七・一)。

4　固定資産評価基準の定める評価方法

評価基準には法的拘束力はないと解されるので評価基準に従ってされている評価が争われた場合は、その評価方法の合理性(法律適合性)を処分庁側で明らかにする主張責任・立証責任を負うことになる。また評価基準に従って評価を行っていたとしても、評価の上限は評価替えが行われる基準年度の賦課期日(一月一日)の「適正な時価」であるから、右時価を超えるような過大な評価は違法となる。

ところで、評価基準は、土地の評価について、土地を地目別に区分し、地目ごとに評価をすることにしている。地目とは、土地の現況(利用状況)のことであり、地目は賦課期日の現況によって判定される(現況主義)。地目の種類は、相続税の財産評価基本通達と同様に宅地、田、畑、山林、原野、雑種地など一〇種類であり(評価基準一章一節)、この地目の判定は、不動産登記手続に準じて行うものとされてきている。農地(田、畑)とは、耕作の用に供される土地であり、用水の利用により田、畑に区分されている。休耕田も、農地である。原野とは、耕作の方法によらないで雑草、灌木類の成育している土地である。雑種地とは、いずれの地目にも該当しない土地である。そして、この地目の区別を前提として、地目ごとに評価方法が定められているが、本件で対象となっている原野(評価基準一章九節)、雑種地(雑種地のうちゴルフ場用地、鉄軌道用地については特別の評価方法が定められているので、これらの土地を除く雑種地。評価基準一章一〇節)については、原則として売買実例価格から評価を行い(売買実例地比準方式)、売買実例価格がない場合には近傍地の価格に比準して評価を行うことにしている(近傍地比準方式)。原野や雑種地、特に市街化調整区域にある原野や雑種地では殆ど売買実例がないので、近傍地比準方式によることになり、近傍地の選定と近傍地との価格差の比較が難しい問題となる。本件でもこの点が難しい論点となっている。

5　地目の判定の適否

Y市委員会は、本件土地及びその周辺は、土地改良法に基づく圃場整備事業により区画形質の変更がなされ、本件土地の登記簿上の地目が原野から雑種地に変更されていることを主な理由として、本件土地の地目を雑種地と主張した。

しかし、本件判決は、判旨のとおり、本件土地は農村地帯にあり、この一〇数年間は何ら手入れのされていない雑草地であったこと、市街化調整区域にあり宅地としての利用が極めて困難であることなどを認定し、本件土地の現況地目を、雑種地ではなく、原野に当たると認定している。

土地改良事業や土地区画整理事業が完了して、登記簿上の地目が農地や原野から雑種地に変更されると、固定資産税の評価手続で地目を雑種地と変更認定し高い評価をしている例が多いと聞いているが、地目の認定は賦課期日の現況によるべきであるから、本件土地の現況が雑草地のままで変わっていないのであれば地目を原野と認定すべきであり、本件判決の判断は正しいといえよう。

6　原野等の評価方法

評価基準は、前述したとおり、原野、雑種地の評価方法について、原則として売買実例価格から評価するとし、売買実例価格がない場合は、次善の方法として近傍地の価格に比準して評価することにしている。

原野や雑種地の場合は、多くの場合がそうであるように、本件でも売買実例がないので、近傍地比準方式により評価をしている。

本件の場合も、Y市委員会の主張によると、売買実例がないので近傍地比準方式によっ評価をしたとしたうえで、宅地（明確ではないが、市街化調整区域内にある宅地）を比準すべき土地として選定し、その一平方メートル当たりの価格二万七〇〇円から造成費相当額五、三〇〇円を控除し、雑比準率七〇％を乗じて本件土地の一平方メートル当たりの価格を一万七八〇円とし、これに本件土地の地積を乗じて本件土地の価格を算定している。右雑比準率というのは、市街化調整区域内にある宅地との価格差ということで、七〇％の雑比準率を適用したということである。

これに対して、本件判決は、本件における近傍地（宅地）の価格から造成費を控除したことを考慮しても、造成費控除後の価格の七〇％という比準割合は過大であり、本件審査決定における近傍地比準方式の適用方法は不適切であり、本件登録価格は、本件土地の現況に照らして賦課期日における適正な時価を超える過大な評価であるとしている。

それでは、原野や雑種地の評価はどうすれば適正な評価となるかということになるが、前述のとおり、原野や雑種地、就中市街化調整区域内にある原野や雑種地に関して、原則の評価方法となっている売買実例はおよそないのが実情であるので、どうしても次善の方法として近傍地比準方式によって評価をせざるをえないことになる。この場合、宅地（市街化調整区域内の宅地）が近傍の比準地として選定されることになるのがどうしても多いことになるが、その価格差の認定は個別事情によるとしてもかなり難しい問題である。本件事案のように比準割合（価格差）が七〇％というのは過大であることは明らかである。私は、農地は政策上から限界収益補正率五五％を乗じて低く評価されているので、農地の評価額（本件の場合は一平方メートル当たり二〇〇円前後と認定されている）をそのまま参考にすることはできないが、右補正率を元に戻した農地の評価額をマクシマムとして参考にし、宅地の評価額のせいぜい一〇％の比準割合（価格差）で評価するのが相当ではないかと考えている。

7　本件判決の位置づけ（審査決定取消判決の拘束力）

本件訴訟はいわゆる改善型ではなく、いわゆる従前型により、審査決定の取消しを求めているものである。訴訟形式については別稿で詳論しているので繰り返さないが（山田二郎「固定資産税の課題と弁護士」自正四七・六九以下）、改善型は東京地裁平成八年九月一一日判決（判時一五七八・二五）でも認知されている。従前型か改善型かは、訴訟提起前の課税情報の開示の程度や委員会の審理の内容により選択すべき問題であり、一概にどちらがよいとは言えない。本件では、裁判所が評価額についての判断をすることが不可能であったとは言えない。解決の遅延はできるかぎり回避すべきである。

取消判決には当事者である行政庁その他の関係行政庁に拘束力が認められている（行訴法三三条一項）。そしてこの拘束力について、既判力説と特殊効力説（実体法説）の見解の対立はみられるが、いずれの説も取消判決の主文の判断だけではなく、取消判決の主文を導いた理由中の個別具体的な判断についても拘束力が生ずると解している（南博方編・条解行政事件訴訟法七七五頁（担当、岡光民雄）、園部逸夫編・注解行政事件訴訟法四二四頁（担当、村上敬一）、山村恒年＝阿部泰隆編・判時コンメンタール行政事件訴訟法三四二頁）。

本件の取消判決（確定）により、舞台はY市委員会に差戻しとなり、同委員会で改めて審査の申出について審理のやり直しを行うことになるが、その決定では新しい事実が提供されない限り、判決の行った地目の認定、近傍地（宅地）との比準割合については判決の理由中の判断と矛盾するような判断をすることは許されないことになる。

本件は、評価基準の適用の適否という枠組で評価が争われているが、評価基準の法的拘束力の有無、評価基準の内容の適正さ（合理性）についてもかなり疑問が多い（山田二郎ほか「固定資産税の評価に対する疑問」税事二八・七以下）。課税情報の公開が必要とされているが、路線価の認定資料（標準宅地の鑑定評価書、路線価認定票など）、評価基準に定めている加算率、補正率の根拠資料、就中家屋の課税情報についてはその開示が必要である。これらの課税情報が公開されないと、税務行政について公正さの確保、透明性の向上を実現することにはならない。

（ジュリスト一一三三号、一九九八年）

53　小作地に対する固定資産税等の増額と小作料の増額請求の可否

最高裁大法廷平成一三年三月二八日判決、平成八年(オ)二三二号
賃料増額確認請求事件――破棄自判
民集五五巻二号六一一頁、判時一七四五号五四頁、判タ一〇五八号七四頁

一　判決のポイント

本件は、市街化区域内にある農地（以下、「市街化区域内農地」という）の所有者が小作農に対して、いわゆる宅地並み課税による固定資産税及び都市計画税（以下、「固定資産税等」という）の増税を理由として小作料の増額請求をした事件であり、増税を理由として小作料の増額を請求することの可否が争われた事件である。本件の大法廷判決の法廷意見は従来の小法廷判決を変更して増額を否定する判断を示した。従来の判決や学説は、本判決の意見と同様に三つの類型に分かれているが、法廷意見は消極説を採ったことが注目される。

二　事　案

Xは市街化区域内農地をYらに賃貸し、農地委員会が定めた標準額におおむね従った小作料の支払いを受けていた。ところが平成三年度の地方税法の改正により平成四年度から本件小作地が宅地並みに課税の対象となったために、Xは生産緑地地区の指定を受けることを希望しYらに同意を求めたが、Yらが同意をせず、生産緑地地区の指定を受けることができなかった。Yらが同意しなかったのは、生産緑地地区の指定によって土地の評価額が低く抑えられ将来の離作料（通常の場合は土地の価格の三割ないし五割）が不利になることを危惧したからである。本件土地(一)の小作料

の額は、昭和五六年から同六三年まで年額二万一、七九四円、平成元年以降は年額二万三一二円であり、本件土地㈡の小作料の額は、昭和五六年から同六三年まで年額一万六、五二二円、平成元年以降は年額一万五、四〇〇円であった。宅地並み課税の結果、本件土地㈠に対する固定資産税等の額は、平成四年度及び平成五年度は一一万九、一一九円、同六年度は一二万五、〇七四円に、本件土地㈡に対する固定資産税等の額は、同四年度及び同五年度は一〇万二四〇円、同六年度は一二万五二四一円にそれぞれ増加しており、宅地並み課税がされなかった場合の同四年度の固定資産税等の額は、本件土地㈠は二万一〇〇円、本件土地㈡は一万六、六六一円であった（それぞれ六分の一以下）。宅地並み課税の結果、固定資産税等の税額が小作料を大きく上回ることになったこと（「逆ざや現象」といわれている）から、XはYらに対して平成四年一二月に同五年分の本件土地㈠の小作料を年額一一万九、一一九円に、同年分の本件土地㈡の作料を年額一〇万二四〇円に増額する意思表示をし、さらに同五年一二月に、同六年分の本件各土地の小作料をそれぞれ年額一五万円に増額する旨の意思表示をしたが、Yらがこれに応じないので、XはYらに対して小作料の金額の確認を求めて本件訴訟を提起した。

一審（奈良地判平成七年二月一四日）は、農地法二三条一項（同法は平成一二年法律第一四三号による改正前のもの。以下同法を「法」という。法二三条一項は、改正後の二一条一項に相当するが、改正の前後で実質的な変更はない）は、公租公課の増額のみを理由とする小作料の増額請求は認めていないとして、Xの請求を棄却した。

原審（大阪高判平成七年九月二二日判タ九〇三・二三二）は、農地法は小作料の額は主として小作地の通常の収益を基準として定めるべきものとしているが、それ以外の要素は一切斟酌できないわけではなく、事案によっては固定資産税等の増税が法二三条一項にいう「その他の経済事情の変動」に当たる場合がある。本件の場合、Yらは生産緑地地区の指定を受けたとしても何ら不利益を被るわけでもないのに将来の離作料が不利になるとの利己的な思惑から、Xが希望しているのに生産緑地地区の指定に同意しなかった事情があり、このような事情の下では、信義・公平の原則から小作料の増額を認めるべきであるとして、Xの請求を固定資産税等の額と同額の限度で認容した。

三　判旨

最高裁判決の法廷意見（九名の多数意見）は、小作地に対して宅地並み課税がされたことによって固定資産税等の税額が増加したことを理由として小作料の増額を請求することはできないとの見解（消極説）を示し、小作料の増額を認めた最一小判昭和五九年三月八日（昭和五八年(オ)一三〇三号）を変更すべきものとし、Yらの上告を容れて原判決を破棄し、Xの控訴を棄却した。

法廷意見（消極説）の理由は、以下の四項目に要約できる。

①小作料増額の根拠規定である法二三条一項が増税理由として公租公課を掲げていないこと、法二四条の二、三が小作料の標準額の制度を設け、法二四条が不作の場合の小作料の減額請求を認めていること、法一条が耕作者の地位の安定をその目的の一つとしていることを合わせて考慮すると、農地法は通常の農業経営が行われた場合の収益を基準として小作料の額を定めるべきものとしていると解するのが相当であり、これは宅地並み課税導入後も異なるところはない。②宅地並み課税は、市街化区域内農地の価格の値上り益が当該農地の資産価値の中に化体していることに着目して導入されたものであるから、宅地並み課税による税負担は、農地の値上り益を享受する農地所有者が担うべきである。③農地所有者が逆ざや現象によって被る不利益は、賃貸借契約を解約し、農地を宅地に転用することによって解消することができる。逆に小作農に税負担を転嫁すると、小作農に著しい不利益を与えることになる。④農地所有者が生産緑地地区の指定を受けることを希望したとしても、小作農にはこれに同意すべき義務はないし、いったん上記指定がされると、小作農が長期間にわたって営農義務を負うことになるので、同意をするかどうかは各自の生活設計にわたる事柄で、小作農の意向が尊重されるべきであり、Yらが生産緑地地区の指定に同意しなかったことをもって信義・公平に反するということはできない。

法廷意見に対して六名の裁判官が反対意見を述べている。以下のとおり要約できる。

福田、藤井、大出裁判官の反対意見は、宅地並み課税による固定資産税等の増加を理由とする小作料の増額請求を認める見解（積極説）を採るものであり、その理由として、宅地並み課税は農地の宅地化を税制面から促進しようというものであるから、農地法による耕作者保護の理念は大きく後退したというべきであり、現実に農地を耕作する小作農に税の負担を帰せしめるのでなければ宅地並み課税の実効を期し難いと述べ、消極説に対して、高額な離作料の負担を免れない現状の下では農地所有者による賃貸借契約の解約は容易ではないと批判をしている。

亀山、町田、深澤裁判官の反対意見は、消極説を信義則により修正するものであり（限定的消極説）、原則として消極説が相当であるが、本件の場合は農地所有者が希望した生産緑地地区の指定をその指定によって何ら不利益を被らない小作農が妨げたものであるから、信義・公平の見地から小作農が宅地並み課税の負担を担うべきであるとする。

本判決には、消極説の立場から、千種、元原裁判官の補足意見が示されている。

千種裁判官の補足意見は、宅地並み課税は小作契約の継続を想定しておらず、宅地並み課税の目的は契約関係の早期の終了によって実現されることが期待されているとして積極性を批判している。元原裁判官の補足意見は、実体法の解釈として積極説は採り得ないし、積極説が批判する離作料の問題は当時者間の個別具体的な事情や打算・思惑によって決定されているのが実情であるとして積極説を批判するとともに、同種紛争の減少のためには改めて市街化調整区域への編入（いわゆる逆線引き）を考慮すべきことを提案し、また小作人が生産緑地地区の指定を同意しなかったとしても、これを非難することはできないとして限定的消極説を批判している。

本判決と同日に、争点を同じくする別件（平成九年(オ)一一三八号）の判決が大法廷で言い渡されており、別件は農地所有者が生産緑地地区の指定を希望したのに対し小作農がこれに同意しなかったとの事情がないため、限定的消極説が多数意見に回り、多数意見一二名、反対意見（積極説）三名で、消極説の原判決（後掲(4)判決）を支持し、上告を棄却している。

四　先例・学説

判例・学説は、本判決と同様に三つの類型に分かれている。

1　消　極　説

(1)　東京高判昭和六〇年五月三〇日判時一一五・二六一（判例評釈、竹屋芳昭・判時一一七〇・一九二は判旨に賛成）

(2)　大阪高判昭和六一年九月二四日判時一二二七・六一（上告後に和解が成立。判例評釈、小野秀誠・判時一二四七・一八八は判旨に賛成）

(3)　大阪高判昭和六二年六月二六日（公刊物不登載。上告後に和解が成立）

(4)　大阪高判平成九年三月一二日（公刊物不登載）

(5)　奈良地判平成七年二月一四日（公刊物不登載。本件の第一審判決）など。

2　積　極　説

(6)　大阪高判昭和五八年八月一〇日（公刊物不登載）

(7)　最判昭和五九年三月八日（公刊物不登載。(6)の上告審判決）

(8)　奈良地判昭和五九年九月二六日判時一一二七・六五など。

3　限定的消極説

(9)　大阪高判平成七年九月二二日判タ九〇三・二三一（本件の原判決。判例評釈、牧賢二・判タ九四五・一〇四は判旨に反対で消極説を採っている）など。

下級審の判決は三つの類型に分かれているが、消極説を採るものが多い。学説は前掲の判例評釈に見られるように消極説を採っており、実務家（宮崎直己『農地法の実務解説〔改訂版〕』四一八頁〈一九九九年〉）も消極説を支持している。消極説は、農地法の厳格な解釈と枠組みを重視し、農地法と宅地並み課税制度との間に抵触はないとの立場であるのに対し、積極説は、宅地並み課税がされる農地は宅地化が強く要請され農地法による耕作者の保護は後退されているとして、これを法二三条一項の解釈にも反映させている。限定的消極説は、生産緑地地区への指定を同意しなかったことにより被る不利益を信義・公平の見地から正当な負担を求め、結果の妥当性を重視しているものである。

五　評　論

本件は、農地法による小作農の保護を重視した農地制度と市街化区域内農地に対する宅地並み課税制度の二つの法制度の整合的な理解（公序の理論 public policy の適用）を問うものであり、内容の濃い重要な判決である。

1　農地法二三条と農地の増税を理由とする小作料の増額請求の可否

農地法二三条一項は、小作料の増減請求権について、「小作料の額の農作物の価格若しくは生産費の上昇若しくは低下その他の経済事情の変動により又は近傍類似の農地の小作料の額に比較して不相当となったときは、契約の条件にかかわらず、当事者は、将来に向って小作料の額の増減を請求することができる。」と定めている。この規定の内容は、現行の借地借家法一一条一項が宅地の地代等の増減請求権について、「地代又は土地の借賃（以下この条及び次条において「地代等」という）が、土地に対する租税その他の公課の増減により、土地の価格の上昇若しくは低下その他の経済事情の変動により、又は近傍類似の土地の地代等に比較して不相当となったときは、契約の条件にかかわらず、当事者は、将来に向かって地代等の額の増減を請求することができる。」と定めているのと同趣旨の規定であり、借地借家法は当該土地にかかる固定資産税等が増税になると経済事情の変動があったものとして地代等の増減が請求できることになっている。

法廷意見は、消極説を採る理由として、①小作料の増額の根拠規定である農地法二三条一項が増減事由として公租公課の増減を掲げていないこと、②小作料について標準額の制度を設け、災害等による不作の場合の小作料の減額請求を認めていること等を挙げ、農地法は通常の農業経営が行われた場合の収益を基準として小作料を定めるべきものとしていて、小作人の地位の安定をその目的の一つとしていることを重視している。

農地法が小作人の地位の安定を目的としていることは明らかなことであるが、昭和四六年に市街化区域内農地に対する宅地並み課税の法制度が創設され、昭和四八年から施行されてその対象が段階的に拡大され、平成三年の地方税法の改正により市街化区域内農地から生産緑地地区内の農地等を除いたもののうちいわゆる三大都市圏の特定市に所在するすべての市街化区域内農地について宅地並み課税がされることになっているので、これらの法制度の整合性を考慮しなければならない。立法措置によって高額な小作料を規制したはじまりは、国家総動員法（昭和一三年五月五日施行）に基づいた小作料統制令である。同統制令は昭和一四年一二月一一日から施行され、小作料の額・率・種別・減免条件などを統制している。そして終戦後の第一次農地改革、第二次農地改革は、小作料の金納化を強制し低率化に拍車を加えた。しかし昭和二四年の地租改正による地租額が小作料を上回ってしまったが、この矛盾を解消するために小作料を遡及して引き上げる方法を採らせず、農地調整法九条の三第二項に基づく農林省令の改正により地租の値上り分については地租の負担額の一部を小作人に転嫁することを認めることにしている。昭和二五年の地方税法の改正で地租に代わって固定資産税が課税されることになっているが、農地の評価額が年々引き上げられ税額が年々上がり、統制小作料を上回る趨勢となっている。昭和四五年の改正で小作料の最高額の統制は廃止されたが、小作料の標準額を定めることとし、一方で農地に対する固定資産税を極端に低くして今日に至っている（小作料統制の経緯について、木村靖二『農地法精説』一六二頁）。ところで昭和四三年の都市計画法の制定とそれに伴う農地法の改正によって、市街化区域内農地の価格が周辺の宅地並みとなったが、固定資産税等は低く据え置かれたことから周辺の宅地との課税の不公平が生じることになった。周辺宅地との課税の不公平の是正と宅地の供給を促進するために、前述のとおり昭和四八年度分の固定資産税から導入されたのが、市街化区域内農地の宅地並み課税の制度である（自治省税務局編『地方税制の現状とその運営の実態』四〇七頁〈一九九七年〉、碓井光明『地方税の法理論と実際』四七頁〈一九八六年〉、堤新二郎「市街化農地の宅地並み課税について」ジュリ一〇〇四号三二頁)。宅地並み課税は、農地の宅地化を税制面から促進しようとしたものであるから、農地法による小作人保護の理念は市街化区域内農地については大きく後退したということができる。

法廷意見の、農地法二三条一項が小作料増減事由として公租公課の増減を掲げていないという解釈は、農地法が定めている小作料についての枠組みや前述したこれまでの小作料の歴史的な経緯、増減事由として掲げている「経済事情の変動」の中で公租公課の増減は公的な大きな要因であること等を考えると、説得力のある解釈とはいえない。

本件で重要であることは、宅地並み課税の制度が導入されたことにより、市街化区域内にある農地については小作人保護の理念が大きく後退したことであり、宅地並み課税の制度と農地法を整合するように解釈することが公序の理論から要求されることである。

2　「逆ざや現象」と財産権の保障

農地所有者の財産権は保障されなければならない(憲法二九条一項)。法廷意見は、「宅地並み課税は市街化区域内農地の価格の値上り益が当該農地の資産価値の中に化体しているから、宅地並み課税による税負担は、農地の値上り益を享受する農地所有者が負担すべきである」旨を判示し、宅地並み課税の結果、固定資産税等の税額が小作料の額を上回ることになる「逆ざや現象」を違法ではないとしている。小作料は、本来、農業収益よりも少なく固定資産税等より多いものでなければならないが、少なくとも固定資産税等の税額が小作料の額を上回るようなことは、農地所有者の財産権を保障しなければならないことから考えて、憲法に違反するといわなければならない。ドイツ連邦憲法裁判所第二部一九九五年六月二二日決定は、財産税(日本の固定資産税と同じ種類の税目)は当該土地の収益の中から徴税すべきであり、収益を上回る徴税は財産権の収奪にあたるとし、しかも収益のうち少なくとも半分は所有者の手許に残るようにしなければならない(いわゆる五公五民)との判断を示している(谷口勢津夫「財産評価の不平等に関するドイツ連邦憲法裁判所の二つの違憲決定」税法学五三号一五三頁)。

また最近の東京高判平成一三年四月一七日判時一七四四・六九、金判一一一六・二〇も、土地の固定資産税は土地からの収益を超えることはできない旨を判示している。これらの内外の裁判例は農地に関するものではないが、「逆ざや現象」は財産権の収奪であり許されないことを説示しているものである。市街化区域内農地の自作農と小作農との不平等な取扱いや、「逆ざや現象」を放任し小作料の増額を認めない消極説は、憲法論からいって許されない見解であり、わが国の裁判所が財産権の保障や平等原則について厳しさが不足していることを示している。

3　「逆ざや現象」の解決策と本判決の位置づけ

法廷意見は、「逆ざや現象」の解決方法として、知事による解約許可の通知(法二〇条二項)のうち「その他正当の事由がある場合」(五号)を柔軟に解釈し、「逆ざや現象」が生じている場合には、「正当の事由」を肯定することができ、具体的事案に応じた適正な離作料の支払いを条件として解約を申し出ることができることを示唆している。反対説の説示しているとおり、現行の運用の下では、市街化区域内農地の所有者は小作契約の解約ができるといっても相当高額の離作料の負担を免れず、その解約権の行使は事実上制約される可能性が高いものである。法廷意見は「逆ざや現象」の法律適合性を説明できるような現実的で適切な解決策であるとはいえない。

本判決は固定資産税等が増額したことを理由として小作料の増額請求をすることを否定した判決であるが、立法背景の変化と法制度の整合性、特に政策的な色彩の強い法制度の整合性については改めて検討が必要とされている課題であり、最高裁判決の再変更を求めたい。

(私法判例リマークス二五号、二〇〇二年)

第五　不動産取得税をめぐる判例研究

54　借地権者が土地を取得した場合における不動産取得税の課税の可否

東京地裁平成二年一二月二〇日民事三部判決、平元(行ウ)一五五号
課税処分取消請求事件――棄却(控訴)
判例時報一三七五号五九頁

一　事　実

Xは、昭和五九年七月三〇日付で、東京都から東京都中央区日本橋二丁目〇番〇号に所在する宅地一四六・九一平方メートル（以下「本件土地」という）の譲渡を受け、その所有権を取得した。

Y（地方税法三条の二、東京都税条例四条の三により東京都知事から権限の委任を受けた東京都中央都税事務所長。地方税法を以下「法」という）は、昭和六一年七月一〇日付で、Xに対し、Xの本件土地の取得に対し、課税標準を六、七六八万八、〇〇〇円、不動産取得税の額を二七〇万七、五二〇円とする不動産取得税の賦課決定（以下、「本件処分」という）をした。

Xが本件土地の譲渡を受けた当時、本件土地は固定資産課税台帳に価格の登録がされていなかったので、Yは、固定資産評価基準（法三八八条一項）によって本件処分に係る課税標準を決定したが、右譲渡当時、本件土地には、Xを賃借人とし、堅固な建物の所有を目的とする賃借権（以下「本件借地権」という）が設定されていたところ（借地権割合は、八対二）、右課税標準の額は、固定資産評価基準に従って算出した地上権、借地権等が設定されていない土地としての価格（以下、この価格を「更地価格」という）であり、右算出に当たって、本件借地権の存在は考慮されていなかった。

Xは、昭和六一年七月三〇日本件処分について都知事に対し審査請求をしたが、都知事は、平成元年四月二八日付けで審査請求を棄却する裁決をした。

本件は、裁決を経由したうえで、本件処分の取消しを求めたものであり、その争点は、本件土地に係る不動産取得税の課税標準となるべき価格を決定するに当たり、本件土地に借地権が設定されていることを考慮しないで、更地価格を課税標準としたことが違法か否かということである。

二　判旨

いかなる租税を課し、あるいは、租税の課税要件をいかなるものにするかは法律の定めによらなくてはならない（憲法八四条）。そして、憲法上、地方公共団体の自治権が保障されていることからすると、その財政上の基盤として地方公共団体に対する課税権が付与されるべきことは憲法の予定するところというべきであるが、この課税権に基づく地方税についても、右の租税法律主義の原則は当然適用となるものと解される。そうであるとすると、地方公共団体の課税権は、直接には法律の規定によって、右の地方公共団体の自治権の保障の趣旨に沿い付与されるものであって、地方公共団体にそれを超える意味での固有の課税権があるわけではない。地方公共団体は、右の法律の範囲内で自主立法である条例を制定し、実情に応じた課税を行うというのが憲法の趣旨であって、法二条が「地方団体は、この法律の定めるところによって、地方税を賦課徴収することができる。」と定め、法三条一項が「地方団体は、その地方税の税目、課税客体、課税標準、税率その他賦課徴収について定めをするには、当該団体の条例によらなければならない。」とするのは、右の趣旨を現した規定であると解することができる。それゆえ、地方税である不動産取得税であっても、課税要件の一である課税標準は法律で定められなければならず、その決定に当たって、関係法律の規定が遵守されなくてはならない。（中略）

以上によると、法は、不動産取得税の課税標準となるべき価格を、不動産の負担を考慮しない価格、すなわち土地については、地上権、借地権等が設定されていない価格（更地価格）としているものと解するのが相当である。そして、不動産取得税の課税物件、税率等の課税要件を勘案すると、法の採用する右のような不動産取得税の課税標準の定め方に、立法裁量を逸脱する不合理があるとは到底認めがたい。（中略）

固定資産評価基準の第一章第一節第三の定めは、同基準により新たに創設されたものではなく……法の規定の趣旨とするところを確認的・注意的に定めたものにすぎないのであって、右の定めの効力にかかわらず、法によって、不動産取得税の課税標準につき、土地についていえば、地上権、借地権等の負担を考慮しないこととしているのである。

そうすると、Xの右主張は、いずれにせよ失当というほかない。

三　評　釈

1　地方税法と税条例の位置づけ

本判決は、地方公共団体の課税権について、法律（地方税法二条）の規定により付与されるもので固有の課税権はないという憲法解釈（いわゆる法律付与説。最判昭和二八年四月三〇日刑集七・四・九〇九）に立っているが、最近の有力な学説は、地方公共団体の課税権は、地方自治の不可欠の要素であり、地方公共団体の自治権の一環として、憲法九二条以下によって直接に地方公共団体に与えられているものと解している（固有説、憲法付与説。例えば、佐藤功『日本国憲法概説』（全訂第四版）五四四頁）。そして地方税法は、各地方公共団体の制定する税条例がばらばらとならないように基準を示しているにすぎないものということで、準則法あるいは枠法と呼ばれており、地方税法二条、三条の規定もこのような趣旨のものと解すべきであるとしている（例えば、須貝修一『税法講義』九九頁、金子宏『租税法』（第三版）八八頁、清永敬次『新版税法』（全訂六頁））。

須貝・前掲九九頁では、「国の課税権も憲法にもとづき、地方団体の課税権も憲法に基づく、とすると、後者は、国の法律によって、特に与えられたものであるとすることはできない。両者ともに、けっきょく、根源を同じくし、主権者たる国民から由来し、憲法を通じて、一は、国に、他は、地方団体に与えられたものであるにすぎぬ。そういう意味では、両者ともに、伝来的であり、また、憲法によって直接付与されたという意味では、両者ともに、始源的である。後の意味においては、それは、地方団体に固有のものということができる。」と、説得力のある説明がされている。

ところで、裁判例は、大牟田電気税事件でも、福岡地判昭和五五年六月五日判時九六六・三は、税条例の位置付けについて法律付与説を採り、学界から強い批判を受けたが（例えば、碓井光明「大牟田電気ガス税訴訟一審判決について」ジュリ七二四・四九）、本件判決でも、同じように法律付与説を採っている。

法律付与説は、今日まで、自治省で採ってきている見解のようであるが（自治省税務局編『地方税法総則逐条解説』二六頁、滝野欣彌『地方税法総則入門』二二頁）、憲法にいう地方自治の本旨から考えると、地方公共団体が憲法によって直接に課税権が与えられていると解するのが正しいと考える。裁判例が従来の憲法解釈に拘束されず、地方自治を重視する学界の最近の傾向に注目して、税条例について早く正しい位置付けをすることを期待したい。本件では、被告東京都が固定資産評価基準に法的拘束力を引き出す必要があったにせよ、自治体側から法律付与説による主張がされており、奇異な感じを受ける。

2　不動産取得税の課税標準

不動産取得税は、地方税の中で都道府県税の一つとして定められている（法四条二項三号）。地方税法は準則法としての性格をもつにすぎないので、各都道府県は地方税法の諸規定にならって税条例を制定し、不動産取得税の課税要件を定めることになる（法三条一項）。

ところで、準則法である地方税法（地方税法に準拠する税条例）で定めている不動産取得税の課税標準（課税物件を金額で示したもの）は、不動産の所有権を取得した時における「不動産の価格」であり（法七三条の一三第一項）、その

「価格」は、「適正な時価」をいうとしている（法七三条五号）。そして、法は、課税標準となるべき価格の決定は、固定資産課税台帳に価格が登録されている不動産については、特別の事情がある場合を除き、当該台帳価格により（法七三条二一第一項）、台帳に価格が登録されていない不動産又は右の特別の事情のある不動産については法三八一条一項の固定資産評価基準によるとしている（法七三の二一第二項）。つまり、不動産取得税の課税標準は、抽象的には、不動産の「適正な時価」となっているが、具体的には固定資産税の課税標準と全く同様に、固定資産評価基準による（簡単にいうと、固定資産税の課税標準をそのまま借用する）ということになっている。

3　告示で示される固定資産評価基準の法的拘束力

固定資産税の課税標準である固定資産課税台帳の登録価格は、固定資産評価基準により決まるのであるが、同基準は自治大臣が定めて、告示の形式で公に知らされる（法三八八条一項）。

告示は、国家行政組織法一四条一項に基づくもので、一般に国民を拘束する性質を有しない行政規則と解されているが、税法上の一定の告示には、納税義務者の納税義務の内容を確定するにあたり一般的に拘束する性質をもつとみられるものがあり、このような例として、所得税法上の特定寄附金に関する大蔵大臣の告示がある。すなわち、所得税七八条二項二号は特定寄附金の範囲を、大蔵大臣が指定しこれを告示の形式で示すことにしており、この告示の一つとして昭和四〇年四月三〇日大蔵大臣告示一五四号があり、「学校教育法一条に規定する学校が私立学校法三条に規定する学校法人が設置するものの校舎及びその附属設備の受けた災害による被害の復旧のために当該学校法人に対して支出された寄附金の金額」を特定寄附金と定めている。

本判決は、固定資産評価基準を、右特定寄附金に関する告示と同様に、法の委任に基づく適法な法規命令であって、法的拘束力を有することはいうまでもないと説示しているが、果してこのように簡単にいえるのであろうか。

各市町村の税条例のモデルとされている市（町・村）税条例（準則）の固定資産税に関する規定（五四条以下）をみ

ても、その中には固定資産評価基準により固定資産税（不動産取得税）の課税標準を決めるという趣旨の規定は見当らない。そうすると、固定資産評価基準は、各市町村長が固定資産課税台帳の登録価格を決めるについての基準を示しているものにすぎず、住民に対して直接に法的拘束力をもつものとはいえない。

固定資産評価基準は、昭和三八年までは各市町村に対する通達（「評価の基準並びに評価の実施の方法及び手続」）という形式で行われていたが、昭和三八年の法改正で告示の形式で示されるようになった経緯を辿っている（告示による以前の評価基準は、単に技術援助的性格を有するにすぎないと解されていた。名古屋地判昭和二九年四月三日行集五・四・八三八など）。

ところで、固定資産評価基準の法的拘束力が争われた有名な先例として、千葉地判昭和五七年六月四日判時一〇五〇・三七がある。同判決は、告示の法的拘束力を認めているが、その理由を次のように述べている。

「本件の固定資産評価基準について検討すると、前記のとおり本件固定資産評価基準は自治大臣が定めた告示であり、法三八八条は右基準は自治大臣が定めるべきことを法定しているものであるから……、法律の委任に基づく命令であることは明らかである。ところで、固定資産税の課税要件の一つである課税標準については、法三四九条一項で明記し（法三四一条五号と相まって「適正な時価」とされている）単にその具体的・技術的な算定基準を自治大臣の告示に委ねたにすぎないものであるから、立法形式の点からいっても、右固定資産評価基準は市町村の固定資産評価にあたって法的基準たり得るものである（それゆえ、法四〇三条一項が右評価基準に遵うべきことを規定するのも理由が存する）。そして、右固定資産評価基準は、固定資産の評価の基準並びに評価の実施の方法及び手続を、土地、家屋、償却資産に分けて細目的、技術的見地から詳細に規定して全国的統一基準と定めていることはその内容から明らかであり、前記法令の適法な委任の範囲にとどまることも明らかである。従って、条例自身が固定資産評価基準との関連に何ら規定をおいていないからといって（もとより条例中に固定資産評価に当たっては自治大臣の固定資産評価基準に遵う旨の条例を設けることは許されないわけではないだろう）、本件固定資産評価基準に遵うことは当然適法であり（むしろ現行法は右基準に遵わねばならない（法四〇三条一項参照）、右基準に遵った評価が違法視されることはない。」また、金子前掲三五五頁は、「固定資産評価基準は一種の委任立法であり、補充立法であるが、その内容が多分に専門技術的な性質をもっていることにかんがみると、その作成を自治大臣に委任していることは、租税法律主義（課税要件法定主義）に反するものではないと解すべきであろう。しかし、立法論としては、固定資産評価基準を法律または政省令で定めることも検討に値しよう。」と説いている。

しかし、私は、さきに右千葉地判の判例評釈でも述べているように、固定資産評価基準は、その沿革及び立法の趣旨・文理からいっても、市町村長が行う評価の基準と任務を示したものにすぎず（法四〇三条一項）、直接に住民に対して法的拘束力をもつものとは考えられない（山田二郎「自治大臣が定めた固定資産評価基準の法的基準性の有無等」税事一五・三・二以下。山田二郎ほか『固定資産税の現状と納税者の視点』三一頁（石島弘執筆））。従来の通達の形式が告示の形式に変わっても、その内容が官報で広く住民に示され、市町村に対する行政指導の公開と強化が計られたにすぎないというほかない。それで、基準には法的拘束力は認められず、その性質は相続税の領域の相続財産評価通達（昭和三九直資五六ほか）と同じものということになる。もっとも、基準と違った評価が行われると、不平等な取扱いがされたということで、租税平等主義に反する違法な評価という問題が生ずることになる。

4　不動産取得税の課税標準と用役権、担保物権の負担

不動産取得税の課税標準は前述のとおり不動産の「適正な時価」と定められており、この「適正な時価」について固定資産評価基準により決めるものとしている。

不動産に地上権、借地権等が設定されている土地を取得した場合（借地権者が底地を取得した場合と、借地権者以外の第三者が底地を取得した場合とがある。本件は、前者の場合である）、借地権等の存在を考慮して底地として評価するのか、それとも借地権等の存在を考慮しないで更地として評価するのかというのが、本件の主たる争点となっている。

Xは、不動産取得税の課税標準を底地価格とすべき主な根拠として、次のような理由を挙げている。

イ　不動産取得税は流通税であり、不動産の移転の事実自体を課税物件とするものであるから、不動産取得税の課税標準としての「適正な時価」とは、流通価格である取引価格が基礎とされなければならず、借地権が設定されている土地については、更地価格から借地権の価格を控除した底地価格で取引されているから、不動産取得税の課税標準としての「適正な時価」は、底地価格とされるべきである。

ロ　固定資産税は収益税であって、不動産の予定されている収益に対して課税されるという性格上、借地権の設定されている土地についても、その納税額の基準が更地価格とされるのに対して、不動産取得税の場合は、流通性としての性格上、底地価格が課税標準の基準とされるべきである。固定資産評価基準によって、不動産取得税の課税標準を決定する場合、固定資産税とは別異の取扱いがされるべきである。

ハ　課税の画一的かつ迅速な処理のために不動産取得税の課税標準を更地価格とすべきであるという立論がされているが、数々の不動産取得税の非課税措置の調査に較べれば、借地権が存するかどうかを調査することははるかに容易であるから、処理の画一性や迅速性を理由として不動産取得税の課税標準を更地価格とすることは根拠がない。

先例としては、横浜地判昭和五一年三月二五判タ三四四・二七二、東京地判昭和五一年三月三〇日行集二七・三・四六六、その控訴審である東京高判昭和五二年一月二六日行集二八・一―二・二〇があり、いずれも、不動産取得税の課税標準を決定するに当たり借地権相当額を控除すべきでないとしている。

そして、その理由として、前掲横浜地判では、(イ)借地権の取得に対して、現行の不動産取得税は課税をしていないこと、(ロ)不動産取得税は流通税に属し、不動産の所有権の取得の事実に着目して課せられるものであって、不動産の取得者が当該不動産の取得によって現実に得るであろう財産的価値や当該不動産の使用・収益・処分による現実の利益に着目して課税されるものでないこと、を挙げている。

前掲東京地判昭和五一年三月三〇日は、次のように、不動産取得税が流通税であることを主な理由としている。

「法が不動産取得税の課税標準の決定を取引価格等によらず固定資産課税台帳の登録価格によるものとして画一的、形式的に定めたのは、まず第一に不動産取得税が所得税、収益税ではなくいわゆる流通税に属し、不動産の取得という事実自体を課税要件とするものであって、不動産の取得者が当該不動産を使用・収益・処分することによって得られるであろう利益をとらえて担税力を認め、これに対して課税するものではないという不動産取得税の性格によるものであると解される。（中略）したがって、不動産取得税の課税標準は、これらの各種負担の有無等の具体的、個別的事情による収益性等の要因によって左右される現実の取引価格、あるいは右のような負担相当価格を控除した価格によって決定すべきとする合理的根拠はなく、かえって、右課税標準は、これらの具体的事情に基づく収益性、負担等の要因を捨象した当該不動産の客観的財産価値に着目し、その価値全体であるとみられる取得時における不動産の客観的価値すなわち適正な時価にこれを求めることがむしろ合理的というべきである。法の前記規定は所得税、収益税と異なる収益税としての不動産取得税のこのような特質に立脚し、あわせて不動産取得税と固定資産税との間に課税の統一と負担の均衡及び徴税の簡素化を図るため、その課税標準となるべき価格を原則として固定資産課税台帳の登録価格により決定することにした趣旨のものであると解される。」

そして、この事件で原告が、賃借権が存する場合は、法七三条の二一第一項但書の「特別の事情」があるものとして、固定資産課税の登録価格によらずに、登録価格から賃借権相当価格を控除した額によるべきであると主張したのに対し、判決は、右「特別の事情」とは、基準年度にかかる固定資産課税台帳の登録価格により難い程度に不動産の価格が変動した場合の例外的な取扱いを定めたもので、当該不動産が使用・収益・処分に供された結果その取引価格が変動した場合までもこの例外的取扱いに含ませるべきものではないとしている。

また、前掲東京高判昭和五二年一月二六日は、更地価格を課税標準とすべき根拠を、不動産取得税の法的性質（流通税に属すること）と租税賦課の技術的政策に求めている。

ところで、法三八八条一項の自治大臣の告示による固定資産評価基準（昭和三八年自治省公示第一五八号）の第一章第一節三（地上権等が設定されている土地の評価）では、「地上権、借地権等が設定されている土地については、これらの権利が設定されていない土地として評価するものとする。」と定めている。

不動産取得税の課税標準となるべき価格を、借地権等を考慮せず更地価格とする根拠を、本件判決をはじめ従来の裁判例は、流通税である性質に求めていることは、これは決定的な理由となるものではない。不動産取得税は流通税として不動産の移転の事実それ自体に担税力を認めて課税するものであるが（ほかに、流通税と分類されているものに、登録免許税、印紙税などがある）、流通税であっても取引価格を課税標準としても矛盾しない。不動産取得税の課税標準を更地価格と考えるべき根拠は、まず、形式上、法七三条の二一で不動産取得税の課税標準は具体的に原則として固定資産課税台帳の登録価格によると定めていること、そして実質的にも、借地権（土地のいわゆる上土権）の取得に対しては課税されていないことなどを綜合勘案すると、更地価格を課税標準としているものと解釈するのが正当であると考える。本件のように、借地権者が底地を取得したような場合には、借地権が混同（民法一七九条）によって消滅するので、更地価格を課税標準とすることに別に不合理さはないが、底地が売買されたときは、課税標準を更地価格とすることには確かにやや不合理な面のあることが否定できない。しかし、大量の処理の画一性や迅速性等を併せて考えると、更地価格を課税標準としていることを違法とまでいうことはできないと考える。

固定資産評価基準に法的拘束力があるという本件判決には疑問をもつが、同基準は法の規定の趣旨を確認的・注意的に定めたものということができ、結局のところ、不動産取得税の課税標準について、借地権が設定されていても、更地価格によるべきであるという判示は正当である。また、借地権等の存在は、東京地判昭和五一年三月三〇日の判示しているとおり、法七三条の二一第一項にいう「特別の事情」には当たらない。

固定資産税は「固定資産の所有」を課税客体とするもので、その課税標準は、借地権や担保権が設定されていても、更地価格と解されている。登録免許税は、「登記・登録」という事実に担税力を認める流通税で、不動産の登記の時における不動産の時価を課税標準としているが（登録免許税法九条）、当分の間は固定資産評価額によるものとされており（同法附則七条、同法施行令附則三項）、借地権の設定の有無等を考慮しないことが明らかに規定されている（同法一〇条一項後段）。相続税は、相続に因り取得した財産を課税客体とするが、借地権が設定されている土地を取得したときは、借地権が控除され（底地だけが相続財産と認められる。相続税財産評価通達二五）、別に借地権は相続税の課税客体とされている（同通達二七）。

不動産取得税の課税標準については、原則として固定資産課税台帳の登録価格によると定められていること（法七三条の二一）、借地権（いわゆる上土地）の取得については課税客体とされていないこと、これらのことと併せて処理の画一性等の徴税上の要請を考えると、借地権が設定されていても、更地価格（すなわち、固定資産課税台帳の登録価格のまま）を課税標準としているものと解さざるをえない。

5　本判決の位置づけ

本判決は、従来の裁判例を踏襲し、不動産取得税の課税標準は、借地権が設定されていても、借地権の存在を考慮しないでその更地価格によるべきことを判示したもので、特に新しい判決というわけではない。

しかし、不動産取得税の課税標準の決定にあたり拠り所とされている固定資産評価基準の法的拘束力を論じ、前掲千葉地判昭和五七年六月四日と同様に、これを肯定していることが注目される。

本判決は、従来の学説・裁判例を踏襲し、税条例の位置づけについて、法律付与説に立っている。法律付与説あるいは憲法付与説を採っても、地方公共団体の自治権を広く認めるかぎり、本問に関しては解釈上特に差異が生ずるというものではないが、地方公共団体の固定資産税などの自主税率の制定や法定外普通税の制定などを考える際には発想の違いが出てくると考えられる。

今後の判決が、条例の位置づけ、告示の法的拘束力の有無などについて、更に突っ込んだ検討を加え、裁判例の流れを地方自治に適わしい方向に早く変える必要があると考える。

（判例評論三九一号、一九九一年）

55　賃借権者が土地を取得した場合における不動産取得税の課税標準

東京高裁昭和五二年一月二六日判決、昭和五一年(行コ)二六号
不動産取得税賦課処分取消請求控訴事件
行集二八巻一―二号二〇頁
〔参考条文〕地方税法七三条の一三・七三条の二一

一　事　実

X(原告、控訴人)は、土地をAから代金六〇〇万円で買い受け所有権を取得したところ、Y都税事務所長は、Xの土地の取得に対し、昭和四九年一一月六日付で課税標準額を土地の固定資産課税台帳の登録価格である三、四五三万九、〇〇〇円、税額を一〇三万六、一七〇円とする不動産取得税の賦課決定処分(本件処分)をした。

Xは、昭和四九年一二月一三日東京都知事に対し、本件処分を不服として審査請求をしたが、知事は、右請求の日から三カ月を経過しても何ら裁決をしなかったので、本件処分の取消訴訟を提起した。

Xが本件処分を違法とするのは、次の理由である。

Xは、本件土地を取得した当時、本件土地を建物所有の目的で賃借し、地上に建物を所有していたのであるが、取得土地に借地権が設定されていたという事情は、地方税法七三条の二一第一項但書、同条二項にいう「特別の事情がある場合において当該固定資産の価格により難いとき」にあたり、固定資産課税台帳の登録価格を課税標準額とすることができない場合である。本件土地に対する不動産取得税の課税は、本件土地の固定資産課税台帳の登録価格である三、四五三万九、〇〇〇円から、本件土地の賃借権相当価格三、四一七万七、三〇〇円(右登録価格の七〇%にあたる

額）を控除した一、〇三六万一、七〇〇円を課税標準額とすべきである。しかるに、本件処分は課税標準額を前記登録価格によって決定しているので違法である（もっとも、地方税法七三条の二一但書に関する主張は、控訴審で撤回し、すべて一率に更地価格をもって課税標準として課税処分をすることは、租税負担の公平の原則に反して違法であるという主張に改めている）。

第一審（東京地判昭和五一年三月三〇日行集二七・三・四六六）は、「不動産取得税の課税標準……の決定を取引価格等によらず固定資産課税台帳登録価格によるものとして画一的、形式的に定めたのは、まず第一に不動産取得税が所得税、収益税ではなくいわゆる流通税に属し、不動産の取得という事実自体を課税標準とするものであって、不動産の取得者が当該不動産を使用・収益・処分することによって得られるであろう利益をとらえて担税力を認め、これに対して課税するものでないという不動産取得税の性格によるものであると解される。すなわち、不動産取得税は、不動産の取得という事実があれば、不動産を取得するような者は一般に他にも経済的負担能力を有しているであろうとの擬制をして、そこに担税力があるとして課せられるものであ〔る〕。……したがって、不動産取得税の課税標準は、これを各種負担の有無等の具体的、個別的事情による収益性の要因によって左右される現実の取引価格、あるいは右のような負担相当価格を控除した価格によって決定すべきとする合理的根拠はなく、かえって、右課税標準は、これらの具体的事情に基づく収益性、負担等の要因を捨象した当該不動産の客観的財産価値に着目し、その価値の全体であるとみられる取得時における不動産の客観的価格すなわち適正な時価にこれを求めることがむしろ合理的というべきである。法の前記規定は所得税、収益税と異なる流通税としての不動産取得税のこのような特質に立脚し、あわせて不動産取得税と固定資産税との間に課税の統一と負担の均衡及び徴税の簡素化を図るため、その課税標準となるべき価格を原則として固定資産課税台帳登録価格により決定することにした趣旨のものであると解される。そして、前記認定の趣旨がこのように解される以上は、法一条二項、七三条の二一第一項但書、第二項の『当該固定資産について増築、改築、損かい、地目の変換その他特別の事情がある場合において当該固定資産の価格により難いとき』には、……前記規定の例外規定として、当該不動産に対する使用・収益・処分の機能に変動を及ぼすような右列記の事情等による不動産それ自体の量的又は質的な形状の変化があったため、基準年度にかかる固定資産課税台帳の登録価格に比し、右価格により難い程度に当該不動産の価格が変動した場合においてのみ例外的取扱いをすべきことを定めたものと解すべきであって、当該不動産が使用・収益・処分に供された結果、その取引価格が変動したような場合までも例外的取扱いに含ませる趣旨のものとは解すべきでないことになる。ふえんすれば、土地の借地権を負担しているというような事情は、たとえ売買契約等の取引価格に影響を及ぼすものであるとしても、右の事情それ自体は、当該不動産の通常の使用・収益の形態として、不動産取得税が前記のように担税力として予定している不動産取得者のいわば観念的な経済的負担能力に影響しない事項か、あるいは右の経済的負担能力の一の実現状態そのものともいうべき事項であって、したがって例外的取扱いをする必要が認められず、前記規定にいう『特別の事情』にあたるとする実質的理由はなんら見出すことができないというほかはないのである。」と判示し、Xの請求を棄却。

Xは、右判決を不服として控訴した。

二　判旨

控訴棄却。

「Xがその主張のように本件土地と前所有者から賃借していて、これを賃借権の負担のあるいわゆる底地として取得したものであるとしても、不動産取得税の賦課についてはそのような事情を顧慮することなく本件土地の固定資産課税台帳に登録されている価格を課税標準とすべきで、それは、不動産取得税の法的性質および租税賦課の技術的政策に由来するものとして適法と解され、また、これをもって直ちに租税負担の公平の原則に反するとか、憲法の条規に反するとかいえないというべきである」。

なお、Xは、上告をしたが、最高裁第二小法廷昭和五二年八月九日判決は、原審のように解しても違憲の問題は生じないとし、最高裁大法廷昭和三〇年三月二三日判決・民集九・三・三三六を引用して上告を棄却している。

判旨に反対。

三　評　釈

1　不動産取得税の課税標準

(一)　不動産取得税は、不動産（土地、家屋）の所有権の取得者に対して課税される（地方税法七三条の二。以下、地方税法を単に「法」という）。不動産取得税の課税要件として定められている「不動産の取得」を、不動産の所有権の取得と解すべきことについては、最高裁二小判昭和四五年一〇月二三日裁集民一〇一・一六三（等価交換に関する事件）、同二小判昭和四八年一一月一六日民集二七・一〇・一三三三（譲渡担保による不動産の取得に関する事件）、同三小判昭和五三年四月一一日民集三二・三・五八三（共有不動産の分割に関する事件）明らかにされており、この点についての解釈はすでに固まっているといえる。

(二)　不動産取得税の課税標準については、不動産の所有権を取得した時における価格とすると定められており（法七三条の一三）、その価格は適正な時価（市場価値）をいうのであるが（法七三条五号）、道府県知事は右不動産の価格を決定するにあたり、固定資産課税台帳に固定資産の価格が登録されている不動産については、当該価格により当該不動産にかかる不動産取得税の課税標準となるべき価格を決定するものとされている（法七三条の二一第一項本文）。右固定資産課税台帳の登録価格は、市町村長が法三八八条一項の規定に基づく固定資産評価基準によって、固定資産の正常な条件の下における取引価格を登録することになっている。

つまり、不動産取得税の課税標準は、一応、不動産の所有権を取得した時における適正な時価と定められているが、固定資産課税台帳に固定資産の価格が登録されている不動産については、原則として、当該価格をもって不動産取得税の課税標準をきめることとしているのである。それで、不動産取得税の課税標準にいう適正な時価とは、原則として、台帳の登録価格ということになる。

(三)　ところで、第一審判決も、控訴判決も、不動産取得税の課税標準を台帳の登録価格としている合理性について、それは、不動産取得税の法的性質等に由来するものとしているので、まず、この点から検討を加える。

従来の判決及び学説は、不動産取得税はいわゆる流通税に属するものであるから、不動産の所有権の移転の事実自体に着目して課されるものであり、不動産の取得者が取得する経済的利益に着目して課されものではないと解している。

不動産取得税が流通税に属し、「不動産の所有権の取得」という取引行為（私法上の法律効果）自体に担税力を認めて課税するものであることについては異論のないところであるが、不動産取得税の課税標準を台帳の登録価格としていることは、不動産取得税のいわゆる流通税の性質から当然に導かれるものではなく、専ら徴税事務の技術的要請（簡素、合理化）によるものというべきである。

それで、不動産取得税の課税標準の内容をどのように理解すべきかは、実定法の定める右徴税事務の技術的要請をどこまで合理的なものとして理解できるかにかかっているように考えられる。

2　これまでの行政実例と裁判例

地上権、借地権等の権利が設定されている土地を取得した場合の不動産取得税の課税標準について、これまでの先例は次のとおり判断を示している。

昭和三八年自治省告示第一五八号「固定資産評価基準」第一章第一節の三は、地上権等が設定されている土地の評価について、「地上権、借地権等が設定されている土地については、これらの権利が設定されていない土地として評価するものとする。」と定めている（もっとも、この基準は、現在では、「固定資産の評価にあたって求める適正な時価は、土地の……正常な条件の下における取引価格をいうものであり、具体的には土地にあっては売買実例価額……を基準として評価するものであること。」と改められている）。

そして、横浜地判昭和五一年三月二五日判タ三四四・二七二は、従前から借地権を有していた土地を買い受けたケース（本件と同種）について、「借地権の取得に対して現行不動産取得税上課税されないから、不動産取得税の課税標準たる『不動産の価格』を当該不動産上の地上権、借地権等の負担を考慮して控除して評価した価格とするにおいては……その負担する不動産取得税に関し著しく均衡を失し、租税平等負担の原則上許容できない結果を生ずることあるは見やすい道理であるにもかかわらず、……法が何ら規定を設けていない趣旨に鑑みると、現行法の解釈としては、不動産取得税の課税標準となる『不動産の価格』とは、地上権、借地権等の権利が設定されていても、そのような権利が設定されていなかったものとして評価した不動産所有権の価格であると解するのが相当である。」と判示している。

3　借地権が設定されている土地を取得した場合の不動産取得税の課税標準

従来の行政実例及び裁判例は、借地権、地上権等が設定されている土地の所有権を取得した場合も、更地の所有権を取得した場合と同様に、借地権、地上権等が設定されていないものとして評価した価額を課税標準とするものと解している。しかし、取引社会において、借地権又は地上権の設定されている土地は、更地の価額の二割ないし四割程度にしかその価値を評価されず、また、相続税の土地の評価においても宅地、農地の価格は借地権、耕作権の価格を控除した価額によって評価するものと定められている（相続税財産評価基本通達二五、四一）。

不動産取得税の課税標準について、大枠で、不動産の所有権を取得した時の適正な時価（正常な取引価格）によると定めているのに（法七三条の一三・七三条五号）、借地権の設定されている土地の所有権を取得した場合に、借地権等が設定されていないものとして評価がされている取扱いは検討を要する問題であるといえよう。

さきに述べたとおり、本判決を含め従来の判決は、いずれも、取得した土地が底地であっても、不動産取得税は当該土地の更地としての適正な時価（負担を捨象した当該不動産の客観的財産価値）を課税標準とするのであって、底地としての価額を適正な時価と解する余地はないとするのであるが、課税標準の大枠として、当該不動産の取得時の適正な時価と定めていることから考えると、借地権等の設定を考慮しないことは疑問といわねばならない。法七三条の二一本文の規定は、更地を取得した場合を前提としているものというべきであろう（固定資産税の場合は、借地権が設定されていても、それは賃料債権に転化しているので、所有権の客観的財産価値に変動はなく、借地権の存在を考慮する必要はないと考える）。

価格決定の例外を定めている法七三条の二一但書の規定、すなわち「当該不動産について増築、改築、損かい、地目の変換その他特別の事情がある場合において当該固定資産の価格により難いときは、この限りでない。」という規定について、従来の解釈は、右例外の「特別の事情」は、不動産それ自体に質的、量的な変化を生じ不動産の使用・収益・処分に変動を及ぼすようになった場合をいうのであり、当該不動産に借地権が設定された結果、その取引価額が変動した場合までも例外的取扱いに含ませたものではないと解している。

私は、右例外規定がなくても、不動産取得税がその課税標準を、不動産の適正な時価と定めていることから、その適正な時価は借地権の設定されている場合には、当然に更地ではなく、底地としての適正な時価でなければならず、台帳の登録価格に借地権割合による補正がされなければならないと考える。但書にいう特別の事情は、台帳価格によることができない場合を広く定めているのであり、量的・質的な形状の変化があった場合だけでなく、本件のように借地権等の設定があった場合も、右特別の事情に該当するものというべきであろう。

私のこのような解釈に対して、現行の不動産取得税は、借地権の取得に対して課税していないので、借地権の設定された土地の所有権を取得した者とそのような権利の設定されていない土地の所有権を取得した者との間において、その負担する不動産取得税に関して著しく均衡を失するという批難や、借地権等の存否を考慮することは課税事務の繁雑を招くという批難を予想することができる。また、借地権等の価格を課税標準に算入するとしたら、取得すべき土地についてまず借地権等を設定し、次いで底地の所有権を取得するような方法を採れば実質上負担が著しく軽減されることになって、不動産取得税そのものが税として成り立たなくなってしまうという見解がみられる（自治省税務局編・注釈地方税判例一八七二頁）。しかし、右課税不均衡や事務上の繁雑さ等の解消は立法により解決がはかられるべきことである。現行法の解釈運用として、借地権の設定されている土地について借地権の存在を無視し、これを更地として課税標準を決定するということには疑問をもつ。

（ジュリスト七一〇号、一九八〇年）

56　譲渡担保契約の解除と不動産取得税の成否

松山地判昭和四八年三月三一日行裁例集二四巻三号三〇五頁

一　事　実

X_1（原告）は信用金庫及び銀行からの借用金債務合計二九〇万円の担保に、同人所有の本件土地建物にそれぞれ根抵当権を設定し、登記していたが、借用金が滞ったため、根抵当権を実行されるおそれが生じ、早急に弁済せねばならなくなった。

当時は、本件建物において、旅館兼料理屋の開業準備をしており、その資金として、八〇万円を必要としていた。X_1はこうした事態を考え、X_1の妻X_2の姉である訴外Aに借金を申し込んだところ、了承してもらい、昭和三九年七月二〇日頃、同人から四〇〇万円を借り受けた。Aは貸渡しの際に、担保の差入れについては要求しなかったが、X_1はX_2らと相談して、本件土地建物を借入金四〇〇万円の担保とすることとした。ただし、抵当権は設定せず、本件土地建物の所有権をX_2とAの持分二分の一という割合で売買の形をとって移転するという合意ができた。

X_1はAから借り受けた四〇〇万円で、銀行等からの借入金を完済し、同月二二日付けで売買を原因としてX_2及びAのために各持分二分の一の所有権移転登記をした。

ところが、昭和四〇年二、三月頃、Aから税金がかかるため、担保は不要であるから、登記を抹消して欲しいという申出を受け、更にX_1も思いもよらぬ税金がかかることを知り、X_1、X_2及びAの三者間の担保契約を合意解除し、登記を抹消することにした。

そして、昭和四〇年三月一二日錯誤を原因として所有権移転登記の抹消登記をした。X_1は、この抹消登記時までにはAからの借入金四〇〇万円を完済していなかった。

Y知事（被告）は、昭和三九年七月二二日X_1からX_2及びAへの売買を原因とする持分各二分の一の所有権移転登記の事実をとらえ、X_2につき、昭和四〇年一月二八日本件土地の取得に対し、課税標準額二〇〇万四、七〇〇円、税額六万一四〇円、そして昭和四一年五月一四日本件建物の取得につき課税標準額一一六万八、一〇〇円、税額三万五、〇四〇円の各不動産取得税賦課処分をした。

また、昭和四〇年三月一二日の錯誤を原因とした所有権移転登記の抹消登記の事実をとらえて、本件土地の取得につき、課税標準額二〇〇万四、七〇〇円、税額六万一四〇円、本件建物の取得につき課税標準額一一六万八、一〇〇円、税額三万五、〇四〇円の各不動産取得税の賦課処分をした。

X_2は、昭和四〇年一月二八日の賦課処分を不服として知事に対し審査請求したが、四一年五月六日棄却の裁決を受けた。

また、X_2は四一年五月一四日の賦課処分について、X_1も同日の賦課処分について、同年五月三〇日にY知事に対し審査請求をなしたが、その後三ヶ月を経過しても審査の裁決を受けなかったため、X_1、X_2は、各不動産取得税の賦課処分の取消し、そして、X_2は予備的請求として、Y知事がX_2の申請に対してなした昭和四六年一月二〇日付けの不動産取得税の納税義務免除不承認処分の取消しを求めて出訴した。

二　課税庁の判断

「地方税法七三条の七第八号によれば、譲渡担保設定者の不動産取得税が非課税となるのは、譲渡担保権者からの担保財産の取得が、被担保債権者の消滅によって譲渡担保設定の日から二年以内になされたものであることが必要である。しかるに、X_1の本件土地建物の取得は被担保債権の消滅によるものでないことはX_1の自認するところであるから、右は同条八号の要件を充足せず、非課税とはならないものである。」

「またX_2が譲渡担保権者であるとした場合、地方税法七三条二七条の三によれば、譲渡担保権者の不動産取得税の納税義務を免除することのできるのは、被担保債権の消滅により、譲渡担保設定の日から二年以内に、譲渡担保権者から譲渡担保設定者に担保財産を移転したときに限られているものである。……しかるに、本件土地建物の移転は被担保債権の消滅によるものでないことは、X_2の自認するところであるから、同人の本件土地建物取得税の納税義務を免除することはできないものである。」

三　裁判所の判断

「本件の右合意解除は、右譲渡担保契約が契約の当初からなかったのと同一の法律効果を生じさせようとする趣旨のものと解されるが、本件合意解除が右のように契約の遡及的消滅を目的とするといっても、それは要するに当事者が契約の拘束力から解放されるということを意味するにとどまり、もとより既に譲渡担保契約によりX_1からX_2およびAに本件土地建物の所有権が移転したという事実まで消去してしまうものではない。そして、不動産取得税は、いうまでもなく不動産の取得という社会的事実に対して課されるものであるから、およそ契約の拘束力とは関係がないのである。したがって、この不動産取得税の課税という観点からみるかぎり、いったん右譲渡担保契約によりX_2およびAに帰属した本件土地建物の所有権は、右合意解除により再びX_1に移転するものとして扱うのが相当である。そうだとすれば、この点に関する原告両名の主張は理由がなく、Y知事の主張は理由があるということになる。……X_2に対してなした……不動産取得税賦課決定処分は適法というべく、X_2の主位的請求は棄却を免れない。」(1)

「地方税法は、その七三条二において、『不動産取得税は、不動産の取得に対し、当該不動産所在の道府県において、当該不動産の取得者に課する。』と規定しながら、その七三条の七第八号では、『譲渡担保財産により担保される債権の消滅により当該譲渡担保財産の設定の日から二年以内に譲渡担保権者から譲渡担保財産の設定者に当該譲渡担保財産を移転する場合における（注、譲渡担保財産の設定者の）不動産の取得』については非課税とする旨を規定し、その七三条の二七の三第一項では、『道府県は譲渡担保権者が譲渡担保財産の取得をした場合において、当該譲渡担保財産により担保される債権の消滅により当該譲渡担保財産の設定の日から二年以内に譲渡担保権者から譲渡担保財産の設定者に当該譲渡担保財産を移転したときは、譲渡担保権者による当該譲渡担保財産の取得に対する不動産取得税に係る地方団体の徴収金に係る納税義務を免除するものとする。』と規定している。そうすると、譲渡担保の設定による両当事者の不動産の取得の場合においては、『被担保債権の消滅』により、譲渡担保設定の日から『二年以内』に譲渡担保権者から譲渡担保設定者に譲渡担保財産が返還されたときは、譲渡担保権者の不動産取得税に係る納税義務は道府県により免除され、譲渡担保設定者の不動産取得税は非課税となることは明らかであるが、本件のように、譲渡担保設定の日から『二年以内』に譲渡担保権者から譲渡担保設定者に譲渡担保財産が返還されているが、その原因が被担保債権の消滅によるものではなく、両当事者間の『合意解除』によるものである場合は、どのように解すべきか、問題となる。

思うに、法が『不動産の取得』という社会的事実に対してその取得者に税金を課するのは、その事実の背後には一般的に担税力が存在するものと推定できるので、その取得者の担税力に着目していることによるものである。そして、その不動産の取得がたとえ譲渡担保の設定とその返還によるものであっても、譲渡担保権者が『二年』を越えて当該譲渡担保財産の担保力を掌握しているときは、実質的にも所有権の移転があったのと同視しうるから、譲渡担保権者にも譲渡担保設定者にもその不動産の取得に担税力の存在を推定できるので、法はこの両者に課税するものとしているのであるが、もともと譲渡担保の設定による譲渡担保権者への不動産の移転は、あくまでその原因となっている被担保債権の履行を確保するためのものにすぎず、その所有権の移転自体、手段的、形式的なものであるから、それが『二年以内』に譲渡担保権者から譲渡担保設定者に返還されたものであるときは、もはや実質的な所有権の移転があったと同視することはできず、譲渡担保権者にも譲渡担保設定者にもその不動産の取得に担税力の存在を推定しえないため、法は、あるいはこれを非課税とし、あるいはこれを免除すべきものとしているというべきである。そうだとすれば、地方税法七三条の七第八号や同法七三条の二七の三第一項の各規定は、いずれも『二年以内』に譲渡担保権者から譲渡担保設定者に当該譲渡担保財産が返還されるということに意味があるのであって、右要件を具備するものであるかぎり、それが『被担保債権の消滅』によるか、はたまた両当事者の『合意解除』によるかは、これを問わないものと解するのが相当である。すなわち、右各法条において、『被担保債権の消滅』によりと規定しているのは、いわば通常の場合のことを予想した例示的なものであって、右の場合に限定する趣旨ではないと解すべきである。……譲渡担保の設定とその解除を二年以内に繰り返すことによって、合法的な脱税をはかることができる道を開くことになって不合理であるとの批判が予想されるが、……真実は二年以上存続している譲渡担保権について不動産取得税を免れるために、いかなる形式をとるにせよ取得登記を抹消などして右税を免れたとしても、再度設定登記をせねば意味はなく、この場合には本来であれば無用の登録免許税法の規定に従った登録免許税を納付しなければならず、不動産取得税と登録免許税の額（前者は課税標準の一〇〇分の三、後者は売買の場合不動産価額の一〇〇〇分の五〇、抹消の場合五〇〇円）の関係からみて、関係者にさしたる利益をもたらすものではなく、かえってその他の費用も必要なこととて不利益になることさえ考えられるのであって、右危惧は当っていないものというべきである。」

四　研　究

1　不動産の取得と合意解除

不動産取得税は、不動産の取得すなわち不動産の所有権の取得を課税要件とし、当該不動産の所有権の取得者を納税義務者としているものである（地方税法七三条の二第一項）。

それで、不動産の所有権の取得原因（売買、贈与等）が、法定取消し、法定解除、合意解除等によって解消された場合、課税要件である不動産の所有権の取得が遡ってなかったことになるのかが問題となるのであるが、ここでは合意解除が取り上げられている。

合意解除に関する原告側の主張をみると、「合意解除により、本件土地建物の所有権は、遡及的にX_1に復帰したというにすぎず、……AからX_1へ所有権の移転があったわけではないから、抹消登記が経由されているからといって、これに対して不動産取得税を課することはできない。」とし、また、X_2は、「初めから、その所有権持分二分の一を取得しなかったことになるのであるから、……不動産取得税をX_2に課することはできない。」と主張する。

原告側は、合意解除によって所有権の移転がなかったと同様の効果が生じたことを強調しているが、裁判所側は、それを否定している。つまり、合意解除は、契約の遡及的消滅という法律効果が生じるとしても、それは当事者における契約の拘束力からの解放という意味にすぎず、本件土地建物の所有権の移転という事実までは消去するものではないとしたのである。

合意解除、法定解除の場合は、課税要件である不動産の所有権の取得がなかったことにはならないとしても、無効あるいは取り消された場合も、同様にいえるかは問題である。後者の場合は、課税要件はなくなるものと解すべきであろう。

2　被担保債権の消滅と非課税規定の適用

Y知事は、合意解除は、被担保債権の消滅とは異なるので、原告側の主張する地方税法七三条の七第八号、七三条の二七の三第一項の適用もないと主張した。

しかし、判決は、原告側の主張を認めている。

本件判決と逆に、横浜地裁昭和五四年一〇月一日判決・行集三〇・一〇・一六三五は、設定契約の合意解除により設定者が担保権者から当該財産を取得する場合は、不動産取得税の非課税事由に当たらないと判断を下しているが、担税力の点から考えると、本件判決の方が説得力があるように考えられる。

すなわち、右両規定は、ともに「二年以内」に譲渡担保権者から譲渡担保設定者に譲渡担保財産が返還されるということに意味があるのであり、被担保債権の消滅によるか合意解除によるかは問題ではないと判断したものである。本件評釈等で、本件判決の論旨に多少の難点を指摘する向きもあるが、(2) 譲渡担保財産の早期返還という点を重視している点で、立法趣旨を逸脱している解釈とはいえない。

(1) X_2に対してなした各不動産取得税賦課決定処分の取消請求のことをいう。

(2) 中川一郎・シュトイエル一三三号一頁

〈本判決の評釈〉

中川一郎・シュトイエル一三三号一頁

真鍋薫・税務事例六巻三号二一頁

（『税務署の判断と裁判所の判断』六法出版社、一九八六年）

57　根抵当権設定登記の登録免許税の課税価額の算定等

仙台地裁昭和三九年一二月二三日判決、昭和三四年(ワ)三六〇号
訟務月報一一巻三号三七四頁

一　判決要旨

根抵当権設定登記の登録税の課税標準価額算定上の建物評価にあたり、抵当目的の既登記の建物に附加して新築された未登記の増築部の価格を合算すべきである。

二　事案の概要

1　X（原告）は、昭和二七年一二月二六日A銀行との間に、同銀行に負担する債務を担保するため、宅地六筆および当時の登記簿上の表示が第一目録記載（鉄筋コンクリート造陸屋根地下一階付三階建店舗（建坪一三四坪五合九勺、二階一二九坪七勺、屋根二五坪八合、三階一三八坪二合一勺、地階一八四坪二合一勺））の建物につき債権元本極度額一億五千万円の根抵当権を設定し、同日仙台法務局でその登記手続をした。

その後増築により第二目録記載（建坪三九二坪三合二勺、二階三九一坪五合七勺、三階四〇〇坪七合八勺、地階四九七坪二勺、屋上八六坪八合七勺）となったが抵当権の目的物は増築前のものである。そして、登記申請当時における価格は土地二、二〇一万七、六二〇円、建物五、二九九万五、九一〇円合計七、五〇一万三、五三〇円であり、債権金額一億五千万円よりも少なかった。従って右登記手続に伴い納付すべき登録税の課税標準価格は、債権金額よりも少ない抵当物件の価格によらねばならないのに、登記官吏は、その過失により右課税標準価格を債権金額一億五千万円と認定し、

その千分の六・五にあたる九七万五千円の登録税の納付を命じたので、抵当権者A銀行との間に登録税を自ら負担することを約していたXは、同額の登録税を納付し、正当な納付税額四八万七、五八七円との差額四八万七、四一三円の損失をうけた。仮に、右登記官吏が納付を命じたものでないとしても、申告にかかる課税標準価格を当然減額させる義務があるのに、これを怠った点において、不作為による不法行為が成立する。仮に、不法行為が成立しないとしても、Y（被告国）は、法律上の原因がないのに、当初から悪意で前記過納額を利得し、Xに同額の損失を与えたので、その返還義務がある。以上の理由によりXに対し前記差額金およびこれに対する不法行為または不当利得の日である昭和二七年一二月二六日から支払済まで年五分の割合による遅延損害金の支払を求めた。

2　Yは、(1)　抵当権の目的物は増築後のもので、Xが表示変更登記を経由していなかったので元の建物の表示により登記したものである。(2)　登記官吏は、登記権利者A銀行から課税標準価格を債権金額として申告し、これに対応する登録税を納付したので、右申告を相当と認め、認定告知処分をしなかったにとどまる。(3)　国税の賦課徴収等に関して異議ある者は、国税徴収法の定めるところに従い所定期間内に不服申立ての手続をしない限りこれを争うことができないものであるが、本件登録税については、何人からも適法な不服申立ての手続がとられていなく、租税債務は確定している。(4)　損害賠償請求権の時効消滅等を主張した。

3　裁判所は、次のような理由によりXの請求を棄却し、この判決はXより控訴なく確定した。

三　判決理由

「(証拠) をあわせ考えると、次の事実を認めることができる。すなわちXは、昭和二七年四月に増築前の建物（その構造坪数は第一目録記載のとおりである)。の第一期工事を株式会社安藤組に請け負わせ、翌五月に右工事に着手し、同年秋には仙台市で国民体育大会が開催されるという特殊事情もあったので、同年八月ごろから昼夜兼行の建築工事を行ない、同年一〇月中には、すでに右工事の大部分である増築部分の本体を完成し、右建築の構造坪数は第二目録記載のとおりのものとなり、ただ外装、内壁の塗装、柱の飾り石の取付け等若干の附体工事を残すにすぎなかった。そして同年一一月一日から増築部分を使用して、Xの百貨店営業が盛大に行なわれていた。増築部分は、増築前の建物に付加して建てられたものであるが、外観上接続して一体をなしており、内部もその大部分が増築前の建物同様に商品の売場であって、右両者は接続しその間に境壁等もない。(中略)XからA銀行に対し、昭和二七年一〇月二〇日付で、現在新築中の店舗一、二二二坪一合三勺を工事完了次第直ちに追加担保として差し入れる旨の念書があるが、一方同銀行からXに対し、同三二年六月二二日付で、担保物件のうち店舗は、設定当初の公簿面六一一坪八合八勺をもって一応設定し、工事完了次第直ちに追加担保として差し入れる約定であったが、増改築も一応終了したようであるから、現況により、建物の表示変更登記をして欲しい旨の通知が出され、これに対し原告は、同年七月三日付で、引き続き第二期、第三期の増築工事を実施していたため建築の表示変更登記の機を得ずに延引していたが、家屋台帳の現況をもって手続中である旨の返答をしている。以上のように認められる。右事実によると、XとA銀行との間に本件根抵当権を設定した昭和二七年一二月二六日当時は、すでに増築部分の建築工事の大部分である本体の工事を完了していたので、実体上第二目録記載のとおりの構造坪数を有する建物が存在していたが、ただ登記簿上第一目録記載のとおりの建物の表示になっていたこと、増築部分は、その物理的構造はもとより取引または利用の対象として観察しても、増築前の建物に付加されこれと一体をなし、両者は別個の建物とみることはできないものであって、右当事者間においても、当初から増築部分を含めて根抵当権を設定する意思であり、右部分のみについて新築による保存登記手続をしたり、いわゆる追加担保の約定をする余地のなかったことを認めるに十分である。従って抵当権の目的物である建物は、Y主張のとおり増築後のものすなわち第二目録記載のとおりであり、ただ根抵当権設定登記申請当時右建物の表示変更登記を経由していなかったので、便宜上第一目録記載の建物の表示により登記手続をしたものにすぎないとみるのが相当である。(中略)これを前提としてその価格を評価するときは、土地および増築前の建物をX主張のとおりとみても、これに増築部分の価格を加える(抵当物件の一部である以上、これにつき建物の表示変更登録を経由しているか否かを問わず、その価格が課税額算定の標準となることは勿論である。）ときは、債権金額一億五千万をゆうにこえるものであることは（証拠）により推認するに十分であるから、抵当物件の価格が債権金額よりも少ないことを理由とするXの本訴請求は、その余の判断をするまでもなく失当といわねばならない。」

四　解　説

1　一般に物権の客体は特定した独立の物であることが必要であるとされている。そこで、建物の増築により増築部分のみを対象とする所有権が成立するか或いは従前の建物の所有権に包摂されるにいたるかの点および増築部分の所有権の成立する時期、従前の建物の所有権に包摂されるにいたる時期の点はいずれも特定性、独立性の観点から判断されるが結局は社会通念ないしは取引観念によらざるを得ない。

最判昭和三八年五月三一日（民集一七・四・五八八）[1]は、建物の所有者以外の者が建築した増築部分が別個独立の存在を有せず、増築後の建物の構成部分となっている場合には、その増築部分は、従前の建物に附合し、従前の建物の所有者に帰属する旨判示するが、建物の所有者自身が増築をし、独立性を有しないときは右判決の趣旨から当然一体としての所有権を認めるものであろう。又大審院の判例は、附属建物と主たる建物が合わせて一個の建物と見られる場合のあることを示し[2]、また物理的構造上は、一個の工作物または一棟の建物の一部であっても、「取引又ハ利用ノ目的トシテ社会観念一般ニ独立セル建物トシテノ効用ヲ有スルモノト認メラレル限リ」、一個の建物と認められるとする。[3]建物の区分所有等に関する法律の施行される前は、民法第二〇八条の解釈としても、一棟の建物のうち区分された各部分が独立の建物と同一の経済上の効力を有する場合区分所有権の対象となし得るとされており[4]、同条は数人が区分して所有する場合の規定であったけれども、一棟の建物全部を一人が所有する場合でも、区分して所有するという意思が何らかの方法によって外部に表示されれば、区分所有を認めてよいと解されていた。この区分所有の意思の表示の方法としては登記が最も適当な方法であり、区分された各部分が昭和三五年法一四号による改正前の不動産登記法第一五条の「一棟ノ建物」、右改正後昭和三七年の改正前の同条の「一箇ノ建物」に該当し、登記がなされると解されていた。(5)以上のような判例学説の考えはそのまま前記建物の区分所有等に関する法律によって立法化され、(6)昭和三七年の不動産登記簿の改正により、登記方法につき明文が置かれた（第一五条、第九四条の二以下）。

次いで、建物としての完成する時期については、工事中の建物であっても、屋根がわらをふき荒壁を塗り終えたならば、床および天井を張るに至らなくても独立の建物となるとしている。(7)結局は社会通念によって考えなければならないことであるが、この考えは増築によって一個の建物として完成する時期を考える場合にもそのままあてはまるといえる。

さらに、増改築等により建物の事実状態と登記とが符合しなくなった場合に登記は無効となるか否かの問題がある。(8)木造瓦葺二階建工場建坪一二坪二合五勺外二階同（既登記）が、改築により木造瓦葺二階店舗建坪一一坪七合八勺外二階同、平家便所一坪、平家民宅二坪九合四勺となった場合（最判昭和三一年七月二〇日民集一〇・八・一〇四五）、六一番地の一地上建坪二四坪五合（既登記）が、増築により二六坪二合となり、地番も六二番地の誤りであることが判明した場合（台高院判昭和一二年二月一三日新聞四一〇六・五）は、いずれも改築により登記簿上の表示と吻合しなくなったが、改造後の建物は、従前の建物と同一性があり、登記簿上の表示も改造後の建物の表示と認めうるとしている。そして注八掲記の時岡論文は、「増改築により床面積の相違を生じた場合には、改造の程度如何によりいろいろ場合が生ずることに注意すべきである。たとえば平家建家屋を総二階建に改造した場合には、①平家建家屋が滅失して別個の二階建家屋ができたとみられる場合、②二階は前の建物の構成部分となってなお同一性を失わないとみられる場合、③二階だけが別個の区分所有建物となった場合等が考えられるから、改造前の保存登記は、①の場合には無効となり、②の場合にはなお改造後の建物を表示するものとして有効であり、③の場合には改造前の建物部分を表示するものとして有効であると解すべきであろう。」とされている。そこで、登記が無効である①の場合には、建物の滅失の登記と建物の表示の登記をなすべきで、登記の有効な②の場合は建物の表示の変更（又は更正）の登記をなすべきで、③の場合は区分所有の建物につき表示の登記をなすべきである。

本件判決は、増築部分は、構造上も独立性がなく（外観上接続、境壁の不存在等）、利用上の独立性もなく（内部は大部分が商売の売場）、X自身の意思としても増築部分につき独立の保存登記をする意思がなかったことを述べているものので、従前の建物の構成部分となったというべきであり、その判示は妥当であろう（ただ、一体としての建物の完成の時期は、明確には認定してないが、増築部分の本体の完成した昭和二七年一〇月中とする趣旨か）。

2　抵当権設定契約は、いわゆる諾成契約であって、必ずしも設定契約書を作成する必要がない。しかし、設定契約においては、目的物件を明確に特定しておく必要があり、一般には設定登記のなされる必要から登記簿上の表示に従って契約書が作成されている。登記簿上の表示と現実の建物が異っているときは、現実の建物によって設定契約書を作り得るのは当然である。ただ、このような場合に、登記簿上の表示に従って契約書を作ったときは、登記簿上の表示が現実の建物を指すこと、即ち抵当権は現実の建物に設定するが表示を登記簿に従ってなす点について、設定当事者間に合意が必要である。

右**1**で述べたとおり、本件にあっては、根抵当権設定当時には、増築部分をも含めて一個建物が完成していたのであるから、(9)登記簿上の表示の変更がなされていない前であっても抵当権の設定は可能である。判決理由中で「当事者間においても、当初から増築部分をも含めて根抵当権を設定する意思であ（った）」と述べているが、右の意思が前記趣旨における合意であると解すれば、右判示は正当であろう。

3　そこで、当事者間に増築部分をも含めてなす抵当権の設定契約があったが、登記簿上は従前の建物のままで設定登記がなされているときの効力はどうであろうか。

判例は、目的不動産について抵当権の登記があれば附加物については特に登記その他の公示方法を要せずとする。大判明治三三年九月一一日民録六・八・一（器械類につき）。大判昭和五年一二月一八日民集九・一一四七（雨戸或いは建物入口の戸扉等）。大判昭和八年五月二四日民集一二・一五六（機械器具類につき）等。学説もこの点について異論がない（柚木・担保物権法二三二頁等）。付加物を不動産の構成部分と解するならば、目的不動産についての登記はその構成部分をも含めた一体としての不動産についての公示を意味するからである（注釈民法(9)三五頁）。さらに、家屋の常用に付属せしめられた納屋・便所および湯殿は独立しての存在の意義を有しないものであるから建物の構成部分であり（大判大正七年七月一〇日民集二四・一四四一）、工場財団抵当の目的物たる工場の付属工場も建物も建物の構造部分として抵当権の効力が及んでいるとしている（大判昭和八年五月二四日民集一二・一五六五）。

本件にあっても、増築部分は従来の建物の構成部分となったものというべきであり、従来の建物の表示によってなした登記の効力は全体に及んでいるというべきである。

いま仮りに、増築部分が区分所有権の目的たる建物の部分とすると、法律上も独立の不動産であって一箇の建物の構成部分ではない。従って抵当権の効力は及ばない（注釈民法(9)三八頁参照）。現行の不動産登記法第一五条但書により、区分所有の建物についても一棟の建物に属するときは一用紙に登記されることになっているが、このことは専用部分が一棟の建物に属するかを明確にならしめんとする便宜上の理由によるものである。

4　なお、本判決において判断されるにいたらなかったが、Y側において主張した、登録税の納付につき登記官吏が認定告知処分をしなかった点については、次のような判例がある。東京地判昭和三四年二月一八日（訟月五・七・九一六）は「登録税における課税標準の価格及びその租税債務の具体的内容は原則として（私人又は税務官庁の確認行為をまたず法律の規定により当然確定すると解すべきであるが、不動産に関する登記の場合における不動産の価格のように課税標準の価格が外見上明日でない場合には何らかの確認行為がなければこれを明確に確認しえないと考えられるから、登録税法第一九条の六所定の登記申請書のなす課税標準価格の申告は、登記官吏の認定告知処分を解除条件として課税標準価格を確定せしめる確認行為であり、また同条所定の認定告知処分は、登記官吏が登録税法に基づき賦与された権限に基づき行政機関も長として（国税徴収法第三一条の二第一項但書参照）一方的に課税標準価格を確定せしめる確認行為と解するのが相当である。すなわち、登録税の納付に際しその課税標準たる不動産の価格は登記官吏の認定告知処分のない限り登記申請書の申告により確定すると解すべきである。」とし、東京地判昭和三四年一二月一〇日（訟月五・一二・一七五四）は「一般に登記にあたって登記官吏が申告価格を不相当とするとき自らその価格を認定する権限を有することは、とりもなおさず登記官吏に価格の認定権を与え、登記官吏の認定する価格を課税標準とするという立てまえを示すものである。登記の申請（又は嘱託）にあたり申請者の申告した価格が、当該目的不動産の価格の認識において登記官吏のそれと一致するときは、登記官吏はそのままこれを認容し、前記のような自らの判断にもとずく特別の価格の認定はしないため、外見上はなんらの認定行為がなされないかのように見えるけれども、この場合でも登記官吏は自ら実質的判断を行い申告価額を相当とし、これを課税標準とすべきことを決定しているのである。すなわち登記官吏はいずれの場合にも常に自らの権限において相当不相当を判断の上課税標準たる価格を認定しているのである。価格は登記官吏の別異の認定を解除条件として申請又は嘱託により確定するというのはこの間の事情を説明するにつき一の比喩的意義を有するに過ぎない。」としている。

5　なお最後に、登録税の性質と登録税の納税義務者について、若干考察を加えておきたい。

㈠　登録税は登記または登録（以下、登記という）の際に納付するものであるが（登録税法施行規則一条）、手数料でなく、登記によって経済的価値のある財産または権利が保護されることに担税力を認めて課税するものであり、いわゆる流通税[10]の一種である。手数料でないことは、その税額が登記の手数に対応するものでなく、その権利の価額やその得喪、変更の原因によって異なっていることに照して明らかであろう。

㈡　登録税は、文字どおり税金であるから、憲法上において採用されている租税法律主義に基づき（憲法三一条・八四条）、その納税義務者や内容が実定法のなかで定められていなければならず、これを実定法を離れて決めることは許されえないことである。

不動産登記の登録税の納税義務者について、実定法のうえでは、登録税法二条に「不動産ニ関スル登記ヲ受クルトキハ……登録税ヲ納ム」と規定されているだけであり、必ずしも明確でない。

それで、不動産登記の登録税の納税義務者について解釈が分かれているのであるが、通説は、不動産登記の登録税の納税義務者は、原則として、登記申請者のすべてすなわち共同申請の場合は登記権利者および登記義務者であり、不真正連帯の性質を有し、ただ当事者が契約によって一方の当事者のみ全額を負担するとかその負担割合を定めることは可能であり、かような場合には、当事者間の意思表示に従って納税義務が分担されることになる、と解している。(11)

しかし、登録税法の規定自体から解釈を進めると、当該不動産登記を受ける者（自分の権利状態を公示するために当該不動産登記を実施する者、例えば抵当権の取得の場合は抵当権設定登記を受ける登記権利者）を納税義務者と理解するのが、右規定と租税法律主義に忠実妥当な解釈であり、前述した登録税の流通税としての性質に適う解釈ではないかと考える。通説のように、登記申請者すべてを納税義務者と解することは、流通税としての性質にふさわしくなくまた課税除外の諸規定（登録税法一九条以下）に徴しても相当でなく、また、当該不動産登記によって経済的利益が誰に帰属するかを基準として納税義務者を決めようとするのは、登記上の変動を課税契機として登記の実施を課税物件とする実定法の規定を離れて解釈するものというべきであろう。

登録税の負担について、当事者間で契約によって右実定法に基づく負担と異なる定めをすることはできるが、この約定によって登録税の納税義務者が変更するものではなく、この約定によって私人間で当該登録税について第三者に立替納付義務（第三者の納付義務、国税通則法四一条）を負担させるにすぎないものと解すべきであろう。

㈢　不動産登記の登録税の納税義務は、原則として納税義務者の課税標準の申告（不動産登記法施行細則三八条一項但書）を基準とし特別の課税手続を要しないで登記を受けるときに成立しかつ確定するのであるが（国税通則法一五条三項㈢号）、例外としてその申告がない場合またはその申告が相当でないときは登記官吏の告知処分を基準として納税義務が確定するのである（登録税法一七条、一九条の六）。

それで、本件登録税も納税義務者であるA銀行の申告を基準として納税義務が確定しているのであるが、原告Xは申告受理行為を行政処分と構成し、申告受理行為を違法として国家賠償を求めているのである。申告受理行為が行政処分かどうかは疑義があるが、[12] 行政処分が行政争訟（国税通則法七九条一項二号に基づく審査請求または行政処分取消の訴）の提起がなく確定していても、その行政処分が違法であるかぎり損害賠償を求めるのは、もとより可能である。[12]

（1）本判決は登記研究一九二号二一頁以下（香川）に紹介されている。

（2）大判大正七年七月一〇日民録二四・一四四一、大判昭和七年六月九日民集一一・一三四一・判民一〇六事件

（3）鉄道ガード下の建物につき大判昭和一二年五月四日民集一六・五三三・判民三七事件

（4）大判大正五年一一月二九日民録二二・二三三三、大判昭和二一年二月二二日総覧民一・一四「建物ノ一部カ区分有ノ容体タリ得ルカ為ニハ或程度ノ独立性ヲ有シ其ノ他取引上一個ノ権利ノ客体トシテ認メラルルニ適スル性状ヲ具備シ又之ヲ認ムルコトカ取引ノ実際ニ適合スルモノ（例ヘハ所謂棟割長屋ノ各戸カ障壁其ノ他ニヨリテ他ノ部分ト截然区別セラレ而モ独立シテ所有権ノ内容タル物的支配ニ適合スルカ如キ）タラサルヘカラス。」我妻『物権法』一四頁、舟橋『物権法』三四八頁等

（5）昭和三七年の改正前の見解につき、前掲登記研究二三頁参照

（6）同法の解説は法曹時報一四巻六ないし八号。同法の解釈としても一棟の建物の全部が一人の所有に属する場合も、区別所有が認められるとする（法曹時報一四巻六号二〇頁）。

（7）大判昭和一〇年一〇月一日民集一四・一六七一・判民一〇八事件。それゆえ木材を組み立てて屋根をふいた程度では、不動産たる建物とは認められない（大判大正一五年二月二二日民集五・九九・判民一三事件）。

（8）判タ一七七・一二八建物の実際の床面積が登記された床面積に符合しない場合の登記の効力（時岡泰）参照。

（9）建物の未完成のときに抵当権を設定しても、抵当権は成立しない。東京地判昭和三年一二月一二日（新聞二九七一・一二）。その後建物が完成したときに抵当権を設定する義務を負わせる債権的契約と解するか（香川・改訂担保二四頁）、完成と同時に抵当権設定の効力があるか（注釈民法(9)二〇頁）説が分れている。

（10）美濃部『日本行政法』下巻一一三〇頁参照。租税客体を標準として、税金は、収得税、流通税および消費税の三つに分類される。収得税とは、財産を持ち収入を得ている事実について課税するものであり、流通税とは、財産の変動する事実について課税するものであり、また、消費税とは、消費する事実について課税するものである。流通税には、登録税のほか、印紙税、物品税、有価証券取引税、日本銀行券発行税等がある。

（11）香川・昼間『登録税詳解』一一三頁

（12）前掲東京地判昭和三四年一二月一〇日参照

（13）同旨、最判昭和三六年四月二一日民集一五・四・八五〇

（民事研修一〇五号、一九六八年）

58　登録免許税と抗告訴訟の対象となる処分

大阪地裁昭和四八年一二月三日判決、昭和四七年(行ウ)四四号
税額認定処分取消請求事件
行集二四巻一一・一二号一二九七頁、訟務月報二〇巻六号一三九頁
〔参考条文〕行政事件訴訟法三条、登録免許税法二六条

一　事　実

(一)　Xは、昭和四五年二月五日、不動産任意競売事件において、土地三筆（本件土地）を代金一、二〇一万円で競落し、同日競落許可決定を受け、大阪地方裁判所からその所有権移転登記に要する登録免許税額が本件物件の昭和四四年一二月三一日現在における固定資産課税台帳（課税台帳）に登録されている価額（台帳価格）一、七〇五万一、〇〇〇円の千分の五〇にあたる八五万二、五〇〇円であり、これを国に納付するように指示されたのに、右納付を遅延した。そして、漸く同年五月二日に至り右税金を納付しようとしたところ、このたびは、同裁判所から、右登録免許税の課税標準は右台帳価格ではなく、評価替のなされた昭和四五年一月一日現在の台帳価格であるとし、その台帳価格は四、五一一万六〇〇円で、登録免許税はその千分の五〇にあたる二二五万五、五〇〇円であるので、これを納付するように指示を受けた。Xは、右台帳価格は競落価格よりも高額であるため不服であったが、所有権移転登記を急ぐ事情もあって、右税額を国に納付した。同裁判所は、同四五年八月二四日、登記官Yに対し右課税標準及び税額を記載した登記嘱託書と右税額納付の領収証書とを提出し、Yにおいて同日これを受理したうえ、課税標準及び税額についてなんら明示の認定処分をすることなく、Xに対する本件土地の所有権移転登記を完了した。

しかし、Xは、右登録免許税の課税標準及び税額に不服であったので、同年一一月三〇日国税不服審判所長に対し審査請求をなし、これが棄却されたので、さらに本件登録免許税の課税について取消訴訟を提起したのが本件である。

(二)　Xは、本件訴訟で、登記官の本件所有権移転登記を実施するにあたって登録免許税の課税標準及び税額について認定処分を行なっているとし、その認定処分は、課税台帳に登録された価額の評価替という地方公共団体の長の行為により、登録免許税が競落決定当時の二倍以上も増加する結果を来しているから、憲法八四条に違反した違法があり、また、税額を過大に認定した違法があると主張した。

(三)　Yは、これに対して、本件において抗告訴訟の対象となるような行政処分はない旨の本案前の主張をした。

二　判　旨

請求棄却。

「一　国税通則法（昭和四六年法律第八九号による改正前のもの）一五条二項一一号によれば、登録免許税の納税義務は、登記、登録などの時に成立し、同法一五条三項五号によれば、その税額は、右納税義務の成立と同時に特別の手続を要しないで確定することとされている。しかしながら、……登録免許税法一〇条一項、同法別表第一の第一号には、不動産所有権移転登記の場合の課税標準は当該登記の時における不動産の価額による旨規定されており、不動産の価額とは、当該不動産の客観的な交換価値をあらわす時価と解すべきであるから、この場合は、右国税通則法の規定にかかわらず、その時価を何らかの方法で確定しなければ、課税標準及び税額が具体的に確定しないといわねばならない。ところで登録免許税法附則七条、同法施行令附則三項によれば、右の場合、当該不動産の台帳価格があるときには、登記申請日が一月一日から三月三一日までの場合には前年一二月三一日現在の、四月一日から一二月三一日までの場合にはその年の一月一日現在における各台帳価格を課税標準とすることができるとされているけれども、右規定から直ちに、……課税標準および税額が具体的に確定したということができない。なぜなら、同法附則七条は、台帳価格を基礎として政令で定める価格によることができると規定し、必ずしも台帳価格によらねばならないとは規定していないし、たとえ当事者が台帳価格を課税標準として選択しても登記官は、同法施行令附則四項により、当該不動産について、増築、改築、損壊、地目の交換その他これに類する特別の事情（以下これらを特別事情という）の有無を審査し、これがある場合には、台帳価格を基礎としつつ、当該事情を考慮して課税標準価格を認定する権限を有しているのである。したがって、登記官によって、右特別事情の有無が検討され、それが存在しないことが明らかとなり、台帳価格を課税標準とすることが正当であると認定されるまでは、課税標準および税額は不確定の状態にあるといわねばならない……。

もっとも、右の場合特別事情が存在しないときには、登記官は、登記申請書または登記嘱託書に記載された課税標準および税額を正当とする明示の処分をしないであろうが、実質的にはこれを正当と認定しているのであるから、この場合、形式的な面だけをとらえて、登記官の課税標準及び税額の認定処分が存在しないと解すべきではなく、黙示による課税標準及び税額の認定処分があったものと解するのを相当とし、この黙示の認定処分により課税標準および税額が確定するというべきである。……もし、右の場合に、形式的な面のみをとらえて、登記官による課税標準及び税額の認定処分が存在しないとするならば、……納税者の救済方法としては、登録免許税法三一条二項により、登録機関に対し、過誤納金の還付につき、納税地の所轄税務署長に通知することを請求し、この請求が却下された場合にはじめてこの却下処分を、審査請求および行政事件訴訟の対象とする方途が考えられる。しかしながら、この場合の実質的な争点は、登記官による黙示の課税標準及び税額の認定処分の当否であるから、これを不動産登記法一五二条による審査請求の対象とすることは同法の予想するところではなく、むしろ、このような迂路をたどることなく、右黙示の認定処分をもって、直接国税不服審判所長に対する審査請求の対象となしうる方途を認めることが、国税通則法七五条一項五号の趣旨に適合する……。

二　Xは、本件認定処分には、課税標準および税額を過大に認定した違法がある旨主張するが、一般に台帳価格は特別の事情のない限り、時価よりも低額であることは公知の事実であり、しかも本件登記時における本件物件の台帳価格が当時の時価より高額であるような特別事情は、本件に表われた全証拠によっても見出し難く、また右台帳価格が前年度のそれに比し、約二・七倍になることも近時の地価の上昇傾向に照して、ありうることであるから、このことをもって、右台帳価格が時価よりも高額であるとはいえず、結局Yの本件認定処分による課税標準および税額は相当であるというべきである。」

三　評　釈

判旨に疑問な点がある。

1　ここで取り上げる問題

不動産の権利に関する登記を受けるにあたって、(イ)登記官の登録免許税の課税標準及び税額に関する認定（処分）は存在するか、(ロ)右認定（処分）の性質はどのようなものか、(ハ)登録免許税の課税に対する争訟方法はどのように理解すべきか、これが本件で取り上げられている興味深いテーマである。それで、ここでは、この点だけに絞って検討を加えるが、順序として、まず、登録免許税の課税をめぐる法律関係を一瞥しておきたい。

2　登録免許税の課税をめぐる法律関係

登録免許税の納税義務は、登記、登録などの時に成立し（国税通則法一五条二項一四号。本件においては、同内容であるが、当時の同法一五条二項一一号）、その税額は、右納税義務の成立と同時に特別の手続を要しないで確定する（同法一五条三項六号）と、定められている（右規定は、登録免許税法の制定に伴い昭和四二年法律第三六号により挿入された）。

つまり、登録免許税の税額の確定の方式については、いわゆる自動確定方式が導入されているのであって、自動確定方式が同様に導入されている源泉徴収による国税（同法一五条三項二号）の法律関係についての理解（リーディング・ケースとして、最一小判昭和四五年一二月二四日民集二四・一三・二二四三）が、原則として、登録免許税の課税をめぐる法律関係にも妥当すると考える。

そして、登録免許税の課税標準は、不動産登記についていうと、当該登記の時における不動産の価額、すなわち時価によるとされているのであるが（登録免許税法九条、一〇条一項。同法を以下「法」という）、当分の間、地方税法三四一条九号にかかげる固定資産課税台帳に登録された価格（右価格を以下「台帳価格」という。ただし、台帳価格のない不動産については、類似不動産の台帳価格を基礎として登録機関が認定することとされている）によることができる旨定められている（法附則七条、法施行令附則三項）。

それで、登録免許税の課税標準は、当分の間台帳価格によって決まる場合はもとよりのこと、時価による場合も、観念的には登記の時に特別の手続（申告、行政処分）を要しないで自動的に当然に確定をみるのであり、登記を受ける者は、右課税標準を基礎として、法令に基づいて算出した税額を自ら申請書等に記載し（不動産登記法二五条、同法施行細則三八条）、これを国に納付することになるのである。

従って、登記にあたり、登記官のなんらかの認定があってはじめて、納税義務ないし税額が成立・確定するものではない（もっとも、登録免許税が、自動確定方式を採り入れているのは、課税標準が法令の規定により自動的に明らかとなり、争う余地のないことを前提としており、この前提があってこそ合理的な制度といえるのであるが、課税標準と定められている時価が必ずしも認識の容易でないことは、制度として検討の余地があり、立法上考慮を要する問題である。しかし、附則で、前述のように、当分の間台帳価格をもって課税標準とすると定めているのは、制度上のこの欠陥をカバーしているといえる）。

ところで、本件判決は、登録免許税の課税標準の基準である「時価」について、何らかの方法で確定されなければ具体的に確定しないとし、そして、「当分の間、台帳価格をもって課税標準とすることができる。」と定められていても、それは、必ずしも台帳価格によらねばならないと規定しているものでなく、また、登記官は、同法施行令附則四項によると、当該不動産について、増築、改築、損壊、地目の交換その他これに類する特別の事情がある場合には、当該事情を考慮して課税標準を認定する権限を有しているので、たとえ当事者が台帳価格を課税標準として選択しても、登記官が台帳価格を課税標準とすることが正当であると認定するまでは、不確定の状態にあり、右法附則七条等の規定から直ちに課税標準及び税額が確定するとはいえない、と判示する。そして、本件判決は、このような考え方に立脚して、特別事情が存在しないときには、登記官は、登記申請書又は登記嘱託書に記載された課税標準及び税額を正当とする明示の処分をしないが、実質的にはこれを正当と認定しているとし、この場合に、黙示による課税標準及び税額の認定処分があるものとし、この黙示による認定処分により課税標準及び税額が確定すると判示する。

しかし、さきに述べたとおり、登録免許税の課税標準は、登記の時の当該不動産の時価（あるいは台帳価格）によりきまり、その税額は、右課税標準に基づいて自動的に確定するのである。本件判決のいう「具体的に時価が確定しない。」というのは、つまり、時価の認識が難しいということまた往々認識に違いが生じることをいっているのであるが、時価そのものは関係者の認識のいかんにかかわらず客観的にきまっているのであるから、本判決が、「時価がなんらかの方法で確定されなければ、課税標準及び税額は具体的に確定しない。」というのは、制度の正しい理解といえない。

それに、附則七条で、「当分の間、台帳価格によることができる。」と定めている趣旨は、台帳価格によらねばならないとは規定していないが、時価の変動が激しく時価よりおおむね低く台帳価格が登録されていることを前提にして、時価の認識が関係者によって多岐に分かれ前述のとおり制度上の欠陥の生じることを避けるために、認識の容易な台帳価格をもって課税標準としてもよいと定めているのであり、もとより登記官の裁量を認めているものではない。このことは、施行令附則四項に定めている特別事情の有無、同三項に定めている台帳価格のない不動産についてもいえることであり、条文に、「登記官が認定した価額とする。」と定めているのも、それは、登記官の裁量を認めているものではなく、また、登記官の行為によってはじめて課税標準及び税額が確定するものではない。登記官の行為は、登記の時に客観的に自動的に確定する課税標準及び税額の単なる認定（納税義務の成立、確定とは関係のないもの）にすぎないというべきである。

つまり、登録免許税について、登記官のなんらかの認定処分があってはじめて課税標準及び税額が確定するという本件判決の論旨は、自動確定方式が採り入れられている登録免許税について、正当な解釈ではないといえよう。

3　登記官の認定（処分）の存否とその性質

登記官は、登記をするときに、その登記に課せられるべき登録免許税の納付の事実を確認しなければならず（法二五条前段）、そして、登記の申請書等に記載された課税標準の金額又は税額が過少である場合には、当該登記を受ける者に認定にかかる課税標準又は税額を通知するものと定められている（法二六条一項）。

すなわち、登記にあたって、登記官が当該不動産の課税標準及び税額の正当額について認定を行なうのは制度上も当然に予定されていることであるが、その認定は、前述のとおり登録免許税の納税義務の成立ないし確定とは関係のないものであり、右認定が申請書の記載額（納付額）と一致した場合は、右認定について納税者になんら通知をせず、そのまま登記手続を進行させ、そして、右認定と申請書の記載額とが一致しない場合だけ、当該登記申請が他の理由により不適法な場合を除き、登記手続の進行をストップして、認定額を通知すべきものとされている。認定額が申請額と一致している場合、この認定は外部になんら表示されないから、行政行為として効力を生ずるものとはいえず、これを行政行為（処分）と理解することは、争訟方法が欠落しているような特別の事情のあるときはともかくとして相当でない。それで、登記官の認定処分は、右不一致があって通知のされた場合の外は、存在しないといえる。

右通知（認定処分。以下「通知」という）は、一見して、申告納税方式における更正処分に類似しているが、前述のとおり、この通知は、納税義務の確定とは関係のないものである。また、登録免許税の納税義務は、登記の時になって成立するものであり、この通知は、すでに確定し滞納になっている納税義務について履行の請求をするものでもないので、納税告知（国税通則法三六条）とも異なるものである。

右通知は、税額を確定させる処分（課税処分）でないことは前述のとおりであり、それは、要するに、税額の確定前（登記のまえ）に予め登記官の認定した課税標準及び税額を知らせそして右税額を納付しなければ登記申請を却下することを警告する行為で、一種の徴収上の行為というべきものである。

4　登録免許税に関する争訟方法

自動確定方式の採られている租税について、通常の争訟制度には乗りにくい面があり、本来立法的な解釈がはかられるべき問題と考えるのであるが、ここでは、現行制度のもとでの争訟方法を考えておくにとどめたい。

右法二六条の通知は、課税処分ではなく、一種の徴収手続上の行政行為にすぎないのであるが、税額がいくらで確定をみるかについて登記官（課税行政庁）の認定そのものが表示されるものであるから、これを対象にして争訟を提起し、登録免許税の納税義務の存否、範囲そのものを争うことができると解される。

しかし、右通知に対する争訟方法を肯定しても、本件判決が指摘しているとおり、登記の場合、その機能は必ずしも十全とはいえない。すなわち、登記を受ける者が登記官と見解を異にし、右通知に従って登録免許税を納付しなければ、登記申請が却下されてしまうことになり（不動産登記法四九条九号）、また、現行法では仮受付の制度（旧登録税法一九条の六以下）も欠いているので、登記を急ぐときには、やむなく右通知に従いこれに基づく税額を納付して登記を受けざるをえないからである。それで、登記を急ぐときには、ひとまず、通知に従って登録免許税を納付したうえで、通知を対象にして納税義務の存否・範囲について争うほかないということになる（もっとも通知があった場合、通知を争わないと不可争力を生じ、その効果は否定できなくなる）。

前述のとおり、登記にあたって、登記官の認定がなされることを否定するものではないが、この認定について外部に何ら通知もされないのに、黙示の認定処分を観念することは、実体に一致するとはいえない。それに、登記官の認定がなんら関係者に通知のない場合の救済方法として、登録免許税法三一条二項がおかれていることを考えると、本件判決のいう救済方法は一層相当性を欠くものといえる。

すなわち、法は、更正処分と類似する法二六条一項の通知があった場合には、通常の争訟方法（国税通則法七五条以下）をもって争わせることにしており、通知がなく、納税者において自主的に納付した税額を過大とする場合には、更正の請求（同法二三条）パラレルな制度として法三一条二項を設けているものといえる。

法三一条二項は、登記官に対し、過誤納金の還付について、納税地の所轄税務署長に通知を請求できるとしているものである。それで、登記申請書に税額を過大に計算し税金を納め過ぎた場合には、この請求をなし、請求が却下された場合には、この却下処分を対象として審査請求及び行政事件訴訟を提起すべきものと考える。これが、現行制度に沿った解釈といえる。

また、不動産に台帳価格がない場合、台帳価格があっても特別事情のある場合（法施行令附則三、四項）にも、違った取扱いとなるものでなく、明示の認定処分（法二六条の通知）があった場合は通常の争訟方法により、明示の認定処分（右通知）がなく申請どおり納付された場合には、法三一条二項の争訟方法によって争うべきものと考える。

それで、本件について、黙示の認定処分を想定し、この取消訴訟を適法としている本件判決には賛成できない。本件の救済方法としては、法三一条二項の方法によるべきであると考える。また、本件のような場合に、一般法たる不当利得返還請求の法理を借りることは、右のような特別の救済方法がおかれている以上、許されないものと考えたい。

以上のとおり、本件訴えを適法としている本件判決には疑問をいだくのであるが、この点はともかくとして、本案の判断については、本件判決に別に評釈を加えることはない。

（ジュリスト五六八号、一九七五年）

第六　その他の税目をめぐる判例研究

59　消費税の簡易課税制度の事業区分等が争われた事例

大阪地裁平成一二年六月一五日判決、平成七年(行ウ)七一―七三号
所得税青色申告承認取消処分等取消請求事件
訟務月報四七・一〇・三一五五

〔参照条文〕　所得税法一五〇条一項一号・三号・一五六条、消費税法三七条、同法施行令五七条・七一条、同法施行規則二七条

一　事　実

Xは大阪市及び京都市所在の七店舗でレンタル・個室ビデオ店、カラオケボックス等を営み、昭和六二年分以降青色申告承認を受け、青色申告書で確定申告をしていた。

Yは平成五年一〇月二〇日付でXに対し平成二年分以降の青色申告承認の取消処分（以下「青色取消処分」という）をしたうえで、平成二年分ないし平成四年分の所得税及び消費税について更正処分及び重加算税の賦課決定処分をした。

Xは本件各処分について異議申立て及び審査請求を経由したうえで、本件各処分について取消処分を提起したものである。

本件の主たる争点は、①青色取消処分が所得税法一五〇条一項一号（同法を以下「所税」という）に該当する適法なものか、②青色取消処分が所税一五〇条一項三号に該当する適法なものか、③事業所得の推計課税が適法なものか（推計の必要性と内容の合理性）、④消費税の簡易課税制度における事業区分と控除対象仕入税額の形上が適法なものか、

の四点である。裁判例としては④の争点が珍しいものであるが、争点の重要度からいうと、①の争点にかかる国税局資料調査課の税務調査（いわゆる「料調調査」）の実態の検証と任意調査の限界の検討が大事な課題を投げかけている。

二　判　旨

認容（確定）。

1　「青色申告の承認を受けている納税者は大蔵省の定めるところにより帳簿書類を備付け、記録及び保存を行う義務を負っているところ（所税一四八条一項）、上記納税者が同法二三四条の質問検査権の行使に対して正当な理由なく帳簿書類を提示しなかったときは、帳簿書類を備付け、記録、保存が大蔵省令の定めるところに従って行われていないものとして、同法一五〇条一項一号の青色申告の承認の取消事由に該当すると解するのが相当である。……以上認定の事実によれば、本件調査のうち、平成五年四月二六日に行われた豊中市の居宅における調査や上記居宅から旧千日事務所に向かう車内の調査については、かなり強引に行われた嫌いがなくはないが、Xの制止に逆らって調査をした事実までは認められない。それ以外の調査については、すべてX又はXの従業員の承諾のもとで行われたものであることは明らかである。Xは本件調査の際に現金三〇〇万円及び書類がYの職員らに盗まれた旨の主張をするが、上記事実を認めるに足る証拠がないばかりか、仮に上記のような事実があったとしても、調査の適法性とは個別の問題というべきである。そしてXは、その後約四年半にわたり、Y職員らが、帳簿書類の提出を求めてもこれに応じなかったのであるから、Xが帳簿書類を提出しなかったことは正当な理由はないといわざるを得ず、所税一五〇条一項一号に該当する事由があるというべきである。」

2　「〔所税一五〇条一項〕三号は、帳簿書類の取引の全部又は一部を隠ぺいし又は仮装して記載することと、『その記載の全体についてその真実性を疑うに足りる相当の理由があること』との間を『その他』でつないでいるのであるから、通常の法令用語の用い方からすれば、帳簿書類に取引の全部又は一部を隠ぺい又は仮装して記載すれば同号に該当することになると解されるし、本件における売上除外の程度……期間……巧妙性からすると、帳簿の記載の全体の信用性を疑わせるに足るものというべきである。」

3　「Xは、本件調査に協力せず、特にC店については午後六時から閉店までの売上高が除外されていた上、真実の売上高を把握する売上点数集計表や原始帳票も提出されなかったこと、平成四年分総勘定元帳には取引金額及び年月日の記載はあるが、取引先の住所・氏名等の記載は一切なく、また振替伝票には取引先名が記載されているものもあるが、取引先を特定される住所又は電話番号等の記載はなく、Xの取引先のすべてを反面調査することはできなかったこと、その結果、Yは、Xの平成四年分事業所得につき実額を把握することができなかったことが認められ、これによると推計の必要性が認められる。」

「平成四年分のXの〔事業職のうち〕C店以外の店舗の売上金額は争いがない。……〔平成四年分のC店の売上金額の〕推計の方法は、開店から午後六時までの売上点数を売上高を記載した売上集計表から、ルーム部門、テープ販売部門等の部門別に売上点数一点当たりの平均売上金額を算出して、これを部門別平均単価とし、これに、部門別売上集計表に記載された開店から閉店までの各部門合計点数を乗じることにより、開店から閉店までの売上金額を推計するというものである。……売上原価については、当事者間に争いがない。必要経費は、利子割引料を除いて当事者間に争いがない。利子割引料のうち、昭和六三年八月の一億円の借入れに係る部分については、上記借入れが事業用資産の購入のためのものであることを認め得る証拠はないから、必要経費に算入することはできないというべきである。……以上によれば、Xの平成四年分の……更正処分は適法である。」

「Yは、〔平成二年分及び平成三年分の所得税に係る更正処分等も〕平成四年分と同様の理由により、平成二年分及び三年分の事業所得について実額を把握することができなかったことが認められるから、推計の必要性を肯定することができる。」

「Yの主張する推計の方法は、Xの経営する各店舗の平成四年分の所得率を求めて、これを平成二、三年分の各店舗の売上金額に乗ずることにより事業所得を推計するというものである。Xが経営する各店舗の営業形態は平成二年ないし同四年の間に特段の変化が生じたものとは認められないから、上記各年の所得率は概ね等しかったものと推認され、上記の推計方法には合理性が認められる。……C店を除く各店舗の売上金額については争いがなく、C店の平成二年、三年分の売上高を推計するのに……午後六時より前の時刻以降の売上を除外していた時点での申告割合（推計売上金額に占める申告売上金額の割合）を用いることの当否に疑問が生じなくもないが、午後六時より前の時刻以降の売上を除外していた時点での申告割合は、午後六時以降の売上を除外した平成四年の申告割合より小さいものと推認されるから、平成四年の申告割合で割り戻して推計することは、Xにとって有利になるので、……少なくとも平成四年の申告割合で割り戻して推計した売上金額が存在したことは確実であるというべきであるから、この推計方法には合理性があるというべきである。」

4　「平成四年分の控除対象仕入税額について（平成二年及び三年分の控除対象仕入税額については争いがない）

Yは、B店及びD店については第二種事業に該当するものとし、上記以外の店舗については、第四種事業に該当するものとして控除対象仕入税額を算出すべきであると主張するのに対し、Xは、A店及びC店における事業のうち、生テープ部門やテープ販売部門は第二種事業であり、見なし仕入率八〇％とされるべきであると主張する。消費税法施行令七一条（同施行令を以下「消税施令」という）で定められている帳簿の記録事項は、消費税法施行規則二七条三項（同規則を以下「消税規則」という）によれば、小売業その他これに準ずる事業で不特定かつ多数の者に資産の譲渡等を行う事業者の現金売上に係る資産の譲渡等については、課税資産の譲渡等（Xは消費税法三七条一項（同法を以下

「消税」という）の規定の適用を受ける事業者なので、第一種事業から第四種事業の種類ごとの課税資産の譲渡等」と課税資産の譲渡等以外の資産の譲渡等に区分した日々の現金売上のそれぞれの総額で足りるものとされている。ところで、A店の売上集計表には、売上区分として……第一種事業から第四種事業の種類ごとの課税資産の譲渡等と課税資産以外の譲渡等が区分されているとはいい難い。したがって、上記売上集計表は、消税施令七一条の要件を備えた法定帳簿であるとはいえない。また平成四年のA店の売上についてはレジペーパー等の原始帳簿が提出されていないから、改正通達〔平成三年六月二四日間消二—二九「消費税関係法令の一部改正に伴う消費税の取扱いについて」二章二節一〕所定の方法による事業の種類ごとの課税売上高の計算が行われたと認めることはできない。そうすると消税五七条四項によれば、A店における課税資産の譲渡等は第四事業に係るものとされるから、控除対象仕入税額は、課税資産の譲渡等に係る消費税額の合計額……に一〇〇分の六〇を乗じるべきであり、Xの主張は採用できない。C店の売上集計表についても同様の理由が当てはまるが、そもそも、C店の売上集計表は、午後六時以降閉店までの売上が除外されたものであるから、課税資産の譲渡等を正確に記録しているものということはできない。そうすると、Xの主張は採用できない。」

三　評　釈

判決の事実認定を前提とするかぎり判旨に賛成であるが、事実認定やその評価については疑問がある。

1　問題点の整理

本判決は本文八二頁、別紙四頁、別表四九頁に及ぶ大部なものであるが、主たる争点は①、③、④であり、争点②に対する判示は異論がないので、本稿でも争点①、③、④に重点をおいて検討を進める。

2　所税一五〇条一項一号による青色申告承認取消処分の適法性について

青色申告の承認を受けた納税者は法定帳簿の備付け・記録・保存の義務を負い（所税一四八条一項）、義務に違反したときは承認の取消事由に該当し、承認が取り消され（所税一五〇条一項一号。同趣旨の規定、法人税法一二七条一項一号）、青色申告者に与えられている特典（所税一五五条一項・二項・五七条、租税特別措置法二五法の二等）を享受できないことになる。取消事由である法定帳簿の備付け・記録・保存の義務違反とは、法定帳簿を備え付けていないときだけでなく、税務調査に際して法定帳簿の提示を「正当な理由」もなく拒否した場合も含まれると解されている（東京地判昭和五六年一〇月二一日行集三二・一〇・一八四八、東京高判昭和五九年一一月二〇日行集三五・一一・一八二一、金子宏『租税法』第八版五七八頁、山田二郎『税法講義』第二版一九七頁等）。これは法律の規定していない取消事由を創設するものではなく、青色申告制度の法意に沿う合理的な解釈であるといえる。本判決も従来の学説、判例に沿う解釈を示している。ところで、本件の最大の問題は、Xが法定帳簿を提示しなかったことに「正当な事由」があったのか否かである。Xは、本件の税務調査は任意調査である質問検査権の行使の域を超えたものであるから、これに対しXが協力しなかったことをもって法定帳簿の備付け義務違反には該当しないという。従来の学説では、税務職員の任意調査を①純粋の任意調査、②質問検査権に基づく任意調査（正当な理由がなく調査を拒否した場合は調査妨害罪として処罰を受けるので、間接強制を伴う任意調査と呼ばれている。所税二三四条、法税一五三条等）に二分類しているが、②の質問検査権に基づく任意調査の中には税務職員による税務調査と、国税局資料調査課の税務職員が関与する大変厳しい税務調査（実質的には強制調査（査察調査）と同じようなことが強行されており、「料調調査」と呼ばれている）があり、私は任意調査を三分類しており（山田・前掲書一九八頁以下）、料調調査について現状のまま放任せず納税者の権利を保障するために早急に規制をすることが緊急の課題であると考えている。本件の税務調査は料調調査であり、判決でも居宅の調査等でかなり強引なことが行われた嫌いがなくはないと認定している。料調調査については裁判所が任意調査の域を超えていないかどうかをもっと厳しい目で検証することが必要であり、裁判所の判断が甘いと、わが国の税務調査にはいつまで経っても司法統制（法治主義）が浸透せず、納税者の権利は一向に保障されないことになる。

本件の料調調査は任意調査の域を出ていないか強い疑問がもたれる。任意調査の域を超えているものであると、Xが法定帳簿を提示しなかったことには正当な理由があり、所税一五〇条一項一号に基づく取消処分は許されないことになる。

3　事業所得の推計課税の合理性

白色申告者について推計課税ができることになっており（所税一五六条、法税一三一条）、規定はないが判例法上で確立した手続要件として、推計課税は推計の必要性がある場合に補充的に認められている（大阪地判昭和五二年七月二六日行集二八・六―七・七二七等）推計の必要性とは、実額課税をすることができないことをいう。本件判決も、従来の裁判例により推計の必要性を肯定したうえで、推計も内容の合理性に判断を進めている。平成四年分の売上金額は本人比率により推計することとし、争いのない売上原価等から所得率を求めて平成四年分の売上金額は本人比率により推計することとし、争いのない売上原価等から所得率を求めて平成四年分の所得を推計している。平成二年分及び平成三年分についてその売上金額を平成四年分の申告割合（推計売上金額に占める申告売上金額の割合）で割り戻して求め、それに平成四年分の所得率を乗じて所得金額を推計している。Xの店舗数、業種、業務内容、Xの対応等からいって推計課税が許容される場合は、上記推計手法も合理的といえよう。

4　簡易課税制度における事業区分と控除対象仕入税額

わが国の消費税は、EU型附加価値税と同様に仕入税額控除法を採用している（消税三〇条一項）。消費税の導入を容易にするための政治的な妥協として、中小企業からの要望で仕入税額控除について簡易課税制度が採用されて今日に至っている。

簡易課税制度とは、控除仕入税額の計算について納税義務者に選択により実額による控除の代りに、売上に係る消費税額の一定割合（みなし仕入率）を仕入税額とみなして控除する制度であるが（消税三七条一項、消税施令五七条）、事業者に益税が生じるという批判が強く、事業区分、みなし仕入率について平成三年、平成九年の改正で改善がはかられた。

平成九年の改正で、事業区分とみなし仕入率は、第一種事業（卸売業九〇％）、第二種事業（小売業八〇％）、第三種事業（製造業七〇％）、第四種事業（その他の事業六〇％）、第五種事業（不動産業等五〇％）と細分化が進んだが、消費税法の施行当時は卸売業九〇％、卸売業以外八〇％の二区分だけであり、平成三年の改正で第一種事業（卸売業九〇％）、第二種事業（小売業八〇％）、第三種事業（製造業等七〇％）、第四種事業（サービス業等六〇％）に事業区分がされている。本件の平成二、三年分は旧々法当時であるので、事業区分について争いはなかったが、平成四年分は旧法当時であるので第二種事業か第四種事業かその事業区分が争点となっている。

消税五八条、消税施令七一条は、事業者に法定帳簿の備付義務を定めており、消税施令五七条四項によると、課税売上高を事業の種類ごとに区分していない課税資産の譲渡等については、その事業者の営む事業に係るみなし仕入率のうち最も低い事業に係るものとして仕入税額を計算するとしている。事業区分の判定は原則として法定帳簿の記載によるが、実務では納品書、請求書、売上伝票又はレジペーパー等によって事業区分がされていても差支えないと緩和している（消費税法基本通達一三―三―一）。本件は、法定帳簿でも、レジペーパー等の原始帳票でも課税資産の譲渡等について事業区分がされていなかったということであるので、Xに不利な最も低いみなし仕入率を適用して控除仕入税額が計算され、更正処分は受けたものである。判決に付加することはないが、事業区分の判定方法については租税法律主義からいって通達で定めるということでなく、法令で明確に定めるように改正すべきである。

（ジュリスト一二〇八号、二〇〇一年）

60 事業所税と非課税施設の範囲

大阪高裁昭和五七年三月一〇日判決、昭和五三年（行コ）四九号
事業所税更正処分取消請求控訴事件――確定
行裁例集三三巻三号三八九頁〔二六〕

一 事実

X会社（原告・被控訴人）は、カーペットの製造、販売を業とする株式会社で、民間金融機関からの資金で事務所兼倉庫（以下「本件建物」という）を新設したのであるが、本件建物が地方税法七〇一条の三四第三項二二号（昭和五三年法律第九号による改正前のもの。以下「旧地方税法七〇一条の三四第三項二二号」、「二二号」という）にいう非課税施設に該当するとの見解を採り、昭和五〇年一二月一日から同五一年一一月三〇日までの事業年度にかかる事業所税について納税申告をしたところ、Y市長（被告、控訴人）は、本件建物は非課税施設には該当しないとして、「事業に係る事業所税」を課税する本件更正処分をした。そこで、X会社は、これを不服として異議申立てをなし、棄却決定をうけたので、さらに右更正処分の取消しを求めて本件訴訟を提起した。

第一審（大阪地裁昭和五三年一〇月一二日判決・行集二九・一〇・一八三二）は、X会社がその加入している訴外事業協同組合（以下「訴外組合」という）を介して自ら中小企業振興事業団法二〇条一項二号イ号所定の資金（以下「高度化資金」という）を借りて土地（以下「本件土地」という）を取得し、その土地の上に民間金融機関の資金を借りて本件建物を建築したものと認定した上で（X会社が自ら高度化資金を借りて本件土地を取得したと主張したのに対し、Y市長が右主張事実を認めたことから、判決は、X会社が自ら高度化資金の貸付けを受けて本件土地を取得したものと認定してい

る。しかし、この点は、後述のとおり、控訴審でY市長が自白を撤回し、裁判所の認定が変更になっている）、仮に本件建物の建築が右高度化資金によるものではなく、民間金融機関からの借入金によるものであったとしても、高度化事業を実施する場合には、本件建物は事業所税の非課税客体に当たる旨判示して、Xの請求を認容した。

本判決は、右控訴審の判決であるが、控訴審において、Y市長は、X会社の主張にかかるX会社が自ら高度化資金を借りて本件土地を取得したとの事実を認めたのは真実に反し、かつ錯誤に基づくものであるから撤回するとしたうえで、本件建物は高度化資金の貸付けを受けて建築されたものではないので、旧地方税法七〇一条の三四第三項二二号にいう非課税施設には当たらないと主張した（もっとも、X会社も、本件土地は訴外組合が中小企業近代化資金等助成法に基づく貸付資金により取得したものであることは認めたが、訴外組合は本件土地の取得に関連して、本件土地を含む工場等集団化事業のため、昭和四三年大阪府から上下水道敷設、汚水処理施設等の工場費として高度化資金の借入を受けていること、X会社は訴外組合から貸付を受けた金員を完済するまで本件土地を同組合から無償で借受けていることを主張し、裁判所もこの事実を認定している）。

二　判　旨

原判決取消。

Y市長の自白の撤回を許したうえで、次のとおり判示している。

「旧地方税法七〇一条の三四第三項二二号は、……要するに高度化事業者が都道府県又は中小企業振興事業団から中小企業振興事業団法二〇条一項二号イの資金の貸付けを受け、又は同号ロの施設の譲渡しを受けて高度化事業を実施する場合における当該事業の用に供する施設で政令に定めるものにかかる事業用床面積及び従業員給与総額に対しては事業に係る事業所税を非課税とする趣旨であるから、同号イの資金の貸付けを受けた高度化事業者も、同号ロの施設の譲渡しを受けた高度化事業者も、右非課税取扱いについては同等同列とされていることが明らかである。すると、高度化事業者が都道府県又は中小企業振興事業団から譲渡しを受けた同号ロの施設のうち高度化事業の用に供する施設で政令で定めるものを用途非課税施設としていることに対応し、高度化事業者が都道府県又は中小企業振興事業団から同号イの資金の貸付けを受けて高度化事業を実施する場合においても、当該事業の用に供する施設で政令で定めるものそれ自体が右貸付けを受けた資金で設置されたものである場合に限り、用途非課税施設となるものと解するのが相当である。……旧地方税法七〇一条の三四第三項二二号にいう高度化事業の用に供する「施設で政令で定めるもの」とは、同法施行令五六条の三四第二項によると、「工場、店舗、倉庫若くは共同計算センターその他の共同施設又はこれらの附属設備」で高度化事業の用に供するものであることからすると、要するに、建物又はその附属設備であるから、右組合が大阪府から高度化資金の貸付けを受けたとしても、本件建物が右資金の貸付けを受けて設置されたものでない以上、本件建物は事業に係る事業所税の非課税施設ということはできない。そうすると、本件建物が旧地方税法七〇一条の三四第三項二二号に該当する施設でないとして、同法条による非課税の扱いをしないでなしたY市長の本件更正処分は正当であり、右更正処分の取消を求めるX会社の請求は理由がない。」

三　評　釈

判旨に賛成。

1　事業所税の概要

(一)　立法経過と趣旨、性格

事業所税は、昭和五〇年一〇月一日から新設施行されたもので、人口や企業の集中している指定都市等が都市環境の整備及び改善に関する事業に関する費用に充てるため、指定都市等の区域内に所在する事業所等に対して応益負担を求める目的で設けられた「目的税」であるが（地方税法（以下「地」という）七〇一条の三〇以下）、副次的に企業の大都会からの「追出し税」の性格ももっているといわれている。目的税には、課税するかどうかの判断を地方団体の自由意思に委ねている任意目的税と、地方団体が必ず課税しなければならない法定目的税の二種類があるが、事業所税はこの後者に属する。前者に属するものとして、水利利益税（都府県税）、都市計画税、水利地益税、共同施設税、宅地開発税、国民健康保険税（市町村税）、後者に属するものとして、自動車取得税、軽油引取税、入猟税（道府県税）、入湯税、事業所税（市町村税）がある。創設規定は、その後昭和五二年法律第六号、昭和五三年法律第九号、昭和五五年法律第五号、同年法律第五三号、昭和五八年法律第一三号等により一部改正がなされているが、本件に関する地方税法七〇一条の三四第三項二二号の昭和五三年法律第九号による改正内容（傍点を付したところ）は、次のようなものであった。

（旧法）

中小企業振興事業団法第二〇条第一項第二号イ又はロの中小企業構造の高度化に寄与する事業で政令で定めるものを行う者が都道府県又は中小企業振興事業団から同号イ又はロの資金の貸付け（これらに準ずるものとして政令で定める資金の貸付けを含む。）又は施設の譲渡しを受けて当該事業を実施する場合における当該事業の用に供する施設で政令で定めるもの。

（新法）

中小企業振興事業団法第二〇条第一項第二号イ又はロの中小企業構造の高度化に寄与する事業で政令で定めるものを行う者が都道府県又は中小企業振興事業団から同号イの資金の貸付け（これに準ずるものとして政令で定める資金の貸付けを含む。）を受けて設置する施設及びこれらの者から同号ロの譲渡しを受けた施設のうち、当該事業又は当該事業に係るものとして政令で定める事業の用に供する施設で政令で定めるもの。

なお、昭和五五年法律第五三号による中小企業振興事業団法の改正により、「中小企業振興事業団（法）」は「中小企業事業団（法）」と改められている。

事業所税は、「事業に係る事業所税」と「新増設に係る事業所税」との二本建で構成されている。

(二)　課税団体

事業所税の課税団体は、(1)東京都（特別区の区域）、(2)指定都市、(3)首都圏整備法二条三項に規定する既成市街地を有する市、(4)近畿圏整備法二条三項に規定する既成都市区域を有する市、(5)人口三〇万以上の市である。

(三)　課税客体

事業所税の課税客体は、事業所等において法人若しくは個人の行なう事業又は事業用家屋の新築又は増築である（地七〇一条の三二）。

(四)　納税義務者

納税義務者は、原則として、右事業所等において事業を行なう者又は事業用家屋の建築主である（地七〇一条の三二、特例・地七〇一条の三二第四項、第五項）。納税義務者となるのは、事業を行なう者又は建築主であり、事業所等の家屋の所有権の帰属又は新築家屋の所有権の帰属の問題と右納税義務者とは関連がない。

法律上事業所等において事業を行なうとみられる者が単なる名義人であって、他の者が事実上事業を行なっていると認められる場合においては、私法上の権利関係のいかんにかかわらず、事実上事業を行なっている者が納税義務者となる（地七〇一条の三二）。

(五)　非課税措置

事業所税は、創設の目的、性格等から一定の事業所等について、人的非課税及び用途非課税の措置がとられている（地七〇一条の三四、地附則三二条の三）。

(1)　人的非課税

非課税の措置、就中用途非課税の措置が広範囲であるのが事業所税の特色となっており、これは事業所税の目的に由来するものと考えられている。

公共法人、公益法人等及び人格のない社団等（収益事業以外の事業に係るものに限る）。
これらの法人の公共的又は公益的性格から非課税としている。

⑵　用途非課税

(イ)都市施設で一般的に市町村が行なうのと同種のものと認められるもの（博物館、公衆浴場等）、(ロ)農林漁業の生産の用に供する施設（卸売市場等）、(ハ)中小企業の共同化等のための施設、(ニ)福利厚生施設、(ホ)公害防止施設。

これらの施設の公共的性格及び中小企業対策等の見地から非課税とされている。

(六)　課税標準

事業所税は、大都市の行政サービスと事業所等の受益関係者に着目し、一定の外形標準により課税するものであるから、受益等の度合いに物的又は人的に対応すると考えられる事業所床面積及び従業者給与総額並びに新増設事業所床面積を課税標準とする（地七〇一条の四〇、特例・地七〇一条の四一、地附則三二条の三の二）。

⑴　事業に係る事業所税

(イ)　資産割　　課税標準の算定期間の末日現在の事業所床面積

(ロ)　従業員割　　課税標準の算定期間中に支払われた従業員給与総額

⑵　新増設に係る事業所税　　新増設事業所の床面積

(七)　税　率

⑴　事業に係る事業所税　　資産割――一㎡について五〇〇円

従業員割――一〇〇分の〇・二五

⑵　新増設に係る事業所税　　一㎡について六、〇〇〇円

⑶　免税点

中小零細事業者の負担を免除するための免税点の制度が設けられており、事業に係る事業所税については、指定都

市等の区域内の事業所等の事業床面積の合計が一、〇〇〇㎡以下であるときは資産割を、事業所等の従業員数の合計が一〇〇人以下であるときは従業員割を免除される。また、新増設事業所の床面積が二、〇〇〇㎡以下であるときは、新増設に係る事業所税が免除される（地七〇一条の四三）。

(八)　徴収の方法

申告納税の方法により、納期限は、次の区分による。

(1)　事業に係る事業所税　　法人――事業年度終了の日から二か月を経過する日

個人――翌年三月一五日

(2)　新増設に係る事業所税　　新築又は増築の日から二か月を経過する日

(九)　減　免

天災その他特別の事情がある場合において減免を必要とすると認める者その他特別の事情がある者については、条例の定めるところにより事業所税が減免される（地七〇一条の五七）。

(一〇)　事業所税の使途

事業所税の収入は、交通施設、公共空地（公園、緑地等）、上下水道、廃棄物、水路、教育文化施設、医療施設、社会福祉施設等の整備事業、公害・防災に関する事業等、都市環境の整備及び改善に必要な事業の費用に充てられる（地七〇一条の七三）。

2　本件建物が非課税施設に該当するかどうかの判断

本件事案は、原審と控訴審とで前提となる事実関係が違っているが、控訴審の認定している事実、すなわち本件土地は訴外組合が助成法に基づいて大阪府から融資を受けて取得したものであること、同組合は本件土地を含む工場等集団化のために昭和四三年に大阪府から上下水道敷設、汚水処理施設等の工事費として高度化資金を借入れていたこと、訴外組合の組合員であるX会社は同組合から貸付けを受けた金員を同組合に完済するまで本件土地を無償で借受けていたこと、X会社は本件土地上に民間金融機関の資金で本件建物を建築したものであること、以上の事実を前提として検討する。

ところで、争点は、本件建物が旧地方税法七〇一条の三四第三項二二号所定の「事業所税の用途非課税措置の対象施設」に該当するかどうか、という一点である。

旧地方税法七〇一条の三四第三項二二号は「中小企業振興事業団法二一条一項イ又はロの中小企業構造の高度化に寄与する事業（「高度化事業」という）で政令で定めるものを行う者（「高度化事業者」という）が、都道府県又は中小企業振興事業団から同号イ又はロの資金（「高度化資金」という）の貸付け（これらに準ずるものとして政令で定める資金の貸付けを含む）又は施設の譲渡しを受けて当該事業を実施する場合における当該事業の用に供する施設で政令で定めるもの」と定めており、その施設の内容は、地方税法施行令五六条の三四第二項に具体的に規定されているのであるが、要するに、「高度化事業者が高度化資金の貸付けを受け又は都道府県等から高度化資金で設置された施設の譲渡しを受けて高度化事業を実施する場合における、その事業の用に供する建物又はその附属設備」を非課税と定めているものである。

本件では、X会社が高度化事業者であること、本件建物自体が中小企業の共同化のための建物であることについては格別問題とされていないが、争点となっているのは、X会社が高度化資金の貸付けを受けてこの資金で本件建物を建築したのではなく、民間金融機関の資金を借りて本件建物を建築したので、この場合も、右非課税規定の適用があるのか否か、ということである。

本判決は、高度化事業者が都道府県又は中小企業振興事業団から譲渡を受けた一定の施設（高度化資金をもって設置された施設）を用途非課税施設としていることと対応して、高度化事業者が「高度化資金の貸付け」を受けその「高度化資金自体で設置した一定の施設」である限りにおいて用途非課税施設となると解し、本件の場合は、組合が大阪府から高度化資金の貸付けを受けていたとしても、X会社が本件建物を高度化資金の貸付けを受けて設置したものでない以上、非課税施設ということはできないと判示している。

中小企業の共同化等の事業に係る施設について右非課税の規定は、中小企業対策の見地から、中小企業の共同化等のための施設を非課税としているのではあるが、それは、立法の経過、規定の趣旨からいって、右性格のものを一律に非課税とはせず、中小企業振興事業団の貸付けにかかる高度化資金（政府の金額出資法人である中小企業振興事業団による助成措置）によって設置された施設に限定して非課税措置をとっているものと理解できるので、本件判決の解釈は正当というべきである。

X会社は、二二号が定める非課税の要件は、要するに、(イ)高度化事業者が、(ロ)高度化事業を実施する場合に尽きるのであり、本件建物が非課税施設に該当しないとするのは誤りであると主張するが、非課税の要件は、X会社の主張する二点に尽きるものではなく、「高度化資金の貸付け」による施設、という点も看過できない要件となっているものと考える。

また、原判決が、施設の敷地（本件土地）を高度化資金をもって取得している以上、本件建物が民間金融機関からの借入金あるいは自己資金によるものであるとしても、高度化事業を実施する場合に該当するので、本件建物は非課税施設に当たると解釈を下しているが、前述のように非課税の対象を限定している規定に依拠して考えると、右解釈は正しくないと考える。

もっとも、この点は、改正二二号では、「高度化資金の貸付けを受けて設置する施設」のみが非課税施設であることを明確化しており、改正後では、本件のように解釈が分れる余地はないといえる。しかし、旧二二号のもとでは、X会社ないし原判決のような文理解釈も全くその可能性を否定できないのであるが、立法の経過、規定全体の趣旨、就中判決も指摘している「ロ号の施設の譲渡しを受けた場合」の非課税措置と対応して考えると、やはり本判決の解釈の方が合理的であり、改正二二号は規定の内容を変更したのではなく、規定の内容を明確化したにすぎないものと考えるべきであろう（二二号の改正が規定の明確化のためのものであったことは、立法担当者により説明がなされている）。本件で問題となっていることではないが、高度化事業者の属する事業協同組合が高度化資金の貸付けをうけてこれで用途非課税施設を設置し、これを高度化事業者が借りて高度化事業の用に供している場合には、事業者自身が直接高度化資金の貸付けを受けていなくても、非課税の範囲に属するものといえよう。

〈参考文献〉

自治省税務局市町村税課編『新訂事業所税詳解』
同『逐条解説　事業所税』税理五〇年一一月号別冊
小川徳治ほか「昭和五三年度地方税制改正の概要」自研五四・六・九八
谷合靖夫「事業所税等の一部改正」税弘二六・六・一七五

（自治研究七一七号、一九八三年）

61 料飲税の納入期限経過後の更正処分と不納入罪の成立等

最高裁昭和五九年一〇月一五日決定、昭和五八年(あ)五〇八号
地方税違反被告事件、刑集三八・一〇・二八二九

一 事実

Xが地方税法違反として起訴された控訴事実は、つぎのとおりである。

「Xは、東京都葛飾区に本店を置き、同区においてバーNを経営し、同店の料理飲食等消費税（以下「料飲税」という。）について、東京都税条例（以下「都税条例」という。）五四条一項により地方税法（以下「地」という。）一一九条一項所定の特別徴収義務者として推定されていた有限会社Aの代表取締役として、同会社の業務全般を統括していたが、同会社の業務に関し、昭和五一年一二月から同五二年九月までの間、右会社がバーNの利用客から各月において徴収して納入すべき料飲税合計五三三万五、二七四円をそれぞれの納期限までに東京都に納入しなかった。」というものである。

主な争点は、(1)都税条例五四条一項は、同条例四九条の場所の経営者を特別徴収義務者と包括指定しているが、本件バーNの経営者は、有限会社Aか、それとも当時Xの妻であり、起訴後離婚したBか、(2)不納入罪は、納入期限の徒過と同時に成立するのか、それとも更正処分によって初めて成立するのかという二点であるが、本稿では、争点(2)の部分にウエイトをおいて検討を加えることにしたい。

第一審・東京地裁昭和五七年六月二三日判決は、公訴事実のとおり認定し、次のとおり判示をしたうえ、Xを罰金二五〇万円に処している。

「本件料飲税の不納入について、有限会社Xは昭和五三年一一月二〇日付で都税事務所長から更正処分を受けている（が）、料飲税については、地方税法一一九条二項により、毎月末日までに、前月の初日から末日までの間において徴収すべき料飲税に係る課税標準額、税額その他……を記載した納入申告書を都道府県知事に提出し、その納入金を当該都道府県に納入する義務を負うとされていて、右期限までに客観的に正当と認められる納入金を納入する義務があり、右期限までに納入しない場合は、期限徒過と同時に不納入犯は成立するのであって、行政処分によって初めて成立するものではない。」

第二審・東京高裁昭和五八年三月一六日判決は、Xの控訴を棄却し、争点(2)については、次のとおり判示している。

「関係各証拠によると、都税事務所長は、昭和五三年一一月二〇日、バーNの昭和五一年一二月分から昭和五二年九月分までの料飲税につき、各月毎の課税標準額を更生し、その旨を有限会社Aに通知したこと、昭和五二年二月分、三月分、五月分及び七月分については、原判決の認定した課税標準額がいずれも右の更生額を上回っていることが認められる。

しかしながら、地方税法一二二条一項にいう同法一一九条二項の規定によって徴収して納入すべき料飲税に係る納入金とは、更正処分により更生された金額をいう趣旨ではなく、同法一一三条一項の規定により、飲食店等の利用行為に対し料金を課税標準として、利用行為者に課す金額をいうのであり、したがって、特別徴収義務者がその金額を納入期限までに納入しなかったときは、直ちに同法一二二条一項の罪が成立するのであって、同法一二四条により都道府県知事の行う更正処分は、具体的租税債権を確定するために行う徴税手続上の行政処分に過ぎず、料飲税を納入しなかった者に対し、刑事責任を問う刑事裁判とは、その目的、性質を異にするものであるから、料飲税の納入期限経過後に更正処分がなされたとしても、そのことにより一たん成立した犯罪に何ら消長を来たすものではないといわなければならない。」

二　判　示

Xの上告棄却。

地方税法一二二条一項にいう同法一一九条二項により徴収して納入すべき料飲税に係る納入金とは、更正処分により更正された金額ではなく、同法一一三条一項の規定により、飲食店等の利用行為に対し、料金を課税標準として、利用行為者に課す金額をいうのであり、したがって、特別徴収義務者がその金額を納入期限までに納入しなかったときは、直ちに同法一二二条一項の不納入罪が成立するのであって、右納入期限経過後に同法一二四条により都道府県知事が更正処分を行ったとしても、そのことにより不納入罪の成立になんらの消長を来すものではない。

三　研　究

1　料飲税とその特別徴収の制度

現行の料飲税は、都道府県税の一つとして、料理店、飲食店、旅館等における遊興、飲食、宿泊等に対し、その利用料金を課税標準とし、その利用行為者を納税義務者として課する税（法定普通税）で、一種の消費税であり、間接税として制度化されている。

料飲税の徴収は、経営者課税（法一一四条四項）及び経費課税（法一一四条三項、一一八条二項）の場合には申告納付の方法によるが、これらの場合を除いては特別徴収の方法によることになっている。

そして、法一一九条一項は、料飲税を特別徴収（法一条一項九号）によって徴収する場合は、料理店の経営者その他徴収の便宜を有する者を当該都道府県の条例によって特別徴収義務者（法一条一項一〇号）として指定する旨を規定し、これをうけて、都税条例五四条一項は、同条例四九条所定の場所の経営者を特別徴収義務者とするいわゆる包括指定の方法を採用している。

特別徴収義務者として指定を受けた者は、利用者から料飲税を徴収する義務を負うとともに、毎月末日までに、前月の初日から末日までの間の料飲税を、現実に利用者から徴収しているか否かにかかわらず都道府県に申告納入する義務を負う（法一一条一項九号、一一九条二項）。[1]

特別徴収の方法は、地方税特有の徴収方法であるが、特別徴収の法律関係は、国税の源泉徴収の法律関係（最高裁昭和四五年一二月二四日判決・民集二四・一三・二二四三参照）と類似しているといえる。

しかし、源泉徴収の制度では、自働確定方式が導入されていて（国税通則法一五条、一六条）、申告や更正等のなんらの手続を要しないで源泉徴収義務が成立・確定するが、料飲税の特別徴収では申告納税方式が採られているので、申告あるいは申告が不備な場合には更正又は決定（法一二四条）によって特別徴収義務が確定することになる。

ところで、利用行為者である納税義務者と特別徴収義務者との間の法律関係について、「利用行為者が特別徴収義務者に料金とともに支払う料飲税は、地方税法の規定により生ずる債務であるというだけで、その法律的性格は料金と同一の私法上の債務であり、その実現については一般の私法上の債権の実現のための必要な手続による以外に方法がない。」という見解が実務で通用している（前川ほか『地方税各論Ⅰ』現代地方自治全集一九巻五九二頁、六〇二頁、租税百科大事典四「料飲税」（野上担当）、森元『地方税総論』三八頁）。利用行為者は課税団体である都道府県との間でなんら租税債権債務関係に立たないが、特別徴収を受ける料飲税は私法上の債務ではなく租税債務そのものであるので、特別の徴収規定はないが、事前求償権の一種（民法四六〇条二号あるいは六四九条）であり、特別徴収義務者から料金と併せて請求されるものと解すべきではないだろうか。

2　料飲税の特別徴収義務者

前述のとおり、法一一九条一項は、料飲税を特別徴収によって徴収する場合には、料理店の経営者その他徴収の便宜を有する者を当該都道府県の条例によって特別徴収義務者として指定することを規定し、これをうけて、都税条例五四条一項は、同条例四九条の場所の経営者を特別徴収義務者とする包括指定の方法を採っている。

ところで、本件の第一、第二審判決は、法一一九条一項にいう経営者とは、風俗営業等取締法や食品衛生法上の営業許可名義人のほか、実質上の経営者を含み、この実質上の経営者とは、自己の計算において当該料理店等の事業を営み、この事業収益の帰属する個人又は法人をいうものと解し、そして、料理店の特別徴収義務者の登録、料飲税の納付が別人名義でされている事実があっても、経営者の特別徴収義務者としての地位には何らの消長も及ぼさないと解している。また、一般に、登録及び証票の交付は、特別徴収義務の発生、消滅の効力要件ではなく、特別徴収義務の発生・消滅自体は、条例で定める特別徴収義務者に該当するか否かという客観的事実に基づいて決まるものと解している（財政金融法規研究委員会編『地方税』租税編Ⅳ上巻一六〇二頁）。

私は、この特別徴収義務者の判示には、疑問をもつ。都税条例五四条一項をうけて、誰を経営者として包括指定の対象と認定するかは、判決のいうとおり、営業許可名義人に捉われずに、実質上の経営者をいうが（営業許可名義人のほか、実質上の経営者を含むという解釈は、依命通達第七章第四1(1)(ロ)によっているが、正確な解釈とはいえない）、いわゆる包括指定の場合も、特別徴収義務者の確定（特定）のプロセスとして、現行制度では、経営者として特別徴収義務者になる者に確認的な意味で特別徴収義務者の登録の申請をさせ、この新生を受理した都道府県知事がこれに証票を交付するとされていること（法一二〇条）に照すと、都税条例五四条一項にいう特別徴収義務者とは右登録ないし証票の交付をうけているものというべきであり、結果的に個別指定と変らないものと解される。依命通達第七章第四1(1)(ロ)の中で、「料理店、旅館等の実質上の経営者であるにもかかわらず妻、使用人等を経営者として届出をなし、表面上は自己は単に建物等施設の所有者となっているような場合においては、条例、規則等において経営者を特別徴収義務者として包括指定をすれば、これら共同事業者とみられる実質上の経営者及び名義上の経営者は、ともに料飲税の特別徴収義務者として指定されるものである」と定めているが、包括指定の趣旨はこのような腰だめ的なものであってはならないはずであり、また登録・証票交付の制度に何ら法的意味づけが加えられていないものといえよう

（包括指定の方法として、「経営者その他徴収の便宜を有する者」という抽象的な指定の仕方をしているときには（徳島県税条例）、特に右論旨が妥当するといえよう）。

判決は、都道府県知事が誰が経営者であって特別徴収義務者と確定（包括指定の対象者の確認）をなすべきかという段階の問題と、右確定を経た後の特別徴収義務者としての権利義務とを混合してしまっているのではないかと考える。

私は、このような解釈を採るので、いわゆる包括指定の場合も、特別徴収義務者となるのは右登録・証票の交付をうけた後はこれらの者であり、後述の不納入罪もこの特別徴収義務者についてのみ成立すると考える。

本件は、A会社の代表者の妻B名義で特別徴収義務者の登録・受理がなされ、B名義で料飲税の納付（更正はA会社に通知）がされているのに、判決は、何びとが実質上の経営者であるかは、特別徴収義務者の登録を要件とするものではないとし、A会社を実質上の経営者すなわち特別徴収義務者としているのであるが、私は現行制度の下では、特別徴収義務者とは登録・証票の交付をうけた後はこの者をいうと解すべきであり、本件判決の見解には疑問をもつ。

3　不納入罪の成立の時期

不納入罪は、特別徴収義務者がその義務を怠り、納税義務者から徴収して納入すべき納入金を納期までに納付しないことを構成要件とする犯罪であるので（法一二二条一項、その他所得税法二四〇条一項、有価証券取引所法二三条一項二号等）、特別徴収義務者が納入期限までに納入金の全部又は一部を納入しなかったときは、その納入期限を徒過したときに不納入罪が成立する。犯罪の成立時期は、公訴時効（刑訴法二五三条一項）の起算点ともなるので、逋脱犯については納期説と申告時説の見解の対立があるが、(2) 不納入罪については納期説が判例・通説である（同趣旨、依命通達第七章第七17）。

料飲税の特別徴収義務者の納入義務については、前述のとおり、申告納税方式が導入されているので、利用行為があったときに特別徴収義務が成立し、原則として申告することにより税額（納入義務）が確定するが、不納入罪は、特別徴収義務者が料飲税に係る納入金を納入期限までに納入しなかったときに直ちに成立すると解される。

旧地方税法の入場税に関するケースであるが、最高裁大法廷昭和二九年一一月一〇日判決・刑集八・一一・一七四九は、不納入罪は特別徴収義務者が納入すべき金額を納入しないで法定の期限を経過することによって当然に成立するものであって、これに対し督促状を発することは同罪の成立要件ではないと判示しているが（同趣旨の先例、最高裁昭和二六年三月一五日判決・刑集五・四・五三五、最高裁昭和三一年一二月六日決定・刑集一〇・一二・一五八三）、本判決は、料飲税の不納入罪の成立時期について、右最高裁判決の見解を踏襲したものである。

4　不納入罪の成立と更正処分との関係

本判決は、不納入罪は、特別徴収義務者が納入金を納入期限までに納入しなかったときに直ちに成立し、右納入期限経過後に都道府県知事が更正処分を行ったとしても、そのことにより不納入罪の成立に消長を来すものではないと判示し、前掲最高裁昭和二九年一一月一〇日判決のほかに、最高裁昭和三六年七月六日判決・刑集一五・七・一〇五四、最高裁昭和三三年四月三〇日判決・民集一二・六・九三八を参照として挙げている。

ところで、右最高裁昭和三六年七月六日判決は、上告人が旧法人税法二九条但書（逋脱犯の規定）に「自首シ又ハ税務署長ニ申出デタル者ハ其ノ罪ヲ問ハズ」と規定していたのを取り上げ、修正申告書を提出し、徴税権を満足させたときは、逋脱犯が不成立になるものであると主張して上告したのに対し、「法人税法（昭和二五年法律第七二号による改正前のもの）二四条の修正申告については過少申告加算税等の不徴収等の措置を講じているに止り、特に明文をもって逋脱罪成立後に修正申告をしこれによる増加税額を納付しても逋脱罪の成立を阻却することを規定していないので、所論のように旧法人税法二九条但書の不論罪を踏襲したものとはみられない」と判示しているものである。

また、参照として挙げられている最高裁昭和三三年四月三〇日判決は、法人税法四八条三項の法意について、「同規定は、同条一項の逋脱犯があった場合にその逋脱額が未徴収であるときは徴税庁は、同法二九条以下の課税標準の更正又は決定の手続により、直ちに、その課税標準を更生又は決定してその税金を徴収すべき趣旨を規定したにとどまるものであり、徴税庁が刑事裁判において確定された逋脱税額に拘束されてその額のみを徴収すべき趣旨を定めたものではなく、また逋脱税額のほかに同法四三条の追徴税の徴収を許さない趣旨を定めたものではない」と判示しているものである。

ところで、本件決定は、納入期限後に更正処分を行っても不納入罪の成立に影響がないとしているが、もとより不納入罪は納入期限までに納入がなかったときに直ちに犯罪が成立し、一方課税庁は刑事手続における不納入罪の起訴ないし刑事裁判に拘束をうけず、そこで確定された不納入税額のみを徴収するという関係にないことはいうまでもないが、このことと、不納入罪に係る本税について、その認定金額以下の更正処分があったということとは同じではない。

不納入罪が成立し起訴が可能（適法）であるということと、納入期限経過後に更正処分があり、起訴金額以下に本税の税額が確定したということとは区別すべきことである。

不納入罪の前提には、特別徴収義務の成立が客観的に存在しなければならず、未確定・未納入の場合は、不納入罪の確定は単に課税団体に課税権を発動させる機縁を与えるに過ぎないのであり、料飲税についていうと、その特別徴収義務（税額）はその確定手続（申告ないし更正・決定）によって形式的終局的な確定をみるのである。

不納入罪は、納入期限が経過し納入金を申告納入しないという事実があれば成立し、更正・決定が遅滞していてもこれらの課税処分に先行して不納入罪は成立するが、後日更正又は決定があり本税が起訴額よりも低く確定したようなときは（起訴額よりも高く確定したときは、不納入罪との要件（就中、主観的要件）の違い、起訴便宜主義等から影響はない）、それにより不納入罪の金額は影響をうけるというべきである（本件は、更正額を超えて起訴されていたものである）。このように解しないと、本税の確定手続の法的構成と整合性を欠くことになると考えられる（再審の理由（刑訴法四三五条六号）となるかについては、別に検討することにしたい）。

（1）特別徴収制度を合憲としたもの、最高裁昭和三七年二月二一日判決・刑集一六・二・一〇七
　この判決には、不納入罪を違憲無効とする河村裁判官の少数意見がついている。田上「特別徴収制度の合憲性」租税判例百選（第一版）一七四頁
（2）学説・判例について、板倉ほか「脱税犯の成立時期」税通三四・一五・二六〇

（税務事例一七巻一号、一九八五年）

第七　徴収手続（滞納処分）をめぐる判例研究

62

国税滞納処分と民法一七七条の適用の有無

富山地判昭和二八年五月三〇日行裁例集四巻五号一一三六頁
★名古屋高判昭和二八年一二月二五日行裁例集四巻一二号三一二七頁
最高三小判昭和三一年四月二四日民集一〇巻四号四一七頁
名古屋高判昭和三二年六月二八日訟務月報三巻八号六七頁
最高一小判昭和三五年三月三一日民集一四巻四号六六三頁

一　事　実

X（原告・控訴人・被上告人）は、昭和二一年にA会社から本件土地を買い受けたが、その所有権移転登記手続がなされていなかった。しかしXは昭和二一年に魚津税務署長に対して、本件土地が自己の土地であると申告し、以後引き続き諸租税を納入していた。ところがA会社がその後になって租税を滞納したために、別の土地に所在する工場の機械器具を差し押さえられたところ、A会社の実質上の支配者が、本件土地がいまだにA会社名義になっていることを知り、魚津税務署長に対し右機械器具に代えて本件土地を差し押さえるよう陳情し、同署長はこれを認めて、その事務を本件土地の管轄庁であるY税務署長（富山税務署長。被告・被控訴人・上告人）に引き継いだ。Y税務署長は登記に基づき昭和二五年八月二一日本件土地の差押登記を終了した。

Xは、これに対し、滞納処分取消申請書を提出すると同時に、同年八月三一日A・X間の所有権移転登記をなし、その後も、魚津、Y両税務署長に対して差押えの取消しを申請したが、Y税務署長はこれを認めず、右差押え当時、右A・X間の所有権移転登記が終了していなかったことを理由として、昭和二六年一〇月二二日右土地の公売処分を行い、同月二九日所有権移転登記がなされた。

そこでXは、国税滞納処分は、国家が権力的支配関係において、その公権力を発動して財産所有者の意思いかんにかかわらず一方的に処分の効果を発生させるものであって、私法上の取引関係とは全く異なる法原理の上に立つものであるから、民法一七七条の適用はなく、行政庁は常に真実の所有者に対して滞納処分をなされなければならない。また仮に民法一七七条が適用されるとしても、Y税務署長は、本件土地がXの所有であり、A会社の所有財産ではないことを熟知していたのであるから、Xを権利者とする所有権移転登記の欠缺を主張するにつき正当な利益を有する第三者に該当しないと主張し、公売処分の無効確認並びに競落人への所有権移転登記の抹消を求める訴えを提起した。

二　税務署の判断

Y税務署長は、元来行政処分が無効であるというためには、その処分に内在する瑕疵が重大な法規違反であるか、あるいは瑕疵の存在が外観上明白な場合に限るのであって、本件公売処分は正当な権限を有するY税務署長の部下職員がその権限に基づき国税徴収法の規定に従い、A会社の国税滞納処分として公簿上同社の所有名義であることが明らかな本件土地を差し押さえ公売処分をなしたものであって、この処分自体に何ら法規違反はなく、また外観上明白な瑕疵も存在していないのであるから、法律上無効であるとはいえない。

また民法一七七条は不動産に関する物権変動について公示の原則を表明したものであって、およそ我が民法のように排他的効果を生ずる不動産に関する物権変動が当事者の意思表示その他外部から認識し得る表象を伴わないで行われる場合にあっては、私法の分野であると、公権力の発動たる行政法の分野であるとを問わず、この公示の原則が適用されると主張した。

三　裁判所の判断

(1)　第一審判決は、滞納処分は租税債権という公法上の債権に基づいて納税義務者の財産を差し押さえ、これを公売処分に付し、その財産をもって弁済に充当し、その強制的満足を得る点において、一般私法上の債務名義による強制執行の場合と近似するとして、民法一七七条の適用を認めた上で、Y署長は、所有権の取得について登記の欠缺を主張するにつき正当な利益を有する第三者に当たるとし、Xの請求を棄却した。

(2)　これに対し、第二審判決は次のように述べて、第一審判決を取り消した。

①　滞納処分としての差押え、公売処分は、本質的には普通の強制執行に国家機関が介入する場合と同様であるから、これらの場合には、民法一七七条の適用がある。

②　本件差押え当時Xは、本件土地について所有権取得の登記はしなかったが、既にそれ以前に魚津税務署長に対し本件土地を自己の所有として申告し、同署長はその申告を受理して以後、Xから租税を徴収したのであるから、国家はXを本件土地所有者として取り扱ったのであり、その後においてはこれらを翻し、登記の欠缺を理由としてXの本件土地に対する所有権を否定することはできない。

特段の事由のない限り、その登記欠缺にかかわらずいったんその所有者としての取扱いをしておきながら、その後の都合次第でその登記の欠缺を口実にその所有権を否認するような背信的行為は一私人であろうと国家であろうと許されない。

したがって、本件差押えは許されず、これを基礎とする公売処分による競売の効力も否定せざるを得ない。

③　滞納処分においてその目的物権の所有者を誤ることは、その実体面において最も基本的かつ重大な誤りを犯したものであるから、たとえその瑕疵が外見上明白でもなく、またその手続の形式において欠陥がなくとも、当該行政処分は当然無効とするのが相当である。

四　研究

1　租税滞納処分と民法一七七条

本件における最大の論点は、租税滞納処分に民法一七七条が適用されるかである。この論点を一般的な問題として論ずると、公法関係に私法規定が適用されるかという問題である。

明治憲法下においては、公法関係に対する私法規定の適用は否定的にとらえられてきたが、日本国憲法下では、公法関係を権力関係と管理関係に分けて、後者については原則的に私法規定の適用を認めるが、前者については、私法規定を分類して、法の一般的原則や技術的約束を表現している場合のみに、その適用ないし類推適用を認める。(1)

しかし、本件判決は一、二審ともに、権力的行為である租税滞納処分について、民法一七七条の適用があると判示し、その上で、Y税務署長が同条にいう第三者に当たるか否かを判断している。

従来の下級審判例も、そのほとんどが租税滞納処分には民法一七七条が適用されると判示してきており、本件一、二審判決も、この傾向に沿うものということができる。

しかし、判例は一方で、自作農創設特別措置法に基づく農地買収処分に関しては、最高裁昭和二八年二月一八日判決・民集七・二・一五七によって、民法一七七条の適用がないと判示している。

従来の通説的見地からすれば、租税滞納処分も農地買収処分も、同じく公権力の発動であるから、租税滞納処分にだけ民法一七七条の適用を認めることに疑問がおこるが、(2)この点について、本件第一審は、次のように述べている。

「自作農創設特別措置法は、我国農地制度の急速な民主化を図り、耕作者の地位の安定、農業生産力の発展を期するため公権力を以て所謂不在地主や大地主等の所有農地を買収し、これを耕作者に売渡すべき事を規定したものであって、従ってその買収の基準も、いわゆる不在地主の農地であるかどうか、即ち農地の所有者が実際に農地の所在地に居住しているか、或いは地主が自作しているか、小作人をして小作させているか等、専ら所有者とその農地との間に存する現実の事実関係に依拠しているのに反し、税法事件の中でも国税滞納処分においては、あく迄納税者とその財産との間の権利関係が基準となるのであって、現実の事実関係の存否は何等要件ではなく、滞納金額を支払えば処分を免れ得べくその他権利移転の態様等相違することが多いから、一概に、右農地買収の場合と同視することはできない。むしろ、滞納処分は、租税債権という公法上の債権に基いて納税義務者の財産を差押え、これを公売処分に付し、その代金を以て弁済に充当し、以てその強制的満足を得る点において、一般私法上の債務名義による強制執行の場合と近似するものというべく、従って民法一七七条の適用を肯定するを妥当と解する。」

また本件第二審でも、「同じく国家権力発動の場合といいながら、滞納処分としての差押、公売処分の場合は、自作農創設特別措置法における場合のように、自作農創設のため国家が農地を一旦買上げて、更にこれを自作農として適当な者に売渡すのと異なり、徴税のため単に国家機関が強制的に私人間の売買に関与するに止まり、本質的には普通の強制執行に国家機関が介入する場合と同様であるから、滞納処分による差押公売処分の場合は民法一七七条の適用があるとするのが正当である」とする。

このように本件の判例は、おのおの異なった根拠で両者を区別しているが、一、二審判決とも、滞納処分が普通の強制執行と本質的には同様のものであるから、民法一七七条の適用があるとしている。

学説の多くのもの、特に民法学者は、このような判例の態度に賛成している。

租税滞納処分は農地処分と同様に権利的行為であるから民法一七七条の適用はないとするのは、余りに形式的すぎる説得力の乏しい見解である。農地処分の場合は、本件の第一審判決が説明しているように、公権力の発動という特質をもっているが、滞納者の財産を差し押さえる国の地位は、あたかも民事執行法における差押債権者の地位に類するものといえるから、(3) 民法一七七条の規定は滞納処分による差押えの関係についても適用されるという本件一、二審の判決の立場は正当であり、今日では判例として定着しているといえる（例えば、最高裁昭和四五年六月二四日判決・民集二四・六・五八七）。

2　民法一七七条の対抗と課税機関・徴収機関の一体的評価

次にY税務署長が、民法一七七条にいう第三者に当たるか否かが問題になる。

民法一七七条は登記がないと不動産の物件変動を第三者に対抗できないとしている。そこで、当事者以外のすべての者に対して、物権変動を主張できないかということが問題になる。

有名な大審院連合部明治四一年一二月一五日判決・民録一四・一二七六は、民法一七七条にいう第三者とは、「登記の欠缺を主張する正当な利益を有する第三者」の意味であるとして、いわゆる制限説を採ったが、その具体的範囲については必ずしも一致していない。そして民法一七七条は善意を要件としていないから悪意の第三者に対しても登記が必要であると考えられるが、最高裁昭和四三年八月二日判決・民集二二・八・一五七一以後の判例は、背信的悪意者に対しては、登記なくして対抗できるとする判例法を形成するに至っている。(4)

この点、第一審では、財産税の徴収のころと本件差押えの間には、数年の歳月があり、その間に魚津税務署において署長以下の係職員に交代があった事等を理由に、Y税務署長を登記の欠缺を主張するにつき正当な利益を有する第三者とみた。

しかし、第二審では、登記の欠缺にかかわらず、いったんその所有者としての取扱いをしておきながら、その後の都合次第でその登記の欠缺を口実にその所有権を否認するような背信的行為は、一私人であろうと国家であろうと許されるべきではないとし、そのことは、国家を代表する数個の機関の間の連絡が不十分であったことや、その機関を構成する個人の過失の有無や財産申告制度の趣旨や事務の難易等の理由によって左右されるものではないとして、Y税務署長の背信性を認め、登記の欠缺を主張できる第三者に当たらないとした。

背信性を個々の行政機関について別個に判断すべきか、国として一体的に考えるべきかが問題となるが、行政機関は、対外的関係においては行政主体たる国の手足としての地位にあり、その行為の効果が同じ国に帰属することからいって、その行為はすべて国の行為として統一的に判断すべきものといえる。それに、本件において本件土地をXの所有地と認定してXから財産税を徴収したのは魚津税務署長であり、本件滞納処分は、Y税務署長が右魚津税務署長から引継ぎを受けて行われたものである事実に徴すると、なおさらのこと両税務署長の行為はこれを一体のものとしてとらえるべきで、(5) この意味においても第二審の立場は正当であり、Xを保護すべきであると考える。

3　滞納者の差押財産の誤認と差押えの無効

第二審判決は、「滞納処分において、その目的物権の所有者を誤ることは、その実体面において最も基本的且つ重大な誤を犯したものという外なく、仮令その瑕疵が外見上明白でもなく、またその手続の形式において欠陥がなくとも当該行政処分は当然無効とするのが相当である。」としている。

通説は、行政処分が無効とされるには、その瑕疵が重大かつ明白であることを要するとしているが、本件判決は、上記のように差押財産の所有者を誤認するような重大な誤りを犯した滞納処分を当然無効とし、一方の瑕疵の明白性の要件の有無については、これを問わないことにしている。

なお、譲渡所持があったとする課税処分の効力が争われた事件についても、最高裁昭和四八年四月二六日判決・民集二七・三・六二九は、譲渡資産の所有者でなかった者（名義を無断で冒用された者）に譲渡所得ありとした課税処分は、課税要件の根幹に関する違法な処分であるとし、明白性の要件には触れずに、無効としている。

4　本件の上告審判決

本件の上告審である最高裁第三小法廷昭和三一年四月二四日判決・民集一〇・四・四一七(6)は、滞納者の財産を差し押さえた国の地位は、あたかも、民事訴訟上の強制執行における差押債権者の地位に類するものであるとして、滞納処分に民法一七七条の適用を認めたが、本件において国が登記の欠缺を主張するにつき正当な利益を有する第三者にあたらないというためには、所轄税務署長が特に積極的に本件不動産をXの所有であることを前提として取り扱われるべきことを更に強く期待することがもっとも思われる特段の事情がなければならないとして、本件を名古屋高裁に差し戻した。

破棄差戻し後の名古屋高裁昭和三二年六月二八日判決・訟月三・八・六七でも、この「特段の事情」がないとしてXの控訴を棄却したが、二回目の最高裁判所第一小法廷昭和三五年三月三一日判決・民集一四・四・六六三は、本件土地は所轄税務署長からXの所有として取り扱われるべきことを強く期待するもっともと思われる事情があったものと認め、Y税務署長は登記の欠缺を主張するについて正当の利益を有する第三者に当たらないものとし、X勝訴の逆転判決を下している。

（1）　田中二郎『行政法総論』二三〇頁
（2）　田中二郎『行政法総論』二三〇頁、雄川一郎発言『租税法研究会、租税徴収法研究』（下）五九七頁
（3）　末川博・民商三四・六・八七
（4）　遠藤浩他編『新版民法(2)物権』（有斐閣双書）八一頁
（5）　藪重夫・北大法八巻一・二合併号一〇〇頁
（6）　この最高裁判決の評釈、鈴木錄弥・判評六・一四
（7）　差戻判決に対する二回目の最高裁判決の評釈、白石健三・法曹時報一二・五・九四

〈本判決の評釈〉
須貝脩一・法学論叢六〇・五・四九

（『税務署の判断と裁判所の判断』六法出版社、一九八六年）

63　銀行預金の差押と相殺

最高裁大法廷昭和四五年六月二四日判決、判例時報五九五号二九頁

一　判決要旨

㈠　債権の差押がされた場合、第三債務者は、反対債権を差押後に取得したものでないかぎり、被差押債権および反対債権の弁済期の前後を問わず相殺適状に達しさえすれば、相殺をもって差押債権者に対抗することができる。

㈡　信用を悪化させる一定の客観的事由が生じた場合には、対立する債権の期限の利益を直ちに喪失させる旨のいわゆる期限の利益喪失約款は有効であり、第三債権者はこれに基づく相殺をもって差押債権者に対抗することができる。

〔参照条文〕　民法五一一条、旧国税徴収法二三条の一

二　事案の概要

1　X（国。原告、控訴人兼被控訴人、上告人）は、Aに対する昭和三三年九月四日現在における法人税等四、九七八、四〇〇円の滞納税金を徴収するため、旧国税徴収法二三条の一により、同日AのY（株式会社親和銀行。被告、控訴人兼被控訴人、被上告人）に対する定期預金、定期積立金の払戻債権合計六五一万六、〇〇〇円を差し押さえた。Aはその後滞納していた右税金の一部を支払ったが、残額金四一八万六、九七七円の支払いをしなかったので、Xが右債権差押に基づく取立権によってYに対し払戻債権の支払を求めたのが本件である。

ところで、Aは右差押前Yと銀行取引を開始するに当り、取引約定書を差し入れ、その九条一項で「左の場合には、債務の金額につき弁済期到来したるものとし、借主（A）又は保証人のYに対する預金その他の債権と、弁済の到否にかかわらず、任意相殺されても異義がなく、請求次第債務を弁済する」、同項三号で、「借主又は保証人につき、仮処分、差押、仮差押の申請、支払停止、破産若しくは和儀の申立があったとき」旨の特約を締結していた。それで、Yは、本件訴訟において、この特約を取り上げ、Aは本件差押とともに貸付金債務について期限の利益を失ったものであり、Yは昭和三三年九月六日ないし同三五年三月一一日にYのAに対する貸付金債権合計六一〇万六、〇〇〇円を自働債権とし、AのYに対する預金等六五〇万三、九二八円を受働債権として相殺ずみであり、また、右相殺した残額の預金等をXに支払っているので、Xの請求債権はすべて消滅しており、Xの本訴請求には応じられないと争った。

2　これに対し、第一審である長崎地裁佐世保支部昭和三六年九月一八日判決・高民集一六・八・七〇〇は、Xの請求を一部認容し、その余の請求を棄却した。その判決要旨は、「自働債権の弁済期が差押後に到来するときは、それが受働債権の弁済期により先に到来するものであれば、相殺をもって差押債権者に対抗できるが、受働債権の弁済期よりも後に到来するものであるときは、相殺をもって差押債権者に対抗できない」と判示した。

この判決に対し、XおよびYより控訴した。

第二審たる福岡高裁昭和三八年一一月一三日判決（高民集一六・八・六八四）は、「差押え当時に、自働債権の弁済期が到来しているか自働債権の弁済期が受働債権の弁済期よりも先に到来する場合に限って、相殺をもって差押債権者に対抗できるが、このような相殺に関する制限は、相殺の予約または期限の利益喪失に関する特約によって排除される」と判示し、Xの請求を全面的に排斥した。

これに対し、Xは上告し、上告理由で「相殺予約の対外的効力を認めた原判決は、民法五〇五条、同五一一条の規定の解釈、適用を誤っている違法がある」と主張した。

三 判決理由

1 「民法五一一条は、同条の文言および相殺制度の本質に鑑みれば、第三債務者が債務者に対して有する債権をもって差押債権者に対し相殺をなしうることを当然の前提としたうえ、差押後に発生した債権または差押後に他から取得した債権を自働債権とする相殺のみを例外的に禁止することによって、その限度において、差押債権者と第三債務者の間の利益の調節を図ったものと解するのが相当である。したがって、第三債務者は、その債権が差押後に取得されたものでないかぎり、自働債権および受働債権の弁済期の前後を問わず、相殺適状に達しさえすれば、差押後においても、これを自働債権として相殺をなしうるものと解すべきである……」。

2 「(本件) 特約は、Aまたはその保証人について前記のように信用を悪化させる一定の客観的事情が発生した場合においては、YのAに対する貸付金債権について、Aのために存する期限の利益を喪失せしめ、一方、同人らのYに対する預金等の債権については、Yにおいて期限の利益を放棄し、直ちに相殺適状を生ぜしめる旨の合意と解することができるのであって、かかる合意が契約自由の原則上有効であることは論をまたないから、本件各債権は、遅くとも、差押の時に全部相殺適状が生じたものといわなければならない。そして、差押の効力に関して先に説示したところからすれば、Yのした前示相殺の意思表示は、右相殺適状が生じた時に遡って効力を生じ、本件差押にかかるAの債権は、右相殺および原審認定の弁済により、全部消滅に帰したものというべきである」。

補足意見、意見および反対意見がある。

四 解　説

1 問題の所在

滞納処分により債権が差し押さえられた場合、第三債務者は差押債権者に対しどの範囲で相殺を主張することができるか、また、第三債務者が事前に債権者と相殺に関する特約を取り交わしている場合、その特約をもって差押債権者に対抗できるか、これが本件の問題点である。

ここで、本件の問題点をめぐる従来の考え方を整理し、あわせて、本件判決の位置づけをすることにしたい。

2　判決要旨一について

㈠　滞納処分による債権差押の効力

滞納処分による債権差押は、強制執行による一般の債権差押および取立命令の制度とその実質において同じであり、また、第三債務者の総裁権（相殺を行ないうる法的地位）に及ぼす効力も、滞納処分による債権差押だからといって別異に取扱われることはない。

このことについては、すでに、最高裁第三小法廷昭和二七年五月六日判決・民集六・五・五一八において明らかにされている。

本件判決は、右最高裁判決の見解をそのまま踏襲しているものである。判決は、いずれも旧国税徴収法（昭和三四年法律第一四七号に改正前のもの）に関するものであるが、現行の国税徴収法についても、そのまま妥当するものと考えてよい。

それで、滞納処分による債権差押が第三債務者の相殺権に及ぼす効力については、一般の債権差押と相殺の問題として検討すれば足りるものである。

㈡　強制執行による債権差押の効力

債権差押の効力について、本件判決の理由を掲げるのを省略したが、本判決と最高裁大法廷昭和三九年一二月二三日判決・民集一八・一〇・二二一七（民事研修九五号三一頁）とを比較すると、両者の間に大きな見解の変更のあることを看取ることができる。

債権差押の効力について、三九年判決では、「債権差押の結果、被差押債権の債権者及び債務者は右債権につき弁済、取立等一切の処分が禁止されるのであり、別段の規定がなければ第三債務者は相殺をもって差押債権者に対抗することができないものである。ところで、民法五一一条は右別段の規定にあたるので、その反対解釈として、差押前に第三債務者が取得した債権による相殺をもって、差押債権者に対抗できるものと解すべきである」と、判示している。

これに対して、本件判決では、「債権差押の結果、債務者は、被差押債権の処分、ことにその取立をすることを禁止され、その結果として、第三債務者もまた、債務者に対して弁済することを禁止され、かつ債務者との間に債務の消滅またはその内容の変更を目的とする契約をすることが許されなくなるけれども、これは債務者の権能が差押によって制限されることから生ずるいわば反射的効果に過ぎないのであって、第三債務者としては右制約に反しないかぎり、債務者に対するあらゆる抗弁をもって差押債権者に対抗できるものと解すべきである。差押は、債務者の行為に関係のない客観的事実または第三債務者のみの行為によりその債権が消滅しまたはその内容が変更されることを妨げる効力を有しないのであって、第三債務者がその一方的意思表示をもってする相殺権の行使も、相手方の自己に対する債権が差押を受けたという一事によって、当然に禁止されるいわれはない。ところが、民法五一一条は差押後に発生した債権または差押後に他から取得した債権を自働債権とする相殺のみを例外的に禁止することを定めているものである」と判示している。

つまり、三九年判決では、債権差押があると原則として第三債務者は相殺をもって差押債権者に対抗できなくなるのであり、民法五一一条は相殺による対抗を許容する例外的規定（相殺を緩和しようとする方向の例外的規定）であると解しているのに対し、本件判決は、全く逆に、債権差押があっても原則として第三債務者は相殺について制約を受けるいわれがなく、ただ民法五一一条はこれを制約する例外的規定（相殺を禁止する方向の例外的規定）であると解している。従来この点について突っこんで議論しているものは見当たらないが、相殺は弁済に準ずべきものであるとし、債権差押後は相殺できなくなると解しているので（民法四八一条準用）、昭和三九年判決は通説に従ったものであったといえる。

右判例の変更は、全く一般の債権差押の効力に関する問題であり、議論を呼ぶことになろう。つぎに述べる債権差押と相殺の関係についてのこの度の大法廷判決の変更も、その基盤は、右差押の効力に関する見解の変更にあるようにうかがえる。

㈢　債権差押と民法上の相殺との関係

本件は、単純に民法上の相殺（法定相殺）が主張されたものではなく、特約に基づく相殺適状と法定相殺とが併せて主張されたものである。右特約の内容については、後で繰返して説明を加えるが、本件判決は右特約をいわゆる期限の利益喪失約款と解し、債権差押と法定相殺との関係についてまず判断を示しているので、債権差押と法定相殺との関係から考えていくことにしたい。

債権差押と法定相殺との関係について、従来の判例、学説はつぎのように推移している。

1　判例の変遷

判例は古くは差押当時に相殺適状にある場合に限って、相殺をもって差押債権者に対抗できるとしていたが（大判明治三八年三月一六日民録一一・三六七、大判明治四〇年七月八日民録一三・三六七、大判明治四〇年七月八日民録一三・七六九、大判明治四一年五月三〇日民録一四・六三一、大判大正元年一一月八日民録一八・九五一、大判大正三年一二月四日民録二〇・一〇一〇）、その後、自働債権の弁済期が到来していれば、受働債権の弁済期が到来していなくても、受働債権について期限の利益を放棄できうるものであれば、相殺をもって差押債権者に対抗できるとした（大判昭和八年五月三〇日民集一一・一三八一）。ところが、最高裁昭和三二年七月九日判決・民集一一・七・一二九七は、「従来の判例理論を一歩進めて、差押当時に自働債権の弁済期が到来してさえいれば、受働債権の弁済期が到来していなくても、差押当時に相殺適状にあるかまたは受働債権について期限の利益を放棄できるか否かを問わず、その弁済期をまって相殺できる」と判示した。そして、前記最高裁大法廷昭和三九年一二月二三日判決はこれを更に進め「差押当時両債権が既に相殺適状にあるときは勿論、反対債権が未だ弁済期に達していない場合でも、被差押債権である受働債権の弁済期より先に弁済期が到来するものであるときは、民法五一一条の反対解釈により相殺をもって差押債権者に対抗し得る」とした。しかし、この判決は、大法廷を更正する一三名の裁判官のうち、多数意見七名、反対意見六名という小差によってなされたものであるから、大法廷判決の変更という事態が近い将来に生ずるのではないかという関心が寄せられていたものであった。本判決は、前記大法廷判決に示された見解を改め、相殺権者の立場により強く保護する見解を示したものである。

次に下級審の判例と学説に触れてみよう。

2　学説の傾向

債権差押と法定相殺に関する民法五一一条の解釈について、学説は次の四つの説に大別される。

(1)　相殺適状説

債権差押当時に双方の弁済期が到来していて相殺適状にある場合（受働債権については期限の利益を放棄できる場合を含めて）に限って、第三債務者は相殺をもって差押債権者に対抗できるというものである。この見解は古くは一般にとられていたものであるが、今日ではこの見解をとっている学者はほとんど見当たらない。この見解をとる文献として、近藤＝柚木・註釈日本民法債権編総則下三三八頁、松波＝仁井田＝仁保・帝国民法正解七一三頁、梅・民法要義債権編三四五頁等があり、下級審裁判所の判例としては、東京地判昭和三三年四月八日下民集九・四・五九八、東京地判昭和三六年六月二七日下民集一二・六・一四二三がある。

(2)　無制限説

民法五一一条の反面解釈から、両債権の弁済期が差押当時に到来していなくても、第三債務者は差押前から有する反対債権と被差押債権との相殺をもって差押債権者に対抗できるというものである。これに属するものは、味村＝宮脇・基本金融法務講座４一三四頁、柚木・判例債権総論下三二二頁、加藤・銀行預金の差押と相殺（ジュリ三二七・一〇）があり、下級審裁判所の判例としては、佐賀地判昭和三五年三月二九日下民集一一・三・六一三、静岡地判昭和三五年九月二日（右最高裁昭和三九年一二月二三日判決の第一審判決であり、民集一八・一〇・二二四六に掲載）がある。

(3)　制限説の一

債権差押当時に両債権が相殺適状にあることは要しないが、反対債権の弁済期が預金債権のそれより前に到来する関係にある場合にだけ、第三債務者は相殺をもって差押債権者に対抗することができ、両債権の弁済期の前後が右と逆の場合には、第三債務者は相殺をもって差押債権者に対抗できないというものである。これに属するものとしては、我妻・新訂債権総論三三六頁があり、下級審裁判所の判例としては、福岡高判昭和三八年一一月一三日（本件第二審判決）がある。前記昭和三九年大法廷判決の多数意見もこれに属する。

(4)　制限説の二

右(3)の要件のほかに銀行預金のように相殺に関する特約があったり債権質が設立されている等相殺による貸付債権の回収に強い期待のある特別の場合には、第三債務者は相殺をもって差押債権者に対抗できるというものである。これに属するものとしては、林＝中務・相殺と仮処分六〇頁、一〇二頁があり、下級審裁判所の判例としては、東京高判昭和三五年三月三〇日高民集一三・三・二九二、福岡高判昭和三五年一月一二日金法二四八・一〇五がある。

3　本判決の位置づけ

本判決は、従来の対立した右のような見解に対し、制限説の一を無制限説へと判例変更したものであり、その判旨は、昭和三九年一二月二三日大法廷判決の横田裁判官の反対意見の考え方に沿うものである。

本判決の上告棄却の結論は、一五人の裁判官中一一人の多数意見によったものであるが、債権差押と法定相殺との関係の解釈については、八対七というきわめて僅少な差によって支持されているものであり、昭和三九年判決と同様に安定していない判断である。ことに今回、多数意見から一転して反対意見に立場のかわった入江・長部・城戸・田中の四裁判官の意見は、前の多数意見にさらに内容を補充し、差押債権者と相殺権者の利益とを比較衡量すべきことを強調している。すなわち、同意見は、相殺の担保的機能を肯定しながらも、「他面、これを差押債権者その他の一般債権者の立場からみるときは、債務者（被差押債権の債権者）の一般財産として、右債権者らの債権のひきあてとなっていることも、また看過すべきではなく、これら差押債権者らの利益も、第三債務者の利益と並んで平等に保護すべきものといわなければならず、両債権の弁済期の前後により相殺に対する期待利益の有無を判断するのが両者の公平をはかるゆえんである」としている。

この度の大法廷判決によると、第三債務者が被差押債権の履行を引きのばして反対債権の弁済期の到来を待ち、その到来とともに相殺するようなことも是認されることになるのであるが、岩田裁判官は、その補足意見で、故意に第三債務者が履行請求を遅らせたような不誠実な場合には、その相殺の効力を別に考えようとされているようである。また、本件判決の射程範囲が債権譲渡または転付命令の場合に及ぶものかどうかについては、検討の余地が残されているようである（債権譲渡または転付命令と相殺の関係について、先例として、最高判三二年七月一九日民集一一・七・一二九七参照）。

3　判決要旨㈡について

㈠　本件特約の内容

相殺に関して、民法の規定に従い相殺要件（相殺適状）を充たしたものについて相殺（法定相殺）の主張が認められているだけでなく（民法五〇五条一項）、民法の規定と異なる相殺要件を特約（相殺契約、相殺の予約）することにより相殺の主張をすることも認められている（我妻・前掲書三五三頁）。

本件で、被上告人銀行の主張した特約は、事実の概要に記載したように、三九年判決の対象となった取引約定書(1)ではなく、また、現行の取引約定書(2)とも異なる体裁のものである。

本件判決は、右特約を、現行の取引約定書の趣旨(2)と同様に、期限の利益の喪失約款（民法の相殺適状を生ずる要件を緩和する特約）と解し、その効力についてだけ判断している。原審では、期限の利益喪失約款および相殺の予約について判断を示しているのに対し、本件判決では、相殺予約についてはその法的効力について全く触れていないことが注目されよう。

(二)　本件特約の効力

前述のとおり、本件判決は、右特約を期限の利益喪失約款と解しているのであるが、さきの昭和三九年大法廷判決は、相殺契約及び相殺の予約の効力について、「このような約款は法定相殺の許される限度においてのみ有効である」と判示していた。

この度の判決は、本件特約について、期限の利益喪失約款として論じたものであり、相殺契約ないし相殺の予約として論じたものではないのであるが、右特約が契約自由の原則上有効であることは論をまたないところであるとし、本件の場合、双方の債権・債務は遅くとも差押の時に全部相殺適状を生じ、相殺の効力は、その時点にさかのぼって生じたものと判示しているのである。

ところで、本件特約の効力について、大法廷は一一対四の多数でこれを肯定しているのであるが、大隅裁判官は、その意見の中で、その特約の効力について結論において賛成されながらも、一般的に契約自由の原則上有効としかつ第三者にも対抗できるとしている点に疑問をもたれ、むしろ、それは「第三債務者と差押債権者との間の利益の具体的な比較衡量により、問題の解釈をはからなければならない」とされ、本件特約について有効としかつ差押債権者に対抗できると解される根拠として、銀行は右特約を活用する期待のもとに貸付をしていること、また、右特約が銀行取引約款中にあることは一般に公知の事実であることを挙げておられる。

私的自治の原則といっても、決して契約万能ではなく、諸利益の比較衡量および他の法制度との比較衡量（脱法行為の禁止）を行なって、契約の効力を判定することが必要である。この点を触れておられる大隅意見は示唆に富む見解といえる。最高裁昭和四五年四月一〇日判決金法五七九・一二が、執行債権者との関係で債権の譲渡禁止の特約の効力を否定しているのが参考になろう。

ところで、従前この点について、学説は、積極説をとるものとして、我妻・前掲三三七頁があり、下級審裁判所の判例としては、東京高判昭和三五年三月三〇日高民集一三・三・二九二、東京高判昭和三六年四月二六日（昭和三九年一二月二三日大法廷判決の原審）、福岡高判昭和三八年一一月一三日（本判決の原審）等があり、消極説をとるものとしては、於保・債権総論三七四頁、林・法時三三・八・九三、谷口・金法二五二・一五、前田・商事判例研究昭和三三年度四六号事件、山中・債権総論一三七頁があり、下級審裁判所の判例としては、東京高判昭和三五年三月三〇日高民集一三・三・二九二、東京高判昭和三七年九月二〇日高民集一五・七・四九一、東京高判昭和三八年五月二二日下民集一四・五・九八六等がある。法定相殺と同様の制限を付加して肯定するものとしては、林＝中務・前掲一〇一頁がある。

（1）　いわゆる旧取引約定書と呼ばれているもの。

第八条　貴行に対する私の債務……の一部でも履行しないとき若しくは不履行のおそれがあるとお認めの節は、すべて期限が到来したものとみなされても異議なく御請求次第直ちに請求額……をお支払い致します。

第九条　私の貴行に対する債権の弁済期の如何にかかわらず貴行の御都合で通知若しくは手形小切手の呈示又は返還を要せずいつでも任意に私の債務と相殺せられても異議ありません。

（2）　いわゆる新取引約定書と呼ばれているもの。

相殺予約をカットし、期限の利益喪失約款とこれに基づく法定相殺だけを取り決め、これと共に、これら約款の働く原因を明確にし、主として滞納処分を意識してこれより優先するように工夫がこらされているものである。

第五条（期限の利益の喪失）

一項　借主が次の各号の一にでも該当した場合には、貴庁から通知催告等がなくても貴庁に対する債務について当然期限の利益を失ない直ちに債務を弁済いたします。

1　仮差押、差押若しくは競売の申請または破産、和議開始、会社整理開始もしくは会社更正手続の申立があったとき、または清算にはいったとき

2　租税公課を滞納して督促を受けたときまたは保全差押を受けたとき

第六条（差引計算）

一項　期限の到来または前条によって、貴行に対する債務を履行しなければならない場合には、その債務と借主の諸預け金その他の債権とを、期限いかんにかかわらずいつでも貴行は相殺することができます。

二項　前項の相殺ができる場合には、貴行は事前の通知および所定の手続を省略し、借主にかわり諸預け金の払戻しを受け、債務の弁済に充当することもできます。

（民事研修一六一号、一九七〇年）

64　滞納処分による債権差押と相殺予約の効力

大阪高裁平成三年一月三一日判決、昭和六三年(ネ)二〇〇八号
取立訴訟請求控訴事件
判例時報一三八九号六五頁
〔参照条文〕　国税徴収法六二条、民法五一一条

一　事　実

X（国。原告、控訴人）は、乙に対して合計八四六万余円の租税債権を有していたので、昭和六一年三月二五日右租税債権を徴収するため、乙の丙（Y。被告、被控訴人）に対する二四一万余円の作業代金債権を差押え、取立権に基づき請求したが、丙が任意履行をしなかったので、丙に対し右作業代金債権の支払いを求めて取立訴訟を提起した。

これに対し、丙は、抗弁として、(1)昭和六一年二月一二日甲（丙の子会社）、乙の間で、「甲は、甲の乙に対する債権で、乙の丙に対する債権を相殺することができる」旨の相殺予約を締結しており、(2)同年八月二一日甲は乙に対し相殺する旨の意思表示をしたので、差押に係る作業代金債権は消滅しているなどと主張した。

本件は、右相殺予約に基づく相殺が差押債権者であるXに対抗できるかが主な争点となったものである。

一審の神戸地判昭和六三年九月二九日判タ六九九・二二一は、甲は右相殺予約に基づき、乙が不渡手形を出した同年三月三〇日乙に対する債権と、乙の丙に対する債権とを相殺する権利を取得し、同年八月二一日乙に対し相殺する意思表示をしたものと認められるとしたうえで、右相殺予約について、民法四七四条（第三者の弁済）の規定を根拠にして、右相殺予約は当事者間では丙の意思に反しない限り有効であり、相殺予約の効力は差押債権者は当然に引き

継がれるものであり、また特段の公示方法がなくても差押債権者にも対抗できるとして、Xの本訴請求を棄却した。

二　判　旨

原判決取消。請求認容。

「甲が乙に対して債権を有し、乙が丙に対して債権を有するとき、甲と乙の二者が、その間の合意のみで、甲は甲の乙に対する債権で乙の丙に対する債権を相殺することができる旨の相殺予約をしても、この相殺予約はその後乙の丙に対する債権を差押えた差押債権者に対抗できないと解するのを相当する。……債権が差押えられた後にも第三債務者は、民法五一一条所定の場合の外、債務者に対する反対債権をもってする相殺の効力を差押債権者に対抗できるとされているが、これは相殺の担保的機能に由来している。すなわち、二当事者が互いに同種の債権を有するときは、右両者は右両債権を対当額で簡易、公平に決済できると信頼し合っており、この信頼は一方債権者の資力が悪化して債権差押を受けたときにも保護されるべきであるから、差押後の相殺も差押債権者に対抗できるとされているのである。ところが、右のごとく甲、乙、丙の三者間に跨がる二つの債権は、互いに相対する関係になっておらず、甲、乙、丙三者の合意で相殺予約をする場合はともかく、甲と乙の二者の合意のみで、甲は甲の乙に対する債権で乙の丙に対する債権を相殺することができる旨の相殺予約をしてみても、右相殺予約には丙の意思表示が欠落しているから、右三者間には右両債権が対当額で簡易、公平に決済できるとの信頼関係が形成されるものではない。そうすると、右二者間の相殺予約は、相殺の効力を差押債権者に対抗するための基盤を欠いていることになる。また、右二者間の相殺予約に差押債権者に対抗できる効力を認めると、甲と乙の二者間の合意のみで乙の丙に対する債権を事実上差押できない債権とすることができることになるが、これはあまりにも差押債権者の利益を害することになる。

してみると、……右二者間でなされた本件相殺予約に基づく相殺は、差押債権者であるXに対し、その効力を対抗できないことになる。」

判旨の論理構成には疑問があるが、結論には賛成。

三　評　釈

1　滞納処分による債権差押と相殺

滞納処分による債権差押が行われると、一方で被差押債権について弁済禁止の効力が生じ、他方で差押債権者は被差押債権について取立権を取得することになる（国税徴収法六二条、六五条。同法を以下「法」という）。

滞納処分による債権差押の効力について、大審院時代は下級審の判決であったが、長崎控訴院大正四年六月二六日判決・財政経済弘報四八〇・一一で、滞納処分による債権差押を受けた第三債務者は、差押前に取得した債権であっても、滞納処分をした国に対抗できないという判決があり、この判決が徴税の実務の指針となっていたようであるが、最判昭和二七年五月六日民集六・五・五一八は、滞納処分による債権差押の場合でも、債権差押を受けた第三債務者は差押前に取得した債務者（滞納者）に対する反対債権をもって相殺できることを明らかにした。

この二七年最判以降は、滞納処分による債権差押の効力について、一般の民事施行法による債権差押の効力（民事執行法一四五条）と全く同じであると考えられるようになり、債権差押と相殺の優先関係を含めて両者の間には全く違いがないと解されている。（注）

それで、滞納処分に債権差押も、一般の私債権による債権差押と同じ効力を持つにすぎないということで、一般の私債権による債権差押と全く同じ土俵の上に立って相殺との優先関係を考えることになる。

2　債権差押と相殺

(1)　法定相殺と契約相殺

相殺には、民法五〇五条に基づく「法定相殺」と、契約に基づく「契約相殺」とがある。契約相殺には、いろいろの内容のものがあるが、典型的なものは、銀行取引約定書五条、七条に見られるように、銀行（第三債務者）の反対債権について、債務者の信用を悪化させる一定の客観的事情が発生した場合には（例えば、手形の不渡や差押の申請などがあるとき）は、債務者に期限の利益を喪失させ、他方銀行の債務者に対する債権については期限の利益を放棄し、直ちに相殺適状を生じさせ、相殺できるという合意（期限利益喪失条項を含む相殺予約）である。

(2)　判例の動向（制限説から無制限説）

イ　法定相殺について

法定相殺について、判例は大きく変遷している。

(イ)　古くは、債権差押時に両債権の弁済期が到来していて相殺適状にあることが必要であるとしていた（相殺適状説。大判明治三二年二月八日民録四・二・一二）。

(ロ)　次に、債権差押時に反対債権の弁済期が到来しておれば、被差押債権の弁済期は未到来であっても、第三債務者の相殺についての期待利益は保護されるべきであるとした（期待利益説。最判昭和三二年七月一九日民集一一・七・一二九七）。

(ハ)　次に、債権差押時に、両債権の弁済期が未到来であっても、反対債権の弁済期が被差押債権の弁済期よりも先に到来するときは、期待利益の観点から、第三債務者は差押後の相殺を差押債権者に対抗できるとした（制限説。最判昭和三九年一二月二三日民集一八・一〇・二二一七）。

(ニ)　さらに、判例は相殺の担保的機能を重視し、反対債権が債権差押前に取得されたものである限りは、両債権の弁済期のいかんを問わず、第三債務者は相殺適状を待って相殺できるとした。この見解は、民法五一一条の端的な反対解釈を論拠としたものである（無制限説。最判昭和四五年六月二四日民集二四・六・五八七）。

四五年最判は、八対七という僅差の判決であったため、再度の判例の動揺が心配されたが、四五年判決の見解はその後の裁判例により踏襲され、現在では裁判例でも実務でも定着をみているといえる。

ロ　相殺予約について

対立する債権をもつ二当事者間の相殺予約の対内的効力（当事者間の効力）については、契約自由の原則から、有効であることについて異議がない。問題となるのは、その対外的効力（差押債権者に対する効力）である。

相殺予約の対外的効力については、三九年最判ではじめて取り上げられ、三九年最判は、制限説をとり、両債権の弁済期の先後関係で反対債権の弁済期が先立つ場合（法定相殺が対抗力をもつ場合）に限り、第三債務者は債権差押後に、相殺予約に基づく相殺を差押債権者に対抗できるとした。ところが、四五年最判では、期限の利益の喪失・放棄により弁済期（相殺適状）のくり上げを認めることにより、結果的に無制限説をとるのと同じことになり、第三債務者は差押債権者に対し相殺予約に基づく相殺を広く対抗できるとした。四五年最判のこの点についての見解は一一対四で、安定度の高いものとなっている。四五年最判のこの多数意見は、その後の裁判例に踏襲され、今日に至っている。

学説の動向の紹介はここでは省略するが、相殺予約については、対外効を肯定する見解が有力である。

3　相殺の予約の諸形態と効力

契約相殺には、各種のものがあるが、前述のとおり、典型的なものは、期限利益喪失条項を含む相殺予約であり、一種の非典型担保として締結されているといえる。

対立する二当事者間の相殺予約については、対内的効力のほか対外的効力についても有効とするのが大勢である。そして差押前に締結された相殺予約の効力は、被差押債権に付着するものとして当然差押債権者にも引き継がれるものとしている。

4　三当事者間にまたがる相殺予約の効力

相殺予約に関する判例と学説は、銀行取引を対象として展開・集積されてきた。ところが、本件は、ノンバンクの取引であり、また三当事者間にまたがる相殺予約であるということに、大きな特色がある。

(1)　対内的効力

対内的効力（債権差押がなかったら当事者間で相殺が許されるのかどうかという問題）は、民法四七四条で第三者の弁済が債務者の意思に反しないかぎり許されていることとの関係で、三者の合意による相殺予約は当然に許されるとし（大判大正六年五月一九日民録二三・八五五）、二者間の第三者（第三債務者）にまたがる相殺予約であっても第三者の意思に反しないかぎり有効とする見解が有力である（我妻・債権総論三五三頁、柚木＝高木・判例債権法総論四九二頁、注釈民法(12)三八〇頁（乾）等）。

本件の一、二審判決も、第三者の意思に反しないかぎり有効と解すべきであるとし、本件の場合は、甲と丙が親子会社（丙は、甲の株式の九五％を有する親会社）の関係にあるので、第三者丙の意思に反しないことが明らかであり、対内的には有効であると解している。

(2)　対外的効力

三者間にまたがる相殺予約の対外的効力について、一審と二審との間で見解が異なっている。

一審判決は、もともと差押債権者は、差押により債務者が第三債務者に対して有していた債権以上のものを手に入れられるわけがないから、差押前に締結された相殺予約の効力は、差押債権者に当然に引き継がれるものであり、差押債権者に対抗できるという。そして、相殺予約の公知性に関しては、もともと債権については、その存在・内容を第三者に公示するための適切な公示方法はないので、これを理由に相殺予約の効力を否定すべき理由はないとし、相殺予約の対外的効力を公知性の有無によって決することは、そのような既成事実を作りあげた者のみが保護されることになり、妥当ではないという。

一審判決は、非常に明確な論理を展開しているものといえる。

これに対し、二審判決は、二当事者が互いに同種の債権を有するときは、右両者は両債権を対当額で簡易、公平に決済できると信頼し合っているから、差押後の相殺も差押債権者に対抗できるが、甲、乙、丙の三者間にまたがる二つの債権は、互いに相対立する関係になっておらず、甲、乙、丙の三者の合意で相殺予約をする場合はとも角として、甲と乙の二者の合意のみで相殺予約をしてみても、右相殺予約は丙の意思表示が欠落しているから、相殺の効力を差押債権者に対抗するための基盤を欠いており、また、右二者間の相殺予約に差押債権者に対抗できる効力を認めると、甲と乙の二者間の合意のみで乙の丙に対する債権を事実上差押できない債権とすることになるが、これはあまりにも差押債権者の利益を害することになるという。

二審判決が対外的効力を否定した理由づけは、曖昧で説得力に乏しい。特に三者の合意で相殺予約をする場合はとも角、二者の合意のみで相殺予約をしても差押債権者に対抗できる基盤を欠いているという点は、理由づけとして説得力があるとはいえない。二者の合意だけでも、対内的に有効であるのなら、基盤を欠いているとはいえない。二審判決の理由づけは十分ではない。債権差押と相殺の優先関係をどのように考えるかは、民法五一一条のもとで理論的に合理的な解決を見つけることは困難であり、利益衡量により合理的な解決がはかられるべきである。しかし、曖昧な利益衡量論は避けるべきである。私はその判断の基準としては相殺予約の公知性に求めるべきではないかと考える。

5　本判決の位置づけ

本判決は、銀行取引ではない一般の商取引の相殺予約の効力と、三当事者間にまたがる相殺予約の効力とについて判断を示した裁判例ということで、重要な先例である。

一審、二審の判決は、三当事者間にまたがる相殺予約であっても、その対内的効力については、三当時者が合意している場合は当然に有効であるとし、二者のみで合意している場合も、親子会社の関係にあるように第三債務者の意思に反していない場合は、有効であるとしている。対内的効力を有効とする点については、異論はないと考えられる。

ところで、対外的効力については、一審と二審判決は、結論を異にしている。本件は、上告されているので、上告審の判断を注目して待つことにしたいが、二審判決が二者間の相殺予約は相殺の効力を差押債権者に対抗するための基盤を欠いているというのは、相殺予約の対内的効力を認める以上、その理論は筋が通っていない。

債権差押と相殺の優先関係は、要するに、契約の自由の原則が支配する状況のもとで、差押債権者の保護と第三債務者の保護とどちらを優先させるかという利益衡量に尽きるのであり、私はやはり利益衡量の基準としては相殺予約の公知性に求めるべきではないかと考える。ここに、銀行取引を中心にして集積してきたこれまでの判例の歯止めを設けるべきではないかと考える。

このような考え方に対して、一審判決は、相殺予約の効力を公知性の有無によって決することは、そのような既成事実を作りあげた者のみが保護されることになり妥当ではないと鋭く批判をしているが、この矛盾は相殺予約について適切な公示方法を設けることなどにより解消をはかるべきである。

（注）　租税債権と担保権によって保護されている私債権の調整について、現行の国税徴収法一五条以下では、租税の法定納期限を基準として、それ以前に設定されたものであるかぎり担保権が優先するとしている。相殺の担保的機能が重視されているが、質権・抵当権でも法定納期限後のものは租税債権に劣後することになるから、相殺の効力を広く認めることになると、担保権の調整とバランスを欠くことにならないか（相殺予約の保護が厚すぎないか）という疑問が確かに生ずる。しかし、法解釈で相殺の効力を制限するのは許されず、この矛盾は立法によって調整されるべき事項であると考える。

（ジュリスト九九五号、一九九二年）

65　会社更生手続の開始と第二次納税義務者に対する滞納処分

最高裁第一小法廷昭和四五年七月一六日判決、昭和四三年(オ)九五号
建物明渡請求事件
民集二四巻七号一〇四七頁

一　事実の概要

1　北海道幌別町は、A会社に対して一五万円余の地方税債権を有していたが、A会社は期限までに納付しなかったので、幌別町は、昭和三一年一二月一〇日Y_1に対し、A会社の右地方税債権について第二次納税義務を負担させる旨の納付の告知をした。この納付の告知は、Y_1がA会社から昭和三〇年六月一日建物を低い価格で譲り受けたことを理由とし、地方税法（昭和三四年法律第一四九号による改正前のもの。以下「旧地方税法」という）一一条の三に基づくものである。ところが、Y_1は、右第二次納税義務を履行しなかったので、幌別町は、昭和三一年一月二三日本件建物を差し押さえ、同三二年一二月二四日Xを買受人とする売却決定をなし、同三四年一月五日Xへ公売による所有権移転登記手続きをした。

それで、X（原告・被控訴人・被上告人）が、本件建物の所有権に基づき、右建物に居住しているY_1およびY_2の両名（いずれも被告・控訴人・上告人）に対し、建物明渡しを請求したのが本件である。

Y_1・Y_2両名は、Xの主張する事実は認めたが、主たる納税義務者であるA会社が昭和三三年八月二九日東京地方裁判所から更生手続開始決定を受けていることを根拠に、本件売却決定（公売処分）が無効であると争った。すなわち、会社更生法六七条二項は、更生手続開始決定の日から一年間は更生会社の財産に対する国税徴収の例による滞納処分

を禁止しているが、本件売却決定は、滞納処分が禁止されている期間になされたものであって、重大かつ明白な瑕疵のある無効な処分であるというのである。

2　第一審、第二審とも、本件売却決定は違法であるが、無効とはいえないと判断し、X勝訴の判決をした。第二審が、本件売却決定を違法とした理由は、次の二点である。

(イ)　主たる納税義務者に対し更生手続開始決定があったときは、滞納処分が禁止されている。第二次納税義務は、主たる納税義務者の滞納税金の徴収確保のために設けられている制度であるから、租税徴収権者に対し、主たる納税義務者から徴収する場合に認められている以上の利益を、第二次納税義務者について認めるべきではない。

(ロ)　主たる納税義務者の財産を換価した後でなければ第二次納税義務者の財産を換価することができないから、主たる納税義務者に対する滞納処分（換価）が禁止されている間は、第二次納税義務者に対する滞納処分（換価）も禁止されるべきである。本件売却決定は右禁止期間中にされたものであるから、違法である。

Y_1およびY_2は、この判決を不服として上告した。

二　判　旨

上告棄却。

「〔原審の確定した右事実関係のもとにおいては〕幌別町がした前記売却決定は、会社更生法六七条二項に違反するとはいいがたい。すなわち、同項の定めるところによれば、更生手続開始決定があったときは、決定の日から更生計画認可まで一年を超えるときでも、決定の日から一年間は、会社財産に対し国税徴収の例による滞納処分はすることができず、既にされている滞納処分は中止すべきものとされているのであるが、これは、更生会社の財産に対する滞納処分を制限したものであって、その会社を主たる納税義務者とする第二次納税義務者の財産に対する滞納処分を一般的に制限するものではないのである。そもそも、主たる納税義務者の納税義務や財産は、第二次納税義務者の納税義務や財産とは法律上別個のものなのであるから、第二次納税義務者の納税義務が主たる納税義務者の納税義務に附従する性質を有し、かつこれを補充する性質を有するからといって、主たる納税義務者の責任に制約を加えるにすぎない更生手続開始決定につき、第二次納税義務者の納税義務や責任に影響を及ぼすべきものではないからである。

もっとも、〔旧〕地方税法一一条の三第二項、同条の二第二項但書の規定によれば、同条の三に定める第二次納税義務者……に対する財産の公売は、主たる納税義務者の財産を公売した後でなければすることができないのであるから、主たる納税義務者に対する更生手続開始決定の際、同人に対する滞納処分が開始されていないか、または開始されていても終了していない場合にあっては、会社更生法六七条二項の規定により主たる納税義務者の財産を公売することが許されない結果として、地方税法の前記条項により第二次納税義務者に対する財産の公売も許されないこととなるのであるが、主たる納税義務者に対する更生手続開始決定の際、すでに主たる納税義務者に対する財産の公売をへているなど同人に対する財産の公売があったとみられる場合においては、同人に対し更生手続開始決定があっても、第二次納税義務者の財産を公売することは、地方税法の前記条項に何ら違反するものではない。

Y_1 Y_2は……本件売却決定が地方税法の前記条項に違反すると認めうる事実については何ら主張立証するところがないのである。したがって、……本件売却決定をもって違法な処分とすることはできないものといわざるをえない。」

三　解　説

1　第二次納税義務の制度とその性質

第二次納税義務については、旧地方税法の一一条の三以下（現行地方税法では、一一条以下）に規定されているだけでなく、国税にも、国税徴収法（以下「徴収法」という）三二条以下に同内容の規定がおかれている。

第二次納税義務の制度は、形式的には第三者に財産が帰属しているが、実質的には主たる納税義務者にその財産が帰属していると認めても公平を失しないときに、形式的に権利が帰属している者に対し、補完的に主たる納税義務者の納税義務を負担させようとするものであり、徴収手続の便宜のために設けられた制度である。

第二次納税義務は、主たる納税義務者の納税義務を補完させようとするものであるので、主たる納税義務に対し、附従性を有し、主たる納税義務について生じた消滅・変更等の効力は第二次納税義務にも及ぶと共に、補充性を有し、主たる納税義務の履行のない場合に履行の責任を負わせるものである。第二次納税義務について、民法上の保証債務に関する規定の準用条文はないが、その性質は民法上の保証債務に類似している。

しかし、第二次納税義務者の納税義務は、主たる納税義務に対し附従性と補充性を有するからといって、主たる納税義務者の納税義務とは、法律上別個のものであるので、主たる納税義務者の責任に制約を加えるにすぎない更生手続開始決定によって、第二次納税義務者の納税義務に影響が及ぶものではない。この点は、本件判決の判旨のとおりである。

ところが、本件判決は、「主たる納税義務者の責任の制約は、第二次納税義務者の責任に影響を及ぼすものではない。」と述べているが、これは、本件判決の後段の判断とも矛盾してしまっている。

すなわち、民法上の保証債務の場合は、主たる納税義務者に対する責任の制限は、保証人の債務に影響がなく（我妻・新訂債権総論四八六頁）、またその責任にも影響がないといえるが（同旨、最判昭和三二年四月一一日集民二六・一一九）、第二次納税義務の場合は、保証債務と異なり、主たる納税義務者の徴収不足を積極的要件とする債務であるだけでなく、徴収法三二条四項または現行地方税法一一条の三に規定されているように、「第二次納税義務者の財産の換価は、その財産の価額が著しく減少するおそれがあるときを除き、主たる納税義務者の財産を換価に付した後でなければ、行うことができない。」のであるから、この規定に照らして明らかなとおり、主たる納税義務者に対する換価の制限は、第二次納税義務者の財産の換価にも影響を及ぼすものであり、この限りにおいて、主たる納税義務者に対する責任の制限は、第二次納税義務者の責任に影響を及ぼすものであって、これが、民法上の保証債務と第二次納税義務の大きな相違点になっている。

2　主たる納税義務者に対する更生手続開始決定と第二次納税義務者に対する影響

主たる納税義務者に対する換価の制約は、前述のとおり、第二次納税義務者の財産の換価にも制約を及ぼすものである。

会社更生法六七条二項によると、更生手続開始決定があったときは、決定の日から更生計画認可まで一年を超えるときでも、決定の日から一年間は、会社財産に国税徴収の例による滞納処分をすることはできず、すでにされている滞納処分は中止すべきものと定められている。それで、主たる納税義務者に対して更生手続開始決定があると、所定の期間内は、原則として第二次納税義務者の財産についても換価が許されなくなり、これに違反する滞納処分は違法となる。

ところで、本件判決は、この点について、前述のとおり論旨に首尾一貫していない点があるが、さらに、「〔主たる納税義務者に対する更生手続開始決定があっても〕すでに主たる納税義務者に対する財産の公売をへているなど同人に対する財産の公売があったとみられる場合においては、……第二次納税義務者の財産を公売することは、旧地方税法一一条の三第二項、同条の二第二項但書に何ら違反するものではない。Y_1 Y_2は、……本件売却決定が地方税法の前記条項に違反すると認めうる事実については何ら主張立証するところがないので……本件売却決定をもって違法な処分とすることはできない」と判示しており、検討の余地を残している。

前に述べたとおり、第二次納税義務者の財産に対する換価について、前記の換価の制限規定に違反していることがいちおう明らかにされれば、公売は違法（無効かどうかはともかくとして）と推認されるというべきであり、本件判決の挙げているような例外的事由は、これを違法でないとする相手側に主張・立証をする必要が移ると考えるのが相当であろう。

もっとも、前記の換価の制限規定に違反する財産の換価は違法ではあるが、重大かつ明白な瑕疵のない限り無効とはいえないので、換価を無効とする本件では、Y_1・Y_2において右無効原因について主張・立証を尽くさない以上、その主張は排斥されざるをえない。この点、最高裁判決よりも、第一審、第二審判決の見解の方が論旨が整理されている。

（倒産判例百選　別冊ジュリスト五九八号　一九七六年）

〈参考文献〉

山田二郎「租税債権」企業の整理・再建と清算（実務法律大系9）三五五頁以下
清永敬次・税法〈改訂版〉二一〇頁以下
金子宏・租税法一二五頁以下

66 漁業権の無償譲渡と譲受人の第二次納税義務

山口地裁下関支部昭和四四年一二月一六日判決、昭和四三年(ワ)八号
詐害行為取消並びに返還請求事件
訟務月報一六巻三号二四八頁
〔参照条文〕 国税徴収法三九条、国税通則法四二条、民法四二四条

一 事 実

原告X国が、被告Y信用漁業協同組合連合会（Y連合会）に対し、詐害行為の取消しを訴求している事案であるが、その請求は、主位的請求と予備的請求の二本建てになっている。ここでは、詐害行為取消権を行使しようとするXの債権すなわち「第二次納税義務の告知に基づく租税債権」の存否の点と詐害行為取消権の成否の点に、主に焦点を絞って述べていく。

1 Xの主位的請求の内容

(一) 株式会社K（滞納者）は、昭和三五年以降法人税および加算税（昭和三八年一一月一四日現在の滞納税額の合計は、一、〇三五万五、五三八円）を滞納していたところ、Fに対し昭和三七年八月一一日頃船舶五隻を著しく低い額で譲渡し、同時に、大中型まき網漁業許可権一口（許可番号まき第一七五一号）を無償で譲渡した（昭和三八年一月一四日農林大臣許可）。

それで、H国税局長は昭和三八年一一月一四日右譲渡に関し、国税徴収法三九条に基づきFに対し徴収金額を二〇、

八二四、八九五円とする第二次納税義務の告知処分を行なった。(注)

㈡　Fからの異議申立に基づき調査された結果、右船舶は右納税告知の時にはすでに他に売却されていることが判明したので、昭和三九年一〇月二二日、H国税局長はその部分の告知処分を取り消し、第二次納税義務の徴収金額を三〇〇万円とする異議決定（原処分の一部を取り消す異議決定）を行なった。

㈢　ところで、Fは、右船舶等の譲渡を受けてまき網漁業を開始したのであるが、事業不振のため中止のやむなきにいたり、Y連合会と協議した結果、昭和三八年九月頃から逐次右船舶の売却を行ない、その代金をY連合会からの借入金債務の弁済に充当したのであるが、右漁業許可権も昭和三九年二月二四日I漁業協同組合（I漁協）に一五〇万円で売却し（昭和三九年三月二六日農林大臣許可）、その代金をもって同年三月三一日Y連合会からの借入金債務を弁済した。

㈣　Y連合会は、右一五〇万円の弁済を受けるに際し、Fが本件漁業許可権以外に他に財産がなく無資力であることと及び前記第二次納税義務を負担していることを知っていたものであり、また、Fも右事実を十分知っていたものであるから、Y連合会及びFは、互いに相謀り滞納税金の徴収を免れる目的をもって、あえて前記弁済行為を行なったものである。

㈤　それで、Xは、Fの滞納税金を徴収するため、国税通則法四二条、民法四二四条の規定に基づき、Y連合会に対し右弁済行為の取消しを求め、あわせて、その弁済金一五〇万円相当額及びこれに対する遅延損害金の支払いを求める。

2　Xの予備的請求の内容

㈠　仮に、Fの前記一五〇万円の弁済行為の相手が、Y連合会ではなくH漁業協同組合（H漁協）であったとしても、Y連合会はFから委託を受けて、F名義の漁業許可権をI漁協に売却したのであるが、I漁協から昭和三九年三月二六日ごろ右一五〇万円の送金を受けるや、これをいったんFのH漁協に対する借入金債務の弁済に充てる帳簿上の手続をとったうえ、さらに同月三一日H漁協のY連合会に対する借入金債務の弁済に充てる手段をとったものであって、いずれも滞納税金の徴収を免れる目的で、Y連合会が中心となって画策し、Y連合会の債権のみの回収を図ったのであるから、右はまさにY連合会ら三者間の通謀による詐害行為である。

㈡　それで、Xは、予備的に前と同様の理由に基づき、Y連合会に対し、H漁協に対する前記弁済行為の取消しを求めるとともに、その弁済金一五〇万円相当額及びこれに対する遅延損害金の支払いを求める。

二　判　旨

予備的請求認容

判決は、本件の主要な争点となった㈠Fに対する第二次納税義務の存否（漁業許可権は譲渡の対象となる財産であるかどうか、漁業許可権の無償譲渡が国税徴収法三九条の対象となるものかどうか）、㈡詐害行為取消権の成否について、順次つぎのとおり判断を下している。

1　Fに対する第二次納税義務の存否について

㈠　判決が認定している事実は、つぎのとおりである。

Fは昭和三七年八月一一日頃Kから漁業許可権一口を無償で譲り受け、昭和三九年三月二六日右漁業許可権を代金一五〇万円で他に譲渡したことが認められるのであって、Fが右許可権の無償譲渡により受けた利益は少なくとも一五〇万円を下らない。

㈡　漁業許可権が譲渡の対象となしうる財産であるかについて

Y連合会は、本件漁業許可権は譲渡の対象となる財産ではない旨主張するのであるが、実際の取引社会においては、本件のような漁業許可権は事実上取引の客体とされ、その代金の相場もほぼ安定したものが形成されており、その譲渡の手続は、まず譲渡の当事者間で下交渉をして代金額等を決めたうえ、譲渡人に新たな許可が与えられることを条件として、譲渡人から農林大臣に廃業届を提出し、農林大臣が譲受人に新たな許可を与えるという方法によって行なわれているので、あたかも漁業許可権が当事者間で譲渡された如き外観を呈するものであることが認められる。しかし、本件のような漁業許可権は、法律上厳格な意味においては、譲渡の対象となしうる財産とはいえない。

㈢　漁業許可権の無償譲渡が国税徴収法三九条の対象となるかについて

本件のような漁業許可権は、法律上厳格な意味においては、譲渡の対象となる財産とはいえないにしても、右のような譲渡を無償で行なった場合には、その行為は国税徴収法三九条にいう「第三者に利益を与える処分」に該当するというべきである。

㈣　第二次納税義務の存否について

FがKから漁業許可権を無償で譲り受け、これを他に一五〇〇万円で譲渡していることが認められる以上、Fに対する第二次納税義務の課税は、少なくとも一五〇〇万円の限度額において効力を有するものということができる。

Y連合会は、昭和三九年一〇月二二日当時、Fが本件漁業許可権を保有していなかった旨主張するのであるが、第二次納税義務がFに納税告知された昭和三八年一一月一四日頃は、Fが漁業許可権を保有していたことはY連合会の認めるところであるから、この点に関するY連合会の主張は理由がない。

2　詐害行為取消権の成否について

㈠　判決が、まず、認定している事実はつぎのとおりである。

FがKから船舶五隻及び本件漁業許可権を譲り受けたのは、Y連合会の勧奨によるものであって、当時Y連合会はH漁協に対し、Kに漁船購入資金として転貸さす目的で一億円を融資したが、Kは経営状態が悪化してきたので、Y

連合会は右融資金の回収に苦慮し、本件船舶及び漁業許可権をFに譲渡させ、一方Y連合会は、Fに右船舶の購入資金に充てさす目的で、三、〇〇〇万円を前同様H漁協を通じてFに融資し（実質的にはFがKの債務を右融資金額の限度内で肩替りしたことになる）、かくして、Y連合会は他の債権者を排除して自己の債権の満足を図ろうとしたものである。

Fがまき網漁業を開始するについては右のような経緯があったので、Fがその事業を中止するにあたっては、Y連合会が自らFの資金整理及び債務弁済についてその一切の手続の委託を受け、本件漁業許可権の売却についても、その売買の交渉、代金の受領、自己及びH漁協の一連の貸付金への弁済充当など一切の手続を行なうこととなった。また、Y連合会は、その間において、Fの第二次納税義務の課税に対する異議申立手続をFのために代行した。

Fは、本件船舶五隻等の譲受け当時から全く無資力であったのみならず、真実まき網漁業を営む意思を有しなかったものであるところ、Y連合会の要望により、Y連合会の右に述べた一連の諸工作に加担するため、これに名義を貸してかいらいとなったものであって、本件漁業許可権を売却して、その代金をH漁協に対する債務の弁済に充てた当時も他に資力がなく、第二次納税義務の完全な履行をする資力がなかったものであるが、Y連合会、Fともにその間の事情を知悉していたものである。

H漁協はY連合会の会員たる漁業協同組合であり、H漁協の組合員であるFに対する本件融資にあたっては、Y連合会及びH漁協は一体となってこれを行なったものであって、H漁協は前記事情を知悉していたものというべきである。

㈡　従って、FのH漁協に対する一五〇万円の弁済行為は、FがH漁協及びY連合会と通謀して、他の債権者を害する意思で行なったものというべきである。FがH漁協になした一五〇万円の弁済行為は民法四二四条の詐害行為に該当するから、これを取り消すべきものというべく、Y連合会はXに対し右一五〇万円及びこれに対する遅延損害金を支払う義務がある。

三　評　釈

主位的請求を排斥して予備的請求を認容している判示に賛成であるが、㈠第二次納税義務の存否、㈡詐害行為取消権の成否について、検討を加えてみたい。

1　第二次納税義務の存否

㈠　本件で、詐害行為取消権を行使しようとする債権は、第二次納税義務の納付通知書による告知に基づく租税債権である。この納付通知書による告知は、これにより第二次納税義務を具体的に確定しこれを賦課するものであるので、一般に告知処分と呼ばれている。この告知処分は、すでに成立し確定している租税債権についてたんに履行の請求の意味しか持っていない納税告知書による告知（国税通則法三六条）とは異なる。

第二次納税義務は、国税徴収法三三条ないし四一条の八つの態様があるが（同法二四条の譲渡担保権者の物的納税責任も、譲渡担保権者を第二次納税義務者とみなして滞納処分を執行する建前になっており、これを加えると九つの態様がある）、本件は同法三九条所定の「無償又は著しい低額の譲受人等の第二次納税義務」に関するものである。

㈡　滞納者K及び第二次納税義務者Fが、同法三九条所定の特殊関係者に該当するものかどうかは判決文から必ずしも明確でない（第二次納税義務の告知処分に対する異議決定において、現に受けた利益が現存していないということで、原処分の一部を取り消している経緯から考えると、特殊関係者にはあたらないことが推認される）。

H漁協、I漁協はいずれも水産業協同組合法に基づく漁業協同組合であり、また、Y連合会は同法に基づく漁業協同組合連合会で、右漁協を単位組合として構成されている連合会であり、さらに、KおよびFはH漁協の組合員である。そして、制度上、単位組合の事業と連合会の事業とは別々に定められており（同法一一条、八七条）、連合会は直接に単位組合の組合員に資金の貸付け又は預金の受入れをすることができない建前が採られている。もっとも、本件はいずれもY連合会の傘下における取引行為に関するものである。

(三)　滞納者から第二次納税義務者に対する船舶五隻と漁業許可権の譲渡のうち、船舶の譲渡に関する部分は、告知処分の当時において受けた利益が現存していないということで異議決定で取消されているので、訴訟において判断の対象となっているので、訴訟において判断の対象となっているのは漁業許可権の譲渡についてだけである。

この漁業許可権とは、まき網漁業の許可を受けた法的地位（利益）をいうもので、漁業法五二条に定めている指定漁業の許可にかかるものである。漁業の許可は、漁業の免許とは異なるものである。漁業の免許は、特定の公の水面において排他的独占的に漁業を行なえる権利（漁業権）を設定するものであるが、これに対して、漁業の許可は、漁業の自由に対する制限を除き、許可された種類の漁業をする自由を得させるにとどまるもので、権利の設定ではなく、警察許可の性質を有するにすぎないものと解されている（美濃部達吉『日本行政法』下巻一二八頁）。しかし、漁業許可の制度は、自由に漁業を営むことを一般的に禁止している結果として、漁業経営安定の効果を生じ、現実に許可の権利化という現象をもたらしているようである（水産庁企画室編『新漁業法の解説』三二頁以下）。

判決の事実認定によると、右漁業許可は、実際の取引社会において事実上取引の客体とされ、その代金の相場もほぼ安定したものが形成されているが、その譲渡の手続は、まず譲渡当事者間で下交渉をして代金額を決めた上、譲渡人に新たな許可が与えられることを条件として譲渡人から農林大臣に廃業届を提出し、農林大臣が譲受人に新たな許可を与えるという方法によって行なわれている特殊なものであり、現に本件漁業権もこの方法によってFからI漁協に一五〇万円で譲渡されているという。

このような方法による譲渡は、警察許可が制限的に運用されているタクシーのナンバー権（道路運送法一八条の許可にかかる事業用自動車）等の取引の場合にも見られるのであるが、漁業許可の実態は、一般にも、「漁権」と称されて売買され、漁船金融の担保の裏づけともなっているようである（前掲新漁業法の解説三七頁）。そうすると、漁業許可をめぐる取引は、その外観（行政上の手続、漁業法五九条の二）はともかく、その実態は、漁業許可権の譲渡にほかならないものというべきであろう。

㈣　右漁業権の譲渡について、判決は、法律上厳格な意味においては、譲渡の対象となる財産とは言えないとしても、右のようないわゆる譲渡を無償で行なった場合には、その行為は国税徴収法三九条にいう第三者に利益を与える処分に該当すると、判断を下している。

財産の譲渡にあたるか、それとも、第三者に利益を与える処分にあたるかは、そのどちらかに該当するものである以上法律効果に違いがないので、実益のない議論であるが（旧国税徴収法では、その四条の七で財産の譲渡だけが対象とされていたので、当時は実益のある議論であったといえる）、本件漁業許可権の譲渡は、判決の事実認定にあるとおり、事実上取引の客体とされ、その代金の相場もほぼ安定したものが形成されていたというのであるから、法律上において厳格な意味では財産「権」には該当しないとしても、漁業許可権は財産であり、漁業許可権の譲渡は財産の譲渡というべきではないかと考える。

判決は、漁業許可権は財産とはいえないとしているのであるが、その思考が、漁業許可権は事実上取引の対象となっているとしても税務官庁の手で公売（換価）不能なものであるので財産とはいえず、この意味で滞納者の一般財産を構成しているものでなく、本来滞納者に対して滞納処分を行なうことができないものであるが、これが無償で譲渡されたときには「第三者に利益を与える処分」にあたるという趣旨のものであるとすると、非常に興味深い示唆的な思考ということができる。しかし、漁業許可権の性質が、判決の認定のように、事実上取引の対象とされているものといえるならば、国税徴収法七二条の差押対象になる財産にあたり、また、公売も可能（行政上の手続は、国が債権者代位によって処理する）であるというべきであろう。反対に、公売性（換価性ないし譲渡性。客観的な経済的価値）を欠いているものなら、それは国税徴収法七二条および同法三九条の対象とはならないものというべきではなかろうか。

㈤　右漁業許可権の譲渡が、国税徴収法三九条の対象となるものと評価できる場合には、同条所定の他の法律要件を充足するかぎり（他の法律要件として、⑴滞納者について執行してもなおその徴収すべき額に不足すると認められること、

(2)右不足が、当該国税の法定納期限の一年前の日以後に滞納者が行なった財産の譲渡等に基因すると認められることが挙げられるが、本件ではこれらの点は争点になっていない)、右譲受人であるFに対する第二次納税義務の告知処分は有効であるといえる。

もっとも、本件の第二次納税義務の納税告知（原処分）は、船舶五隻と漁業許可権の譲渡を対象とし、二〇、八二四、八九五円を限度額として課税したものであるが、異議決定の段階で原処分のうち船舶の譲渡に関する部分が全部取り消され、第二次納税義務は漁業許可権の譲渡だけについて三〇〇万円（Xの主張による漁業許可権の時価）を限度額とするものに減縮されているので、その減縮された原処分が本件訴訟の前提となっているのである。

ところが、判決では、漁業許可権の譲渡によりFが受けた利益は一五〇万円であると認定し、本件の第二次納税義務の課税は右一五〇万円の限度において効力を有するものと判断している。

しかし、Fに対する第二次納税義務の告知処分が、これに対する異議決定を経てすでに確定をみている（不可争になっている）とすれば、右告知処分による課税は無効でないかぎり公定力を有しているものというべきである。本件の判決が第二次納税義務の効力についてその一部を否定しているのは、論理が尽くされていないものといえよう。

また、Y連合会は、昭和三九年一〇月二二日（原処分の一部を取り消す異議決定）当時漁業許可権を保有していなかったと主張しているが、第二次納税義務の課税の適否（課税要件の存否）は処分当時を基準にしてきめられるのであるから、右主張が理由のないことは、判示のとおりである。

2　詐害行為取消権の成否

(一)　判決の事実認定によると、Fは全く無資力で第二次納税義務を履行する資力がなかったにかかわらず、本件漁業許可権を譲渡しその代金を債務の弁済に充てたものであり、右債務の弁済についてH漁協及びY連合会は通謀して他の債権者を害する意思で行なったものと認定が下されている。

一部の債権者への弁済について、判例は、従来から繰り返し、原則として詐害行為とならないが、両者が通謀して他の債権者を害する意思をもってしたときは詐害行為にあたるものと解している（大判大正五年一一月二二日民録二二・二二八一、大判昭和六年九月一六日民集一〇・八一八、最判昭和三三年九月二六日民集一二・一三・三〇二二）。そして、この判例の傾向に対しては多くの学説が反対している（我妻栄『新訂債権総論』一八五頁、松阪佐一『総合判例研究叢書(7)』一八五頁。判例と同旨のもの、於保不二雄『債権総論』一七〇頁、山中康雄「詐害行為取消権の本質」中村宗雄教授還暦論文集五一九頁）。

もっとも、前掲の大判ないし最判はいずれも抽象論として詐害行為にあたることを肯定しているだけのもので、具体的にこれに該当することを認めた事例ではないのであるが（判例は、代物弁済についてはこれを詐害行為と認めた事例が少なくないし、また、債務者が抵当不動産を相当な価額で売却し、その代価を当該被担保債務の弁済に充てているような場合は、詐害行為にあたらないとしている）、右判例の傾向は正当なものと考えられるので、これに従うと、本件は、判決のとおり、詐害行為取消権が成立するための客観的要件（詐害行為）と主観的要件（詐害の意思）を充足しているものといえよう。

本件漁業許可権の譲渡及びその譲渡代金の弁済は、K及びFの財産がY連合会及びH漁協の管理下に移りその私的整理として行なわれたものといえるが、前述の判例の傾向に従うと、詐害行為に該当するものということができよう。弁済について詐害行為を肯定した事例は数少ないので、注目をひくケースである（肯定した事例として、大阪地判昭和三九年七月二日訟月一〇・八・一一四七等）。

㈡　弁済に充てられた本件貸付金は、漁船購入資金としてY連合会からH漁協を通じて転貸されたものであり、また、前に述べた漁協および漁協連合会の法律制度の建前からいって、弁済がY連合会へされたというXの主位的請求は明らかに失当なものである。

㈢　国税局長が、本件で、税務署長に代わって、第二次納税義務の告知処分や滞納処分を行なっているのは、国税通則法四三条三項によるものであり、事案の特殊性からこのような取扱いがされたのではないかと憶測される。

（注）　告知処分の徴収金額二〇、八二四、八九五円は、譲り受けた利益の現存限度だけから算出しているものと推認されるが、告知処分の右金額は滞納税額の範囲内で現存利益を限度としてきめられるべきものである。告知処分当時の滞納税額は一〇、三五五、五三八円であるから、右告知処分は徴収金額を誤っているものといえる。

（ジュリスト四六二号、一九七〇年）

67　国税徴収法二二条五項による交付要求と配当要求の終期との関係

千葉地裁昭和六二年一月二二日民事第二部判決、昭和六〇年(ワ)一三八二号
配当異議事件――認容
金融法務事情一一六七号四六頁、判例タイムズ六三一号二三〇頁（控訴）

一　判決要旨

国税徴収法二二条五項の交付要求は、同法八二条の交付要求と同様に配当要求の終期に拘束され、配当要求の終期に遅れた交付要求によっては配当を受けることができない。

二　事案の概要

X（日本火災海上保険株式会社）は甲に対し保険代位による求償債権（以下「本件債権」という）を有しており、甲所有の五筆の不動産（以下「本件不動産」という）について、甲が納税義務を負っている国税（税目は不明）の法定納期限である昭和五二年三月一五日後の同年五月二五日に抵当権を設定した。この抵当権は甲の負担している国税の法定納期限後に設定されたものであったので、国税に劣後するものであった。

甲は昭和五四年二月八日、その抵当権付きの本件不動産を乙に譲渡し、Xは昭和五九年八月六日、本件不動産について競売申立てをし、千葉地裁昭和五九年(ケ)第五六一号競売申立事件として係属した（以下「本件競売事件」という）。裁判所は不動産競売手続を開始し、民事執行法（以下「民執法」という）四九条一項により配当要求の終期を昭和六〇年四月二一日と定めた。ところが右終期後の同年五月一三日になってY（国）から国税徴収法（以下「徴収法」

という）二二条五項による交付要求があった。裁判所は昭和五九年一二月三日、乙の所在地を所轄するY'税務署宛で債権届出の催告をしたうえ（乙には滞納国税なし）、昭和六〇年一〇月四日の配当期日に配当表を作成したが、配当表によると、「不動産の売却代金は一、一五八万円、第一順位　執行費用三五万一、〇〇〇円、第二順位　Y（国）一、一二二万八、九九一円、X〇円」となっていて、Xが抵当権者として配当を受けるべき金額を全額Yに配当した。

そこで、Xは配当期日に配当異議の申出をし（民執法八九条）、さらに配当表の変更を求めて配当異議の訴え（民執法九〇条）を提起した。

右事実関係については争いがなく、もっぱら徴収法二二条五項の交付要求は同法八二条の交付要求と同様に配当要求の終期に拘束されるかという法律判断だけが争点となった。

三　判決理由

徴収法二二条五項の交付要求は、担保権者の受ける配当から譲渡人（滞納者）の国税を徴収しようとするものであって、滞納者の財産から同人の国税を徴収しようとする徴収法八二条の交付要求とは徴収の対象を異にするが（その結果、徴収法二二条五項の交付要求はその対象となる担保権者を除く配当権者に対する配当には影響を及ぼさないという相違も生ずる）、執行機関に対する交付要求であることには変わりがなく、手続は徴収法八二条の交付要求に準ずるものであることが予定されているというべきで（徴収法二二条五項の交付要求についての特別な手続規定はない）、徴収法二二条五項の交付要求は、同法八二条の交付要求と別個の特別な取扱いを受けるべきものとは解されない。すなわち、徴収法二二条五項の交付要求も同法八二条の交付要求と等しく執行裁判所の配当手続に参加することが求められているると解すべきであり、徴収法八二条の交付要求の終期が配当要求の終期に限定されると解される以上、徴収法二二条五項の交付要求の終期についても同様に解すべきである（同条三項の規定は、譲渡された財産の強制換価手続が行なわれない場合に備えたものであって、同条五項の交付要求も徴収法八二条の交付要求と別個な取扱いを受けるものと解する根拠にはできない)。

徴収法二二条の趣旨は前記のとおりであり、公平の見地に基づくものである。すなわち、同条は、財産の譲渡後における担保権者の地位を、財産の譲渡前よりも不利なものにしようとしたものではない。ところが、同条五項の交付要求の終期が配当要求の終期に限定されないとすると、担保権者は、財産の譲渡前においては、配当要求の終期後の国税の交付要求に対してはこれに優先されることなく配当を受けることができたのに、たまたま財産が譲渡されたことによって、配当要求の終期後の国税の交付要求に優先されて配当を受けることができなくなるという不均衡が生ずる。このような不公平は、徴収法二二条の前記趣旨に合致しない。したがって、同条五項の交付要求の終期も配当要求の終期に限定されると解するのが相当である。

徴収法二二条五項の交付要求は、担保権者が配当を受けるべき金額のなかから徴収するもので、他の配当権者に対する配当には影響を及ぼさない。しかし、そうだからといって、右交付要求の終期も配当要求の終期に限定する合理的理由がないということはできない。すなわち、右交付要求の終期も配当要求の終期に限定することによって、配当手続が明確となり、担保権者も配当要求の終期の時点で配当を受けられるかどうかを判断できるし、担保権者が競売申立権者である場合には、右の時点で競売手続が無益かどうかを判断して無益な手続の追行を避けることができるからである。

四 研究

徴収法二二条に定める交付要求とまったく同一の規定は、地方税に関する地方税法一四条の一六にもみられる。

しかし、最近まで徴収法二二条に基づいて交付要求がされるということはほとんどなかったようであるが、後で紹介するように、最近二つの事例が相次いで発生した。本件はそのなかの一つである。徴収法二二条に基づく交付要求が頻繁になされるとは考えられないが、実務上配当にあたって関係者に影響を与える重要な問題であり、これまでまったく先例がなかったので、ここで取り上げることにした。

1　徴収法二二条五項の交付要求の性質は同法八二条の交付要求と同一か

(1)　徴収法八二条の交付要求の性質

徴収法八二条と同一の規定は、地方税についても地方税法三三一条四項などに存在する。

滞納者（納税義務者）の所有する財産（不動産、動産）について強制換価手続（徴収法二条一二号。滞納処分、強制執行、担保権の実行としての競売など）が行なわれた場合に、その売却代金から国税を徴収するには、徴収法八二条に基づき交付要求をすることが必要とされている。つまり、交付要求は、強制換価手続から配当を受けるための手続であり、民事執行法の配当要求と同じ性質のものと解されている（東京高判昭二九年六月三〇日下民集五・六・一〇〇〇）[1]。

それで、交付要求について、明文の規定はないが、民執法八七条の配当要求に関する規定が準用となり、民事執行の手続に便乗する以上は、交付要求の終期についても、民執法八七条一項二号が準用となり（民執法八七条は、同法一八八条により、担保権の実行としての競売等にも準用されているので同様のことがいえる）、不動産の強制競売の場合は、民執法四九条一項により、執行裁判所が定める配当要求の終期までに交付要求をすることが必要と解されている。学説も[2]、実務も[3]この点について異論をみない。

(2)　徴収法二二条と同条五項に基づく交付要求の性質

国税の徴収は滞納者所有の財産から行われるのが原則であるが、その例外として、徴収法二二条は、滞納者（担保権の設定者）の国税の法定納期限後に登記された質権付きまたは抵当権付きの不動産が譲渡され、これが第三者の所有となった後に、その不動産について強制換価手続が行なわれた場合、徴収法二二条一項の定める要件（その財産の譲渡時と滞納処分の執行時の両時点において、滞納者が他に国税に充てるべき十分な財産を有していない場合）を備えているときは、その質権または抵当権によって担保されている債権について配当を受けるべき金額のうちから優先して譲渡人（担保権の設定者）の国税を徴収できるとしている。しかし、この場合も、徴収法二二条五項により、執行裁判所に対し交付要求をすることを必要としている。

ところで、この徴収法二二条は、昭和三四年の国税徴収法の全文改正の際に、国税の優先権（徴収法八条、九条、地方税法一四条）と私債権（被担保債権を含む私債権）との調整を図るために設けられたものである。この改正で、滞納者の国税の法定納期限以前に設定された質権、抵当権は国税に優先し、反対に法定納期限後に設定された質権、抵当権は国税に劣後すると定められた（徴収法一五条、一六条）[4]。

そして、さらに、改正法は、滞納者が質権付きまたは抵当権付きの不動産を譲渡し、第三者（譲受人）の所有となった場合には、譲受人に対する国税は、その換価代金について質権または抵当権に劣後するものと定められた（徴収法一七条）[5]。このように国税の法定納期限後に質権または抵当権の設定された不動産が譲渡された場合には、それらの担保権が劣勢を離脱し譲受人の国税に優先するということになり、財産の譲渡がなかったならば、譲渡人の国税に劣後するため被担保債権の全額の弁済を受けられなかったはずの担保権者が予期しない財産の譲渡によって全額の弁済を受けられることになってしまうので、このような不公平な結果を是正するために設けられたのがこの徴収法二二条であるといわれている（我妻栄・新訂担保物権法〔昭和四四年〕三一三頁）。徴収法二二条は、このような不公平な結果を是正するために、譲受人の国税に劣後する担保権者の受ける利益を、譲受人の国税の納付に充てようとする趣旨の規定である。

徴収法八二条の交付要求は、滞納者の財産について強制換価手続が開始された場合にその換価代金から配当を求める手続でまさに配当要求であるが、徴収法二二条五項の交付要求は、担保付財産が譲渡された場合にその担保権者が受ける配当を横取りし譲渡人の国税を徴収しようとするもので、その性質は、担保権者の配当支払請求権を差し押さえて取り立てるのと近似している。徴収法八二条の交付要求と同法二二条五項のそれとはまったく性質が異なるものといえる。なお、徴収法二二条三項には、担保権者などが競売の申立てを行なわないときには、国が担保権者に代位して競売申立てをする権利（代位実行）まで認められている。交付要求書の記載については、徴収法施行令六条二項を参照されたい。

このように、徴収法二二条五項の交付要求は、徴収法八二条一項のそれとはまったく性質を異にするものであり、この点は本判決も認めていることであるが、同じ交付要求の手続を介して徴収するとしているため、その交付要求の終期に関して解釈が分かれることになっている。

2　配当要求の終期を定める趣旨

配当要求の終期について、旧民事訴訟法六四六条二項は、配当要求は競売期日の終わりに至るまですることができるとしていて、競売許可決定により不動産が債務者の責任財産でなくなるぎりぎりの時点まで配当要求を認め、できるだけ多くの債権者に配当要求の機会を保障しようとしていた。しかし、このため、せっかく最高価競落人が出現しても、競落許可決定の言渡しまでに一般先取特権者や国税債権のように一般的な優先権を有する者の配当要求や交付要求があると、差押債権者について無剰余となって競売手続を取り消さなければならない事態が生じてしまう不都合があり、売却手続を不安定にしていた（旧民事訴訟法六五六条二項）。

それで、民事執行法は、配当要求の終期を大幅に繰り上げて、物件明細書の作成までに要する期間を考慮して執行裁判所が終期を定めるものとしている（民執法四九条一項）。これは、終期を大幅に繰り上げ、具体的な売却に入る前までに配当に与る債権者の範囲、売却条件を確定して、評価に基づいて定めた最低売却条件（民執法六〇条）による売却によって、差押債権者のために剰余が生ずる見込みがあるかどうかを確かめることができることにしたものである（民執法六三条）。

配当要求の終期の繰上げは、配当に与る各債権者の債権の総額を早期に把握して、差押債権者について無剰余となるような売却手続の不安定をなくそうとするものと解される。

しかし、徴収法二二条の交付要求は、担保権者の受け取るべき配当のなかから徴税しようとするものであるから、当該担保権者を除く他の債権者（差押債権者、配当要求者）の配当の順位、配当額にはなんら影響を及ぼさないものである。

もっとも、徴収法二二条の交付要求も、担保権者が配当を受けるべき金額のなかから徴税するので、右交付要求の終期を配当要求の終期に限定すると、配当手続が明確となり、担保権者も配当要求の終期の時点で配当を受けられるかどうかを判断できるし、担保権者が競売申立権者である場合には、右の時点で競売手続が無益かどうかを判断して無益な手続の追行を避けることができるというメリットがあるということはできよう。

しかし、私は、民執法四九条一項の配当要求の終期の繰上げは、本来、配当に与る各債権者の債権の総額を早期に把握しようとする意図で置かれたものと解されるので、同じ交付要求の手続をとることが必要とされているとしても、性質をまったく異にする徴収法二二条五項の交付要求に配当要求の終期の規定を類推適用するのがはたして合理的かどうかを、改めて検討してみる必要があると考える。

3　徴収法二二条五項の交付要求の終期

終期について、従来から見解の対立がみられる。限定説は、徴収法二二条五項の交付要求も配当要求の終期に拘束されるとする見解で、徴収法八二条の交付要求と同法二二条五項の交付要求とは性質が異なることは認めながらも、同じ交付要求の手続、配当表の確定を経て支払を受けることになっている点を考えて、終期を別に考える合理性に乏しいという（加藤一郎ほか・担保法大系(1)〔昭和六一年〕三三三頁〔松田延雄・栗栖勲〕、谷口安平「判例からみた滞納処分と民事執行・倒産手続」租税一五・〔昭和六二年〕二一）。非限定説は、配当要求の終期に拘束されないとする見解で、徴収法二二条五項に基づいて交付要求をする国の地位は、担保債権者の有する配当支払請求権を差し押さえ、転付命令を得た債権者の地位に近いこと、あるいはこの交付要求は民執法八七条一項二号に係るものでなく同条一項四号に係るもの（担保権者に代位し、担保権者と同じ地位にあるもの）であること、裁判所の実務では債務者（担保権の実行としての競売では所有者）の住所地あるいは物件所在地を管轄する税務署に対し催告する取扱いが多く、徴収法二二条により滞納国税を徴収する税務署は催告の対象外であり、債権届出の催告書の送達がされないため配当要求の終期を知りえないことなどを理由として挙げている。非限定説は、徴税実務において採ってきている見解である(6)（浅田久治郎・租税徴収の理論と実務〔昭和四五年〕五六二頁、藤井康夫「滞納処分に関する若干の問題」租税一五・〔昭和六二年〕九七、税務事例研究会「徴収法二二条五項の交付要求は民事執行手続における配当要求の終期に拘束されるか」税事一九・〔昭和六二年〕一一・二六）。

徴収法二二条は、国税に劣後する担保権が譲渡という事実により国税に優先する結果となる不公平を是正するために設けられたものであるが、その立法過程において、最初「転担保権の設定」という法律構成が検討されたが（昭和三三年一二月「租税徴収制度調査会答申」第一の二の5）、転担保権についての民法上の解釈が明らかでないこと、登記実務上の問題があることおよび抵当権に対する任意弁済が阻害されるおそれがある等の理由から、現行二二条の「担保権の代位」の立法がされることになったものである。

また、立法の過程で、昭和三四年二月一六日に法制審議会に提案された二二条五項の大蔵省案では、現行の五項の規定に続き「この場合において、その交付要求をした税務署長は、その強制換価手続においては、その交付要求に関し第一項の質権者又は抵当権者とみなす」と定めていたが、この大蔵省案は、法制局審議において「入れなくても（第三項との関係で）読める」という意見から削除されたといわれている(7)。

本判決は、徴収法二二条五項の交付要求も同法八二条のそれも執行機関に対する配当要求であることには変わりはないこと。徴収法二二条五項の交付要求について特別な手続規定が置かれていないことを主な理由として、徴収法二二条五項の交付要求は同法八二条のそれと別個な特別の取扱いを受けるべきものとは解されないとし、いずれも配当要求の終期に拘束されるものと解している。その後すでに、本件の控訴審判決（東京高判昭和六二年九月二八日第一二民事部〔菅本、山下、秋山〕が出ており、同じように限定説を採り、控訴を棄却している。また、最近の浦和地判昭六二年五月二五日、その控訴審判決である東京高判昭六二年一一月二五日第一二民事部〔武藤、菅本、秋山〕東高民三八・一〇―一二・一〇五も、同様に限定説を採っている。

最近の判決は前述のように相次いで限定説を採っており、この研究会でも実務家側の意見は、徴収法二二条五項の交付要求の終期を配当要求の終期に限定することにより、配当手続が明確となり、担保権者が配当要求の終期の時点で配当を受けられるかどうかを判断できるメリットが大きいということで、判決の見解を支持されていた。

しかし、私は、徴収法二二条五項は同法八二条と同じ交付要求の手続によることにしているが、徴収法二二条五項の交付要求は、担保権者の受ける配当から譲受人（滞納者）の国税を徴収しようとするものであって、滞納者の財産から同人の国税を徴収しようとする徴収法八二条の本来の交付要求とは徴収の対象、性質を異にしているということ、それに立法の経過を考え併せると、たしかに徴収法二二条五項の交付要求について同法八二条のそれと別個の取扱いをする特別の手続規定はないけれども、徴収法二二条五項の交付要求は、まさに担保権者の受ける配当支払請求権を差し押さえてその取立をするのと同じ地位を予定しているというべきであり、一般に差押えについてその終期に制限がないのと同様に、この交付要求の終期についても、配当要求の終期を限定するのは合理性が乏しいものと考える。限定説のいう配当手続の明確化や特別な手続規定のないことは理解できるが、徴収法二二条五項の交付要求の性質や立法過程を考えると、限定説はあまりにも形式的であり、また便宜優先主義であるように思える。

4　民執法四九条二項の催告と税務署

民執法四九条二項は、配当要求の終期を実効のあるものにする方法として、裁判所書記官は配当要求の終期を公告し、かつ租税その他の公課を所管する官庁または公署に対し、配当要求の終期までに債権の存否ならびにその原因および額を執行裁判所に届け出るべき旨を催告しなければならないと定めている。

この催告をしなければならない「官庁又は公署」に税務署が含まれることはもちろんであるが、催告をする税務署の範囲は明確ではない。裁判所の実務では、国が債務者（担保権の実行としての競売では所有者）に対して租税債権を有している蓋然性が大きいという観点から、債務者の所在地あるいは物件所在地を管轄する税務署に対して催告をする取扱いが行われているが[(8)]、徴収法二二条によって滞納国税を徴収する税務署、すなわち前所有者の納税地を管轄する税務署は、催告の対象に入っていない。

この訴訟でも、Y（国）側の主張のなかに、徴収法二二条によって国税を徴収する税務署は催告の対象に含まれていないので配当要求の終期を知りえないことを、非限定説の根拠づけの一つに加えている。滞納者が担保付財産を他に譲渡したとき、税務署側においてこれを探知することは困難ではないし、また内部において情報交換を密にして対応できるように方策を構ずべきであって、これを非限定説の裏付けにすることは納得できない。

5　国は徴収法二二条五項の交付要求のほかに、配当金支払請求権の差押えあるいは不当利得返還請求の方法をとれないか

本判決で言及している問題ではないが、限定説を採っても、国が別途に担保権者の有している配当支払請求権の差押えや担保権者に対して不当利得返還請求権を有すると解することができると酷な結果を回避できるので、交付要求の終期の側面を、この点からも検討しておくことにしたい。

徴収法二二条の代位実行（三項）と交付要求（五項）は、担保付財産の譲渡人の国税とその担保権との実体上の優劣関係に基づき関係人の公平を図る目的で認められた特別の制度であるが、これは、実体法上において国に担保権者に対する配当金支払請求権という債権まで与えたものとは解されない。国が有しているのは、担保付財産の譲渡人（滞納者）に対する租税債権であり、この租税債権の回収の方法として、担保付財産の譲受人に対する強制換価手続に参加して、担保権者が受ける配当金について割り込む（横取りをする）という特別の取立方法が認められているにすぎないというべきである。それで、国は実体法上において担保権者に対して債権を有していないから、同人の配当支払請求権を債権差押えすることは無理であり、また交付要求を失念した場合も、不当利得の関係は生じないので、担保権者に対して交付要求分を不当利得として返還請求することはできないものと考える。徴収法二二条五項の交付要求は、実体法上の公平の観点から、担保権者の有している配当支払請求権について差押えをしたのと同様の法的地位を与えるものではあるが、それは特別の手続上の取立権能を付与したにすぎないものであって、実体法上の請求権まで認めているとは考えられない。それで、この交付要求を利用しないときは、特別の取立権（配当を横取りする機能）は喪失し、それ以上に担保権者に対し配当支払請求権の差押えや不当利得の返還請求を行使することはできないものと考える。

（1） かつては交付要求の制度があることを理由に二重差押えはできないという見解が有力であったが、最近では二重差押えを是認するのが通説・判例である。最二小判昭和三三年一〇月一〇日（民集一二・一四・三〇六四）。

（2） 金子宏・租税法（補正版）〔昭和五七年〕四二八頁、吉国二郎ほか・国税徴収法精解〔昭和五九年改訂版〕七三五頁。

（3） 国税徴収法基本通達八二条関係2

交付要求ができる時期

次に掲げる場合には、交付要求は、それぞれに掲げる時までに行うものとする（昭和五八年徴収四─一ほか改正）。

(2) 不動産（民執法四三条一項（不動産執行の方法）に規定する不動産をいう。以下2において同じ）に対する強制執行又は不動産を目的とする担保権の実行としての競売の場合には、執行裁判所の定める配当要求の終期（民執法四九条一項、二項、八七条一項二号、一八八条）

（4） 旧徴収法では「国税の具体的納期限の一か年前」が国税と抵当権等との優劣を決める基準であった（旧徴収法三条）。そのため、滞納者の財産に抵当権等を有する者は、これらの担保権と競合する租税がある場合には、当該租税の具体的納期限（更正通知書などの発行日の翌日から起算して一月を経過する日）より一カ年以上前にその担保権が設定されたことを公正証書をもって証明しなければ、優先権を主張することができないことになっていた。

（5）改正法において徴収法一七条（譲受前に設定された質権または抵当権の優先）が設けられた契機となったのは、最大判昭三二年一月一六日（民集一一・一・一）であった。

同判決は、旧徴収法三条の規定（徴税順位の規定）はあくまでも設定者の租税と抵当権とを基準として定められたものであり、担保付不動産の譲受人の租税と抵当権とを比較すべきではないとし、抵当不動産の譲受人に対する譲受前に納期限の到来した国税も、抵当権に優先しないと判示している。

（6）国税徴収法基本通達二二条関係二二

徴収法二二条五項に規定する交付要求は、その相手方執行機関が配当すべき金銭を、徴収法二二条一項の質権者又は抵当権者に交付する時までにすることができる。

そして、この理由として、次のように解説している。

交付要求の終期は、不動産にあっては執行裁判所の定める配当要求の終期とされている。しかし、徴収法二二条五項はこれらの通常の交付要求とは異なり、担保権者が配当を受けるべき金額の中から徴収するものであるから、執行機関が配当すべき金銭を徴収法二二条の担保権者に交付する時までにすることができるものである（笹田俊爾ほか・国税徴収法基本通達逐条解説〔昭和五九年〕一三三頁。

（7）税事一九・〔昭和六二年〕一一・二八。

（8）鈴木忠一ほか編・注釈強制執行法(3)〔昭和五一年〕二二二頁〔竹下守夫〕、田中康久・新民事執行法の解説（増補改訂版）〔昭和五五年〕一四七頁。

（金融法務事情一一七七号、一九八八年）

68　更生担保権の被担保債権のうち担保権の価額を超える更生債権の更生手続廃止後の取り扱い等

横浜地裁昭和五五年七月三〇日第五民事部判決、昭和五二年(ワ)六五〇号
配当異議事件——請求一部認容・一部棄却（控訴）
金融法務事情九三八号四二頁

一　判決要旨

一　更生手続の開始前は担保権の被担保債権であっても、更生手続の開始当時担保物件の価値を超過し更生債権とされたものは、更生手続が廃止されても影響を受けず、更生計画による変更前の状態に復帰するものではない。

二　更生計画において「更生手続開始決定前後の利息損害金はすべて免除を受け、免除後の額を債権元本とする」との免除条項が定められた場合において、その後更生担保権につき更生手続において一部弁済を受けたが、残額につき弁済を受けられないまま更生手続が廃止されたときは、更生担保権者たる銀行のため、右残額に対し右弁済期日の翌日以降完済に至るまで商法五一四条により遅延損害金債権が発生する。

二　事案の概要

判決要旨に関係のある部分だけを要約すると、次のとおりである。

A社に対して昭和四二年四月二〇日更生手続開始決定がされ、同四三年一〇月一一日更生計画が認可され、更生計画が遂行されてきたが、同四九年三月九日更生手続の廃止決定がされ、同月一三日A社に対して破産宣告がされた。

ところで、更生計画において、Y_1銀行は、手形貸付による賃金残元金一億一、七三五万六、八六四円と、これに対する昭和四二年四月一九日までの日歩四銭の割合による約定の遅延損害金合計二、四五七万八、三一二円を更生担保権として届け出たが、債権調査の結果、右届出債権の一部が担保物件の評価額を超過するとして管財人から異議があり、結局、更生担保権として五、五七五万九、二一七円、更正債権として一、二三一万九、五三九円が確定し、またY_2銀行は、①手形貸付による貸金元本二、〇〇〇万円と、これに対する昭和四二年四月一九日までの約定による日歩五銭の割合による遅延損害金を更生担保権として、②貸金残元金二、一七〇万円と、これに対する昭和四二年四月一九日までの約定による日歩四銭の割合による遅延損害金を更生債権として届け出たが、更生手続の進行の結果、①の債権元金中五九九万七、一八二円が更生担保権、その余の残元金および②の貸金残元金が更生債権とされた（更生債権については其の八〇%を免除）。また、Y_3金庫は、貸金残元金二、四九一万八、六八八円と、これに対する昭和四二年四月一九日までの約定による日歩六銭の割合の遅延損害金合計一、六四〇万一、五二二円、元金一、二四一万六、五七八円に対する更生手続開始決定の日から完済まで同率の遅延損害金を更生担保権として届け出たが、債権調査の結果、更生担保権として三二〇万六、八二三円、更生債権として一、三一九万四、六九九円が確定した。そして、更生計画には「更生手続開始決定前後の利息損害金はすべて免除を受け、免除後の額を債権元本とする。」旨が定められた。更生手続において、Y_1銀行らは、更生担保権、更生債権についてその一部の弁済を受けたが、その余の残額については、更生手続において定められた弁済期日の弁済を受けないまま、更生手続の廃止決定がされた。

そこで、Y_1銀行らは、A社の担保不動産（いずれも元本極度額の登記されている旧根抵当権）の競売手続において、右残額およびこれに対する最後の二年分の約定利率内の年一四%の割合による遅延損害金債権を有すると主張し、その配当表にその旨が記載された。そこで、A社に対して滞納処分をしたX（国）が、右競売手続に交付要求をし、配当表に記載されるY_1銀行らの債券額は右残額のみで、これに対する遅延損害金は含めるべきでないと争い、配当異議の訴えを提起したのが本件である。

三　判決理由

1　更生手続開始前の担保権の被担保債権であった債権で、右開始当時担保物件の価額を超過し更生債権とされたものは、本件更生計画によって存続するものとされた担保権によっては担保されないことに変更されたものというべきであり、この効力は更生手続が廃止されても影響を受けず、更生計画による変更前の状態に復帰するものではない。

2　(1)　更生計画において権利変更の対象となる更生債権又は更生担保権は、既に債権調査期日における債権調査を経て確定した権利であるところ、本件更生計画において更生担保権として認められた債権は債権調査の結果更生担保権として確定した債権（いずれも元本債権で利息遅延損害金は含まれない）全額であるから、債権の額の点について、更生計画による権利の変更はなく、権利の変更は弁済期限の猶予に関してみられるのみである。従って本件更生計画に更生担保権につき「更生手続開始決定日前後の利息、損害金は、すべて免除を受け、免除後の額を債権元本とする。」と規定されているのは、更生担保権の内容として利息、遅延損害金が含まれていないことを注意的に明らかにしたに止まり、右規定によって更生担保権の内容につき変更が加えられたとみるべきもの（例えば確定した更生担保権が元本の外民法三七四条の範囲の利息、遅延損害金であるとき、更生計画によって右利息、遅延損害金の免除を受ける場合）はない。……従って、Y_1銀行らの更生担保権につき、前記規定を根拠として、本件更生計画認可決定後の利息、遅延損害金の免除の有無を論ずるのは当を得ず（右利息、遅延損害金についてのみ予め免除を受ける趣旨を特に示したものと解するのは文理上困難である）、この点については本件更生計画上何らの記載がないというべきである。

(2)　元本債権のみが更生担保権として確定した本件の場合、これに対する更生手続開始決定前の利息、遅延損害金は一般更生債権、同決定後更生計画認可決定までの利息、遅延損害金は劣後的更生債権となるから、更生債権についての本件更生計画の定めに従うべく、本件更生計画認可決定後同計画所定の弁済期日までの利息、遅延損害金については、更生担保権の弁済期限が猶予され、割賦弁済による弁済計画が定められた本件更生計画の認可決定により、権利の実態的変更が生じるとみられるところから、同計画の別段の定めがない以上、これからは発生しないものと解すべきである。

(3)　これに対し、本件更生計画所定の弁済期日を徒過したときの遅延損害金は民法四一九条の規定により当然発生するものであり、本件更生計画に定めがないことを理由として会社更生法（以下「法」という）二四一条により更生会社が免責されることはない。更生手続継続中は更生債権もしくは更生担保権に基づく競売、強制執行等債権の強制的満足手段の行使は原則的にできないものとされている（法六七条）ため、もし、更生計画所定の弁済期日を徒過しても遅延損害金の発生をみないとすれば、更生計画上弁済期日を定めることは殆んど法的意味をもたないことになるのであって、かかる結果を招来するにはむしろその旨を更生計画に明記する必要があるというべきである。

法二一二条二項には、「更生債権者、更生担保権者又は株主で、更生計画によってその権利に影響を受けないものがあるときは、その旨の権利を明示しなければならない。」と規定されているが、これを同条一項の「更生債権者、更生担保権者又は株主の権利を変更するときは、変更されるべき権利を明示し、且つ、変更後の権利の内容を定めなければならない。」との規定と対比し、また法一七二条一号によると、更生計画によってその権利に影響を受けない者は議決権を行使できないとされている趣旨に照し、法二一二条二項の「更生計画によってその権利に影響を受けない。」とは、その権利が一部免除とか弁済期限の猶予とか等の変更を全然受けることがなく、本来の権利内容が全部実現されるべきものとして存続する場合をいうのであって、権利の属性の一部（本件の場合、弁済期徒過の場合の遅延損害金の発生）が変更されないというに止まる場合を含まないと解するのが相当である。本件更生計画において更生担保権についても、「更生手続開始決定日前後の利息、損害金はすべて免除を受ける。」旨の規定があるところから、これとの対比において免除を受けない遅延損害金債務があるときは、これを明示すべきであるとの見解も考え得るが、右述したところに照し、右見解は採り得ないのみならず、本件の場合、前記のとおり更生担保権に関する限り右債務免除の条項は特別の意味を持たないものと解すべきであり、これをもって将来の債務不履行による遅延損害金につき予め免除を受ける趣旨を示したものとは到底解されない。……

以上のとおり、更生担保権につき更生計画所定の弁済期日を徒過したときは、更生計画に別段の定めがない以上遅延損害金が発生するというべきであるが、その利率については、更生手続開始前債権者と会社との間で両者間に発生する債権につき特約がなされていたとしても、更生計画に別段の定めがない以上、更生担保権は右特約の効力を受けない権利に変更されたものと解するのが相当であるから、結局商法五四一条の規定に従うべきである。

四　研　究

問題点の研究に入るまえに、前提となる二、三の事項について検討を加えておきたい。

1　利息・損害金の会社更生法上の取扱い

更生手続開始決定後の利息・損害金の取扱いについて、従前はこれを更生担保権と解すべきか、劣後的変更債権と解すべきか、学説も実務も取扱いが分かれていたが、昭和四二年の会社更生法（以下「更生法」という）の改正にあたって、次のように整理されることになった。(1)

(1)　普通抵当権（民法三七四条）で担保される利息・損害金

a　開始決定後一年経過後に認可決定がある場合

・開始決定の前後各一年分が「更生担保権」（更生法一二三条一項）

・開始決定前一年を超えるものは「更生債権」（更生法一〇二条）

・開始決定後一年を超えるものは「劣後的更生債権」（更生法一二一条一項一号、二号）

b　開始決定後一年内に認可決定のある場合

・開始決定をはさんで認可決定より遡り二年分は「更生担保権」（更生法一二三条一項）

・更生担保権に含まれる以前のものは「更生債権」（更生法一〇二条）

なお、右a、bのいずれの場合とも、民法三七四条の「特別の登記」がされている抵当権は、最後の二年分に限定されず、登記にかかる利息・損害金の額も更生担保権となる。

以上述べたことは、民法三七四条の準用がある担保権（たとえば、不動産質）についても、すべて同様である。

(2) 根抵当権（民法三九八条の三第一項）で担保される利息・損害金

・極度額の範囲内で開始決定後一年までの分（ただし、それ以前に認可決定があるときは、認可決定時までの分）は「更生担保権」（更生法一二三条一項）、その後の分は「劣後的更生債権」（更生法一二一条一項、二号）。極度額の範囲内で劣後的更生債権とならないものが「更生債権」

(3) 担保付社債の利息・損害金

・認可決定前の二年分が「更生担保権」（更生法一二三条二項）

・それ以前に生じた分は、手続開始前のものは「一般更生債権」、手続開始後のものは「劣後的更生債権」

(4) 認可決定後の利息・損害金

認可決定後の利息・損害金あるいは更生計画に定める弁済期日後の損害金について、更生計画でなにも触れていない場合、または漫然と免除を定めている場合に、その発生の有無・内容については、後で検討することにして、これを肯定する場合には、共益債権（更生法二〇八条五号、八号。破産に移行した場合は財団債権）になるという考え方が有力のようである。(2)

2　更生計画における更生担保権に関する条項

更生法は、更生計画で変更される権利、変更後の権利の内容は明示しなければならないとしており（更生法二一二条一項）、また、更生計画によって影響を受けない権利があるときは、その旨を明示しなければならないとしている

（更生法二一二条二項）。そして、更生計画認可の決定があったときは、更生債権者、更生担保権者の権利は、更生計画の定めに従い変更されるとしているので（更生法二四二条）、更生計画における更生担保権に関する条項は、「更生債権等に関する権利の変更ならびに弁済方法」のなかで重要な一項目として定められる（更生法二一一条一項）。

更生担保権の条項について、実際の処理をみると、更生担保権の変更としては、元本の免除を定めるものはほとんどみあたらず、これに対して、利息・損害金の部分については、その全部または一部を免除しているのがほとんどの事例である（柳川他・会社更生事件の処理に関する諸問題二九四頁）。

そして、更生担保権の弁済方法は、五年以上一五年未満の分割弁済に集中しており、これは一般更生債権の弁済方法と比較すると長期化している（柳川他・前掲二九五頁）。

更生担保権の記載内容のひな型は、次のようである。

債権の明細		
(1)　確定債権総額	○○株式会社ほか○○件	○○○円
内訳　元本総額		○○○円
更生手続開始前の利息損害金		○○○円
更生手続開始後一年間の利息損害金		○○○円
(2)　更生担保権者別の債権額は別表記載のとおり。(3)		

認可された更生計画のうちには、利息・損害金について、本件のように、「更生手続開始決定の前後の利息・損害金をすべて免除し、免除後の額を債権元本とする。」と全部免除を定めているもの（全部免除の場合も、この記載が必ずしも一般的なものとはいえない）、利息・損害金のうち年八分を超える部分を免除する、あるいは五〇％を免除する

等と、一部免除を定めるものがある。

もっとも、実務上は、劣後的更生債権となる手続開始後の利息・損害金については、全額免除としているのが通常である（柳川他・前掲三二〇頁）。

3　利息・損害金の全額免除条項と遅延損害金の発生の有無

更生計画の中の権利の定めは、前述のとおり重要な意味をもっているのであるが、更生担保権に関する条項の中に、利息・損害金の全額免除条項がある場合、これはどのような意味をもつのであろうか。

従来の判決（東京高判昭和五四年三月二八日金融法務事情八九五・四五〔確定〕、この原審＝横浜地判昭和五三年六月一三日金融法務事情八六八・六一）は、権利はすべて更生計画において定められなければならないので、債権に対する利息・損害金も、約定、法定の区分なく、その例外ではないとし、更生計画において、更生手続廃止後の遅延損害金について計画によって影響を受けない権利として明示されていない場合は、その発生の余地はなく、しかも更生手続開始決定日前後の利息・損害金を全額免除している場合は、更生手続が廃止された後においても、遅延損害金が発生しないものとしている。[4]

これに対し、本判決は、免除条項は本件更生担保権に関する限り特別の意味をもたないものとして、その効力を否定している。

本判決が、免除条項が本件更生担保権に関する限り特別の意味をもたない無効な条項としている理由は、本件更生計画において債権調査の結果、更生担保権として確定した債権はいずれも元本債権で、利息・損害金は含まれていないから、利息・損害金について免除を受ける余地はないというのである。そして、また、右条項を根拠として、更生計画認可後の利息・損害金についてのみあらかじめ免除を受ける趣旨をとくに示したものと解するのは、文理上困難であるとしている。

従来の判決について強い疑問を投げかけておられる長谷部氏の見解は、「更生法二一二条一項は債権（利息・損害金を含む）の額、弁済期、担保などを変更する場合には、変更後の権利の内容を明示すべきことを要求しているものであり、債権に附帯する遅延損害金のごときは、これを明示すべきことを求めたものではない。債権に附帯する遅延損害金のごときは、法律上当然に発生するものであって、特に明示するまでもない。また、同条二項は、債権の内容（額、弁済期、担保等）に全然変更を加えない場合には、その権利を明示しなければならないとしたものであって、実際上このような債権は考えられず、この規定から遅延損害金を明示しなければならないということにはならない。また、更生計画で定められた弁済期に弁済しないのに、遅延損害金が発生しないというのは、更生会社を保護するのに厚きに過ぎ、公平の観念からも是認できない。」とされる（長谷部・金判五五九・二、同・手形研究二八七・四）。

私は、根抵当権の被担保債権、その担保額について更生計画で権利を変更できるのは、調査（更生法一三五条ないし一四二条）の結果、更生担保権として確定した範囲に限られ、これ以外の部分について権利を変更・消滅させるような定めをしても、その定めは、更生担保権に関する定めとしては意味がないといえるから、本件に関する限り、本判決のような判断もいちおう成り立つものと考える。

しかし、そもそも更生計画は、更生計画の認可時に調査の手続を経て確定した債権（更生債権、更生担保権）について、その額を定め（元本債権の一部切捨、既往の利息・損害金の免除）、その弁済条件（弁済計画。一定期間据置後、年賦払いとする旨の弁済計画等）を定めるものであるので、更生債権および更生担保権について、弁済条件に示した新たな履行期に計画どおり弁済されることを当然の前提として作成するものである（更生計画認可後の利息・損害金は、更生計画によって変更された後の権利について発生するもので、そもそも更生債権、更生担保権として届け出ることもできないものである）。

このように考えると、更生計画において、履行期後の遅延損害金について定めていなかったとしても（定めがあるときは、後述のとおり、この定めに従って、免除あるいは利息支払義務の効力が認められよう）、更生会社に履行期後の遅延損害金についてその責めを免除するものではなく、その履行期を経過したときは、民法四一九条一項に従い当然に遅延損害金の支払義務が生じるものというべきである。

ところで、更生計画において、「更生手続開始前後の利息・損害金は免除を受ける。」と定めているときはどうか。この趣旨は、その記載の個所を問わず、更生計画の目的からいって更生計画の認可時までの利息・損害金を免除しているものと解すべきであるが、更生計画において、新たに履行期を定めているときは、さらに期限の猶予がされているといえるから、右免除条項は、利息に関する限り、通常の場合は、更生計画の認可後から弁済期までの利息を免除しているものと解される（期限の猶予の場合、利息は更生計画に定めがあるときに限り生ずるとするもの、三ケ月他・条解会社更生法(下)七四九頁(5)）。

4　遅延損害金は約定利率によるのか、法定利率によるのか

更生計画の認可決定があると、更生債権者、更生担保権者等の関係人の権利は、更生計画の記載どおり、実体的に変更されるので（更生法二四二条。この点は後で再論する。）、更生手続の開始前に、更生担保権、更生債権について取引約定書等により遅延損害金につき特約が交わされていても、更生計画に別段の定めがされていないと、その特約の効力はなくなり、更生担保権、更生債権は、右特約の効力を受けない債権に実体的に変更になるものと解される。更生計画に約定利率を定めていない場合、更生法二四一条により約定が失権するという見解と、更生法二四二条により、黙示的に権利変更があったとみる見解とがある。両説とも取り立てて差異があるわけではなく、後説も更改（的効力）を考えるものではないので、私は、わかりやすい後説を採りたいと考える。更生計画に遅延損害金について約定のない場合、遅延損害金は、法定利率（商事債権については商法五一四条）によることになる。

本判決が、更生担保権の残額について、弁済期日以降、商法五一四条による遅延損害金が発生するとしているのは正当である。

5　担保物件の目的物の価額を超過し更生債権とされたものは更生手続の廃止後も被担保債権からはずされるか

更生手続開始前は担保権の被担保債権であっても、更生手続の開始当時において担保物件の価額を超過するものは、更生計画において更生担保権とはされず（更生法一二三条一項本文、一二四条二項）、更生債権とされるのであるが、本判決は、更生計画において、担保権自体の存在が認められていても、担保物件の価額を超過して更生債権とされたものは、更生計画によって担保権によって担保されないことに変更されたものであり、この効力は更生手続が廃止されても影響を受けず、更生計画による変更前の状態に復帰するものではない、と判示している。

一方で、更生法二四二条が、「更生計画認可の決定があったときは、更生債権者、更生担保権者がの権利は、計画の定に従い変更される。」と規定しており、この効力は、関係者の権利が権利変更条項どおり、実体的に変更されることを明らかにしたものであると解されていること（通説は、更生計画を集団的和解とし、認可決定により、和解がその内容どおり効力を生ずるのは当然であるとしている（三ケ月他・前掲七四六頁））、また他方で、更生法二七九条が、「更生手続の廃止は、更生計画の遂行及びこの法律の規定によって生じた効力に影響を及ぼさない。」と規定していることから、担保権の効力は復活しないものと解される。(6) 本判決の右判示は、正当である。

もっとも、長谷部氏は、「更生計画はあくまでも更生のための条件の設定であって、権利それ自体の確定を目的とするものではないから、権利の全内容が計画によって確定的にきまるというものではない。たとえば、抵当債権の一部が目的物権の価額を上廻ると見られたため、更生債権とされたとしても、その部分が実体上も被担保債権たる性質を失うものということはできない。被担保債権のうち一部だけ更生担保権とされるのは、更生手続開始当時の財産評価から、残額は担保物件の価額から優先弁済を受ける見込がないと想定されるため、その部分を更生担保権としてでなく、更生債権として更生手続を進めさせようとしただけのことであって、それは、もっぱら更生手続上の便宜のためにすぎず、これにより、右の更生債権が被担保債権たる性質を失うものではない。このことは、更生担保権なり、更生債権として確定し、それぞれの債権者表に記載されて確定判決を受けたと同一の効果を生じた後、更生計画が成立しないために更生手続が廃止になる場合を考えれば明らかである。この場合、被担保債権の一部が更生債権として確定したとしても、更生手続の廃止後も被担保債権でなくなるとの明文上の根拠は全くないのである。」と述べている（長谷部・前掲手形研究二八六号六頁）。長谷部氏は、要するに、更生計画は、債権に関する限り、あくまでもその弁済計画であり、債権の性格まで変更するものではないと説かれているのである。

本研究会でも実務家会員から、更生手続で更生担保権を確定するのは、単に更生計画の作成にあたって行使できる議決権とその分類を明らかにし、更生計画に参加することに意味があるのであって、実体法上の担保権について変動を生じさせるようなものではないという見解が強調された。しかし、更生法二四二条（権利の変更）、二七九条（更生手続の廃止後の更生計画の効力）の規定によると、前述のとおり、更生計画は実体的に被担保債権の内容を変更するものであり、その効力は更生手続の廃止によっても影響を受けないものと解されるのである。更生担保権の確定と分類（更生法一四三条、一五九条）は、更生計画を成立させるについて、公正・衡平な発言権を確保させようとするものであるが、これだけではなく、更生担保権者の参加によって定めた更生計画により集団的債務処理を図っているのであり、その結果は、更生手続の廃止後も引き継がれることになっているのである。

なお、実務家会員から、担保の復活条項（更生手続が廃止されたら担保が復活するという条項）を設けることは許されないかという意見が出たが、更生計画のなかに復活条項を定めることは可能なことであり、この条項を置いておけば、不都合に対して対処できるのではないかと考える。

6　根抵当権と被担保債権の範囲

根抵当権の被担保債権の範囲（限度）については、民法三九八条の三第一項に規定されている。同条によると、「根抵当権者は、確定したる元本並に利息……債務の不履行によって生じたる損害の賠償の全部に付き極度額を限度としてその根抵当権を行うことができる。」と定めている。

根抵当権により優先弁済を受けることのできる極度額の解釈について、かつては説が分かれ、極度額までならば画定した元本のほか、利息および債務不履行によって生じた損害賠償のすべてを担保すると解する説（この場合の極度額を「債権極度額」という）と、極度額までの元本と民法三七四条の範囲の利息を担保すると解する説（この場合の極度額を「元本極度額」という）があったが、昭和四六年に根抵当権が成文法上の制度として取り入れられるにあたって、根抵当権は、極度額までならば、確定した元本のほか、利息および損害賠償金も、そのすべてを担保すること（前述の「債権極度額」の考え方によること）が明らかにされた。

ところで、本件のY_1、Y_2銀行等の根抵当権は、旧法下で設定された「元本極度額」について定めのあるものであるが、この元本極度額の定めは、[7]新法下でもそのまま有効である（昭和四六年法律第九九号付則二条本文）。それで、本判決が、Y_1、Y_2銀行等の右根抵当権について、「元本極度額」についての定めに従い、残元本と最後の二年分の遅延損害金について（この範囲内において）、担保の効力が及ぶとしているのは正当である。

（1） 宮脇＝時岡・改正会社更生法の解説二二二頁以下。

（2） 更生法一二一条一項一号、二号と同じ条文が和議法四四条一項一号、二号にあるが、大判昭和一二年四月二二日民集一六・四・四八七が「和議法四四条一項一号、二号の和議開始後の利息・損害金は、和議開始のときからその成立に至るまでに生じたものに限る。」といっていることを参考にして、劣後的更生債権となるのは更生計画認可決定のときまでの遅延損害金であり、それ以後のものは共益債権になると解している（清水ほか「座談会＝企業再建手続から破産手続への移行に伴う諸問題」金融法務事情九二一号一八頁）。

（3） 更生手続開始前の利息・損害金と開始後の損害金を区別して記載しているのは、更生手続開始後の利息・損害金の額については議決権を行使できないので（更生法一二四条二項）、この点を明瞭にするためである。

（4） 横浜地判に対し、長谷部氏は早速、金判五五九・二で「驚くべき判決である」と批判され、また、この判決を指示した東京高判に対して、手形研究二八七号四項で、重大な誤謬をおかしている判決であると批判している。また、この判決については、前掲座談会・金融法務事情九二〇号一四頁以下でも取りあげられ、批判的な見解が述べられている。

（5）　今後の更生計画における利息・損害金の記載の仕方としては、本件のような誤解が生じないように、たとえば「更生担保権とされた債権のうち債権元本に対しては、認可決定の日から弁済期日までは利息を付さないものとし、弁済期日を徒過したときは、弁済期日の翌日から右債権元本の弁済の日まで、各弁済期の残存元本額に対し約定損害金年〇割を付する」というように定めるのが相当である。

（6）　更生担保権者が担保の目的物の価額を超える部分について、更生債権者として手続に参加した場合、更生計画の記載では、このような種類の一般更生債権であることが明確になっている例は少ない。更生計画中に、右のような一般更生債権であることが明記されているとき、他の一般更生債権よりも優遇されて、更生担保権と一般更生債権の中間の処理がされているものもあれば、他の一般更生債権よりも劣遇されているものもある。このように一般の更生債権より優遇されたり劣遇されたりするのは、担保の目的物の評価と関係があると思われるが、評価上、問題がない場合には、他の一般更生債権より有利に扱うべきではない（三ケ月他・前掲三九五頁）。

（7）　元本極度額による旧根抵当権の優先弁済権の限度についても、見解の対立がみられる。詳細は、貞家＝清水・新根抵当法三七四頁を参照。

（金融法務事情九五九号、一九八一年）

69　会社更生法三九条による弁済禁止の保全処分と契約解除の効力等

最高裁第三小法廷昭和五七年三月三〇日判決、昭和五三年(オ)三一九号
機械引渡請求事件――上告棄却
民集三六巻三号四八四頁、金融法務事情一〇〇四号四六頁
福岡高判昭和五二年一一月三〇日、昭和五二年(ネ)六五号（原審）

この最高裁判決は、従来、学説・判例の分かれていた問題について、最近の有力な学説に従い判断を示したもので、影響の大きい判決である。

本件には、動産の所有権留保売買において、買主が更生会社となった場合、売主は取戻権を行使できるのか、それとも担保権の主張ができるだけであるのかという問題が根底にあるが、本件の売主は、更生手続の開始前に売買契約が解除されていることを理由として、売却した機械の引渡しを求めたものであり、判決は、解除の効力を否定している。銀行取引約款・リース契約では、更生手続開始の申立てを期限の利益喪失事由、手形買戻権発生事由としているので、本件判決の示している「解除の効力を制限する厳しい考え方」の射程範囲を明らかにしておく必要がある。

一　判決要旨

1　株式会社に対し会社更生法三九条の規定により弁済禁止の保全処分が命じられたのちに、契約上の会社の債務の弁済期が到来しても、債権者は、会社の履行遅滞を理由として契約を解除することはできない。

2　買主たる株式会社に更生手続開始の申立ての原因となるべき事実が生じたことを売買契約解除の事由とする旨

の特約は、無効である。

二　事案の概要

1　X（原告、控訴人、上告人）は、昭和四八年八月八日、Aに対し、X所有の機械を、①代金は五九七万五、三三五円とし、昭和四八年九月から昭和五一年二月まで、三〇回にわたり毎月割賦弁済する、②所有権は代金完済までXに留保する、③Xは、所有権移転までの間、右機械をAに無償で貸与する、④Aにつき、右代金の支払のために振り出した手形の不渡または会社更生の申立ての原因となるべき事実が発生したときは、Xは、催告を要せず売買契約を解除することができる、との約定のもとに売却し、右機械をAに引渡した。

2　Aは、前記代金のうち三七九万七、三三五円（約六三％）の支払をしたのみで、昭和五〇年四月八日福岡地方裁判所小倉支部に対し、自ら更生手続開始の申立てをし、同裁判所は同月一四日Aに対し、同月七日以前の原因に基づいて生じたいっさいの債務（ただし、従業員の給料・電気・ガス・水道料金にかかる各債務を除く）の弁済を禁止する旨の保全処分を命じ、さらに、同年七月三日、更生手続開始の決定をした。

3　右保全処分の結果、Xは、Aから本件機械代金の支払のため交付を受けていた約束手形のうち、同年四月三〇日満期の手形一通が満期に支払を拒絶された。

4　Xは、同年五月二六日Aに対し、前記契約解除に関する特約所定の事由に基づき、前記売買契約を解除する旨の意思表示をし、右意思表示は翌日到達した。

5　Xは、以上の事実関係に基づき、本訴において、Aの管財人であるY（被告、被控訴人、被上告人）に対し、取戻権（会社更生法六二条）の行使として、本件機械の引渡しを求めた。

6　第一審、第二審とも、Xの売買契約の解除の効力を否定し、その請求を棄却したので、Xは上告した。

三　判決理由

動産の売買において、代金完済まで目的物の所有権を売主に留保することを約したうえ、これを買主に引渡した場合においても、買主の代金債務の不履行があれば、売主は、通常これを理由として売買契約を解除し、目的物の返還を請求することを妨げられないが、本件のように、更生手続開始の申立てのあった株式会社に対し、会社更生法三九条の規定により、いわゆる旧債務弁済禁止の仮処分が命じられたときは、これにより会社はその債務を弁済してはならないとの拘束を受けるのであるから、その後に会社の負担する契約上の債務につき弁済期が到来しても、債権者は、会社の履行遅滞を理由として契約を解除することはできないものと解するのが相当である。また、買主たる株式会社に更生手続開始の申立ての原因となるべき事実が生じたことを売買契約解除の事由とする旨の特約は、債権者、株主その他の利害関係人の利害を調整しつつ、窮境にある株式会社の事業の維持更生を図ろうとする会社更生手続の趣旨・目的（会社更生法一条参照）を害するものであるから、その効力を肯認しえないものといわなければならない。そうすると、Xのした本件売買契約の解除は、その効力を有しないものであり、本訴請求は理由がないことに帰する……。

四　研　究

1　問題の所在

本件事案に含まれている主要な論点は、所有権留保売買において、買主について更生手続が開始された場合、売主がどのような地位に立つかという問題である。

かつては、売主がその留保している所有権に基づき、取戻権（会社更生法六二条（以下「更生法」という））を行使できるという見解が通説であったが、(1) 判例による仮登記担保法の形成、更生法上、譲渡担保権者には取戻権がないとした最一小判昭和四一年四月二八日（民集二〇・四・九〇〇、金融法務事情四四三・六）の影響を受けて、所有権留保売買についても、いわゆる担保権的構成が浸透し、最近の学説は、次第に、留保売主の地位を未収代金を被担保債権とする担保権を有するものとし、更生担保権者として処遇すべきであるという見解が有力になっている。(2)

判例としては、①最一小判昭和四九年七月一八日（民集二八・五・七四三、金融法務事情七二九・三二）は、個別執行に関する事件で、所有権構成を基礎として、留保売主は、第三者異議の訴えにより、買主の一般債権者のする目的物に対する強制執行を排除できると判示しており、②東京地判昭和五〇年一〇月三〇日（下民集二六・九―一二・九二六）、③東京地判昭和五三年一〇月三〇日（判時八一六・九一）は、更生手続上、留保売主に取戻権を認めているが、④諏訪簡判昭和五〇年九月二二日（判時八二二・九三）、⑤長野地判昭和五一年四月二二日（民集三〇・二・一六六（右簡裁判決の第二審））、⑥東京高判昭和五二年七月一九日（高民集三〇・二・一五九（右上告審））は、いずれも更生手続上留保売主の権利は、更生担保権に準じて処遇すべきであり、取戻権を行使できないとし、⑦大阪地判昭和五四年一〇月三〇日（金融法務事情九一二・三七、判時九五七・一〇三）も、更生担保権として取り扱われるべきで、取戻権を有しないとしている。そして、東京、大阪をはじめ、最近の更生実務の大勢は、更生担保権節に傾いているようである。(3)

こういう状況のもとで、留保売主が売買契約の解除を選択し、目的物の取戻しを請求した場合について、このたびの最高裁判決が売買契約の解除の効力を否定したことは、明言はしていないが、留保売主について、所有権的構成を否定する判断に一歩踏み出したもの（契約解除といっても、その実質は、目的物を引き上げて、それにより弁済を受ける旨の意思表示であり、一種の担保権実行の意思表示にほかならないので、正確にいうと、留保売主の更生手続外における債権の回収を否定する判断に一歩踏み出したもの）と評価を下すことができるが、まず、本件判決のなかに示されている法律問題について順次検討を加え、そして、次に、本件判決の射程範囲について、できる限り広範囲に考察をすることにしたい。

2　弁済禁止の保全処分の効力

更生手続開始の申立てと同時に、弁済禁止の保全処分（更生法三九条）の申立てがされるのが通常であるが、[4]弁済禁止の保全処分の効力については規定がないので、それについては解釈に委ねられている。

その効力について、まず問題となるのは、保全処分により、①債務の履行期の到来が妨げられるか、②会社は履行遅滞の責任を免れるのか（履行遅滞の効力が停止するのか）、等である。

弁済禁止の保全処分は債務者に対する不作為命令であるから、保全処分の効力により、債務の履行期の到来が妨げられないことは異論がないといえよう。[5]

履行遅滞の責任の発生の有無については、手形交換所規則および手形交換所規則施行細則（東京手形交換所規則六三条一項但書、同施行細則七七条一項、大阪手形交換所規則五一条但書、同施行細則六五条等）により、この保全処分があれば、不渡処分、ひいては銀行取引停止処分を免れることができることになっているが、従来は、履行遅滞の責任を免れず（履行遅滞の効力は停止せず）、債権者は契約解除権および損害賠償請求権を取得するとの見解が有力であった。[6]しかし、これに対し、最近では保全処分の直接的な法律効果は、会社（債務者）に対して、債務の任意弁済を禁止することを内容とするものであっても、弁済ができない状態になるから（会社が右保全処分に違反する弁済を行った場合、その私法上の効力は原則として有効であり、債権者が悪意のときのみ無効である）、相手方は、履行遅滞を理由として、契約を解除することはできないとする見解が有力に唱えられるようになっている。[7]もっとも、この見解のなかにも、会社が履行遅滞の責任を負うかどうかを、更生手続開始の申立てないし弁済禁止仮処分の申立てをした者が、当該会社自身であるかどうかで区別し、当該会社自身である場合は、遅滞の責任を負担させる説もみられる。[8]本件判決は、最高裁がこの点について、初めて見解を明らかにし、履行遅滞を理由として、契約を解除することはできないという見解をとったものであり、注目される（本件は、前述のとおり、A会社自身が更生手続の開始を申し立てた事案である）。更生会社の機械設備のかなりの部分が、所有権留保等により代金未完済のままで稼働している現状のもとでは、弁済禁止の保全処分が出された場合に契約解除を認めたのでは、更生会社の経営の基盤の崩壊を招いてしまうことになるので、本件判決は、更生会社のこの一般的状況を踏まえて、最近の有力説に従ったものである。

なお、本判決は、履行遅滞を理由とする契約の解除を無効としているのであって、履行期限は到来し、債務者側の事情により遅滞は生じているので、債務者に履行遅滞および遅滞による損害賠償義務（遅延損害金）は発生しているとしているもの（履行遅滞の効力自体を停止させるものではない）と解される。弁済禁止の保全処分が出た場合、当事者の公平を考えて、保全処分前の売主の債権は更生債権（更生法一〇二条）、保全処分後のものは共益債権（更生法二〇八条二号）として扱うのが合理的であろう。(9)

3　買主たる会社に「更生手続開始の申立の原因となるべき事実が生じたことを売買契約の解除の事由とする」旨の特約（更生申立解除特約）の効力

右特約の効力について、多数の学説・判例は、このような特約を認めると、会社の更生は、事実上不可能になってしまうおそれがあるとして、その効力を否定しているが、(10)反対説もある。反対説は、会社更生の場合は、特約の効力を認め、裁判所の中止命令（更生法三七条一項）によるコントロールを活用すべきであるとしている。(11)

しかし、本件判決は、この特約についても、更生手続の趣旨・目的（更生法一条）を害するものとして、効力を有しないものと判示している。この点、実務上大きな影響を与えるものである。銀行取引約款では、更生手続の開始の申立てを期限の利益喪失事由、手形買戻権発生の事由としており、またリース契約でも、更生手続開始の申立てを期限の利益喪失事由、契約の解除事由としているので、この判決の射程がどこまで及ぶのかという問題は、項を改めて検討する。

4　契約解除と保証人の責任

主たる債務（買主の代金支払債務）の不履行によって生じた損害の賠償について、保証人は、解除の有無を問わず保証責任を負い（民法四四七条一項）(12)、解除による原状回復義務についても同様とされており(13)、保証人は、契約の解除があったからといって、保証責任を免れることはできないのであるが、買主に対する解除が無効である場合は、もとより保証人に対して、解除による原状回復義務の履行を求めることはできない。

また、保証人の責任は更生計画によって影響を受けず（更生法二四〇条）、それは主たる債務のほか、従たる債務も包含するのであるが、主たる債務者に対する契約が存続しているのに、保証人に対して解除を主張し、解除による原状回復義務の履行を求めることはできない。

5　更生手続開始の申立てと期限の利益喪失事由、手形買戻権発生事由

銀行取引では、「更生手続開始の申立等の原因となる事実の発生したとき」を、期限の利益喪失事由（銀行取引約定書五条一項一号）、手形買戻権発生事由（同六条一項）としている。本判決が出たことにより、更生手続との関係で、その効力が否定されることになるのではないかということが懸念されている。

しかし、最近の学説や本件判決が、所有権留保売買の解除権の発生事由を制限しようとしているのは、売買の目的物が更生会社にとって重要な機械設備である場合が多く、解除・取戻しによって会社更生の目的を達せられなくなるおそれのあること（本件判決は、この点だけをあげている）だけでなく、所有権留保が、実質的に譲渡担保と差異のないものであるのに、契約解除による取戻しを認めると、留保売主は更生手続外で満足を受けることになり、譲渡担保権や他の法定担保権と比較し、きわめて有利な取扱いを受けることになることを考慮しているものといえる。

これに対して、右特約は、相殺権の行使を意図しているものであっても、会社経営の基盤を直接に崩壊に陥れるほどのものではなく、また、相殺権の行使は、担保権の実行と異なり、更生手続開始後も債権届出期間中は許されてい

るのであるから（更生法一六二条）、右特約は、更生手続との関係で、直ちに無効となるものではないと一応は考える。それで、本件判決が出現しても、右銀行取引約款には影響が及ばないものと考えられる。

もっとも、更生法には、破産法九九条のように、広く期限・条件付債権債務の相殺を認めている規定はなく、届出期間の満了前に相殺適状となったとき、また更生会社の債務が期限付であるときに限定して相殺を認めているので（更生法一六二条）、更生申立特約により、会社更生手続開始の申立てがあったときに、銀行側のいっさいの債権について期限の利益を喪失させること、なかんずく全部の手形について買戻権を発生させることは、所有権留保の動産類に劣らず、会社更生をむずかしくしてしまうおそれがあるのではないかという意見が、研究会の席上、会員からも出ていた。金融機関では、とくに相殺の期待が大きく、その相殺権は十分に考慮すべきであるので、いま直ちに右特約を、いちがいに無効とまでは断定をしないが、将来検討されなければならない問題であることを指摘しておく。

6　留保売主の権利の行使と契約解除の要否

所有権留保売買では、代金完済を条件として、所有権を移転することを定めている一方で、一般に、買主が未払代金の支払を約定どおりしないか、買主の資産状態の悪化を示す一定の事実（たとえば、支払停止、差押えなど）が生じたときは、売主は目的物を取戻したうえ、自ら任意の方法で換価し、または取戻し時の評価額でその所有権を確定的に自己に帰属させて、その換価代金または評価額を未払代金または損害金に充当できることを特約している。

そこで、この留保売主の権利の実行について、必ず売買契約を解除する必要があるのかどうかについて見解が分かれている。多数説は、解除が必要であるとしている。[14] また、割賦販売法五条では、賦払金の支払の不履行があっても、二〇日以上の猶予期間を定めた催告をしたうえでなければ解除ができないとして、契約の解除を制限しているので、買主の権利を剝奪するには、契約の解除が前提となっているように解される。しかし、最近の学説は、特約の有無にかかわらず、所有権留保売買の担保としての機能に着目すれば、契約を解除しなくても、譲渡担保、仮登記担保と同様に、約定どおりの代金の支払がない限り、留保所有権に基づいて目的物件の引渡しを受け、任意の方法による換価を行ないまたは相当の評価に従い、その換価代金または評価額を未払代金に充当できるとしているものがみられる。(15)

しかし、留保売主は形式的には、たしかに所有権を有しているが、権利移転緒対抗要件が引渡しである動産の所有権留保売買において、すでに目的物を引き渡し、所有権移転のための対抗要件をも具備させ、売主としてなすべき履行行為を残しておらず、条件付所有権の移転が行われたとみられる場合には、更生法一〇三条の適用はなく、したがって、管財人には解除権はなく、(16)他方、その目的物件の権利は破産財団または更生会社に帰属し、これについては留保売主は取戻権を行使できないものと解すべきである。更生法一〇三条の適用はなく、また留保売主は取戻権を行使できないとしているのが最近の多数説である。(17)

もっとも、破産手続に関する限り、破産宣告によって代金が約定どおり支払われなくなったときには、契約を解除することなく、目的物件の引渡しを受けて任意の方法で換価し、その換価金を未払代金に充当することができると解される。けだし、破産法上は、破産財団に属する財産上に特別の担保権を有する者は別除権を有し、破産手続によらないで権利行使ができるので（破産法九二条、九五条）、未払代金の精算方法の実行は、所有権留保特約の本来的な権利行使であり、契約解除を必要としないと解される。

右に述べたとおり、一般の場合または破産の場合は、取戻権の行使について契約解除は必要でないと解されるが、会社更生の場合で所有権移転のための対抗要件を買主に具備させている場合は、目的物件の引渡しを受けるのに契約解除が必要であると考える。

ここで解除権の行使を、更生申立て前、申立てから開始決定までの期間、開始決定後という三つの時期に分けて整理をしておく。申立て前に買主の履行遅滞があり、それに基づいて申立て前に売主が解除の意思表示をした場合、その解除は有効であり、目的物の返還について取戻権を、損害賠償債権については更生債権として、権利を行使できることに疑問はない。次に、申立て前に代金の支払遅滞があったが、売主が直ちに解除をせず、開始決定後に解除をした場合、売主は、履行の請求ができなくなるから、解除も効力が生じないものと考える。弁済禁止の保全処分が発せられた後も、開始決定後に準じて考えることになろう。[18] 申立てから開始決定までの間の遅滞に基づく場合も、前述したのと同様、解除が保全処分後となるときは、解除は効力を生じない。開始決定後に履行期間が到来する代金の遅滞に基づく場合は、その代金は共益債権にあたり、売主は、本来の契約の条項に基づいて解除し、目的物の取戻しができ、解除の結果として生じる損害賠償請求権は共益債権（更生法二〇八条二号）として権利を行使することができる。

7　リース契約におけるリース物件の取戻権の有無

リース取引（ここでは、いわゆるファイナンス・リースを対象とする）は、リース物件の貸借という法形式をとっているが、リース会社とユーザーとの関係は、実質的には、リース会社は、その投下した代金・金利等の諸経費の合計額をリース料として、リース期間に応じて割賦支払を受ける方法で回収する「金融上の便宜を与える取引」である。それで、リース契約は、一面では、所有権留保の割賦販売と非常に近い与信取引の性質をもってはいるが、他面において、物の利用権をユーザーに付与するが、リース期間満了（リース・アップ）後も物の所有権をユーザーに移転することを予定していないことに特徴がある。このことを考えると、契約に現われている賃貸借類似の形式・性質（リース期間中、おおむね目的物をユーザーに使用させる義務と、リース料の支払義務が対価関係にあるという法律関係）を払拭してしまうことはできず、これを所有権留保売買と同視してしまうことはできない。[19] そうすると、まず、賃貸借について「未履行の双務契約」であるとして、更生法一〇三条の適用が考えられているのと同様に、リース契約にも更生法一〇三条の適用を考え、第一次的には、管財人が履行か解除かの選択権をもつものと考えておくことにしたい。[20] 一般に、リース契約では、ユーザー側には解除権が認められていないが、更生手続では、更生法一〇三条の要件を満たすときには、管財人は解除権を行使できよう。解除をしても、残リース料全額、あるいはそれに相当する損害金の支払義務は残るが、その処分価額相当額は、右支払義務から控除されることになる。

ところで、リース契約[21]をみると、更生申立解除特約（更生申立引上特約）、期限の利益喪失特約が入っているが、この特約は、本件判決でも否定されたように、会社更生手続の趣旨・目的（更生法一条）を害するものであるから、その効力を認めることはできず、リース会社は右特約に基づき、リース契約の解除、物件の引上げ、残リース料の全額を請求することはできないものと考える。[22]

リース契約は、前述のとおり、所有権留保売買と異なり、リース物件の所有権をユーザーに移転することは予定されていないから、リース契約が一種の与信取引で、リース料の総額が、物件の代金額を上回るもの、あるいは代金額に近いものであり、またリース期間の終了時には、目的物の使用価値がほぼつきているとしても、リース会社の地位を所有権留保売買の留保売主のように、担保権者とし、更生手続上において更生担保権者として処遇するのは必ずしも適切とはいえない。前述のとおり、特約に基づくリース会社の解除・物件の引上げは認めることはできないが、リース物件は、ユーザー（更生会社）に――条件付にしろ――帰属するものではないといえよう。リース会社のリース料は、更生開始後のものだけでなく、弁済禁止の保全処分後のものも、共益債権（更生法二〇八条二号・七号）として扱うべきである。

なお、リース契約について、更生法一〇四条の二の適用を主張している見解[23]もあるが、同条の立法経過およびリース会社の負う債務が、同条にいう継続的給付にはあたらないことを考えると、リース契約には同条の適用はない。[24]

（1）　中田・破産法和議法一一六頁、我妻・債権各論㈥三一八頁、幾代「割賦売買」契約法大系Ⅱ二九六頁、松田・会社更生法〔旧版〕四二頁、山内・実務会社更生法〔改訂版〕一五六頁。

（2）　稲葉「破産と所有権留保」金融商事判例別冊１（破産法）一五七頁、山木戸・破産法一五四頁、谷口・倒産処理法〔第二版〕二三二頁、三ケ月ほか・条解会社更生法㊤五五〇頁、松田・前掲〔新版〕二三五頁、打田「更生手続と所有権留保」金判（会社更生法）五五四・一一五、柚木＝高木・担保物権法六一八頁、川井・担保物権法二五四頁、小林

「商事判例研究」ジュリ六五六・一三六、竹下「所有権留保と破産・会社更生(下)」法曹時報二五・三・四一一・四三八、米倉「非典型担保における倒産法上の問題点(3)」NBL一七五・二二、伊藤「ファイナンス・リースと破産・会社更生(一)(二)(三)」判時一〇四五・三、一〇四七・一六、一〇四八・一二。

本稿は、竹下・前掲論文、伊藤・前掲論文を、とくに参考にさせて戴いた。本稿に引用したほか、右両論文に詳しく文献が紹介されているので、参照されたい。

(3)「研究会＝続・会社更生手続の現状と問題点」判タ三六一・四三、菅野ほか「大阪地方裁判所の会社更生事件(四)」ジュリ五九七・一三六、井上ほか「破産・会社更生事件の現況と問題点」判タ一八八・四五〔井上〕。

留保売主は、破産手続では取戻権者になっても別除権者になっても、破産手続外で権利行使ができるので、実質的に大差はないが（破産法二〇四条）、更生手続では、更生担保権者は更生手続内で更生計画に従って、弁済を受けることになるので（更生法一一二条）、大きな差異が生じる。

(4) 昭和四二年の会社更生法の改正により、監督員による監督の制度が創設されたので（更生法四二条）、弁済禁止の保全処分は全面的に不適法になったとの有力な見解（三ケ月ほか・前掲(上)三九五頁）があるが、実務では、右改正後も、従来どおり弁済禁止の保全処分が出されている（柳川ほか「会社更生事件の処理に関する諸問題」司法研究報告書三一・一・一一四、菅野ほか・前掲(三)ジュリ五九六・一四四。

更生法三九条と同趣旨の規定として、破産法一五五条、和議法二〇条、商法三八六条一項一号がある。会社更生法は、弁済禁止の保全処分の濫用を防止するために、昭和四二年の改正により、更生手続開始の申立ての取下げの制限規定が設けられている（更生法四四条）。

(5) 三ケ月ほか・前掲(上)三九六頁、宮脇＝時岡・改正会社更生法の解説六二頁、札幌高判昭和三一年六月二七日（下民集七・六・一六四五）。

(6) 三ケ月ほか・前掲(上)三九六頁、札幌高判昭和三一年六月二七日（下民集七・六・一六四五）、大阪地判昭和三九年九月七日（判タ一七〇・二四七）。

(7) 竹下・前掲論文(下)法曹時二五・三・四四九、井上ほか・前掲論文・判タ一八八・四二〔志水〕、東条「倒産法における保全処分」新・実務民事訴訟講座(13)四〇頁、菅野「弁済禁止等の保全処分」金判五五四・三五、大阪地判昭和五四年一〇月三〇日（金融法務事情九一二・三七・判時九五七・一〇三）。
（8）菅野・前掲論文三五頁。
（9）更生法は更生開始決定を基準として共益債権となるものを区分しているが（更生法一〇二条、二〇八条二号）、弁済禁止の保全処分が出されたときは、開始決定前のものであっても、保全処分を基準として区分するのが、当事者の公平を失しないことになると考える（同旨＝伊藤・前掲論文・判時一〇四八・一六）。
（10）竹下・前掲(下)法曹時報二五・三・四四九・四二九頁、三ケ月ほか・前掲(中)三〇八頁、谷口・前掲一八三頁、井関＝谷口編・会社更生法の基礎二〇六頁［長野］、打田・前掲論文・金判五五四・一一七、稲葉・前掲論文一五八頁、東京地決昭和五五年一二月二五日（金融法務事情九七六・六一、判時一〇〇三・一二三）。
（11）森井「会社更生申立と所有権留保」更生会社 vs.債権者一〇二頁、米倉「買主の会社更生と所有権留保(上)」ＮＢＬ一二九・一二、米倉・所有権留保の実証的研究三〇三頁、米倉・前掲論文(3)ＮＢＬ一七五・二三。
（12）大判明治三八年七月一〇日（民録一一・一一五〇）、大判明治三九年一〇月二三日（民録一二・一三三三）、大判明治四〇年七月二日（民録一三・七三五）。
（13）最大判昭和四〇年六月三〇日（民集一九・四・一一四三、金融法務事情四一四・八）、我妻・新訂債権総論四六八頁、於保・債権総論［新版］二三八頁。
（14）谷川「動産割賦売買契約における債権確保のための諸条項と問題点」法学雑誌一〇・三・七一、竹下・前掲論文(下)法曹時報二五・三・四一〇、幾代・前掲二九六頁、柚木＝高木・前掲［新版］六一六頁、高松地判昭和三三年一一月一四日（下民集九・一一・二二四八）。
（15）米倉＝森井「権利の実行(1)」ＮＢＬ七四号一四頁。
（16）三ケ月ほか・前掲(中)三〇〇頁、竹下「非典型担保の倒産手続上の取扱い」新・実務民事訴訟法講座(13)四〇〇頁、松田・前掲［新版］九一頁、竹下・前掲論文(上)法曹時報二五・二・二二〇、谷口・前掲二三二頁、山木戸・前掲一五三頁、打田・前掲論文・金判五五四・一一五。
　東京地裁の実務では、自動車の売買について、登録の有無について更生法一〇三条の適用を区別せず、引渡しが済んでいれば適用がないものと扱っている。右法的処理は、会社の更生という見地にウエイトをおくものであるが、この処理によると、自己の債務を完全に履行してしまった売主は損をし、少しでも未履行分があれば、その程度を問わず保護を受けることになり、これでよいのかという指摘がされている（竹下・前掲講座⒀四〇九頁）。

(17) 竹下・前掲㈦法曹時報二五・三・四一一、山木戸・前掲一五四頁、谷口・前掲二三二頁。

(18) 中田・前掲一〇二頁、山木戸・前掲一二〇頁、松田・前掲［新版］八九頁。反対、竹下・前掲㈦法曹時報二五・三＝四二八、三ケ月ほか・前掲㈥三〇七頁、谷口・前掲一八二頁、伊藤・前掲・判時一〇四八・一六。

(19) リース契約を所有権留保売買と同視するもの、東京地判昭和五六年一二月二一日（判タ四六六・一一〇）。

(20) 伊藤・前掲・判時一〇四七・一八、吉原「リース取引の法律的性質と問題点」金融法務事情七五〇・二八、林「リース発展の実情と問題点」自正二四・二・一七、松田「リース契約の内容とその法律的構成」NBL二一・一二。

(21) 金融法務事情九七七号四八頁に、オリエント・リース、日本リースの「リース取引関係契約書」の主要条項が紹介されている。オリエント・リースの場合は、二一条に、日本リースの場合は一二条に、「会社更生などの申立があったとき」を物件引上げ、あるいは契約解除の事由としてあげている。

(22) シンポジウム「リース――その実態と法的構造」私法三八・三三〔鈴木〕では、更生申立解除特約の効力を認めることは妥当でなく、更生会社をユーザーとするリース契約は、更生法一〇三条によって律せられると述べている。

(23) 吉原・前掲三六頁。

(24) 三ケ月ほか・前掲㈥三三三頁、宮脇＝時岡・前掲一八九頁。

（金融法務事情一〇〇九号、一九八二年）

70　破産法七〇条一項による仮差押の効力の失効と民事執行法八七条二項の関係等

名古屋高裁昭和五六年一一月三〇日民事第一部決定、昭和五六年(ラ)一四一号
不動産競売申立却下決定に対する抗告事件――抗告棄却
金融法務事情一〇〇七号五四頁
名古屋地決昭和五六年九月二四日、昭和五六年(ケ)三一六号（原審）
金融商事判例六四一号三七頁

民事執行法は、差押えだけでなく仮差押えについても手続相対効説を採用している。しかし、個別執行における手続相対効が、当該個別執行の手続とは一応形式的には別の総括執行の手続である破産手続には効力が及ぶのか、必ずしも明らかではない。

本件は、実際にはまれな事例ではあるが、仮差押えの登記後に登記された抵当権を有する債権者の競売申立権の有無、仮差押債権者の請求債権が確定した場合の右競売申立権の有無、右抵当権の破産手続上の取扱い等が問題とされたものであり、民事執行法の採用している手続相対効について、理解を深める素材を提供している事例である。

一　決定要旨

1　破産法七〇条一項本文による仮差押えの失効は、民事執行法八七条二項にいう「仮差押えがその効力を失ったとき」にあたらない。

2　競売申立人の抵当権に優先する仮差押債権者の請求債権が破産手続において確定したときは、債権表の記載は破産者に対し確定判決と同一の効力を有し、競売申立てをした抵当権者は右競売手続において配当を受けることがで

きないから、右競売申立てを不適法として却下すべきである。

二　事案の概要

A所有の不動産について、昭和五六年五月二六日受付でBの仮差押登記、同年七月三日受付で抗告人Xを抵当権者、Aを債務者とする抵当権設定登記がなされていたところ、同月八日Aが破産宣告を受けた。そして、Bの請求債権は、同年九月三日破産手続において確定し、Aも異議を述べていない。

ところで、Xは、その抵当権を実行するために競売の申立てをしたところ、原裁判所（名古屋地決昭和五六年九月二四日金判六四一・三七）は、Bの仮差押えは、破産財団に対する関係では効力を失うが、Xに対しては対抗することができ、しかもBの請求債権は確定しているから、Xは、その申立てにかかる競売手続内においては配当を受けられないことが明らかであり、このように自ら配当を受ける資格のないことが判明している債権者による競売申立ては不適法であるとして却下した。この決定に対し、Xから、抗告を申し立てたのが本件である。

三　決定理由

破産法七〇条一項本文に仮差押えの実行手続は破産財団に対してはその効力を失うとあるのは、いかなる関係においても絶対的に無効となるというのではなく、破産管財人が破産財団に属する財産を換価する障害とならないよう同条に示すとおり破産財団に対する関係においてのみ相対的に無効とするものであって、後に破産が解止となり、破産財団が消滅するに至った場合に、仮差押えの目的となっている財産が破産者の所有に残っていたときには、仮差押えは当然に回復することになる。このため、破産宣告がなされても、執行裁判所は破産宣告前の仮差押登記の抹消登記を嘱託することはできないものと解される。したがって、破産法七〇条一項本文による仮差押えの失効は民事執行法八七条二項にいう「仮差押えがその効力を失ったとき」にあたらないことが明らかである。

仮差押えの請求債権が破産手続において確定し、破産者が異議を述べなかったときは、債権表の記載は破産者に対し確定判決と同一の効力を有するから（破産法二八七条一項）、本件仮差押債権者が本案の訴訟において敗訴（民執法八七条二項）することはありえず、抗告人その他の第三者が代位弁済しない限り、本件仮差押えがその効力を失うことも考えられない。したがって、第三者が代位弁済したことの証拠のない本件では、抗告人は本件申立てにかかる競売手続において配当を受けられないことが明らかである。そうすると、原決定は相当であって、本件抗告は理由はない……。

四　研　究

1　差押え・仮差押えの処分禁止効と個別執行手続における手続相対効

差押え・仮差押えの処分禁止効について、旧法下の通説と実務の取扱いは、いわゆる個別相対効説をとり、差押えまたは仮差押え後にされた処分行為は、その差押債権者または仮差押債権者に対してのみ対抗できず、他の者に対してはそれを主張できると解していた。この個別相対効説をとると、優劣関係について、いろいろ錯綜する場合が出てきて、いわゆる「ぐるぐる回り」の問題が生じるという難点があった。それで、民事執行法では、原則として無債務名義の配当要求を認めないことにしたことと併せて、個別相対効説との整合性を図ることが意図された。すなわち、個別相対効説によると、差押えの後に抵当権が設定された場合に、抵当権者は差押債権者からみると単なる無名義債権者であるが、他の者に対しては抵当権をもって対抗ができるので、配当を受けられることになり、差押債権者からみた場合に、無名義の者が配当要求をしてくるという難点が出てくるので、民事執行法は八七条二項・三項で、強制競売の手続について、個別相対効説を棄てて、いわゆる手続相対効説を採用し、この規定を担保権に基づく競売にも準用することにした（民執法一八八条）(1)。

民事執行法に導入された手続相対抗というのは、差押えのみならず仮差押えがされた場合も、その後の処分は、その差押え・仮差押えが効力を失えば有効となるという意味で相対的ではあるが、その差押え・仮差押えを基礎とする競売手続では、当該差押えまたは仮差押えをした債権者との間だけではなく、その他のすべての債権者との関係でも無視されるというものである。つまり、差押えまたは仮差押えが、処分禁止効を有するということでは従来とまったく同じであるが、新法下では手続相対効が取り入れられたので、差押えまたは仮差押えに遅れる処分、担保権、用益権の設定等は、すべての債権者との関係でも無視されることになり、差押え・仮差押えがされた場合には、債務者の処分が非常に拘束されることになっている。(2)(3)

2　差押え後・仮差押え後の担保権に基づく執行申立ての取扱い

債務者が破産宣告を受けたことは、後で取りあげることにして、まず、仮差押えに劣後する抵当権者（正確にいうと、仮差押えの登記に遅れて抵当権の登記をした債権者。以下同じ）が競売申立てをした場合の取扱いについて考えることにしたい。

差押え・仮差押えは債務者の処分を制限し、この処分制限に違反する行為は差押債権者・仮差押債権者に対抗できないのであるが、その抵当権の設定等の処分行為も、私法上の効力が生じないというものではない。それで、差押え後・仮差押え後であっても、抵当権の設定自体は私法上において有効である（同旨＝大判昭和一〇年四月二三日民集一四・六〇一、山口地裁徳山支判昭和三〇年五月一一日下民集六・五・九八〇）。しかし、新法のもとでは、手続相対効がとられたので、差押え・仮差押えにかかる競売手続が進行する限り、その執行手続のうえでは、差押え後・仮差押え後に設定された抵当権は無視され、配当を受けることができないことになっている（民執法八七条二項・三項）。

もっとも、民事執行法が手続相対効を採用したことについて、それは、立法過程のなかで、第一次、第二次試案の検討を終わって法案要綱をまとめる段階で、にわかに個別相対効から手続相対効に転じたものでミステリーの一つであるといわれていたり、また、新法は手続相対効を採用したとし、その根拠として民事執行法八七条二項・三項をあげているが、規定のうえでは、その内容が必ずしも明確になっていないということが指摘されている。しかし、そのような立法過程の疑問、立法に不備な点はあるが、立法担当者は、新法は、手続相対効を採用していると説明しているので[4]、ここでは新法は手続相対効を採用しているものとして、以下考えることとする。

この手続相対効を前提として考えると、差押え後・仮差押え後に設定登記を受けた抵当権は、差押え・仮差押えにかかる競売手続が進行する限り配当を受けることができないのであるが、差押え・仮差押えに遅れる抵当権に基づく「競売申立て」をどのように取り扱うべきかについて、従来、仮差押えに関して、次の三つの見解が示されている[5]。

① 抵当権者は、仮差押債権者が敗訴するなど、その帰趨が決まるまで配当を受けられないから、申立権そのものがない。

② 仮差押債権者が本案訴訟を経て債務名義を取得した場合には、当然にそれに基づく強制執行権があり、また仮差押債権者が本案で敗訴した場合には、この抵当権が生き、担保権が実行されることになり、いずれにしても換価手続に進行していくので開始決定はすべきであるが、配当を受けられないような債権者の申立てに基づいて換価手続を進めることは、無剰余禁止の原則（民執法六三条）に反するから、差押登記の段階で手続を停止すべきである。

③ 仮差押えがあっても、抵当権に基づく換価権はなくならないから、開始決定のうえ、換価まで進行すべきであるが、配当はできないので、民事執行法九一条一項六号により供託して、その後に仮差押えの帰趨が確定したときに、同法九二条により配当を実施すべきである。

ところで、この種類の競売申立ては事例が少ないので、実務の取扱いも、未だ固まっていないようであるが、私は、民事執行法のうえでは、配当を受けられないとしているだけであるので、抵当権が有効に設定され、抵当権実行の要件を具備している以上、申立権を認めて競売開始決定をすべきであり、また、仮差押えによって担保権の換価権能そのものが制限を受ける根拠もないので、理論上は③説が正当であると考える[6]。

抵当権者としては、差押え・仮差押えに対抗できなくても、競売を申し立て開始決定を受けておくことにより、短期賃貸借を排除し、あるいは将来の引渡命令の申立てに際して、有利な条件を確保できる実益もあるといえる。もっとも、仮差押えに遅れている抵当権者としては、手続を進行しても、その地位は不安定であり、費用（売却の費用の予納）をかけるだけに終わる危険もあり、抵当権者が、手続を差押登記のところで停止しておくほうを希望することも十分考えられるので、執行裁判所としては、抵当権者の意見を聞き、その裁量により手続を事実上停止しておく運用も相当であるといえよう(7)。

本差押え後の抵当権も、先行事件の取下げまたは取消しによって終了しない限り配当を受けることはできず（民執法八七条一項四号）、このような抵当権に基づく競売申立ても、仮差押えと同様に、申立権そのものがないとする見解と、開始決定はすべきであるとする見解が考えられるが、私は、民事執行法は配当を受けられないとしているだけであるから、この場合も、申立権を否定せず、開始決定（二重開始決定。民執法四七条一項）をすべきであると考える(8)。しかし、この場合は、先の開始決定にかかる強制競売の手続が進められているので、抵当権に基づく執行手続は差押登記の段階で停止することになる（先行事件が取下げ、取消し、停止されたときは、後行の競売事件について続行決定がされることになる。民執法四七条二項・四項）。

なお、先行の執行手続が執行停止になっていて、差押えの効力が確定しないまま配当手続が行なわれるようなときは、抵当権の効力の有無が決まらないので、配当額に相当する金銭を供託しなければならないことになる（民執法九一条一項六号）。

3　仮差押えに遅れる抵当権に基づく執行手続の進行中に、仮差押えが本執行に移行した場合の取扱い

手続進行中に仮差押えの請求債権が確定し、仮差押えが本差押えに移行すると、二重開始決定（民執法四七条一項）がなされることになるが、この場合、

①　抵当権に基づく執行手続は取消して、後の手続を進める（前の機関車に代わって後の機関車が手続を引き継ぐ）という考え方、

②　抵当権に基づく執行手続をそのまま進めるが（手続を進める機関車に交替はない）、抵当権は売却によって消滅するという考え方、

の二つの見解が対立している。[9]

①説は、本差押えにより抵当権者は配当を受けられなくなるのであるから無剰余ということで、民事執行法六三条を類推適用し、抵当権に基づく先行の執行手続を取消すという考え方であるが[10]、この場合は無剰余ということでなく、配当を受けることができなくなるということであるから、右類推解釈は無理であり、また、仮差押えが本差押えに移行しただけで直ちに担保権が効力を失ったり、換価権能を喪失するものでもないので、先行行為を職権で取消さなければならないとする根拠、あるいは競売手続を進行させる機関車を取り替えなければならないとする根拠[11]は乏しいというべきである。そうすると、本差押えに移行したからといって、先行手続における担保権の効力がなくなるものではなく、また、本差押えに移行しただけでは先行手続の取消事由とはならないので、そのまま担保権に基づく先行手続を進め、売却にまで至った場合は、民事執行法五九条二項に定めるとおり、担保権は売却すなわち換価によって効力を失うと解すべきものと考える。[12]

もっとも、この場合も、実際には、抵当権者が配当をもらえないことが一応確定しているのに、機関車としての役割だけを果たすということになるので、申立てを取り下げる場合が多いと予想されるが、取り下げない限りは、先行の手続を進めることになろう。

4　抵当権に優先する仮差押えが債務者の破産宣告によって失効した場合と民事執行法八七条二項

破産法七〇条一項は、「破産債権ニ付破産財団ニ属スル財産ニ対シ為シタル強制執行、仮差押、仮処分又ハ企業担

保権ノ実行ハ破産財団ニ対シテハ其ノ効力ヲ失フ」と規定している。この仮差押えの失効の意義について、通説は、いかなる関係においても絶対的に無効となるというものではなく、破産管財人が破産財団に属する財産を換価する障害とならないよう個別執行を禁止し、破産財団に対する関係においてのみ相対的に無効とするものであると解している(13)。本判決も、この通説に従っているものである。

右通説に従うと、破産宣告がなされても仮差押えは絶対的に失効しないが、破産法七〇条一項は、破産手続において破産財団に属する財産の換価に支障のある障害を排除することを認めているので、障害の排除の必要という限度で、仮差押え等の登記の抹消が許されるべきものと考える。本決定は、破産宣告がなされても執行裁判所は破産宣告前の仮差押登記の抹消登記を嘱託することはできないと判示している。しかし、破産宣告があったからといって、直ちに抹消登記の嘱託をすべきことにはならないが（同旨＝東京高決昭和三〇年一二月二六日高民集八・一〇・七五八、金法九六・三）、現実に換価の障害となるときには、その限度で右嘱託ができるものと考えたい。東京地方裁判所の実務でも、この抹消登記の嘱託を、現実に換価の段階ないし所有権移転登記の際に、破産裁判所の嘱託によって実施しているようである(14)。

5　抵当権に優先する仮差押債権者の請求債権が破産手続において確定した場合と右抵当権に基づく競売申立て

前述のとおり、破産宣告があると、破産財団に属する財産に対してなされている仮差押えは失効することになるが、その失効の意味は絶対的なものではないので、民事執行法八七条二項にいう「仮差押えがその効力を失ったとき」にはあたらない。

そうすると、個別執行の手続のうえでは、破産宣告があっても、抵当権者に対する関係で仮差押えは失効していないのであるが、その仮差押えにかかる請求債権が、破産手続において確定したときにはどうなるのか。請求債権が破産手続において確定すると、破産者に対して確定判決があったのと同じことになるので（破産法二八七条一項）、仮差押債権者が本案で敗訴する可能性がなくなり、抵当権者は配当を受ける可能性がなくなってしまう（民執法八七条二項）。

本件決定は、抵当権者が配当を受ける可能性がなくなってしまった以上、抵当権に基づく競売申立ては不適法であると判示している。

前述のとおり、この点について見解が分かれており、本件決定も一つの見解ではあるが、私は、配当を受けられないということと、抵当権に基づく執行申立権能は別であるので、抵当権が有効に設定されている以上、その抵当権に基づいて競売申立てがあれば、一応開始決定だけはすべきではないかと考える。

後順位の抵当権に基づき開始決定をしても、一方で債務者に対して破産宣告があり、包括執行である破産手続が先行しているときには、右抵当権が別除権として取扱われることには変わりはないが、抵当権に基づく競売手続は、差押えが先行している場合と同様に進行せず、その開始決定による差押登記の段階で手続を停止することになるものと考える。後順位の抵当権に基づく開始決定が先行し、その後に破産宣告があった場合は、前述の抵当権に基づく競売手続の進行後に仮差押えが本差押えに移行した場合と同様に考えることになろう（破産法七〇条一項の反対解釈）。

ところで、他方、破産手続内における右抵当権の取扱いであるが、個別執行と破産手続とは一応形式的には別の手続であり、別除権と扱われる抵当権は、個別執行においては債務者の破産によって原則として影響を受けず、また、破産債権に基づく仮差押えは、破産宣告により破産手続が進行する限り、その効力を失うのであるが（破産法七〇条一項）、破産財団に属する同じ財産について個別執行と破産手続とが進行している場合、この二つの手続は、執行手続という点では関連しているものであるので、個別執行における手続相対効（差押え・仮差押えに対抗できない処分の効力）は破産手続にも当然に効力が及ぶものというべきである。仮差押えで保全しようとした本執行は、破産手続の開始により破産手続のなかに吸収され、包括的な本執行が実行されることはなくなるが、破産手続は本執行に代わるものであるので、その破産手続では個別執行における手続相対効（差押え・仮差押えの手続相対効）の効力が及ぶものと考えるべきである。結果からいっても、個別執行で当該抵当権について認められていない効力を、総債権者に対し公平・平等な弁済がなされるべき破産手続で認めるのは合理性を失するといえる。それで、差押え・仮差押えに遅れている後順位の抵当権者は、破産手続でも、手続相対効を受けることになり、別除権者として優先弁済を受けることはできないものと考える。

本件で、抗告人は、「破産宣告後においては、本件仮差押えが本件不動産に対する強制執行にまで進むことはありえないのであるから、本件仮差押えが先行し、その請求債権が確定しても、そのことは、本件競売手続を開始するにつき何ら障害とならない。……破産手続が開始された以上、仮差押えに遅れる抵当権であっても、換価権能に基づく優先的地位は保障されるべきであり、別除権の行使を妨げられるいわれはない。」と主張しているが、前述のとおり、抵当権が別除権であることに変わりはないとしても、仮差押えに遅れる抵当権は、個別執行においては、破産法七〇条一項の失効規定にかかわらず手続相対効を受けるのであり、この破産手続外の個別執行で受ける手続相対効による制約は、破産手続内でも同様に受けるものと解すべきである。

それで、債務者に破産宣告があり、破産債権が確定している場合でも、後順位抵当権者からの執行申立てがあったときは、一般に破産廃止の可能性があり、そして先行仮差押えが代位弁済等により取消され、抵当権が完全な効力をもつことが考えられる以上、競売申立てを不適法なものとして却下すべきではなく、開始決定だけはしておくべきではないかと考えている。私は、本決定が競売申立てを却下している取扱いには疑問をもっている。

（1）　民事執行法の立案の過程における差押え・仮差押えの効力の相対性についての取扱いの変遷について、谷口安平「金銭執行における債権者間の平等と優越」民事執行法の基本構造二五三頁以下、三ケ月章・民事執行法二一一頁、二三四頁。

（2）　個別相対効と手続相対効について、三ケ月・前掲二三四頁、中野貞一郎・民事執行法概説一二二頁、斎藤秀夫・講

義民事執行法一六八頁、宮脇幸彦「金銭執行と多数債権者」民事執行法を学ぶ一五九頁、宮脇・強制執行法〔各論〕二七頁、四三三頁、田中康久・新民事執行法の解説一〇二頁。

宮脇・民事執行法を学ぶ一七三頁では、新法の平等主義の基調からみて、差押えの効力について手続相対効説を採用したのは納得できるが、仮差押えの効力までこれにそろえたのは疑問であり、比較法的にみても異例であり、いわば仮差押えの執行を破産宣告と同視したことになると指摘されている。

（3）　仮差押登記後に設定登記された抵当権が配当に与れるかについて、旧法事件の取扱いをみると、一方で、最判昭和三五年七月二七日（民集一四・一〇・一八九四）は、仮差押債権者が本差押えをして強制執行に移行した事件に関して、抵当権者が利害関係人として取り扱われ、かつ、債権計算書を提出していても、抵当権者において配当要求の申立てをしていない以上、配当に与れないとしており、また、他方、最判昭和五七年七月一日（判タ四八六・八一）は、任意競売の対象である不動産に登記ある抵当権を有する者について、右抵当権に優先する仮差押えの登記がある場合でも、配当要求をしていなくても仮差押債権者と同順位で配当を受けることができると判示している。この二つの判例の一方は、強制執行による競売であり、他方は、抵当権の実行によるそれであるが、昭和五七年の最判は、昭和三五年の最判を変更したものではないと解されている。

しかし、民事執行法のもとでは、強制競売か担保権実行としての競売であるかを問わず、仮差押えに手続相対効が導入されたので、仮差押えが失効しない限り、右抵当権者は執行手続上では配当から除外されることになる。

（4）　浦野雄幸・逐条概説民事執行法〔全訂版〕三〇七頁、田中康久・新民事執行法の解説〔増補改訂版〕一二八頁。

（5）　最高裁事務総局編・民事執行事件執務資料五四頁、竹下ほか「座談会＝民事執行セミナー（第五回）」ジュリ七二三・一二八、今井ほか・座談会＝民事執行の実務七三頁、竹田稔・民事執行の実務Ⅰ四一頁。

（6）　抵当権を実行した場合の供託について、仮差押えの被保全債権額だけでよいのか、仮差押えに優先する債権者がない限り売却代金全額でなければならないのか、仮差押えの効力の範囲に関して見解が分かれている。旧法のもとでは、個別相対効説に基づき、仮差押えの処分禁止効は被保全債権とされた額に限定されるので、供託も被保全債権額だけでよいと解されていたが（前掲最判昭和三五年七月二七日）、手続相対効が取り入れられた新法のもとでは、客観的限定主義が放棄されたとし、仮差押え後の抵当権者は、仮差押えの被保全債権額を控除して剰余が出ても配当を受けることができないので、売却代金全額を供託すべきであるという見解がみられる（南新吾「民事執行法の施行を前にして」判タ四一八・八、竹田・前掲四〇頁）。

（7）同趣旨のもの、最高裁事務総局編・前掲五五頁、竹田・前掲四一頁、前掲座談会における意見の大勢、富越和厚「差押え・仮差押えの効力(6)」金法一〇一〇号一〇頁。

（8）最高裁事務総局編・前掲五五頁。旧法下では、任意競売の先行する不動産について強制競売の申立てがあった場合、および強制競売が先行する不動産について、任意競売の申立てがあった場合のいずれについても、記録添付の効力（民訴法旧六四五条二項。前者の場合には併せて配当要求の効力）を認めることは、確立した判例（最判昭和三九年七月一日民集一八・六・一〇〇五、最判昭和四三年七月九日判時五二九・五一、ほか）であった。

（9）竹下ほか・前掲座談会・ジュリ七二三・一二九、今井ほか・前掲座談会七四頁。

（10）今井ほか・前掲座談会七四頁〔東発言〕。

（11）抵当権に基づく先行手続は取り消されることになるとするもの、竹下ほか・前掲座談会・ジュリ七二三・一二九〔三宅発言〕、三ケ月・前掲四八一頁。

（12）竹下ほか・前掲座談会・ジュリ七二三・一二九〔中野、浦野、宇佐見、南各発言〕、今井ほか・前掲座談会七五頁〔南、近藤、大橋、佐藤各発言〕。

（13）吉川大二郎「破産法における個別執行禁止の原則と保全処分」増補仮処分の諸問題二八〇頁、谷口安平・倒産処理法〔第二版〕二〇七頁、石原辰次郎・破産法和議法実務総覧〔全訂版〕一四五頁。破産法七〇条一項と同趣旨の規定＝会社更生法六七条一項、六項、二四六条一項、和議法四〇条二項、五八条、商法三八三条二項、三項、四三三条。

（14）抹消登記手続を破産管財人の申請によってするか、または本来の執行裁判所の嘱託によってするか、破産裁判所もできるのか、見解が分かれている。

原則は、仮差押えの登記の抹消登記は、当該執行裁判所の嘱託によるべきものであるが（法務省昭和三四・四・三〇民事甲第八五九号民事局長回答）、破産裁判所の嘱託によっても行なわれているようである。

（金融法務事情一〇二二号、一九八三年）

71　譲渡担保権者と第三者異議の訴えの可否

最高裁第一小法廷昭和五八年二月二四日判決、昭和五七年(オ)一三二二号
第三者異議事件――上告棄却
金融法務事情一〇三七号四二頁、金融商事判例六七二号四二頁
大阪高判昭和五七年九月一六日、昭和五七年(オ)六九八号
金融商事判例六七二号四四頁（原審）
大阪地判昭和五七年三月二九日、昭和五七年(ワ)八六七号
金融商事判例六七二号四四頁（第一審）

民事執行法の施行前において、譲渡担保権者が第三者異議権を有するか否かについて、学説・判例は区々に分かれていたが、最高裁判決は、譲渡担保権者は特段の事情がない限り、第三者異議の訴えによって、目的物件に対し譲渡担保権設定者の一般債権者のなした強制執行について排除を求めることができると解していた。民事執行法は、優先弁済請求の訴え（民訴法旧五六五条）の制度を廃止し、他方、動産執行において配当要求をなしうる者を質権者と先取特権者とに限定したが、譲渡担保について担保権として理解する傾向が強くなってきたので民事執行法のもとでも第三者異議の訴えが許されるかどうかについて疑義があった。しかし、本件最高裁判決は、従来の判例の見解が新法のもとにおいても維持されることを明らかにした。

一　判決要旨

譲渡担保権者は、特段の事情がない限り、目的物件に対し民事執行法一二二条の規定により譲渡担保権設定者の一

般債権者がした強制執行につき、第三者異議の訴えによってその排除を求めることができる。

二　事案の概要

X（原告、被控訴人、被上告人）は、昭和五四年一〇月五日にAに金二六〇万円を、弁済期昭和五五年六月二五日、利息日歩四銭一厘、損害金日歩八銭二厘の約定で貸し付け、昭和五五年六月三日に至り右債権を担保する目的でA所有にかかる機械類二七点について同日付金銭消費貸借ならびに動産信託譲渡担保契約公正証書に基づき譲渡担保契約を締結し、譲渡担保権を取得したが、Aの一般債権者であるY（被告、控訴人、上告人）は、Aに対する執行力のある手形判決に基づき、昭和五七年一月二七日右機械類のうち、ホッパードライヤー一台、攪拌機一台、裁断機一台、粉砕機一台の合計四点（価格約三〇万円。以下「本件差押物件」という）について強制執行をした。

そこで、Xは、Yに対して本件差押物件の所有権を取得しているとして第三者異議の訴えを提起した。

第一審は、Yが欠席したのでXの請求どおり認容の判決をしたが、原審では、本件差押物件の価格三〇万円はその被担保債権額（残元本一五〇万円および損害金）以下であるから、第三者異議の訴えにより強制執行を排除することができるとして、Yの控訴を棄却した。

Yは、これに対して上告をしたが、主な上告論旨は、Xは、本件差押物件を担保目的で所得した者であり、その際取得した担保物件は二七点あり、その価格は被担保債権額を相当上回っているから、第三者異議の訴えにより執行を排除することができないのに、原審がこれを認容したのは、法令解釈に誤りがあるというものである。

三　判決理由

譲渡担保権者は、特段の事情がない限り、譲渡担保権者たる地位に基づいて、目的物件に対し譲渡担保権設定者の一般債権者がした民事執行法一二二条の規定による強制執行の排除を求めることができるものと解すべきである（最一小判昭和五六年一二月一七日民集三五・九・一三二八、金融法務事情九九六・四四)。本件記録によれば、Yは右特段の事情について主張立証をつくしていないから、Xの本訴請求を認容した原審の判決は、正当として是認することができ、その過程に所論の違法はない。論旨は採用することができない。

四 研 究

1 民事執行法の施行前の解釈

民事執行法の施行前において、譲渡担保権者(1)が第三者異議の訴えを提起できるかについて、学説・判例は区々に分かれ、数多くの見解が示されていたが(2)、その傾向は、所有権構成から担保権的構成へ、さらに複合的構成へと推移してきたと捉えることができる(3)。

譲渡担保は所有権移転の法形式を使って債権担保の目的をあげるものであるが、第一説は、この法形式を重視し、譲渡担保権者は所有権に基づき第三者異議の訴えを提起し、強制執行の全面的排除を求めることができるとするものであり、これがかつての学説・判例の主流であった。その後、昭和三四年の新国税徴収法の制定を契機として(4)、その実質は担保にすぎないことを強調する立場から、譲渡担保権者は第三者異議の訴えを提起できず、優先弁済請求の訴え(優先弁済請求の訴えは、第三者異議の訴えの限縮された形の訴えと理解されていた)を提起すべきであるとの、第二説がしだいに有力となった。そして、最判第一小判昭和四一年四月二八日(民集二〇・四・九〇〇、金融法務事情四四三・六)が、会社更生事件について、譲渡担保権者には取戻権(会社更生法六二条)はなく、更生担保権者(同法一二三条)としてのみその権利を行使すべきであるとしたことが、右の傾向に拍車をかけたといわれている。

これに対して、第三説は、優先弁済請求の訴えしか認めないのでは、譲渡担保権者は希望しない時期・方法・額による弁済を強制され、第三者異議の訴えによる場合の経営維持機能も発揮しえないという観点から、被担保債権額が目的物の価格を上回るような場合は、第三者異議の訴えを認めるべきであるというもので、民事執行法の施行前には、この第三説が最有力説となっていた。

前記最一小判昭和五六年一二月一七日は、この第三説に立ち、譲渡担保権者は、特段の事情のない限り、第三者異議の訴えによって目的物件に対し譲渡担保権設定者の一般債権者がした強制執行の排除を求めることができる、と解釈を示している。

もっとも、右第三説も、第三者異議の訴えを原則とするものと、第三者異議の訴えを例外として認めるものとに分かれていたのであるが、前記最一小判昭和五六年一二月一七日は、第三説のうち第三者異議の訴えを原則とする見解をとったものであった。

2　民事執行法の制定と立法担当者の見解

民事執行法は、旧法と同趣旨で第三者異議の訴え（民事執行法三八条）を規定し、第三者異議の訴えの性質、その適用範囲および異議の事由については旧法（民訴法旧五四九条）とまったく同様であるが、一方で優先弁済請求の訴え（同法旧五六五条）の制度を廃止し、他方で動産執行において配当要求ができる者を質権者と先取特権者に限定したので（民事執行法一三三条）、民事執行法の立法担当者の大方は、「譲渡担保権者は配当要求することができず、その権利を主張するには、所有者として第三者異議の訴えを提起し、執行手続の取消しを求めなければならなくなった」（田中康久・新民事執行法の解説〔増補改訂版〕二九五頁等）と考えていたようである。もっとも、立法担当者のなかに、譲渡担保権者は民事執行法一三三条の配当要求権者に該当しないから第三者異議の訴えを起こせるとしながらも、「譲渡担保権者は、その担保的機能が重視される傾向にあるから、民事執行法一三三条を類推して、その配当要求を認める考え方でもでてくることは否定できないであろう」とする見解（浦野雄幸・逐条概説民事執行法〔全訂版〕四四八頁）がみられる。

3　民事執行法の制定後の学説と裁判例

民事執行法の制定後の学説をみてみると、三ケ月章・民事執行法一五一頁以下、中野貞一郎・民事執行法(上)〔現代法律学全集(23)〕二七五頁、中野編・民事執行法概説一四一頁〔上田徹一郎執筆〕は、論議は新局面に立ったとして、譲渡担保権者には第三者異議の訴えを全面的に認め、強制執行の排除を求めることができるとし、譲渡担保権者が、余剰価値を一人占することが差押債権者との間の衡平を害する事情のあるときは、第三者異議の訴えの一部認容判決として、優先弁済を認めるにとどめる判決をすべきであるとする。また、竹下守夫ほか「座談会＝民事執行法セミナー」ジュリ増刊二六三頁〔竹下発言〕、竹下守夫「非典型担保の倒産手続上の取扱い」新・実務民訴講座⒀三八七頁、青山善充「譲渡担保と民事執行法」金判六〇九号二頁は、「譲渡担保権者は、目的物件の価額が被担保債権額を超過しない場合、第三者異議の訴えが認められ、超過する場合は、新法一三三条により配当要求をなしうる」と解しており、また、両手続を選択的〔竹下ほか・前掲座談会二六三頁〔新堂発言〕〕に、あるいは併列的〔同座談会二六三頁〔中野発言〕〕に利用できるとするものもあり、学説の間に対立がみられる。

民事執行法の施行後の裁判例は、発刊されている雑誌に登載されたものはまだ少ないが、譲渡担保の性質が変わらないので、旧法のもとにおける前記最一小判昭和五六年一二月一七日は、新法のもとにおいても維持されてよいものと一般に受け取られている〔高松高判昭和五七年二月二四日金判六四二・三八、福岡高判昭和五七年九月三〇日金融法務事情一〇二二・七六、判タ四八二・九九〔旧法事件〕等〕。

4　第三者異議の訴えと「特段の事情」

本件最高裁判決は、旧法時代の最高裁判決をそのまま踏襲し、譲渡担保権者は譲渡担保権者たる地位に基づいて、「特段の事情がない限り」、原則として第三者異議の訴えを提起できるとしているが、この「特段の事情」の内容については、何も明示していない。

譲渡担保が所有権を移転する法形式をとる以上、目的物の全部または一部を譲渡担保権設定者の一般債権者が差し押さえた場合、執行目的物は、譲渡担保権設定者の一般債権者のための責任財産には属していないということになるので、譲渡担保権者は、原則的に第三者異議の訴えを提起できる。しかし、譲渡担保権者の有している執行目的物についての所有権は担保のためという目的に制限されているので、執行目的物の価額が譲渡担保の被担保債権額を上回る場合（余剰のある場合）に、余剰額も一般債権者の満足に供されないというのでは、譲渡担保権者に過分な権利を付与することになる。

それで、判例のいう「特段の事情」は、まず第一に、右のような執行目的物の価格が被担保債権額を上回る場合（余剰のある場合）をいうものと解される。[5] 学説の多くも（竹下・前掲三八七頁、青山・前掲金判六〇九・二）、このような場合を除いて、譲渡担保権者に第三者異議の訴えを認めてよいと解している。「特段の事情」として、余剰のある場合のほかには、被担保債権の確定していない場合、履行期がいまだ到来していない場合等があげられている（前記高松高判昭和五七年二月四日[6]）。

5　担保目的物の一部の執行と第三者異議の訴え

執行目的物が譲渡担保物の一部であり、その価額は被担保債権額を超過しないが、担保物全体の価額が譲渡担保の被担保債権額を上回っているようなときは、第三者異議の訴えが許されるか。

旧法時代に、新潟地裁新発田支判昭和三七年九月一五日（下民集一三・九・一八八七）は、目的物全体では被担保債権（一〇万円）の数倍の額が見込まれる場合に、目的物件の一部（三万三、〇〇〇円）についての差押えに対する第三者異議は権利の濫用として許されないとしたが、このような場合も、譲渡担保権者としては残余の目的物から債権の満足を受けるべき義務はないと考えられるから、執行目的物の価額が被担保債権額を上回らない限り、右「特段の事情」には該当せず、譲渡担保権者は第三者異議の訴えにより執行の排除を求めることができると考える。

本件事案は、担保目的物である機械類二七点のうち、機械四点に対し強制施行をしたケースであるが、本判決は、Yが「特段の事情」について主張・立証をつくしていないとして、Yの上告を棄却しているので、この点についてどのように考えたのか必ずしも明確ではない。もっとも、本件判決に対するコメント（金判六七二・四二、判時一〇七八・七六、判タ四七九・一〇五に登載のもの。同一の執筆者によるものと窺える）は、本件判決は、執行目的物が譲渡担保の目的物の一部であって、担保目的物全体の価額が譲渡担保の被担保債権額を上回るときであっても、執行目的物の価額が被担保債権額を上回らないときは、右「特段の事情」にあたらない趣旨を表わしたものとみることができると積極的に理解されている。おそらく、上告理由がこの点を取り上げているので、このような理解をされたと窺えるのであるが、判決文のうえからはそこまで読みとることはむずかしい。

6　特段の事情と配当要求の適否

本判決は、譲渡担保権者に対し、特段の事情がない限り第三者異議の訴えを認めているのであるが、特段の事情があって第三者異議の訴えが認められない場合（特段の事情があるときは、余剰に相当する分だけの請求棄却ではなく、全部について請求棄却となる）は、譲渡担保権者は権利実現のために配当要求をすることが許されるのか。

民事執行法は、旧法の優先弁済請求の訴えを廃止し、これまで無制限に認めていた配当要求を、「権利証明文書の提出による配当要求」に置き換える形で、配当要求権者を先取特権者、質権者に絞っているのであるが（民事執行法一三三条）、もともと差押優先主義をとらず、一般債権者の配当要求を認める法律制度のもとで、優先債権者に訴えの提起まで要求するのは矛盾することであったので、旧法下の優先弁済請求の訴えは、より簡易な方法である「権利証明文書の提出による配当要求」の形に置き換えられたと考えられるのである。本件判決のもとにおいては、譲渡担保権者に、民事執行法一三三条を準用して、配当要求の途を開くことにより、その権利行使について整合性をもたせることができるといえる。(7)譲渡担保権者は、競売代金について、その権利を証する文書（たとえば譲渡担保契約書）を提出して配当要求をすることができると考える。[8] そして、差押債権者、債権者らと譲渡担保権者との間で譲渡担保権者の権利の存否について争いがあるときには、配当異議の手続（民事執行法一四二条、八九条、九〇条）を通じて決着がつけられることになる。

ところで、中野・前掲二七五頁は、譲渡担保権者に配当要求を認めること（民事執行法一三三条の類推）はできないのではないかと解されている。その理由として、「発生原因が制限的に法定された先取特権や物の占有と結びついた質権におけると異り、譲渡担保の場合には、執行機関たる執行官に複雑かつ無限に多様な実体関係の判断を強いることになって実務上無理とされるし、譲渡担保権の実行としての競売申立てが認められていないことを考え合わせる必要がある。……配当要求の許容は、無名義配当要求に伴う債権認否ないし債権確定訴訟（旧民訴法五九一条）をなくした民事執行法のもとでは、譲渡担保契約が債務名義形成の必要を潜脱する手段となり、その被担保債権についての請求異議・配当異議の起訴責任を債務者・差押債権者に負わせることになって当をえない……。」と説かれている。中野教授のいわれるとおり、執行官に譲渡担保の多様な実体関係の判断を強いること、被担保債権についての請求異議・配当異議の起訴責任を債務者・差押債権者に負わせることは、たしかに適当なことではないが、前述のとおり、本件判決を前提として整合性を求めるとすれば、やはり譲渡担保権者に配当要求を認めざるをえないのではないかと考える。[9]

（1）　不動産に譲渡担保を設定し所有権移転登記がなされた後に、設定者の一般債権者が強制執行をしても、設定者の責任財産に属していることについて公示がないので、執行申立ては却下を免れない（同旨、高松高決昭和四七年六月一二日判時六七四・七八、宮脇幸彦・強制執行法〔各論〕二七一頁、中野貞一郎・民事執行法(上)〔現代法律学全集二三〕一七二頁）。譲渡担保を原因として所有権移転登記がなされている場合も、形式主義の建前から、同様に却下を免れない。それで、譲渡担保権者の第三者異議の訴えが俎上にのぼるのは、普通、目的物の占有が設定者に留保されている動産の譲渡担保の場合である。

(2)　学説・判例の詳細は、菊井維大・強制執行法〔総論〕二六六頁、中野貞一郎「譲渡担保・所有権留保と強制執行」判例問題研究強制執行法四四頁以下、本間義信「譲渡担保権者と第三者異議の訴え」民商八七・四・六〇五参照。

(3)　学説・判例の発展の傾向について、小林資郎「譲渡担保と第三者異議の訴」北園九・二・二二三、一〇・一・一七三、青山・前掲金判六〇九・二参照。

(4)　国税徴収法二四条は、譲渡担保の実質が担保であるところから、担保権と租税との関係に準じた調整措置をとっている。譲渡担保財産は法形式上は譲渡担保権者の財産であるが、譲渡担保の設定が国税の法定納期後にされたものであるときは、譲渡担保権者に物的納税責任を負担させ、譲渡担保財産から納税者（譲渡担保権設定者）の国税を徴収できることにしている。国税徴収法二四条と同趣旨の規定は、地方税法一四条の一八にも設けられている。

(5)　最近の最高裁判決のなかには、「特段の事情がない限り」という表現を使って限定をなし、その内容については明示をしていない場合が少なくないが、このような限定の仕方は説得力を欠くといえる。「特段の事情」の内容について明示することが説得力をもつことになるし、少なくとも本件の場合は、その内容を例示できた（例示すべきであった）場合であるといえよう。

(6)　研究会の席上において、譲渡担保権は担保権であり、通常余裕をもって担保をとっていることから考えて、第三者異議の訴えを例外として認め、特段の事情（余剰のないこと）を第三者異議の訴えを提起した譲渡担保権者に主張・立証させるのが、より合理的であるという見解が、二、三の会員から述べられた。また、民事執行法一三九条、八八条は、配当等の手続において期限未到来の債権について弁済期が到来したものとみなす旨を規定しているが、これらの規定が譲渡担保の被担保債権の期限が未到来である場合にも当然に適用になり、期限未到来は最高裁判決にいう「特段の事情」に該当する余地がないという意見も述べられていた。

(7)　田中・前掲書は、立法担当者の見解として、譲渡担保権者は配当要求をすることができず、その権利を主張するには、第三者異議の訴えを提起しなければならなくなったと説かれているが、本件判決は、譲渡担保権者の第三者異議の訴えについて「特段の事情」のあるときは制限をしているので、必然的に「特段の事情」のあるときは、配当要求を認めざるをえなくなったといえよう。

（8）　前記高松高判昭和五七年二月二四日は、第三者異議の訴えを原則的に認め、被担保債権の確定・履行期到来、物件価額の超過、無清算特約の不存在の場合には配当要求によるべきであるとする。

（9）　旧法下では、第三者異議も優先弁済請求も訴えであり、管轄も同一であったから、前者が認められない場合には訴えの変更の手続をとらず、後者の限度の請求を認めるという解釈論も可能であったが（東京高判昭和四四年一月二四日高民集二二・一・三五、金融法務事情五三九・二二、札幌地判昭和四六年一〇月二七日判タ二七二・三四六、千葉地判昭和四七年一〇月一六日判時六九八・一〇二）、新法のもとでは一方は執行裁判所に対する訴えであるが（民事執行法三八条三項）、他方は執行官に対する申出であるので、第三者異議の訴えを提起した譲渡担保権者の被担保債権額が目的物の価格を下回ること（余剰のあること）が明らかになった場合には、請求棄却の判決を受けることにならざるをえず、改めて執行官に対し配当要求の申出をしなければならないものと考える。三ケ月・前掲書、中野・前掲書は、第三者異議の訴えと優先弁済請求の訴えとが相互に独立の訴えとして認められていたのを、一部認容として融通することには抵抗感があったが、それがなくなったので、かえって容易に一部認容判決として優先弁済を認めるにとどめる判決をすべきであると説かれているが、解釈論として無理ではないかと考える。また、中野・前掲書は、優先弁済を受けうる旨の判決を取得した譲渡担保権者は、この判決の正本を執行機関に提出して、配当手続に参加できると説かれるが、この参加の手続は配当要求にほかならないのではないだろうか。

（金融法務事情一〇四〇号、一九八三年）

72　手形の取立禁止・支払禁止の仮処分の効力と支払呈示を受けた銀行の責任

東京地裁昭和五九年九月一九日民事第二四部判決、昭和五九年(ワ)六五三〇号
約束手形金請求事件――請求認容（控訴）
金融法務事情一〇七五号三六頁

最近、当座取引先が手形金額と同額の異議申立預託金を積まないで呈示手形の不渡返却を受けることができるということで、手形の取立・支払禁止の仮処分の制度を濫用していることが社会問題[1]となっている。このたび、信用金庫（支払銀行）が手形の取立・支払禁止の仮処分決定が発令されていることを理由として仮処分債務者以外の手形所持人からの取立を拒絶したことが違法とされ、手形所持人の信用金庫に対する損害賠償請求が認容された判決が出たので、改めて、手形の取立禁止・支払禁止の仮処分の効力とこれをめぐる諸問題について検討を加えておくことにした。

一　判決要旨

およそ、仮処分命令の効力は、本来、債権者と債務者との関係においてのみ効力を生じ、第三者に対してはなんらの効力も生じないものであるから、仮処分命令に関して第三者である訴外S銀行から支払呈示があれば、訴外手形振出人との間の支払事務処理委任契約に基づきY信用金庫は支払をなす義務があるところ、Y信用金庫は右支払を拒絶したのであるから、支払拒絶について過失があるものというべきである。

二　事案の概要

A社は、約束手形一通（金額　一五〇万円、満期　昭和五八年一一月一六日、支払場所　Y信用金庫飯田橋支店、振出日　昭和五八年九月五日、受取人　B）を振り出し、その後の経緯は明らかでないが、乙を債務者として本件手形の取立および譲渡等の禁止、ならびにY信用金庫を第三債務者として債務者乙に対する支払禁止の仮処分を申請して、これが認容された。仮処分決定の主文は、「債務者は別紙約束手形目録記載の約束手形を取立て、又は裏書譲渡その他一切の処分をしてはならない。第三債務者は別紙約束手形目録記載の約束手形に基づき債務者に支払いをしてはならない。」というものであった。X（本件手形の第三被裏書人）は、右手形の所持人となったのであるが（手形の裏書の連続は、受取人兼第一裏書人B、被裏書人兼第二裏書人C、被裏書人兼第三裏書人D、被裏書人Xとなっていて、本件手形面上には、不思議なことに、本件仮処分債務者である乙の記載はまったくない）、満期に、支払場所であるY信用金庫の支店に、S銀行に取立を委任して支払呈示をしたところ、Y信用金庫は右仮処分の存在を理由にその支払を拒絶した。

そこで、Xは、右手形の支払を受けることができなかったため、手形金相当の一五〇万円の損害を被ったとして、Y信用金庫に対し本件損害賠償請求訴訟を提起したものである。その理由は、Xは右仮処分の債務者であるBではないのであるから、仮処分の効力によって支払を拒絶されるいわれはなく、Y信用金庫が支払を拒絶したのは、Y信用金庫が振出人Aと当座勘定取引契約を締結して本件手形の支払事務処理の委託を受けていた義務に違反したもので、過失のある不法行為にあたるというのである。

本判決は、判決要旨のとおり、Xの主張を認めている。すなわち、仮処分の効力はその仮処分中の債権者と債務者との関係においてのみ生じ、債務者以外の第三者に対してはなんら効力を生じないという一般論に基づき、Y信用金庫が仮処分の債務者でないXないしS銀行に対して支払を拒絶したことについて、それはXの主張する不法行為が成立するものと判断を下した。

三　研　究

ここで取り上げる問題点について、すでに、宮脇幸彦「取引停止仮処分を免れるための仮処分㈠・㈡」金融法務事情二一四・一、同二二一・一七、菅野孝久「弁済禁止の保全処分」金判五五四・三五、「仮処分決定による不渡返却〔銀行取引最前線〕」金融法務事情九七四・四八、菅野佳夫「手形の取立・支払禁止の仮処分」判タ五四一・七八、谷口安平「手形取立・支払禁止の仮処分について」金融法務事情一〇七〇・六、松本貞夫「支払禁止の仮処分決定を得た手形に係る不渡届の取扱いと問題点」金融法務事情一〇五六・六、石川明「仮処分による手形の支払禁止をめぐる若干の問題」金融法務事情一〇五七・六、塚本伊平「手形の取立禁止・支払禁止の仮処分の効力に係る問題点」金融法務事情一〇七六・六、山崎馨「仮処分による手形の支払禁止と不渡制度」銀行実務一九八四年二月号五八頁、「手形の支払禁止の仮処分について〔法務の眼〕」金融法務事情一〇五八・三、林部實ほか「座談会＝手形交換制度運用上の諸問題」手形研究三六一・一〇五、井上俊雄「手形支払禁止の仮処分と異議申立制度との関係」手形研究三三五・三〇、三五六・三四、「手形の支払禁止の仮処分と実務〔法務の眼〕」金融法務事情一〇七六・三、林部實「支払禁止仮処分手形の不渡返還」手形研究三六五・一等、数多くの論文が発表されているので、これらの文献を参考にさせていただいた。

1　手形の支払禁止処分と実務

裁判所で最近出されている処分禁止の仮処分〔民訴法七五五条。本案訴訟として、手形の返還請求または手形債務の不存在確認が前提とされているもの〕の主文例は、おおよそ次の三通りに類型化できる。

(1)「債務者は、別紙目録記載の約束手形を支払場所〔〇〇銀行〇〇支店〕に支払のため呈示し、または裏書譲渡その他いっさいの処分をしてはならない〔ただし、遡求権保全の行為はすることができる〕。」

第三債務者に対する記載はない。

(2)　一　(1)と同旨。

「二　第三債務者は、債務者に対し、右約束手形に基づき支払をしてはならない。」

(3)　一　(1)と同旨。

「二　第三債務者は、右約束手形に基づき支払をしてはならない。」

主文例に関する文献は、塚本・前掲論文に詳しく紹介されているのでここでは省略するが、実際には、金融機関を第三債務者とする主文を併記している(2)の主文例が大半であるといえる。

2　債権の処分禁止仮処分と第三債務者に対する効力

一般に、債権の処分禁止仮処分において、債務者に対する取立等の処分禁止という単なる不作為命令だけでなく、第三債務者の支払を阻止するために、第三債務者に対してその支払を禁止する決定を付加して出されている例が多い。第三債務者に対する決定部分について、第三債務者に対し仮処分決定を発することは、本案判決の効力の及ばない第三者に対し仮処分を命ずるもので、仮処分の限界を逸脱するという理由でこれを不適法とする見解もあるが、(2) 大判昭和一四年一二月一五日（民集一八・一五七五）は適法説に立っており、私も、①仮処分の方法選定に対する制限としてあげているところの、第三者に対する仮処分は許さないという原則は、第三者に対して強制力を用いて強制するような行為を命じ、あるいは第三者の権利を侵害するような種類の命令を発することができないということであって、債務者の支払を禁止するのは、第三債務者に対して積極的な行為を命ずることではなく、義務の履行を制止するだけのものであり、第三債務者に対する制限とみられるものでないこと、②第三債務者は、本案請求とまったく無関係な第三者でなく、その給付行為が係争債権の内容をなすものであること、③不動産の場合には処分禁止仮処分の登記、有体動産の場合には執行官の保管という債務者の処分を債権者に対抗できなくする手段が具備しているのに、債権の場合は仮処分の効果を確保する手段がないこと、④債権仮差押えについては、第三債務者に支払禁止を命じることができる明文（民事執行法一七八条一項。本執行については、同法一四五条一項）があり、仮処分についても仮差押えの例によるものとされていること（同法一八〇条一項）等から考えて、債権の処分禁止仮処分においても、第三者に対する支払禁止命令を付加することは適法であると考える。(3)

3　手形の取立禁止仮処分と支払銀行に対する効力

債権の処分禁止仮処分において、第三債務者に支払を禁止する主文例が多く発せられており、この決定部分も適法であると解するが、債権の処分禁止仮処分では、債務者と第三債務者との間に債権・債務関係が存在するのに対して、手形の取立禁止仮処分では、債務者は第三債務者とされる手形の支払場所たる金融機関に対して手形を呈示して手形の支払を受けるだけで、債権をもっているわけではないので、債権の処分禁止仮処分とは相違している。しかし、今まで、この点は、一般の債権の処分禁止仮処分と同じように考えられていて、詰めた議論がされていない。

この問題について、よく引用されているのが消極説をとる福岡地判昭和五六年二月九日（山崎・前掲論文六〇頁に引用）で、以下のように述べ、支払銀行を第三債務者として手形の支払禁止を命じた原決定の該当部分を取消している。

「約束手形の支払場所としての銀行は、振出人との間の当座勘定取引契約による支払委託に基づき、手形の支払を担当するものであって、手形所持人との間においては、当該手形金請求権の第三債務者の地位に立つものではない。……本件手形の支払場所に記載された甲銀行を相手方として相応の仮処分申請の理由を主張することなしに、たんに第三債務者として、これに本件手形金の支払を禁ずる旨の主文第二項のごとき執行命令の申請はなし得ないものと解する。債権者としては、右銀行に対し、本件手形の偽造を支払拒絶の理由として支払委託の撤回をして支払差止を依頼すべきであ（る）」。

つまり、消極説は、①手形の支払禁止仮処分の債務者と支払銀行との間には、債権・債務関係がないこと、②仮処分債権者としては、支払銀行に対して支払委託の撤回をすれば足りるのであり、仮処分の必要性がないこと、をあげている。

しかし、私は、手形の返還請求権あるいは手形債務の不存在を被保全権利として、この種の仮処分は許容されるものと考える。そして、石川・前掲論文九頁以下があげている理由も、積極説をサポートするものと考える。すなわち、①仮処分の対象である債権について、支払銀行は債務者としての地位では関係していないが、まったく無関係な第三者でなく、その支払は係争手形の内容であるので、手形金債権関係に関係づけられているといえること、②たしかに債権者としては、支払銀行に対し支払委託の撤回をすれば足りるのであるが、一般の債権の処分禁止仮処分とその内容がまったく類似しているので、否定する必要までないこと、これらのことを理由に、積極説のほうが合理性があると考える（もっとも、本案判決の効力は第三債務者あるいは支払銀行には及ばないから、第三債務者あるいは支払銀行を被申請人（仮処分債務者）に加えることはできない(4)）。

4　包括的な支払禁止を命ずる仮処分の支払禁止効

支払銀行を第三債務者として手形の支払を禁止する仮処分が発せられる場合、相手方を仮処分債務者に限定する決定と限定しない決定（包括的支払禁止の決定）があること、限定する場合が通常の例であること、最近、手薄な地裁支部を狙って包括的支払禁止を求める仮処分と不渡制度が濫用されていること、について紹介をしたが、ここで包括的支払禁止の決定と仮処分債務者以外の第三者に対する支払禁止効の有無について検討を加えておきたい。

仮処分の第三者に対する効力の問題について、リーディング・ケースとなっているのが、株式の名義書換禁止の仮処分に関する東京高判昭和三二年四月一九日（高民集一〇・三・一八一、金融法務事情一三八・七）である。この事例は、Y会社の株式一六〇〇株の名義人であるAが、Y会社および株券所持人Bを債務者として仮処分を申請し、Y会社に対しては、右株式につき名義書替の要求があってもこれに応じてはならない旨の仮処分決定を得ていたところ、その後Bから右株式を譲り受けたXが、Y会社に名義書替を求め、Y会社が右仮処分の存在を理由にこれを拒絶したので、XがY会社に対し名義書替請求の訴えを起こしたものであるが、右判決は次のように述べている。

「仮処分命令は、本来債権者と債務者との関係においてのみ効力を生じ、第三者に対してはなんらの効力を生じないものである。よって、本件の場合でも、第三者を特定して仮処分債務者となし、その者の本件株式についての名義変更の請求を禁じているなればY会社はその者から本件株式について名義変更の請求を受けたときは（このような仮処分命令が許されるかどうかは別として）これを拒否しなければならないことは、右仮処分の効力によって当然といわなければならない。右仮処分命令の記載自体からみれば、Y会社は一般第三者からの株式名義変更の申請を拒否しなければならないようにみえるが、仮処分命令は、右のような第三者に対してはなんらの効力を有しないばかりでなく、原判決の判示しているように、現行商法は株式の自由な移転と、第三者の善意取得を強く認めているのであるから、本件株式を善意取得した第三者からY会社が名義書替の請求を受けた場合には、Y会社がこれを拒むことは、第三者の権利を不当に害することになるから、これをできないと解するを相当とする。この範囲内で、上記仮処分命令は効力を生じないことになることは、原判決が判示し、また上告人の攻撃するとおりである。裁判がその実質上の効力を生じない場合を認めることは、元よりよいことではないが、特別の場合にはこれを認めるのもやむを得ないのである。[5]」

仮処分の効力は、手形の取立禁止仮処分についても変わりはなく、債権者と債務者との関係においてのみ効力を生ずるものであり、第三者に対してはなんらの効力も生じない。この点は、異論がないところである。ただ問題は、支払呈示者を限定しない仮処分（包括的支払禁止の仮処分）が発せられた場合、その効力をどのように解すべきかということであるが、仮処分のもつ効力の範囲からいって、仮処分債務者以外の第三者に対する関係ではなんらの効力も生じないと解すべきである。相手方（手形の呈示者）を仮処分債務者に限定していない支払禁止仮処分も、効力の面では、限定しているものとまったく同じように解すべきである（同旨＝石川・前掲論文八頁、山崎・前掲論文六〇頁）。

裁判の無効はできるだけ認めるべきことではないので、裁判の無効を厳格に解する説は、いったん仮処分が発せられた以上何人もその拘束を受け、支払銀行は仮処分の存在をもって適法に支払拒絶をすべきであるとする。(6) しかし、私は、訴訟法的側面からいって、仮処分は債務者以外の第三者には効力を及ぼしえないということ、実体法的側面からいって、手形の流通性と第三者の善意取得を強く保証している手形制度の趣旨から、この場合は、特別に、包括的に読める支払禁止仮処分であっても、仮処分債務者以外の第三者に対する関係では無効であり、支払禁止の効力は仮処分債務者との関係に限定されるものと考える。(7)

5　支払銀行の支払拒絶と不法行為責任

包括的支払禁止を命ずる仮処分が発せられた場合も、その効力は仮処分債務者以外の第三者に対する関係では無効なもの（正確には効力が及ばないもの）と解すべきであるが、支払銀行がこれを有効なものと扱い、第三者からの呈示に対して仮処分の存在を理由として支払を拒絶した場合も、仮処分の拘束力が紛らわしいことからいって、支払銀行の右取扱いには過失はないといってよいであろう（同旨＝谷口・前掲論文一三頁）。

しかし、仮処分が仮処分債務者の呈示に限定しているのに、第三者からの呈示に対しても不渡とした場合は問題となる。本件は、仮処分が支払の相手方を仮処分債務者に限定しているのに、第三者からの呈示に対して不渡としたケースである。

本件で、原告は、仮処分決定の効力はその債権者と債務者との関係においてのみ効力が生じ、第三者に対してはなんらの効力も生じないから、仮処分決定のあることを理由に支払を拒絶することはできないとしたうえで、支払銀行は振出人と銀行間の支払事務委託契約に基づき手形金の支払をなす義務に違反したことに過失があるとして、支払銀行の不法行為責任を追及したのであるが、これに対し、判決はこれを請求どおり認容している。

判決は不法行為責任を認めているが、何を過失としたのか判然としていない。支払事務委託契約に基づき支払義務に違反したことを過失としているように読めるが、右義務は振出人（委託者）に対するものであり、この義務をもって直ちに第三者（手形所持人）に対する義務に置き換えることには論理に飛躍があり、また、振出人が支払禁止の仮処分を求めているときには通常、支払委託の取消しをしたものと推認できるのに、不渡にしたことが右義務違反になるとするのも、疑問があるといえよう。(8)

支払銀行の不法行為責任を問題とするのであれば、仮処分決定が支払禁止の相手方を仮処分債務者に限定しているのに、第三者の呈示に対して不渡としたこと自体に過失を免れないとすべきではなかろうか。手形の呈示者が、仮処分債務者の代理人であることもあるので、支払銀行としてはいっさい不渡としても善管注意義務として妥当ではないかという意見もあるが、呈示者が誰であるかということは大事なことであり、一概に不渡とすることは、かえって手形の流通性を阻害することになり、適法・妥当な取扱いとはいえない。

もっとも、本件において、過失が認められたからといって、支払銀行に損害賠償責任が認められるかは、さらに種々検討の余地を残している。

本件の一審段階では、被告金庫の訴訟活動も尽くされていなかったように窺えるが、振出人の支払資金（当座預金）との関係で、そもそも本件手形が額面金額の支払を受けることのできたものかどうか（仮処分の出される事例は、大部分が支払資金が不足しているといえる）、損害の有無（振出人に支払資金があれば、不渡になっても、別途手形金の回収は可能であるので、ただちに手形金相当の損害が生じることにはならない）あるいは過失と損害との因果関係の点で、簡単に損害賠償責任の認められるようなケースではない印象がもたれる。(9)

6　支払禁止仮処分と不渡制度との関係

次に、支払銀行を第三債務者として仮処分債務者に対する支払禁止の仮処分が発せられた場合、この種の仮処分決定を受けた支払銀行は、不渡制度との関係でいかに対処すべきかを検討しておきたい。

従来、支払禁止仮処分が発せられた場合、金融機関では適法な手形の呈示がなかったもの（東京手形交換所規則六三条一項ただし書、同施行細則七七条一項。同交換所規則・施行細則を、以下単に「規則」、「細則」という）とし、不渡届不要・異議申立提供金不要（いわゆる0号不渡）と取扱う例が多かったようであり、これが手形の支払禁止仮処分の濫用を呼んだ大きな原因にもなっているので、金融機関側の不渡制度の取扱いについても言及をしておく必要がある。

手形の不渡があったときは、当該手形の支払銀行および持出銀行は、細則で定める適法な呈示でないこと等を事由とする場合を除き、規則六三条一項各号の不渡届を提出しなければならないものと定められている。支払禁止仮処分の発せられている手形が支払銀行に呈示された場合、従前の多くの取扱いは、支払銀行は仮処分の存在を理由に、適法な呈示でないという事由（規則六三条一項ただし書、細則七七条一項末尾）で不渡届不要（異議申立提供金不要）として取扱っていたようである。前述のとおり、仮処分債務者からの支払のための呈示は、仮処分命令に違反するので適法な呈示とはいえず、細則七七条一項末尾に該当する。しかし、包括的な支払禁止の体裁となっているか否かを問わず、仮処分債務者以外の第三者からの呈示は適法な呈示でないとはいえないので、手形を不渡にするにあたって、不渡届不要（異議申立提供金不要）の取扱いをするのは正しくないと考える。第三者から手形が呈示された場合、支払銀行は決済資金があればこれを支払うべきであり、決済資金がないときは、資金不足で不渡返還（第一号不渡届）をなし、当座取引先から支払委託の取消しを受けているときは、その取消しの理由としている偽造、搾取、契約不履行などの事由に基づいて不渡返還（第二号不渡届）をなし、規則六六条の定めているところに従い、異議申立提供金の要・不要を検討すべきである。(10)

この点について、石川・前掲論文一一頁は、「取立禁止・債務者に対する支払禁止の仮処分があれば、債務者は当該手形を取り立てることができないし、支払をなすべき銀行は、これを支払うことができない。しかしながら、少なくとも債務者は、手形を呈示することは許される。……呈示だけは適法と考えてよいであろう。呈示があっても、銀行は当該手形を支払うことはできないから、不渡にはなるのであるが、右呈示それ自体が禁止されているわけではないので、これをもって細則七七条にいわゆる『適法な呈示でないことを理由とする不渡事由』に該当するということはできないと解される。」と述べておられるが、私は、取立禁止の仮処分の発せられている手形は、取立のための呈示をすることは許されておらず、したがってそれは適法な呈示ではない（呈示には振出人を遅滞に付する効力はあるので、その限りでは呈示に法的効果はある）と解してさしつかえないと考える。

石川・前掲論文一二頁は、さらに、「仮処分が疎明によった場合は、不渡届の提出により取引停止処分につなげるのは振出人に酷にすぎるから細則七七条一項末尾に準ずるものとして不渡届を提出しなくてもよいこととする。これに反して、仮処分が疎明に代わる保証によった場合は、異議申立提供金と比較してその額が著しく低くて済むために仮処分が濫用されがちであるという特殊事情を勘案して、二号不渡届によらしめるのが適当ではないか。」と対応策を提案されている。仮処分の実態はその大半が疎明と併せて標準的な保証によって発せられているのであるが、その改善はさておき、私は、現行の手形交換所規則に基づいて検討する限り、右解釈は無理ではないかと考えている。

松本・前掲論文八頁以下では、実務上の対応策として、四つの案にまとめておられる。

〔A案〕入金人が仮処分の債務者および手形の保管を命じられた執行官である場合には不渡届の提出を不要とし、これらの者以外の場合には不渡届を提出することとする。なお、第三者に対する支払禁止文言が債務者に限定しているか、包括的と読める場合であるかを問わない。

〔B案〕第三債務者に対する仮処分決定の文言が債務者に対する支払禁止に限定している場合にはA案と同様に取り扱い、包括的と読める支払禁止文言の場合には不渡届の提出を不要とする。

〔C案〕すべての場合について、不渡届の提出をしないこととする。

〔D案〕一般の偽造、変造、詐取、紛失等における取扱いと同様に、とりあえず異議申立提供金を提供させ、特例返還申請の取扱いとする。

前述のとおり、四案のうち、B案、C案は仮処分の効力、手形交換所規則・同施行細則の解釈からいって適当なものではない。また、D案は取扱いの便宜から考えられているものであるが、実質的に仮処分命令に反する取扱いになるのではないかという疑問と、仮処分債権者が異議申立提供金を提供できなかった場合に問題を残すので、支持することができない。対応策としては、A案が適当であり、早くこれによって統一的な対策が樹立されるべきである。

手形の支払禁止仮処分の濫用に対して、裁判所側でも、仮処分の効力のうえから許されない包括的支払禁止の仮処分を発したりして支払銀行を混乱させないようにすべきことはもちろんのこと、不渡制度の異議申立提供金とあまり均衡を失しないように仮処分の保証金を再考すべきであり[11]、他方、支払銀行側でも、早急にA案の取扱いに統一するとともに、解釈上誤解を生まないように、手形交換所規則・同施行細則の改正が望まれる（前述のとおり、来る四月二二日から、手形所持人が第三者の場合、支払銀行に不渡届を出させるよう規則が改正されたとのことである）[12]。

なお、将来の検討課題としては、仮処分の保証金と異議申立提供金（預託金）を関連させ、仮処分の保証が積まれているときは、その分だけ異議申立提供金を減額し、合わせて一本とし、制度全体を合理化することが検討されるべきである。

（1）　昭和六〇年一月五日付読売新聞によると、手形所持人に対する支払を停止させるとともに、手形の不渡処分を免れる工作をする請負会社が、釧路地裁根室支部、同北見支部、那覇地裁石垣支部、岐阜地裁高山支部等手薄な地裁支部に虚偽の仮処分を申請し、手数料を荒稼ぎしていたことが明るみに出ており、同月八日付同紙によると、最高裁は、一月七日、全下級裁に対して注意を払うように緊急通達を出し、また、これを防止するため、近く全国地裁の判事を集め協議会を開くことを決めたとのことである。

また、昭和六〇年二月二三日付日刊・同日付夕刊朝日新聞、手形研究三六五・四八（法務ニュース）によると、右工作をしていた手形詐欺グループらが逮捕されたこと、また東京銀行協会では、東京手形交換所規則・同施行細則の改正をさる三月五日（来る四月二二日から実施）に決定し、手形所持人が第三者の場合、銀行に不渡届けを出させるように改め、再発の防止が図られるようになったとのことである（矢部伸「東京手形交換所規則・同施行細則等の一部改正について」金融法務事情一〇八四・六参照）。

(2) 松岡義正・保全訴訟要論三六六頁、小川㈷「仮処分命令に於ける裁判所の自由裁量に対する制限」法曹会雑誌一四巻三号三六頁、兼子一「株式に対する強制執行」株式会社講座二巻七六五頁、中野貞一郎「株式名義書替禁止仮処分」村松還暦記念〔仮処分の研究〕㈦一六六頁。小川・前掲論文は、第三者たる会社に対する株式名義書替命令は例外として適法としている。

(3) 西山俊彦・保全処分概論三三二頁、吉川大二郎・増補保全訴訟の基本問題一八八頁、同・判例保全処分三九三頁、沢栄三・保全訴訟研究二八一頁、斎藤秀夫・判例民事報昭和一四年度九八事件。

(4) 積極説をとる裁判例として、東京地判昭和四五年六月三〇日（判時五九六・八二）。石川・前掲論文九頁は、積極説をとる理由として、「支払委託の撤回があったにもかかわらず支払をした場合、その支払は完全に有効であるのに対して、仮処分により、債務者に対して取立禁止、金融機関に対して支払禁止命令がある以上は、金融機関のなした手形金の支払は、これを債権者に対抗できないものと考えられる。この意味では、支払委託の撤回よりも、債務者に対する取立禁止および金融機関に対する支払禁止のほうが、はるかに効力としては徹底しているものということができる……」と述べているが、効力の徹底はいえるとしても、支払委託の撤回があったにもかかわらずされた支払が完全に有効になるものとはいえないので、この部分の論旨には疑問をもつ。

(5) この判決の解説として、高橋欣一・保全判例百選〔別冊ジュリスト二二号〕一九二頁。文献はそこに掲げられているものを参照。

(6) 厳格に解するもの＝大隅健一郎「株式名義書換禁止の仮処分」商法演習Ⅳ一頁、伊東＝石川・財政経済弘報六二〇号九頁。

(7) 特別な場合は無効と解するもの＝吉川・仮処分の諸問題一〇七頁、高橋・前掲論文一九三頁。

(8) 石井眞司＝住田立身・不渡処分の先例と実務一〇八頁は、「取引先から支払銀行に対して手形について支払禁止の仮処分決定のあった旨の連絡があった場合には、支払銀行としては当該手形の支払委託の取消しがあったものとして不渡返還することになります。このことは当座勘定に支払資金があっても同様です。不渡事由としては、手形交換所細則七七条に例示はありませんが、同条一項の会社更生法等による財産保全処分中となるのを類推適用して「民事訴訟法による仮処分中」とか「支払禁止の仮処分決定あり」とすればよいと思われます。この場合、不渡届けの提出は必要ありません。」と説明されている。

(9)　本稿の脱稿後に出た東京地判昭和六〇年三月一日（金融法務事情一〇八六・三八）は、本件とまったく同種のケースについて、手形が決済されなかったのは振出人が決済資金を用意できなかったことに帰因するものであり、原告の損害との間に因果関係を認めることができないとして、被告金庫の不法行為責任を否定し、原告の請求を棄却している。

(10)　倉田卓次「金融判例研究会報告」金融法務事情九六四・一九、山崎・前掲論文五八頁。

(11)　昭和五九年三月一二日法務省民事局参事官室宛全国銀行協会連合会「仮差押え及び仮処分の命令及び手続の改正に関する意見照会の回答について」金融法務事情一〇五四・四一。

(12)　改正規則・細則については、矢部・前掲解説を参照。改正内容は、A案による大幅な整備がされている。

（金融法務事情一〇八七号、一九八五年）

73　抵当権の物上代位の目的となっている清算金債権に対し差押・転付命令を得た者と抵当権者との優劣

最高裁第一小法廷昭和五八年一二月八日判決、昭和五六年(オ)二八三号
清算金請求事件――上告棄却、金融法務事情一〇五六号四二頁
大阪高判昭和五五年一二月二四日、昭和五五年(ネ)二二八五号――控訴棄却（原審）
金融商事判例六八九号一〇頁
大阪地判昭和五五年六月三〇日、昭和五五年(ワ)一〇九二号――請求棄却（第一審）
金融商事判例六八九号一一頁

土地区画整理事業等の換地処分により損失を被った者に交付される清算金が、抵当権に基づく物上代位の目的となることは、規定があり明らかである。土地区画整理法一一二条は、右清算金について供託を命じ、担保権者がこの供託金の上に権利を行なうことができる旨を定めている特殊なケースであるが、本件は、抵当権者の物上代位と物上代位目的債権について債権差押・転付命令を得た者の関係について触れた初めての最高裁の判決であり、実務上影響の大きい注目すべき判決である。本判決は、差押・転付債権者の清算金の支払請求を否定している。

一　判決要旨

抵当権が設定されている宅地についての土地区画整理法上の換地処分に伴う清算金債権に対し差押・転付命令を得た者は、抵当権者の物上代位のための差押えをする前に右命令を得たとしても、抵当権者から供託しなくてもよい旨

の申出がない限り、施行者に対し右清算金の支払を請求することができない。

二　事案の概要

訴外Aは、施行者Yに対し、土地区画整理法一一〇条による換地の清算金債権一五九万四、七六二円を有していたところ、Xは債権者として、昭和五四年一〇月一日、右清算金債権について公正証書を債務名義として差押・転付命令を受け、この命令はその頃AとYに送達された。

ところで、昭和五四年二月二八日当時、本件宅地につきB信用金庫とC信用保証協会の各根抵当権が設定され、その旨の登記が経由された。そこで、施行者Yは、昭和五四年一二月一四日、土地区画整理法一一二条により右清算金を、被供託者を土地所有者A、または根抵当権者B、または根抵当権者Cとして、O法務局に供託した。

Xは、右のような事実関係に基づき、Yに対し右転付を受けた本件清算金一五九万四七六二円とこれに対する年五分の遅延損害金の支払を求めた。

これに対し、Yは、土地区画整理法一一二条一項に基づきAに対する清算金を供託したことによりその支払債務を履行しているので、XはYに対して直接清算金の支払を請求する権利はない、また、同条項は、供託前にすでに清算金について差押・転付命令が発せられていても適用がある、と争った。

一、二審とも、Xの請求を棄却した。原判決の理由の要旨は、次のとおりである。

「宅地に抵当権者があるときは、抵当権者が供託しなくてもよい旨の申出をしないかぎり、土地所有者は施行者に対し直接清算金の支払を求めることができず、その反面、土地所有者は施行者に対し清算金の供託を求めることができ、供託されたときは、抵当権者との間で争いを解決のうえ供託金の還付を受けることができるものというべきである。……転付債権者は、差押・転付命令が有効な場合、執行債務者が第三債務者に対して有していた債権をそのまま承継して取得するものであるから、AがYに対し直接に本件清算金の支払を求めることができない以上、Xも転付債権者としてYに対し直接この支払を求めることはできない。」

そこで、Xは上告し、本件清算金が根抵当権者の物上代位の目的となっていることを理由として、右清算金について転付命令を得たXの右清算金支払請求を棄却した原判決は、大審院判決に違反し、民法三〇四条一項、土地区画整理法一一二条の解釈適用を誤っている違法があると主張した。

三　判決理由

土地区画整理法（以下「法」という）一一二条一項は、施行者は、施行地内の宅地について清算金を交付する場合において、当該宅地について抵当権者があるときは、抵当権等を有する債権者から供託しなくてもよい旨の申出がない限り、右清算金を供託しなければならない旨を定めているが、その趣旨は、右のような場合、施行者が清算金を直接宅地所有者に払い渡してしまうと、抵当権等を有する債権者が事実上、右清算金に対し物上代位権を行使することができなくなるおそれがあるので、右抵当権者等を保護するため抵当権等を有する債権者から供託しなくてもよい旨の申出がない限り、右清算金を供託しなければならないことにしたものであるから、その反面として、宅地所有者は、施行者に対し直接右清算金の支払を請求することができず、単に施行者に対し右清算金を供託すべきことを請求しうるにすぎないものと解するのが相当である。そして、清算金債権の右のような内容および効力は、右債権が譲渡等により宅地所有者から第三者に移転しても異なるものではなく、宅地上に抵当権等を有する者があらかじめ物上代位権を行使して差押えをする以前に右の譲渡等が行なわれた場合においても、これにより右債権の移転を受けた者において施行者に対し直接清算金の支払を請求することができることとなるわけのものではないというべきである。してみれば、前記事実関係のもとにおいて、XがAのYに対する前記清算金債権について差押・転付命令を得たとしても、これによってYに対し直接右清算金の支払を請求することができるものではないものといわざるをえない。これと同趣旨の原審の判断は、正当として是認することができ、原判決に所論の違法はない。(1)

四　研究

1　他人の優先権の目的となっている債権と被転付適格

他人の優先権の目的となっている債権について有力な学説は被転付適格を否定しているが（兼子・強制執行法二〇四頁、宮脇・強制執行法〔各論〕一五三頁）、判例はおおむね被転付適格を肯定している。質権の目的となっている債権（大判大正一四年七月三日民集四・六一三）、身元保証金返還請求権（大判昭和五年二月二七日民集九・二一九）、訴訟上の担保のための供託金取戻請求権（大決昭和一〇年三月一四日民集一四・三五一）、商品取引所の会員の信認金・仲買保証金（最三小判昭和四五年一二月一五日民集二四・一三・二〇四三、金融法務事情六〇六・三三）、運送契約のための保証金返還請求権（大判明治三九年一一月一七日民録一二・一五二三）、物上代位の目的となっている債権（大判大正一二年四月七日民集二・五・二〇九）などについて、判例は被転付適格を肯定している。本判決は、抵当権者の物上代位の目的となっている本件清算金の被転付適格について明確な判断を示していないが、従来の判例の見解に沿って被転付適格を肯定しているものといえよう。

2　条件付債権と被転付適格

一般的に、将来債権、反対給付に係る債権、条件付債権のように、その存否および範囲の確定について争いを将来に残すものについて券面額を認めることはできず、転付に適しないと説かれている。ところで、土地区画整理法一一二条によれば、施行者は、抵当権を有する債権者から供託しなくてもよい旨の申出がない限り清算金を供託しなければならないとされているので、土地所有者の清算金請求権は、抵当権者の供託しなくてもよい旨の申出を停止条件として発生する権利である。しかし、最三小判昭和五六年三月二四日（民集三五・二・二七一、金融法務事情九六五・三二）は、被保険者の被害者に対する賠償金の支払を停止条件とする自賠責保険金請求権について被転付適格を肯定しているので、この考え方に立つと、本件清算金についても、被転付適格を肯定してよいと考えられる。もっとも、本判決は、この点について明確な判断を示していない。

3 土地区画整理法上の換地処分に伴う清算金と抵当権に基づく物上代位の可否

土地区画整理事業等の換地処分により損失を被った者に交付される清算金が、抵当権に基づく物上代位の目的となることについては判例・学説上も争いがなく、土地区画整理法一一二条二項は、供託された清算金について、抵当権者の物上代位の目的となることを明文で明らかにしている。(2) (3)

旧鉱業法による補償金（大判大正四年三月六日民録二一・三六三）、旧土地収用法による補償金（大判大正四年六月三〇日民録二一・一一五七）、土地区画整理事業の補償金（大決昭和五年九月二三日民集九・一一・一八）、耕地整理の換地清算金（大判昭和一三年五月五日民集一七・八四二）などについて、抵当権に基づく物上代位の目的となることが認められており、学説も積極に解している。(4)

4 物上代位権の行使と差押えの要否

民法三七二条、三〇四条一項但書は、物上代位権を行使するについては、抵当権者が代位目的物の「払渡又ハ引渡前ニ差押ヲ為スコトヲ要ス」と定めている。「払渡又ハ引渡」に、債権譲渡や転付が該当することは、判例のうえで、確定している。(5) 他の債権者の差押えや債務者の破産がこれに該当するかについては、下級審の判例は分かれていたが、最近、動産売買の先取特権に基づく物上代位権の行使が争われた事件で、最一小判昭和五九年二月二日（金融法務事情一〇五六・四四）は、一般債権者の差押えの場合と同様に、債務者が破産宣告を受けた後も物上代位権の行使ができることを明らかにしている。

ところで、土地改良法一二三条、土地区画整理法一一二条、農地法五二条三項、鉱業法九八条、漁業法三九条一〇

項・一一項、採石法二五条などの特別法は、一定の清算金、補償金その他について供託を命じ、担保権がこの供託金の上にその権利を行なうことができる旨の規定をおいているが、この場合に、担保権者が差押えを必要とする旨の規定はない。もっとも、土地収用法一〇四条には、担保権者自身によることを限定していないが、担保権者が物上代位権を行使するにはその払渡しまたは引渡し前に差押えをしなければならない旨の規定を置いている（同趣旨の規定＝鉱業法一〇七条、森林法六四条、三七条、都市計画法一八条、首都圏市街地開発区域整備法一七条、住民地区改良法一六条など）[6]。

この点について代表的な学説は、供託を命じる制度の下では、担保権は、当然にこれらの補償金・清算金などに対する請求権に及ぶから、それは法律上当然に生ずる債権質権に類似する関係であると解している[7]。そして、補償金・清算金が供託された後は、あたかも債権質権の目的たる債権の弁済金額が供託された場合と同様に、担保権が供託金還付請求権の上に移行し（民法三六七条三項）、また補償金・清算金が供託される前に担保不動産の所有者がこれを譲渡した場合も、担保権は補償金・清算金の上に有している追及力を失わないと解しており、この理は、担保不動産所有者の一般債権者が転付命令を取得した場合も同様であると説かれている（鳩山・判例民事法大正一二年度四〇の事件の反対批評、我妻・新訂担保物権法（昭和四六年）二八八頁、柚木＝高木・担保物権法〔新版〕（昭和四八年）二七九頁、伊藤・担保法概説（昭和五九年）一四九頁）。また、この場合、債務者（担保不動産所有者）はそもそも供託金還付請求権はなく、債権譲渡はありえないと解すべきであり、仮に右請求権があるとしても、抵当権者以外には譲渡は禁止されたものと解すべきではなかろうか、とも説かれている（星野・民法概論II（昭和五五年）二五六頁）。もっとも、代位目的債権の譲渡・転付は、いわゆる払渡しに含まれるから、その後まで物上代位による抵当権の追及力を認めるべきでないとする見解もある（小川「物上代位」不動産体系二巻（昭和四六年）一五九頁）。

一方、判例をみると、鉱業法六九条による補償金について大判大正四年三月六日（民録二一・三六三）、旧土地収用法六九条（現行法一〇四条）の補償金について大判大正四年六月三〇日（民録二一・一一五七）は、抵当権者が物上代位の目的となる金銭その他の物から優先弁済を受けるには、優先権者が自ら差押えをすることを要しないとの見解をとっていたが、大判（連合部）大正一二年四月七日（民集二・二〇九）は、従来の判例を変更し、「抵当権者が物上代位権を行使するには抵当権者自身が差押えをしなければならない。他の債権者がその債権保全のためになした差押えは、抵当権者の右権利を保全する効力はない。抵当権は当然代位物上に存するのでなく、法律は抵当権者に、保全手続をとることによって優先権を行うことをできるようにしたにすぎない。だから、その保全行為は自らしなければならない。転付命令で差押債権者が弁済されたことになるのは、訴訟法上のみならず実体法上もまた同じである。転付命令が効力を生じた以上、債権譲渡の場合と同じくもはや抵当権者は差し押えることができない。」という趣旨の判決をしている。

以上のような差押えの要否に関する見解の対立は、担保権者の差押えを、代位物の特定性の維持のみに限るか（代表的な学説＝鳩山・前掲判例批判批評一六六頁、我妻・前掲書二八八頁）、それとも優先権の保全ということ（第三者に公示する作用）もあるとするか（代表的な学説＝石田・担保物権法論（昭和一六年）上巻八二頁、末川〈判例批評〉法学論叢二六・二・三二六、吉野「物上代位に関する手続上の二、三の問題」担保法大系〈第一巻〉三六九頁）にかかっているように理解できる。

ところで、大決昭和五年九月二三日（民集九・一一・九一八）は、旧耕地整理法二五条一項の規定（土地区画整理法一一二条一項と同じ内容のもの）[8]。を準用する特別都市計画法が適用された事案について、「抵当権者が土地区画整理により整理施行者が払い渡すべき補償金に対し物上代位権を行使するには、これを差し押えることを必要とすることを前提として、抵当権者が差し押える前に債務者が第三者に補償金債権を譲渡すると供託する必要もなくなり、物上代位権の行使もできなくなる、」という趣旨の判決をしている[9]。

本判決は、右の大決昭和五年九月二三日を変更したものであることは明らかであり、代位目的債権のいわゆる保証供託が義務づけされているような特別法の下では、抵当権者は清算金債権の差押え・転付前に差押えをしていなくても優先弁済を受けることができることを明らかにしたものである。つまり、優先権者の差押えを必要とする理由として、従来代位物の特定性の維持と、優先権の保全という二つの理由があげられているのであるが、本判決は、いわゆる保証供託が義務づけられているような特別法のもとでは、優先権者自らが債権差押・転付の前に差押えをしなくても、右二つの理由はカバーされているとの考え方を採ったものといえる。(10)

物上代位権の行使の手続について、従来は規定に不備な点があり、直接に取立てができるのかどうか見解が分かれていたが（小川・前掲書一六二頁以下が引用している文献を参照）、新しい民事執行法では担保権の実行手続について規定が整備され、債権に対する強制執行の規定が準用されることになったので（同法一九三条二項による民事執行法第二章第二節第四款、すなわち、債権およびその他の財産権に対する強制執行に関する規定の準用）、直接取立てをすることはできず、抵当権者自身も必ず差押えの手続をとるか、配当要求（同法一五四条）をすることが必要となった（三ケ月・民事執行法（昭和五六年）四六五頁）。それで、特別法でいわゆる保証供託が義務づけられていて、その優先権の保全のために差押えの手続が必要でないとされる場合も、直接に取り立てることはできない。(11)

香川・新版担保（基本金融法務講座3（昭和三六年））二二九頁は、「民法三〇四条但書の差押えは、物上代位権行使の手続上必要なものとして規定されているのでは決してなく、まさに実体的なもの、すなわち差押えが物上代位権の行使の要件であり、差押えによって物上代位権がいわば成立し、かつ第三者への対抗要件を具備するものと解すべきである。」と述べておられるが、いわゆる保証供託がされている場合は、単に物上代位権を行使するのに手続上必要なものとして、差押えが行なわれるということになる。

5　本判決の位置づけ

本判決は、「清算金債権に対し差押・転付命令を得た者は、抵当権者が物上代位のための差押えをする前に右命令を得たとしても、抵当権者から供託しなくてもよい旨の申出がない限り、施行者に対し右清算金の支払を請求することはできない。」として、XのYに対する請求を棄却しているのであるが、[12] この判示は、とりも直さず、前述のとおり、抵当権者は、清算金債権（代位目的債権）の差押え・転付の前にこれの差押手続を経ていなくても、いわゆる保証供託された清算金の優先弁済を受けることができることを判示したものと解してよいと考える。

そこで、問題は、さらに一般化して、抵当権者が代位目的債権の優先弁済を受けるにあたって抵当権者が自ら差押えをすることを必要としないのか、本判決は、前掲大決昭和五年九月二三日だけでなく、前掲大判（連合部）大正一二年四月七日までも変更したものであるのかという点である。本判決の受取り方（理解）は、見解の分かれるところであろうと考える。私は、本判決は、一般的な判断までをしたものではなく、本判決の射程範囲は、代位目的債権についていわゆる保証供託が義務づけられている特別法の事例に限っているものと考える。

もっとも、本判決と前掲最一小判昭和五九年二月二日とを併せて読むと、債権差押えや債務者の破産宣告が先行しても、担保権者の物上代位権の行使は妨げられないとしているが、それは、他の債権者のした債権差押えに、抵当権者の物上代位権の「権利保全の効力」を認めているものではなく、大判（連合部）大正一二年四月七日が変更されたとはいえない。現在の民事執行法の下では、前述のとおり、物上代位権を手続上行使するにあたって、直接に取り立てることを許さず、債権に対する強制執行の規定が準用されているが（同法一九三条二項）、単に手続上差押えを必要としているだけでなく、判例は、一般的には実体上において優先権の保全の要件として差押えを必要としているものと受け取れる。

なお、清算金債権が供託前に譲渡された場合も、抵当権の追及効は清算金の上に及んでいるのであるから、抵当権者から供託しなくてもよい旨の申出がない限り、譲渡が供託の前であっても、施行者は清算金を供託しなければならないものと考える。この点、前掲大決昭和五年九月二三日が、「抵当権者が差し押える前に、債務者が第三者に補償金債権を譲渡すると供託する必要もなくなり、物上代位権の行使もできなくなる。」という趣旨の判示をしているのは、本判決で変更になったものといえる。

五　実務上の留意点

一般に、抵当権の目的物の滅失により債務者の受けるべき金銭に対して抵当権を行うには、抵当権者自身において金銭支払前に差し押さえることが必要であり、他の債権者の差押えによって、右抵当権者の権利を保全することはできない。抵当家屋の消失により抵当家屋所有者が保険金請求権を取得したときなどに、この解釈が採られている。ところで、本件は、特別法により換地処分に伴う清算金の保証供託が義務付けされている事例に関するものであるが、抵当権者の差押え前に清算金債権を譲り受けた者、同債権について差押・転付命令を得た者も直接右清算金の支払いを請求できないことを明らかにしたいものである。特別法による保証供託金については、抵当権者の優先権が認められていることを留意する必要がある。

（1）　本判決は、金融法務事情のほか、判時一一〇二・五七、判タ五一六・一〇四、金判六八九・三に紹介されており、非常に詳しいコメントがついているが、このほかにも、塩崎・ジュリ八〇九・五〇、堀内・手形研究三五五・六三、鈴木・金融法務事情一〇五四・四、大西・金融法務事情一〇五五・二にも解説が発表されている。本稿も、これらの文献を参考にさせていただいた。

（2）　抵当権の物上代位制度は、歴史的および比較法的にみて、主として損害保険金請求権に対する抵当権者の権利の確保を目的として、法政策的に制度化されたものといわれている。

抵当権の物上代位に関する文献は、清原「抵当権の物上代位性をめぐる実体法上の問題点」担保法大系〔第一巻〕（昭和五九年）三三八頁以下、吉野「物上代位に関する手続上の二、三の問題」担保法大系〔第一巻〕三六六頁以下に詳しく紹介されているので、ここでは割愛する。

（3）　土地区画整理法一一二条に基づく供託は、弁済供託（民法四九四条）ではなく、担保物権の物上代位のための保証（担保）供託の一種であると解されている（甲斐・注釈民法⑿（昭和四五年）二八三頁、水田・新供託読本（第五新版）

（昭和五八年）四一頁）。保証供託は、物上代位制度の円滑な運用に貢献するために設けられているものであるが、供託により供託者の債務は消滅し、被供託者は一般の弁済供託の手続きに従って供託金の還付を受けるものと考えられる（権利実行の方法の見解の対立について、水田＝中川・全訂供託法精義（昭和三八年）七七頁㊟）。

（4）保険金請求権が代位目的物に当たることについて学説の大勢は肯定をしているが、抵当権設定者が第三者のために火災保険金請求権に質権を設定した場合、質権と抵当権者の物上代位権の優先順位について見解が分かれている。同一家屋につき、後順位抵当権者が保険金請求権に質権を設定して対抗要件を備え、家屋の火災焼失後に先順位抵当権者が物上代位権に基づいて保険金請求権を差し押えた場合の優先順位は、質権設定の対抗要件の具備の時期と抵当権設定の登記の時期とを比較し、決定すべきものと考える（同趣旨、吉野・前掲三七九頁、鹿児島地判昭和三二年一月二五日民集八・一・一一四、金融法務事情一三三・一〇。反対趣旨、右判決の控訴審である福岡高裁宮崎支判昭和三二年八月三〇日下民集八・八・一六一九、福岡地裁小倉支判昭五五年九月一一日金融法務事情九六一・三四）。債権の質入れは、民法三〇四条にいう「債権の払渡（譲渡）」には該当しないと考えられるし、一方、抵当権は、建物の滅失によって保険金請求権の上に当然その効力が及ぶものであるので、前述のとおり、質権と抵当権の優先順位は、質権設定の対抗要件の具備の時期と抵当権設定の登記の時期を比較して決定すべきものと考える。

（5）大決昭和五年九月二三日民集九・九一八、大判昭和一〇年三月一二日新聞三八一七・九（旧耕地整理法二五条一項に基づく補償金、清算金に関するもの）。

（6）鉱業法は、土地の使用、収用については差押えを必要とする規定を設けているが（一〇七条）、公共の利益のための鉱区の減少・鉱業権の処分の対価（五三条の二第七項・八項）、隣接鉱区の増減の決定処分に伴う対価（九八条）については、供託を命じており、区別をして規定していることが注目される。

（7）債権質と類似する関係であるという説明は、民法三六七条の適用ないし準用までを考えていて、直接に取立てができるとされる趣旨かどうかは明らかではない。

（8）旧耕地整理法二五条一項

一項　整理施行又ハ之ニ存スル建物ニシテ先取特権、質権又ハ抵当権ノ目的タル場合ニ於テ——中略——払渡スベキ金銭アルトキハ整理施行者ハ其ノ金額ヲ供託スベシ但シ関係人ノ同意ヲ得タルトキハ此ノ限リニ在ラズ

四項　先取特権、質権者、抵当権者又ハ訴訟当事者ハ第一項又ハ第三項ノ規定ニ依リ供託シタル金銭ニ対シテ其ノ権利ヲ行フコトヲ得

(9)　同趣旨、大判昭和一七年三月二三日法学一一・一二八八。反対に、土地抵当権者を清算金譲受人に優先させている判例として、東京地判昭和五年一〇月一一日法律新報二四一・一九、東京地決昭和七年九月二七日新聞三五四一・一六がある。

(10)　本判決は、民法三〇四条一項但書において差押えを必要としている趣旨について直接判示をしていないが、本判決のあとに出た同じ第一小法廷の前掲最判昭和五九年二月二日は、右趣旨について、「(差押の結果)、物上代位の対象である債権の特定性が保持され、これにより物上代位権の効力を保全せしめるとともに、他面第三者が不測の損害を被ることを防止しようとすることにある。」と判示していて、いわゆる特定性の保持と、優先権の保全ないし差押公示の二つの理由を挙げている。

(11)　配当要求の終期について、いまだ民事執行法の解釈は固まっていない。吉野・前掲書三七三頁以下は、物上代位権を主張する担保権者といえども、配当要求の終期（民事執行法一六五条）までに差押えないし配当要求をしなければならず、これをしなかった担保権者は権利の上に眠る者として、手続上の効果だけでなく実体権のうえでも失権効を受ける、と説かれている。しかし、土地区画整理法一一二条に基づくいわゆる保証供託は、配当要求の終期の一つとされている執行供託（民事執行法一五六条一項・二項）とは別のものである。一般債権者が物上代位の目的となっている清算金債権の弁済を受けたときは、担保権者は、物上代位権を主張し、不当利得返還請求権を行使できると考える。

(12)　本判決は、上告理由に答えて判断を示したことになっているが、本訴請求はXから施行者Yに対する清算金の支払請求である。清算金の供託がされると、所有者Aは条件付の供託金還付請求権を有するにすぎないから（Xのなした清算金の債権差押・転付命令は、条件付の権利の転付であり、供託がされると条件の不成就により無効になったといえる。供託に伴い、当然に、条件付の供託金還付請求権が転付となったとはいえないであろう）、本訴請求に対する判断としては、一、二審のほうが請求に対応しているといえる。

〈参考解説・評釈〉

① 塩崎勤・ジュリ八〇九号五〇頁（曹時三八巻九号一三三頁、最判解〔民事篇〕昭和五八年度五二三頁）
② 吉田邦彦・法協一〇二巻四号二〇二頁
③ 西澤宗英・法学研究五八巻五号八五頁
④ 安本典夫・判評三〇九号四二頁（判時一一二六号二〇四頁）
⑤ 村田利喜弥・手研三五九号一四頁
⑥ 栗田隆・ジュリ八三八号一四六頁
⑦ 小林秀之・街づくり・国づくり判例百選（別冊ジュリ一〇三号）九八頁
⑧ 大西武士・金法一〇五五号二頁
⑨ 堀内仁・手研三五五号六二頁
⑩ 鈴木正和・金法一〇五四号四頁
⑪ 山田二郎・金法一〇六四号三七頁

（金融法務事情一〇六四号、一九八四年、他）

74 指名債権の二重譲渡が同時に債務者に到達した場合と譲受人の一人からした弁済請求の可否

最高裁第三小法廷昭和五五年一月一一日判決、昭和五三年(オ)一一九九号
譲受債権請求事件——破棄自判
金融法務事情九一四号一二六頁
東京高判昭和五三年七月一九日、昭和五二年(ネ)六二七号（原審）
判例時報九〇二号五九頁、金融商事判例五七〇号四七頁

一 判決要旨

指名債権が二重に譲渡され、確定日付のある各譲渡通知が同時に債務者に到達したときは、各譲受人は債務者に対しそれぞれの譲受債権全額の弁済を請求することができ、譲受人の一人から弁済の請求を受けた債務者は、他の譲受人に対する弁済その他の債務消滅事由が存在しない限り、弁済の責を免れることができない。

二 事実の概要

訴外Aは、電機部品の製造販売を業とするものであり、Y（被告・被控訴人）に対し電機部品を売り渡し、昭和四九年三月四日現在、一二三万二八一円の売掛債権（以下「本件債権」という）を有していたところ、Xは、Aに対し弁済期昭和四九年一月三一日、利息年一割五分、遅延損害金日歩八銭二厘の約定のもとに、昭和四八年一月一一日現在六三〇万円の賃金債権を有しており、昭和四九年三月四日頃、Aから本件債権の全部を右貸金債権中の対当額の弁済

に代えて譲り受け（第一の債権譲渡）、Aは、同日付内容証明郵便をもってその旨をYに通知し、同郵便は同月六日午後零時から午後六時までの間にYに到達した。また、Xは、同一債権を同年七月六日再度譲り受け（第二の債権譲渡）、Aは同日付内容証明郵便でもってその旨をYに通知し、同郵便はその頃Yに到達した。本件は、Xが、右第一及び第二の債権譲渡を理由に、Yに対し、本件債権およびこれに対する昭和四九年七月一六日から支払済みまで商事法定利率年六分の割合による遅延損害金の支払を求めたものである。

ところで、Aは、同月五日頃、訴外BおよびCに対し、いずれも本件債権の全部をそれぞれ譲渡し、右各譲渡につき、同日付内容証明郵便をもってその旨をYに通知し、右郵便は、いずれも同月六日午後零時から午後六時までの間にYに到達しており、また、訴外M社会保険事務所は、同月六日、Aの健康保険料、厚生年金保険料および児童手当拠出金の滞納金につき延滞金一、〇〇〇円を加えた総額二七万四、九一八円を徴収するため、本件債権を差し押え、その債権差押通知書が同日午後零時から午後六時までの間にYに到達しているというのである。

第一審判決は、第二の債権譲渡は第一の債権譲渡が有効であるので認められないとして、第一の債権譲渡について判断を進め、第一の債権譲渡の対抗力に関して、確定日付のある各債権譲渡通知および債権差押通知が、たまたま、まったく同一日時にYに到達している本件のような事実関係のもとでは、Xは、B、C、M社会保険事務所に対して優先的地位を主張することはできない結果、Yに対しても弁済を求めることはできないとして、Xの請求を棄却した。

第二審では、Xは、第二の債権譲渡のみに訴えを変更したが、第二審判決は、第一の譲渡について自己の優先的地位を主張できないとしても、本件債権がそのままAに帰属しているわけではないから、第二の債権譲渡に基づく請求は理由がないとして、Xの請求を棄却した。

三　判決理由

指名債権が二重に譲渡され、確定日付のある各譲渡通知が同時に第三債務者に到達したときは、各譲受人は、第三債務者に対し、それぞれの譲受債権についてその全額の弁済を請求することができ、譲受人の一人から弁済の請求を受けた第三債務者は、他の譲受人に対する弁済その他の債務消滅事由がない限り単に同順位の譲受人が他に存在することを理由として弁済の責めを免れることはできないもの、と解するのが相当である。

しかるに、原判決は、前示の（BおよびCに対する）各債権譲渡通知書ならびに（M社会保険事務所の）債務差押通知書がいずれも昭和四九年三月六日午後零時から午後六時までの間にYに到達したのであるが、それ以上には各右通知書の到達の先後関係を確定できないため、その相互の優劣関係を決定することができないとして、Xの本件請求を排斥したものであって、右は民法四六七条の解釈を誤ったものといわなければならない。

四　研　究

1　問題の所在

指名債権が譲渡される場合、第三者に対する対抗要件である確定日付は、債権の譲渡証明に必要なのではなく、通知行為または承諾行為に必要であること、そして、通知の到達や承諾の日時を、別に確定日付のある証書で証明することまで必要とされていないこと[1]、指名債権が二重に譲渡され、確定日付のある譲渡通知があった場合における、譲受人相互間の優劣の決定基準は、確定日付の先後でなく、確定日付のある通知の到達した日時の先後によること[2]は、すでに最高裁判決によって解釈が示されているところである。また、数人の譲受人の相互の優劣関係は債務者にも効力を及ぼし、対抗力を有する譲受人が唯一の債権者となり、債務者はその者に対して弁済すべき義務を負うことも、すでに大審院判決によって明らかにされていることである[3][4][5]。

本件第三小法廷判決は、指名債権が二重に譲渡された場合の譲受人相互間の優劣について、従前の最高裁第一小法廷判決の見解に従い、到達時説をとったうえで、確定日付のある譲渡通知が同時に債務者に到達し、その譲受人間の優劣を決することができない場合について、同順位の譲受人の一人から債務者に対して、弁済請求が許されるか否か

について判断を示したものであり、従来の最高裁判決では残されていた問題であった。(6)

2　判例・学説の整理

この点に関する従来の主な判例・学説の対立は、次のように分類することができる。

(1)　双方無効説

両譲受人とも対抗要件の具備において欠けるところはないが、相手方に優先する地位を主張しえない結果、両譲受人とも債務者に対し債権を行使することができないとするもの（長谷部・金法六六六・一二、本件の第一審判決（昭五二年二月二八日）、東京地判昭和三五年一二月二四日下民集一一・一二・二七五七）。この見解は、同順位の債権譲渡をまったく無効とし、再度の債権譲渡ができるとするもの（本件のXの主張）と、優先的地位は主張できないが、債権譲渡自体は無効ではなく、債権譲渡により債権の帰属は譲渡人から譲受人に移転していると解するもの（本件の第一審、第二審判決）に分かれる。

この説によると、債務者は、譲受人のいずれに対しても弁済する必要はなく、その限りで債務を免れるか、少なくとも自然債務と同じようになるので、この説は、不当な結果を招来すると批判が向けられている。

(2)　連帯債権説

両譲受人は互いに自己を債権者と主張することができ、債務者はいずれの請求も拒むことができないが、もともと債務は一個であるから、債務者が譲受人のいずれに弁済すれば、それは有効な弁済であって、債務者は債務を免れ、その反面、他の譲受人は実質的にその権利を失うことになる。これは、あたかも連帯債権のごときものであるとする（浅沼・金法二七六号一八頁）。

(3)　不真正連帯債権説

両譲受人は、相互に優先的地位を主張することができない反面、債権譲受けを他人によって否定されない地位をともに取得しているから、一種の不真正連帯債権とでもいうべき法律関係にたち、債務者に対しては、いずれも債務全額の弁済を請求できる地位にあるが、ただ譲受人相互間の終局的な解決としては、債権を独占できる地位にないことの必然的帰結として、平等の割合による清算がされるべきであるとする（横山・金法七三三・九、石田・判評一九一・一九）。

(4) 通知ないし譲渡の前後説

民法四六七条二項の基準によりえない以上、同条一項の基準すなわち単純な通知・承諾の先後によって決定し、これによっても決定できないときは、さらに遡って事実上の譲渡の先後によって優先権を有する債権者を決定すべきであるとする（安達・民商七二・二・三〇二、柚木＝高木・判例債権総論〔補訂版〕三五六頁）。

3 本判決の位置づけ

本判決は、同順位の各譲受人は、債務者に対し、それぞれの譲受債権全額の請求をすることができることだけを明らかにしたものであって[7]、同順位の譲受人相互の法律関係についてはまったく触れていない。そのため、右諸説のうち、(1)・(4)説を採用していないことは明らかであるが、その他の各説のうちのいずれをとったかは明らかでない。

ところで、本判決について、「(この判決は) 弁済を受けた譲受人とその他の譲受人との間の清算は予定していないものであり、債務者が任意に弁済するときは、いわば完全な早い者勝ちとなることを容認しているように思われる」と受け取る見解がみられる（金法九一四・一二八の本判決のコメント）。しかし、私は、本判決からこのような論旨を汲みとることはできないと考える。同順位の譲受人と債務者との関係を判示しているのにとどまっているもので、同順位の譲受人相互の法律関係についてはまったく言及していないものであって、この問題はさらに今後の解明に残されたというべきである。

4　同順位譲受人の相互の法律関係

同順位譲受人について、その法律関係は、相互に優先的地位を主張できないが、債権譲受けを他人によって否定されない地位をともに取得しているのであるから、この点で、本判決のとった考え方は正しいといえる。そして、同順位譲受人と債務者との多数当事者の債権関係は、譲渡により複数の債権と観念されているといっても、もともと一個の同じ債権の譲渡が競合しているのであるから、譲受人のうち一人に対する弁済、代物弁済、供託、相殺、混同のほか、免除、時効の完成等の債務消滅事由も、いずれも他の譲受人に影響を及ぼすことになると解され、これを連帯債権のごときものであると説明するのが正当と考えられる。同順位譲受人と債務者の関係について、これを一種の不真正連帯債権と説明するのは、前述のとおり、弁済・代物弁済等に限らず、その他の債務消滅事由も、一人の譲受人について生じた理由は他にも影響を及ぼすので、正しくないといえる。

ところで、同順位譲受人と債務者の関係を連帯債権に準ずるもの、あるいは不真正連帯債権に準ずるものと考えても、同順位譲受人双互の間で清算が認められるか（譲受人の一人が債務者から取り立てたものについて、他の譲受人からの分配請求権が認められるか）どうかは、まったく別の問題であり、その答を引き出すことはできない。

私は、実体法の面で考える限り、この法律関係について清算規定を欠いており、実体法上において配分割合が定められているわけではないから、分配請求権は認められないと考える。同順位譲受人は債権を独占しうる地位にないことの必然的帰結として、平等の割合の清算がなされるべきであるという見解（横山・前掲書）があるが、これも実定法の面から引き出しうるものでなく、次に検討する広い意味での執行手続の面からいえることではないかと考える。

5　同順位譲受人間の分配請求権の有無

執行財産が、競合する債権者の権利を満足させるのに足らない場合でも、先に執行した債権者の独占を許すのは、執行の迅速・確実の要求から一理あることであり、わが国の執行制度は基本的には執行における優先主義」を採用している。しかし、本件のように、譲受債権者が同順位である場合にまで、この「執行における優先主義」が及ぶものであるかどうかは疑問といえよう。

甲債権者が代位訴訟を提起した後に、乙債権者が同一債権について差押・取立命令を得て、さらにその支払を求める取立訴訟を提起した場合について、最判昭和四五年六月二日（民集二四・六・四四七）は、甲は債権者代位権行使の権限を失うわけではなく、受訴裁判所は、両訴訟を併合して審理し、双方の請求をともに認容することができるとし、第三債務者の二重支払の防止を執行段階における調整に委ねている。

また、債権に対し、差押あるいは仮差押が執行された場合でも債務者（被差押債権の債務者）は、当該債権について給付訴訟を提起・追行し、かつ、無条件の勝訴判決を得ることができることについては、最三小判昭和四八年三月一三日（民集二七・二・三四四、金法六八二・二八）によって明らかにされている。この問題は、差押にとどまらず仮処分の場合も同じである。つまり、債務名義の取得と、その債務名義に基づく具体的な執行取立とは峻別して考えられている。

実体法上、同順位の譲受人の取得した債権は、他の譲受人のもつ債権によって牽制を受け、その債権額が当然に減縮するというものではないが、執行着手（あるいは取立の着手）と同視されるような、債務の弁済に代えてなされる債権譲渡等が行なわれ、これが同順位であったという場合は、同順位譲受人は譲受債権を一人占めできる関係ではなく、いわば優先権を有する優先グループ（優先群団）に属する関係にたっているので、譲受人の一人が取り立てた金銭あるいは債務者が譲受人の一人に対して支払った弁済（代物弁済、相殺、混同についても同じ）は、いわば優先グループに対する弁済と同視されるべきものであり、この優先グループに属する譲受人間では、譲渡債権の取立金（これに代わる供託金）を平等に分配すべき法律関係が生ずるものと考える。右分配請求権について、これを、執行法上の請求権とみる説と、不当利得返還請求権とみる説が考えられるが、(8) 執行法にその証拠も見出しがたいので、一般法である不当利得制度に根拠を求め、私は、実体法に基づくものではないが、不当利得返還請求権として構成すること

が許されると考える。(9)(10)

この点に関し、二重差押または配当要求があった場合に、第三債務者が債務額を供託しないで、取立命令を有する差押債権者に対して直接に弁済したとき、その弁済が他の債権者に対しても対抗できるか否かについて、最判昭和四〇年七月九日（民集一九・五・一一七八）は、平等主義下の取立債権者は、執行裁判所の授権に基づき、全債権者を代表して第三債務者からの取立手続を行なうのであるから、その取立債権者に対する弁済は、債権の準占有者に対する弁済となるかどうかを問うまでもなく、全債権者との関係で有効であり、以後の取立金の処理は、もっぱら執行手続上の問題として解決すべく、債権者間の私的協議が不成立の場合、取立債権者が取立金を正規の配当手続のために提供しないで独占するときは、他の債権者が、取立債権者に対し自己の配当額に相当する金額の分配請求をすることができるとしている。この差押が競合する場合についての解釈を参考にして、本件のように同順位譲受人が複数存在する場合、その優先グループと債務者との関係においても、譲受人の一人に対する弁済は、優先グループに属する全債権者に対する弁済と理解されるべきものであり、右支払額は優先グループの間で平等に配分されるべきものと考える。

なお、確定日付のある通知が、配達証明付内容証明郵便の場合、配達（郵便の到達）の時間が配達証明では「午後零時から午後六時」までの間となっており、一方、承諾に公証役場で確定日付の付された日時が同日となっていて、他に証拠を欠いている場合、その先後関係は確定できないので、対抗要件の取得日は同日時と認定せざるをえないことになる。もっとも、配達証明で、郵便の配達の時間が「午後零時から午後六時まで」の間となっていたり、公証日時が何日と記載されている場合でも、右配達証明等は証拠方法の一つにすぎないから、他の証拠方法（たとえば、証人、文書の受領簿等）による立証が許されないものではなく、配達の時間をより具体的に特定できるような場合は、その日時を認定し、これにより優劣を決めることになるのはいうまでもない。

6 まとめ

ここで、もう一度論点についてまとめてみると、同順位譲受人が、それぞれ債務者に対して、それぞれの譲受債権の全額の請求をすることができることは、本件判決の明らかにしたところであるが、本件判決は、同順位譲受人の相互の関係については、判断を今後に持ち越しているものといえる。それで、私の理解としては、同順位譲受人は、優先グループに属する関係にたっているものというべく、同順位の譲受人の一人が、他の譲受人に対して債権存在確認の訴えD（あるいは供託金払渡請求権の確認の訴え）を提起した場合は、両譲受人は、互いに自己を債権者と主張することができるものと解されるので、譲受債券額の全額について認容の判決が下されるが、受領債権（供託金）を受領した場合は、これを一人占めすることは許されず、優先グループに属する同順位譲受人の間で平等に配当されるべきものというべく、その配当を求める権利は、不当利得返還請求権として構成することが可能でないかと考える。

（1） 大連判大正三年一二月二二日（民録二〇・一一四六）、最一小判昭和四九年三月七日（民集二八・二・一七四、金法七一八・三〇）。

（2） 通知の通達（民法九七条）とは、通知が書面による場合は、その通知が、相手方の受領できる状態におかれることであり、相手方が通知の内容を了知しなくても、相手方が了知できる場所（通常、住所）に配達されたら、到達があったことになる。なお、最判昭和四三年八月二日（民集二二・八・一五五八）は、他人の有する債権を譲渡した旨の通知をしても、後に譲渡人がその債権を取得したときは、その譲渡通知は、対抗要件を具備したことになるとしている。また、事前の譲渡通知について、対抗要件とならないとする説（我妻・新訂債権総論五三一頁、明石・注釈民法(11)三七五頁）と、後に譲渡の事実が備われば、そのときから対抗要件が生ずるとする説（於保・債権総論〔新版〕三一八頁）に解釈が分かれている。

（3） 前掲最判昭和四九年三月七日。

（4） 判決は後掲民録に登載の古い判決を除いて、いずれも譲渡の通知について判断を示しているものであって、債務者の承諾の場合について触れていないが、通知についてとっている論旨から推論して、承諾について確定日付が付されたときが、確定日付のある債務者の承諾の日時として、優劣決定の基準日となると解される。同趣旨、大判大正四年二月

九日（民録二一・九三）、柴田・最高裁判例解説民事編昭和四九年度一〇五頁、安達・民商七二・二・三二九。

（5）大連判大正八年三月二八日（民録二五・四四一）、大判昭和七年六月二八日（民集一一・一二四七）。

（6）最三小判昭和五三年七月一八日（判時九〇・号六二）の中に、「同順位の各譲受人は互いに他の譲受人に対して自己のみが唯一の優先的債権者であると主張することは許されず、したがって債務者に対しても同様の主張をすることは許されない」との判示部分がある。

この事案は、Y_1がY_2に対して三三六万円余の請負代金債権を有していたところ、昭和五〇年二月二六日右債権を、X・Y_3・Y_4の三名に重複して譲渡し、債権譲渡の通知が、同月二七日いずれも同時に債務者であるY_2に到達した。ところが、譲受人の一人であるXが、Y_1に対し別に債務名義を有していたため、これに基づき、右請負代金債権に対する差押転付命令を真正し、右命令は同年三月二一日Y_1に、同月一九日Y_2にそれぞれ送達された。Xは、三名の譲受人のためになされた債権譲渡通知が、同一日付の内容証明郵便をもって発せられ、同時に債務者に到達している以上、いずれの譲渡人も、自己が譲受債権の権利者であると主張することはできず、対抗要件としては無効であるから、本件の請負代金債権の帰属については、転付命令を得たXが優先すると主張し、Y_1ないしY_4との間で、右請負代金債権がXに属することの確認と、Y_2に対する前記債権額の支払を求めたものである。第一、第二審ともXの主張を認めず、上告審も、二審の判示を引用する形でXの上告を棄却している。それで、右判示部分は傍論であると扱われ、同判決の判例としての意義は、先順位の譲受人は、その譲受けについて同順位の譲受人が存在する場合でも、後順位の譲受人に対する関係では、債務者としての地位を有効に取得したものとして対抗することができる、と判断している点にあると受け取られている。

（7）本判決は、「譲受人の一人から弁済の請求を受けた第三債務者は、他の譲受人に対する弁済その他の債務消滅事由がない限り、弁済の責を免れることはできない。」と判示しているが、絶対的効力を有するとする債務消滅事由の内容については、これを明らかにしていない。私は、本文のとおり、その内容を広く理解し、連帯債権のごときものと解すべきではないかと考える。

（8）宮脇・強制執行法（各論）二三八頁。最判昭和四〇年七月九日（民集一九・五・一一七八）も他の債権者に対する分配請求を、不当利得返還請求として認めているように解される。

（9）　不当利得の制度は、形式的・一般的には正当視される財産価値の移動が、実質的・相対的には正当視されない場合に、公平の理念に従って、その矛盾の調整を試みようとする制度である。そして、不当利得の成立要件の一つである「受益が法律上の原因のないものであること」という不当利得の中核をなす要件について、戦後になあって詳細な分析が加えられている（我妻・債権各論（下））。私は、本件は、広い意味での執行手続の面から、一人占めが正当視されない場合の矛盾の調整として、不当利得制度を機能させるべき場合であると考える。

（10）　債権者取消権を行使し、取消債権者が金銭を取り立てた場合、最判昭和三七年一〇月九日（民集一六・一〇・二〇七〇）は、他の債権者は、自己の債権の総債権に対する割合による分配を請求することはできないと解している。債権者取消権は、総債権者のために責任財産を保全する制度ではあるが、債権者取消権の右解釈は、多分に、債権の回収に勤勉な債権者に有利に解釈するのが合理的であるとする解釈態度とうかがえる。しかし、本件のような同順位譲受人の相互間では、このような合理性が強く働くとはいえないであろう。

（金融法務事情九二四号、一九八〇年）

75　制限超過利息が元本に充当された後に支払われた金員と不当利得の成否

東京地裁昭和四一年一月二七日判決、昭和四〇年(ワ)四三五五号
判例時報四四九号六一頁

一　判決要旨

利息制限法所定の制限をこえて利息、損害金が任意に支払われ、右の制限をこえる部分が元本の弁済に充当されたとみられる時点の後に、元本として支払われた金員及びなお元本が残存するものとして支払われた同法所定の制限内の利息、損害金は、いずれも不当利得として返還を請求することが許されない。

二　事実の概要

原告は、金融業を営む被告から昭和三六年二月金二〇万円を、次いで同年七月金三万円を、いずれも利息月六分の約定で借り受けた。原告は、昭和三七年二月に右元金三万円について元金全額を、また、昭和三九年一〇月右二〇万円の分について元金のうち五万円を支払ったほか、昭和三六年二月より昭和四〇年二月までに利息合計四三二、八〇五円を支払った。

右事実関係にもとづき、原告は、利息として支払った右金額のうち利息制限法所定の制限をこえる部分についてはその指定は無効であって、この部分は順次元本の弁済に充当すべきであるから、右貸金の元利金債務は計算上昭和三八年二月末日をもって、弁済によりすべて消滅している。従って、右期日以後昭和四〇年二月までに支払った利息金合計六万九、〇〇〇円及び昭和三九年一〇月に支払った元本弁済金五万円は結局債務がないのに支払ったことになる

ので、被告は右合計一一万九、〇〇〇円を不当利得しているという理由で、被告に対し、右二〇万円のうち支払ずみの五万円をのぞく一五万円につき債務不存在確認を求めると共に、この一一万九、〇〇〇円について不当利得の返還を請求した。

これに対して、被告は、利息と指定して支払ったものは制限超過部分も元本に充当すべきでないこと、仮りに充当されるとしても利息制限法一条、四条、民法七〇五条の法意により、すでに支払った利息金、元本の返還を求めることはできないと、争った。

三　判決理由

判決は、これらの請求のうち債務不存在確認請求は認めたが、不当利得返還請求は排斥して、つぎのとおり判示した。

1　金銭消費貸借上の債務者が利息制限法所定の制限をこえる利息を任意に支払ったときは、右制限をこえる部分は民法四九一条により残存元本に充当されるものと解すべきである。

2　「ところで、さらに、原告は、このような場合に、右計算上の元本完済の時点の後に支払われた利息制限法所定の制限内の利息合計六万九、〇〇〇円及び元本の弁済として支払われた前記五万円は、不当利得として返還を求めうると主張する。

しかし、原告主張の右金員のうちの金五万円が支払われた昭和三九年一〇月までの間に、本件の金二〇万円の貸金の元金について、原告又は被告の指定による弁済の充当がなされた金額は全くなかったことは原告の自ら主張するところであるから、右貸金の元金の内入として支払われた右金五万円は、この指定によって元金の弁済に充当されこの限度で元金債務を消滅せしめているわけであるから、不当利得に該当しないことは明らかであるし、原告主張のその余の金額、すなわち、借主が利息制限法所定の制限をこえる利息、損害金を任意に支払い、右制限をこえる部分が民法第四九一条により残存元本の弁済に充当された結果、元本が完済されたとみられる時点の後に支払われた利息（損害金）のうち、同法所定の制限内の金額は、同法第一条二項、第四条二項の法意に照し、やはり持主において返還を請求しえないものと解するのを相当とする。」

四 解説

利息制限法（制限法という）の定める利率を超過する利息または損害金（利息という）に関する契約は、超過部分についてだけ無効であるが（制限法一条一項、四条一項）支払われた超過部分が民法四九一条により当然に元本債務に充当されるかについては、従来判例や学説がまちまちに分れていた。ところが、最高裁大法廷昭和三七年六月一三日判決・民集一六・七・一三四〇は、非充当説を採用した。しかし、僅か二年余の後に、最高裁大法廷昭和三九年一一月一八日判決・民集一八・九・一八六八は、右判決を改め、充当説に変更した。再度の最高裁大法廷判決により、充当の可否については、裁判例は充当説に定着したということができようが、超過利息の支払をめぐって、なお未解決の問題がいろいろと残されている。

本件は、超過利息の支払について、右最高裁大法廷昭和三九年一一月一八日判決に従い、債務者（支払者）が利息分と指定して支払ってもその指定は法的に全く意味がないと解し、そして、充当説を前提としたうえで、「元本に充当計算した結果元本完済の計算となった後に、なお支払った元本、利息および損害金はどのように取扱うべきか」について、判断を下しているものである。最高裁大法廷の判決があったにもかかわらずなお未解決で残されている懸案問題の一つを、扱っているものである。

それで、判示事項を解説するにあたり、まず、制限法をめぐる基本的問題に立ちかえって検討を加えながら、判示事項を考察してゆくことにしたい。

1　制限法所定の制限をこえる利息または損害金の契約の効力

現行の制限法（昭和二九年法律第一〇〇号）は、制限法所定の利率をこえる利息または損害金に関する契約は、その契約の全部を無効とせず、超過部分に関する約定だけを無効（法律上において全然効力の生じないもの）と定めている（同法一条一項、四条一項）。これは、旧制限法（明治一〇年太政官布告六六号）と対比してみて、旧制限法が超過利息あるいは超過損害金を裁判上無効と定めており（同法一条、四条）、解釈上疑義のあったのを改めたものであり、明瞭に超過部分に関する契約そのものを無効（実体上無効）と定め、その法律上の効力を否定しているのである。(1)

2　超過利息を支払った場合の効果

現行の制限法は、制限法を超過する利息または損害金の契約を超過部分について法律上無効であると明瞭に定めているから、指定なく超過利息が支払われた場合は勿論のこと、超過利息と指定して支払われてもその指定は無意味で指定のないのと同一であり、そのまま有効な利息の支払となる余地は全くない。(2) それは、法律上の原因なく支払われたもので非債弁済であるが、制限法一条二項、四条二項によりその返還請求権の行使が制限されているものと解すべきである。

3　超過利息の返還請求を許さない規定の立法趣旨

制限法一条一項あるいは四条一項で無効という意味は、法律上（実体上）無効という意味であるから、超過利息を支払った場合それは非債弁済にほかならず、本来なら、任意に（自主的に）支払った場合であると強制的に（強制執行、競売等）支払わされた場合であるとを問わず、債務者が非債弁済として不当利得の返還請求権を行使しうべきものであるが、制限法は、債務者が任意に支払った場合について、返還請求できないものと規定している。返還請求できないというのは実体法上においてその返還請求権を行使できない（訴えを提起して強制的に請求できない）という意味に解すべきである（なお、「任意に支払う」の意味については、後述する）。それで、返還請求できないといっても、利息の約定をその超過部分についても遡って有効とし、有効な弁済とするものではない。超過部分の利息の約定自体はあくまで無効であり、ただ裁判上において返還請求を許さないとしているだけのものである。

この規定の立法趣旨について、前掲最高裁昭和三九年一一月一八日判決は、「任意に支払った超過部分を返還請求できないとする趣旨は、制限超過利息、損害金を支払った債務者に対し裁判所はその返還につき積極的に助力を与えないとしたのである」と、判示している。

要するに、この規定の合理的根拠は、債務者の保護のためには、その支払った超過利息についてその返還を請求できるとする方が徹底するのであるが、そこまで徹底すると却って金融の途をふさいでしまうおそれがあるので、金融需給の実情とにらみ合わせて金融取引に対して国家が介入すべき限界を定立しているものであり、超過の利息または損害金が任意に支払われた場合は裁判所は助力をせず当事者の任意に放任しているものと、理解すべきであろう。従って、この任意とは、債権者の強制（強制執行、競売等）を伴わず、債務者が超過部分であることを知りながら自主的に自己の意思に基づいて現実に支払うことを意味する。譲渡担保において債権者が担保物を元利に充てるような場合は、任意に支払うものといえない（同旨、大判大正一〇年三月五日民録二七・四七五）。

そして、制限外の約定が無効であるにかかわらず、超過利息を支払った場合には、民法七〇五条の適用がなく、その約定の無効であることを知っているといないとを問わず、裁判上においてその返還を請求できないと解すべきである（民法七〇八条との関係については、更に後述する）。

4　超過利息の元本充当の可否

超過利息が任意に支払われた場合、債務者は任意に支払った超過利息を裁判上において返還請求できないのであるが（制限法一条二項）、元本が残存している場合に、支払われた超過利息を民法四九一条に従い元本の弁済に法定充当すべきかどうかについては、前述のとおり、従来判例や学説がまちまちであり、最高裁大法廷昭和三七年六月一三日判決(3)で非充当説が採用されたので見解が統一されたかにおもわれたが、僅か二年余の後に、最高裁大法廷昭和三九年一一月一八日判決(4)は右判決を改め、充当説に変更した。しかし、裁判例は、漸く、この昭和三九年判決により充当説に定着を遂げたものということができる。この判決も充当説に従って判断を進めている。

制限法は、前払利息（天引）については超過部分の元本充当を定めているのであるが（同法二条）、経過利息についてはなんらふれていない。それで、意見が対立しているのであるが、この法律解釈の是非は、どちらの解釈の方が制限法の立法趣旨である債務者の保護をはかるうえで具体的妥当性があるかでその正当性を決めるべきである（同旨、昭和三九年最高裁判決の斎藤朔郎裁判官の補足意見）。制限法一条二項、四条二項で、超過の利息または損害金を支払った債務者に対し裁判所がその返還につき積極的に助力を与えないとしているのは、一方で、債務者に対してその支払った超過利息の返還を請求するのを認めないとともに、他方で、債権者に対して超過利息の支払を受けながらなお残存元本の支払を請求することを認めないものと理解するのが、立法趣旨に沿う妥当な解釈といえる。それで、超過利息の支払いがあった場合に、元本が残存するときは、民法四九一条により順次に費用、制限内利息および元本に充当されるものと解すべきである。

5　元本完済の計算となった後に支払った利息について不当利息の成否

超過利息が支払われ、超過部分が元本の弁済に充当され、その結果計算上ある時点において元本が完済されたことになったにもかかわらず、その以後に、元本の弁済として支払われた金員あるいは元本がなお存在するものとして利息または損害金が支払われた場合、その支払われた金員は不当利得として返還を請求できるか、これが本件の主要な争点となっているものである。

判決は、「元金の内入として支払われた昭和三九年一〇月の五万円は、この指定によって元金の弁済に充当され、不当利得に該当しない。しかし、その余の金額は、原告または被告の指定による弁済の充当は全くなかったから、任意に支払われた右超過部分は民法四九一条により元本の弁済に充当される。そして元本が完済されたとみられる時点の後に支払われた利息または損害金のうち制限法所定の制限内の金額は、制限法一条二項、四条二項の法意に照し、やはり借主において返還を請求しえない」と判断を下している。

元本完済の計算となる時点までにおいて、元本と指定して支払われればその指定により元本に充当されるのは当然のことであり、また、超過利息の支払としての指定は無意味で指定のないのと同一であり、支払われた超過利息は民法四九一条により、費用、制限内利息および元本の順序でその支払毎に遂一法定充当されることは、前述のとおり判例において定着ずみのことである。そして、元本完済の計算となる時点後において、元本または制限内の利息と指定して支払われた場合、それは非債弁済にほかならず、制限法一条二項、四条二項で返還請求を制限しているのは超過部分を任意に支払った場合についてであるから、この元本または制限内の利息としての支払はこの制限に触れず、不当利得（非債弁済）として返還請求できるものと解すべきである。

もっとも、元本完済の時点以降においても、超過の利息または損害金と指定して任意に支払われた場合、あるいは、本件の如く何らの指定なく（異議を止めず）超過の利息または損害金が任意に支払われた場合は、やはり制限法一条二項、四条二項の適用を受け、超過の利息または損害金はもとよりのこと、制限内の部分の利息または損害金についても、その全部につき裁判上において、返還を請求できないものと解すべきである。

前述のとおり、制限法一条二項、四条二項の立法趣旨は、超過の利息または損害金が任意に支払われてしまった場合は、裁判所が助力を与えず当事者の任意に放任するというのであるから、超過の利息または損害金の支払いでない場合あるいは任意の支払いでない場合には、不当利得（非債弁済）として当然に返還請求できるが、超過の利息または損害金を任意に支払った場合は、元金完済の計算となる前後を問わず裁判上において返還請求できないものというべきである。(5)

この判決は、必ずしも明瞭に判断を示しているものではないが、元本完済の計算となる時点後の支払いについて、超過の利息または損害金はもとよりのこと、制限内の利息または損害金および元金の支払も、不当利得として裁判上において返還請求できないと解しているものと受取ることができる。しかし、ここで、疑問なのは、昭和三九年一〇月三〇日に元本の内入として五万円が支払われたときまでに、別途にすでに支払われた超過利息四三万二、八〇五円につき支払の都度逐一法定充当により、元本完済の計算となっているのであれば（まず五万円が優先して元本充当され、その余分について法定充当されるのではない。支払の都度逐一に法定充当されるのである。そして、原告の主張によると、昭和三八年二月末日をもって制限内利息および元金のすべてが完済となっていると計算しているが、判例時報上では計算書の添付が省略されているので、その詳細は不明である）、判決のいうとおり右五万円は元金の弁済にあてられる余地はすでになく、元本の内入と指定して支払われた右五万円は不当利得（非債弁済）として返還請求できるものというべきである。元本完済の計算となる時点ののちに、支払につき指定のなかった超過の利息または損害金については、制限内の利息または損害金（支払の時点で、計算の基礎とされた元本に基づく制限内の利息または損害金）といえども不当利得として裁判上において返還請求できないと解すべきであり、この点については判示は正当と考えるが、元本完済の計算となる時点のうちに、元本の内入として支払われた五万円については不当利得として返還請求ができると解すべきであり、この点には判示に賛同できない。

なお、超過利息の約定が民法九〇条に照し公序良俗に反して無効と解される場合（例えば、「出資の受入、預り金および金利等の取締に関する法律」五条に違反するような百円につき一日三〇銭を超える高利の約定の場合）には、すでに支払った金額の返還を請求できるかどうかは、制限法一条二項の規定によらず、民法七〇八条の規定に従って判断を下すべきである。(6) 利息または損害金の約定が、制限法の制限を超過するものであっても、ただちに民法九〇条に触れ従って民法七〇八条の適用を受けることにはならず、民法九〇条に触れない場合は、民法七〇八条にいう不法原因給付には該らない。(7) そして、不法原因給付に該るような場合は、民法七〇八条のみが適用され、制限法一条二項、四条二項は適用が排斥されるので、不法原因給付において受益者にのみ不法原因がある場合には、民法七〇八条但書によって支払利息につき返還請求が認められるものと解すべきであろう。

（1）　もっとも、超過利息に関する契約部分の「無効」の法的性質について、依然として学者の見解は必ずしも一致をみていない。第一説は、ここにいう「無効」は普通の意味の無効ではなく、債権としての効力が一部制限されていることを意味するものと解し、超過利息債務を自然債務であると解しているものである（西村「利息制限法批判」民商二五周年記念・私法学論集下四七三頁、石田喜久夫「消費貸借と利息制限法」民法演習Ⅳ一一九頁）。第二説は、「無効」は普通の意味における無効であって、超過利息を支払った場合、債務者は本来非債弁済による不当利得として返還請求する権利を有するが、制限法一条二項によってそれが拒否されると解しているものである（三渕「弁済の充当」綜合判例研究叢書民法⑵八一頁、吉田「利息制限法解説」法曹時報六巻六号九五頁）。本文で述べたとおり、第二説が正当と考える（なお、制限法に関する文献について、注釈民法⒂四二頁以下参照）。

（2）　大判昭和一二年二月一三日判決民集一六・一〇〇は、債務者が特に超過利息への充当の意思表示をしたか否かにより区別し、その意思表示の存する場合には、超過部分について有効な弁済があったと判示している。

（3）　本件の判例批評として、我妻・ジュリ二五四・一八、末川・民商四八・三・一四三、谷口・法時三八・九・六一、石本・法時三四・一〇・九三、柚木・判評五〇・一〇がある）。

（4）　判決の要旨は、つぎのとおりである。

「債務者が利息、損害金として支払った制限超過部分は、強行法規である本法一条、四条の各一項により無効とされ、その部分の債務は存在しないのであるから、その部分に対する支払は弁済の効力を生じない。従って、債務者が利息、損害金と指定して支払っても、制限超過部分に対する指定は無意味であり、結局、その部分に対する指定がないのと同一であるから、元本が残存するときは、民法四九一条の適用によりこれに充当されるものといわなければならない（中略）。

また、本法二条は、契約成立のさいに債務者が利息として本法の制限を超過する金額を前払しても、これを利息の支払として認めず、元本の支払に充てたものとみなしているのであるが、この趣旨からすれば、後日に至って債務者が利息として本法の制限を超過する金額を支払った場合にも、それを利息の支払として認めず、元本の支払に充当されるものと解するのを相当とする。更に、債務者が任意に支払った制限超過部分は残存元本に充当されるものと解することは、経済的弱者の地位にある債務者の保護を主たる目的とする本法の立法趣旨に合致するものである。右の解釈のもとでは、元本債務の残存する債務者とその残存しない債務者の間に不均衡を生ずることを免れないとしても、それを理由として元本債権の残存する債務者の保護を放擲するような解釈をすることは、本法の立法精神に反するものといわなければならない」（昭和三七年判決は九対五の多数によるものであったが、昭和三九年判決は一〇対四であり、昭和三七年当時と較べて八裁判官が交替し、新裁判官の意見は六対二で充当説が多数を占めている。本件の判例批評として、谷口・法時三七・一・六四、我妻・ジュリ三一四・一二、高田・ジュリ三一四・一七、西村・民商五二・六・一一一がある）。

（5）　本件の判例批評で、谷口教授はつぎのように述べておられる。

「私は……元本完済の計算となる時以後の利息損害金の支払金額は全部が不当利得となり、これの返還請求の認否を問題とすべきであると思う。さてこの返還請求については、一条二項、四条二項を適用して否認するのが一見最も自然な解釈のように思えるけれども、元本あってこそ、利息があり、その制限超過支払が問題となるけれども、元本が完済されて存在しないと考えながら利息超過払いというのも論理一貫せぬことであるから、結局制限法の適用を否定して、全く論理的に考えるのがよくはないかと思う。そして、私は制限法は一国の金融経済秩序を維持するための強行規定であって、その違反の支払は不法原因給付の問題となるべきであり、道徳的に望ましい給付を維持するための概念たる自然債務の履行の問題とは考えない」（法時三八・一二・九二）。この見解は、本文で述べているとおり、制限法一条二項、四条二項と民法七〇八条の関係が不明確であり、賛同できない。

（6）　民法七〇五条と民法七〇八条の関係について、不法原因給付である以上、民法七〇八条を適用すべきであり、民法七〇五条を適用すべきでないと解されている（大阪地裁大正九年一二月一七日新聞一八〇二・二〇、谷口『不法原因給付の研究』一七四頁、松坂『事務管理・不当利得』全集九七頁）。

（7）　最高裁昭和三七年三月八日判決民集一六・三・五〇〇は、統制違反の取引について無効だと解しながら不法原因給付にあたるかどうかについて、「その行為の実質に即し、当時の社会生活および社会感情に照らし、真に倫理、道徳に反する醜悪なものと認められるか否かによって決せられるべきである」とし、民法七〇八条の適用を否定している。

（民事研修一二四号、一九六七年）

76 一括支払システム契約の代物弁済条項が国税徴収法二四条に違反するとして租税債権との関係で効力が否定された事例

東京地裁平成九年三月一二日判決、平成七年(行ウ)二四四号
第二次納税義務告知処分取消請求事件、行集四八巻三号一四一頁〔八〕
東京高裁平成一〇年二月一九日判決、平成九年(行コ)四二号（控訴審、上告）
金融法務事情一五一二号二二頁

一 事実

X銀行（原告）、A（スーパーマーケットへの納入業者・仕入先企業）及びB（補助参加人・スーパーマーケット・支払企業）は、平成四年一二月八日「一括支払システムに関する契約」（以下「本件契約」という）を締結した。一括支払システム契約とは、AがBとの継続的取引によって取得する売掛金債権を担保のためX銀行に譲渡し、X銀行はAとの間では別途に締結した当座貸越契約に基づき右譲渡に係る売掛金債権を担保として、その支払期日未到来の売掛金債権残高を貸越極度額として、Aに対し貸付けを行うことを内容とするもので、債権を譲渡担保財産とする一種の譲渡担保契約である。

そして本件契約では、(1)X銀行に担保のために譲渡された売掛金債権について、国税徴収法（以下「法」という）二四条に基づく告知が譲渡担保権者に対し発せられたときは、これを担保としたX銀行のAに対する当座貸越債権は何らの手続きを要せず弁済期が到来するものとし、同時に担保のため譲渡した売掛金債権は当座貸越債権の代物弁済に充当されること、(2)右代物弁済に充てられる売掛金債権の評価額は、X銀行が前取りした利息額を代物弁済日の翌

日から売掛金債権の支払期日までの日数に応じて按分した金額を売掛金債権の額面金額から差し引いた金額とし、X銀行の有する当座貸越債権は、売掛金債権の評価額と右按分した金額との合計金額により消滅することが約定されている（この約定を、以下「本件代物弁済条項」という）。

X銀行は、本件契約及び当座貸越契約に基づき、平成五年三月一八日Aから一、〇一四万二、八四〇円の売掛金債権の担保のために譲り受け、同月二五日Aに右同額を貸し付け（弁済期平成五年六月二一日）、さらに同年四月一六日Aから一、四九四万五、八六五円の売掛金債権を担保のために譲り受け、同月二〇日Aに右同額を貸し付けている（弁済期平成五年七月二〇日）。

Aは、平成五年五月一三日銀行停止処分を受けて事実上倒産した。

それでY局長（被告）（国税局長は所轄税務署長から複雑な事案について徴収事務の引継ぎを受ける、国税通則法四三条三項）は、平成五年五月二〇日法二四条二項に基づき、X銀行に対し、X銀行が本件契約によりAから担保のために譲り受けた本件売掛金債権を含む平成五年一月一日から同年三月三一日までの取引に係る売掛金債権からAの法人税等（法定納期限平成四年一二月二二日）を徴収する旨の告知を発し、右告知は同日X銀行に到達した。

その後Y局長は、右告知のうち平成五年一月一日から同月三一日までの取引分の売掛金債権に係る部分を取り消す旨の通知をし、その限度で右告知を一部取り消している（以下一部取消しの右告知を「本件告知」という。一部取消しの理由は、譲渡を受けていない売掛金債権を告知の対象としたようである）。

X銀行は、本件告知を不服として、平成五年七月五日Y局長に異議申立てしたところ、同年一〇月一日付けで棄却されたため、同月二九日国税不服審判所長に審査請求をしたが、右請求も平成七年六月一九日付けで棄却された。それで、X銀行は本件告知の取消訴訟を提起した。

本件の争点は、法二四条四項によると、告知が譲渡担保権者に到達した時点で譲渡担保財産が存在していることが必要要件であるところ、Y局長が本件告知を発した時点で、本件代物弁済条項により本件売掛金債権がX銀行の当座貸越債権の代物弁済に充てられてX銀行に確定的に帰属し、本件告知がX銀行に到達した時点ではもはや譲渡担保財産がなくなっていて、本件告知がその要件を欠き違法であるか否かである。

Y局長は、本件告知の適法性について次のとおり主張する。

(一)　本件契約に基づく売掛金債権の譲渡担保は帰属清算型の譲渡担保であるので、清算金の支払い又は目的債権の適正評価額が被担保債権の額を上回らない旨の通知をしない限り、本件譲渡担保権及びその被担保権である当座貸越債権は消滅しない。

そうすると、代物弁済条項により、Y局長が本件告知を発した時点で、譲渡担保権が直ちに消滅することを前提として本件告知を違法というX銀行の主張は失当である。

(二)　告知の到達を基準時とすると、譲渡担保権者の不在等の個別的事情によって基準時が左右されることになり妥当ではないから、法二四条五項にいう「二項の規定による告知……をした後」とは、税務署長の意思が外部的に明らかとなった「告知書が発せられた時以降」と解すべきである。

そうすると、仮に代物弁済条項により、本件告知が発せられた時点で本件売掛金債権が譲渡担保財産でなくなるとしても、他方それと同時に、法二四条五項により本件売掛金債権は譲渡担保財産として存続するものとみなされるから、本件告知が到達した時点で譲渡担保財産が存在しないとするX銀行の主張は失当である。

(三)　代物弁済条項は、X銀行が法二四条の物的納税責任を回避することのみを目的として合意され、法二四条五項、六項の趣旨・目的を害する法的効果を生じさせる内容のものであって、これらの強行法規を潜脱する脱法行為であるから無効である。仮に代物弁済条項が契約当事者間において有効であるとしても、本件代物弁済条項のように法二四条の物的納税責任を回避し、第三者たるY局長の権利を侵害することのみを目的とする合意は、Y局長に対抗することはできない。

これに対し、X銀行は、本件代物弁済条項の有効性等について次のとおり主張する。

㈠　本件代物弁済条項は、法二四条二項の告知が発せられたときに、X銀行の何らの意思表示を要することなく当座貸越債権の期限が到来し、同時に譲渡された売掛金債権が当座貸越債権の代物弁済に充当されるという内容の約定であり、右告知が発せられた時点で、清算手続きを行わずに右売掛金債権を目的とする譲渡担保権を消滅させる趣旨の約定である。

㈡　法二四条五項にいう「告知をした後」とは、告知の到達後と解すべきであって、これを告知を発した以後と解することはできない。

㈢　譲渡担保の実行がいつ終了するかは、譲渡担保権者の物的納税責任の追及の可否が決せられる重要な事項であるのに、法が何らの規定を設けていないことは、当事者の合意に委ねている趣旨であり法二四条の実行性を損なうとか、脱法行為とはいえない。

のみならず、本件代物弁済条項は、売掛債権の譲渡担保に関する特約であり、その効力を認めたからといって清算手続完了まで譲渡担保権が消滅しない不動産やゴルフ会員権などの場合にまで法二四条が機能しなくなるわけではない。

㈣　本件契約は、法附則五条四項により法二四条の適用のない手形割引や手形の譲渡担保による金融と同一の機能を有するものであるから、本件代物弁済条項の有効性を肯定すべきである。

㈤　最判昭和四五年六月二四日民集二四・六・五八七が、差押のできない財産を取引当事者の合意によって作りだすような相殺の予約も有効であるとし、また最判昭和五一年一一月二五日民集三〇・一〇・九三九が、手形割引依頼人が仮差押の申請を受けたときは銀行に対し割引手形の買戻債務を負い直ちに弁済する旨の約定の効力を認めたのは、相殺の担保的機能に対する当事者の合理的な期待を認めたからであるが、X銀行も、本件契約に基づき売掛金債権のみを唯一の担保として貸付けを行うのであって、本件代物弁済条項により売掛金債権に対する法二四条の物的納税責任を排除して債権の回収をはかることに合理的な期待を有するから、本件代物弁済事項の効力が認められるべきである。

二 第一審判決の判旨

請求棄却。

1 納税告知の効力発生時と譲渡担保財産の存在

「国税徴収法二四条二項によれば、……右告知が適法であるといえるためには、納税者の財産につき滞納処分を執行してもなお徴収すべき国税に不足すると認められることのほかに、告知が相手方に到達した時点において……譲渡担保財産が存在していることが必要である」。

2 一括支払システム契約の代物弁済条項の趣旨

「少なくとも本件〔代物弁済〕条項の文言及び弁論の全趣旨によれば、本件契約の当事者であるX銀行、B及びAは、国税徴収法二四条二項の告知が発せられた時点で、直ちにX銀行が当座貸越債権の代物弁済として代金債権を確定的に取得することにして譲渡担保権の実行を完了させ、譲渡担保権を消滅させることにより、X銀行が担保のために譲り受けた代金債権に対する法二四条三項所定の滞納処分（物的納税責任）を回避しようとする意図の下に本件〔代物弁済〕条項を合意したことは明らかであり、その合意の効力いかんはともかく、本件〔代物弁済〕条項は、法二四条二項の告知が発せられた時点で直ちに、担保のためX銀行に譲渡された代金債権を当座貸越債権の代物弁済に充て、被担保債権である当座貸越債権及び譲渡担保権を消滅させることを約したものと解するのが相当であって、Y局長の主張する本件〔代物弁済〕条項の解釈は失当である」。

3　法二四条五項の解釈

「法は、譲渡担保財産から国税を徴収するにあたっては、譲渡担保権者に予告することが妥当であるとの趣旨から、税務署長が滞納処分に先立って譲渡担保権者に対しその旨の告知を行うものとし（二四条二項）、他方、告知をした後に、債務不履行その他弁済以外の理由により被担保債権が消滅した場合においても、譲渡担保財産が存続するものとみなして滞納処分ができる旨の規定を設けることで（同条五項）、譲渡担保権者が、告知を契機として、滞納処分までの間に譲渡担保権の実行を完了して国税の徴収を回避しようとすることを防止し、反面、告知の前に、譲渡担保権者が譲渡担保財産を確定的に取得した場合には、その利益を保護し、当該財産からの国税の徴収をしないこととして、国税収入の確保と譲渡担保権者の利益とを調整しているものと解される」。

4　本件代物弁済条項の効力

「本件〔代物弁済〕条項は、本件譲渡担保が国税の法定納期限等の後に設定されたもので……あっても、国税債権者が法二四条に基づき当該譲渡担保財産から国税を徴収する機会を、事実上全く奪ってしまうという効果をもつものであり、このことは、法の規定にかかわらず、私人間の合意により、法二四条に基づく国税の徴収の対象とならない譲渡担保財産を作り出すことにほかならないというべきであって、国税と譲渡担保権との優劣を定めた法二四条六項の趣旨、さらには告知を契機として滞納処分までに譲渡担保権の実行を完了して国税の徴収を回避することを防止しようとした同条五項の趣旨を完全に没却するものであることが明らかである。しかも、本件〔代物弁済〕条項は、前記のとおり、X銀行が担保のために譲り受けた代金債権に対する物的納税責任を回避しようとする意図の下に定められたものであって、他に本件〔代物弁済〕条項を定めるに至った合理的理由は何ら窺うことができない……。

……本件〔代物弁済〕条項は、法二四条の規定に反し、私人間の合意によって、国税の徴収が及ばない譲渡担保財産を創出するものであり、当事者間においてその効力を認めることはともかくとして、少なくとも国税債権者との関係では、X銀行は、右合意の効果を主張して、代金債権が譲渡担保財産でなくなったことを理由に法二四条に基づく物的納税責任の追及を免れることはできない」。

三　控訴審判決の判旨

控訴棄却。

控訴審判決は、控訴審で主な争点となった昭和四五年最判及び昭和五一年最判の射程範囲、法附則五条四項の解釈の二点ほかは原判決の理由説示を引用しているので、これらの二点についての判示を掲示する。

1　相殺予約等に関する最高裁判所判決の射程範囲

「昭和四五年最判が相殺予約に関連した事案についてのものであって、法二四条五、六項との抵触の有無が問題とされている本件とは事案を異にしている点。また、昭和五一年最判も、同様に民法五一一条の解釈に関するものであり、やはり法二四条との抵触が問題となる本件とは事案を異にするものである」。

2　手形の譲渡担保と法附則五条四項の解釈等

「X銀行は、本件契約が、手形の譲渡担保と何ら変りなく、手形の譲渡担保以上でも以下でもない契約関係を作りだしたにすぎないとして、これを前提に本件代物弁済条項が合理的であることを主張する。

……本件契約の当事者は、手形の譲渡担保とは異なる法形式を選択したことによる利益を享受しているのであるから、本件契約は、実質的にも手形の譲渡担保とは異なるものというべきである。

……法附則五条四項が手形の譲渡担保について法二四条の適用を除外した趣旨が中小企業者への金融をひっぱくさせないためであると解することはできない……。

……本件代物弁済条項が公知であったとしても、国税債権者はそれを前提として取引関係に入るのではないから、本件代物弁済条項が公知であることは、本件において、国税債権者に対して効力を認める根拠とはならない。……のみならず……本件代物弁済条項が一般に公知の内容となっているということはできない……。

本件代物弁済のような私人間の合意を法が許容しているということはできず、本件代物弁済条項が法二四条に違反することは原判決の理由のとおりであり、これについてX銀行が国税債権者との間で右合意の効果を主張できないため、国税債権者が法二四条に基づいてX銀行に対して物的納税責任を追及するとしても、それは同条の規定による効果であるから、租税法律主義に反するということはできない」。

四　評　釈

判旨の結論に反対。

本件判決は、一括支払システム契約の効力、譲渡担保権者の物的納税責任について初めて判断を示した裁判例であり、重要な先例といえる。各論点について検討を加えることにしたい。

1　一括支払システムの沿革と性質

㈠　一括支払システム契約は、伝統的な企業間の決済方法である手形決済に関して、手形発行事務が煩雑であること、手形の現物の授受・管理が煩わしいこと、手形に貼用する印紙税が高額であること、これらを何とか合理化したいという企業ニーズから、昭和六一年一〇月頃に導入され、昭和六三年三月に従来の契約の代物弁済条項の特約を追加したものである。代物弁済条項の追加は、銀行の譲渡担保権者としての物的納税責任の回避と企業の二重払いのリスクを回避する方法として考案されたものであり、加藤一郎先生、新堂幸司教授の有効であるとの支持を受けて、追加したといわれている。昭和六三年三月から約一〇年が経過し改訂一括支払システム契約は銀行実務ではすっかり定着していたところ（辻田泰徳「一括支払システムの契約改訂について——停止条件付代物弁済の特約追加」金法一一八三・六、新堂幸司「修正一括支払システムの有効性」同一一八三・一二、新堂幸司ほか編著「金融取引最先端」五〇頁、吉田光碩「一括支払システムの代物弁済条項と国税の第二次納税義務」バンキング四六一・七六、阿久沢章二「一括支払システムと納税処分手続について」税大研究資料二〇一・八〇）、平成五年五月になって一括支払システム契約の効力を否定する国税当局の処分が行われたので、銀行実務に大きな衝撃を与えたことになっている。

(二)　一括支払システムは、銀行が仕入先企業（貸付先）が支払企業（納品先）に対してもっている売掛金債権を譲渡担保の目的で譲渡を受け、売掛金債権残高を当座貸越限度額として仕入先企業に対して貸付けを行うことを内容とするもので、債権を譲渡担保財産とする一種の譲渡担保である。

そして、追加された改訂代物弁済条項は、法二四条に基づく譲渡担保権者に対する告知が発せられたときは、当座貸越債権は何らの手続きを要せず弁済期が到来するものとし、同時に担保のため譲渡した売掛金債権は所定の評価方法により当座貸越債権の代物弁済に充当されることが約定されている。右代物弁済条項によると、改訂一括支払システム契約は、一審判決が認定しているとおり、売掛金債権を譲渡担保財産とする帰属無清算型の譲渡担保契約である。

2　帰属無清算型の譲渡担保契約の効力

譲渡担保の法律構成について、最近の判例は、所有権移転の形式を一応尊重するが、担保の実質を考慮して担保設定者に清算金の支払請求権が残るという担保権的構成へ接近している。

当初の判例は、譲渡担保には清算型と無清算型（流担保型）があるが、それが明確でない場合は清算型と推定されると当事者の意思を基準として解釈をしていたが（最判昭和四二年一一月一六日民集二一・九・二四三〇等）、最判昭和四三年三月七日民集二二・三・五〇九以降は、処分型であると帰属型であるとを問わず譲渡担保権者に清算義務を認めることに、従来の見解を変更している。

譲渡担保権者に清算義務を認めることになると、処分清算型の譲渡担保ではその処分のとき（換価処分時）に、帰属清算型の譲渡担保で清算金があるときはその支払いのとき、清算金のないときはその旨の通知のとき（評価清算時）に、被担保債権・譲渡担保権が消滅することになる（最判昭和六二年二月一二日民集四一・一・六七）。

しかし、無清算型を認めない昭和六二年最判は不動産の譲渡担保に関するものであり、昭和六二年最判が金銭債権の譲渡担保にも同様に適用になるかはX銀行が本件で指摘しているとおり検討を要する問題である。本件のように売掛金債権を譲渡担保財産としており、その評価方法があらかじめ特約されているときは、担保となっている売掛金債権の評価額が被担保債権を上回る場合は、その分だけ当座貸越極度額に余裕を生じさせることになり法律関係を混乱させるものではないので、本件のような売掛金債権の帰属無清算型譲渡担保を公序良俗違反、物権法定主義（民法一七五条）等を理由に無効とすることはないと考える。

本件判決は、不動産譲渡担保についての清算義務の完了まで担保権の実行は完了せず被担保債権も消滅しないという解釈が、金銭債権の譲渡担保にそのまま当てはまるかどうかについては、判断を留保し示していない。

3　譲渡担保と租税債権との調整

租税債権は原則として私債権に優先するが、昭和三四年の国税徴収法の全面改正にあたって、取引の安全が害されることがないように、租税債権と担保権との調整がはかられ、滞納者に対する租税債権の法定納期限等を基準として租税債権と担保権との優劣をきめることとされた。法定納期限等以前に設定された担保権は租税債権に優先する（法一五条以下）。譲渡担保も同じである（法二四条六項）。

本件で一括支払システム契約は平成四年一二月八日に締結されているが、売掛金債権が譲渡され譲渡担保権が設定されたのは、法定納期限後の平成五年三月一八日、同年四月一六日であるので、本件譲渡担保は本来は租税債権に劣後しているものである。このことについては当事者に争いがない。

4 譲渡担保権者の物的納税責任とその内容

法により滞納処分ができるのはもとより滞納者の財産に限られているが、法は、租税債権に劣後する譲渡担保について、譲渡担保権の設定により財産が滞納者から担保権者に移転している効果（法形式）を認めたうえで、譲渡担保権者に譲渡担保財産について物的納税責任を負担させている（法二四条一項）。譲渡担保権者に物的納税責任を負担させるについて譲渡担保権者を第二次納税義務者（法三二条以下）とみなして告知書（様式二四号）を発し告知することにしているが（法二四条三項）、第二次納税義務者のように滞納者の租税債務を負担させるものではない。譲渡担保権者の物的納税責任とは、譲渡担保財産について執行受任義務を負わせるものであり、特色のある責任である（吉国二郎ほか編『国税徴収法精解』第八版三八八頁、浅田久治郎『租税徴収の理論と実務』五四七頁）。譲渡担保権者の物的納税責任の内容については、本判決では触れていない。

譲渡担保権との調整規定をはじめ滞納処分に関する法の規定は、地方税（同法一四条一八）をはじめ、「国税徴収の例により」強制取り立てを受ける公的債権（厚生年金保険法八九条、国民年金法九五条等）にも準用されるので、適用範囲の非常に広い規定である。

5 譲渡担保権者の物的納税責任の成立要件と告知の性質等

譲渡担保権者の物的納税責任の成立要件は、次の三つに整理することができる。

(1) 譲渡担保の設定時が、滞納者の租税債権の法定納期限等の後であること（譲渡担保の劣後性。法二四条六項）、

(2) 滞納者の財産について滞納処分を執行しても、徴収すべき租税に不足すること（物的納税責任の補充性。法二四条一項）、

(3) 譲渡担保権者に告知書による告知を行い、その告知の到達時に譲渡担保が存在していること（法二四条二項）。告知は、税務署長が譲渡担保財産について滞納処分を執行するための前提となるものであり、譲渡担保権者が告知

を受けたときは、一定期間内に国税が完納されていない限り第二次納税義務者とみなされ譲渡担保財産について滞納処分を受ける地位に立たされることになる。告知はこのように譲渡担保権者に物的納税責任を負わせるものであるので、告知が譲渡担保権者に到達して初めて効力が生ずることは、本件判決の判示のとおり当然のことである。

告知があった後に債務不履行その他弁済以外の理由により、譲渡担保財産が譲渡担保財産でなくなり、通常の譲渡と同じ結果となっても、なお「譲渡担保財産として存続するものとみなす」旨の規定がおかれている（法二四条五項）。

6　本件代物弁済条項の効力

本件判決は、本件代物弁済条項について、譲渡担保が租税債権に劣後している場合であっても、租税債権者が法二四条に基づき譲渡担保財産から租税を徴収する機会を全く奪う効果をもつものであり、私人間の合意により、法二四条に基づく租税の徴収の対象とならない譲渡担保財産を作りだすことにほかならない。しかも、本件代物弁済条項は、X銀行が担保のために譲り受けた売掛金債権に対する物的納税責任を回避しようとする意図の下に定められたものであって、ほかに本件代物弁済条項を定めるに至った合理的理由は何ら窺うことはできないとして、本件代物弁済条項は、法二四条の規定に反するものであり、私人間の合意によって租税の徴収が及ばない譲渡担保財産を創出するものであるので、当事者間においてその効力を認めることはともかくとして、少なくとも租税債権者との関係では、右合意の効果を主張して、売掛金債権が譲渡担保財産でなくなったことを理由に法二四条に基づく物的納税責任を免れることはできないと判断を下している。本件訴訟で、Y局長は、本件代物弁済条項を強行法規を潜脱する脱法行為で絶対無効であると主張したが、本件判決は租税債権者との関係で相対的無効としている。

ちなみに、本件裁決は、本件代物弁済条項について、告知が発せられたときに担保権を実行するという約定は擬制による権利変動を定めるものであり、このような擬制による担保権の実行に関する定めは告知書が到達した後に初めて効力が生じるものと解すべきであるとし、告知到達時に譲渡担保権がすでに消滅していたというX銀行側の主張を排斥している。

本件代物弁済条項は、告知書の発行という外部から確かめることができないときに代物弁済の効力を生じさせるもの（一種の代物弁済の遡及効を約定するもの）で技巧的であり、私人間の合意によって租税の徴収の及ばない譲渡担保財産を創出しているということで相当に強引な約定であることは否定できないが、当座貸越と売掛金債権の譲渡担保との間には両建ての担保的機能が認められる。それで、債権の譲渡担保について無清算帰属型の譲渡担保の効力が否定されない限り、代物弁済条項の効力を否定するには、「法二四条の趣旨」というような曖昧なことでなく明文の法律の規定が必要であるというべきである。ましてや、本件には、後述のとおり昭和四五年最判、昭和五一年最判のいう「担保的機能に対する当事者の合理的な期待」が認められ、これらの判決の射程範囲内にあるといえるだけではなく、法附則五条四項の沿革からいっても、本件代物弁済条項を相対的無効としていることには賛成できない。

前述のとおり、改訂一括支払システム契約は昭和六三年から一〇年近く銀行実務で広く採用されすでに定着していたといわれている。このような銀行実務を放置しておいて、降って湧いたように譲渡担保権者の物的納税責任を追及するというのは法的安定性を覆すことになるだけでなく、代物弁済条項の効力に疑問があれば、法二四条五項を「告知書を発行した後に譲渡担保権が消滅したものについては、なお譲渡担保財産が存在するものとみなす」旨の簡単な法改正を行えば済んだことである。わが国の税務行政には公正な手続き、商取引との間の激しい緊張関係が欠如しており、ひいてはこのことがわが国の税務行政を尊大化させ、租税法律主義を空洞化させてしまっているといっても過言ではない。本件のようにすでに定着していた銀行業務を覆すようなときには、法律の明文の規定によって否定すべきであり、本件のような税務行政を裁判所が安易に肯定するということになると、わが国に租税法律主義が根づくのは難しいことになってしまう。

7　昭和四五年最判、昭和五一年最判とその射程範囲

X銀行が右両判決について、昭和四五年最判が差押のできない財産を取引当事者間の合意によって作りだすような相殺の予約を有効であるとし、昭和五一年最判が手形割引依頼人が仮差押の申請を受けたときには銀行に対し割引手形の買戻債権を負い直ちに弁済する旨の約定の効力を有効であるとしているのは、本件代物弁済条項の判断にも効力が及ぶもの（両判決の射程範囲内にあるもの）と主張したのに対し、本件の一、二審判決は右最判はいずれも相殺に関連した事案についてのものであって、法二四条との抵触の有無が問題とされている本件とは事案を異にすると、きわめて形式的な理由でX銀行の主張を退けている。本件代物弁済条項の有効性の判断では、実質的な検討を行いながら、昭和四五年最判等の射程範囲や法附則五条四項の問題では、トーンを変えて形式的な理由で判断を下しており、思考の一貫性を欠いている。右両判決とも、担保的機能に対する当事者の合理的な期待が認められるときには取引当事者の合意を有効としているのであるから、本件も両判決の射程範囲内のものであり、判決のような形式的判断をすることになると、法的安定性を予測することが大変難しいことになってしまう。

8　徴収法附則五条四項の解釈

法附則五条四項は、手形の譲渡担保について、法二四条の適用を除外している。本件の二審判決は、本件契約は、手形の割引や手形の譲渡担保ではなく、当事者がこれと異なる法形式を選択している以上、これを手形の譲渡担保と何ら変わりがないということはできないとし、この点も、形式的な判断でX銀行の主張を退けている。一括支払システムが手形レスの時代に対応し手形決済に代わる代替手段として導入されたという沿革を追ってみると、手形の割引（手形の売買）や手形の譲渡担保ではないという形式的理由で一蹴してしまっていることには疑問をもつ。

9　総　括

本件譲渡担保は租税債権に劣後するものではあるが、改訂一括支払システムが約一〇年にもわたって銀行実務で定着してきていたことを考えると、その効力を否定するには立法措置が必要であったといえる。それに、当座貸越と売掛金債権の担保との間には両建ての関係がありそこに担保的機能が認められ、最判昭和四五年判決等の射程範囲内にあると考えられること、法附則五条四項と一括支払システムの沿革と関連性を考え合わせると、本件の第一、二審判決が本件契約の効力について相対的無効と判断したことには疑問をもつ（本件裁決の評釈として、西山由美・ジュリ一一〇四・一八九、一審判決の評釈として、米倉明・NBL六一七・六がある）。相対的無効の事後の調整としては、X銀行がAに対して徴収された租税相当額について不当利得返還請求（法三二条五項）ができるほかに、BがX銀行に対して二重払いのリスクまで負うのか明確ではなく（二重払いの瑕疵担保責任はないように解される）、非常に複雑な法律関係を生じさせる。

なお、告知が有効な場合、帰属型譲渡担保の実行としての代物弁済は法二四条五項で除外としている弁済には該当しないものと解される（東京地判平成九年四月二八日金法一五一二・二八、東京高判平成一〇年一月二九日金法一五一二・二八）。

（自治研究七四巻九号、一九九八年）

初出一覧　租税法重要判例解説(1)（山田二郎著作集 III）

第一　所得税をめぐる判例研究

1 源泉徴収における法律関係と納税の告知（最判昭四五・一二・二四民集二四・一三・二二四三）……〔判例時報六二七号（判例評論一四八号）、一九七一年〕

2 高額の権利金の所得の分類（東京地判昭三九・五・二八行集一五・五・七八三）……〔『税務署の判断と裁判所の判断』六法出版社、一九八六年〕

3 一〇年定年制により支給される給与と所得の分類（大阪地判昭五二・二・二五訟月二三・三・五八一）……〔『税務署の判断と裁判所の判断』六法出版社、一九八六年〕

4 譲渡所得に対する所得税の課税時期（最判昭四〇・九・二四判時四二一・二九）……〔法律のひろば一九巻一号、一九六六年〕

5 確定申告における概算経費控除の選択とその拘束力（最判平二・六・五民集四四・四・六一二）……〔税経通信四五巻一二号、一九九〇年〕

6 譲渡担保と譲渡所得の発生の有無（東京地判昭五〇・一二・二五税資八三・七八六）……〔税経通信三三巻一四号、一九七八年〕

7 所得税法六〇条一項にいう「贈与」と負担付贈与（最判昭六三・七・一九判時一二九〇・五六）……〔判例タイムズ七〇六号、一九八九年〕

8 サラリーマンの通勤自動車の損失と損益通算の可否（大阪高判昭六三・九・二七判時一三〇〇・四七）……〔判例タイムズ七三五号、一九九〇年〕

9 売買契約の合意解除と交換特例の適用の可否（東京高判平元・一一・三〇行集四〇・一一―一二・一七一二）……〔判例タイムズ七六二号、一九九一年〕

10 夫婦財産契約と所得の分割の可否（東京地判昭六三・五・一六判時一二八一・八七）……〔判例評論三六一号、一九八九年〕

11 離婚に伴う財産分与として取得した資産の取得費の算定方法（東京地判平三・二・二八判時一三八一・三二）……〔判例評論三九三号、一九九一年〕

12 手付金の損失と所得計算（名古屋地判昭四一・四・二三訟月一二・八・一二〇四）……〔シュトイエル五六号、一九六六年〕

13 事業用資産の買換特例の選択と更正の制限（名古屋地判平四・五・二九判時一四七四・五三）……〔判例時報一四九一号、一九九四年〕

14 原価率に基づく推計課税（広島地判昭四一・八・三〇訟月一二・一一・一五七一）……〔シュトイエル五九号、一九六七年〕

15 株式の譲渡による所得と非課税の範囲（大分地判昭五七・五・一七判時一〇五五・四〇）……〔『税務署の判断と裁判所の判断』六法出版社、一九八六年〕

16 (1) 更正後に修正申告がされた場合の更生の取消を求める訴えの利益（消極）
(2) 譲渡所得の特例（所得税法六四条二項）の適用を一部肯定して過少申告加算税賦課決定の一部を取り消した事例
（札幌高判平六・一・二七判タ八六一・二二九）……〔ジュリスト一〇七三号、一九九五年〕
17 駐留米軍用地として一〇年間の強制使用裁決がされたことに伴い国から受領した損失補償金の所得計上時期
（那覇地判平六・一二・一四判時一五四一・七二）……〔判例評論一五五号、一九九六年〕
18 政党への遺贈について「みなし譲渡所得」が発生したとされた事例（東京地判平一〇・六・二六判時一六六八・四九）
……〔ジュリスト一一六九号、一九九九年〕
19 特許紛争の和解金と源泉所得税の徴収義務（東京地判平四・一〇・二七行集四三・一一＝一二・一三三六）
……〔『判例ライセンス法』山川和則先生還暦記念論集、一九九九年〕

第二 法人税をめぐる判例研究

20 隠れたる利益処分（東京地判昭四〇・一二・一五行集一六・一二・一九一六）……〔租税判例百選 別冊ジュリスト一七号、一九六八年〕
21 相場変動による売買損失と寄付金（東京地判平三・一一・七判時一四〇九・五二）……〔シュトイエル三六九号、一九九二年〕
22 土地の賃借にあたって預った保証金とその計上時期（東京地判昭五七・四・六訟月二八・八・一六五三）……〔税務事例一六巻一号、一九八四年〕
23 低価販売と行為計算の否認規定の適用の可否（福岡高宮崎支判昭五五・九・二九行集三一・九・一九二八）……〔税務事例一四巻二号、一九八二年〕
24 非上場株式の評価減と損金計上の可否（東京地判平元・九・二五判時一三二八・二二）……〔税務事例一四巻一号、一九八二年〕
25 破産会社の予納法人税と破産管財人の予納申告等の義務（最判平四・一〇・二〇判時一四三九・一二〇）……〔判例時報一四六一号（判例評論四一五号）、一九九三年〕
26 詐欺による被害の損金計上の時期（東京高判昭五四・一〇・三〇シュトイエル二一六・一二）……〔『税務署の判断と裁判所の判断』六法出版社、一九八六年〕
27 土地使用貸借の合意解除と立退料の認定（名古屋地判昭四四・九・一二シュトイエル九〇・三二）……〔『税務署の判断と裁判所の判断』六法出版社、一九八六年〕
28 使途不明金と賞与の認定（東京地判昭五二・三・二四税資九一・四一六）……〔『税務署の判断と裁判所の判断』六法出版社、一九八六年〕
29 法人税の青色更正の理由附記の程度（最判昭五一・三・八民集三〇・二・六四）……〔ジュリスト六二五号、一九七六年〕
30 青色承認取消しの理由附記の程度（秋田地判昭四六・四・五行集二二・四・四二一）……〔『税務署の判断と裁判所の判断』六法出版社、一九八六年〕

31 宗教法人が借地権の譲渡にあたり収受した承諾料が収益事業に係る収入に該当するとされた事例（東京高判平七・一〇・一九行集四六・一〇―一一・九六七）……〔自治研究七三巻六号、一九九七年〕
32 住専母体行の貸倒損失と損金計上の時期（東京地判平一三・三・二判時一七四二・二五）……〔銀行法務六〇二号、二〇〇二年〕

第三　相続税・贈与税をめぐる判例研究

33 農地の売却後その所有権移転前に相続が開始した場合の相続財産の評価（最判昭六一・一二・五訟月三三・八・二二四九）……〔ジュリスト九〇八号、一九八八年〕
34 買受けた農地について知事の許可前に相続が開始した場合の相続財産の評価（東京高判昭五五・五・二一訟月二六・八・一四四四）……〔税務事例一三巻三号、一九八一年〕
35 特別縁故者に対する財産分与と相続税の課税（大阪高判昭五九・七・六行集三五・七・八四一）……〔自治研究六二巻二号、一九八六年〕
36 相続財産の範囲と買主の取得した土地（名古屋高判昭五六・一〇・二八税資一二一・一〇四）……〔税経通信三九巻一五号、一九八四年〕
37 財産分与としての資産の譲渡と譲渡所得課税（最判昭五三・二・一六判タ三六三・一八三）……〔判例タイムズ三七〇号、一九七九年〕
38 協議離婚に伴う財産分与契約において分与者側に譲渡所得税の負担がないという錯誤と財産分与契約の効力（最判平元・九・一四判時一三三六・九三）……〔税務事例二二巻一号、一九九〇年〕
（再　論）……〔判例評論三九三号、一九九一年〕
39 協議離婚に伴う財産分与契約において分与者側に譲渡所得税の負担がないと信じたことに錯誤があったが重過失はなかったとした事例（東京高判平三・三・一四判時一三八七・六二）……〔判例タイムズ七九〇号、一九九二年〕
40 法人への遺贈に対する遺留分減殺請求について価額弁償が行われた場合と遺贈に対する譲渡所得課税への影響（最判平四・一一・一六判時一四四一・六六）……〔税務事例二六巻六号、一九九四年〕
41 贈与税と贈与による所有権移転の時期（京都地判昭五二・一二・一六判時八八四・四四）……〔『税務署の判断と裁判所の判断』六法出版社、一九八六年〕
42 新株プレミアムの取得とみなし贈与（最判昭三八・一二・二四訟月一〇・二・三八一）……〔租税判例百選　別冊ジュリスト一七号、一九六八年〕
43 医療財団法人の設立と贈与税の課税（東京地判昭三七・五・二三行集一三・五・八五六）……〔租税判例百選　別冊ジュリスト一七号、一九六九年〕

第四　固定資産税をめぐる判例研究

44　固定資産税の評価と居住用宅地（千葉地判昭五七・六・四判時一〇五〇・三七）……〔税経通信三九巻一五号、一九八四年〕
45　所有権留保の割賦販売資産と固定資産税の納税義務者（長崎地判昭四二・二・一四行集一八・一―二・一一二）……〔シュトイエル七四号、一九六九年〕
46　所有権移転登記の抹消と固定資産税の納税義務（大阪地判昭五一・八・一〇行集二七・八・一四六一）……〔ジュリスト六六〇号、一九七八年〕
（再　論）（福岡高判昭四二・一〇・二四行集一八・一〇・一三七〇）
47　固定資産税を納付した所有名義人の真実の所有者に対する不当利得返還請求権の成否（最判昭四七・一・二五民集二六・一・一）……〔ジュリスト五一二号、一九七二年〕
（再　論）……〔租税判例百選（第二版）別冊ジュリスト七九号、一九八三年、同一二〇号、一九九二年〕
48　固定資産税を負担した登記名義人の課税主体に対する不当利得返還請求の成否（東京地判昭六三・一二・二〇判時一三〇二・九〇）……〔ジュリスト九四五号、一九八九年〕
49　周辺の固定資産の評価額の開示と公務員の守秘義務等（札幌高判昭六〇・三・二七判例地方自治一二・二八）〔税務事例一七巻一二号、一九八五年〕
50　固定資産評価基準の法的基準等（千葉地判昭五七・六・四判時一〇五〇・三七）……〔税務事例一五巻三号、一九八三年〕
51　固定資産評価審査委員会の審査事項（東京地判昭四八・一二・二〇判時七二六・三八）……〔ジュリスト五六二号、一九七四年〕
52　市街化調整区域内にある土地に対する固定資産税の評価額が過大であるとして取り消された時例（神戸地判平九・二・二四判例自治一六四・六三）……〔ジュリスト一一三三号、一九九八年〕
53　小作地に対する固定資産税等の増額と小作料の増額請求の可否（最大判平一三・三・二八民集五五・二・六一一）……〔私法判例リマークス二五号、二〇〇二年〕

第五　不動産取得税をめぐる判例研究

54　借地権者が土地を取得した場合における不動産取得税の課税の可否（東京地判平二・一二・二〇判時一三七五・五九）……〔判例評論三九一号、一九九一年〕
55　賃借権者が土地を取得した場合における不動産取得税の課税標準（東京高判昭五二・一・二六行集二八・一―二・二〇）……〔ジュリスト七一〇号、一九八〇年〕
56　譲渡担保契約の解除と不動産取得税の成否（松山地判昭四八・三・三一行集二四・三・三〇五）……〔『税務署の判断と裁判所の判断』六法出版社、一九八六年〕

57 根抵当権設定登記の登録免許税の課税価額の算定等（仙台地判昭三九・一二・二三訟月一一・三・三七四）……〔民事研修一〇五号、一九六八年〕

58 登録免許税と抗告訴訟の対象となる処分（大阪地判昭四八・一二・三行集二四・一一―一二・一二九七）……〔ジュリスト五九八号、一九七五年〕

第六　その他の税目をめぐる判例研究

59 消費税の簡易課税制度の事業区分等が争われた事例（大阪地判平一二・六・五訟月四七・一〇・三一五五）……〔ジュリスト一二〇八号、二〇〇一年〕

60 事業所税と非課税施設の範囲（大阪高判昭五七・三・一〇行集三三・三・三八九）……〔自治研究七一七号、一九八三年〕

61 料飲税の納入期限経過後の更正処分と不納入罪の成立等（最決昭五九・一〇・一五刑集三八・一〇・二八二九）……〔税務事例一七巻一号、一九八五年〕

第七　徴収手続（滞納処分）をめぐる判例研究

62 国税滞納処分と民法一七七条の適用の有無（名古屋高判昭二八・一二・二五行集四・一二・三一二七）……〔『税務署の判断と裁判所の判断』六法出版社、一九八六年〕

63 銀行預金の差押と相殺（最大判昭四五・六・二四判時五九五・二九）……〔民事研修一六一号、一九七〇年〕

64 滞納処分による債権差押と相殺予約の効力（大阪高判平三・一・三一判時一三八九・六五）……〔ジュリスト九九五号、一九九二年〕

65 会社更生手続の開始と第二次納税義務者に対する滞納処分（最判昭四五・七・一六民集二四・七・一〇四七）……〔倒産判例百選　別冊ジュリスト五九八号、一九七六年〕

66 漁業権の無償譲渡と譲受人の第二次納税義務（山口地下関支判昭四四・一二・一六訟月一六・三・二四八）……〔ジュリスト四六二号、一九七〇年〕

67 国税徴収法二二条五項による交付要求と配当要求の終期との関係（千葉地判昭六二・一・二二判タ六三一・二三〇）……〔金融法務事情一一七七号、一九八八年〕

68 更生担保権の被担保債権のうち担保権の価額を超える更生債権の更生手続廃止後の取り扱い等（横浜地判昭五五・七・三〇金融法務九三八・四二）……〔金融法務事情九五九号、一九八一年〕

69 会社更生法三九条による弁済禁止の保全処分と契約解除の効力等（最判昭五七・三・三〇民集三六・三・四八四）……〔金融法務事情一〇〇九号、一九八二年〕

70 破産法七〇条一項による仮差押の効力の失効と民事執行法八七条二項の関係等（名古屋高決昭五六・一一・三〇金融法務一〇〇七・五四）……〔金融法務事情一〇二二号、一九八三年〕

71 譲渡担保権者と第三者異議の訴えの可否（最判昭五八・二・二四金融法務一〇三七・四二）……〔金融法務事情一〇四〇号、一九八三年〕

72 手形の取立禁止・支払禁止の仮処分の効力と支払呈示を受けた銀行の責任（東京地判昭五九・九・一九金融法務一〇七五・三六）……〔金融法務事情一〇八七号、一九八五年〕

73 抵当権の物上代位の目的となっている清算金債権に対し差押・転付命令を得た者と抵当権者との優劣（最判昭五八・一二・八金融法務一〇五六・四二）……〔金融法務事情一〇六四号、一九八四年〕

74 指名債権の二重譲渡が同時に債務者に到達した場合と譲受人の一人からした弁済請求の可否（最判昭五五・一・一一金融法務九一四・一二六）……〔金融法務事情九二四号、一九八〇年〕

75 制限超過利息が元本に充当された後に支払われた金員と不当利得の成否（東京地判昭四一・一・二七判時四四九・六一）……〔民事研修一二四号、一九六七年〕

76 一括支払システム契約の代物弁済条項が国税徴収法二四条に違反するとして租税債権との関係で効力が否定された事例（東京地判平九・三・一二行集四八・三・一四一）……〔自治研究七四巻九号、一九九八年〕

〈著者紹介〉
山田二郎（やまだ　じろう）

京都大学法学部卒、法務省官房訟務部第五課長（税務訴訟を担当）、東京高等裁判所判事、東京地方裁判所部総括判事、東海大学法学部教授、東海大学法学研究科委員長を経て、現在、弁護士

〈主な著書〉
税務訴訟の理論と実際（財経詳報社）
税務争訟の実務（改訂版、共著、新日本法規出版）
所得税（租税法講座第２巻）
租税債権（実務法律体系第９巻）など

山田二郎著作集 III
租税法重要判例解説（1）　〔学術選書〕

2007年(平成19年)10月27日　第１版第１刷発行
9169-0101　832P-012-3-3

著　者　山　田　二　郎
発行者　今　井　　貴
発行所　信山社出版株式会社
〒113-0033　東京都文京区本郷6-2-9-102
電　話　03（3818）1019
ＦＡＸ　03（3818）0344
Printed in Japan　製　作／編集工房 INABA

印刷・製本／東洋印刷・渋谷文泉閣

ISBN978-4-7972-9169-8 C3332 ¥26800E（B300, 250）
分類323.944 a002

山田二郎著作集紹介

目　次　租税法重要判例解説 (2)（山田二郎著作集 Ⅳ）

はしがき

第八　税務争訟手続をめぐる判例研究

77　異議決定の取消しを求める訴えの出訴期間の起算日
（最判昭五一・五・六民集三〇・四・五四一）

78　異議決定の取消しを求める訴えの利益等
（最判昭四九・七・一九判時七五二・二二）

79　更正処分の取消しと同時に裁決の取消しを求める訴えにおいて、裁決の理由附記の不備を理由に裁決を取り消す利益の有無
（福岡地判昭四二・三・三一行集一八・三・三七〇）

80　異議決定が判決で取り消された場合にみなす審査請求の規定の適用の有無等
（横浜地判昭四一・五・六訟月一二・九・一三二七）

81　審査請求を棄却する裁決の効力等
（東京高判昭四一・一〇・二七訟月一二・一二・一六八〇）

82 審査手続における審理の範囲等（東京地判昭四五・二・二〇行集二一・二・二五八）（再論）（東京高判昭四八・三・一四行集二四・三・一一五）

83 更正処分取消しの訴えを本案とする滞納処分の執行停止を求めることの可否（東京地決昭四六・二・二二判時六二五・四九）

84 出訴期間の起算日と追完（東京高判昭五三・六・二一行集二九・六・一一七三）

85 第二次納税義務の取消訴訟と本来の納税義務者に対する課税処分の違法（浦和地判昭五六・九・二八判時一〇三五・四七）

86 推計課税と実額反証の立証の程度（大阪高判昭六二・九・三〇行集三八・八―九・一〇六七）

87 推計課税において必要経費の実額反証が認められた事例（東京地判平三・二・一九行集四二・一一―一二・一九六八）

88 青色承認の取消しが取り消された場合の救済方法（東京地判昭五〇・五・六行集二六・五・六八三）

第九　税務調査手続、損害賠償請求をめぐる判例研究

89　更正・決定の期間制限
(福岡地判昭五〇・三・二九行集二六・三・四五六)

90　租税事件と信義則（文化学院事件）の適用
(東京地判昭四〇・五・二六行集一六・六・一〇三三)

91　違法な所得税調査と国に対する慰謝料請求
(大阪高判昭五九・一一・二九訟月三一・七・一五五九)

92　所得金額を過大に認定した更正処分が違法であっても国賠法一条一項にいう違法がないとした事例
(最判平五・三・一一民集四七・四・二八六三)

93　ポルノ関税検査と検閲の許否
(札幌地判昭五五・三・二五行集三一・三・六三七)

94　関与税理士に債務不履行があったとして二億円余の損害賠償責任が認められた事例
(東京地判平七・一一・二七判時一五七五・七一)

第十　金融商事判決をめぐる研究

95 法人格否認の法理とその適用
（最判昭四四・二・二七判時五五一・八〇）

96 権利能力のない社団の法律関係
（最判昭三九・一〇・一五民集一八・八・一六七一）

97 第三者割当による新株発行とその差止めを求める仮処分
（①東京地決平元・七・二五判時一三一七・二八、②東京地決平元・九・五判時一三二三・四八）

98 自己を受取人とする約束手形の効力
（大阪高判昭五六・二・二五金融法務九六二・四五）

99 根抵当権が特定の債権のみを被担保債権として無効とした事例
（盛岡地判平元・九・二八金融法務一二五一・三二）

100 第三者所有の不動産に設定された抵当権が無効であるにもかかわらず抵当権の実行により債権者に対してされた弁済金の交付と不当利得の成否
（最判昭六三・七・一金融法務一二〇三・二六）

101 不法行為による慰謝料請求権者が破産した場合と破産管財人の管理処分権
（大阪高判昭五四・三・三〇金融法務九〇七・三六）

102 共同抵当の目的である債務者所有の甲不動産と物上保証人所有の乙不動産に債権者を異にする後順位抵当権が認定され、乙不動産が先に競売された場合における売却代金の配当

（最判昭六〇・五・二三金融法務一〇九九・一二）

103 退任登記未了の元取締役と商法二六六条ノ三による損害賠償責任

（最判昭六二・四・一六金融法務一一七〇・二九）

104 損害保険代理人が収受した保険料を専用預金口座に保管中に保険代理店が破産宣告を受けた場合に当該預金は保険会社に帰属するとされた事例

（①東京地判昭六三・三・二九判時一三〇六・一二二、②東京地判昭六三・七・二七金融法務一二二〇・三四）

105 代理貸付における代理店の回金義務と事前求償権

（京都地判昭五八・二・一八判タ五〇三・一一三）

106 執行抗告の抗告状が直接抗告裁判所に提出された場合の移送の可否

（東京高決昭五六・五・二五金融法務九六九・四六）

107 退任を理由とする取締役資格不存在確認を本案とする職務執行停止仮処分の必要性の判定基準

（大阪高決昭四〇・二・六高民集一八・二・九九）

第十一　行政事件判決をめぐる研究

108　審決の取消訴訟における司法審査の範囲
（最大判昭五一・三・一〇民集三〇・二・七九）

109　市長の接待費の支出の適否と住民訴訟
（最判昭六一・二・二七民集四〇・一・八八）

110　代位請求訴訟の被告適格
（最判昭五〇・五・二七判時七八〇・三六）

111　処分の違法を理由とする代位請求
（大阪高判昭四三・八・二九行集一九・八―九・一四〇一）

112　一斉休暇闘争に参加した教職員に対する欠勤を理由とする給与の減額の適否
（福岡地判昭四七・一一・二〇行集二三・一〇―一一・八三八）

113　強迫による公務員の退職申出が、これに基づく依願免職処分の後に取り消された場合と依願免職処分の効力
（静岡地判昭四九・一一・一二行集二五・一一・一四三九）

香城敏麿著作集

各巻 一二、〇〇〇円（税別）

第一巻　憲法解釈の法理

憲法解釈における法理／表現の自由の法理／労働基本権に関する法理／黙秘権に関する法理／裁判官から裁判を受ける権利に関する法理

第二巻　刑事訴訟法の構造

刑事訴訟法の法原理と判例／実体的真実主義／適正手続主義／当事者追行主義と補正的職権主義／当事者処分権主義／強制処分法定主義と令状主義／検察官起訴独占主義／訴因制度／自白法則と伝聞法則／判決と上訴／決定と上訴／法廷警察権

第三巻　刑事罰の法理

刑法総論の展開／行政罰則と刑法総論との交錯／刑罰則の解釈／行政罰則の解釈

信山社